ENERGIERECHT

Beiträge zum deutschen, europäischen
und internationalen Energierecht

Herausgegeben von
Jörg Gundel und Knut Werner Lange

2

Matthias Wegner

Regulierungsfreistellungen für neue Elektrizitäts- und Erdgasinfrastrukturen

Gemäß Art. 17 der Verordnung (EG) Nr. 714/2009
und gemäß Art. 36 der Richtlinie 2009/73/EG

Mohr Siebeck

Matthias Wegner, geboren 1982; Studium der Rechtswissenschaften in Bayreuth; wirtschaftswissenschaftliche Zusatzausbildung zum Wirtschaftsjuristen (Univ. Bayreuth); 2010 Promotion; derzeit Rechtsreferendar in Bayreuth.

ISBN 978-3-16-150577-5
ISSN 2190-4766 (Energierecht)

Die Deutsche Nationalbibliothek verzeichnet diese Publikation in der Deutschen Nationalbibliographie; detaillierte bibliographische Daten sind im Internet über *http://dnb.d-nb.de* abrufbar.

© 2010 Mohr Siebeck Tübingen.

Das Werk einschließlich aller seiner Teile ist urheberrechtlich geschützt. Jede Verwertung außerhalb der engen Grenzen des Urheberrechtsgesetzes ist ohne Zustimmung des Verlags unzulässig und strafbar. Das gilt insbesondere für Vervielfältigungen, Übersetzungen, Mikroverfilmungen und die Einspeicherung und Verarbeitung in elektronischen Systemen.

Das Buch wurde von Gulde-Druck in Tübingen aus der Garamond-Antiqua gesetzt, auf alterungsbeständiges Werkdruckpapier gedruckt und gebunden.

Meinen Eltern

Vorwort

Die Arbeit wurde im Dezember 2008 als Dissertation vorgelegt. Zwischenzeitlich sind mit der Verabschiedung des so genannten Dritten Binnenmarktpakets Strom und Gas und dem Inkrafttreten des Vertrags von Lissabon bedeutende Änderungen des rechtlichen Rahmens zu verzeichnen. Auf das behandelte Freistellungsinstrument wirken sich diese Änderungen nur in beschränktem Umfang aus. Statt in Art. 7 StromhandelsVO 1228/2003 und Art. 22 GasRL 2003/55/EG finden sich die Freistellungsinstrumente nun in Art. 17 StromhandelsVO 714/2009 und Art. 36 GasRL 2009/73/EG. Die materiellen Voraussetzungen einer Regulierungsfreistellung sind unverändert geblieben. Veränderungen im Verfahren sind vor allem auf die Schaffung der neuen Agentur für die Zusammenarbeit der Energieregulierungsbehörden zurückzuführen. Auch das Inkrafttreten des Vertrags von Lissabon berührt die vorliegende Bearbeitung im Wesentlichen nur in der veränderten Nomenklatur, vor allem in der Ablösung der Europäischen Gemeinschaft durch die Europäische Union, sowie in der neuen Nummerierung maßgeblicher Vertragsbestimmungen.

Sämtliche Veränderungen sind bei der vorliegenden Bearbeitung berücksichtigt. Soweit ältere Entscheidungen der Kommission oder mitgliedstaatlicher Regulierungsbehörden die alte Nummerierung verwenden, erfolgt in der Bearbeitung eine Anpassung an die neue Nummerierung. Auch die Begriffe der Europäischen Gemeinschaft und des Gemeinschaftsrechts wurden weitestgehend durch die Europäische Union und das Unionsrecht ersetzt. Im abschließenden Telekommunikationskapitel wurde die Entscheidung des EuGH in der Rechtssache C-424/07 vom 3. Dezember 2009 zur Vereinbarkeit von § 9a TKG mit dem Gemeinschaftsrecht in die Bearbeitung miteinbezogen. Mit den Entscheidungen der Bundesnetzagentur zu den Pipelineprojekten OPAL und NEL aus dem Jahr 2009 existieren zwischenzeitlich auch deutsche Anwendungsbeispiele zum Regulierungsfreistellungsinstrument, auf die nun ebenfalls hingewiesen wird.

Danken möchte ich meinem Doktorvater Prof. Dr. Jörg Gundel für die maßgebliche Unterstützung bei der Auswahl der Themenstellung, die Betreuung während der Erstellung der Dissertation und dafür, dass er während meines Studiums bei mir die Freude am Europarecht geweckt hat. Ein besonders herzlicher Dank gebührt Prof. Dr. Knut Werner Lange für die Erstellung des Zweitgutachtens. Der Studienstiftung des deutschen Volkes danke ich für die Unterstützung im Rahmen meines Promotionsstipendiums.

Gewidmet ist die vorliegende Arbeit meinen Eltern, die mich Zeit meines Lebens unterstützt und gefördert haben und ohne die mir vieles mehr als nur die Promotion zum Doktor der Rechte verschlossen geblieben wäre.

Bayreuth im Mai 2010 *Matthias Wegner*

Inhaltsübersicht

Inhaltsverzeichnis IX
Abkürzungsverzeichnis XXIII

Einführung 1

1. Kapitel: Bedeutung neuer Infrastrukturen für eine wettbewerbliche, sichere und nachhaltige Energieversorgung in der Europäischen Union 4
   I. Der Binnenmarktprozess im Energiesektor 4
   II. Zielekanon der europäischen Energiepolitik 7
   III. Neue Infrastrukturen 18
   IV. Zwischenergebnis 20

2. Kapitel: Funktionsweise und Dysfunktionalitäten einer sektorspezifischen Regulierung. 21
   I. Ökonomisch-theoretische Grundkonzeption einer sektorspezifischen Regulierung 21
   II. Vorhandene Regulierungspraxis des Energiesektors. 34
   III. Grenzen der sektorspezifischen Regulierung. 43

3. Kapitel: Konzeption und rechtspolitische Würdigung des ökonomischen Ansatzes der Access Holidays. 68
   I. Wirkungsweise von *Access Holidays*. 68
   II. Einordnung gegenüber Alternativkonzeptionen 96
   III. Zwischenergebnis 113

4. Kapitel: Einordnung in den vorhandenen europäischen und
nationalen Rechtsrahmen 115

   I. Das Regulierungsregime der Binnenmarktrichtlinien Strom
      und Gas.. 115
   II. Allgemeines Wettbewerbsrecht 122
   III. Programm Transeuropäische Netze – Energie (TEN-E) 153
   IV. Energie-Infrastrukturrichtlinie 162

5. Kapitel: Tatbestandsvoraussetzungen der Regulierungsfreistellung gem. Art. 17 StromhandelsVO und Art. 36 GasRL.... 167

   I. Besonderheiten Elektrizität und Gas 169
   II. Wettbewerbliche Einzelvoraussetzungen 184
   III. Sonstige Einzelvoraussetzungen 256
   IV. Bewertung und mögliche Weiterentwicklung der vorhandenen
      Regulierungsausnahmen 279

6. Kapitel: Verfahren der Regulierungsfreistellung und
Rechtsschutz 284

   I. Verfahren.. 284
   II. Rechtsschutz.. 290

7. Kapitel (Exkurs): Regulierung und Regulierungsausnahmen
im Telekommunikationssektor........................... 306

   I. VDSL-Infrastrukturen der Deutschen Telekom AG und § 9a TKG   306
   II. Sektorspezifische Regulierung im Telekommunikationssektor... 311
   III. Vergleichbarkeit mit dem Energiesektor 323

Zusammenfassung und Fazit........................... 331

   I. Zusammenfassung..................................... 331
   II. Fazit.. 339

Literaturverzeichnis 341

Sachregister 359

Inhaltsverzeichnis

Inhaltsübersicht	IX
Abkürzungsverzeichnis	XXIII
Einführung	1

1. Kapitel: Bedeutung neuer Infrastrukturen für eine wettbewerbliche, sichere und nachhaltige Energieversorgung in der Europäischen Union ... 4

I. Der Binnenmarktprozess im Energiesektor ... 4
    1. Erste Schritte auf europäischer Ebene ... 4
    2. Entwicklung des Binnenmarkts für Energie ... 5
        a) »Binnenmarkt für Energie« (KOM(1988) 238 endg.) ... 5
        b) Rechtssetzungsprozess ... 6

II. Zielekanon der europäischen Energiepolitik ... 7
    1. Wettbewerb ... 7
        a) Wettbewerbs- und Regulierungsrecht ... 9
            aa) Wettbewerbsrecht ... 9
            bb) Regulierungsrecht ... 9
        b) Erfordernis neuer Verbindungsleitungen ... 10
            aa) Strom ... 10
            bb) Gas ... 11
    2. Versorgungssicherheit ... 11
        a) Situation der Versorgungssicherheit ... 11
            aa) Bedeutung der Versorgungssicherheit ... 11
            bb) Gefahren für die Versorgungssicherheit ... 11
        b) Erfordernis neuer Infrastrukturen ... 13
            aa) Gas ... 13
            bb) Strom ... 14
    3. Nachhaltigkeit ... 16
        a) Entwicklung des Nachhaltigkeitsziels ... 16

       b) Erfordernis neuer Verbindungsleitungen 17

III. *Neue Infrastrukturen* 18

IV. *Zwischenergebnis* 20

2. Kapitel: Funktionsweise und Dysfunktionalitäten einer sektorspezifischen Regulierung 21

  I. *Ökonomisch-theoretische Grundkonzeption einer sektorspezifischen Regulierung* 21
    1. Die Funktionsweise des allgemeinen Wettbewerbsrecht (»*essential facilities doctrine*«) 23
    2. Sektorspezifische Regulierung 24
      a) Natürliche Monopole 25
        aa) Subadditivität 25
        bb) Skalen- und Verbundeffekte 27
      b) Bestreitbarkeit des Natürlichen Monopols 29
        aa) Stabilität eines bestreitbaren natürlichen Monopols . . . 29
        bb) Unbestreitbarkeit des natürlichen Monopols und daraus folgende Regulierungsbedürftigkeit 30
      c) Einordnung des Energiesektors 31
        aa) Skalen- und Verbundeffekte sowie Bestreitbarkeit 31
        bb) Regulierungsfolgen 33

  II. *Vorhandene Regulierungspraxis des Energiesektors* 34
    1. Staatliche Gewährleistungsverantwortung 35
    2. Netzzugangsregulierung 36
      a) Strom 36
      b) Gas 37
    3. Entgeltregulierung 38
      a) Kostenorientierte Regulierung und Anreizregulierung . . . 39
      b) Vergleichsmarktverfahren 40
    4. Sonderregeln für den grenzüberschreitenden Strom- und Ferngashandel 42

  III. *Grenzen der sektorspezifischen Regulierung* 43
    1. Regulierungsrisiken 44
      a) Regulierungsbedürfnis 44

aa) Unterinvestment aufgrund eines fehlerhaft angenommenen Regulierungsbedürfnisses	44
bb) Überinvestment durch von den Marktbedürfnissen abweichende Regulierung	45
cc) Beharrungsvermögen der Regulierungsbehörde	46
b) Art der Regulierung.	46
aa) Kostenorientierte Regulierung	48
bb) Anreizorientierte Regulierung	49
cc) Marktorientierte Engpassmanagementmethoden.	51
dd) Credibility-Problem	54
2. Rechtsfolgen der Regulierungsrisiken	56
a) Betroffene Grundrechte der regulierungsverpflichteten Netzbetreiber	56
b) Grundrechtsberechtigung öffentlich-rechtlicher und gemischtwirtschaftlicher juristischer Personen	58
aa) Rechtsprechung des EGMR und Verfassungs-überlieferungen der Mitgliedstaaten	59
bb) Vergleich von Grundrechten und Grundfreiheiten	60
cc) Eigentumsverhältnisse beispielhaft ausgewählter Netzbetreiber	64
c) Rechtfertigungsanforderungen.	65
3. Zwischenergebnis.	67

3. Kapitel: Konzeption und rechtspolitische Würdigung des ökonomischen Ansatzes der Access Holidays 68

I. Wirkungsweise von Access Holidays	68
1. Investitionsrisiko	69
a) Investitionsrisiko in der Grundkonstellation des so genannten *truncation*-Falles	69
b) Investitionsrisiko in der Konstellation einer umfassenden Netzregulierung.	71
2. Investitionssicherheit durch *Access Holidays*.	75
a) Klassische *Access Holidays* beschränkt auf eine Drittzugangs-befreiung mit kommerziellem Betrieb.	75
b) Umfassendere Konzeption der *Regulatory Holidays*	77
3. Arten der *Access Holidays*	78
a) Möglichkeit einer Wettbewerbsbeschränkung	78
b) Wettbewerbsneutralität.	79
c) Parallelität zum gewerblichen Schutzrecht	80

4. Eignung zur Auflösung der Regulierungsrisiken	82
a) Fehleinschätzung bezüglich der Regulierungsbedürftigkeit	82
b) Art der Regulierung	84
c) Rechtsfolgen der Regulierungsrisiken	88
5. Risiken der *Access Holidays*	89
a) Makroökonomische Risiken	90
b) Mikroökonomische Risiken des Freistellungsbegünstigten	94
6. Zwischenergebnis	95
II. Einordnung gegenüber Alternativkonzeptionen	96
1. Ownership-Unbundling	97
a) Rechtliche Einordnung	97
b) Eignung zur Schaffung von Investitionsanreizen	99
2. Open-Market-Coupling	103
a) Funktionsweise des *Open-Market-Coupling*	103
b) Eignung von Engpassmanagementverfahren zur Beseitigung von Netzengpässen	104
3. Disaggregierter Regulierungsansatz	106
a) Funktionsweise eines disaggregierten Regulierungsansatzes	106
b) Eignung zur Schaffung von Investitionsanreizen	106
4. Direktverpflichtungen zum Leitungsbau	108
a) Rechtliche Bewertung	109
b) Praktische Brauchbarkeit zur Generierung zusätzlicher Investitionen	112
III. Zwischenergebnis	113

4. Kapitel: Einordnung in den vorhandenen europäischen und nationalen Rechtsrahmen ... 115

I. Das Regulierungsregime der Binnenmarktrichtlinien Strom und Gas	115
1. Entstehungsgeschichte der Regulierungsausnahmen	116
a) Entstehungsgeschichte der StromhandelsVO 2003	116
b) Entstehungsgeschichte der GasRL 2003	119
2. Konsequenzen für die Einordnung in den regulatorischen Kontext der BinnenmarktRL Elektrizität und Gas	120
3. Zwischenergebnis	122

II. Allgemeines Wettbewerbsrecht 122

1. Verhältnis Wettbewerbsrecht/Regulierungsrecht 126
   a) Mögliche Abgrenzungen 127
   b) Abgrenzungsmaßstab 128
      aa) Positivrechtliche Abgrenzungen 128
      bb) Regulatorische Effizienz als Auslegungsmaßstab. 129
         (a) Korrektivbedürfnis durch die Wettbewerbsbehörde und daraus potentiell folgende Parallelzuständigkeit 129
         (b) Korrektivfunktion der Wettbewerbsbehörde durch Kooperationsverhältnis 132
2. Besonderheiten der Regulierungsausnahme 134
   a) Exakt positiv-rechtliche Anhaltspunkte 134
      aa) Unionsrecht 134
      bb) Deutsches Recht 136
   b) Teleologische und systematische Indikationen 139
   c) Grundsatz des Vertrauensschutzes 143
      aa) Allgemeine Voraussetzungen des Vertrauensschutzes im Unionsrecht 144
      bb) Vertrauensschutz im Treibhausgasemissionshandel als Vergleichsbeispiel 145
      cc) Vertrauensschützende Wirkung der Freistellungsentscheidung 147
         (a) Zulässigkeit eines Widerrufsvorbehalts als Mittel zur Einschränkung des Vertrauensschutzes nach deutschem Recht 148
         (b) Zulässigkeit eines Widerrufsvorbehalts als Mittel zur Einschränkung des Vertrauensschutzes nach Unionsrecht . 149
         (c) Vertrauensschutz am Beispiel des *BritNed*-Interkonnektors 151
3. Zwischenergebnis 152

III. Programm Transeuropäische Netze – Energie (TEN-E) 153

1. Hilfscharakter der Transeuropäischen Energienetze (TEN-E) 153
   a) Finanzvolumen der einzelnen TEN-Bereiche 154
   b) Maßnahmenprogramm im Bereich der TEN-E 155
2. Planungsfunktion des Programms Transeuropäische Energienetze (TEN-E) 156
   a) TEN-E als fachliche Bedarfsplanung auf europäischer Ebene 156
   b) TEN-E als Harmonisierungsinstrument im Bereich der Infrastrukturplanung 157
3. Zwischenergebnis 161

IV. Energie-Infrastrukturrichtlinie ... 162

    1. Ursprünglicher Richtlinienentwurf. ... 162
    2. Überarbeitete Richtlinienregelung ... 164
    3. Zwischenergebnis. ... 165

5. Kapitel: Tatbestandsvoraussetzungen der Regulierungsfreistellung gem. Art. 17 StromhandelsVO und Art. 36 GasRL   167

I. Besonderheiten Elektrizität und Gas ... 169

    1. Technische und physikalische Besonderheiten der Elektrizitätsübertragung. ... 169
        a) Verhalten des elektrischen Stroms in Netzen. ... 169
            aa) Kirchhoffsche Gesetze und loop flows. ... 169
            bb) Konsequenzen für die Ausgestaltung einer Regulierungsfreistellung. ... 171
        b) Regelfallbeschränkung der Regulierungsausnahme auf Gleichstromverbindungsleitungen. ... 172
            aa) Anwendungsfelder der Gleichstromübertragung ... 172
            bb) Eignung von Gleichstromverbindungsleitungen für Regulierungsfreistellungen ... 173
    2. Technische und rechtliche Besonderheiten des Erdgasferntransports. ... 175
        a) Technik des Gasferntransports. ... 178
            aa) Erdgastransport in Gestalt der LNG-Verschiffung. ... 178
            bb) Pipelinetransport als Hauptdistributionsweg ... 178
        b) Besondere rechtliche Rahmenbedingungen des Gasferntransports. ... 180
            aa) *Take-or-Pay*-Verträge ... 180
            bb) *Destination-Klauseln* ... 182

II. Wettbewerbliche Einzelvoraussetzungen ... 184

    1. Wettbewerbsauswirkungen der Freistellung als solcher und Verbesserung des Wettbewerbs durch die Infrastruktur ... 184
        a) Wettbewerbsverbesserung als Schlüsselkriterium der Regulierungsfreistellung ... 184
        b) Analyse der Wettbewerbsauswirkungen neuer Infrastrukturen anhand der Instrumente des klassischen Wettbewerbsrechts ... 185

c) Marktabgrenzung der relevanten Märkte als Ausgangspunkt der Analyse der Wettbewerbsauswirkungen	187
aa) Marktabgrenzung im Bereich grenzüberschreitender Infrastrukturen in der bisherigen Kommissionspraxis	188
bb) Bedarfsmarktkonzept und *SSNIP*-Test als wichtigste Abgrenzungsmechanismen	189
d) Relevante Märkte im Bereich der grenzüberschreitenden Verbindungsleitungen im Strombereich	191
aa) Sachliche Marktabgrenzung	191
(a) Differenzierung zwischen zwei Grundtypen grenzüberschreitender Verbindungsleitungen	193
(aa) Verbindungsleitungen zur Realisierung von Handelsmargen	193
(bb) Verbindungsleitungen zur Gewährleistung der Versorgungssicherheit	196
(b) Fallweise Zuordnung zum sachlichen Markt entweder für die Erzeugung und Großhandelslieferung oder für den Höchst- und Hochspannungstransport	198
bb) Räumliche Marktabgrenzung	198
e) Relevante Märkte im Bereich der Erdgastransportinfrastrukturen	201
aa) Sachliche Marktabgrenzung	201
(a) Sachlicher Markt für Erdgasfernübertragung und Erdgasimport	202
(b) Sachlicher Markt für Erdgasspeicherung	204
bb) Räumliche Marktabgrenzung	205
2. Keine nachteiligen Wettbewerbsauswirkungen der Regulierungsfreistellung	206
a) Charakter eines unbestreitbaren natürlichen Monopols als maßgebliches Kriterium	206
b) Lösung vom klassischen *Access Holidays*-Ansatz	208
c) Verbindungsleitungen im Elektrizitätsbereich	209
aa) Verbindungsleitungen im sachlichen Markt für Erzeugung und Großhandelslieferung elektrischer Energie	209
bb) Verbindungsleitungen im sachlichen Markt für Höchst- und Hochspannungstransport elektrischer Energie	212
cc) Systematik der Regulierungsfreistellung bezüglich Befristung und Regelfallbeschränkung auf Gleichstromverbindungsleitungen	213
d) Einordnung der Erdgastransportinfrastrukturen	214
aa) Transportmarktzuordnung und daraus folgender grundsätzlicher unbestreitbarer natürlicher Monopolcharakter	215
bb) Bedrohung durch internen Leitungswettbewerb	216

cc) Primärenergieträgereigenschaft des Erdgases und daraus folgende Angreifbarkeit von Erdgastransportinfrastrukturen	217
(a) Strategischer Charakter der Erdgasversorgung	218
(b) Gas-zu-Gas-Wettbewerb durch Diversifizierung der Importquellen	219
dd) Systematik der Regulierungsfreistellung	220
ee) Wettbewerbliche Bedrohung von Beispielanlagen	223
(a) Wingas-Ferngasnetz	223
(b) *Nabucco*-Pipeline	225
(c) LNG-Terminals	227
3. Verbesserung des Wettbewerbs durch die Investition	228
a) Anwendung klassisch wettbewerbsrechtlicher Maßstäbe	228
aa) Erzeugungs- und Großhandels- respektive Importmärkte als relevante Märkte	228
bb) Eingreifkriterien der Fusionskontrolle als Auslegungshilfe	230
b) Wettbewerbsverbesserungen im Elektrizitätsbereich	231
aa) Bedeutung divergierender Wettbewerbsentwicklungen auf verschiedenen räumlich betroffenen Märkten	232
bb) Einfluss des Geschäftsmodells auf die Einordnung	234
(a) Vertikal-integrierte Unternehmen als Freistellungsadressat	234
(aa) Marktanteile als zentrales Kriterium	234
(bb) Herfindahl-Hirschmann-Index als Gewichtungskriterium	236
(cc) Oligopolstrukturen und Gemeinschaftsunternehmen	237
(b) Netzbetreiber als Freistellungsadressat	240
(aa) Höhe der Durchleitungsentgelte als zentrales Kriterium	240
(bb) Nur privilegierte Regulierung als Regulierungsfreistellung?	241
cc) Beispiele	242
(a) *BritNed*-Interkonnektor	242
(b) *Estlink*-Interkonnektor	244
(c) Wettbewerbsverbesserungen im Erdgasbereich	245
aa) Orientierung an den für den Elektrizitätsbereich entwickelten Maßstäben	245
(a) Räumlich betroffene Märkte, integrierter oder reiner Netzbetrieb sowie Oligopolstrukturen und Gemeinschaftsunternehmen	246
(b) Besondere Bedeutung von Kapazitätsfreigabemechanismen	248
bb) Beispiele	249
(a) *Nabucco*-Pipeline	249
(b) LNG-Terminals	252
4. Zusammenfassung	254

a) Elektrizität	254
b) Erdgas	255

III. Sonstige Einzelvoraussetzungen ... 256

1. Abhängigkeit der Investition von der Gewährung der Regulierungsfreistellung ... 256
   - a) Begrenzte Bedeutung des Kriteriums der Abhängigkeit der Investition von der Regulierungsfreistellung ... 256
   - b) Erhöhter Investitionsaufwand als erhöhtes Investitionsrisiko ... 258
     - aa) Investitionsaufwand und wirtschaftliches Investitionsrisiko im Bereich der Elektrizitätsübertragung ... 260
       - (a) Freileitung vs. Kabelausführung ... 261
       - (b) Gleichstrom- vs. Wechselstromübertragung ... 263
       - (c) Generelle Risikoneutralität aufgrund ausreichender Prognosesicherheit? ... 265
     - bb) Investitionsaufwand und wirtschaftliches Investitionsrisiko im Bereich des Gasferntransports ... 266
       - (a) Pipelinegestützte Systeme ... 266
       - (b) LNG-Terminals ... 267
       - (c) Generelle Risikoneutralität aufgrund ausreichender Prognosesicherheit? ... 268
2. Gesellschafrechtliche Entflechtung der Infrastruktur von Netzbetreibern ... 269
   - a) Einbindung in das Entflechtungsregime ... 269
   - b) Grad der Abgrenzung von regulierten und nicht regulierten Tätigkeiten ... 270
3. Erhebung von Entgelten bzw. Gebühren von den Nutzern der Infrastruktur ... 271
   - a) Bedeutung der Termini Entgelte vs. Gebühren ... 272
   - b) Finanzierung ausschließlich aus Nutzungsentgelten der freigestellten Infrastruktur ... 273
     - aa) Erfassung von Gleich- und Wechselstromsystemen im Elektrizitätsbereich ... 273
     - bb) Erdgasinfrastrukturen ... 276
4. Keine bisherige Finanzierung aus Nutzungsentgelten der verbundenen Übertragungs- oder Verteilernetze ... 277

IV. Bewertung und mögliche Weiterentwicklung der vorhandenen Regulierungsausnahmen ... 279

1. Zielkonformität des Ausnahmeregimes ... 279
2. Weiterentwicklungsmöglichkeiten ... 280

6. Kapitel: Verfahren der Regulierungsfreistellung und Rechtsschutz ... 284

I. Verfahren ... 284

1. Verfahren vor der nationalen Regulierungsbehörde ... 285
   a) Prüfungsmaßstab und Ausnahmeinhalt ... 285
   b) Informations- und Konsultationspflichten ... 287
2. Verfahrensbeteiligung der Europäischen Kommission ... 287
   a) Verfahrenseinleitung durch Regulierungsbehörde oder Agentur ... 287
   b) Entscheidungsmöglichkeiten der Kommission ... 288
   c) Geltungsdauer der Kommissionsgenehmigung ... 289
   d) Leitlinienkompetenz der Kommission ... 290

II. Rechtsschutz ... 290

1. Mitgliedstaatliche Gerichtsbarkeit ... 291
   a) Rechtsschutzmöglichkeiten des Antragstellers ... 291
   b) Rechtsschutzmöglichkeiten Dritter ... 292
      aa) Formales Kriterium der Verfahrensbeteiligung ... 292
      bb) Kein über eine bloße Reflexwirkung hinausgehender Drittschutz der Art. 17 StromhandelsVO und Art. 36 GasRL ... 294
2. Unionsgerichtsbarkeit ... 298
   a) Rechtsschutzmöglichkeiten des Antragstellers ... 299
   b) Rechtsschutzmöglichkeiten Dritter ... 301
3. Gerichtlicher Kontrollmaßstab ... 303

7. Kapitel (Exkurs): Regulierung und Regulierungsausnahmen im Telekommunikationssektor ... 306

I. VDSL-Infrastrukturen der Deutschen Telekom AG und § 9a TKG ... 306

1. VDSL-Infrastrukturen ... 307
2. Die grundsätzliche Nicht-Regulierung neuer Märkte nach § 9a TKG ... 308

II. Sektorspezifische Regulierung im Telekommunikationssektor ... 311

1. Entwicklung der Telekommunikationsregulierung ... 311
2. Vorhandene Regulierungspraxis im Telekommunikationssektor ... 312

a) Staatliche Gewährleistungsverantwortung	312
b) Netzzugangs- und Netzentgeltregulierung	313
aa) Unionsrechtliche Vorgaben	313
bb) Netzzugangsregulierung	315
cc) Entgeltregulierung	316
3. Auseinandersetzung zwischen Europäischer Kommission und deutscher Bundesregierung	317
a) Standpunkte von Europäischer Kommission und deutscher Bundesregierung	318
aa) Bedenken der Europäischen Kommission	319
bb) Haltung der deutschen Bundesregierung	320
b) Entscheidung des EuGH	321
aa) Einschränkung des regulierungsbehördlichen Ermessens durch § 9a TKG	321
bb) Drohende Re-Monopolisierung	322
III. Vergleichbarkeit mit dem Energiesektor	323
1. Grundsätzliche technische Vergleichbarkeit	324
2. Umsetzung durch Regulierung und Regulierungsausnahme	326
a) Methodologische Unterschiede bei der Energie- und Telekommunikationsregulierung	326
b) Regulierungsfreistellung kein Fremdkörper im Regulierungsrecht	329
Zusammenfassung und Fazit	**331**
I. Zusammenfassung	331
II. Fazit	339
Literaturverzeichnis	**341**
Sachregister	**359**

Abkürzungsverzeichnis

A	Ampère (Einheit der Stromstärke)
AB	aktiebolag (schwedisch für Aktiengesellschaft)
ABl.	Amtsblatt
AS	Aktsiaselts (estisch für Aktiengesellschaft)
AG	Aktiengesellschaft
ARegV	Verordnung über die Anreizregulierung der Energieversorgungsnetze
AT&T	American Telephone & Telegraph Corporation
ATSOI	Association of Transmission System Operators in Ireland
AVR	Archiv des Völkerrechts
BASF	Badische Anilin- & Soda-Fabrik
BALTSO	Baltic Transmission System Operators
BB	Betriebsberater
BGH	Bundesgerichtshof
BMU	Bundesministerium für Umwelt, Naturschutz und Reaktorsicherheit
BTDrucks.	Bundestagsdrucksache
BTOElt	Bundestarifordnung Elektrizität
B.V.	Besloten Vennootschap (niederländisch für Gesellschaft mit beschränkter Haftung)
BVerfG	Bundesverfassungsgericht
BVerwG	Bundesverwaltungsgericht
CDU	Christlich Demokratische Union Deutschlands
CEPS	Centre for European Policy Studies
CRNI	Competiton and Regulation in Network Industries
CSU	Christlich-Soziale Union in Bayern
DÖV	Die Öffentliche Verwaltung
DSL	Digital Subscriber Line
DTAG	Deutsche Telekom AG
DVBl.	Deutsches Verwaltungsblatt
DVGW	Deutscher Verein des Gas- und Wasserfaches e.V.
EAG	Europäische Atomgemeinschaft
EdF	Electricité de France
EEG	Gesetz für den Vorrang Erneuerbarer Energien
EEX	European Energy Exchange

EG	Europäische Gemeinschaft
EGKS	Europäische Gemeinschaft für Kohle und Stahl (Montanunion)
EGMR	Europäischer Gerichtshof für Menschenrechte
E.L.Rev.	European Law Review
EMRK	Konvention zum Schutze der Menschenrechte und Grundfreiheiten
EnBW	Energie Baden-Württemberg
Entsoe	European Network of Transmission System Operators for Electricity
EnWG	Gesetz über die Elektrizitäts- und Gasversorgung
ERGEG	Gruppe der europäischen Regulierungsbehörden für Elektrizität und Gas
ET	Energiewirtschaftliche Tagesfragen
ETSO	European Transmission System Operators
EU	Europäische Union
EuGH	Gerichtshof der Europäischen Gemeinschaften
EU-GRCharta	Charta der Grundrechte der Europäischen Union
EuGRZ	Europäische Grundrechte Zeitschrift
EVU	Energieversorgungsunternehmen
EWG	Europäische Wirtschaftsgemeinschaft
EWSA	Europäischer Wirtschafts- und Sozialausschuss
GasGVV	Gasgrundversorgungsverordnung
GasNEV	Verordnung über die Entgelte für den Zugang zu Gasversorgungsnetzen
GasNZV	Verordnung über den Zugang zu Gasversorgungsnetzen
GasHDrLtgV	Verordnung über Gashochdruckleitungen
GASP	Gemeinsame Außen- und Sicherheitspolitik
GdF	Gaz de France
GG	Grundgesetz für die Bundesrepublik Deutschland
GRUR Int	Gewerblicher Rechtsschutz und Urheberrecht Internationaler Teil
GUS	Gemeinschaft Unabhängiger Staaten
GVBl. NW	Gesetz- und Verordnungsblatt für das Land Nordrhein-Westfalen
GWB	Gesetz gegen Wettbewerbsbeschränkungen
GWh	Gigawattstunde
HHI	Herfindahl-Hirschman-Index
Hz	Hertz
HVDC	High Voltage Direct Current
ICC	Industrial and Corporate Change
IPTV	Internet Protocol Television
ISO	Independent System Operator
JENRL	Journal of Energy & Natural Resources Law
JTEP	Journal of Transport Economics and Policy
JZ	Juristenzeitung
KfW	Kreditanstalt für Wiederaufbau

KWKG	Gesetz für die Erhaltung, die Modernisierung und den Ausbau der Kraft-Wärme-Kopplung
K&R	Kommunikation & Recht
LNG	Liquified Natural Gas
Ltd	Limited Company
MMR	MultiMedia und Recht
MWh	Megawattstunde
N&R	Netzwirtschaft und Recht
OEW	Oberschwäbische Elektrizitätswerke
ofgem	Office of Gas and Electricity Markets (Britische Regulierungsbehörde)
OMC	Open Market Coupling
OPAL	Ostseepipeline-Anbindungsleitung
plc	public limited company
RdE	Recht der Energiewirtschaft
RMCUE	Revue du Marché commun et de l'Union européenne
RWE	Rheinisch-Westfälisches Elektrizitätswerk
SA	Société anonym
SE	Societas Europaea
SEL	Süddeutsche Erdgasleitung
SERIS	Sheffield Energy & Resources Information Services
SPD	Sozialdemokratische Partei Deutschlands
SSNIP	Small but Significant Non transistory Increase in Price
StromGVV	Stromgrundversorgungsverordnung
StromNEV	Verordnung über die Entgelte für den Zugang zu Elektrizitätsversorgungsnetzen
StromNZV	Verordnung über den Zugang zu Elektrizitätsversorgungsnetzen
TAL	Teilnehmeranschlussleitung
TEHG	Gesetz über den Handel mit Berechtigungen zur Emission von Treibhausgasen
TKG	Telekommunikationsgesetz
TKMR	TeleKommunikations- & MedienRecht
TWh	Terrawattstunde
UCTE	Union for the Coordination of Transmission of Electricity
UdSSR	Union der Sozialistischen Sowjet Republiken
UKTSOA	United Kingdom Transmission System Operator Association
UHVDC	Ultra High Voltage Direct Current
VDSL	Very High Speed Digital Subscriber Line

VPP	Virtual Power Plants
VwVfG	Verwaltungsverfahrensgesetz
WuW	Wirtschaft und Wettbewerb
ZfE	Zeitschrift für Energiewirtschaft
ZNER	Zeitschrift für Neues Energierecht

Einführung

Die Binnenmarktrichtlinien Elektrizität und Gas 2003 der Europäischen Gemeinschaft[1] und nun nachfolgend die Binnenmarktrichtlinien Elektrizität und Gas 2009 der Europäischen Gemeinschaft[2] implementieren die Einführung eines Systems für den Zugang Dritter zu den Übertragungs- und Verteilernetzen bzw. Fernleitungs- und Verteilernetzen auf der Grundlage veröffentlichter Tarife. Die Netzzugangsregelung wird dabei nach objektiven und nicht diskriminierenden Kriterien angewandt. Eine von den Mitgliedstaaten betraute und von den Interessen der Energiewirtschaft unabhängige Regulierungsbehörde sichert die Einhaltung dieser Bedingungen.[3]

Gleichzeitig wurde mit Art. 22 GasRL 2003/55/EG und Art. 7 der Verordnung (EG) Nr. 1228/2003 über die Netzzugangsbedingungen für den grenzüberschreitenden Stromhandel[4] und nun nachfolgend mit Art. 36 GasRL und Art. 17 der Verordnung (EG) Nr. 714/2009 über die Netzzugangsbedingungen für den grenzüberschreitenden Stromhandel und zur Aufhebung der Verordnung (EG) Nr. 1228/2003[5] (»StromhandelsVO«) das Instrument geschaffen, für bestimmte neue Infrastrukturen, eine Ausnahme vom Regulierungsregime zu beantragen. Demnach können grenzüberschreitende Infrastrukturen, i.e. bestimmte Elektrizitätsverbindungsleitungen, Gasfernleitungen, Gasspeichereinrichtungen und LNG-Anlagen, von den Regulierungsverpflichtungen vollständig oder teilweise freigestellt werden. Durch die Freistellung darf allerdings weder die Funktionsfähigkeit des jeweiligen Binnenmarkts noch des regulier-

---

[1] Richtlinie 2003/54/EG des Europäischen Parlaments und des Rates vom 26. Juni 2003 über gemeinsame Vorschriften für den Elektrizitätsbinnenmarkt und zur Aufhebung der Richtlinie 96/92/EG, ABl. 2003 Nr. L 176/37;
Richtlinie 2003/55/EG des Europäischen Parlaments und des Rates vom 26. Juni 2003 über gemeinsame Vorschriften für den Erdgasbinnenmarkt und zur Aufhebung der Richtlinie 98/30/EG, ABl. 2003 Nr. L 176/57.

[2] Richtlinie 2009/72/EG des Europäischen Parlaments und des Rates vom 13. Juli 2009 über gemeinsame Vorschriften für den Elektrizitätsbinnenmarkt und zur Aufhebung der Richtlinie 2003/54/EG (»ElektrizitätsRL«), ABl. 2009 Nr. L 211/55;
Richtlinie 2009/73/EG des Europäischen Parlaments und des Rates vom 13. Juli 2009 über gemeinsame Vorschriften für den Erdgasbinnenmarkt und zur Aufhebung der Richtlinie 2003/55/EG (»GasRL«), ABl. 2009 Nr. L 211/94.

[3] Art. 32ff ElektrizitätsRL, Art. 32ff GasRL.

[4] ABl. 2003 Nr. L 176/1.

[5] ABl. 2009 Nr. L 211/15.

ten Netzes, in das die freizustellende Infrastruktur zu integrieren ist, beeinträchtigt werden. Weitere maßgebliche Voraussetzung und Ziel der Freistellung ist eine Verbesserung des Wettbewerbs auf den nachgelagerten Versorgungsmärkten und verbunden mit der Investition auch der Versorgungssicherheit. Leitbild ist dabei eine kommerziell betriebene Infrastruktur, i.e. eine so genannte Merchant-Line, die außerhalb der sonstigen Marktregulierung auch Investitionsanreize für Nicht-Netzbetreiber schafft.

Das Instrument der Regulierungsfreistellung erscheint auf den ersten Blick als Fremdkörper in einem Rechtsrahmen, der den vorläufigen Abschluss eines Liberalisierungsprozesses bildet, dessen Anliegen auch und gerade das Aufbrechen vorhandener Monopole oder zumindest monopolartiger Marktstrukturen durch die Garantie eines regulierten Netzzugangs war. Betrachtet man die historisch bedingte und immer noch vorhandene überwiegend nationalstaatlich oder noch kleinteiliger orientierte Konfiguration der Strom- und Gasversorgungsnetze[6], wird jedoch auch deutlich, dass zur Schaffung eines wirklichen europäischen Binnenmarkts für Energie auch der Ausbau der vorhandenen nationalen Energieversorgungsnetze zu einem wirklichen transeuropäischen Energieverbundnetz erforderlich ist. Das Instrument der Regulierungsfreistellung könnte vor diesem Hintergrund in einem im Übrigen regulierten Marktumfeld einen Anreiz für Investitionen in Infrastrukturen zur Schaffung eines wirklichen europäischen Energieversorgungsnetzes bieten und sich auf diese Weise in den energierechtlichen Rahmen einfügen.

Ausgehend von einer umfassenden Beschreibung des energiepolitischen Hintergrunds (1. Kapitel) beleuchtet die folgende Arbeit das Instrument der Regulierungsfreistellung unter Einbeziehung seiner ökonomisch-theoretischen Voraussetzungen. Anhand der Grundkonzeption sektorspezifischer Regulierungsmaßnahmen (2. Kapitel) sollen Regulierungsfreistellungsmaßnahmen auf ihre Eignung zur besseren Beherrschbarkeit vorhandener Regulierungsrisiken und -defizite untersucht werden. Dabei soll auf den in der ökonomischen Theorie existierenden Ansatz der *Access Holidays* ebenso eingegangen werden wie auf alternative Lösungsansätze (3. Kapitel). Neben der Einordnung in den vorhandenen Rechtsrahmen (4. Kapitel) stehen vor allem die einzelnen Voraussetzungen der Regulierungsfreistellung (5. Kapitel) im Mittelpunkt der Betrachtung. Bei der Einordnung in die regulatorische Grundkonzeption muss vor allem das Verhältnis von Regulierungsfreistellungsmaßnahmen zum Instrumentarium des klassischen Wettbewerbsrechts untersucht werden. Ebenso ist eine Abgrenzung zu anderen Instrumenten der Infrastrukturregulierung wie

---

[6] Eine Verbindung der einzelstaatlichen Energienetze fand zwar mit dem zunehmenden Zusammenwachsen der europäischen Volkswirtschaften statt. Jedoch hielt sie mit diesem Prozess nicht Schritt und beschränkte sich auf die Gewährleistung bestimmter Einzelfunktionen (siehe unten 1. Kapitel: II. 1.).

etwa der Energie-Infrastrukturrichtlinie[7] oder dem Programm Transeuropäische Netze[8] durchzuführen. Bei der Auslegung der konkreten Voraussetzungen der Regulierungsfreistellung sollen neben den Auslegungshinweisen der Europäischen Kommission im Sinne eines teleologischen Ansatzes die ökonomisch-theoretischen Voraussetzungen wieder aufgegriffen werden und auch Erfahrungen aus praktischen Anwendungsbeispielen Eingang in die Untersuchung finden. Hinterfragt werden soll auch, inwieweit die Beschränkung der Regulierungsausnahmen nur auf Infrastrukturen mit bestimmten besonderen Eigenschaften sinnvoll ist. Erörterungen zum Verfahren und Möglichkeiten des Rechtsschutzes im Rahmen der bezeichneten Regulierungsfreistellungen (6. Kapitel) bilden den Abschluss der Ausführungen zu den energierechtlichen Freistellungen. Ein Exkurs ins Telekommunikationsrecht (7. Kapitel) beschäftigt sich schließlich noch mit der Frage, ob aus Regulierungsfreistellungsdiskussionen im Telekommunikationssektor zusätzliche Schlüsse für die energierechtlichen Freistellungen gezogen werden können.

---

[7] Richtlinie 2005/89/EG des Europäischen Parlaments und des Rates vom 18. Januar 2006 über Maßnahmen zur Gewährleistung der Sicherheit der Elektrizitätsversorgung und von Infrastrukturinvestitionen (»InfrastrukturRL«), ABl. 2006 Nr. L 33/22.
[8] Titel XVI des AEUV trägt der Union gem. Art. 170 ff AEUV auf, einen Beitrag zum Auf- und Ausbau transeuropäischer Netze in den Bereichen der Verkehrs-, Telekommunikations- und Energieinfrastruktur zu leisten; siehe unten 4. Kapitel: III.

1. Kapitel

Bedeutung neuer Infrastrukturen für eine wettbewerbliche, sichere und nachhaltige Energieversorgung in der Europäischen Union

I. Der Binnenmarktprozess im Energiesektor

1. Erste Schritte auf europäischer Ebene

Die Sicherung einer leistungsfähigen Energieversorgung bildete von Beginn an eines der Ziele im Rahmen der Europäischen Einigung. Motivation und ins Auge gefasste Mittel, um dieses Ziel zu erreichen, unterlagen hingegen einem Wandel oder waren zumindest zunächst umstritten.

Der 1952 in Kraft getretene Vertrag zur Gründung der Europäischen Gemeinschaft für Kohle und Stahl (EGKS)[1] als erster vertraglich greifbarer Erfolg des europäischen Einigungsprozesses, hatte zwar bereits einen im weiteren Sinne energiepolitischen Gegenstand. Er war jedoch in seinem Instrumentarium noch sektorspezifisch auf den Montanbereich beschränkt und politisch trotz der im Wesentlichen energiepolitischen Inhalte ein auf Friedenssicherung angelegtes Projekt zur Vergemeinschaftung kriegswichtiger Schlüsselindustrien. Aufbauend auf dem am 9. Mai 1950 verkündeten Plan des französischen Außenministers *Robert Schuman* sollte durch eine gemeinsame Marktordnung im Bereich Kohle und Stahl eine gegenseitige Kontrolle über diese als Schlüsselsektoren der Rüstung geltenden Branchen ein weiterer Krieg zwischen Deutschland und Frankreich unmöglich gemacht werden. Für die Bundesrepublik stellte der EGKS-Vertrag eine Möglichkeit dar, wieder begrenzte internationale Anerkennung und Gleichberechtigung zu erfahren.[2] Allerdings setzte sich schon bald die Erkenntnis der Notwendigkeit einer umfassenderen energiepolitischen Zusammenarbeit durch. So hatten die Außenminister der Mitgliedstaaten der Montanunion bereits anlässlich ihrer Tagung im italienischen Messina vom 1. bis 2. Juni 1955 die Bedeutung der »Bereitstellung größerer Energiemengen zu niedrigen Kosten für die europäische Wirtschaft« erkannt und die Notwendigkeit der Errichtung eines transeuropäischen Strom- und Gasnetzes fest-

---

[1] Vertrag zur Gründung der Europäischen Gemeinschaft für Kohle und Stahl (EGKS) vom 18. April 1951.
[2] *Hallstein*, Der Schuman-Plan, 1951, S. 26; *Küster*, Das Projekt der Europäischen Politischen Gemeinschaft, 1993, S. 260.

gestellt.³ Die Erfahrungen der Suezkrise im Jahre 1956, die den europäischen Staaten die Verwundbarkeit ihrer Energieversorgung erstmals in besonderem Maße vor Augen geführt hatte, bestätigten die Notwendigkeit einer engeren Koordination der Energieversorgung. Infolgedessen war die koordinierte Entwicklung des europäischen Energiesektors 1957 im Rahmen der Römischen Verträge⁴ auch in prominenter Weise vertreten: Erfasst war der Energiesektor zum einen wiederum sektorspezifisch im Rahmen der Europäischen Atomgemeinschaft. Im Rahmen der Schaffung eines Gemeinsamen Marktes in der Europäischen Wirtschaftsgemeinschaft, der auch den Energiemarkt mit umfasst, waren Strom, Gas und sonstige Energieformen und -träger darüber hinaus jedoch auch in einem umfassenden Sinn wie andere Wirtschaftsgüter und Branchen in den Verträgen enthalten.

2. Entwicklung des Binnenmarkts für Energie

Dennoch fristete die Entwicklung eines gemeinsamen Energiemarktes außerhalb der sektorspezifischen Vertragswerke EGKS und EAG zunächst ein Schattendasein. Ursächlich waren neben dem vor Verabschiedung der Einheitlichen Europäischen Akte fehlenden ausreichenden Binnenmarktinstrumentarium der Gemeinschaft auch die klassischen Souveränitätsreflexe der Mitgliedstaaten im Bereich der Energieversorgung.⁵

a) »Binnenmarkt für Energie« (KOM(1988) 238 endg.)

Erst die Verabschiedung der Einheitlichen Europäischen Akte und der Entschließung des Rates über neue energiepolitische Ziele der Gemeinschaft für 1995 und die Konvergenz der Politik der Mitgliedstaaten⁶ im Jahre 1986 führte schließlich zum Beginn eines umfassenden Binnenmarktprozesses im Energiesektor. Dessen Grundkonzeption definierte die Europäische Kommission 1988 mit ihrem Dokument »Binnenmarkt für Energie«⁷ im Einklang mit den vom Rat gesetzten Zielen.

In einem mehrstufigen Rechtsetzungsprozess sollte die Versorgungssicherheit erhöht und die wirtschaftliche Wettbewerbsfähigkeit verstärkt werden. Als Voraussetzung hierfür wurde die Überwindung der historisch zu erklärenden Abschottung der nationalen Energiemärkte erkannt. So wurde festgestellt, dass die »Kosten des Nicht-Europa im Energiesektor die wirtschaftliche Leistung

---

³ Messina-Erklärung abrufbar unter http://www.ena.lu/mce.cfm.
⁴ Vertrag zur Gründung der Europäischen Wirtschaftsgemeinschaft (EWG) und Vertrag zur Gründung der Europäischen Atomgemeinschaft (EAG) vom 25. März 1957.
⁵ Europäische Kommission, Der Binnenmarkt für Energie, KOM(1988) 238 endg., Rdnr. 1 ff.
⁶ ABl. 1986 Nr. C 241.
⁷ Europäische Kommission, Der Binnenmarkt für Energie, KOM(1988) 238 endg.

belasten« und gleichzeitig ein besser integrierter Energiemarkt einen gewichtigen zusätzlichen Faktor der Versorgungssicherheit darstellt.[8] Dabei wurde frühzeitig die Notwendigkeit eines gemeinsamen transeuropäischen Energienetzes festgestellt, wobei Erdgas- und Elektrizitätsinfrastrukturen eine besondere Bedeutung beigemessen wurde.[9] Durch eine Verflechtung der europäischen Energienetze sollte über eine »Interessenvergemeinschaftung« die Versorgungssicherheit erhöht werden. Gleichzeitig wurde die Erhöhung der innergemeinschaftlichen Energielieferungen als wichtiges Instrument zur Senkung der durchschnittlichen Energiekosten und damit zur Förderung des Wettbewerbs identifiziert.[10]

Diese Betrachtungsweise hat sich bis zum heutigen Zeitpunkt kaum verändert. So bezeichnete etwa die amtierende Ratsvorsitzende der Europäischen Union, Bundeskanzlerin Dr. Angela Merkel, auf dem Weltwirtschaftsforum in Davos am 24. Januar 2007 die Sicherung der Energieversorgung neben dem Klimaschutz als eine der beiden größten Herausforderungen für die Menschheit.[11] Im Rahmen der so genannten Lissabon-Strategie, wonach die EU bis zum Jahr 2010 »zum wettbewerbsfähigsten und dynamischsten wissensbasierten Wirtschaftsraum in der Welt« gemacht werden soll, wird die Vollendung eines voll funktionsfähigen Binnenmarkts im Energiesektor als zentraler Punkt im Rahmen der zur Zielerreichung erforderlichen Globalstrategie genannt.[12] In ihrem Aktionsplan »Eine Energiepolitik für Europa« bezeichnet die Europäische Kommission die Energiewirtschaft als Schlüsselbranche für Wohlstand und Wachstum.[13]

b) Rechtssetzungsprozess

Zur Umsetzung dieser Zielsetzung wurde durch die Europäische Gemeinschaft ein umfassender Rechtssetzungsprozess in Gang gesetzt. Nach der Preistransparenz-[14] und der Transitrichtlinie[15] von 1990 wurden 1996 mit der Elektrizi-

---

[8] Europäische Kommission, Der Binnenmarkt für Energie, KOM(1988) 238 endg., Rdnr. 16, 19.
[9] Europäische Kommission, Der Binnenmarkt für Energie, KOM(1988) 238 endg., Rdnr. 80, 83.
[10] Europäische Kommission, Der Binnenmarkt für Energie, KOM(1988) 238 endg., Rdnr. 17, 27.
[11] Siehe http://www.bundeskanzlerin.de/nn_915660/Content/DE/Archiv16/Rede/2007/01/2007-01-24-rede-bkin-davos.html (zuletzt abgerufen am 10.04.10).
[12] Schlussfolgerungen des Vorsitzes – Europäischer Rat (Lissabon) 23. und 24. März 2000, SN 100/00, Rdnr. 5.
[13] Europäische Kommission, Eine Energiepolitik für Europa, KOM(2007) 1 endg., S. 19.
[14] Richtlinie 90/377/EWG des Rates vom 29. Juni 1990 zur Einführung eines gemeinschaftlichen Verfahrens zur Gewährleistung der Transparenz der vom industriellen Endverbraucher zu zahlenden Gas- und Strompreise, ABl. 1990 Nr. L 185/16.
[15] Richtlinie 90/547/EWG des Rates vom 29. Oktober 1990 über den Transit von Elektrizitätslieferungen über große Netze ABl. 1990 N. L 313/30.

täts-[16] und 1998 mit der Gasbinnenmarktrichtlinie[17] erstmals umfassende Sekundärrechtsakte im Energiebereich geschaffen. Die 1996 und 1998 geschaffenen Rechtsakte werden auch als erstes Energierechtspaket der Gemeinschaft bezeichnet.

Seinen bisherigen Abschluss fand dieser Rechtsetzungsprozess für den Elektrizitätsbereich mit der ElektrizitätsRL 2009/72/EG sowie für den Gasbereich mit der GasRL 2009/73/EG, welche die Binnenmarktrichtlinien von 2003 ablösten. Die Richtlinien 2009/72/EG und 2009/73/EG bilden den Kern des so genannten dritten Binnenmarktpakets Strom und Gas. Für den Elektrizitätsbereich ist in zusätzlicher Weise die StromhandelsVO (EG) Nr. 714/2009 und für den Gasbereich die Verordnung (EG) Nr. 715/2009 über die Bedingungen für den Zugang zu den Erdgasfernleitungsnetzen und zur Aufhebung der Verordnung (EG) Nr. 1775/2005[18] (»ErdgasfernleitungsnetzVO«) zu erwähnen. Daneben existieren weitere Rechtsakte der Union.

Die Umsetzung der Richtlinienvorgaben ins nationale Recht ist für die Bundesrepublik Deutschland durch das Gesetz über die Elektrizitäts- und Gasversorgung (Energiewirtschaftsgesetz – EnWG) erfolgt. Dessen ursprüngliche Fassung von 1935 wurde maßgeblich bedingt durch die gemeinschaftsrechtlichen Vorgaben 1998 und 2005 vollständig ersetzt.

II. Zielekanon der europäischen Energiepolitik

Der energierechtliche Rechtsrahmen der Union und entsprechend auch das EnWG als Umsetzungsgesetz ist dabei durch drei Hauptziele geprägt: Wettbewerb, Versorgungssicherheit und Nachhaltigkeit,[19] die mit dem Vertrag von Lissabon auch eine primärrechtliche Verankerung in Art. 194 AEUV finden.

1. Wettbewerb

Als Teil des europäischen Binnenmarktes muss die Union auch für den Energiebinnenmarkt gem. Art. 3 Abs. 1 lit. a AEUV die für sein Funktionieren erforderlichen Wettbewerbsregeln festlegen. Art. 3 Abs. 1 ElektrizitätsRL und Art. 3 Abs. 1 GasRL konkretisieren dieses Ziel für den Energiebereich. Gerade im Bereich des Energiemarktes bestehen jedoch bezüglich der Voraussetzungen eines

---

[16] Richtlinie des Europäischen Parlaments und des Rates vom 19. Dezember 1996 betreffend gemeinsame Vorschriften für den Elektrizitätsbinnenmarkt, ABl. 1997 Nr. L 27/20.
[17] Richtlinie des Europäischen Parlaments und des Rates vom 22. Juni 1998 betreffend gemeinsame Vorschriften für den Gasbinnenmarkt, ABl. 1998 Nr. L 204/1.
[18] ABl. 2009 Nr. L 211/36.
[19] Art. 3 Abs. 1 ElektrizitätsRL, 3 Abs. 1 GasRL; § 1 EnWG. Es handelt sich hierbei um die so genannte Zieletrias.

solchen Systems unverfälschten Wettbewerb erhebliche Defizite. Unabdingbare Voraussetzung eines Systems unverfälschten Wettbewerbs auf dem Binnenmarkt ist zunächst die Existenz eines Binnenmarktes. Nur auf einem wirklichen Binnenmarkt ist umfassender grenzüberschreitender Energiehandel denkbar, der das Hauptinstrument zur Schaffung umfassenden Wettbewerbs darstellt.[20] Die Verwirklichung eines solchen Energiebinnenmarktes ist jedoch trotz der bisher unternommenen Bemühungen nicht abgeschlossen. Ursächlich hierfür sind vor allem zwei Aspekte:

Zum einen stellen Energieversorgungsnetze regelmäßig bottleneck-Situationen dar. Sowohl Energieerzeugung als auch Energievertrieb sind zum Absatz der erzeugten Energie bzw. zum Bezug der verkauften Energie auf die Nutzung der Energieversorgungsnetze angewiesen, die folglich einen Flaschenhals darstellen. Energieversorgungsnetze sind jedoch durch monopolartige Strukturen geprägt. Echter Wettbewerb wird daher nur möglich, wenn Dritte Zugang zu den monopolartigen Energieversorgungsnetzen erhalten. Dies gilt zumindest, soweit eine Duplizierung oder gar Multiplizierung der Energieversorgungsnetze durch einen parallelen Leitungsbau durch die Wettbewerber weder gesamt- noch einzelwirtschaftlich sinnvoll ist. Relevant ist in diesem Zusammenhang vor allem das Vorliegen eines so genannten natürlichen Monopols, das durch das Vorliegen von Subadditivität, i.e. einer Situation, in der die Kosten mehrerer kleinerer Anbieter zusammengerechnet die Kosten des Einzelanbieters wesentlich überschreiten, definiert ist. Darüber hinaus ist jedoch auch die Bestreitbarkeit des natürlichen Monopols, i.e. die Bedrohung durch zumindest potentiellen Wettbewerb, von entscheidender Bedeutung.[21]

Zum anderen sind die Energieversorgungsnetze insbesondere im Elektrizitätsbereich bedingt durch die Historie der Entstehung der Netze vielfach in ihrer Konfiguration nach wie vor stark nationalstaatlich orientiert. Insbesondere große Mitgliedstaaten der Union errichteten ihre Energieversorgungsnetze unter dem Blickwinkel einer die nationale Versorgungssicherheit sicherstellenden Netzkonfiguration. Grenzüberschreitende Netzkapazitäten wurden nur dort errichtet, wo zur Sicherung der Versorgung Energieimport erforderlich war, was insbesondere den Gassektor betrifft. Im Stromsektor existiert bis heute kein europäisches Verbundsystem im Sinne eines einheitlichen europäischen Binnenmarkts für Energie. Der bestehende Verbundgrad dient vielmehr lediglich der Absicherung gegen Versorgungsstörungen ist aber für einen wirklichen grenzüberschreitenden Handel nicht ausreichend. Der auf der Tagung des Europäischen Rates in Barcelona schon 2002 festgelegte Mindestverbundgrad von

---

[20] EuGH »VEMW« Slg. 2005, I-4983 (5028, 5035) Rdnr. 28, 49; *Wälde/Gunst*, Journal of World Trade 36 (2) 2002, p. 191; European Commission, Energy Sector Inquiry – Preliminary Report – Electricity, 2006, Rdnr. 475 f, abrufbar unter http://ec.europa.eu/comm/competition/sectors/energy/inquiry/preliminary_report_2.pdf (zuletzt abgerufen am 08.08.08).
[21] Siehe unten 2. Kapitel: I. 2. b).

II. Zielekanon der europäischen Energiepolitik

10%[22] wird bis heute von einer signifikanten Anzahl von Mitgliedstaaten nicht erreicht.[23] Grenzüberschreitender Handel erfordert jedoch in netzgebundenen Industrien auch ein umfassendes grenzüberschreitendes Netz, i.e. Strominterkonnektoren, Gasfernleitungsnetze sowie LNG-Terminals.

a) Wettbewerbs- und Regulierungsrecht

Zur Schaffung unverfälschten Wettbewerbs trotz der monopolartigen Netzstrukturen sehen daher sowohl der nationale als auch der Unionsrechtsrahmen Instrumente des Wettbewerbsrechts sowie einer sektorspezifischen Regulierung vor.

aa) Wettbewerbsrecht

Klassisches Wettbewerbsrecht, das sich von einer ex-ante Regulierungskontrolle vor allem durch seine ex-post, einzelfallorientierten Eingriffe abgrenzt,[24] findet sich auf der Ebene des Unionsrechts in Art. 101 ff AEUV und den entsprechenden Verordnungen.[25] Im Bereich des Energiesektors ist aufgrund der vielfach bestehenden Monopolstruktur vor allem das Missbrauchsverbot des Art. 102 AEUV zu beachten.

Auf nationaler Ebene findet im deutschen Recht das GWB Anwendung, wobei wiederum die Missbrauchsverbote der §§ 19 f GWB und dabei insbesondere § 19 Abs. 4 Nr. 4 GWB den Schwerpunkt bilden.[26]

bb) Regulierungsrecht

Regulierungsmaßnahmen erfassen mit ihrer ex-ante methodenorientierten Funktionsweise ganzheitlich den jeweiligen Wirtschaftsbereich und beschränken sich nicht auf einzelne wettbewerbswidrige Verhaltensweisen bestimmter Marktteilnehmer.[27]

---

[22] Schlussfolgerungen des Vorsitzes – Europäischer Rat (Barcelona) 15. und 16.März 2002, SN 100/1/02, Rdnr. 37.

[23] Europäische Kommission, Vorrangiger Verbundplan, KOM(2006) 846 endg., S. 3.

[24] *Böge*, Die leitungsgebundene Energiewirtschaft zwischen klassischer Wettbewerbsaufsicht und Regulierung, FS-Baur, 2002, S. 413; *Büdenbender*, DVBl. 2006, S. 197 (206).

[25] Die bedeutendsten wettbewerbsrechtlichen Verordnungen sind die als Kartellverfahrensverordnung bezeichnete Verordnung (EG) Nr. 1/2003 des Rates vom 16. Dezember 2002 zur Durchführung der in den Artikeln 81 und 82 des Vertrags niedergelegten Wettbewerbsregeln, ABl. 2003 Nr. L 1/1 und die als Fusionskontrollverordnung bezeichnete Verordnung (EG) Nr. 139/2004 des Rates vom 20. Januar 2004 über die Kontrolle von Unternehmenszusammenschlüssen (»Fusionskontrollverordnung«), ABl. 2004 Nr. L 24/1.

[26] Zu beachten ist hierbei allerdings § 111 EnWG, der die Anwendbarkeit der §§ 19, 20 GWB im Hinblick auf ausdrücklich abschließende Regelungen des EnWG bestimmt. Auf den sektorspezifisch regulierten Betrieb von Gas- und Stromnetzen sind §§ 19, 20 GWB daher grundsätzlich nicht anwendbar; vgl. hierzu *Kreibich*, RdE 2007, S. 186 (187f); *Braun*, N&R 2005, S. 160 (162); *Ehricke*, N&R 2006, S. 10 (14).

[27] *Säcker*, RdE 2003, S. 300 (300).

Hauptgegenstand ist dabei aufgrund der beschriebenen monopolartigen Struktur der Energieversorgungsnetze der Zugang Dritter zu den Übertragungs- und Verteilernetzen im Elektrizitätsbereich gem. Art. 32 ff Elektrizitäts-RL bzw. zu den Fernleitungs-, Verteilernetzen und LNG-Anlagen im Gasbereich gem. Art. 32 ff GasRL. Die Umsetzung der Richtlinienvorgaben ins nationale Recht findet sich in §§ 20 ff EnWG und den entsprechenden Rechtsverordnungen.[28]

Regulierungs- und wettbewerbsrechtliche Maßnahmen können allerdings nur zu einer möglichst ökonomisch optimalen Nutzung der bereits bestehenden Infrastrukturen führen. Gelangen die Infrastrukturen an die Grenze ihrer Kapazität, endet auch die Reichweite wettbewerbs- und regulierungsrechtlicher Instrumente. Darüber hinaus birgt sektorspezifische Regulierung verschiedene Risiken, die dazu führen können, dass Investitionsanreize in neue Infrastrukturen reduziert werden, was auch kontraproduktive Effekte haben kann.[29]

b) Erfordernis neuer Verbindungsleitungen

Bei Erreichen der Kapazitätsgrenze der vorhandenen Infrastrukturen ist daher zur Schaffung einer wettbewerbsorientierten Energieversorgung und eines funktionsfähigen unverfälschten Wettbewerbs die Errichtung neuer Infrastrukturen erforderlich. Bezogen auf das europäische Energieversorgungsnetz besteht zur Verbesserung des Wettbewerbs vor allem das Erfordernis neuer Verbindungsleitungen.

aa) Strom

Im Stromsektor sind die vorhandenen Interkonnektoren und Grenzkuppelstellen zwischen den verschiedenen Stromverbundnetzen zur Absicherung gegen kurzfristige Versorgungsstörungen dimensioniert. Für einen umfassenden grenzüberschreitenden Stromhandel genügen die vorhandenen Kapazitäten dagegen bisher nicht.[30] Neben einem optimierten Management der Kuppelstellen[31] sind daher auch neue Interkonnektoren erforderlich.[32]

---

[28] Siehe unten 2. Kapitel: II.
[29] Siehe unten 2. Kapitel: III. 1.
[30] Europäische Kommission, Pressemitteilung vom 12. März 2001, MEMO/01/76, abrufbar unter http://europa.eu/rapid/pressReleasesAction.do?reference=IP/01/341&format=PDF&aged=1&language=DE&guiLanguage=en (zuletzt abgerufen am 12.04.10); Monopolkommission, XIV. Hauptgutachten 2000/2001, BTDrucks. 14/9903, S. 31, 398; *Kühling*, RdE 2006, S. 173 (173).
[31] Vgl. hierzu Leitlinien der Kommission für das Management und die Vergabe verfügbarer Übertragungskapazitäten auf Verbindungsleitungen zwischen nationalen Netzen gem. Art. 8, 13 VO (EG) Nr. 1228/2003, ABl. 2006 Nr. L 312/60.
In Deutschland wird aktuell auf das Verfahren des so genannten Open-Market-Coupling (OMC) zurückgegriffen; vgl. hierzu *Kühling*, RdE 2006, S. 173 (175 f).
[32] *Holznagel/Schumacher*, N&R 2007, S. 96 (102); *Talus/Wälde*, CRNI 2006, p. 355 (356).

bb) Gas

Im Gasbereich besteht ein Bedürfnis für neue Fernleitungssysteme oder LNG-Anlagen aus wettbewerblicher Sicht vor allem, um eine Abhängigkeit von bestimmten Erdgasquellen und damit eine marktbeherrschende Stellung der entsprechenden Erzeuger zu vermeiden. Zu nennen ist in diesem Zusammenhang vor allem der mehrheitlich vom russischen Staat kontrollierte gegenwärtige Exportmonopolist Gazprom[33], dessen Reserven sich mit mehr als 29 Billionen m³ Erdgas auf etwa 17% der nachgewiesenen weltweiten Gasreserven belaufen.[34]

2. Versorgungssicherheit

Zweites Hauptziel des energierechtlichen Rechtsrahmens ist die Sicherung und Verbesserung der Versorgungssicherheit.

a) Situation der Versorgungssicherheit

aa) Bedeutung der Versorgungssicherheit

Der Versorgungssicherheit im Energiebereich kommt eine zentrale makroökonomische Bedeutung zu. Allein die Kosten einer eintägigen Unterbrechung der Elektrizitätsversorgung in einem großen Mitgliedstaat der Union werden auf 5–10 Milliarden € geschätzt.[35] Dementsprechend bekannte sich die Union von Beginn des energierechtlichen Rechtsetzungsprozesses an zum Ziel einer umfassenden Gewährleistung der Versorgungssicherheit. Die Kommission bezeichnete den strategischen Charakter der Energie in ihrem Arbeitsdokument zum Binnenmarkt für Energie von 1988 sogar als evident.[36] Diese Einschätzung ist auch in jüngster Zeit unverändert geblieben.[37]

bb) Gefahren für die Versorgungssicherheit

Trotz der zentralen Bedeutung der Versorgungssicherheit begegnet diese in jüngerer Zeit jedoch zunehmend neuen Herausforderungen.[38]

---

[33] Lediglich im Bereich der GUS verfügte Gazprom von 1994 bis 2005 zwischenzeitlich nicht über ein Exportmonopol. Für die Zukunft ist zwar ein Bedeutungszuwachs anderer Erdgasförderer neben Gazprom nicht ausgeschlossen. Auch für die Zukunft wird jedoch ein Export dieses Erdgases nur über Gazprom als faktischer Exportmonopolist möglich sein; vgl. hierzu und zu den Marktanteilen für Erdgasförderung und Erdgasexport *Stern*, The Future of Russian Gas and Gazprom, 2005, p. 5 ff, 19 ff, 41, 67, 72 ff, 105 ff, 128, 139 f, 212.

[34] *Yakemtchouk*, RMCUE 2007, p. 146 (146).

[35] Europäische Kommission, Vorschlag für eine Richtlinie des Europäischen Parlaments und des Rates über Maßnahmen zur Gewährleistung der Sicherheit der Elektrizitätsversorgung und von Infrastrukturinvestitionen, KOM(2003) 740 endg., S. 19.

[36] Europäische Kommission, Der Binnenmarkt für Energie, KOM(1988) 238 endg., Rdnr. 23.

[37] Europäische Kommission, Eine Energiepolitik für Europa, KOM(2007) 1 endg., S. 3.

[38] Europäische Kommission, Eine Energiepolitik für Europa, KOM(2007) 1 endg., S. 3.

Zum einen bestehen Bedenken im Hinblick auf die teilweise bereits implementierte und noch weiterhin durchzuführende Liberalisierung der Energiemärkte verbunden mit der Abschaffung der Gebietsmonopole. So wurde und wird befürchtet, dass nötige Investitionen in vorhandene bzw. neu zu schaffende Infrastrukturen unterbleiben, wodurch eine Destabilisierung des Energieversorgungsnetzes eintreten könnte. Verwiesen wird in diesem Zusammenhang vor allem auf Ereignisse in anderen liberalisierten Energiemärkten. Häufig genannte Beispiele sind Kalifornien[39], die USA im Allgemeinen[40] sowie Erfahrungen aus anderen netzgebundenen Wirtschaftssektoren.[41] Begründet werden diese Bedenken wie bereits angedeutet mit den im liberalisierten Markt angeblich fehlenden Investitionsanreizen. Auch die Drohungen der Deutschen Telekom AG (DTAG), auf bestimmte Netzinvestitionen im Breitbandkabelnetz in einem regulierten Umfeld zu verzichten, sind hier bereits zu erwähnen.[42] Dies wird als umso bedeutender eingeschätzt, als die mit Unterinvestitionen verbundenen Gefahren schwerer wiegen als die mit Überinvestitionen verbundenen wirtschaftlichen Probleme.[43] Teilweise wurde die Eignung von wettbewerbsorientiert agierenden Einheiten als Netzeigentümer grundsätzlich bestritten. So scheint der als Begründer der klassischen Volkswirtschaftslehre geltende *Adam Smith* trotz seiner Bezeichnung als Vater des Liberalismus den Staat als besseren Eigner bestimmter Infrastrukturen zu betrachten.[44] Obwohl die Europäische Kommission wie ausgeführt der Versorgungssicherheit im Energiesektor schon traditionell hohe Bedeutung beigemessen hatte, hat auch diese in Folge der Ereignisse auf dem kalifornischen Strommarkt die Bedeutung der Versorgungssicherheit nochmals betont und gegenüber den anderen energiepolitischen Hauptzielen mit zusätzlichem Gewicht versehen.[45]

---

[39] Beginnend im Sommer 2000 traten in der kalifornischen Stromversorgung zum Teil massive Versorgungsstörungen auf, die schließlich sogar zu stundenweisen Flächenabschaltungen führten; vgl. hierzu http://www.energyagency.at/(de)/projekte/california.htm (zuletzt abgerufen am 25.07.07).
[40] Insbesondere der Blackout vom 14.08.2003, der im Nordosten der USA und im Südosten Kanadas über 50 Millionen Menschen mehr als 24h von der Stromversorgung abschnitt, nährte diese Befürchtungen.
[41] Vgl. Schilderung der Bedenken bei *Wälde/Gunst*, Journal of World Trade 36 (2) 2002, p. 191 (192f), Fn. 4; von *Hirschhausen/Beckers/Brenck*, Utilities Policy 12 (2004), p. 203 (203).
[42] DTAG, Anhörung der Bundesnetzagentur v. 22.02.2006 zur Identifizierung Neuer Märkte im Bereich der Telekommunikation, S. 5f, abrufbar unter http://www.bundesnetzagentur.de/cae/servlet/contentblob/13710/publicationFile/3793/DeutscheTelekomAGBonnId6006pdf.pdf (zuletzt abgerufen am 11.04.10); siehe unten 7. Kapitel (Exkurs): I.
[43] *Helm/Thompson*, JTEP 1991, p. 231 (239ff); von *Hirschhausen/Beckers/Brenck*, Utilities Policy 12 (2004), p. 203 (209).
[44] *Smith*, An Inquiry into the Nature and Causes of the Wealth of Nations, 1789, Book V, Chapter I, Part III, Article 1.
[45] Europäische Kommission, Vollendung des Energiebinnenmarktes, KOM(2001) 125 endg., S. 23f; *Kühne*, RdE 2002, S. 257 (262); *Koenig/Kühling/Rasbach*, ZNER 2003, S. 3 (7).

Unabhängig von der Liberalisierung der Energiemärkte ist die Versorgungssicherheit jedoch auch durch das Versiegen bestimmter Energiequellen bedroht. Erfolgte im Jahr 2007 im Bereich der Europäischen Union die Versorgung mit Erdgas noch zu 43% aus heimischen Vorkommen wird dieser Wert bis 2030 nach Prognosen der Kommission auf 16% sinken. Im Bereich des Gesamtenergieverbrauchs wird ein Anstieg der Importabhängigkeit von 50% auf immerhin 65% prognostiziert.[46] Insbesondere im Vereinigten Königreich, das in der Vergangenheit einen bedeutenden Anteil seines Gasbedarfs aus heimischen Quellen gedeckt hat und immer noch deckt, wird bis 2020 ein Importanteil in Höhe von 55 bis 90% erwartet.[47]

b) Erfordernis neuer Infrastrukturen

Zentrales Element bei der Meisterung der beschriebenen Herausforderungen für die Versorgungssicherheit ist wiederum die Schaffung neuer Infrastrukturen.

aa) Gas

Im Gassektor sind neue Verbindungsleitungen oder LNG-Anlagen zwingend, um die Versorgungssicherheit zu gewährleisten. Anders als Strom, der als Sekundärenergieform zumindest bei bestimmten Formen der Erzeugung grundsätzlich an verschiedenen Orten produziert werden kann, muss Gas als Primärenergieträger dort gefördert werden, wo sich die natürlichen Vorkommen befinden und von dort zum Verbraucher transportiert werden.[48] Im Falle des Versiegens bestehender Erdgasvorkommen müssen bei gleichbleibendem Verbrauch neue Vorkommen erschlossen werden. Da wie oben ausgeführt die unionsinternen Gasvorkommen zunehmend erschöpft sind, muss Erdgas in der Zukunft in verstärktem Maße importiert werden. Die weltweit größten Erdgasvorkommen finden sich in der Russischen Föderation. Von den weltweit nachgewiesenen Erdgasreserven in Höhe von etwa 175 Billionen m³ Erdgas befinden sich mehr als 27% in der Russischen Föderation.[49] Aufgrund ihrer geografischen Nähe zur EU kann durch einen Ausbau des bestehenden Pipelinesystems und die Errichtung neuer Pipelines der Ausfall unionsinterner Gasvorkommen kompensiert werden. Eine zu starke Fixierung auf russisches Gas birgt jedoch die Gefahr geostrategischer Abhängigkeiten der EU von Russland.[50] Darüber

---

[46] Europäische Kommission, Eine Energiepolitik für Europa, KOM(2007) 1 endg., S. 4; *Lamy*, RMCUE 2007, p. 141 (142).
[47] *McRobb/Prosser*, Regulation and Marktes Beyond 2000, 2000, p. 67.
[48] *Wälde/Gunst*, Journal of World Trade 36 (2) 2002, p. 191 (191 f).
[49] Energy Information Administration, Official Energy Statistics from the U.S. Government, 2007, abrufbar unter http://www.eia.doe.gov/emeu/international/reserves.html (zuletzt abgerufen am 08.08.08); *Yakemtchouk*, RMCUE 2007, p. 146 (146).
[50] *Yakemtchouk*, RMCUE 2007, p. 146 (147). Zu den aktuellen Schwierigkeiten im Ver-

hinaus entstehen in jüngerer Zeit zunehmend Zweifel, ob die Russische Föderation ihre gegebenen Exportzusagen für die Zukunft überhaupt erfüllen kann. Ursächlich hierfür ist der Umstand, dass Russland zwar wie ausgeführt über beinahe unerschöpfliche nachgewiesene Reserven verfügt. Allerdings wurden trotz sinkender Fördermengen in bestehenden so genannten Super-Giant-Feldern, i.e. Feldern mit mindestens 1000 Milliarden m^3 Erdgasvorkommen, nur in unzureichendem Maße neue derartige Felder erschlossen. Darüber hinaus steht die tatsächliche Explorierbarkeit und Förderung bei bestimmten Gasvorkommen aufgrund besonderer Umweltbedingungen in Frage oder ist mit hohen Kosten verbunden.[51] Daher erscheint eine Diversifizierung der Gasimporte sinnvoll.[52] Hierbei bieten sich pipelinegestützte Systeme zur Versorgung mit beispielsweise nordafrikanischem oder mittelasiatischem Erdgas an. Prominentes Beispiel hierbei ist die so genannte *Nabucco*-Pipeline[53] zum Anschluss des kaspischen und mittelasiatischen Raumes an das europäische Gasversorgungssystem. Die Europäische Kommission sieht in der *Nabucco*-Pipeline einen vierten Hauptgasimportkorridor zur Diversifizierung des Erdgasbezugs.[54] Als Alternative kommen auch LNG-Anlagen zunehmend in Betracht, an denen mit Tankschiffen Erdgas von sämtlichen auf dem Weltmarkt vertretenen Anbietern bezogen werden kann. In Deutschland existiert bisher kein LNG-Terminal. Die Deutsche Flüssigerdgas Terminal Gesellschaft mbH (DFTG) plant jedoch in Wilhelmshaven ein Terminal mit einer Jahreskapazität von bis zu 10 Milliarden m^3 Gas.[55] Vor allem im Vereinigten Königreich und in Italien wurden in jüngerer Zeit bereits mehrere LNG-Terminals errichtet.

bb) Strom

Aber auch im Stromsektor gebietet die Versorgungssicherheit den Ausbau des Verbindungsleitungsnetzes.[56] Ein transeuropäisch ausgebautes Verbindungsleitungsnetz ermöglicht ähnlich wie im Gasbereich zum einen den Strombezug über große Entfernungen. Damit kann auch Strom, der wie etwa im Bereich der erneuerbaren Energien an bestimmten Orten zu besonders günstigen Konditionen produziert werden kann, einen Beitrag zur Versorgungssicherheit leisten.

---

hältnis zwischen Europäischer Union und Russischer Föderation *Gomart*, RMCUE 2007, p. 423 (423 ff).

[51] Umfassende Ausführungen hierzu finden sich *Stern*, The Future of Russian Gas and Gazprom, 2005, p. 8 ff, 32 f; *Riley*, CEPS Policy Brief 116 (2006), The Coming of the Russian Gas Deficit: Consequences and Solutions.

[52] Europäische Kommission, Eine Energiepolitik für Europa, KOM(2007) 1 endg., S. 19.

[53] Siehe unten 5. Kapitel: II. 2. d) ee) (b), 3. c) bb) (a).

[54] Europäische Kommission, Vorrangiger Verbundplan, KOM(2006) 846 endg., S. 11; *Yakemtchouk*, RMCUE 2007, p. 148.

[55] Vgl. hierzu www.dftg.de.

[56] Europäische Kommission, Vollendung des Energiebinnenmarktes, KOM(2001) 125 endg., S. 23.

II. Zielekanon der europäischen Energiepolitik 15

Zu nennen sind hier nordafrikanischer Solarstrom[57], skandinavische Wasserkraft oder auch Offshore-Windkraft aus Nord- und Ostsee. Für die grenzüberschreitende Stromübertragung außerhalb und innerhalb des europäischen Stromverbunds bietet sich der Einsatz von Gleichstromverbindungsleitungen (HVDC bzw. UHVDC) an, da hier wesentlich niedrigere Transportverluste eintreten.[58]

Innerhalb des europäischen Stromverbunds ermöglicht ein engmaschiges Verbindungsleitungsnetz einen störungsfreien Netzbetrieb. Der größte und bedeutendste Stromverbund *UCTE* ging zum 1. Juli 2009 in der *entsoe* auf. Die *entsoe* umfasst 42 Übertragungsnetzbetreiber aus 34 Ländern und ersetzt die *UCTE* und die übrigen fünf europäischen Stromverbünde[59]. Auch die vier deutschen Übertragungsnetzbetreiber EnBW Transportnetze AG, transpower stromübertragungs GmbH, Amprion GmbH sowie 50Hertz Transmission GmbH sind Mitglieder der *entsoe*.[60] Die Übertragung innerhalb der *entsoe* erfolgt hauptsächlich in Form von dreiphasigem Wechselstrom mit der Frequenz 50 Hz. Geschuldet ist dies bestimmten technischen und wirtschaftlichen Vorteilen. Erforderlich ist im Falle der Wechselstromübertragung allerdings eine absolute Synchronität von Erzeuger- und Verbraucherspannung und damit ein Gleichgewicht von Stromproduktion und Stromverbrauch. Gerät dieses Gleichgewicht aus dem Takt, kommt es in Folge von Frequenzschwankungen zu Stabilitätsproblemen, die zum Ausfall des Netzes führen können. Die Abweichungstoleranz ist mit 0,05 Hz extrem niedrig. Durch die Zusammenschaltung der einzelnen nationalen Netze zu einem Verbundnetz werden diese Gefahren minimiert. Ausgefallene Leitungen können im Falle eines großen Verbunds leichter durch andere Leitungen umgangen und überbrückt werden. Stromüberschüsse oder -unterdeckungen können im größeren Verbund leichter ausgeglichen werden. Je besser die Verbindungsleitungskapazitäten ausgebaut sind, desto größer ist auch die Versorgungssicherheit. Allerdings haben sich die bestehenden Kapazitäten auch für die Absicherung gegen kurzfristige Versorgungsstörungen in bestimmten Fällen als nicht mehr ausreichend erwiesen. Prominent ins öffentliche Bewusstsein rückte die beschriebene Problematik

---

[57] Als prominentes Beispiel für die Nutzbarmachung nordafrikanischer Sonnenstromkapazitäten ist die 2009 gegründete Desertec-Initiative zu nennen; vgl. hierzu http://www.desertec.org/de/ (zuletzt abgerufen am 25.04.10).

[58] Die Übertragungslänge wird bei Gleichstromverbindungsleitungen nur durch den ohmschen Widerstand Ω begrenzt. Wechselstromübertragung ist hingegen zusätzlich kapazitiven, induktiven und dielektrischen Verlusten ausgesetzt; siehe unten 5. Kapitel: I. 1. b) aa).

Vgl. zur Hochspannungsgleichstromübertragung mit weiteren Nachweisen *May*, Ökobilanz eines Solarstromtransfers von Nordafrika nach Europa, 2005, S. 30.

[59] Mit ATSOI, BALTSO, ETSO, NORDEL sowie UKTSOA existierten fünf weitere Netzverbünde.

[60] Siehe http://www.entsoe.eu/index.php?id=15 (zuletzt abgerufen am 10.04.10).

zuletzt am 4. November 2006, als es im gesamten europäischen Stromverbund *UCTE* zu umfassenden Versorgungsstörungen kam. Ursächlich hierfür war die Abschaltung der Höchstspannungsleitung zwischen dem niederländischen Conneforde und dem deutschen Diele durch die E.ON-Netz GmbH, die Vorgängerin der transpower stromübertragungs GmbH, anlässlich der Überführung eines Kreuzfahrtschiffes von Papenburg über die Ems in die Nordsee, während gleichzeitig ein erhöhtes Windstromaufkommen ins Netz eingespeist wurde.[61] Folglich gebietet auch die Versorgungssicherheit den Ausbau der vorhandenen Interkonnektorkapazitäten.[62]

3. Nachhaltigkeit

Die Implementierung und Sicherung eines unter ökologischen Aspekten nachhaltigen Betriebs der Energieversorgung stellt das dritte Hauptziel des energierechtlichen Rechtsrahmens dar.

a) Entwicklung des Nachhaltigkeitsziels

Das Nachhaltigkeitsziel war im energierechtlichen Rahmen der Union nicht von Beginn an in seiner heutigen Bedeutung enthalten. Während in der Messina-Erklärung noch von möglichst billiger Energie in möglichst großer Menge die Rede war[63], war Energieeinsparung zwar bereits in der Ratsentschließung von 1986 als vorrangiges Ziel anerkannt.[64] Jedoch war dies weniger ökologischen Aspekten als vielmehr den Erfahrungen der vergangenen Ölkrisen und den damit verbundenen Befürchtungen betreffs der Versorgungssicherheit geschuldet.[65] Auch die Elektrizitäts- und Gasbinnenmarktrichtlinien von 1996 und 1998 ermöglichten zwar gemeinwirtschaftliche Verpflichtungen aufgrund des Umweltschutzes. Eine Gleichrangigkeit zum Wettbewerbsziel bestand jedoch nicht. Die Bedeutung des Nachhaltigkeitsziels hat sich jedoch in jüngerer Zeit vergrößert. Sowohl die Elektrizitäts- als auch die Gasbinnenmarktrichtlinie von 2003 beinhalten Wettbewerb, Versorgungssicherheit und Nachhaltigkeit als gleichrangige energiepolitische Ziele. Deutlich wurde die besondere Bedeutung des Nachhaltigkeitsziels in der Vergangenheit auch durch die verstärkten

---

[61] Bundesnetzagentur, Bericht der Bundesnetzagentur für Elektrizität, Gas, Telekommunikation, Post und Eisenbahnen über die Systemstörung im deutschen und europäischen Verbundsystem am 4. November 2006, abrufbar unter http://www.bundesnetzagentur.de/cae/servlet/contentblob/33806/publicationFile/1592/BerichtId9007pdf.pdf (zuletzt abgerufen am 11.04.10).
[62] VO (EG) Nr. 680/2007, Erwägungsgrund 1, 10; Entscheidung Nr. 1364/2006/EG; *Holznagel/Schumacher*, N&R 2007, S. 96 (102).
[63] Vgl. oben 1. Kapitel Fn. 3.
[64] ABl. 1986 Nr. C 241/1.
[65] Europäische Kommission, Der Binnenmarkt für Energie, KOM(1988) 238 endg., Rdnr. 23.

Bemühungen der Union im Bereich des Klimaschutzes. Zu erwähnen sind vor allem die Treibhausgasreduktionsziele der EU, wonach die Union ihre Treibhausgasemissionen gegenüber 1990 bis zum Jahr 2020 um 30% und bis zum Jahr 2050 sogar um 60 bis 80% reduzieren will. Hierdurch soll in Kombination mit entsprechenden Maßnahmen anderer Industriestaaten die Erderwärmung auf maximal 2° Celsius gegenüber dem vorindustriellen Niveau begrenzt werden.[66] Konkrete Maßnahme zur Erreichung dieser Zielsetzung ist neben dem Treibhausgasemissionshandelssystem vor allem der erhöhte Anteil erneuerbarer Energien an der Stromversorgung.[67]

b) Erfordernis neuer Verbindungsleitungen

Auch hierbei spielt die Errichtung neuer Verbindungsleitungen eine bedeutende Rolle. Für den Stromsektor ist festzustellen, dass für die Fälle, in denen der Neubau von Erzeugungskapazitäten und Leitungskapazitäten zum Anschluss anderer Erzeugungskapazitäten in einem Alternativverhältnis stehen,[68] der Leitungsbau oftmals mit einem geringerem Umweltverbrauch verbunden ist. Ein konkretes Beispiel stellt in diesem Zusammenhang der Anschluss norwegischer Wasserkraftkapazitäten an das deutsche Stromverbundnetz durch den so genannten *Viking Cable*-Interkonnektor dar. Zweck dieser unter der Bezeichnung *Viking Cable* letztlich nicht realisierten Verbindungsleitung war auch der Ersatz bestimmter mit fossilen Energieträgern betriebener Kraftwerkskapazitäten in Deutschland.[69]

Ein weiteres Beispiel findet sich mit der zunehmenden Bedeutung der Offshore-Windkraftkapazitäten. Die Europäische Kommission sieht hierbei bis zum Jahr 2010 allein für die Offshore-Windkraft ein Potential von bis zu 14.000 MW.[70] Hier ergeben sich neue bisher ungenutzte Potentiale einer CO_2-freien Energieerzeugung, durch die auf fossiler Energieträgerbasis fußende Erzeugungskapazitäten ersetzt werden können. Eine umfassende Nutzung dieser Potentiale ist jedoch nur durch eine Erweiterung der Netzkapazitäten möglich. Der bis 2015 prognostizierte Anstieg des Offshore-Windstromanteils an der deutschen Stromversorgung erfordert für den seeseitigen Anschluss der Windenergieanlagen in Nord- und Ostsee und den Ausbau des deutschen Höchst-

---

[66] Schlussfolgerungen des Vorsitzes – Europäischer Rat (Brüssel) 8. und 9. März 2007, Rz. 29 ff.
[67] Richtlinie 2003/87/EG über ein System für den Handel mit Treibhausgasemissionszertifikaten in der Gemeinschaft, ABl. 2003 Nr. L 275/32, sowie die Richtlinie 2001/77/EG zur Förderung der Stromerzeugung aus erneuerbaren Energiequellen im Elektrizitätsbinnenmarkt, ABl. 2001 Nr. L 283/33.
[68] *Keller/Wild*, Utilities Policy 12 (2004), p. 243 (245).
[69] Mitteilung in der Sache COMP/E-3/37.921 – Viking Cable, ABl. 2001 Nr. C 247/11; vgl. auch *May*, Ökobilanz eines Solarstromtransfers von Nordafrika nach Europa, 2005, S. IV.
[70] Europäische Kommission, Grünbuch – Die künftige Meerespolitik der EU, KOM(2006) 275 endg. – Teil II ANHANG, S. 16 f.

spannungsleitungsnetzes ein Investitionsvolumen von beinahe 12 Milliarden €. An Land werden für den Anschluss der Offshore-Windenergiekapazitäten dabei bis 2020 1050 km Neubautrassen und 450 km Trassenverstärkungen benötigt.[71]

Die Reserven nordafrikanischer Sonnenstromkapazitäten scheinen unerschöpflich. Vor allem im Bereich der thermischen Solarenergie bieten sich hier Potentiale auch im Bereich größerer Erzeugungseinheiten.[72] Legt man einen Stromertrag von 200–300 GWh/km^2 zugrunde, der bei thermischen Solarkraftwerken in Nordafrika realistisch ist, könnte man mit einer überbauten Fläche von 45 x 45 km^2 theoretisch den gesamten Jahresstrombedarf der Bundesrepublik Deutschland von circa 500 TWh decken. Auch hier ist eine umfassende Nutzung jedoch wiederum nur unter der Bedingung eines entsprechenden Netzausbaus möglich. Eine umfassende Nutzung elektrolytisch erzeugten Wasserstoffs als Speicher kann realistisch frühestens in den Dekaden nach 2030 erwartet werden.[73] Die Kosten für einen solchen Solarstromimport im Wege der Hochspannungsgleichstromübertragung würden sich für eine Kapazität von 2.000 MW über 3.000 km, was beispielsweise der Entfernung von Südalgerien bis Aachen oder Südlibyen bis Mailand entsprechen würde, auf 2 bis 3 Milliarden € belaufen.[74]

III. Neue Infrastrukturen

Die Ziele des europäischen Energierechtsrahmens können, wie anhand jedes Einzelziels nachgewiesen wurde, ohne die Errichtung neuer Infrastrukturen nicht erreicht werden. Wettbewerb, Versorgungssicherheit und Nachhaltigkeit erfordern gleichermaßen einen wirklichen europäischen Binnenmarkt für Energie, dessen Grundvoraussetzung jedoch als netzgebundener Wirtschaftsbereich ein europäisches Energieversorgungsnetz ist. Anschaulich wird dies auch daran, dass mit dem Vertrag von Lissabon den drei klassischen energiepolitischen Zielen ein viertes mit der Förderung der Interkonnektion der Energienetze in Art. 194 Abs. 1 lit. d) AEUV hinzugefügt wird. Das erforderliche In-

---

[71] Dena, Dena-Netzstudie, 2005, S. 126, 225 f, abrufbar unter http://www.offshore-wind. de/page/fileadmin/offshore/documents/dena_Netzstudie/dena-Netzstudie_I_Haupttext. pdf (zuletzt abgerufen am 10.04.10).

[72] Vgl. hierzu *May*, Ökobilanz eines Solarstromtransfers von Nordafrika nach Europa, 2005; *Perras/Rubner*, SZ Nr. 86 2007, S. 8; Europäische Kommission, Eine Energiepolitik für Europa, KOM(2007) 1 endg., S. 23 f.

[73] *Pehndt/Höpfner*, Wasserstoff- und Stromspeicher in einem Energiesystem mit hohen Anteilen erneuerbarer Energien: Analyse der kurz- und mittelfristigen Perspektiven, 2009, S. 20.

[74] BMU (Hrsg.), Ökologisch optimierter Ausbau der Nutzung erneuerbarer Energien in Deutschland, 2004, S. 58 ff.

vestitionsvolumen für Elektrizitätsübertragungsleitungen, Erdgasfernrohrleitungen sowie LNG-Terminals ist wie ausgeführt von beträchtlichem Umfang und wird von der Europäischen Kommission bis 2013 insgesamt auf mindestens 28–30 Milliarden € geschätzt.[75] Bisher ist es allerdings nicht gelungen, angemessene Investitionen in neue Infrastrukturen zu tätigen. Die Investitionen in grenzüberschreitende Infrastruktur sind vielmehr eher niedrig. So wurden beispielsweise im Jahr 2005 für grenzüberschreitende Stromübertragungskapazitäten in der EU sogar unter Einschluss Norwegens, der Schweiz und der Türkei nur 200 Millionen € und damit nur 5 % der jährlichen Gesamtinvestitionen in Elektrizitätsversorgungsnetze getätigt.[76] Auch im Bereich der Gasfernleitungsnetze erweist sich die Finanzierung wichtiger Projekte mitunter als schwierig, wie das oben erwähnte Beispiel der *Nabucco*-Pipeline[77] zeigt. Wie auch die Europäische Kommission eingesteht, haben Netzbetreiber keine ausreichenden Anreize, das Netz im Gesamtinteresse des Marktes weiterzuentwickeln. Die Ursachen hierfür sind wohl vielschichtig und in ihrer jeweiligen Bedeutung für das Problem umstritten. Abgesehen von planungs- und baurechtlichen Aspekten, die nicht Gegenstand der vorliegenden Bearbeitung sind, sieht die Europäische Kommission vor allem in der vertikalen Integration von Energieerzeugung und Energieübertragung eine Hauptursache für ausbleibende Netzinvestitionen und verfolgt deshalb eine möglichst auch eigentumsrechtliche Entflechtung der vertikal integrierten Energieversorgungsunternehmen oder zumindest einen unabhängigen Netzbetreiber im Sinne einer Treuhandlösung.[78] Energieversorgungsunternehmen verweisen als Ursache hingegen auf Zugangsverpflichtungen und vor allem niedrig kalkulierte Zugangsentgelte, die Investitionen erschweren und schwerer kalkulierbar machten.

Während die von der Europäischen Kommission beabsichtigte eigentumsrechtliche Entflechtung sowie auch das parallel vorgeschlagene Modell des unabhängigen Netzbetreibers umstritten sind und auch die jüngeren Kompromisslinien noch keine endgültige Lösung erkennen lassen, findet sich mit der Regulierungsfreistellung gem. Art. 36 GasRL bzw. Art. 17 StromhandelsVO für einen bestimmten Bereich neuer Infrastrukturen bereits im bestehenden Rechtsrahmen ein Instrument zur möglichen Lösung der in Folge von Regulierungsmaßnahmen entstehenden Investitionsrisiken. Auch in den von der Kommission vorgelegten Vorschlägen für ein drittes Energierechtspaket ist das Instrument der Regulierungsfreistellung auch in der vom Rat auf seiner Sitzung

---

[75] Europäische Kommission, Transeuropäische Netze: Entwicklung eines integrierten Konzepts, KOM(2007) 135 endg., S. 6; dies, Vorrangiger Verbundplan, KOM(2006) 846 endg., S. 5; VO (EG) Nr. 680/2007 Erwägung 10 i. V. m. Entscheidung Nr. 1364/2006/EG.
[76] Europäische Kommission, Vorrangiger Verbundplan, KOM(2006) 846 endg., S. 5.
[77] Siehe unten 5. Kapitel: II. 2. d) ee) (b), 3. c) bb) (a).
[78] Siehe unten 3. Kapitel: II. 1.

vom 10. Oktober 2008 akzeptierten Fassung weiterhin enthalten.[79] Das bisher eher sparsam angewendete Instrument der Regulierungsfreistellung[80] könnte einen entscheidenden Aspekt bei der Schaffung der seitens der Kommission vermissten Anreize für eine Weiterentwicklung des Netzes im Gesamtmarktinteresse darstellen.

IV. Zwischenergebnis

Der Ausbau der bestehenden europäischen Energieversorgungsnetze zu einem transeuropäischen Energieversorgungsnetz durch Erweiterung der vorhandenen Kapazitäten und Errichtung neuer Infrastrukturen war von Beginn des europäischen Rechtssetzungsprozesses an ein zentrales Anliegen des Binnenmarktprozesses im Energiesektor. Gerade auch die Europäische Kommission hat dies anlässlich fast jedes neuen Rechtssetzungsakts im Bereich des Energiebinnenmarkts immer wieder betont. Dennoch sind die Erfolge bisher begrenzt geblieben.

Wie ausgeführt ist die Errichtung neuer und der Ausbau bestehender Infrastrukturen für das Erreichen der drei Hauptziele des aktuellen europäischen Energierechtsrahmens – Wettbewerb, Versorgungssicherheit und Nachhaltigkeit – wichtiger denn je. Eine Zielerreichung ohne ein tatsächliches transeuropäisches Energieversorgungsnetz erscheint beinahe ausgeschlossen.

Gleichzeitig birgt die im Rahmen der Liberalisierung der europäischen Energiemärkte implementierte Regulierung die Gefahr der Vernichtung von Investitionsanreizen. Regulierungsausnahmen wie Art. 17 StromhandelsVO und Art. 36 GasRL könnten im Sinne eines Regulierungsfolgenrechts[81] ein Mittel zur Überwindung dieser Risiken darstellen.

---

[79] Siehe unten 3. Kapitel: II. 1. b).
[80] Eine Übersicht über die bisher gewährten Regulierungsfreistellungen gem. Art. 36 GasRL bzw. Art. 17 StromhandelsVO findet sich unter http://ec.europa.eu/energy/infrastructure/infrastructure/electricity/electricity_exemptions_en.htm (zuletzt abgerufen am 10.04.10) bzw. unter http://ec.europa.eu/energy/infrastructure/infrastructure/gas/Gas_exemptions_en.htm (zuletzt abgerufen am 10.04.10).
[81] *Säcker*, ZNER 2004, S. 98 (100).

2. Kapitel

Funktionsweise und Dysfunktionalitäten einer sektorspezifischen Regulierung

I. Ökonomisch-theoretische Grundkonzeption einer sektorspezifischen Regulierung

Grundvoraussetzung für eine vertiefte Auseinandersetzung mit dem Instrument einer Regulierungsfreistellung, wie sie Art. 17 StromhandelsVO und Art. 36 GasRL implementieren, und die Einordnung seiner Berechtigung ist zunächst ein Verständnis der Grundkonzeption sektorspezifischer Regulierungsmaßnahmen. Für die vorliegende Thematik entscheidend ist vor allem die Frage, unter welchen Bedingungen Regulierung zur Verringerung von Investitionsanreizen führen kann. Anhand der Grundkonzeption sektorspezifischer Regulierung lässt sich erklären, wann und wie Regulierung in einem marktwirtschaftlichen Umfeld ihre Berechtigung hat und wo wiederum auch in einem sonst regulierten Marktumfeld mit dem Instrument der Regulierungsausnahme auf Regulierung verzichtet werden kann und muss, um die Erreichung der Regulierungsziele wie Versorgungssicherheit und Wettbewerb zu gewährleisten.

Grundprinzip einer marktwirtschaftlich organisierten Ordnung ist dem Terminus der Marktwirtschaft folgend die Koordination durch den Markt. Ein Markt beschreibt sämtliche Austauschprozesse, die aus dem Zusammentreffen von Anbietern und Nachfragern entstehen. Koordination durch den Markt ist dabei zwingend verbunden mit dem Begriff der Konkurrenz. Aufgrund der Knappheit der auf dem Markt gehandelten Güter und Dienstleistungen stehen die am Markt auftretenden Akteure notwendigerweise in Konflikt bei der Realisierung ihrer Ziele. Aus der Konkurrenz der verschiedenen Anbieter und Nachfrager ergeben sich die Austauschverhältnisse der Austauschprozesse, die Preise, welche die Knappheit der Güter zum Ausdruck bringen.[1] Der Markt als Grundprinzip weist dabei verschiedene Funktionen auf: Zentral ist die Verteilung des Markteinkommens nach der Marktleistung. Eng damit verbunden ist die Förderung des technischen Fortschritts. Aufgrund seines dynamischen Charakters profitiert derjenige am meisten, der durch Innovation die Produktionsfaktoren ihrer jeweils produktivsten Verwendung zuführt. Dies beinhaltet

---

[1] *Fritsch/Wein/Ewers*, Marktversagen und Wirtschaftspolitik, 2007, S. 6f; *Erhard*, Wohlstand für alle, 1964, S. 7, 9.

mit der optimalen Faktorallokation gleichzeitig eine weitere Marktfunktion. Aufgrund des Koordinationsprozesses von Angebot und Nachfrage kann dies allerdings nur gelingen, wenn sich die Anbieter an den Konsumentenpräferenzen orientieren. Da diese jedoch nicht statisch sind, passt ein funktionierender Marktmechanismus die Produktion beständig den sich ändernden Rahmenbedingungen an.[2]

Unter bestimmten Voraussetzungen kann der Marktmechanismus die beschriebenen Funktionen jedoch nicht mehr erfüllen. Unabdingbar für das Funktionieren des Marktmechanismus ist grundsätzlich das Vorliegen von zumindest potentieller[3] Konkurrenz und damit von Wettbewerb. Der ursprüngliche Ansatz ist das Modell der vollständigen Konkurrenz, das von einer atomistischen, i.e. einer durch eine Vielzahl von Akteuren mit jeweils geringem Marktanteil geprägten, Marktstruktur ausgeht. Auch wenn das Modell der vollständigen Konkurrenz auf die Realität, wenn überhaupt nur bei bestimmten hochliquiden Börsen zutrifft,[4] bietet es dennoch die Grundlage, Ursachen für Funktionsdefizite des Marktmechanismus aufzuzeigen. Zentral ist in diesem Zusammenhang das Auftreten von dauerhafter Übermacht eines Marktteilnehmers. Etabliert sich auf einer Marktseite ein dauerhaftes Übergewicht gerät die Erfüllung aller Marktfunktionen in Gefahr.[5]

Im gravierendsten Fall der Marktbeherrschung, dem Monopol[6], wird der Marktpreis nicht mehr durch Angebot und Nachfrage vorgegeben. Vielmehr kann der Monopolist durch die angebotene Menge den Preis steuern. Die Angebotsmenge wird durch den Monopolisten so festgelegt, dass der Grenzerlös den Grenzkosten entspricht. Dadurch entsteht der nach dem französischen Ökonomen *Antoine-Augustin Cournot* benannte, den Marktpreis übersteigende *Cournot*-Preis. Konsumentenrente wird dadurch abgeschöpft.[7] Darüber hinaus hat das Monopol weitere Negativeffekte. Ein einzelner Anbieter hat beispielsweise nur beschränkte Anreize zu technischer Innovation, da der Nachfrager aufgrund fehlender Konkurrenz auch im Falle eines rückständigen Produkts nicht auf andere Produkte ausweichen kann. Konsumentenpräferenzen sind damit mangels Ausweichmöglichkeiten nicht mehr maßgeblich. Durch die feh-

---

[2] *Fritsch/Wein/Ewers*, Marktversagen und Wirtschaftspolitik, 2007, S. 14 ff.
[3] Siehe unten 2. Kapitel: I. 2 .b).
[4] *Emmerich*, Kartellrecht, 2008, S. 6.
[5] *Eucken/Böhm*, ORDO (Bd. 1) 1948, VII (IX f); *Böhm*, ORDO (Bd. 1) 1948, S. 197 (211 ff).
Die Propagierung des Modells der atomistischen Konkurrenz durch die Freiburger Schule mit ihren Hauptvertretern *Eucken* und *Böhm* zählt zu den Gründungsmythen der Bundesrepublik Deutschland und findet sich so auch in der Begründung des Regierungsentwurfs des GWB 1957, das die »Erhaltung der vollständigen Konkurrenz in einem möglichst großen Umfang« als Hauptziel anführt. BTDrucks. 2/1158, S. 22.
[6] Grundlegend zu den verschiedenen Marktformen *Eucken*, Grundlagen der Nationalökonomie, 1989, S. 109 ff.
[7] *Fritsch/Wein/Ewers*, Marktversagen und Wirtschaftspolitik, 2007, S. 199 ff.

I. Ökonomisch-theoretische Grundkonzeption sektorspezifischer Regulierung   23

lende dynamische Effizienz ist auch eine optimale Faktorallokation nicht mehr gewährleistet. Der Marktmechanismus kann seine Funktionen mithin nicht mehr erfüllen.[8]

Grundsätzlich gewährleistet ein funktionierender Marktmechanismus die Verhinderung von Machtsituationen, da solche regelmäßig zu Markteintritten anderer Marktteilnehmer führt. Etabliert sich Marktmacht jedoch dauerhaft, ist die Marktstabilität und damit die Erfüllung der Marktfunktionen gefährdet oder wird gar unmöglich. Daher erlaubt die marktwirtschaftliche Ordnung ein Vorgehen gegen das Entstehen oder zumindest den Missbrauch marktbeherrschender Stellungen.

1. Die Funktionsweise des allgemeinen Wettbewerbsrechts (»*essential-facilities-doctrine*«)

Klassisches Instrumentarium in diesem Zusammenhang ist zunächst das Wettbewerbsrecht. In einzelfallorientierter Weise verfolgt das Instrumentarium des klassischen Wettbewerbsrechts methodologisch einen ex-post wirkenden Eingriffsmechanismus. Für den hier beleuchteten Bereich des Zugangs zu Netzindustrien geht es im Rahmen des klassischen wettbewerbsrechtlichen Ansatzes primär um den Missbrauch marktbeherrschender Stellungen der Netzeigentümer bzw. Netzbetreiber. Agiert der betreffende Marktteilnehmer dabei allein, so handelt es sich um ein Monopol. Tritt er im Rahmen einer Gruppe einiger weniger Marktteilnehmer auf, liegt ein Oligopol vor.

Im Bereich des Zugangs zu Netzindustrien spricht das allgemeine Wettbewerbsrecht von so genannten wesentlichen Einrichtungen, deren Mitnutzung unabdingbar ist, um selbst als Wettbewerber auf vor- oder nachgelagerten Märkten agieren zu können.[9] Aufgrund ihrer Entwicklung in den Vereinigten Staaten von Amerika ist auch der Terminus der *essential-facilities-doctrine* gebräuchlich. Ausgangspunkt war im Jahre 1912 die Entscheidung *Terminal Railroad Association* des U.S. Supreme Court. Die *Terminal Railroad Association*, die die beiden einzigen Brücken über den Mississippi ebenso kontrollierte wie die wichtigsten Gleisanlagen und Bahnhöfe in der Region St. Louis, wurde vom Supreme Court verpflichtet, ihre Anlagen und Brücken auch Dritten zu gleichen Konditionen wie ihren eigenen Gesellschaftern zur Verfügung zu stellen.[10] Zentrale Normen im europäischen und deutschen Recht sind Art. 102 AEUV sowie § 19 Abs. 4 Nr. 4 GWB. Die *essential-facilities*-doctrine als solche be-

---

[8] *Jung* in: Grabitz/Hilf, Art. 82 EGV, Rdnr. 6.
[9] *Möschel*, in: Immenga/Mestmäcker, Wettbewerbsrecht/GWB, 2007, § 19 GWB, Rdnr. 187 ff; *Emmerich*, Kartellrecht, 2008, S. 158; *Schwintowski*, WuW 1999, S. 842 (842 ff).
[10] U.S. Supreme Court, United States v. Terminal Railroad Association of St. Louis, 224 U.S. 383 (1912) sowie 236 U.S. 194 (1915).

zeichnet allerdings keinen in sich geschlossenen, homogenen Theorieansatz.[11] Soweit man sich nur auf die sie prägenden gerichtlichen Entscheidungen bezieht, bleibt sie unvollkommen, da sie gerade kein umfassendes Netzzugangsregime mit abgeschlossenem Katalog an Netzzugangsbedingungen implementiert. Auch die Rechtsprechung der europäischen Gerichte erkennt den Ansatz der *essential-facilities* in einem mehr oder weniger umfassenden Sinn implizit an,[12] erschöpft sich aber im Bereich der wesentlichen Einrichtungen auf die Feststellung missbräuchlichen Verhaltens in bestimmten Fällen, was eben kein umfassendes Netzzugangsregime darstellt.[13] Vor allem hier stellt sich das wettbewerbsrechtliche Instrumentarium daher als nicht mehr ausreichend zur Lösung wettbewerblicher Insuffizienzen dar. Insbesondere die Umstände, dass Darlegungs- und Beweislasten für angemessene Durchleitungsentgelte bei der Kartellbehörde liegen und diese ex-post tätig wird, erweisen sich im Bereich der Netzindustrien häufig als inadäquat.[14] Hier wird eine sektorspezifische Regulierung erforderlich. Der *essential-facilities*-doctrine kommt allerdings insoweit eine herausgehobene Bedeutung zu, als sie mit Kriterien wie relevanten Größenvorteilen, versunkenen Kosten oder Nichtumgehbarkeit der wesentlichen Einrichtung die Aspekte entwickelt, die auch bei der Begründung einer sektorspezifischen Regulierung maßgeblich sind.[15]

2. Sektorspezifische Regulierung

Das Instrumentarium einer sektorspezifischen Regulierung greift über den klassischen wettbewerbsrechtlichen Ansatz hinaus in die Rechtspositionen der regulierungsverpflichteten Marktteilnehmer ein und kann folglich nur dort zum Einsatz kommen, wo das Wettbewerbsrecht Insuffizienzen aufweist. In Betracht kommen dabei verschiedene Formen einer sektorspezifischen Regulierung. Die im ökonomischen Begriffsverständnis einer Regulierung als staatlichem Eingriff in den Wirtschaftsprozess schärfste Form der Regulierung stellt

---

[11] Hierzu auch *Schwintowski*, WuW 1999, S. 842 (842 ff), der selbst den zitierten Entscheidungen des Supreme Court eine kriterienbildende innere Systematik abspricht.
[12] EuGH »Telemarketing (CBEM)« 311/84, Slg. 1985, 3261 (3278) Rdnr. 26 f; »GB-Inno-BM SA« C-18/88, Slg. 1991, I-5941 (5980) Rdnr. 19; »Magill TV Guide« C-241 & 242/91, Slg. 1995, I-743 (823 ff) Rdnr. 52 ff; »Bronner« C-7/97, Slg. 1998, I-7791 (7826) Rdnr. 24.
  Der Terminus essential-facilities findet sich allerdings lediglich in Parteivorträgen; vgl. EuGH »Bronner« C-7/97, Slg. 1998, I-7791 (7826) Rdnr. 24; EuG »Van den Bergh Foods Ltd« T-65/98, Slg. 2003, 4653 (4716) Rdnr. 148.
  Nur in EuGH »Tetra Laval BV« C-12/03 P, Slg. 2005, I-987 (1089) Rdnr. 86 findet der Terminus unter Bezugnahme auf das EuG tatsächlich am Rande Eingang in eine Entscheidung.
[13] Mit weiteren Nachweisen *Jung* in: Grabitz/Hilf, Art. 82 EGV, Rdnr. 224 f.
[14] Monopolkommission, XVI. Hauptgutachten 2004/2005; BTDrucks. 16/2460, S. 61; dies., XIV. Hauptgutachten 2000/2001, BTDrucks. 14/9903, S. 42 ff.
[15] *Möschel*, in: Immenga/Mestmäcker, Wettbewerbsrecht/GWB, 2007, §19 GWB, Rdnr. 193 ff.

eine Marktzutrittsregulierung durch gesetzliche oder zumindest gesetzlich sanktionierte Marktzutrittsschranken dar. Eine sektorspezifische Regulierung im juristischen Begriffsverständnis erfasst einen solchen Eingriff nicht mehr. Konkurrenz als wesentliches Element des Marktmechanismus wird hierdurch völlig ausgeschaltet. Der daraus folgende Ausschluss von Wettbewerb wirkt als Fremdkörper in einem Wirtschaftssystem, das maßgeblich auf Wettbewerb als Funktionsvoraussetzung des Marktmechanismus gründet.

Andere Formen der Regulierung finden sich in der Festlegung von Preisen oder Geschäftsbedingungen oder etwa der Normierung bestimmter Versorgungspflichten.[16] Hier knüpft der juristische Terminus der sektorspezifischen Regulierung an. Auch das Festlegen von Preisen oder Geschäftsbedingungen ist einer marktwirtschaftlichen Ordnung grundsätzlich fremd. Selbst in einem System einer in einen umfassenden Ordnungsrahmen eingebundenen Marktwirtschaft wie der sozialen Marktwirtschaft in der Bundesrepublik Deutschland werden Preisfestsetzungen grundsätzlich als systemfremd abgelehnt.[17]

a) Natürliche Monopole

Bestimmte Wirtschaftsbereiche weisen allerdings grundlegende Besonderheiten auf, die sie einer Einordnung in den herkömmlichen Marktmechanismus entziehen. Diese können dazu führen, dass der Marktmechanismus als solcher nicht mehr funktioniert und über wettbewerbsrechtliche Eingriffsinstrumente hinaus auch eine sektorspezifische Regulierung etwa in Gestalt von Zugangsverpflichtungen zu festgelegten Preisen erforderlich wird und ordnungspolitisch legitim ist.[18]

aa) Subadditivität

Als regulierungsbedürftig werden traditionell so genannte natürliche Monopole angesehen.[19] Auch bei der Begründung der heute stattfindenden Regulierung im Bereich der Energieversorgung wird regelmäßig auf deren zumindest

---

[16] *Knieps*, Wettbewerbsökonomie, 2008, S. 28.

[17] Der als Vater der sozialen Marktwirtschaft geltende Ludwig Erhard lehnte ein staatliches Preisdiktat kategorisch ab. Preisvorschriften wurden als »artfremde Staatsfunktionen« bezeichnet. Siehe *Erhard*, Wohlstand für alle, 1964, S. 12. Den Kampf gegen Bewirtschaftung und Preisdiktat sah Erhard als die entscheidende Auseinandersetzung für den wirtschaftlichen Wiederaufstieg der Bundesrepublik Deutschland an. *Erhard*, Wohlstand für alle, 1964, S. 22, 69, 98 ff, 169, 172.
Siehe auch *Böge*, Die leitungsgebundene Energiewirtschaft zwischen klassischer Wettbewerbsaufsicht Regulierung, FS-Baur, 2002, S. 399 (410 f); *Büdenbender*, DVBl. 2006, S. 197 (205).

[18] Dies wurde beispielsweise auch von Erhard anerkannt. *Erhard*, Wohlstand für alle, 1964, S. 167, 174.

[19] *Kahn*, The Economics of Regulation Vol. 1, 1970, p. 11 f.

teilweise vorhandenen Charakter als natürliche Monopole verwiesen.[20] Als natürliche Monopole bezeichnet man eine Situation, in der Subadditivität herrscht, i.e. ein Unternehmen die gesamte Marktnachfrage zu niedrigeren Kosten bedienen kann als mehrere Anbieter[21]. Aufgrund der Leistungsfunktion des Wettbewerbs kann der jeweilige Anbieter in Konkurrenz zu den Wettbewerbern grundsätzlich nur am Markt bestehen, wenn er seine Organisationsabläufe so optimiert, dass die Kosten möglichst minimiert werden. Ein einzelner, monopolistischer Anbieter verfügt über diesen Anreiz nicht, weshalb Subadditivität die absolute Ausnahme darstellt. Liegt Subadditivität jedoch tatsächlich vor, erscheint es sinnvoll, die Bedienung des Marktes nur einem dauerhaft marktmächtigen Marktteilnehmer zu überlassen. Ein solches Protegieren oder gar die Förderung einer dauerhaft marktbeherrschenden Stellung entspricht nicht dem Grundcharakter des klassischen Wettbewerbsrechts. Das europäische und deutsche Wettbewerbsrecht verbieten zwar anders als beispielsweise das amerikanische Wettbewerbsrecht, das mit dem sec. 2 Sherman-Act[22] marktbeherrschende Stellungen beinahe einem Totalverbot unterstellt, derartige Stellungen nicht per se.[23] Allerdings wendet es sich gegen dauerhafte marktbeherrschende Stellungen, indem es für die Offenhaltung und Bestreitbarkeit der jeweiligen Märkte kämpft. Leistungsfremde Konsolidierungen oder Verstärkungen sind daher ebenso unzulässig wie Ausdehnungen auf Nachbarmärkte.[24] In einer Situation, in der gesamtwirtschaftlich betrachtet eine Mehrheit von Anbietern aufgrund des Vorliegens von Subadditivität jedoch nicht wünschenswert ist,[25] erscheinen die Instrumente klassischen Wettbewerbsrechts folglich weniger geeignet. Verfehlt wäre es jedoch, hieraus den Schluss zu ziehen, dass man etwa erst recht auf eine sektorspezifische Regulierung verzichten könne. Ein natürliches Monopol in einem bestimmten Bereich bedeutet nicht, dass auch auf vor- und nachgelagerten Märkten ein einzelner Anbieter kostengünstiger anbieten

---

[20] *Möschel*, in: Immenga/Mestmäcker, Wettbewerbsrecht/GWB, 2007, § 19 GWB, Rdnr. 37; BKartA vom 27.09. 1978 WuW/E BKartA 1719, 1720 f – BP-Gelsenberg; *Säcker*, ZNER 2004, S. 98 (98 f); *Abrar*, N&R 2007, S. 29 (29).

[21] *Knieps*, Wettbewerbsökonomie, 2008, S. 23; *Fritsch/Wein/Ewers*, Marktversagen und Wirtschaftspolitik, 2007, S. 187 ff; *Sharkey*, The Theory of Natural Monopoly, 1982, p. 54 ff; *Schmalensee*, The Control of Natural Monopolies, 1979, p. 3 ff.

[22] *Neale*, The antitrust laws of the United States of America, 1980, p. 90 ff; *Emmerich*, Kartellrecht, 2008, S. 131.

[23] EuGH »Michelin« 322/81 Slg. 1983, 3461 (3511) Rdnr. 57; »Telekommunikationsdienstleistungen« C-271, C-281 & C-289/90 Slg. 1992, I-5833 (5868) Rdnr. 35; *Jung* in: Grabitz/Hilf, Art. 82 EGV, Rdnr. 10.

[24] EuGH »Hoffmann-La Roche« 85/76, Slg. 1979, 461 (520); »Michelin« 322/81, Slg. 1983, 3461 (3511), Rdnr. 57; »Almelo« C-393/92, Slg. 1994, I- 1477 (1520), Rdnr. 44; »Companie Maritime Belge« C-395 & 396/96, Slg. 2000, I-1365 (1458), Rdnr. 37; »Commercial Solvents« 6 & 7/73, Slg. 1974, 223 (252), Rdnr. 25; »Telemarketing (CBEM)« 311/84, Slg. 1985, 3261 (3278), Rdnr. 26 »Tetra Pak I« C-333/94, Slg. 1996, I-5951 (6006 ff), Rdnr. 21 ff.

[25] *Sharkey*, The theory of natural monopoly, 1982, p. 56.

kann als mehrere Anbieter.[26] Auf vor- und nachgelagerten Märkten ist Wettbewerb vielmehr wünschenswert. Ein Tätigwerden auf vor- und nachgelagerten Märkten ist für Wettbewerber jedoch nur unter Inanspruchnahme des natürlichen Monopols möglich. Um zu verhindern, dass der natürliche Monopolist seine marktbeherrschende Stellung vom Flaschenhals des natürlichen Monopols auf diese Märkte überträgt, ist eine sektorspezifische Regulierung erforderlich.[27] Dies ist auch der Kerninhalt der *essential-facilities*-doctrine, die sich ebenfalls gegen die Ausdehnung von Marktmacht auf vor- und nachgelagerte Märkte wendet. Der Umstand, dass die marktbeherrschende Stellung im natürlichen Monopol jedoch dauerhaft ist und der natürliche Monopolist dadurch besonderen Raum für Verzögerungs- und Obstruktionsstrategien hat, macht das weitergehende Instrumentarium einer sektorspezifischen Regulierung erforderlich.[28] Soweit eine sektorspezifische Regulierung dauerhaft implementiert wird, geht sie über den Charakter eines bloßen Sonderkartellrechts hinaus. Vielmehr dient das Regulierungsrecht hier der Wahrnehmung einer staatlichen Gewährleistungsverantwortung.[29] Die staatliche Gewährleistungsverantwortung erfasst dabei gerade über die wettbewerblichen Funktionen hinaus im Bereich der Netzindustrien auch die Gewährleistung von Versorgungssicherheit der Energieversorgung, die »zur Sicherung einer menschenwürdigen Existenz unumgänglich ist«.[30] Regulierung in diesem Sinne bedeutet folglich die hoheitliche Regelung der Voraussetzungen für die Wirtschaftstätigkeit in Sektoren der Daseinsvorsorge, die durch ein besonderes öffentliches Interesse an ausreichender Versorgung der Bevölkerung mit bestimmten Dienstleistungen zu angemessenen und günstigen Bedingungen gekennzeichnet sind.[31] Versorgungssicherheits- und Wettbewerbsfunktion werden gleichermaßen deutlich.

bb) Skalen- und Verbundeffekte

Der Ansatz des natürlichen Monopols wurde lange Zeit gleichgesetzt mit Unteilbarkeiten in Folge von Skaleneffekten, i.e. Größenvorteilen.[32] Insbesondere im Falle netzgebundener Wirtschaftsbereiche, wo die Theorie des natürlichen Monopols ihren Ursprung fand,[33] besteht keine perfekte Teilbarkeit von Los-

---

[26] *Knieps*, Wettbewerbsökonomie, 2008, S. 95, 103.
[27] Monopolkommission, XIV. Hauptgutachten 2000/2001, BTDrucks. 14/9903, S. 364 f.
[28] Monopolkommission XVI. Hauptgutachten 2004/2005; BTDrucks. 16/2460, S. 61; dies., XIV. Hauptgutachten 2000/2001, BTDrucks. 14/9903, S. 44 f.
[29] *Hermes*, Staatliche Infrastrukturverantwortung, 1998, S. 6, 354, 375 ff; *Schuppert*, in: Schwintowski, Die Zukunft der kommunalen EVU im liberalisierten Energiemarkt, 2002, S. 11, 16 ff; *Lippert*, Energiewirtschaftsrecht, 2002, S. 195 ff.
[30] BVerfGE 38, 258 (270 f); 66, 248 (258).
[31] Europäische Kommission, Weißbuch zu Dienstleistungen von allgemeinem Interesse, KOM(2004) 374 endg., S. 10 f.
[32] *Kahn*, The Economics of Regulation Vol. 1, 1970, p. 124; ders., The Economics of Regulation Vol. 2, 1971, p. 123 f.
[33] *Knieps*, Wettbewerbsökonomie, 2008, S. 21 f.

größen. Vielmehr kann die Kapazität nur in bestimmten Schritten angepasst werden. Innerhalb dieser Schritte verteilen sich die Kosten bei verbesserter Auslastung auf eine erhöhte Outputmenge. Ein Anbieter kann folglich die Nachfrage kostengünstiger bedienen als mehrere Anbieter. In leitungsgebundenen Systemen entstehen weitere Skaleneffekte durch die so genannte Zwei-Drittel-Regel. Die Zwei-Drittel-Regel bringt zum Ausdruck, dass eine Verdoppelung des Leitungsvolumens nur eine Zunahme des Leitungsumfangs und damit auch der Materialkosten um zwei Drittel erfordert. Auch entstehen mit zunehmender Größe stochastische Größenersparnisse, i.e. mit ansteigender Betriebsgröße lassen sich zufallsbedingte Ereignisse regelmäßig leichter kalkulieren, da sich einzelne Abweichungen vom Durchschnitt nach dem Gesetz der großen Zahl tendenziell eher ausgleichen. Hierbei ist jedoch zu beachten, dass Skaleneffekte nur in bestimmten Konstellationen zu Subadditivtät der Kosten führen. Ermöglicht beispielsweise eine Weiterentwicklung der Produktionstechnologie eine Verkleinerung der Mindestkapazität, können minimale Stückkosten auch bei geringerer Produktionsmenge erreicht werden. Auch die vollständige Auslastung einer vorhandenen Kapazität kann die Errichtung zusätzlicher neuer Kapazitäten erfordern, die neben dem etablierten Anbieter zu gleichen Kosten auch ein zweiter Anbieter errichten könnte. Hier spricht man von einem so genannten temporären natürlichen Monopol, das durch die im Zeitablauf zunehmende Nachfrage entfällt.[34] Abgesehen von der Einschränkung im Hinblick auf das temporäre natürliche Monopol sind Skaleneffekte im Einproduktfall jedoch hinreichende Bedingung für das Vorliegen eines natürlichen Monopols.[35]

Dies gilt allerdings nicht für den Mehrproduktfall, in dem ein Unternehmen nicht nur ein, sondern mehrere Güter anbietet. Hier können Größenvorteile allein nicht zum Vorliegen von Subadditivität führen. Der Mehrproduktfall ist vorliegend von besonderem Interesse.[36] In diesem Mehrproduktfall genügen die Skaleneffekte nicht mehr zur Begründung eines natürlichen Monopols.[37] Bedeutender für das Vorliegen eines natürlichen Monopols im Mehrproduktfall sind anstelle der Größenvorteile vielmehr so genannte Verbundvorteile. Verbundvorteile basieren typischerweise auf der gemeinsamen Produktion bestimmter Produkte bzw. der gemeinsamen Erbringung bestimmter Dienstleistungen, bei der etwa nicht ausgelastete Kapazitäten bei der Produktion eines bestimmten Gutes oder der Erbringung bestimmter Dienstleistungen für die Produktion eines anderen Gutes oder die Erbringung einer anderen Dienstleis-

---

[34] *Schmalensee*, The Control of Natural Monopolies, 1979, p. 5; *Fritsch/Wein/Ewers*, Marktversagen und Wirtschaftspolitik, 2007, S. 186 f.

[35] *Sharkey*, The theory of natural monopoly, 1982, p. 57 ff; *Schmalensee*, The Control of Natural Monopolies, 1979, p. 3 ff.

[36] Siehe unten 2. Kapitel: I. 2. c) aa).

[37] *Knieps*, Wettbewerbsökonomie, 2008, S. 25; *Baumol/Panzar/Willig*, Contestable Markets and Theory of Industry Structure, 1988, p. 174.

tung genutzt werden können. Derartige Verbundvorteile sind im Mehrproduktfall notwendige Bedingung für das Vorliegen eines natürlichen Monopols. Hinreichende Bedingung für Subadditivität und damit das Vorliegen eines natürlichen Monopols sind Verbundvorteile im Mehrproduktfall jedoch nicht. Produzieren mehrere Konkurrenten das Güterbündel jeweils zusammen und sind dabei effizient, so liegen zwar Verbundvorteile vor, es fehlt jedoch am natürlichen Monopol. Erst wenn zu den Verbundvorteilen noch Größenvorteile hinzu kommen, entsteht im Mehrproduktfall ein natürliches Monopol.[38]

b) Bestreitbarkeit des Natürlichen Monopols

aa) Stabilität eines bestreitbaren natürlichen Monopols

Zu beachten ist jedoch, dass das Vorliegen eines natürlichen Monopols allein entgegen dem traditionellen Ansatz nicht genügen kann, um eine Regulierungsbedürftigkeit eines bestimmten Wirtschaftbereichs zu begründen.[39] Ursächlich hierfür ist, dass auch der natürliche Monopolist unter bestimmten Umständen bereits durch den potentiellen Marktzutritt anderer Marktteilnehmer dem Druck ausgesetzt ist, effizient produzieren zu müssen. Produziert ein natürlicher Monopolist nicht effizient, bestehen für einen anderen Marktteilnehmer Anreize, ebenfalls am Markt aufzutreten und dabei effizienter zu produzieren als der etablierte Marktteilnehmer. Durch die effizientere Produktion werden die Nachfrager unmittelbar zum neuen Anbieter abwandern. Um dies zu verhindern, wird der etablierte Anbieter von Beginn an möglichst effizient anbieten. Gleiches gilt für den Gewinn eines natürlichen Monopols. Macht der natürliche Monopolist Gewinn, werden neue Anbieter angezogen. Bieten diese zu günstigeren Konditionen an, die weniger, allerdings nicht keinen Gewinn verheißen, werden wiederum die Nachfrager abwandern. Aus diesem Grund wird schon der etablierte Anbieter seinen Gewinn so gering kalkulieren, dass keine neuen Anbieter angezogen werden. Im äußersten Fall wird der etablierte Anbieter so anbieten, dass der Gewinn bei gerade über Null liegt, da so keine Konkurrenten angezogen werden. Es leuchtet ein, dass unter den genannten Bedingungen ein etablierter Anbieter nicht über eine besondere Machtstellung verfügt respektive eine solche bis zum Markteintritt eines Konkurrenten nur für eine extrem kurze Dauer existiert.[40] Hier genügt das Instrumentarium des klassischen Wettbewerbsrechts. Eine sektorspezifische Regulierung im Sinne einer

---

[38] *Fritsch/Wein/Ewers*, Marktversagen und Wirtschaftspolitik, 2007, S. 191 ff.
[39] *Baumol/Panzar/Willig*, Contestable Markets and Theory of Industry Structure, 1988, p. 191 ff, 221 ff; *Sharkey*, The theory of natural monopoly, 1982, p. 147 ff; *Train*, Optimal Regulation, 1991, p. 297 ff; *Meyer/Wilson/Baughcum/Burton/Caouette*, The Economics of Competition in the Telecommunications Industry, 1982, p. 112 ff.
[40] *Baumol/Panzar/Willig*, Contestable Markets and Theory of Industry Structure, 1988, p. 221 ff; *Knieps*, Wettbewerbsökonomie, 2008, S. 31.

Zugangsregulierung oder gar einer Marktzutrittsregulierung ist nach den oben entwickelten Kriterien nicht erforderlich.

bb) Unbestreitbarkeit des natürlichen Monopols und daraus folgende Regulierungsbedürftigkeit

Zur Begründung der Regulierungsbedürftigkeit ist daher eine Erweiterung der Konzeption des natürlichen Monopols erforderlich. Maßgeblich ist die Angreifbarkeit des natürlichen Monopols. Nur wenn das natürliche Monopol im Falle von Ineffizienz oder übermäßigem Gewinn tatsächlich durch den sofortigen Markteintritt eines Newcomers bedroht ist, wird die Entstehung von Marktmacht des etablierten Anbieters und damit auch von möglichem Missbrauch dieser Marktmacht verhindert. Fehlt es hingegen an der Anfälligkeit des Marktes für so genannten »hit-and-run-entry«[41], erfolgt auch keine automatische Disziplinierung des etablierten Anbieters.

Verfügt etwa der etablierte Anbieter über Kostenvorteile gegenüber Marktneulingen, so kann er in Höhe dieser Kostenvorteile auf Effizienzsteigerungen verzichten, ohne dass seine Marktposition durch potentielle Wettbewerber bedroht ist. Derartige Kostenvorteile bestehen vor allem dort, wo ein natürliches Monopol mit irreversiblen Kosten verbunden ist. Als irreversible Kosten oder *sunk costs* bezeichnet man Kosten, die bei einem Marktaustritt zwingend abgeschrieben werden müssen, weil sich die eingesetzten Produktionsfaktoren weder einer anderen Verwendung zuführen lassen noch ohne Wertverlust verkauft werden können. Irreversible Kosten fallen bei einem gescheiterten Marktzutritt als Kosten des Scheiterns zwingend an und stellen somit eine Markteintrittsbarriere dar. Das natürliche Monopol ist damit nicht ohne weiteres durch potentielle Wettbewerber bestreitbar. Je nach Höhe der Markteintrittsbarriere besteht für den etablierten Anbieter vielmehr die Möglichkeit eigene Machtspielräume missbräuchlich auszunutzen. Hier wird eine Regulierung des natürlichen Monopols erforderlich, um zu verhindern, dass der Monopolist, seine durch die irreversiblen Kosten entstehende Marktmacht ausnutzt.

Noch gravierender wirken sich versunkene Investitionskosten aus, wenn ein Newcomer nicht nur die versunkenen Investitionskosten als Kosten des Scheiterns im Falle des Marktaustritts fürchten muss, sondern diese Gefahr des Scheiterns durch ruinösen Wettbewerb des etablierten Anbieters etwa in Form nicht kostendeckender Dumping-Preise noch weiter vergrößert wird.[42] Auch hier wird die Bestreitbarkeit des Marktes eingeschränkt und eine sektorspezifische Regulierung erforderlich.

---

[41] *Knieps*, Wettbewerbsökonomie, 2008, S. 29; *Train*, Optimal Regulation, 1991, p. 304.
[42] *Fritsch/Wein/Ewers*, Marktversagen und Wirtschaftspolitik, 2007, S. 208; *Knieps*, Wettbewerbsökonomie, 2008, S. 32.

I. Ökonomisch-theoretische Grundkonzeption sektorspezifischer Regulierung 31

Maßgeblich für die Regulierungsbedürftigkeit bestimmter Wirtschaftsbereiche ist also nicht allein das Vorliegen eines natürlichen Monopols, sondern die Bestreitbarkeit eines solchen natürlichen Monopols. Je stärker die Bestreitbarkeit eines natürlichen Monopols eingeschränkt ist, desto dringender ist eine sektorspezifische Regulierung erforderlich. Dabei ist zu beachten, dass in der Realität eine perfekte Bestreitbarkeit eines Marktes kaum vorliegen wird. Selbst im Falle nicht oder nur begrenzt vorhandener versunkener Investitionen, verlangt die Erschließung des Marktes durch einen Newcomer einen bestimmten Zeitaufwand, zumal die Nachfrager nicht wie im theoretischen Modell der vollständigen Konkurrenz über vollständige Informationen verfügen und auch nicht sofort zum günstigeren Anbieter wechseln, sondern vielmehr ein gewisser Grad an Trägheit zu unterstellen ist. Derartige Einschränkungen der Marktbestreitbarkeit allein können allerdings eine sektorspezifische Regulierung nicht rechtfertigen, da sie der Realwirtschaft mit Ausnahme der bereits erwähnten hochliquiden Börsen immanent sind.

Gehen die Einschränkungen der Bestreitbarkeit jedoch über diese typischen Erscheinungen hinaus, ist eine sektorspezifische Regulierung erforderlich. Erfolgt keine Regulierung, kann der Inhaber des natürlichen Monopols einen überhöhten Monopolpreis verlangen. Dadurch wird im Markt des natürlichen Monopols in ungerechtfertigter Weise Konsumentenrente abgeschöpft. Vor allem aber kann durch entsprechend überhöhte Monopolpreise der Wettbewerb auch auf vor- und nachgelagerten Märkten ausgeschlossen werden. Fordert der Inhaber des natürlichen Monopols von den Wettbewerbern höhere Preise als von integrierten Unternehmen, die selbst auf vor- oder nachgelagerten Marktstufen tätig sind, werden die Wettbewerber diskriminiert und schließlich aus dem Markt gedrängt. Besonders gravierend wirkt sich dies auf Märkten aus, wo neben der durch das natürliche Monopol bedingten fehlenden Substituierbarkeit noch Unelastizität der Nachfrage herrscht, da der Monopolist hier nur in geringem Maße durch einen Rückgang der Nachfrage bedroht wird. Relative Unelastizität der Nachfrage herrscht beispielsweise im Bereich der Energieversorgung im besonderen Maße.

c) Einordnung des Energiesektors

aa) Skalen- und Verbundeffekte sowie Bestreitbarkeit

Energieversorgungsnetze sind nicht perfekt teilbar. Vielmehr sind bestimmte Mindestkapazitäten regelmäßig erforderlich. Mit steigender Kapazitätsauslastung sinken die Kosten pro Outputeinheit. Gleichzeitig ist auf Energieversorgungsnetze als Leitungsnetze die Zwei-Drittel-Regel zumindest grundsätzlich anwendbar. Vor allem gilt dies für Gasrohrleitungen. Skaleneffekte liegen damit vor. Entgegen dem ersten Anschein stellen Energieversorgungsnetze jedoch keinen Einproduktfall dar, weshalb Skaleneffekte allein Subadditivität und damit das Vorliegen eines natürlichen Monopols nicht begründen können. Die Übertragung von Energie stellt zumindest im Stromsektor einen Mehrproduktfall dar. Strom ist dadurch gekennzeichnet, dass er nur sehr begrenzt ökonomisch sinnvoll gespeichert werden kann.[43] Dadurch muss Strom immer zu dem Zeitpunkt produziert und über das Stromnetz transportiert werden, zu dem er verbraucht wird. Der Stromverbrauch variiert dabei im Tagesverlauf stark. Die Stromübertragung weist daher aufgrund der unterschiedlich großen benötigten Netzkapazitäten einen vom jeweiligen Übertragungszeitpunkt abhängigen unterschiedlichen Charakter auf. Für den Gastransport gilt dies aufgrund der wesentlich besseren Speicherbarkeit nicht in gleichem Maße. In der Bundesrepublik existierte beispielsweise zum 31. 12. 1005 allein im Bereich der Poren- und Kavernenspeicher ein nutzbares Arbeitsvolumen von circa 19 Milliarden m³.[44] Allerdings ist die Speicherbarkeit von Gas insbesondere im Bereich der Niederdruckortsgasnetze trotz der Möglichkeit einer begrenzten Netzatmung (*line-pack*)[45] ebenfalls begrenzt,[46] weshalb auch der Gastransport zumindest teilweise keinen Einproduktfall im eigentlichen Sinne, sondern einen Mehrproduktfall darstellt.[47] Auch schwankt der Gasverbrauch saisonal stark, was wiederum nur begrenzt durch Speicheranlagen kompensiert werden kann. Erforderlich für das Vorliegen von Subadditivität ist folglich zusätzlich zu den

---

[43] In Betracht kommen Batteriespeicher, Druckluftspeicher, Wasserstoff oder Pumpspeicherkraftwerke.
Batterien sind regelmäßig durch eine eingeschränkte Speicherkapazität und auch durch die maximal mögliche Anzahl der Ladezyklen sehr begrenzt. Neuartige Redoxflowbatterien auf Basis von in flüssigem Elektrolyt gelösten Salzen, die neben einer Speicherkapazität von mehreren MWh auch Ladezyklen von 15.000 und mehr aufweisen, sind aufgrund ihrer hohen Kosten heute noch nicht marktfähig.
Auch Druckluftspeicher sind im großtechnischen Maßstab noch nicht marktfähig.
Eine Speicherung in Form von kinetischer Energie etwa in Pumpspeicherkraftwerken wie beispielsweise im thüringischen Goldisthal erscheint auch in großem Maßstab gut geeignet. In der Bundesrepublik Deutschland wird allerdings über die vorhandenen Pumpspeicherkapazitäten hinaus kaum ein Standort als wirtschaftlich nutzbar für ein weiteres derartiges Kraftwerk erachtet.
Auch eine Speicherung in Form von Wasserstoff und ein korrespondierender Einsatz von Brennstoffzellen stellt auf absehbare Zeit keine wirtschaftliche Lösung für eine Stromspeicherung in großem Stil dar.
Vgl. *Pehndt/Höpfner*, Wasserstoff- und Stromspeicher in einem Energiesystem mit hohen Anteilen erneuerbarer Energien: Analyse der kurz- und mittelfristigen Perspektiven, 2009, S. 20.
[44] *Sedlacek*, Erdöl Erdgas Kohle 2006 (122), S. 389 (394 f); siehe auch http://www.eon-ruhrgas.com/cps/rde/xchg/SID-3F57EEF5-35100DCE/er-corporate/hs.xsl/1460.htm (zuletzt abgerufen am. 31.01.08).
[45] Als line-pack bezeichnet man die in einer Leitung enthaltene Erdgasmenge. Da diese insbesondere auch vom Leitungsdruck abhängig ist, lassen sich über eine Erhöhung des Leitungsdrucks zusätzliche Gasvolumina in die Leitung verbringen, die eine begrenzte Speicherwirkung entfalten.
[46] *Cameron*, Competition in Energy Markets, 2007, p. 21 f, Rn. 1.37.
[47] Allgemein für die Einordnung von Netzen *Knieps*, ZfE 26 (2002), S. 171 (172 Fn. 6).

Skaleneffekten auch das Vorliegen von Verbundeffekten. Im Bereich der Energieübertragung bestehen derartige Verbundeffekte insoweit, als Netze, die zur Belieferung mit Spitzenlastenergie genutzt werden, etwa auch den Transport von Grundlastenergie mit abdecken können. Energieversorgungsnetze weisen damit wie leitungsgebundene Systeme im Allgemeinen sowohl Größen- als auch Verbundvorteile auf.[48] Folglich handelt es sich bei Energieversorgungsnetzen um natürliche Monopole. Soweit bei vollständiger Kapazitätsauslastung zusätzliche Kapazitäten erforderlich werden, sind diese jedoch regelmäßig temporär beschränkt.[49] Gleichzeitig können Energieversorgungsnetze keiner anderen Verwendung als dem Energietransport zugeführt werden. Soweit ein Verkauf nicht ohne Wertverlust möglich ist, stellen Energieversorgungsnetze somit den geradezu klassischen Fall der versunkenen Investition dar. Energieversorgungsnetze sind daher überwiegend nicht angreifbare natürliche Monopole und wurden und werden auch als solche betrachtet, was die Regulierungsbedürftigkeit indiziert.[50]

bb) Regulierungsfolgen

Bis zum Inkrafttreten des Gesetzes zur Neuregelung des Energiewirtschaftsrechts[51] am 25. April 1998 und der dadurch bedingten Einfügung von § 103b GWB, der die §§ 103 und 103a GWB auf die Versorgung mit Elektrizität und Gas für nicht mehr anwendbar erklärte, erfolgte eine nurmehr im ökonomischen Begriffsverständnis als Regulierung zu erfassende Martzutrittsregulierung. § 103 GWB, der Demarkationsverträge der Verbundunternehmen, Regionalversorger und Stadtwerke ausdrücklich tolerierte und vom Kartellverbot ausnahm, stellte in Kombination mit dem vorherrschenden Konzessionsvertragsregime zur Nutzung öffentlicher Straßen und Wege eine gesetzlich sanktionierte Marktzutrittsschranke für Newcomer in Gestalt eines quasi-gesetzlichen Monopols dar.[52]

Soweit die Gebietsmonopolisten im öffentlichen Eigentum standen, war diese Art des Markteingriffs eng mit dem Gedanken einer umfassenden Erfüllungsverantwortung[53] verknüpft. Zur Gewährleistung einer flächendeckenden sicheren Energieversorgung als unerlässlicher Bestandteil einer zeitgemäßen Lebensgestaltung hielt der Gesetzgeber die Errichtung von Markteintrittsbarrieren für erforderlich.

---

[48] *Sharkey*, The theory of natural monopoly, 1982, p. 75 f.
[49] *Klimisch/Lange*, WuW 1998, S. 15 (17).
[50] Monopolkommission, XIV. Hauptgutachten 2000/2001, BTDrucks. 14/9903, S. 359 Fn. 6 , 388 ; *Büdenbender*, DVBl. 2006, S. 197 (197).
[51] BGBl. I 1998, S. 730 ff.
[52] *Büdenbender*, DVBl. 2006, S. 197 (197).
[53] *Säcker*, ZNER 2004, S. 98 (99).

Mit dem Wegfall der gesetzlich sanktionierten Gebietsmonopole veränderte sich auch die Marktregulierung. An die Stelle der Konzeption einer weitgehenden staatlichen Erfüllungsverantwortung trat in Form der Regulierung von Preisen und Geschäftsbedingungen kombiniert mit Universaldienstverpflichtungen eine sektorspezifische Regulierung im juristischen Begriffsverständnis als staatliche Gewährleistungsverantwortung.[54] Die Intensität dieser Regulierung hat dabei seit 1998 beständig zugenommen, was sich allein an den Veränderungen des EnWG deutlich zeigt, dessen Umfang von 19 auf 118 Paragraphen anwuchs. Das Modell des verhandelten Netzzugangs des EnWG 1998 wurde dabei vom Modell eines wirklich regulierten Netzzugangs durch das EnWG 2005 abgelöst.

Die Einordnung der Energieversorgungsnetze als nicht bestreitbare natürliche Monopole bezieht sich dabei weiterhin sowohl auf die Verteilungs- als auch auf die Fernübertragungsnetze.[55] Diese generelle Einordnung muss allerdings zumindest hinsichtlich der länderübergreifenden Interkonnektoren in der Elektrizitätsversorgung sowie der grenzüberschreitenden Gasfernleitungen und LNG-Terminals hinterfragt werden. Hier muss vielmehr die Frage beantwortet werden, ob die übliche Formel, nach der eine Duplizierung oder gar Multiplizierung der Energieversorgungsnetze gesamtwirtschaftlich nicht sinnvoll ist, bezogen auf einzelne Einrichtungen in dieser Totalität Geltung hat.[56] Ergibt sich für bestimmte der genannten Infrastrukturen im Rahmen einer umfassenden Bewertung, dass die Kriterien eines nicht angreifbaren natürlichen Monopols nicht vorliegen, muss dies auf die sektorspezifische Regulierung wesentlichen Einfluss haben. Erfolgt eine derartige Berücksichtigung nicht, werden nicht nur wettbewerblich nicht erforderliche Regulierungsmaßnahmen durchgeführt, sondern möglicherweise auch Negativanreize in Bezug auf gesamtwirtschaftlich zur Erhaltung der Versorgungssicherheit benötigte neue Infrastrukturen gesetzt. Regulierungsfreistellungsmaßnahmen können ein geeignetes Mittel darstellen, dieser Problematik zu begegnen.[57]

II. Vorhandene Regulierungspraxis des Energiesektors

Energieversorgungsnetze unterliegen einer umfassenden sektorspezifischen Regulierung. Die Regulierung richtet sich in der Bundesrepublik Deutschland nach dem die Elektrizitäts- und GasRL umsetzenden EnWG und den mit Er-

---

[54] Vgl. oben 2. Kapitel Fn. 29.
[55] *Kruse*, Ökonomie der Monopolregulierung, 1985, S. 66; *Fritsch/Wein/Ewers*, Marktversagen und Wirtschaftspolitik, 2007, S 212.
[56] Siehe unten 5. Kapitel: II. 2. c) aa), d) bb), cc).
[57] Siehe auch *Klimisch/Lange*, WuW 1998, S. 15 (17).

mächtigung desselben erlassenen Rechtverordnungen sowie den einschlägigen Verordnungen der EU.[58]

Vor dem thematischen Hintergrund der Regulierungsausnahme erscheint eine Darstellung der vorhandenen Regulierung sinnvoll. Nur so lässt sich deutlich machen, wovon Regulierungsausnahmen überhaupt freistellen können und welche Bandbreiten bei ihrer konkreten Gestaltung denkbar sind. Die sektorspezifische Regulierung im Strom- und Gassektor unterteilt sich in verschiedene Bereiche.

1. Staatliche Gewährleistungsverantwortung

Energieversorgungsunternehmen unterliegen zunächst bestimmten Anzeige- und Genehmigungspflichten. Aufnahme und Beendigung der Energiebelieferung von Haushaltskunden müssen gem. § 5 Satz 1 EnWG bei der Regulierungsbehörde angezeigt werden. Die Aufnahme des Betriebs eines Energieversorgungsnetzes bedarf der Genehmigung der zuständigen Landesbehörde gem. § 4 Abs. 1 EnWG, wobei sich § 4 Abs. 1 EnWG dabei auf ein präventives Verbot mit Erlaubnisvorbehalt beschränkt, also keine Marktzutrittsregulierung durch Marktzutrittsschranken im Sinne der Schaffung und Absicherung von Gebietsmonopolen darstellt. Den Energieversorgungsunternehmen werden weiterhin bei der Ausübung ihrer Tätigkeit bestimmte Pflichten auferlegt. Gem. § 2 Abs. 1 i. V. m. § 1 EnWG sind die Energieversorgungsunternehmen den Zielen Wettbewerb, Versorgungssicherheit und Nachhaltigkeit verpflichtet. Netzbetreiber müssen darüber hinaus gem. §§ 11 bis 16a EnWG den Betrieb, die Wartung und den Ausbau eines sicheren, zuverlässigen und leistungsfähigen Netzes sicherstellen. Gem. §§ 36 bis 42 EnWG sind bestimmte Energieversorgungsunternehmen zu festgelegten Bedingungen ferner zur Energielieferung an den Letztverbraucher verpflichtet. Ausführliche Regelungen hierzu finden sich in der StromGVV[59] und in der GasGVV[60]. §§ 49 bis 53 EnWG regeln die Vorgaben zur Erhaltung der Sicherheit und Zuverlässigkeit der Energieversorgung. Neben der Normierung der Anforderungen an die technische Sicherheit und Pflichten zur Vorratshaltung in der Energieversorgung sind hier vor allem die Einrichtung eines Monitoring der Versorgungssicherheit gem. § 35 EnWG sowie die Anordnung bestimmter Meldepflichten von Bedeutung.

Alle genannten Regulierungsvorschriften regeln abstrakt die Regulierungsziele und dienen der Erfüllung der staatlichen Gewährleistungsverantwortung, die aus der Bedeutung einer sicheren flächendeckenden Energieversorgung als Bestandteil der unverzichtbaren Daseinsvorsorge folgt.[61] Zu erwähnen ist

---

[58] Vgl. oben 1. Kapitel: I. 2. b).
[59] BGBl. I 2006, S. 2391 ff.
[60] BGBl. I 2006, S. 2391 ff.
[61] Vgl. oben 2. Kapitel: I. 2. a) aa).

in diesem Zusammenhang auch die Regelung des Netzanschlusses in §§ 17 bis 19 EnWG soweit er den Letztverbraucher betrifft. Regulierungsmaßnahmen zur Förderung und Sicherung einer umweltverträglichen und nachhaltigen Energieversorgung finden sich vor allem im EEG[62] und KWKG[63] sowie im TEHG[64].

2. Netzzugangsregulierung

Von zentraler Bedeutung für die vorliegende Thematik sind jedoch vor allem die zur Sicherung des Wettbewerbs implementierten Regulierungsvorschriften. Eine potentielle Freistellung findet hier ihren Hauptanwendungsbereich. Neben dem bereits erwähnten Anschluss des Letztverbrauchers regeln die §§ 17 und 19 EnWG auch den Anschluss gleich- oder nachgelagerter Netze und Leitungen sowie Erzeugungs- und Speicheranlagen zu technischen und wirtschaftlichen Bedingungen, die angemessen, transparent und diskriminierungsfrei sind. Für die genauen Modalitäten des Netzzugangs ist auf StromNZV[65] und GasNZV[66] zu verweisen. Wie aus dieser Unterteilung in StromNZV und Gas-NZV deutlich wird, existieren trotz vorhandener Gemeinsamkeiten auch Unterschiede bei der Zugangsregulierung zu Elektrizitäts- und Gasversorgungsnetzen.

§§ 20 bis 28a EnWG legen in umfassender Weise die Bestimmungen für den Netzzugang fest. Hierbei handelt es sich um das Herzstück der Regulierung.[67] §§ 20 Abs. 1 und 21 Abs. 1 EnWG verpflichten die Betreiber von Energieversorgungsnetzen, jedermann angemessen, diskriminierungsfrei und transparent Zugang zu ihren Netzen zu gewähren. Auch die Beschaffung von Regel- und Ausgleichsenergie erfolgt gem. §§ 22 und 23 EnWG i. V.m. §§ 6 bis 11 StromNZV nach transparenten, diskriminierungsfreien und marktorientierten Gesichtspunkten. Ferner müssen die Netzbetreiber gem. § 20 Abs. 1 Satz 2 EnWG in einer Weise zusammenarbeiten, die einen effizienten Netzzugang gewährleistet. Eine Verweigerung des Netzzugangs ist gem. § 20 Abs. 2 EnWG nur möglich, wenn dieser aus betriebsbedingten oder sonstigen Gründen unter Berücksichtigung der Ziele des EnWG nicht möglich oder nicht zumutbar ist.

a) Strom

Wichtigster Grund für die Verweigerung des Netzzugangs, der für den Bereich Elektrizität auch in § 3 Abs. 1 Satz 2 StromNZV Erwähnung findet, ist der Ka-

---

[62] BGBl. I 2004 S. 1918 ff.
[63] BGBl. I 2002 S. 1092 ff.
[64] BGBl. I 2004 S. 1578 ff.
[65] BGBl. I 2005 S. 2243 ff.
[66] BGBl. I 2005 S. 2210 ff.
[67] *König/Kühling/Rasbach*, Energierecht, 2006, S. 46.

pazitätsengpass. Im Falle von Kapazitätsengpässen regelt § 15 StromNZV das Engpassmanagement. Nur wenn trotz der Durchführung von netz- und marktbezogenen Maßnahmen[68] ein Engpass verbleibt, kann der Netzzugang verweigert werden, wobei § 15 Abs. 2 StromNZV auch für diesen Fall ein diskriminierungsfreies, transparentes und darüber hinaus auch marktorientiertes Verfahren einfordert. Bisher konnte durch netz- und marktbezogene Maßnahmen das Auftreten von Engpässen und ein dadurch bedingtes Auseinanderfallen des deutschen Stromnetzes in engpassbedingte Marktzonen vermieden werden.[69] Die Realisierung des Netzzugangs im Elektrizitätsbereich im Wege eines so genannten Briefmarkenmodells, in dem der Ort der Einspeisung und Entnahme für die Berechnung der Netznutzungsentgelte keine Rolle spielt, ist daher bisher möglich. Das Netz wird als eine Zone mit ortsunabhängig vorhandenen ausreichenden Kapazitäten definiert und der Netzzugang erfolgt transaktions- und vollständig entfernungsunabhängig.

b) Gas

Für den Gasbereich gelten über das Ausgeführte hinaus die §§ 25 bis 28a EnWG sowie anstelle der StromNZV die GasNZV. Die zusätzlichen Regelungen ergeben sich neben den unterschiedlichen physikalischen Eigenschaften von Strom und Gas vor allem aus bestimmten Besonderheiten der Gasbranche. Aufgrund der von denen der Elektrizität abweichenden physikalischen Eigenschaften von Gas und der daraus folgenden Speicherbarkeit überträgt § 28 EnWG das Zugangsregime auch auf Speicheranlagen. Eine Unzumutbarkeit des Netzzugangs kann im Gasbereich gem. § 35 GasNZV angesichts unterschiedlicher Gasbeschaffenheiten auch aus Inkompatibilitäten des eingespeisten Gases folgen. Ferner kann der Netzzugang verweigert werden, wenn dem Gasversorgungsunternehmen aufgrund unbedingter Zahlungsverpflichtungen im Rahmen langfristiger Gaslieferungsverträge[70] in Folge der Zugangsgewährung ernsthafte wirtschaftliche und finanzielle Schwierigkeiten entstehen würden. Materiell

---

[68] Markt- und netzbezogen kommt etwa die Einspeisung von Regelenergie oder der Einsatz vertraglicher Abschaltoptionen in Betracht.

[69] Für die Zukunft bestehen jedoch in mittlerer Frist erhebliche Risiken innerdeutscher Engpässe; vgl. Bundesnetzagentur, Pressemitteilung vom 9. Januar 2008, abrufbar unter http://www.bundesnetzagentur.de/cae/servlet/contentblob/32376/publicationFile/1287/PM20080109NetzzustandEnergieId12383pdf.pdf (zuletzt abgerufen am 11.04.10); CONSENTEC Consulting/Frontier Economics Ltd., Methodische Fragen bei der Bewirtschaftung innerdeutscher Engpässe im Übertragungsnetz (Energie), 2008, abrufbar unter http://www.bundesnetzagentur.de/cae/servlet/contentblob/15262/publicationFile/4809/GutachtenId12789pdf.pdf (zuletzt abgerufen am 11.04.10).

[70] Relevant sind hier vor allem die so genannten Take-or-Pay-Vertragsgestaltungen, wonach der Gasnachfrager dem Exporteur für die Abnahme einer bestimmten Gasmindestmenge bezahlen, auch wenn tatsächlich im Zeitablauf weniger Gas abgenommen wird. Siehe hierzu unten 5. Kapitel: I. 2. b) aa) sowie *Talus*, E.L.Rev. 32 (2007), p. 535 (538 ff); siehe auch http://www.gazprom.ru/eng/articles/article20160.shtml (zuletzt abgerufen am 13.09.07).

maßgeblich ist dabei § 25 EnWG, der Art. 27 GasRL 2003 (Art. 48 GasRL) umsetzt. Die Zugangsverweigerung wird in diesem Fall gem. § 36 GasNZV ex-ante durch die Regulierungsbehörde genehmigt. Die Möglichkeit der Zugangsverweigerung in Folge langfristiger Lieferverträge steht in engem Zusammenhang mit Regulierungsfreistellungsmaßnahmen. In beiden Fällen spielen Versorgungssicherheit und Investitionsanreize eine zentrale Rolle. Langfristige Lieferverträge im Gasbereich werden daher im weiteren Verlauf gesonderte Berücksichtigung finden.[71] Das Engpassmanagementsystem im Gasbereich erfolgt gem. § 9 GasNZV nach dem Prioritätsprinzip, i.e. die Zuteilung folgt dem Zeitpunkt der Buchung. Kommt es zu einem Engpass, bestimmt § 10 GasNZV, dass Kapazitäten oberhalb einer Netzauslastung von 90% grundsätzlich zu versteigern sind. § 13 GasNZV regelt die Freigabe gebuchter Kapazitäten im Fall der Überbuchung. § 14 GasNZV regelt den Sekundärhandel mit Kapazitätsrechten. Anders als bei den Elektrizitätsversorgungsnetzen wird ein Briefmarkenmodell zur Realisierung des Netzzugangs im Gasbereich nur im Bereich der örtlichen Verteilernetze angewandt. In den übrigen Fällen erfolgt der Netzzugang gem. § 20 Abs. 1b EnWG im Wege eines so genannten Entry-Exit-Systems. Im Unterschied zum Briefmarkenmodell sind hier Ein- und Ausspeiseverträge erforderlich, wodurch eine dem geringeren Vermaschungsgrad und der erheblich divergierenden Auslastung der Gasversorgungsnetze besser entsprechende Netzzugangsstruktur geschaffen wird. Diese ist wie im Bereich der Elektrizitätsversorgung dem Grunde nach transaktionsunabhängig. Unterschiedliche Entfernungen zwischen Ein- und Ausspeisung können jedoch ohne die Notwendigkeit eines spezifischen Transportpfades dem Auslastungsgrad des Netzes entsprechend berücksichtigt werden.

3. Entgeltregulierung

Eng verknüpft mit der Regulierung des Zugangs zu den Energieversorgungsnetzen sind die Regulierungsmaßnahmen zur Regelung der Entgeltbildung. Durch die Forderung überhöhter oder gar prohibitiver Entgelte könnten die Netzbetreiber die Zugangsregulierung weitgehend unwirksam machen, da der Netzzugang für Wettbewerber dadurch unrentabel wird.[72] Die Regelung der Entgeltbildung ist in die Regulierung der Netzzugangs- und der Endkundenentgelte zu unterteilen.

---

[71] Siehe unten 5. Kapitel: I. 2. b) aa).
[72] *Büdenbender*, DVBl. 2006, S. 197 (198).

a) Kostenorientierte Regulierung und Anreizregulierung

Die vorliegend vor allem interessierende Regulierung der Netzzugangsentgelte findet sich in §§ 21 und 21a EnWG sowie der StromNEV[73] und der GasNEV[74]. Für den speziellen Bereich der anreizorientierten Entgeltbildung ist die ARegV[75] zu erwähnen, die seit 1. Januar 2009 zur Anwendung kommt. Die genannten Normen setzen die durch Art. 23 Abs. 2 lit. a), Abs. 4 ElektrizitätsRL 2003 (Art. 37 Abs. 6 lit. a), Abs. 10 ElektrizitätsRL) und Art. 25 Abs. 2 lit. a), Abs. 4 GasRL 2003 (Art. 41 Abs. 6 lit. a), Abs. 10 GasRL) errichteten Vorgaben ins nationale Recht um, wonach die Regulierungsbehörde die Methoden der Ermittlung für die Netzzugangsentgelte vorab festlegt oder genehmigt und für angemessene, nicht diskriminierende und die Lebensfähigkeit der Netze erhaltende Tarife Sorge trägt. Maßgebliche Normen für die verschiedenen Methoden der Bildung der Netzzugangsentgelte sind die §§ 21, 21a und 24 Satz 2 Nr. 5 EnWG. § 21 EnWG enthält die Grundregeln einer kostenorientierten Entgeltbildung, § 21a EnWG die einer anreizorientierten Entgeltbildung und § 24 Satz 2 Nr. 5 EnWG die Ermächtigung, im Wege der Rechtsverordnung für einen eng begrenzten Bereich ein reines Vergleichsmarktverfahren anzuwenden. Die genaue Kalkulation der Netzzugangsentgelte in Ausformung der im EnWG festgelegten Grundsätze enthalten StromNEV und GasNEV sowie speziell für die anreizorientierte Entgeltbildung die ARegV. Bei der Bildung der Netznutzungsentgelte muss wiederum dem Netzzugangsmodell entsprechend zwischen Briefmarkenmodell und Entry-Exit-System unterschieden werden. Während im Bereich der Elektrizität ein jährliches Entgelt gem. § 15 Abs. 1 Satz 2 StromNEV erhoben wird, erfolgt im Gasbereich die Abgeltung gem. § 13 GasNEV i. V. m. § 20 Abs. 1b EnWG über Ein- und Ausspeiseentgelte, wobei für das Beispiel der Bundesrepublik die Existenz mehrerer Marktgebiete zu berücksichtigen ist.[76]

Entgelte werden gem. § 21 Abs. 1 EnWG angemessen, transparent und diskriminierungsfrei gebildet. Maßgeblich sind dabei im Rahmen eines zunächst kostenorientierten Ansatzes die Kosten der Betriebsführung eines effizienten und strukturell vergleichbaren Netzbetreibers. Kosten, die bei effizienter Leistungserbringung nicht entstehen, i.e. nicht erforderlich sind, finden jedoch keine Berücksichtigung. Kosten, die sich ihrem Umfang nach im Wettbewerb nicht einstellen würden, finden gem. § 21 Abs. 2 Satz 2 EnWG keine Berücksichtigung. Die Regulierungsbehörde kann gem. § 21 Abs. 3 EnWG unabhängig von

---

[73] BGBl. I 2005, S. 2225 ff.
[74] BGBl. I 2005, S. 2197 ff.
[75] BGBl. I 2007, S. 2529 ff.
[76] Ab 1. Oktober 2008 sollte die Zahl der deutschen Marktgebiete auf acht reduziert werden; vgl. Bundesnetzagentur, Pressemitteilung vom 8. Januar 2008, abrufbar unter http://www.bundesnetzagentur.de/cae/servlet/contentblob/31698/publicationFile/1286/PM20080108ReduzierungGasmarktgebietId12381pdf.pdf (zuletzt abgerufen am 11.04.10).

der Regulierung der einzelnen Netzbetreiber einen Vergleich der Entgelte für den Netzzugang, der Erlöse oder der Kosten der Betreiber von Energieversorgungsnetzen durchführen, um sicherzustellen, dass sich die Entgelte an den Kosten einer Betriebsführung gem. § 21 Abs. 2 EnWG orientieren. Die Ergebnisse dieses Verfahrens sind gem. § 21 Abs. 4 Satz 1 EnWG im Rahmen des kostenorientierten Verfahrens nach § 21 Abs. 2 EnWG zu berücksichtigen. Sichergestellt werden soll allerdings in Umsetzung von Art. 23 Abs. 4 ElektrizitätsRL 2003 (Art. 37 Abs. 8 ElektrizitätsRL) und Art. 25 Abs. 4 GasRL 2003 (Art. 41 Abs. 8 GasRL) auch eine ausreichende Investitionstätigkeit in die Netze. Die Netzzugangsentgelte müssen daher gem. § 21 Abs. 2 EnWG auch eine angemessene, wettbewerbsfähige und risikoangepasste Verzinsung des Eigenkapitals gewähren. Der mögliche Konflikt zwischen Wettbewerb und Versorgungssicherheit wird hier wiederum deutlich. Hat der Netzbetreiber ein den beschriebenen Anforderungen gerecht werdendes Netzdurchleitungsentgelt gebildet, muss die Regulierungsbehörde dieses Entgelt gem. § 23a EnWG ex-ante prüfen und genehmigen, bevor es zur Anwendung kommt.

Wie ausgeführt wird die kostenorientierte Regulierung seit 1. Januar 2009 durch einen anreizorientierten Regulierungsansatz auf Basis der ARegV abgelöst. Anreizregulierung beinhaltet die Vorgabe von Obergrenzen üblicherweise entweder für die Netzzugangsentgelte – so genanntes price-cap-Verfahren – oder die Gesamterlöse aus den Netzzugangsentgelten – so genanntes revenue-cap-Verfahren. Die ARegV orientiert sich mit einer Obergrenze der zulässigen Gesamterlöse am revenue-cap-Verfahren. Verfolgt wird hierbei in der Regel eine *benchmark*-orientierte Regulierung, i.e. Maßstab für die Netzzugangsentgelte in der Folgeperiode ist der jeweils günstigste Netzbetreiber der Vorperiode. Die ARegV beschränkt sich zunächst gem. § 9 ARegV allerdings auf Effizienzsteigerungen in Höhe eines festgelegten Prozentsatzes. Vom Netzbetreiber nicht beeinflussbare Kostenanteile werden berücksichtigt. Die festgelegten Erlösobergrenzen werden wiederum anhand der entsprechenden Vorschriften der StromNEV und GasNEV in Netzzugangsentgelte umgesetzt.

b) Vergleichsmarktverfahren

Ein reines Vergleichsmarktverfahren als Maßstab der Entgeltregulierung findet sich im EnWG lediglich in einem Nebensatz, nämlich in der Verordnungsermächtigung des § 24 Satz 2 Nr. 5 EnWG. Für die vorliegend bearbeitete Thematik der Regulierungsfreistellungsmaßnahme ist diese Bestimmung jedoch von großer Bedeutung.[77] Danach kann bei bestehendem oder potentiellem Leitungswettbewerb die Entgeltbildung auf der Grundlage eines marktorientierten Verfahrens oder eine Preisbildung im Wettbewerb erfolgen. Wie aus der Gesetzesbegründung zum EnWG deutlich wird, soll die in § 24 Satz 2 Nr. 5 EnWG ent-

---

[77] Siehe unten 5. Kapitel: II. 2. d) ee).

haltende Verordnungsermächtigung insbesondere auf die Methoden der Entgeltbildung für den Zugang zu Fernleitungsnetzen Anwendung finden.[78] In Verbindung mit § 3 Nr. 5 EnWG ergibt sich daraus eine Beschränkung auf den Ferngasbereich. §§ 3 Abs. 2 und 3, 19 und 26 GasNEV setzen die Ermächtigung um, konkretisieren dabei Ferngastransport nochmals als überregionalen Gasferntransport und normieren bei Vorliegen der genannten Voraussetzungen die alleinige Anwendung des Vergleichsmarktprinzips. § 19 i. V. m. § 26 GasNEV verweisen für das Vergleichsverfahren auf die auch im Rahmen der Vergleichsverfahren des § 21 EnWG anzuwendenden § 21 bis 25 GasNEV. § 26 GasNEV schließt allerdings bestimmte Bestimmungen aus, wobei augenfällig ist, dass die ausgeklammerten Vorschriften primär kostenorientierte Regelungen sind. Die hoheitliche Kontrolle wandelt sich hierdurch von einer ex-ante Kontrolle in eine ex-post angelegte und einzelfallorientierte Kontrolle um und entspricht damit weitgehend einer Aufsicht, wie sie auch nach Art. 102 AEUV sowie § 19 Abs. 4 Nr. 4 und § 32 GWB durchgeführt wird.[79] Eine Korrektur des Vergleichsergebnisses durch spezifische Kostenbelastungen, die im klassischen Wettbewerbsrecht eigentlich möglich ist[80], ist ausgeschlossen. Dies ist allerdings insoweit schlüssig, als die Anwendung des Vergleichsmarktverfahrens gem. § 3 Abs. 2 Satz 1 GasNEV, die Erfüllung der tatbestandlichen Voraussetzungen vorausgesetzt, in der Hand des Netzbetreibers liegt, was im Rahmen der Missbrauchsaufsicht gem. Art. 102 AEUV und gem. § 19 Abs. 4 Nr. 2 GWB nicht der Fall ist.[81] Zieht der Netzbetreiber stattdessen die Maßstäblichkeiten der §§ 21, 21a EnWG heran, so können spezifische Kostenbelastungen berücksichtigt werden, was ihn hinreichend schützt.

Soweit der Gesetzgeber von bestehendem oder potentiellem Leitungswettbewerb spricht, erkennt er ausdrücklich an, dass offensichtlich nicht alle Infrastrukturen im Bereich der Energieversorgung zwingend unbestreitbare, natürliche Monopole sind.[82] Das Regulierungsbedürfnis für die entsprechenden Infrastrukturen steht hierdurch in Frage und es besteht folglich Raum für Regulierungsfreistellungen.

Weniger stark ausgeprägt und vorliegend nur von nachrangigem Interesse ist die Regulierung der Endkundenentgelte. Im Vordergrund steht hier in stärkerem Maß die Gewährleistung einer sicheren, flächendeckenden Energieversorgung. Hierzu zählen erschwingliche Tarife. Gem. § 36 Abs. 1 EnWG haben die Grundversorger Allgemeine Bedingungen und Preise für die Versorgung mit

---

[78] BTDrucks. 15/3917, S. 61.
[79] *Büdenbender*, DVBl. 2006, S. 197 (199, 205 ff).
[80] EuGH »Tournier«, Slg. 1989, 2521 ff (2577) Rdnr. 38; BGH vom 22.07.1999 WuW/E DE-R 375, 377 ff – Flugpreisspaltung; BGH vom 28.06.2005 WuW/E DE-R 1513, 1515 ff – Stadtwerke Mainz.
[81] *Möschel*, in: Immenga/Mestmäcker, Wettbewerbsrecht/GWB, 2007, § 19 GWB, Rdnr. 149 ff; *Emmerich*, Kartellrecht, 2008, S. 150 f.
[82] Vgl. oben 2. Kapitel: I. 2. c) bb); siehe unten 5. Kapitel: II. 2. c) aa), d) bb), cc).

Niederdruck und Niederspannung bekannt zu geben. Gem. § 39 EnWG können diese Allgemeinen Bedingungen und Preise im Wege der Rechtsverordnung geregelt werden. Seit Auslaufen der Bundestarifordnung Elektrizität (BTOElt)[83] am 1. Juli 2007 gilt allerdings für Endnutzerentgelte im Bereich der Energieversorgung generell nur noch eine allgemeine kartellrechtliche Missbrauchskontrolle, die allerdings durch den Gesetzgeber nachträglich durch das Gesetz zur Bekämpfung von Preismissbrauch im Bereich der Energieversorgung und des Lebensmittelhandels wieder verschärft wurde.[84] Erklären lässt sich das Außerkrafttreten der BTOElt mit der implementierten Vorleistungsregulierung. Funktioniert die Vorleistungsregulierung wirklich, so entsteht auf den Endkundenmärkten wirksamer Wettbewerb, was die Regulierung von Endnutzerleistungen sodann tatsächlich überflüssig macht.

4. Sonderregeln für den grenzüberschreitenden Strom- und Ferngashandel

Für den grenzüberschreitenden Stromhandel sind darüber hinaus Sonderregeln zu beachten. Hier gibt die StromhandelsVO zusätzlich zu beachtende engere Maßstäbe vor, die im Anhang der StromhandelsVO näher definiert werden.[85] Vorliegend relevant sind dabei vor allem die Regelungen zum Engpassmanagement an den Grenzkuppelstellen. Innerhalb des deutschen Stromnetzes findet Engpassmanagement zwar im Rahmen der Wahrnehmung der Systemverantwortung der Netzbetreiber statt, nicht jedoch in einer besonderen Vergütungspflicht einer Engpassnutzung, was mit dem Briefmarkenmodell unvereinbar wäre. Art. 16 Abs. 1 Satz 1 StromhandelsVO schreibt für das Engpassmanagement nicht diskriminierende, marktorientierte Lösungen vor, von denen wirtschaftliche Signale an die Marktteilnehmer und die beteiligten Übertragungsnetzbetreiber ausgehen. Die Bewältigung der Netzengpässe erfolgt gem. Art. 16 Abs. 1 Satz 2 StromhandelsVO vorzugsweise nicht transaktionsbezogen, i.e. ohne Unterschied zwischen den Verträgen der einzelnen Marktteilnehmer. Unter Berücksichtigung der Sicherheitsstandards für den sicheren Netzbetrieb ist den Marktteilnehmern gem. Art. 16 Abs. 3 StromhandelsVO die maximale Kapazität zur Verfügung zu stellen. Gem. Art. 16 Abs. 5 StromhandelsVO werden nicht benötigte Kapazitäten dem Netzbetreiber von den Marktteilnehmern rechtzeitig gemeldet und gehen in einem offenen, transparenten und nicht diskriminierenden Verfahren an den Markt zurück. Die Einnahmen aus der Zuweisung von Verbindungen dürfen gem. Art. 16 Abs. 6 StromhandelsVO ausschließlich verwendet werden, um die tatsächliche Verfügbarkeit der zugewie-

---
[83] BGBl. I 1989, S. 2255 ff.
[84] BGBl. I 2007, S. 2966 ff.
[85] Anhang I – Leitlinien für das Management und die Vergabe verfügbarer Übertragungskapazitäten auf Verbindungsleitungen zwischen nationalen Netzen, ABl. 2009 Nr. L 211/29.

senen Kapazität zu gewährleisten oder Netzinvestitionen für den Erhalt oder Ausbau von Verbindungskapazitäten zu tätigen. Eine Verbuchung als Einkünfte, die von der Regulierungsbehörde bei der Genehmigung der Tarifberechnungsmethode oder der Beurteilung der Frage, ob die Tarife geändert werden sollen, zu berücksichtigen sind, ist nur noch im Ausnahmefall möglich. Hier wird das Bestreben deutlich, ausreichende Investitionen in Infrastruktureinrichtungen sicherzustellen. Hinzuweisen ist auch darauf, dass Art. 14 Abs. 1 StromhandelsVO für den Anwendungsbereich der StromhandelsVO Netzentgelte vorschreibt, welche die tatsächlichen Kosten insofern widerspiegeln, als sie denen eines effizienten und strukturell vergleichbaren Netzbetreibers entsprechen. Eine rein anreizorientierte Regulierung dürfte daher für diesen Bereich ausscheiden. Dem wird § 11 Abs. 2 Satz 2 und 3 ARegV aber gerecht. Die besonderen Risiken einer anreizorientierten Regulierung werden dadurch vermieden.

Im Bereich der Gasversorgung ergeben sich zusätzliche Anforderungen aus der ErdgasfernleitungsnetzVO. Auch hier werden gem. Art. 16 ErdgasfernleitungsnetzVO besondere Grundsätze der Kapazitätszuweisungsmechanismen und Verfahren für das Engpassmanagement normiert. Vorliegend relevant sind auch die Regelungen über Ausgleichsregeln und Ausgleichsentgelte gem. Art. 21 ErdgasfernleitungsnetzVO, die Bestimmungen zum Handel mit Kapazitätsrechten gem. Art. 22 ErdgasfernleitungsnetzVO sowie die gem. Art. 23 ErdgasfernleitungsnetzVO zu den genannten Themengebieten erlassenen Leitlinien. Auch für die ErdgasfernleitungsnetzVO ist darauf hinzuweisen, dass gem. Art. 13 Abs. 1 Satz 1 ErdgasfernleitungsnetzVO die Netzentgelte die Ist-Kosten widerspiegeln müssen, soweit diese denen eines effizienten und strukturell vergleichbaren Netzbetreibers entsprechen. Auch hier dürfte daher eine rein anreizorientierte Regulierung ausgeschlossen sein, was jedoch auch für den Gasbereich durch § 11 Abs. 2 Satz 2 und 3 ARegV Berücksichtigung findet.

III. Grenzen der sektorspezifischen Regulierung

Aus dem beschriebenen Regulierungsrahmen folgt allerdings eine Vielzahl nicht unerheblicher Risiken. Dies gilt nicht nur für die Bundesrepublik Deutschland, sondern für sämtliche Mitgliedstaaten der EU. Aufgrund der Richtlinienvorgaben gleichen sich zumindest die Grundbedingungen der Regulierung in der gesamten Union. Gleiches gilt in logischer Folge für die rechtlichen Grenzen der Regulierung.

Es erscheint sinnvoll, zwischen den Regulierungsrisiken und den daraus resultierenden Rechtsfolgen zu differenzieren.

1. Regulierungsrisiken

a) Regulierungsbedürfnis

aa) Unterinvestment aufgrund eines fehlerhaft angenommenen Regulierungsbedürfnisses

Ein bedeutendes Risiko besteht zunächst in einer möglichen Fehleinschätzung bezüglich der Regulierungsbedürftigkeit eines Marktes, also bezüglich des Ob einer Regulierung. Maßgeblich für eine ökonomisch begründete Regulierungsbedürftigkeit ist wie ausgeführt nicht das Vorliegen eines natürlichen Monopols als solchen, sondern die Nichtangreifbarkeit desselben. Ob eine solche Nichtangreifbarkeit tatsächlich vorliegt, ist regelmäßig schwer zu beurteilen. Technische Fragen spielen hier ebenso eine Rolle wie Fragen der genauen Marktabgrenzung. Erschwert wird die Beurteilung dadurch, dass auch ehedem nicht angreifbare natürliche Monopole Instabilitäten ausgesetzt sein können, i.e. natürliche Monopole können sich zu Märkten verändern, auf denen entweder keine Nichtangreifbarkeit mehr vorliegt oder gar die Voraussetzungen des natürlichen Monopols als solchen entfallen.[86] Allerdings ist mitunter schwer zu erkennen, wo Regulierung nur eine solche transitorische Funktion hat und wo das natürliche Monopol dauerhaft unbestreitbar bleibt mit der Folge dauerhafter Marktmacht.[87] Sieht sich ein potentieller Investor einer Zugangsregulierung in Gestalt eines bloßen ad-hoc Zugangsrechts ausgesetzt, obwohl ein Zugangsrecht aufgrund der Marktstruktur eigentlich nicht geboten ist, weil kein unbestreitbares natürliches Monopol vorliegt, wird ihm ein Investitionsrisiko aufgebürdet, dem der zugangsberechtigte Wettbewerber nicht ausgesetzt sind. Dies könnte den Investor dazu veranlassen, eine Investition zu unterlassen, obwohl diese gesamtwirtschaftlich sinnvoll wäre. Besonders groß ist die Gefahr, wenn auch noch eine zu niedrige Festsetzung der Netzzugangsentgelte zu befürchten ist.

Diese makroökonomische Ineffizienz wird dadurch noch vergrößert, dass auch bezogen auf mögliche Wettbewerber des Inhabers bestehender Infrastrukturen negative Investitionsanreize entstehen. Erfolgt eine Zugangsregulierung bestehender Infrastrukturen, werden Risikoinvestitionen der Wettbewerber unwahrscheinlicher. Mit diesen sinkenden Investitionsanreizen im Allgemeinen gehen auch Anreize für eine möglicherweise effizientere Substitution und damit ein Stück wirtschaftliche Dynamik durch technische Innovation verlo-

---

[86] *Abrar*, N&R 2007, S. 29 ff (29); vgl. oben 2. Kapitel: I. 2.; grundlegende Erwägungen hierzu *Baumol/Panzar/Willig*, Contestable Marktes and the Theory of Industry Structure, 1988, p. 191 ff, 221 ff.
[87] *Säcker*, TKMR-Tagungsband 2004, S. 3 (4).

ren.⁸⁸ Für den Bereich der Telekommunikationsnetze⁸⁹ wird dieses Risiko in Erwägungsgrund 19 ZugangsRL⁹⁰ auch von Seiten der EU anerkannt. Fehlt es an einem unbestreitbaren natürlichen Monopol, muss daher eine sektorspezifische Regulierung entfallen.⁹¹

bb) Überinvestment durch von den Marktbedürfnissen abweichende Regulierung

Fehleinschätzungen bezüglich der Regulierungsnotwendigkeit sind hinsichtlich der Investitionsanreize auch aus einem anderen Blickwinkel problematisch. In einer dauerhaft implementierten sektorspezifischen Regulierung besteht das Risiko, dass Investoren ihre Investitionsentscheidung nicht mehr an den Marktbedürfnissen ausrichten, sondern an den Regulierungsbedingungen, da diese prägend sind für die Marktverhältnisse. Sofern diese durch die Regulierung geprägten Kriterien von den tatsächlichen Marktbedürfnissen abweichen, erfolgen makroökonomisch suboptimale Investitionen. Denkbar ist etwa, dass Investitionen erfolgen, die unter Marktbedingungen nicht rentabel wären, durch regulierungsgesteuerte Anreize jedoch profitabel werden. Dies führt zu überhöhten Regulierungsentgelten und damit zu makroökonomisch suboptimalen Ergebnissen.⁹² Insbesondere in räumlich begrenzten Märkten können die Kosten einzelner Infrastrukturprojekte einen beträchtlichen Anteil der gesamten Netzkosten ausmachen, was im Falle einer Sozialisierung durch Regulierung zu wesentlich erhöhten Netzzugangsentgelten führt. Einprägsames Beispiel ist der *Estlink*-Interkonnektor zwischen Estland und Finnland, auf den im weiteren Verlauf noch genauer einzugehen sein wird.⁹³ Ohne dessen makroökonomischen Nutzen in Frage zu stellen, lässt sich an seinem Beispiel der Einfluss eines Einzelprojekts auf die Höhe der Netzdurchleitungsentgelte verdeutlichen. Der estnische Anteil an den Gesamtkosten in Höhe von 890 Millionen estnischen Kronen (ca. 57 Millionen €) hätte selbst im Falle einer nur hälftigen Investition durch den Netzbetreiber den Wert der regulierten Vermögensge-

---

⁸⁸ *Meyer/Wilson/Baughcum/Burton/Caouette*, The Economics of Competition in the Telecommunications Industry, 1982, p. 122.
⁸⁹ Siehe unten Kapitel 7 (Exkurs).
⁹⁰ Richtlinie 2002/19/EG des Europäischen Parlaments und des Rates vom 7. März 2002 über den Zugang zu elektronischen Kommunikationsnetzen und zugehörigen Einrichtungen sowie deren Zusammenschaltung, ABl. 2002 Nr. L 108/7.
⁹¹ *Säcker*, ZNER 2004, S. 98 ff (99); *Böge*, Die leitungsgebundene Energiewirtschaft zwischen klassischer Wettbewerbsaufsicht Regulierung, FS-Baur, 2002, S. 399 (411).
Im Bereich der Telekommunikation wird diskutiert, ob dieser Zeitpunkt möglicherweise bereits erreicht ist; vgl. Pressemitteilung des Bundesministeriums für Wirtschaft und Technologie vom 27.02.07 http://www.bmwi.de/BMWi/Navigation/Presse/pressemitteilungen,did=188876.html (zuletzt abgerufen am 11.08.07).
⁹² *Meyer/Wilson/Baughcum/Burton/Caouette*, The Economics of Competition in the Telecommunications Industry, 1982, p. 117.
⁹³ Siehe unten 5. Kapitel: II. 3. b) cc) (b).

genstände um mehr als 10% erhöht, was auch eine spürbare Erhöhung der Durchleitungsentgelte zur Folge gehabt hätte.[94] Aus diesem und anderen Gründen wurde für den *Estlink*-Interkonnektor ein anderes Modell gewählt.[95] Diese Problematik ist eng verknüpft mit den Risiken, die aus der Art und Weise der Durchführung einer sektorspezifischen Regulierung resultieren.

cc) Beharrungsvermögen der Regulierungsbehörde

Ebenfalls eng verbunden mit den Durchführungsrisiken ist das Risiko eines zu stark ausgeprägten Beharrungsvermögens der Regulierungsbehörde, das in gleicher Weise zu einer Fehleinschätzung der Regulierungsbedürftigkeit führen kann. Obliegt die Entscheidung über die konkrete Durchführung von Regulierungsmaßnahmen einem Exekutivorgan, so ist in der Regel eine höhere Flexibilität in der Regulierung gewährleistet als bei der Entscheidung unmittelbar durch die Legislative. Allerdings ist die Regulierung auch im Falle ihrer Ausführung durch eine Behörde einer gewissen Trägheit ausgesetzt. Dauert eine Regulierung hinreichend lange an, entwickelt eine Regulierungsbehörde schnell eigene Interessen. Vor allem die in der Behörde handelnden Personen leben von der Regulierung und werden daher im Zweifel möglicherweise eher der Fortsetzung einer sektorspezifischen Regulierung als deren Einstellung zuneigen.[96] Die rechtzeitige Aufgabe überflüssig gewordener Regulierungsmaßnahmen wird hierdurch unwahrscheinlich.

b) Art der Regulierung

Weitere Risiken bestehen bezüglich des Wie einer Regulierung. Im Rahmen der sektorspezifischen Regulierung netzgebundener Wirtschaftsbereiche besteht das Risiko eines Trade-Offs, i.e. einer negativen wechselseitigen Abhängigkeit, zwischen den Zielen Wettbewerb und Investitionsanreiz und damit verbunden der dauerhaften Versorgungssicherheit. Wettbewerb lässt sich umso leichter implementieren, je günstiger sich die Bedingungen für die Wettbewerber des Netzeigentümers gestalten. Günstigere Bedingungen für die Wettbewerber der Netzeigentümer in Form klar definierter Netzzugangsbedingungen, Beweislastverteilungen zu Lasten der Netzbetreiber und niedriger Netzzugangsentgelte stellen jedoch ungünstigere Bedingungen für den Netzeigentümer und -betreiber dar. Stellen die festgelegten Bedingungen einen wirtschaftlichen Netzbetrieb in Frage, werden gleichzeitig auch Investitionen in den Ausbau

---

[94] Estonian Ministry of Economic Affairs and Communications, Exemption decision »Estlink« No. 52/09.02.2005; p. 4 f http://www.mkm.ee/failid/050210_Estlink_decision_EN_.doc (zuletzt abgerufen am 19.09.2007).

[95] Siehe unten 5. Kapitel: II. 3. b) cc) (b).

[96] *Meyer/Wilson/Baughcum/Burton/Caouette*, The Economics of Competition in the Telecommunications Industry, 1982, p. 117; *Schmalensee*, The Control of Natural Monopolies, 1979, p. 7.

III. Grenzen der sektorspezifischen Regulierung

vorhandener Netzinfrastrukturen oder den Bau neuer Netzinfrastrukturen unattraktiv. Gewichtet die Regulierung hingegen die Interessen der Netzbetreiber zu schwer, wird ein wirklicher Wettbewerb auf den Energieversorgungsmärkten schwierig bis unmöglich. Jede Regulierung bewegt sich daher auf einem relativ schmalen Grat zwischen den Zielen Wettbewerb und Investitionsanreiz und damit auch Versorgungssicherheit.[97] Diese Risiken sind aufgrund der Höhe der durchzuführenden Investitionen von mindestens 30 Milliarden € bis 2013 für Stromübertragung, Erdgasrohrleitungen und Flüssiggasterminals und der Bedeutung dieser Investitionen in neue Infrastrukturen für das Erreichen der Zieletrias des Energierechtsrahmens auch nicht vernachlässigbar.[98] Für den Telekommunikationssektor, auf dessen Vergleichbarkeit im weiteren Verlauf vertieft eingegangen wird,[99] kommen in jüngerer Zeit mehrere Studien zu dem Ergebnis, dass die dort in der Europäischen Union implementierten Regulierungsmaßnahmen zu sehr an kurzfristigen Wettbewerbsverbesserungen und weniger an langfristig wirksamen Verbesserungen der Versorgungssicherheit orientiert waren.[100]

Eine Regulierung, die neben der Sicherung des Wettbewerbs auch dem Ziel gerecht wird, ausreichende Investitionen und damit Versorgungssicherheit zu gewährleisten, muss daher Netzzugangsbedingungen festlegen, die gleichzeitig auch einen wirtschaftlichen Betrieb der Netze sicherstellen, wobei ein wirtschaftlicher Betrieb eine marktübliche Verzinsung der getätigten Investitionen mit einschließt. Die gesetzlichen Regulierungsregeln versuchen dem in Umsetzung von Art. 23 Abs. 2 lit. a), Abs. 4 ElektrizitätsRL 2003 (Art. 37 Abs. 6 lit. a), Abs. 10 ElektrizitätsRL) und Art. 25 Abs. 2 lit. a), Abs. 4 GasRL 2003 (Art. 41 Abs. 6 lit. a), Abs. 10 GasRL) für den Energiebereich Rechnung zu tragen. §§ 21 Abs. 2, 21a Abs. 5 EnWG normieren jeweils eine angemessene Berücksichtigung der getätigten Investitionen, um die Versorgungssicherheit zu gewährleisten. Unabhängig von der Art der angewandten Methode, begegnen sämtliche Regulierungsmodelle dabei allerdings ähnlichen Hindernissen. Zentrales Problem einer jeden Regulierung ist die Ermittlung des wirtschaftlichen Wertes der regulierten Ware oder Dienstleistung.[101]

---

[97] Jeweils für das Urheberrecht EuGH »SENA« C-245/00, Slg. 2003, I-1251 (1284) Rdnr. 36; EuGH »Lagadère Active Broadcast« C-192/04, Slg. 2005, I-7199 (7235), Rdnr. 49.
Übertragen auf die Netzzugangsbedingungen im Telekommunikationssektor Schlussanträge des Generalanwalts Poiares Maduro »Arcor AG & Co. KG« C-55/06, Slg. 2008, I-2931 (2953) Rdnr. 51.
Siehe auch *Böge*, Die leitungsgebundene Energiewirtschaft zwischen klassischer Wettbewerbsaufsicht Regulierung, FS-Baur, 2002, S. 399 (410f).
[98] Vgl. oben 1. Kapitel: III.
[99] Siehe unten 7. Kapitel (Exkurs).
[100] Arthur D. Little, Deregulation of the Telecom Sector an its Impacts on the Overall Economy, 2005; *Enriquez/Marschner/Meffert* (McKinsey), Entry into Exit, 2006.
[101] Am Beispiel des Wettbewerbsrechts *Emmerich*, Kartellrecht, 2008, S. 150.

aa) Kostenorientierte Regulierung

Kostenorientierte Regulierung ermittelt die einzelnen Kostenbestandteile des Regulierungsverpflichteten und legt anhand der ermittelten Kosten vermehrt um eine angemessene Verzinsung die Netzzugangsentgelte fest. Diese Methode birgt jedoch eine Vielzahl von Problemen. So ist bereits fraglich, welche Kostenbestandteile überhaupt berücksichtigungsfähig sind.[102] Darüber hinaus ist eine exakte Ermittlung der entsprechenden Kosten überaus problematisch. Dies gilt insbesondere für die jeweils angemessene Verzinsung der Investition, da die Gewinnspannen auch auf Wettbewerbsmärkten eine erhebliche Bandbreite aufweisen.[103] Im Übrigen ist einer kostenorientierten Regulierung regelmäßig das Risiko künstlich aufgeblähter Kosten immanent. Eine regulatorische Gewinnbeschränkung einer bestimmten prozentualen Verzinsung des eingesetzten Kapitals verzerrt die Investitionsentscheidung und führt zu einem schnell ineffizient hohen Kapitaleinsatz, was zurückgehend auf die das Phänomen erstmals beschreibenden Autoren als so genannter *Averch-Johnson*-Effekt bezeichnet wird.[104] Ein besonders effizient wirtschaftender Netzbetreiber wird hingegen bestraft, da er Effizienzgewinne durch Kostensenkung nicht behalten darf, sondern abgesehen von einer immer vorhandenen regulatorischen Verzögerung direkt an den Kunden weitergeben muss.[105] Dies ist jedoch im Hinblick auf das Wettbewerbsziel problematisch, da das dynamische Element des Wettbewerbs in Gefahr gerät. Eine rein kostenorientierte Regulierung erweist sich daher wegen des Risikos aufgeblähter Kosten als gesamtwirtschaftlich suboptimal, da sie auch die Kosten des am schlechtesten wirtschaftenden Netzbetreiber akzeptieren müsste.[106] Um diesen Risiken zu begegnen, sind gem. § 21 Abs. 2 Satz 1 EnWG nur solche Kosten berücksichtigungsfähig, die der Betriebsführung eines effizienten und strukturell vergleichbaren Netzbetreibers entsprechen. Hierbei bedient sich der Gesetzgeber einer Methodik, die Parallelen zu der aus dem klassischen Wettbewerbsrecht bekannten Figur des Vergleichsmarktkonzepts aufweist und folglich auch deren typischen Risiken ausgesetzt ist. Problematisch ist, dass sowohl zwischen den einzelnen Unternehmen und insbesondere zwischen den verschiedenen Märkten jeweils strukturelle Unterschiede bestehen, die eine Vergleichbarkeit stark einschränken. Im Fall der Energieversorgungsnetze kommt hinzu, dass es sich aufgrund der geschilderten Besonderheiten dieser Infrastrukturen auch auf anderen Märkten nicht um Wettbewerbsmärkte handelt. Die Marktpreise sind hingegen prinzipiell Preise monopolistischer Anbieter, weshalb die Indikationswirkung eines Vergleichsmarkts sehr

---

[102] Hierzu *Schmidt-Preuß*, Substanzerhaltung und Eigentum, 2003.
[103] *Emmerich*, Kartellrecht, 2008, S. 151.
[104] *Averch/Johnson*, The American Economic Review (Vol. 52) 1962, p. 1052 (1052 ff).
[105] BRDrucks. 613/04(B), S. 16; *Baur*, ZNER 2004, S. 318 (321).
[106] *Schmalensee*, The Control of Natural Monopolies, 1979, p. 34; *Erhard*, Wohlstand für alle, 1964, S. 175.

III. Grenzen der sektorspezifischen Regulierung   49

begrenzt bleiben muss.[107] Durch einen bloßen Vergleich mit anderen Anbietern lassen sich mithin die Kosten der Betriebsführung eines effizienten und strukturell vergleichbaren Netzbetreibers nicht ermitteln. Erforderlich ist vielmehr neben der Ermittlung der einzelnen Kostenpositionen des Regulierungsverpflichteten eine Bewertung der einzelnen Kosten auch anhand der Kostenstruktur anderer Anbieter. Eine umfassende Bewertung der Kosten erfordert eine beinahe uferlose Vielfalt an Informationen. Nur mit Hilfe eines umfassenden Informationsflusses lassen sich Anhaltspunkte für gerechtfertigte oder überhöhte Kostenansätze finden. Dies gilt insbesondere, soweit es um die Beurteilung der Kosten einer effizienten Leistungserbringung geht.[108] Ob eine Leistungserbringung effizient ist oder nicht, kann nur anhand einer Bewertung der gesamten Marktstruktur mit ihren verschiedensten Parametern beurteilt werden. Soweit es um eine angemessene Verzinsung des eingesetzten Kapitals geht, lassen sich auch bei extremer Informationstiefe nur Anhaltspunkte finden, da die Beurteilung einer marktgerechten Verzinsung immer Prognosecharakter haben wird. Dieses Phänomen, welches das methodologische Hauptproblem einer sektorspezifischen Regulierung darstellt, lässt sich am besten unter dem Begriff des informatorischen Defizits zusammenfassen.[109]

bb) Anreizorientierte Regulierung

Ein anreizorientierter Regulierungsansatz verfolgt wie ausgeführt einen etwas anderen Weg. Wie oben dargestellt beinhaltet Anreizregulierung die Vorgabe von Obergrenzen in der Regel entweder für die Netzzugangsentgelte – so genanntes price-cap-Verfahren – oder die Gesamterlöse aus den Netzzugangsentgelten – so genanntes revenue-cap-Verfahren. In der Bundesrepublik Deutschland erfolgte mit der ARegV zum 1. Januar 2009 der Umstieg auf eine anreizorientierte Regulierung.[110] Angewandt wird hierbei eine Regulierung, die dem Netzbetreiber bestimmte Effizienzsteigerungen vorgibt. Auch eine solche Form der Regulierung birgt im Hinblick auf Investitionsanreize und damit die Versorgungssicherheit erhebliche Risiken. Investitionen führen zunächst zu neuen Kosten für die Netzbetreiber. Können diese Kosten durch das im Wege der Anreizregulierung festgelegte Regulierungsentgelt nicht gedeckt werden, wird der Netzbetreiber auf die Investition verzichten, was mittelfristig zu negativen Auswirkungen auf die Versorgungssicherheit führen kann. Selbst die bestehende Infrastruktur gerät in Gefahr, wenn die Effizienzvorgaben vom Netzbetreiber nicht erfüllt werden können. Anreizorientierte Regulierung kann daher nur mit flankierenden Investitionsmaßnahmen und Qualitätssicherungsinstrumen-

---

[107] Monopolkommission, XIV. Hauptgutachten 2000/2001, BTDrucks. 14/9903, S. 42.
[108] Vgl. am Beispiel der klassischen Missbrauchsaufsicht nach Art. 102 AEUV *Dreher/Adam*, ZWeR 2006, S. 259 (271).
[109] Monopolkommission, XIV. Hauptgutachten 2000/2001, BTDrucks. 14/9903, S. 79.
[110] Vgl. oben 2. Kapitel: II. 3. a).

ten neben den Wettbewerbserfordernissen auch denen der Versorgungssicherheit gerecht werden.[111] Die in der Bundesrepublik Deutschland praktizierte Form der Anreizregulierung versucht diesen Anforderungen dadurch Genüge zu tun, dass sie bei der Ermittlung von Obergrenzen gem. § 21a Abs. 4 Satz 1 EnWG zwischen solchen Kostenbestandteilen unterscheidet, die vom Netzbetreiber beeinflussbar sind, und solchen, die sich einer Beeinflussbarkeit durch den Netzbetreiber entziehen. Letztere Kostenbestandteile werden gem. § 12 Abs. 2 ARegV nicht in die Effizienzberechnung mit einbezogen. Darüber hinaus enthält die ARegV mit §§ 18 ff einen eigenen Abschnitt zu Qualitätsvorgaben.

Zu beachten ist allerdings, dass nicht beeinflussbare Kostenbestandteile gem. § 21a Abs. 4 Satz 2 EnWG nach § 21 Abs. 4 Satz 2 EnWG ermittelt werden, i.e. nach dem schon bei der kostenorientierten Regulierung angewandten Maßstab der Kosten einer Betriebsführung eines effizienten und strukturell vergleichbaren Netzbetreibers. Sachlogisch zwingend begegnet ein solcher Ansatz bezüglich der durch den Netzbetreiber nicht beeinflussbaren Kostenbestandteile wiederum den oben beschrieben Problemstellungen. Vor allem das Hindernis der Informationsdefizite lässt sich nicht überwinden. Die vom Netzbetreiber nicht beeinflussbaren Kostenbestandteile werden gem. § 21a Abs. 4 Satz 2 EnWG nach § 21 Abs. 2 bis 4 EnWG ermittelt, wobei durch die Einbeziehung von § 21 Abs. 3 und 4 EnWG in verstärkter Weise eine unter Effizienzgesichtspunkten durchgeführte Vergleichsbetrachtung Berücksichtigung findet, wie es der ursprüngliche Ansatz einer anreizorientierten Regulierung auch erfordert.

Für die beeinflussbaren Kostenbestandteile besteht wiederum das oben beschriebene Risiko des Investitionsverzichts aufgrund mangelnder Kostendeckung der Entgelte. Diese Befürchtungen wurden im Gesetzgebungsverfahren besonders durch den Bundesrat hervorgehoben.[112] Die gem. §§ 18 ff ARegV in Umsetzung von § 21a Abs. 5 Satz 3 EnWG mögliche Kürzung der Netzzugangsentgelte für ein Energieversorgungsunternehmen im Falle eines Verstoßes gegen auf die Versorgungsqualität bezogene Qualitätsvorgaben kann diese Situation für einen weniger effizient wirtschaftenden Netzbetreiber, für den die anreizregulierten Entgelte nicht kostendeckend sind, weiter verschärfen, wenn er seine Kosten nicht kurzfristig ohne Einbußen bei der Versorgungsqualität reduzieren kann. Die Qualitätsvorgaben können sich auf diese Weise sogar kontraproduktiv auswirken.

Unbegründet dürften hingegen die in der Vergangenheit teilweise geäußerten grundsätzlichen Bedenken[113] gegen eine anreizorientierte Regulierung vor dem

---

[111] *Hirschhausen/Beckers/Brenck*, Utilities Policy 12 (2004), p. 203 (207 f); *Pollitt*, The declining role of state in infrastructure investments in the UK, in: Berg/Pollitt/Tsuji (Hrsg.): Private Initiatives in Infrastructure, 2002, p. 67 (69 f).
[112] BRDrucks. 417/07/01, S. 3 f; Bundesrat-Plenarprotokoll 836, S. 298 ff.
[113] *Theobald/Hummel*, ZNER 2003, S. 176 (178).

Hintergrund der Vereinbarkeit mit dem in Erwägungsgrund 18 ElektrizitätsRL 2003 bzw. Erwägungsgrund 16 GasRL 2003 niedergelegten Erfordernis der Kostenorientierung sein. Zum einen sind Erwägungsgründe von Richtlinien in erster Linie Auslegungsmaßstab derselben und nicht selbst verbindliche Regelung. Zum anderen ist der Maßstab der Kostenorientiertheit wenig konkret. Auch eine Anreizregulierung, die in der ersten Regulierungsperiode die Kosten etwa einer effizienten Leistungsbereitstellung als Maßstab heranzieht, orientiert sich eben zumindest ursprünglich noch an Kosten.[114] Lediglich dort, wo durch Spezialregelungen ein strengerer Maßstab angelegt wird, erscheint eine reine Anreizregulierung problematisch. Dem wird § 11 Abs. 2 Satz 2 und 3 ARegV aber gerecht.[115]

cc) Marktorientierte Engpassmanagementmethoden

Wie oben ausgeführt[116] gelten für den grenzüberschreitenden Strom- und Erdgashandel zusätzlich besondere Regulierungsmechanismen. Vorliegend relevant sind in diesem Zusammenhang vor allem die Engpassmanagementmethoden.[117] Aufgrund der für die Schaffung eines wirklichen Energiebinnenmarktes fehlenden ausreichenden Netzkapazität[118] ergeben sich an den Grenzkuppelstellen regelmäßig Engpässe. Zu unterscheiden ist dabei zwischen zwei Kategorien von Engpässen: Vertraglichen und physisch bedingten Engpässen. Vertragliche Engpässe sind solche Engpässe, bei denen die geplanten Transaktionen im Rahmen der technisch verfügbaren Kapazität durchführbar wären. Vertraglich ist jedoch ein Teil dieser Kapazitäten bereits an andere Netznutzer vergeben und kann daher nicht genutzt werden. Vertraglich bedingte Engpässe lassen sich relativ einfach beheben, indem die vertraglich zur Netznutzung berechtigten Marktteilnehmer verpflichtet werden, den Grad ihrer tatsächlichen Inanspruchnahme der Netznutzung dem Netzbetreiber spätestens bis zu einem bestimmten Zeitpunkt mitzuteilen. Die nicht genutzten Kapazitäten werden anschließend vom Netzbetreiber wieder freigegeben und auf andere Nutzungspetenten verteilt. Dies entspricht mit Art. 16 Abs. 4 StromhandelsVO sowie Art. 16 Abs. 4 i. V. m. Abs. 3 ErdgasfernleitungsVO auch der gesetzlichen Regelung. Problematischer erweist sich jedoch das Management der physisch bedingten Engpässe. Besonders im Elektrizitätsbereich existiert das Risiko negativer Investitionsanreize, was sich besondere negativ auf die Versorgungssicherheit auswirkt.

---

[114] *Kühling*, N&R 2004, S. 12 (13); *König/Kühling/Rasbach*, Energierecht, 2006, S. 102.
[115] Vgl. oben 2. Kapitel: II. 3. a).
[116] Vgl. oben 2. Kapitel: II. 4..
[117] Allgemeine Ausführungen zum Engpassmanagement bei *Kaiser*, Verordnete Regulierung?, 2007, S. 64 ff.
[118] Vgl. oben 1. Kapitel: II. 1. b), III.

Art. 16 Abs. 1 StromhandelsVO legt als allgemeine Grundsätze für das Engpassmanagement die Anwendung marktorientierter, nicht diskriminierender Methoden fest, von denen wirksame wirtschaftliche Signale an die Marktteilnehmer und die beteiligten Übertragungsnetzbetreiber ausgehen. Als nichtdiskriminierend werden solche Methoden verstanden, die allen Marktteilnehmern gleiche Ausgangs- und Handlungspositionen verschaffen. Verhindert werden soll hierdurch in erster Linie eine Vorzugsbehandlung innerhalb vertikal integrierter Konzerne.[119] Entscheidendes Kriterium des Engpassmanagements ist im vorliegenden Zusammenhang allerdings das der Marktorientierung. Die Europäische Kommission hat in ihren so genannten Engpass-Leitlinien[120], die im Wege des Komitologieverfahrens[121] gem. Art. 18 und 23 StromhandelsVO erlassen wurden, unter Punkt 2.1 festgelegt, dass als marktorientierte Lösungsansätze ausschließlich explizite und implizite Auktionen oder Kombinationsmodelle aus beiden gelten. Kerngehalt der Marktorientierung ist sachlogisch die Anwendung der Marktgesetze. Zentrales Marktgesetz ist die Preisfindung durch Angebot und Nachfrage. Ein Auktionsmechanismus wird diesen Prinzipien gerecht. Im Rahmen einer Preisfindung durch Angebot und Nachfrage ist der Preis umso höher, je niedriger das Angebot bzw. je höher die Nachfrage ist. Dies kann zu negativen Investitionsanreizen führen: Ein Investor, dessen Infrastruktur nach Realisierung keinem ausreichenden Wettbewerb ausgesetzt ist, der aber gleichzeitig zum Drittzugang verpflichtet wird, wobei die Durchleitungsentgelte marktorientiert gebildet werden, wird die Infrastrukturen eher unterdimensionieren. Hierdurch wird die Kapazität verknappt und es können folglich später im Rahmen marktorientierter Preisbildungsmechanismen aufgrund einer niedrigeren Angebotsmenge an Durchleitungskapazität höhere Durchleitungsentgelte, so genannte *congestion rents*, erlöst werden.[122] Den Marktgesetzen folgend würde ein solcher Investor im Rahmen seines monopolistischen Spielraums als Preisanpasser agieren. Aufgrund des regulatorisch

---

[119] *Kühling*, RdE 2006, S. 173 (177); *König/Kühling/Rasbach*, Energierecht, 2006, S. 51.

[120] Leitlinien für das Management und die Vergabe verfügbarer Übertragungskapazitäten auf Verbindungsleitungen zwischen nationalen Netzen, ABl. 2009 Nr. L 211/29.

[121] Das Komitologieverfahren gem. Art. 211 4. Spiegelstrich sowie Art. 202 3. Spiegelstrich EGV i. V. m. dem so genannten Komitologiebeschluss des Rates 1999/468/EG geändert durch den Beschluss 2006/512/EG bezeichnet ein Ausschussverfahren, im Rahmen desselben Europäische Kommission und Europäischer Rat so zusammenarbeiten, dass einerseits schnelles und effektives Verwaltungshandeln möglich wird, gleichzeitig jedoch auch eine Kontrolle der Kommissionstätigkeit durch den Rat stattfindet. Allgemein zum Komitologieverfahren Wichard in: Calliess/Ruffert, EUV/EGV, 2007, Art. 202, Rdnr. 5, 12.
Im AEUV ist eine Befugnisübertragung zur Rechtsetzung auf die Kommission in Gesetzgebungsakten in Art. 290 AEUV geregelt, wobei die jeweiligen Modalitäten im jeweiligen Gesetzgebungsakt zu regeln sind. Der Komitologiebeschluss 1999/468/EG findet damit auf neu gesetztes Sekundärrecht keine Anwendung mehr. Im Falle von Alt-Rechtsakten, die auf den Komitologiebeschluss verweisen, ist dieser anzuwenden, bis eine Anpassung an die geltende Vertragslage erfolgt.

[122] *King/Maddock*, Unlocking the Infrastructure, 1996, p. 118 ff.

III. Grenzen der sektorspezifischen Regulierung

vorgeschriebenen marktorientierten, i.e. durch Auktion bestimmten Engpassmanagements, ist ihm dieses Verhalten jedoch verwehrt. Daher wird der Investor die Menge durch eine verkleinerte Kapazität reduzieren, um so auch bei marktorientiertem Verfahren einen höheren Preis erzielen zu können.[123] Die Kapazität bleibt dabei allerdings unter dem makroökonomisch optimalen Niveau.

Die StromhandelsVO versucht diesem Risiko in zweifacher Hinsicht zu begegnen. Zum einen schreibt sie für die Berechnung der Netzzugangsentgelte gem. Art. 14 Abs. 1 StromhandelsVO einen an den tatsächlichen Kosten orientierten Ansatz vor. Ein solcher ist grundsätzlich geeignet, dem Problem einer durch *congestion rents* unterdimensionierten Kapazität zu begegnen, da er über eine prozentuale Verzinsung mit größerer Kapazität und damit höherem Kapitaleinsatz auch höheren Ertrag verspricht.[124] Allerdings birgt der kostenorientierte Ansatz wie ausgeführt genügend eigene Risiken. Zum anderen beschränkt die StromhandelsVO die Verwendung der Engpassmanagementerlöse gem. Art. 16 Abs. 6 StromhandelsVO, wobei neben einer ausnahmsweisen Anrechnung der Erlöse auf die Netznutzungsentgelte die Erhaltung und der Ausbau der tatsächlichen Verbindungskapazität den Hauptverwendungszweck darstellen. Somit sollen ausreichende Netzinvestitionen sichergestellt werden. Diese Regelung birgt jedoch weitere Risiken: Einerseits stellt die Regelung den Einsatz der Engpassmanagementerlöse zu Netzerhaltung und weiterem Ausbau sicher. Dem Einsatz frischen Kapitals, das bisher nicht bereits in den entsprechenden Netzkapazitäten gebunden ist, steht sie andererseits im Wege. Durch die Beschränkung des Verwendungszwecks der Investitionsrückflüsse wird selbst ein grundsätzlich Profit versprechendes und damit attraktives Investment für den Investor unattraktiv, da sich die Kapitalverzinsung wiederum auf den in den Durchleitungsentgelten enthaltenen Anteil beschränkt. Insbesondere eine im Bereich der grenzüberschreitenden Übertragungskapazitäten durchaus denkbare Bedrohung der betroffenen Infrastrukturen durch zumindest potentiellen Wettbewerb[125] wird dadurch unwahrscheinlicher. Langfristig drohen damit kontraproduktive Regulierungswirkungen.

Mit dem dritten Engpassmanagementgrundsatz der wirksamen wirtschaftlichen Signale, die an Marktteilnehmer und beteiligte Übertragungsnetzbetreiber ausgehen sollen, versucht die StromhandelsVO wiederum negativen Investitionsanreizen entgegenzutreten. Die ursprüngliche Fassung der Engpass-Leitlinien[126] normierte im Kapitel Allgemeines Punkt 1 ausdrücklich, dass die Engpassmanagementmethode Signale oder Anreize für effiziente Investitionen in Netz und Erzeugung aussenden müsse. Die aktuellen Engpass-Leitlinien

---
[123] *Keller/Wild*, Utilities Policy 12 (2004), p. 243 (244).
[124] *King/Maddock*, Unlocking the Infrastructure, 1996, p. 118 ff.
[125] Siehe unten 5. Kapitel: II. 2. c) aa), d) bb), cc).
[126] Vgl. oben 2. Kapitel Fn. 120.

freilich enthalten keine vergleichbare Formulierung. Unter Punkt 1.5 ist hier vielmehr nur noch von effizienten ökonomischen Signalen an die Marktteilnehmer und Übertragungsnetzbetreiber die Rede. Auktionsmechanismen werden grundsätzlich beiden Bestimmungen gerecht, da sie in transparenter Weise Gradmesser für die Knappheit des Gutes der Übertagungskapazität sind.[127] Allerdings können so verstandene wirtschaftliche Signale nichts daran ändern, dass frisches, bisher nicht im Netz gebundenes Kapital nicht zufließt, da dessen Rückflusse weiterhin im Verwendungszweck begrenzt sind.

Die zusätzlichen Regulierungsmechanismen im Bereich des Zugangs zu Erdgasfernleitungsnetzen bergen keine dem Elektrizitätssektor vergleichbaren zusätzlichen Risiken. Anders als die StromhandelsVO ist die ErdgasfernleitungsnetzVO zwar nicht nur auf den grenzüberschreitenden Erdgashandel, sondern auf die Erdgasfernleitungsnetze generell anwendbar. Die zusätzlichen Risiken im Elektrizitätsbereich resultieren wie ausgeführt maßgeblich aus den angewendeten und durch die Engpass-Leitlinien auch vorgegebenen Engpassmanagementmethoden. Vertragliche Engpässe lassen sich dabei wie ausgeführt relativ leicht beheben, indem die Netzbetreiber verpflichtet werden, die freien Kapazitäten kurzfristig am Markt zu offerieren. Art. 16 Abs. 4 i. V. m. Abs. 3 ErdgasfernleitungsnetzVO regelt exakt eine solche Vorgehensweise. Physische Engpässe, welche im Elektrizitätsbereich den Problemschwerpunkt bilden, existieren in vergleichbarer Form im Erdgassektor aktuell nur begrenzt im Sinne einer die tatsächliche Nachfrage unterschreitenden Leitungskapazität.[128] Dies ändert nichts an der eingangs geschilderten Notwendigkeit neuer Fernübertragungsinfrastrukturen, da diese im Gassektor neben der Behebung von Kapazitätsengpässen vor allem auch zur Vermeidung von bestimmten Lieferabhängigkeiten benötigt werden.[129] Aktuelles physisches Engpassmanagement wird dadurch allerdings nicht in gesteigertem Maß erforderlich. Im Übrigen ist zu beachten, dass Gas sich von Elektrizität auch durch bestimmte physikalische Eigenschaften und besondere eigene Vertragsstrukturen unterscheidet, wodurch bestimmte Sonderprobleme des Elektrizitätssektors nicht entstehen.[130]

dd) Credibility-Problem

Unabhängig von einem kosten- oder anreizorientierten Ansatz verursacht jede Form der Regulierung aufgrund der dargestellten informatorischen Schwierigkeiten einen hohen verwaltungsmäßigen Aufwand der Regulierungsbehörde bei der Informationsermittlung. Nur mit großen bürokratischen Ressourcen lässt sich dem systemimmanenten Problem der Informationsdefizite in einer Weise begegnen, die zumindest eine weitestmögliche Minimierung der Regu-

---

[127] *Kühling*, RdE 2006, S. 173 (178).
[128] ErdgasfernleitungsnetzVO Erwägung 21 f.
[129] Vgl. oben 1. Kapitel: II. 2. b) aa).
[130] Siehe unten 5. Kapitel: I. 2. a).

lierungsrisiken erhoffen lässt.[131] Dennoch wird sich das Regulierungsergebnis dem hypothetischen Wettbewerbsergebnis immer nur annähern können, i.e. die Akzeptanz der Regulierungsergebnisse hängt in nicht unerheblicher Weise auch vom Vertrauen in die Regulierungsbehörde ab. Dies kann mittelfristig, je nachdem wie weit sich die Regulierungsergebnisse in der Retrospektive von hypothetischen Wettbewerbsergebnissen unterscheiden, auch zu einem erheblichen Glaubwürdigkeitsproblem der Regulierungsbehörde führen.

Daraus resultiert ein weiteres Regulierungsrisiko. Regulierungsmaßnahmen erfolgen in Regulierungsperioden, i.e. nach Ablauf eines Regulierungszyklus werden die konkreten Netzzugangsbedingungen und Netzzugangsentgelte neu festgelegt. Gelingt es der Regulierungsbehörde, in einer Regulierungsperiode Maßnahmen zu treffen, die gleichermaßen den Zielen Wettbewerbssicherung und Investitionsanreiz und damit Versorgungssicherheit gerecht werden, besteht für den Netzbetreiber weiterhin das Risiko, das in der Folgeperiode für ihn ungünstigere und möglicherweise nicht mehr wirtschaftliche Bedingungen festgelegt werden. Da es sich bei Investitionen in Netzinfrastrukturen um extrem langlebige Wirtschaftsgüter mit entsprechenden Investitionszyklen und hohem Kapitalaufwand handelt, ist dieses Risiko von großer Bedeutung. Dies gilt gerade auch, soweit es sich bei Investitionen in Netzinfrastrukturen wie oben ausgeführt um so genannte versunkene Investitionen handelt und die aufgewandten Ressourcen nicht auf einen anderen Markt oder auf andere Marktteilnehmer im gleichen Markt übertragbar sind.[132] Eine Regulierungsbehörde könnte sich daher veranlasst sehen, dem Wettbewerbsziel im Rahmen ihrer Regulierungspolitik einseitig zu Lasten einer angemessenen Verzinsung des vom Netzbetreiber eingesetzten Kapitals den Vorrang einzuräumen. Aufgrund des Charakters als versunkene Investition bestünde für den Netzbetreiber keine Möglichkeit, im diesem Fall eine Desinvestition vorzunehmen. Dieses so genannte Credibility-Problem reduziert die Investitionsanreize ein weiteres Mal.[133] Selbst die Bundesnetzagentur räumt die Existenz des Credibility-Problems implizit ein, wenn sie für Neuinvestitionen ein Bedürfnis sieht, »durch zahlreiche weitere Maßnahmen sowie stabile und sachgerechte Festlegungen [...]Renditen für die Investoren planbar und kalkulierbar« zu halten.[134]

---

[131] So auch *Böge*, Die leitungsgebundene Energiewirtschaft zwischen klassischer Wettbewerbsaufsicht Regulierung, FS-Baur, 2002, S. 399 (410f, 414).

[132] Monopolkommission, XIV. Hauptgutachten 2000/2001, BTDrucks. 14/9903, S. 365.

[133] *Helm/Thompson*, JTEP Vol. 22 (1991), p. 231 (238); *Keller/Wild*, Utilities Policy 12 (2004), p. 243 (247); *Helm/Yarrow*, Oxford Review of Economic Policy Vol. 4 (1988), p. 1 (21ff).

[134] Bundesnetzagentur, Pressemitteilung vom 7. Juli 2008, abrufbar unter http://www.bundesnetzagentur.de/cae/servlet/contentblob/32390/publicationFile/1245/PM20080707 AnreizregulierungEnergieId13917pdf.pdf (zuletzt abgerufen am 11.04.10).

2. Rechtsfolgen der Regulierungsrisiken

Die beschriebenen Regulierungsrisiken bergen erhebliche rechtliche Folgeprobleme. Dies gilt insbesondere vor dem Hintergrund der durch Art. 14 und Art. 12 Abs. 1 GG garantierten Eigentums- und Berufsfreiheit des Eigentümers bzw. Netzbetreibers der jeweiligen Netze. So wurde eine Durchleitung in der Literatur in der Vergangenheit teilweise nur unter sehr engen Voraussetzungen als möglich erachtet.[135] Dabei wurde vor allem kritisiert, dass durch den Zugang Dritter zu Energieversorgungsnetzen die Privatnützigkeit in Fremdnützigkeit umdefiniert werde und so Netzinvestitionen das Fundament entzogen werde.[136] Auch hier wird der Zielkonflikt zwischen Wettbewerb und Investitionsanreiz und damit Versorgungssicherheit wieder deutlich. Die Regulierungsfreistellung kann hier ein Instrument zur Sicherung der Verhältnismäßigkeit der sonstigen Marktregulierung darstellen.

a) Betroffene Grundrechte der regulierungsverpflichteten Netzbetreiber

Beachtet werden muss allerdings zunächst in grundsätzlicher Art und Weise, dass die konkreten Zugangsverpflichtungen ebenso wie das Entgeltregime zwar durch das EnWG und die oben genannten Rechtsverordnungen implementiert werden, diese aber in wesentlichen Punkten lediglich die Elektrizitäts- und GasRL der Europäischen Union in nationales Recht umsetzen. Gegenüber abgeleitetem Unionsrecht übt das BVerfG nach der so genannten Solange-II Rechtsprechung seine Gerichtsbarkeit nicht mehr aus, »solange die Europäischen Gemeinschaften, insbesondere die Rechtsprechung des EuGH einen wirksamen Schutz der Grundrechte gegenüber der Hoheitsgewalt der Gemeinschaften generell gewährleisten, der dem vom Grundgesetz als unabdingbar gebotenen Grundrechtsschutz im Wesentlichen gleich zu achten ist, zumal den Wesensgehalt der Grundrechte generell verbürgt.«[137] Es ist nicht ersichtlich, dass das in Elektrizitäts- und GasRL enthaltene Regulierungsregime den beschriebenen Solange-II-Vorbehalt auslöst. Grundrechtlicher Maßstab müssen daher europäische Grundrechte, i.e. hier europäische Eigentums- und Berufsfreiheit sein. Gem. Art. 6 Abs. 3 EUV sind die Grundrechte, wie sie in der EMRK gewährleistet sind und wie sie sich aus den gemeinsamen Verfassungsüberlegungen der Mitgliedstaaten ergeben, als allgemeine Grundsätze Teil des Unionsrechts. Darüber hinaus erkennt die Union gem. Art. 6 Abs. 1 EUV die Rechte, Freiheiten und Grundsätze an, die in der Charta der Grundrechte der Europäischen Union vom 7. Dezember in der am 12. Dezember 2007 in Straßburg angepassten Fassung niedergelegt sind an. Zwar kennt die EMRK ihrer

---

[135] *Baur/Moraing*, Rechtliche Probleme einer Deregulierung der Elektrizitätswirtschaft, 1994, S. 27 ff, 59 ff.
[136] *Schmidt-Preuß*, RdE 1996, S. 1 ff, ders., AG 1996, S. 1 ff (5 ff).
[137] BVerfGE 73, 339 (339).

III. Grenzen der sektorspezifischen Regulierung

Ursprungskonstruktion geschuldet weder Berufs- noch Eigentumsfreiheit. Die Eigentumsfreiheit wird jedoch inzwischen durch das 1. Zusatzprotokoll zur EMRK geschützt. Für die Berufsfreiheit fehlt eine derartige Normierung bis heute, was neben dem historisch überwundenen Systemgegensatz auch der Angst der Nationalstaaten vor einer zu starken völkerrechtlichen Überformung der Wirtschaftsverfassung geschuldet ist.[138] Bestimmte vor allem kommunikative Elemente der Berufsfreiheit werden allerdings, wie die Rechtsprechung des EGMR deutlich macht,[139] durch bestimmte andere Schutznormen der EMRK mit erfasst. Sowohl Eigentums- als auch Berufsfreiheit, die in der Rechtsprechung des EuGH bisweilen auch als unternehmerische Freiheit erscheint, sind darüber hinaus in den gemeinsamen Verfassungsüberlegungen der Mitgliedstaaten enthalten und folglich in der Rechtsprechung des EuGH seit langem anerkannt.[140] Vor allem schützt nun aber auch die Charta der Grundrechte gem. Art. 16 EU-GRCharta ausdrücklich die Unternehmerische Freiheit sowie gem. Art. 17 EU-GRCharta das Eigentumsrecht. Da die Grundrechtsdogmatik des EuGH jedoch in wesentlichen Punkten der des BVerfG folgt, führt dies nicht zu bedeutenden Unterschieden im Vergleich zum deutschen Verfassungsrecht. Die Prüfung beginnt mit der Bestimmung des Schutzbereichs, bevor der Eingriff und schließlich die Rechtfertigung desselben geprüft werden.[141]

Der Schutzgehalt von Berufs- und Eigentumsfreiheit gleicht mit Ausnahme der besonderen Enteignungsdogmatik in Folge des Nassauskiesungsbeschlusses des BVerfG[142] im Wesentlichen dem von Art. 12 Abs. 1 und Art. 14 GG. Die Eigentumsfreiheit schützt in sachlicher Hinsicht jedes vermögenswerte Recht, wobei insbesondere auch die freie Nutzung von Sacheigentum vom Schutzbereich mit erfasst ist.[143] Die Berufsfreiheit schützt jede selbstständige Wirtschafts- oder Geschäftstätigkeit, die auf eine gewisse Dauer angelegt ist, wobei im Verhältnis zur Eigentumsfreiheit vor allem handlungsbezogene Pflichten

---

[138] *Wegener* in: Ehlers, Europäische Grundrechte und Grundfreiheiten, 2009, § 5, Rdnr. 2.

[139] Vgl. für den Schutz des Privatlebens und der Wohnung gem. Art. 8 Abs. 1 EMRK: EGMR »Niemietz«, EuGRZ 1993, S. 65 (66) Rdnr. 30 ff; *Uerpmann-Wittzack* in: Ehlers, Europäische Grundrechte und Grundfreiheiten, 2009, § 3, Rdnr. 5, 13.
Vgl. für die Freiheit der Meinungsäußerung gem. Art. 10 Abs. 1 EMRK: EGMR »Barthold«, EuGRZ 1985, S. 170 (175) Rdnr. 58; *Marauhn* in: Ehlers, Europäische Grundrechte und Grundfreiheiten, 2009, § 4, Rdnr. 8.

[140] Vgl. für die Eigentumsfreiheit EuGH »Laserdisken ApS« C-479/04, Slg. 2006, I-8089 (8130), Rdnr. 62; »ERSA« C-347/03, Slg. 2005, I-3785 (3813 ff), Rdnr. 119 ff; »SMW Winzersekt« C-306/93, Slg. 1994, I-5555 (5581), Rdnr. 22.
Vgl. für die Berufsfreiheit EuGH C-184/02, Slg. 2004, I-7789 (7847), Rdnr. 51; »Zuckerfabrik Süderdithmarschen«, Slg. 1991, I-415 (489 ff) Rdnr. 72 ff; »Eridania« 230/78, Slg. 1979, 2749 (2768 f), Rdnr. 20 ff.

[141] Zur grundsätzlichen dogmatischen Konstruktion der EU-Grundrechte vgl. *Jarass*, EU-Grundrechte, § 6.

[142] BVerfGE 89, 300.

[143] EGMR, Urt. Vom 23.02.1995 – Nr. 15375/89, Rdnr. 53.

zum Erwerbsvorgang erfasst sind.[144] Die Abgrenzung verläuft folglich wie im GG anhand der Faustformel: Eigentumsfreiheit schützt das Erworbene, i.e. das Ergebnis der Betätigung, Berufsfreiheit den Erwerb, i.e. die Betätigung selbst.[145] Werden beide Aspekte betroffen, stehen die Freiheiten im Verhältnis der Idealkonkurrenz,[146] was ebenfalls der deutschen Rechtslage entspricht.[147] Aufgrund dieser Ähnlichkeiten kann für die weitere Prüfung auf die für Art. 14 und 12 Abs. 1 GG bereits zu Netzzugangsverpflichtungen existierende Dogmatik zurückgegriffen werden. Die eigentumsrechtliche Verfügungsbefugnis erfasst wie ausgeführt nicht nur die Freiheit, aus dem Eigentum etwa einen Gewinn zu erzielen, was eine reine Wertgarantie darstellen würde, sondern gerade auch die Freiheit den Eigentumsgegenstand selbst zu nutzen. In negativer Ausprägung wird folglich auch die Freiheit erfasst, das Eigentum in einer bestimmten Weise, etwa in Form der Netzdurchleitung durch Dritte, nicht zu nutzen. Auch die Freiheit der Berufsausübung wird durch eine Durchleitungsverpflichtung berührt. Das Versorgungsunternehmen wird durch die Verpflichtung zur Durchleitung gleichsam als Betreiber von Leitungsnetzen in Dienst genommen und ist damit auch tätigkeitsbezogen betroffen.[148]

b) Grundrechtsberechtigung öffentlich-rechtlicher und gemischtwirtschaftlicher juristischer Personen

Der persönliche Schutzbereich umfasst bei den europäischen Grundrechten natürliche Personen sowie juristische Personen, soweit das Grundrecht seinem Wesen nach anwendbar ist, was jedoch bei den wirtschaftlichen Grundrechten regelmäßig unproblematisch ist. Dies entspricht Art. 19 Abs. 3 GG. Der grundrechtliche Schutzanspruch ist daher auch auf Ebene der Europäischen Union nicht auf natürliche Personen beschränkt. Allerdings sind auch europäische Grundrechte ihrem Rechtscharakter nach Abwehrrechte gegen die hoheitliche Gewalt. Betätigt diese sich selbst, kann sie sich unabhängig von der Rechtsform folglich grundsätzlich nicht auf Grundrechtsschutz berufen. Für die vorliegende Thematik ist dies von besonderem Interesse, da Adressaten des Regulierungsrechts auch heute noch vielfach vollständig oder mehrheitlich durch die öffentliche Hand beherrschte juristische Personen sind. Sind diese vom persönlichen Schutzbereich der betroffenen Grundrechte nicht erfasst, kommt der Re-

---

[144] *Jarass*, EU-Grundrechte, 2005, § 22, Rdnr. 4; *Ruffert* in: Ehlers, Europäische Grundrechte und Grundfreiheiten, 2009, § 16.3, Rdnr. 14.
[145] BVerfGE 30, 292 (334f); 65, 237 (248); 82, 209 (234f).
[146] EuGH »Invest Import und Export GmbH« C-317/00; Slg. 2000, I-9541 (9563), Rdnr. 58; »Bosphorus« C-84/95, Slg. 1996, I-3953 (3985f) Rdnr. 21.
[147] BVerfGE 50, 290 (361f).
[148] *Papier*, Verfassungsfragen der Durchleitung, FS-Baur, 2002, S. 209 (223); *Scholz/Langer*, Europäischer Binnenmarkt und Energiepolitik, 1992, S. 257ff; dies., ET 1992, S. 851 (855ff).

gulierungsfreistellung insoweit zumindest nicht die Funktion einer zusätzlichen Stütze im Rechtfertigungsgebäude eines Grundrechtseingriffs durch die Marktregulierung zu.

aa) Rechtsprechung des EGMR und Verfassungsüberlieferungen der Mitgliedstaaten

Fraglich ist daher, ob vollständig oder mehrheitlich durch die öffentliche Hand beherrschte juristische Personen auch Grundrechtsschutz genießen können. Mit Verweis auf den Abwehrrechtscharakter von Grundrechten gegen die öffentliche Gewalt wird die Grundrechtsberechtigung öffentlich-rechtlicher juristischer Personen vielfach abgelehnt. Bei gemischtwirtschaftlichen Unternehmen wird auch im Bereich des Unionsrechts auf die Beherrschungsverhältnisse abgestellt, weshalb Unternehmen, bei denen die öffentliche Hand im Sinne von Art. 2 lit. b) TransparenzRL[149] über die Mehrheit des gezeichneten Kapitals oder der Stimmrechte verfügt respektive mehr als die Hälfte der Mitglieder des Aufsichtsorgans bestimmen kann, nach dieser überwiegenden Auffassung nicht geschützt werden.[150] Auch hier sind wesentliche Abweichungen zur deutschen Grundrechtsdogmatik nicht zu erkennen.[151]

Allerdings finden sich in der Literatur auch Stimmen, die zumindest gemischtwirtschaftlichen juristischen Personen auch bei einer Beherrschung durch die öffentliche Hand die Grundrechtsberechtigung zuerkennen wollen. Verwiesen wird dabei auf eine angebliche Vergleichbarkeit mit den europäischen Grundfreiheiten, eine vergleichende Betrachtung der Verfassungsüberlieferungen der einzelnen Mitgliedstaaten der Europäischen Union sowie eine vermeintlich undifferenzierte Rechtsprechung des EGMR, die auf eine Grundrechtsberechtigung auch solcher juristischer Personen schließen lasse, die durch die öffentliche Hand beherrscht sind.[152] Wenn auch an dieser Stelle keine umfassende Erörterung dieser Problematik möglich ist, so sollen zumindest die wesentlichen Argumente für eine mögliche Grundrechtsberechtigung auch von der öffentlichen Hand beherrschter juristischer Personen näher beleuchtet und kritisch hinterfragt werden. Einzugehen ist zunächst auf die Rechtsprechung des EGMR und die gemeinsamen Verfassungsüberlieferungen der Mitglied-

---

[149] Maßstab sein kann insoweit Art. 2 der Richtlinie 2006/111/EG der Kommission vom 16. November 2006 über die Transparenz der finanziellen Beziehungen zwischen den Mitgliedstaaten und den öffentlichen Unternehmen sowie über die finanzielle Transparenz innerhalb bestimmter Unternehmen (TransparenzRL), ABl. 2006 Nr. L 318/17; vgl. *Ehlers* in: Ehlers, Europäische Grundrechte und Grundfreiheiten, 2009, § 14, Rdnr. 44.

[150] *Ehlers* in: Ehlers, Europäische Grundrechte und Grundfreiheiten, 2009, § 2, Rdnr. 35, § 14, Rdnr. 44; *Holznagel/Schumacher*, N&R 2007, S. 96 (98); a. A. *Jarass*, EU-Grundrechte, 2005, § 4, Rdnr. 33.

[151] BVerfG, NJW 1990, S. 1783.

[152] *Tettinger*, Zur Grundrechtsberechtigung von Energieversorgungsunternehmen im Europäischen Gemeinschaftsrecht, FS-Börner, 1992, S. 625 (629 ff.).

staaten. Zur Begründung einer Grundrechtsberechtigung auch juristischer Personen des öffentlichen Rechts wird darauf verwiesen, dass der EGMR in Entscheidungen zur Grundrechtsberechtigung juristischer Personen nicht die Frage aufwerfe, ob es sich um privat- oder öffentlich-rechtliche juristische Personen handelt. Dazu ist jedoch festzustellen, dass, soweit in den zitierten Entscheidungen eine privatrechtliche juristische Person betroffen war,[153] überhaupt kein Anlass zu Ausführungen zu einer Grundrechtberechtigung einer juristischen Person des öffentlichen Rechts bestand. Im Gegenteil hat der EGMR, als er im Fall kommunaler Gebietskörperschaften bzw. Behörden über eine mögliche Grundrechtsberechtigung einer juristischen Person des öffentlichen Rechts judizierte, diese ausdrücklich verneint.[154] Es ist daher mehr als fragwürdig, aus einer solchen Rechtsprechung, die mangels Differenzierungsanlass nicht als undifferenziert bezeichnet werden kann, den Schluss auf eine stillschweigende Anerkennung der Grundrechtsberechtigung auch juristischer Personen des öffentlichen Rechts zu ziehen.

Auch der Verweis auf die Verfassungsüberlieferungen der Mitgliedstaaten ist nur schwerlich geeignet, eine Grundrechtsberechtigung durch die öffentliche Hand beherrschter juristischer Personen zu begründen, da diese kein einheitliches Bild liefern.[155] Gerade die deutsche Verfassungsrechtsprechung verneint jedoch trotz zahlreicher Anfechtungen durch die Literatur die Grundrechtsberechtigung öffentlich-rechtlicher und öffentlich-rechtlich beherrschter juristischer Personen beharrlich, was nicht für eine Ableitung der Grundrechtsberechtigung öffentlich-rechtlich beherrschter juristischer Personen aus den Verfassungsüberlieferungen der Mitgliedstaaten spricht.

bb) Vergleich von Grundrechten und Grundfreiheiten

Geeigneter Begründungsansatz könnte somit letztlich nur eine mögliche Parallele zu den Grundfreiheiten sein. Hier findet sich der dogmatische Kern der Fragestellung. Dies betrifft allerdings weniger konkret die Grundfreiheiten als mehr die Beziehung der betroffenen juristischen Personen zur europäischen Hoheitsgewalt und die Funktion von europäischen Grundrechten im Allgemeinen, die sich anhand des Vergleichs mit den Grundfreiheiten deutlich herausarbeiten lässt. Grundrechte sind ihrer Natur nach Abwehrrechte gegen die hoheitliche Gewalt. Hoheitliche Gewalt ist dabei die hoheitliche Gewalt, welche die in Rede stehenden Grundrechte gewährt. Soweit es sich somit um europä-

---

[153] EGMR »AGOSI/Vereinigtes Königreich, EuGRZ 1988, 513 (517); »Autronic AG/Schweiz« EuGRZ 1990, 261 (261 f).

[154] EGMR »16 österreichische Gemeinden gegen Österreich« E 5767/72 CD 46, 118 (125 f), »Gemeinde Rothenthurm gegen Schweiz« E 13252/87 DR 59, 251 ff, »Stadtverwaltung Madrid gegen Spanien« E 15090/89 DR 68, 212 ff.

[155] Mit weiteren Nachweisen *Strunz*, Strukturen des Grundrechtsschutzes der Europäischen Union in ihrer Entwicklung, 2006, S. 138.

ische Grundrechte handelt, sind diese Abwehrrechte gegen die europäische Hoheitsgewalt. Grundfreiheiten weisen einen abweichenden Charakter auf. Grundfreiheiten zielen auf den Abbau der innereuropäischen Handelsschranken. Die Handelsschranken werden jedoch nicht durch die Europäische Union errichtet, sondern durch die einzelnen Mitgliedstaaten. Damit richten sich Grundfreiheiten in ihrer Schutzrichtung gegen die einzelnen Mitgliedstaaten. Durch die Grundfreiheiten sollen die grenzüberschreitenden Handelsschranken umfassend beseitigt werden. Einzelne Mitgliedstaaten sollen Handelsschranken auch nicht gegenüber öffentlich-rechtlichen Unternehmungen anderer Staaten aufrichten können.[156] Im Gegenteil sollen durch die Verwirklichung des Binnenmarkts Diskriminierungen und Beschränkungen der einzelnen Mitgliedstaaten gegeneinander gerade ausgeschlossen werden. Dies ist Kerngedanke des Konzepts der Zollunion, auf dem die Europäische Union fußt, Art. 28 Abs. 1 AEUV. Daraus folgt sachlogisch, dass durch Grundfreiheiten auch öffentlich-rechtliche sowie gemischtwirtschaftliche durch die öffentliche Hand beherrschte juristische Personen berechtigt werden.[157] Beleg hierfür ist auch, dass Sekundärrecht der Union, dessen Erlass das Pendant zum Grundfreiheitengebrauch bei der Erleichterung des grenzüberschreitenden wirtschaftlichen Austauschs darstellt, selbstredend ebenfalls auch öffentlich-rechtliche juristische Personen erfasst, sofern sie nicht genuin hoheitlich tätig sind. Grundrechte hingegen sind wie ausgeführt Abwehrrechte gegen die hoheitliche Gewalt, europäische Grundrechte damit Abwehrrechte gegen die Europäische Union. Für die Beantwortung der Frage nach der Grundrechtsberechtigung öffentlich-rechtlicher oder öffentlich-rechtlich beherrschter juristischer Personen ist es daher erforderlich, das Verhältnis der betroffenen Einheiten zur Europäischen Union näher zu untersuchen. Im deutschen Verfassungsrecht wird die Grundrechtsberechtigung öffentlich-rechtlicher und gemischt wirtschaftlicher Unternehmen überwiegend mit dem Konfusionsargument verneint.[158] Öffentlich-rechtliche und auch mehrheitlich öffentlich-rechtlich beherrschte juristische Personen drücken durch Bildung und Betätigung gerade nicht eine von hoheitlicher Einflussnahme freie Entfaltung aus, die gegen die öffentliche Gewalt geschützt werden muss. Vielmehr agiert die öffentliche Gewalt durch die vorgeschaltete Einheit, i.e. das Handeln der öffentlichen Gewalt fällt mit dem der vorgeschalteten juristischen Person zusammen.[159] Eine Grundrechtsberechtigung der betroffenen Einheiten hieße damit letztlich nur, die öffentliche Gewalt

---

[156] EuGH »Kommission/Italien – Golden Shares« C-174/04, Slg. 2005, I-4933 (4962) Rdnr. 32.
[157] Vgl. auch *Manthey*, Bindung und Schutz öffentlicher Unternehmen durch Grundfreiheiten des Europäischen Gemeinschaftsrechts, 2001, S. 105 f.
[158] BVerfGE 21, 362 (368 ff); 61, 82 (100 ff).
[159] BVerfG, NJW 1990, S. 1783.

vor sich selbst zu schützen, was jedoch nicht die Funktion von Grundrechten ist.

Übertragen auf europäische Grundrechte und öffentlich-rechtlich beherrschte Unternehmen ist also zu fragen, ob auch hier das Handeln der Union gleichsam mit dem der juristischen Personen zusammenfällt. Bei den betroffenen juristischen Personen handelt es sich um solche, die jeweils einzelnen Mitgliedstaaten zuzurechnen sind. Entscheidend ist damit das Verhältnis von Europäischer Union und ihren Mitgliedstaaten. Dazu ist festzustellen, dass die Rechtsordnung der Europäischen Union grundsätzlich eine unabhängige und von den Mitgliedstaaten autonome ist. Damit ließe sich das Konfusionsargument nicht übertragen.[160] Ein ähnlicher Begründungsansatz fand sich in der Vergangenheit im Zusammenhang mit dem Problem der so genannten Inländerdiskriminierung oder umgekehrten Diskriminierung.[161] Bei dieser Fallgestaltung werden grenzüberschreitende und damit unionsrechtlich relevante Fallgestaltungen gegenüber rein innerstaatlichen Sachverhalten privilegiert. Das Unionsrecht steht dem indifferent gegenüber. Rechtliche Bedenken können sich jedoch aus nationalem Verfassungsrecht ergeben: Unter anderem und im Ergebnis letztlich wenig überzeugend wurde eine solche Inländerdiskriminierung als Verstoß gegen den Gleichheitssatz gewertet. Entgegengehalten wurde diesem Argument jedoch, dass der Gleichheitssatz deshalb keine Anwendung finden könne, weil mit dem nationalen und dem Unionsgesetzgeber verschiedene Gesetzgeber verantwortlich seien.[162] Hier findet sich letztlich auch das für eine Grundrechtsberechtigung juristischer Personen des öffentlichen Rechts vorgebrachte Argument der unterschiedlichen Hoheitsgewalten. Allerdings ist ebenfalls festzuhalten, dass die Mitgliedstaaten Herren der Unionsverträge sind und bleiben und die Europäische Union nach dem Prinzip der begrenzten Einzelermächtigung ihre Kompetenzen nur aus der mitgliedstaatlichen Ermächtigung ableitet. Über eine Kompetenz-Kompetenz verfügt die Union gerade nicht. Das Unionsrecht bleibt somit letztlich eine abgeleitete Rechtsordnung, die von den einzelnen Mitgliedstaaten gemeinsam verantwortet wird. Im Fall der Inländerdiskriminierung wird die Vereinbarkeit mit dem Gleichheitssatz daher heute auch weniger auf die unterschiedlichen Normgeber, sondern die unterschiedlichen Sachverhalte gestützt.[163] Das Konfusionsargument lässt sich jedoch aus den beschriebenen Gründen nicht in wirklich überzeugender Weise widerlegen.

Bessere Argumentationsansätze für eine Grundrechtsberechtigung juristi-

---

[160] *Tettinger*, Zur Grundrechtsberechtigung von Energieversorgungsunternehmen im Europäischen Gemeinschaftsrecht, FS-Börner, 1992, S. 625 (639).
[161] Eine umfassende Darstellung des Problems der Inländerdiskriminierung und ein anhand aktueller Rechtsprechungsansätze entwickelter Lösungsansatz findet sich mit weiteren Nachweisen bei *Gundel*, DVBl. 2007, S. 269 ff.
[162] *Fastenrath*, JZ 1987, S. 170 (175 f); *Papier*, JZ 1990, S. 253 (260); BGHZ 131, 107 (120 f).
[163] So bereits BVerfG, NJW 1990, S. 1033.

III. Grenzen der sektorspezifischen Regulierung

scher Personen des öffentlichen Rechts könnten sich aus dem supranationalen Charakter der Europäischen Union ergeben. Wesentliches Element der Supranationalität der Union ist das Prinzip der Mehrheitsentscheidung, das auf immer mehr Politikfeldern gilt. Hierdurch besteht die Möglichkeit, dass einzelne Mitgliedstaaten der Union, etwa diejenigen, denen die konkret betroffenen juristischen Personen des öffentlichen Rechts zugeordnet sind, im Rat bei der Abstimmung überstimmt werden und damit keine Rückführbarkeit des entsprechenden Sekundärrechtsaktes zur einzelnen nationalen Hoheitsgewalt mehr besteht.[164] Hierzu ist jedoch festzustellen, dass sich an der Zurechnung der primärrechtlichen Unionsgrundlagen, die der Union gerade den supranationalen und keinen intergouvernementalen Charakter verliehen haben, zum Mitgliedstaat nichts ändert. Diese Argumente sprechen auch dagegen, den Argumentationsansatz eines bloßen Kompetenzkonflikts im weiteren Sinn[165] gegen eine Grundrechtsberechtigung juristischer Personen des öffentlichen Rechts auf europäische Grundrechte nicht anzuwenden.[166] Zwar geht es tatsächlich nicht um einen innerstaatlichen Kompetenzverteilungskonflikt, sondern um einen mit der Europäischen Union. Deren Hoheitsgewalt kann jedoch in letzter Konsequenz eben nicht absolut von der der Mitgliedstaaten getrennt werden. Rekurriert man mit der Anknüpfung auf den supranationalen Charakter der Europäischen Union stärker auf das Verhältnis von Mitgliedstaaten und Union, bestehen gegen einen solchen Begründungsansatz für eine Grundrechtsberechtigung juristischer Personen des öffentlichen Rechts auch starke dogmatische Bedenken. Es ist völlig unumstritten, dass sich Mitgliedstaaten gegenüber der Union nicht auf Grundrechte berufen können. Mitgliedstaaten können sich stattdessen lediglich auf die aus den Grundsätzen der Rechtsstaatlichkeit und sonstigen Verfassungsprinzipien der Union folgenden Verfahrensrechte gegenüber der Union berufen. So ist es auch zu verstehen, wenn der EuGH juristischen Personen des öffentlichen Rechts bestimmte Verfahrensrechte zugesteht.[167] Zum Konfusionsargument nimmt der EuGH in der zitierten Rechtsprechung daher nicht Stellung.[168] Daneben kommen den Mitgliedstaaten selbstredend bei der

---

[164] Bezogen auf die Energiepolitik der Europäischen Union drohte eine solche Situation bei der von der Europäischen Kommission verfolgten eigentumsrechtlichen Entflechtung von Netzbetrieb und Versorgung. Die Bundesrepublik Deutschland und die Französische Republik standen einem solchen Vorhaben skeptisch gegenüber. Aufgelöst wurde der Konflikt schließlich durch die Schaffung der Figur des »Unabhängigen Netzbetreibers (ISO)« gem. Art. 13 ElektrizitätsRL bzw. Art. 14 GasRL, mit der sich auch die Bundesrepublik Deutschland und die Französische Republik einverstanden zeigten. (siehe unten 3. Kapitel: II. 1.).
[165] BVerfGE 21, 362 (368 ff); 61, 82 (100 ff).
[166] So aber *Strunz*, Strukturen des Grundrechtsschutzes der Europäischen Union in ihrer Entwicklung, 2006, S. 143.
[167] EuGH »Niederlande u.a./Kommission« C-48/90 & C-66/90, Slg. 1992, I- 565 (638 ff) Rdnr. 44 ff.
[168] a.A. *Strunz*, Strukturen des Grundrechtsschutzes der Europäischen Union in ihrer Entwicklung, 2006, S. 139.

Rechtssetzung der Union die Mitwirkungsrechte im Rat zu. Rückt man folglich weniger das Verhältnis von betroffener juristischer Person und Union in den Fokus, sondern das von Mitgliedstaat, dem die juristische Person zugeordnet ist und Union, so lässt sich eine Grundrechtsberechtigung öffentlich-rechtlich beherrschter juristischer Personen ebenfalls nur schwer begründen.

cc) Eigentumsverhältnisse beispielhaft ausgewählter Netzbetreiber

Im Falle der Bundesrepublik Deutschland führt dies für die hier interessierenden Übertragungsnetz- und Fernleitungsnetzbetreiber zu unterschiedlichen Ergebnissen: Die RWE AG stand im Jahr 2007 zu etwa 27% im kommunalen Eigentum, was keine mehrheitliche Beherrschung durch die öffentliche Hand im Sinne der TransparenzRL bedeutet. Anders stellt sich die Situation allerdings für die drei verbleibenden großen deutschen Übertragungsnetzbetreiber dar: Die transpower stromübertragungs gmbH als größter deutscher Übertragungsnetzbetreiber ist seit 1. Januar 2010 eine 100-prozentige Tochter der TenneT B.V., die sich wiederum vollständig im Eigentum des niederländischen Staates befindet. Die Vattenfall Europe AG als Mutter der 50Hertz Transmission GmbH wird direkt und über die Vattenfall (Deutschland) GmbH zu 96,42% durch die Vattenfall AB kontrolliert, die zu 100% im schwedischen Staatseigentum steht. Die EnBW AG steht zu jeweils 45,01% im Eigentum der EdF SA und der Oberschwäbischen Elektrizitätswerke (OEW). Die EdF SA stand 2007 zu 87,3% im Eigentum der französischen Republik, die OEW ist als Zweckverband mehrerer baden-württembergischer Landkreise ein zu 100% staatliches Unternehmen. Folglich handelt es sich bei der EnBW AG ebenfalls um ein staatlich beherrschtes Unternehmen. Bei der Vattenfall Europe AG, der TenneT B.V. wie bei der EnBW AG dürfte die Grundrechtsfähigkeit daher zumindest in Frage stehen.[169] Der Umstand, dass neben dreien der vier deutschen Übertragungsnetzbetreiber mit der EdF SA der größte europäische Energiekonzern und Übertragungsnetzbetreiber nach obiger Auslegung nicht vom Grundrechtsschutz erfasst ist, zeigt jedoch die Relevanz dieser hier nicht weiter auszuführenden Problematik auf. Bei den gegenwärtig im Gassektor der Bundesrepublik Deutschland tätigen Fernleitungsnetzbetreibern Gasunie Deutschland Transport Services GmbH, E.ON Ruhrgas AG, Thyssengas GmbH, Verbundnetz Gas AG und Wingas GmbH liegt wie sich für die Unternehmen teilweise

---

[169] Zu den Eigentumsverhältnissen Monopolkommission, Strom und Gas 2007: Wettbewerbsdefizite und zögerliche Regulierung, 2007, S. 167 ff, BTDrucks. 16/7087; *Holznagel/Schumacher*, N&R 2007, S. 96 (98); http://www.tennet.org/english/organisation/holding/index/aspx (zuletzt abgerufen am 17.04.10).
Bezüglich der Vattenfall Europe Transmission GmbH, aus der am 5. Januar 2010 die 50Hertz Transmission GmbH zunächst ohne Veränderung der Eigentumsverhältnisse hervorging, hat das BVerfG im Rahmen eines Kammerbeschlusses seine Zweifel an der Grundrechtsberechtigung hinsichtlich der Grundrechte des GG ohne Entscheidung in der Sache ausdrücklich betont; BVerfG, NVwZ 2010, S. 373 (374).

bereits aus den Ausführungen für den Elektrizitätsbereich ergibt, in keinem Fall eine Beherrschung durch die öffentliche Hand vor.[170]

Sofern neben dem sachlichen auch der persönliche Schutzbereich eröffnet ist und nicht durch eine Zuordnung des Energieversorgungsnetzbetreibers zur öffentlichen Hand ausgeschlossen ist, wird durch die Verpflichtung zur Durchleitung in die Eigentumsfreiheit in konkreter Gestalt der freien Nutzungsbefugnis und in die Berufsausübungsfreiheit des Netzbetreibers eingegriffen. Wie ausgeführt ändert auch die Gewährung eines angemessenen Entgelts an dieser Betrachtung nichts, da die Eigentumsfreiheit andernfalls auf eine reine Vermögenswertgarantie reduziert würde.[171]

c) Rechtfertigungsanforderungen

Wichtigstes Rechtfertigungskriterium beim Eingriff in die Eigentumsfreiheit ist die Verhältnismäßigkeit des Eingriffs, wobei vor allem die soziale Funktion der jeweiligen Eigentümerposition und die verfolgten öffentlichen Interessen besonders zu berücksichtigen sind.[172] Dieser materielle Rechtfertigungsmaßstab entspricht wiederum weitgehend dem des deutschen Verfassungsrechts. Inhalt und Schranken des Eigentums werden gem. Art. 14 Abs. 1 Satz 2 GG durch die Gesetze bestimmt, wobei Eigentum gem. Art. 14 Abs. 2 GG verpflichtet und sein Gebrauch zugleich dem Wohl der Allgemeinheit dienen soll. Ebenso wie auf europäischer Ebene ist der Gesetzgeber aber nicht frei bei der Ausfüllung des durch Art. 14 Abs. 1 Satz 2 GG übertragenen Auftrags, sondern muss einen gerechten Ausgleich und ein ausgewogenes Verhältnis der schutzwürdigen Interessen der Beteiligten schaffen.[173] Der Gestaltungsspielraum des Gesetzgebers ist folglich in den Fällen größer, in denen andere Personen in besonders starkem Maß auf die Nutzung fremden Eigentums angewiesen sind und das Eigentumsobjekt so in einem besonderen sozialen Bezug und einer sozialen Funktion steht.[174] Die Schrankenregelungen der Freiheit der Berufsausübung gem. Art. 12 Abs. 1 Satz 2 GG weist gegenüber der von Art. 14 Abs. 1 Satz 2 und Abs. 2 GG weitgehende Identität auf.[175] Liegt ein unbestreitbares natürliches Monopol vor, so sind Dritte auf die Nutzung der vorhandenen Netze angewiesen, um auf dem Energieversorgungsmarkt auftreten zu können. Die Errichtung eines parallelen Leitungsnetzes ist im Falle eines unbestreit-

---

[170] *Holznagel/Schumacher*, N&R 2007, S. 96 (98).
[171] *Papier*, Verfassungsfragen der Durchleitung, FS-Baur, 2002, S. 209 (216).
[172] *Calliess* in: Ehlers, Europäische Grundrechte und Grundfreiheiten, 2009, § 16.4, Rdnr. 37 ff; EuGH »Metronome Musik« C-200/96, Slg. 1998, I-1953 (1965 f), Rdnr. 24 ff.
[173] BVerfGE 25, 112 (117); 52, 1 (29 f); 70, 191 (200); 81, 208 (220); 91, 294 (308); 95, 64 (84); 100, 226 (240); 101, 239 (259); 104, 1 (11); 110, 1 (28); 115, 97 (114).
[174] BVerfGE 50, 290 (340 f); 68, 361 (368); 84, 382 (385); 89, 1 (10).
[175] BVerfGE 50, 290 (364); *Papier*, Verfassungsfragen der Durchleitung, FS-Baur 2002, S. 209 (223).

baren natürlichen Monopols in der Regel nicht nur gesamtwirtschaftlich, sondern auch einzelwirtschaftlich sinnlos, sofern tatsächlich Unbestreitbarkeit des natürlichen Monopols vorliegt.[176] Daraus folgt eine höhere Sozialpflichtigkeit des Eigentums als unter normalen Marktverhältnissen. Darüber hinaus ist zu beachten, dass nur durch einen Netzzugang Dritter im Falle eines unbestreitbaren natürlichen Monopols ein Ausgleich zwischen der Berufsfreiheit des Durchleitungspetenten gem. Art 12 Abs. 1 GG und der Eigentums- und Berufsfreiheit des Netzeigentümers bzw. Netzbetreibers gem. Art. 14 und 12 Abs. 1 GG geschaffen werden kann. Die Verweigerung des Netzzugangs dient im Falle angemessener Entgelte und vorhandener Möglichkeit des Netzbetreibers zur eigenen Netznutzung allein der Verhinderung von Wettbewerb und der Sicherung des eigenen Absatzes. Weder Art. 14 GG noch Art. 12 Abs. 1 GG schützen jedoch den Erhalt des bisherigen Absatzes, da es sich hier um bloße Erwerbschancen handelt.[177] Dem kann auch nicht entgegengehalten werden, dass die Durchleitungsverpflichtung nicht Ausformung der Sozialbindung, sondern vielmehr die Durchsetzung von Privatbelangen Dritter sei.[178] Die Ermöglichung und Sicherung des Wettbewerbs stellt vielmehr eindeutig einen verfassungslegitimen Gemeinwohlbelang dar, wie aus der Kompetenznorm des Art. 74 Abs. 1 Nr. 16 GG folgt.[179] Für den Bereich des Unionsrechts gilt dies erst recht. Die Union ist gem. Art. 3 Abs. 1 lit. b) AEUV ausdrücklich zuständig, die für das Funktionieren des gemeinsamen Binnenmarkts erforderlichen Wettbewerbsregeln festzulegen. Darüber hinaus enthält der AEUV mit Art. 101 ff ein ganzes Kapitel zu den Wettbewerbsregeln, was deren Bedeutung unterstreicht. Sektorspezifische Regulierungsmaßnahmen, gerade auch in Gestalt von Durchleitungsverpflichtungen, verletzen daher grundsätzlich nicht die Grundrechte der Netzeigentümer und -betreiber.

Zu beachten ist allerdings, dass wesentliches Element dieser Bewertung die Einordnung der betroffenen Infrastrukturen als unbestreitbares natürliches Monopol ist. Fehlt es daran, sind Dritte gerade nicht auf die Nutzung der fremden Infrastrukturen angewiesen. Eine besondere Sozialpflichtigkeit liegt in diesem Fall nicht vor. Auch zur Schaffung und Sicherung von Wettbewerb sind Durchleitungsverpflichtungen nur im Falle des unbestreitbaren natürlichen Monopols erforderlich. Realisiert sich folglich das oben beschriebene Risiko einer Fehleinschätzung der Regulierungsbedürftigkeit eines Marktes, so gerät auch das Rechtfertigungsgebäude ins Wanken. Sektorspezifische Regulierung wird dadurch nicht als solche grundrechtswidrig. Allerdings muss das Regulie-

---

[176] Vgl. oben 2. Kapitel: I. 2. b) bb).
[177] *Papier*, Verfassungsfragen der Durchleitung, FS-Baur, 2002, S. 209 (217).
[178] So jedoch *Schmidt-Preuß*, RdE 1996, 1 (2, 5).
[179] *Papier*, Verfassungsfragen der Durchleitung, FS-Baur, 2002, S. 209 (216ff); ders., BB 1997, S. 1213 (1214ff).

rungsregime so ausgeformt sein, dass es dem Risiko einer Fehleinschätzung bezüglich der Regulierungsbedürftigkeit durch geeignete Maßnahmen begegnet.

Dieses Erfordernis ergibt sich auch aus den anderen dargestellten Regulierungsrisiken. Wie ausgeführt birgt eine Regulierung trotz fehlender Regulierungsbedürftigkeit die Gefahr der Vernichtung von Investitionsanreizen. Das Ausbleiben sinnvoller Investitionsmaßnahmen gefährdet mittel- und langfristig die Versorgungssicherheit in der Energieversorgung. Eine Gefährdung der Versorgungssicherheit in Folge eines gerade auch mit der Sozialpflichtigkeit des Eigentums gerechtfertigten Eingriffs in die Eigentumsfreiheit widerspricht geradezu der Sozialbindung und Gemeinwohlverpflichtung des Eigentums.

Auch die Ermöglichung und Sicherung des Wettbewerbs ist zur Rechtfertigung eines Grundrechtseingriffs nur noch bedingt geeignet, wenn Folge des Eingriffs die Konterkarierung einer Wettbewerbsfunktion ist. Mit der Vernichtung von Investitionsanreizen im Allgemeinen gehen wie ausgeführt auch Anreize für eine möglicherweise effizientere Substitution und damit ein Stück wirtschaftliche Dynamik durch technische Innovation verloren.[180] Die dynamische Funktion des Wettbewerbs wird folglich beeinträchtigt. Diesem Umstand muss ein Regulierungsregime Rechnung tragen.

3. Zwischenergebnis

Sektorspezifische Regulierungsmaßnahmen bergen folglich sowohl hinsichtlich ihrer jeweiligen Berechtigung als auch bezüglich der Art ihrer Durchführung erhebliche Risiken.

Diese Risiken führen im Falle ihrer Realisierung dazu, dass einerseits die Erreichung des Wettbewerbsziels in Gefahr gerät oder aber andererseits Versorgungssicherheit langfristig nicht mehr im gewünschten Maße sichergestellt werden kann. Die Gesamtwohlfahrt wird reduziert, wenn die Regulierungsrisiken die Chancen der Regulierung übersteigen.[181] In beiden Fällen gerät auch die Konstruktion des Rechtfertigungsgebäudes des Eingriffs in die betroffene Eigentums- und Berufsausübungsfreiheit ins Wanken. Zwar dürfte die bestehende Konzeption trotz der beschriebenen Problematik momentan nicht dem Verdikt der Grundrechtswidrigkeit anheim fallen. Weder ist erkennbar, dass Wettbewerb durch die vorhandene Regulierung offensichtlich überhaupt nicht geschaffen und gefördert werden kann, noch ist die Versorgungssicherheit zum heutigen Zeitpunkt ernstlich bedroht. Erforderlich sind allerdings Instrumente die innerhalb des bestehenden Regulierungsrahmens dauerhaft das Erreichen der Regulierungsziele und damit die Funktionsfähigkeit der Regulierung sicherstellen.

---

[180] Vgl. oben 2. Kapitel: I.
[181] *Heitzer*, N&R 2007, S. 89 (89).

3. Kapitel

Konzeption und rechtspolitische Würdigung des ökonomischen Ansatzes der *Access Holidays*

Einen Ansatz, um den geschilderten Regulierungsrisiken zu begegnen, stellt das Instrument einer Regulierungsfreistellung dar. In der ökonomischen Theorie ist der Ansatz einer Regulierungsfreistellung eng mit dem Konzept der so genannten *Access Holidays* verbunden.[1] Auch die Bezeichnung der »*Holidays from the Regulatory*« oder der »*Sunset Clause*« findet sich bisweilen.[2] Entwickelt wurde der Ansatz der *Access Holidays* für Wirtschaftsbereiche, die einer umfassenden Regulierung unterworfen sind. In Betracht kommen hierbei neben dem Energiesektor insbesondere weitere klassische netzgebundene Wirtschaftsbereiche, wie der Telekommunikations- oder Eisenbahnsektor. Regulierungsfreistellungsmaßnahmen sollen eine Verringerung der Netzinvestitionen durch Regulierung verhindern und stattdessen Anreize zur Errichtung neuer Infrastrukturen bzw. zur Modernisierung und zum Ausbau bestehender Infrastruktureinrichtungen setzen. Auf diese Weise sollen *Access Holidays* einen Beitrag zur Verbesserung der Versorgungssicherheit und des Wettbewerbs in der längeren Frist und damit zur Maximierung der Gesamtwohlfahrt leisten.

I. Wirkungsweise von *Access Holidays*

Fasst man die oben aufgezeigten Regulierungsrisiken in zwei Hauptgruppen zusammen, so erscheint eine Einteilung in den materiellen Konflikt des Trade-Off-Risikos zwischen der Herstellung unverfälschter Wettbewerbsbedingungen und der Sicherstellung angemessener Investitionsanreize und damit ausreichender Versorgungssicherheit sowie in den formellen Konflikt des informatorischen Defizits sinnvoll. Diese beiden Hauptrisiken stellen gleichsam die beiden entscheidenden Regulierungsdilemmata dar. Für beide Problemstellungen könnten *Access Holidays* einen zumindest begrenzten Lösungsansatz bilden, dessen Funktionsweise im Folgenden zunächst grundsätzlich dargestellt wird. Diese grundsätzliche Einordnung der Funktionsweise von *Access Holi-*

---

[1] *Gans/King*, The Economic Record (Vol. 80) 2004, p. 89 (89 ff); dies., Agenda (Vol. 10) 2003, p. 163 (164); *Keller/Wild*, Utilities Policy 12 (2004), p. 243 (247).

[2] *Bourreau/Dodan*, European Economic Review 49 (2005), 173 (173, 188 f.).

days darf nicht a priori gleichgesetzt werden mit den durch Art. 17 StromhandelsVO und Art. 36 GasRL geschaffenen Regulierungsausnahmen.[3] Für eine umfassende Darstellung und Einordnung der Freistellungsmöglichkeiten des Energierechtsrahmens in Anlehnung und Abgrenzung an den bzw. zum ursprünglichen Ansatz der *Access Holidays* ist eine Darstellung derselben jedoch unerlässlich.

1. Investitionsrisiko

a) Investitionsrisiko in der Grundkonstellation des so genannten truncation-Falles

Ausgangspunkt einer Erläuterung des Konzepts der *Access Holidays* ist das Investitionsrisiko eines potentiellen Investors: Übersteigt dieses Risiko die mit dem Investment verbundenen Chancen, wird der Investor auf die Investition verzichten. Diese auch als *truncation*-Fall bezeichnete Situation stellt die Grundkonstellation von *Access Holidays* dar.[4] Anders formuliert wird ein Investor eine Investition nur durchführen, sofern der erwartete Barwertsaldo in der Zukunft nicht nur positiv ist, sondern darüber hinaus auch der marktüblichen Verzinsung einer risikogleichen Investition entspricht. Je größer die Investitionsrisiken, desto geringer ist die Wahrscheinlichkeit für eine Investition.

Im vorliegenden Zusammenhang betrachtete Investitionsobjekte sind grenzüberschreitende Energieinfrastrukturen im Elektrizitäts- und Gasbereich, i.e. Stromleitungen der Höchstspannungsebene sowie Gasfernleitungen, Flüssiggasterminals und bestimmte Gasspeicheranlagen. *Access Holidays* lassen sich jedoch grundsätzlich auf sämtliche regulierte Wirtschaftsbereiche und Infrastruktureinrichtungen anwenden. Der Ansatz der *Access Holidays* soll daher zunächst in seiner allgemeinen Natur vorgestellt werden. Infrastruktureinrichtungen sind aus den verschiedensten Gründen regelmäßig sehr kostenintensiv. Diese Kosten beruhen neben den technischen Anforderungen regelmäßig auf einem nicht unerheblichen planungsrechtlichen Aufwand und aufwendigen Hoch- und oder Tiefbauarbeiten. Der Aufwand allein birgt ein erhebliches Investitionsrisiko.[5]

Zu diesen projektspezifischen Investitionsrisiken kommen in regulierten Wirtschaftsbereichen aufgrund des regulierten Marktumfelds die oben beschriebenen aus der Regulierung folgenden Risiken, die zusätzliche Investitionsrisiken darstellen. An diese regulierungsspezifischen Investitionsrisiken knüpft der Ansatz der *Access Holidays* an. Erweist sich eine bestimmte Maß-

---

[3] Siehe hierzu unten 5. Kapitel.
[4] *Gans/King*, Agenda (Vol. 10) 2003, p. 163 (166); dies., The Economic Review Vol. 80 (2004), p. 89 (92 ff).
[5] Siehe unten 5. Kapitel: III. 1. b).

nahme aus technischen Gründen als nicht wirtschaftlich realisierbar, vermögen *Access Holidays* dieses Ergebnis nicht zu verändern. Ein anderes Ergebnis ergibt sich jedoch, wenn die Realisierung des Projekts »nur« durch die regulierungsbedingten Risiken zu scheitern droht. Derartige Konstellationen sind durchaus realistisch.

Um dies aufzuzeigen, ist zunächst eine Differenzierung zwischen bestehenden und neu zu errichtenden oder zumindest zu erneuernden Energieinfrastrukturen erforderlich. Für bestehende Infrastrukturen, deren Investitionsaufwand mit dem neu zu schaffender Infrastrukturen durchaus vergleichbar war, sind regulierungsspezifische Risiken kaum problematisch im Sinne einer Gefährdung des vorhandenen Bestands. Zum einen sind die Anlagen je nach Lebensdauer bereits abgeschrieben. Im Übrigen ist bei bestehenden Einrichtungen auch bei zu niedrig kalkulierten Regulierungsentgelten, die eine Amortisation der Investition nicht ermöglichen, ein Verschwinden der Infrastruktur kaum zu befürchten.[6] Gleiches dürfte, wenn man eklatant zu niedrig kalkulierte Regulierungsentgelte ausblendet, auch für Erhaltungsinvestitionen gelten. Ursächlich hierfür ist der Umstand, dass es sich bei Energieversorgungsinfrastrukturen wie ausgeführt um versunkene Investitionen handelt, i.e. der Errichtungsaufwand und damit der Fixkostenanteil sehr hoch ist. Die Betriebskosten nehmen sich demgegenüber regelmäßig gering aus. Variable Kosten existieren bei Ausblendung der Leitungsverluste im Elektrizitätsbereich kaum, im Gasbereich vor allem bei den Kompressorstationen, die jedoch ebenfalls nicht annähernd an die Fixkosten heranreichen.[7] Eine völlige abweichende Bewertung ergibt sich jedoch für Neu- und Ausbauinvestitionen. Ein Investor wird eine ohnehin risikoreiche Investition nicht durchführen, wenn das Risiko regulierungsspezifischer Probleme nicht in angemessener Form durch die mit der Maßnahme verbundenen Chancen aufgewogen wird.

Der Ausgangspunkt der Begründung dieses Problems leuchtet ein. In gleicher Weise wie in einem nicht regulierten Umfeld trägt der Investor auch in einem regulierten Umfeld das volle Investitionsrisiko. Im Falle eines Scheiterns der Investition etwa aufgrund falscher Markteinschätzungen oder eines in der Zukunft aufgrund gesteigerter Effizienz stark rückläufigen Energieverbrauchs verbleibt der Investitionsaufwand ohne ausreichende Investitionsrückflüsse beim Investor. Dritte, denen im Wege der Marktregulierung ein Zugangsrecht eingeräumt wird, sind dem Investitionsrisiko nicht ausgesetzt. In der Grundkonstellation können sie von dem Drittzugangsrecht Gebrauch machen, müssen dies aber nicht tun. Nimmt man dem Netzeigentümer oder -betreiber darüber hinaus die Möglichkeit, den Drittzugang zumindest im Wege längerfristiger Vertragsgestaltungen zu regeln, so trägt der Dritte nicht nur kein Inves-

---

[6] *Gans/King*, Agenda (Vol. 10) 2003, p. 163 (163).
[7] *Keller/Wild*, Utilities Policy 12 (2004), p. 243 (246).

titionsrisiko, sondern nicht einmal das Risiko einer längeren Vertragsbindung. Gleichzeitig eröffnen sich dem Dritten jedoch im Erfolgsfall der Investition ähnliche Chancen wie dem Investor. Es entsteht folglich eine klassische so genannte Free-Rider-Problematik. Der Investor trägt im Fall des Scheiterns der Investition das gesamte Risiko alleine, muss jedoch im Erfolgsfall aufgrund der Marktregulierung empfindliche Rückflussverluste hinnehmen.[8]

b) Investitionsrisiko in der Konstellation einer umfassenden Netzregulierung

Im Bereich der sektorspezifischen Regulierung der Energieversorgungsnetze besteht das Risiko eines Scheiterns der Investition im Sinne des ursprünglichen Ansatzes der *Access Holidays* allerdings grundsätzlich nicht mehr, da die betroffenen Infrastrukturen so in die Marktregulierung eingebunden werden, dass die Investitionskosten in größerem Netzzusammenhang auf die Netzdurchleitungsentgelte umgelegt werden. Wie dargestellt erfolgt die Berechnung der Regulierungsentgelte nicht etwa einzelverhandelt transportpfadabhängig, sondern transaktionsunabhängig im Wege eines umfassend regulierten Netzzugangs. Über dieses Modell wird eine Berücksichtigung neu errichteter Infrastrukturen bei der Berechnung der Regulierungsentgelte für das jeweilige Regulierungsgebiet sichergestellt, so dass ein Scheitern im Sinne eines ausbleibenden Vermögensrückflusses ausgeschlossen ist. Die oben beschriebenen Risiken einer unzureichenden Sozialisierung durch zu niedrig kalkulierte Entgelte und damit eines unzureichenden Vermögensrückflusses bleiben bei einer solchen Zuordnung freilich sämtlich erhalten. Diese Risiken belasten den Investor gerade dann, wenn ein Investitionsrisiko im Sinne eines Scheiterns der Investition nicht besteht, weil der Erfolg im Sinne der Nutzung einer Infrastruktur bereits vor Errichtung derselben sicher feststeht. Im Ergebnis besteht auch hier ein Free-Rider-Problem, wenn auch insoweit in abgeschwächter Form, als das Risiko des Investors auf zu niedrig kalkulierte Regulierungsentgelte oder ihn im Übermaß belastende sonstige Regulierungsbedingungen beschränkt ist. Auch führt das infolge der Regulierungsrisiken insgesamt anwachsende Investitionsrisiko zu erhöhten Finanzierungskosten,[9] was sich wiederum negativ auf die Investitionsanreize auswirkt.

Auch wenn ein Scheitern im Sinne einer Nichtinanspruchnahme aufgrund einer umfassenden Regulierung nicht droht, sondern das regulierungsspezifische Investitionsrisiko vielmehr allein aus den oben aufgezeigten Regulierungsrisiken folgt, lässt sich die Bedeutung dieses Risikos für die Investitionsentscheidung anhand von Beispielen eingängig darstellen. Im Rahmen einer

---

[8] *Gans/King*, Agenda (Vol. 10) 2003, p. 163 (163 f); dies., The Economic Record Vol. 80 (2004), p. 89 (95).
[9] Vgl. beispielhaft die Ausführungen zu ansteigenden Kapitalkosten in Folge von Entflechtungsvorschriften bei *Jorde/Sidak/Teece*, Yale J. Regul. 2000, p. 1 (19 ff).

kostenorientierten Regulierung entzündet sich der Hauptkonflikt zwischen Regulierungsbehörde und Netzbetreiber neben der Berücksichtigung der einzelnen Kostenpositionen in angemessener Höhe vor allem an der Fragestellung, welche Kostenpositionen überhaupt zu berücksichtigen sind. Obwohl beispielsweise der deutsche Gesetzgeber mit der StromNEV und der GasNEV jeweils in grundlegender Art und Weise die Entgeltbildung normiert hat und damit insbesondere formellen verfassungsrechtlichen Anforderungen genügt, entzünden sich an der Frage nach der Berücksichtigungsfähigkeit bestimmter Kostenpositionen immer wieder gerichtliche Auseinandersetzungen. So soll der Regulierungsbehörde beispielsweise bei der Bestimmung des Fremdkapitalzinssatzes zumindest im weiteren Anwendungsbereich von § 5 Abs. 2 StromNEV ein Beurteilungsspielraum zustehen.[10] Auch können im Rahmen der kalkulatorischen Eigenkapitalverzinsung gem. § 7 StromNEV etwa geleistete Anzahlungen, Anlagen im Bau oder aktive Rechnungsabgrenzungsposten nicht in die Verzinsungsbasis mit einberechnet werden, obwohl dieser Ansatz etwa für die Handelsbilanz vorgesehen ist.[11] Ebenfalls auf Kritik stoßen die seitens der Regulierungsbehörde angewandten Vergleichsverfahren.[12] Überhaupt zeigen die zahlreichen Streitigkeiten zur Entgeltgenehmigung nach § 23a EnWG anschaulich, dass a priori für den Investor trotz der Existenz der StromNEV und der GasNEV weiterhin Ungewissheiten bezüglich der tatsächlichen Höhe der Netznutzungsentgelte bestehen. Die Einbeziehung bestimmter Kostenpositionen in die Durchleitungsentgeltbildung oder deren Nichteinbeziehung führt den Charakter der Durchleitung als Massengeschäft berücksichtigend zu erheblichen Unterschieden in der Höhe der Netzdurchleitungserlöse und damit der Investitionsrückflüsse.[13] Die genannten Aspekte verdeutlichen erneut das besondere Investitionsrisiko.

Tendenziell noch schwerer und weniger verlässlich prognostizierbar als im Bereich der kostenorientierten Regulierung ist die Höhe der Durchleitungsentgelte im Bereich einer anreizorientierten Regulierung. Anders als im Bereich

---

[10] OLG Koblenz, RdE 2007, 198 (204).
[11] OLG Düsseldorf, RdE 2007, 193 (194), das dezidiert auf die preissenkende Intention des EnWG hinweist, dabei jedoch nicht auf die Bedeutung für die Investitionssicherheit eingeht.
[12] *Elspas/Rosin/Burmeister*, RdE 2007, S. 329 (331 ff).
[13] Im Jahr 2008 hat die Bundesnetzagentur bei den damaligen deutschen Übertragungsnetzbetreibern Vattenfall Europe Transmission GmbH, E.ON Netz GmbH, RWE Transportnetz Strom GmbH und EnBW Transportnetze AG die beantragten Kosten um 15%, 25%, 28% und 29% gekürzt, was die Relevanz der Regulierung für die Investitionsrückflüsse und damit das Investitionsrisiko unterstreicht; Bundesnetzagentur, Pressemitteilung vom 18. Januar 2008, abrufbar unter http://www.bundesnetzagentur.de/cae/servlet/contentblob/32370/publicationFile/1289/PM20080118SenkungEntgelteUebertragungsnetzId 12439pdf.pdf (zuletzt abgerufen am 12.04.10); Bundesnetzagentur, Pressemitteilung vom 5. März 2008, abrufbar unter http://www.bundesnetzagentur.de/cae/servlet/contentblob/323 54/publicationFile/1266/PM20080305StromnetzentgelteEONId12979pdf.pdf (zuletzt abgerufen am 12.04.10).

der kostenorientierten Regulierung orientieren sich die Entgelte in diesem Modell noch weniger an den Rahmendaten und Kostenstrukturen einzelner Investoren, sondern mehr an der allgemeinen Marktlage. Dies kann sehr wohl dazu führen, dass für bestimmte Projekte das Risiko einer zu niedrig kalkulierten Vergütung erhöht wird und die Investition dadurch unattraktiv wird. Anschaulich darstellen lässt sich dies anhand einer aktuellen Umfrage unter 202 deutschen Städten und Gemeinden zu ihren Beteiligungen an lokalen Energieversorgungsunternehmen. Darin erwarten 86% der befragten Städte und Gemeinden eine Renditesenkung als Folge der Anreizregulierung. Immerhin noch 36 Prozent der befragten Kommunen äußern die Erwartung, dass durch die Einführung der Anreizregulierung mehr Stadtwerke verkauft werden oder Anteilsreduktionen vorgenommen werden. In den vergangenen fünf Jahren führten nur 16 Prozent der Befragten eine Verringerung ihrer Anteile durch. Explizit geäußert wird aufgrund der zu erwartenden Erlöseinbußen auch die Befürchtung geringerer Investitionen im Netzbereich, um auf diese Weise zumindest mittelfristig das Erlösniveau der Vergangenheit halten zu können.[14] Auch die in der Bundesratsdebatte zur ARegV vertretenen unterschiedlichen Ansichten zur Höhe des bei der Anreizregulierung anzuwendenden Effizienzfaktors lassen zumindest eine gewisse Willkürlichkeit befürchten.[15] Auch erscheint eine Überprüfung der individuellen Effizienzvorgaben für die Netzbetreiber anhand des seitens der Regulierungsbehörde veröffentlichten Datenmaterials nur schwer möglich.[16] Die Investitionssicherheit wird dadurch stark negativ beeinflusst, da wiederum die Höhe der Durchleitungsentgelterlöse und damit Investitionsrückflüsse in maßgeblicher Weise von der Größe der betreffenden Faktoren abhängen. Die von der Bundesnetzagentur mit Einführung der Anreizregulierung ursprünglich beabsichtigte Herabsetzung der Eigenkapitalrendite auf das eingesetzte Kapital auf einheitlich 7,82% für Neuanlagen,[17] die von den netzbetreibenden Unternehmen als deutlich zu niedrig angesehen wurde und schließlich von der Bundesnetzagentur wieder angehoben wurde, zeigt die besonderen regulierungsspezifischen Investitionsrisiken abermals. Gerade die im Rahmen des Konsultationsverfahrens schließlich doch vorgenommene Korrektur der Bundesnetzagentur auf einheitlich 9,29% Eigenkapitalverzinsung[18] kann nicht etwa einseitig als Beweis für die Funktionsfähigkeit der Re-

---

[14] PricewaterhouseCoopers, Kooperation oder Ausverkauf der Stadtwerke? Umfrage unter 202 deutschen Städten und Gemeinden, 2008, S. 5 ff, abrufbar unter http://www.pwc.de/fileserver/EmbeddedItem/Stadtwerkestudie.pdf?docId=e55682051452693&componentName=pubDownload_hd (zuletzt abgerufen am 25.03.08).

[15] Bundesrat-Plenarprotokoll 836, S. 298 ff.

[16] *Elspas/Rosin/Burmeister*, RdE 2007, S. 329 (336 f.).

[17] Bundesnetzagentur, Pressemitteilung vom 20. Mai 2008, abrufbar unter http://www.bundesnetzagentur.de/cae/servlet/contentblob/32320/publicationFile/1279/PM20080520FestlegungEigenkapitalverzinsungId13665pdf.pdf (zuletzt abgerufen am 12.04.10).

[18] Bundesnetzagentur, Pressemitteilung vom 7. Juli 2008, abrufbar unter http://www.

gulierung ausgelegt werden, sondern macht vielmehr die im Rahmen sektorspezifischer Regulierung auftretenden erheblichen Unsicherheiten und Abhängigkeiten von der Regulierungsbehörde anschaulich deutlich. Jüngstes Beispiel für negative Investitionsanreize durch Regulierung ist in diesem Zusammenhang die seit 2001 geplante so genannte Süddeutsche Erdgasleitung (SEL) zwischen dem bayerischen Burghausen und dem hessischen Lampertheim mit einem Investitionsvolumen von 600 Millionen €. Die federführende Wingas Transport GmbH hat im Dezember 2008 aufgrund einer ihrer Meinung nach zu strengen staatlichen Regulierung ihren Verzicht auf die Investition bekannt gegeben.[19]

Auch die Bedeutung der Restriktionen im Bereich des Engpassmanagements, insbesondere der Verwendungszweckbeschränkung gem. Art. 16 Abs. 6 StromhandelsVO, für die Investitionsentscheidung lässt sich anhand eines konkreten Zahlenbeispiels verdeutlichen. Gem. Punkt. 6.5 der Engpass-Leitlinien[20] ist die jeweilige nationale Regulierungsbehörde verpflichtet, jeweils zum 31. Juli eines Jahres die Höhe und die Verwendung der Erlöse aus dem Engpassmanagement zu veröffentlichen. Für den Zeitraum vom 1. Juli 2006 bis zum 30. Juni 2007 ergeben sich für sämtliche engpassbehaftete Grenzkuppelstellen der Bundesrepublik Deutschland Engpassmanagementerlöse in Höhe von insgesamt 242.514.941 €, wobei beinahe die Hälfte der Erlöse auf die Grenzkuppelstellen zur Tschechischen Republik und zu den Niederlanden entfallen. Verwendet wurden die Erlöse vollständig im Sinne einer mindernden Berücksichtigung bei der Berechnung der Netznutzungsentgelte gem. Art. 16 Abs. 6 UAbs. 2 StromhandelsVO.[21] Dieser Umstand und die Höhe der erzielten Erlöse kombiniert mit der Verwendungszweckbeschränkung macht deutlich, dass die bestehende Engpassmanagementregulierung zumindest die Gefahr negativer Investitionsanreize birgt. Im Falle des *BritNed*-Kabels zwischen dem Vereinigten Königreich und den Niederlanden[22] resultierten die aus einer umfassenden Regulierung folgenden besonderen Investitionsrisiken hauptsächlich aus dem Engpassmanagement und damit in Zusammenhang stehenden potentiellen Ausbauverpflichtungen der Infrastruktur seitens der Regulierungsbehörde.[23]

---

bundesnetzagentur.de/cae/servlet/contentblob/32390/publicationFile/1245/PM20080707 AnreizregulierungEnergieId13917pdf.pdf (zuletzt abgerufen am 11.04.10).

[19] Vgl. *Mihm*, Frankfurter Allgemeine Zeitung vom 18.11.2008, S. 11.
[20] Vgl. oben 2. Kapitel Fn. 120.
[21] Bundesnetzagentur, Erlöse aus grenzüberschreitendem Engpassmanagement, 2007, abrufbar unter http://www.bundesnetzagentur.de/cae/servlet/contentblob/88834/publication File/1604/Bericht6-5EMPLL2007Id14548pdf.pdf (zuletzt abgerufen am 12.04.10).
[22] Siehe unten ausführlicher 5. Kapitel: II. 3. b) cc) (a).
[23] Das Geschäftsmodell des BritNed-Interkonnektors, das im Wesentlichen auf der Nutzbarmachung von Engpassmanagementerlösen basiert, könnte durch eine derartige Verpflichtung vernichtet werden; BritNed, Application for EU exemption, 2006, p. 36, abrufbar unter http://www.ofgem.gov.uk/MARKETS/WHLMKTS/COMPANDEFF/TPACCESS/Documents1/15348-1633_06.pdf (zuletzt abgerufen am 13.11.07).

Die transaktionsunabhängige Ermittlung der Regulierungsentgelte und damit implementierte umfassende Sozialisierung führt zu einem weiteren Regulierungsrisiko. Es handelt sich hierbei weniger um ein Risiko des Investors als um ein volkswirtschaftliches Risiko. Eine Sozialisierung der Investitionsrisiken erscheint nicht immer gerechtfertigt und birgt wiederum nicht unerhebliche Nachteile. So kann eine Umlegung des Investitionsaufwandes einschließlich einer angemessenen Verzinsung fallweise aufgrund des hohen Investitionsaufwandes zu einem erheblichen Anstieg der Netzdurchleitungsentgelte führen. Anhand des bereits erwähnten Beispiels des *Estlink*-Interkonnektors lässt sich dies konkret belegen.[24] Dies gilt insbesondere für vergleichsweise kleine Regulierungsgebiete, in denen ein einzelnes Investitionsvorhaben einen erheblichen Teil der Energieversorgungsnetzinfrastruktur bildet. Die Sozialisierung der Investitionskosten stellt auch dann ein Problem dar, wenn wie in bestimmten Mitgliedstaaten eine Sozialisierung der Investitionskosten mitunter aus rechtlichen Gründen in besonderen Fällen nicht in Betracht kommt.[25]

2. Investitionssicherheit durch *Access Holidays*

a) Klassische Access Holidays beschränkt auf eine Drittzugangsbefreiung mit kommerziellem Betrieb

Zur Beherrschung und Lösung regulierungsbedingter Investitionsrisiken wurde das Instrument der *Access Holidays* entwickelt. Ausgangspunkt der Betrachtung soll wiederum das Beispiel einer Investition sein, die in technischer Hinsicht wirtschaftlich realisiert werden könnte und lediglich aufgrund der vorhandenen sektorspezifischen Regulierung zu scheitern droht – die oben als *truncation*-Fall beschriebene Konstellation. Auf die Versorgungssicherheit wirkt sich das Ausbleiben der Investition regelmäßig vor allem in langfristiger Perspektive negativ aus. Die Wahrscheinlichkeit einer solchen Konstellation hängt ab vom Zeitpunkt der Regulierung, der Eingriffstiefe der Regulierung und damit verbunden vom Geschäftsmodell des potentiellen Investors. Setzt die Regulierung bezogen auf die Inbetriebnahme der Infrastruktur sehr früh an und sind die Regulierungsverpflichtungen besonders weitgehend, steigt die Gefahr einer Nichtrealisierung des Projekts bedingt nur durch die sektorspezi-

---

[24] Vgl. oben 2. Kapitel: III. 1. a) bb); siehe unten 5. Kapitel: II. 3. b) cc) (b).

[25] Im Vereinigten Königreich beispielsweise benötigt der Betreiber eines Elektrizitätsinterkonnektors eine Lizenz. Nicht erhalten kann jedoch eine solche Lizenz derjenige, der gleichzeitig über eine Übertragungs-, Verteilungs- oder Erzeugungslizenz verfügt; Energy Act 2004 section 145 subsection 6.
Im Fall des BritNed-Interkonnektors zwischen dem Vereinigten Königreich und den Niederlanden führte diese Bestimmung dazu, dass ein sozialisierter Interkonnektor nicht möglich war; BritNed, Application for EU exemption, 2006, p. 34 f, abrufbar unter http://www.ofgem.gov.uk/MARKETS/WHLMKTS/COMPANDEFF/TPACCESS/Documents1/15348–1633_06.pdf (zuletzt abgerufen am 13.11.07).

fischen Regulierungsmaßnahmen. Eine bereits voll abgeschriebene Infrastruktur wird durch sektorspezifische Regulierung wie ausgeführt weniger stark belastet. Ein vertikal integrierter oder allein in Stromerzeugung oder Gasförderung tätiger Investor wird durch den Drittzugang als solchen beeinträchtigt. Die Investitionsanreize eines reinen Netzbetreibers, der auch eigentumsmäßig nicht mit Erzeugern oder Vertriebsunternehmen verflochten ist, werden vor allem durch die Gefahr zu geringer Durchleitungsentgelte oder bestimmte Engpassmanagementverpflichtungen konterkariert. Dennoch ist es auch hier nicht möglich, diese Problemstellung innerhalb des üblichen sektorspezifischen Regulierungsrahmens völlig aufzulösen, indem die Projektrisiken etwa durch angemessene Zugangsentgelte ausgeglichen würden. Wie oben ausgeführt ist jeder sektorspezifischen Regulierung das informatorische Defizit immanent. Das »richtige« Durchleitungsentgelt kann eine Regulierungsbehörde folglich nicht festlegen. Selbst wenn die Regulierungsbehörde diese »richtigen« Regulierungsbedingungen und -entgelte für eine Regulierungsperiode finden sollte, besteht die relevante Gefahr, dass in der Folgeperiode diese Bedingungen zu Lasten des Investors wieder verändert werden.[26] Eine angemessene Prämie, wie durch den so genannten disaggregierten Regulierungsansatz[27] zur Lösung dieses Problems vorgeschlagen, stellt daher keine zureichende Abhilfe dar.[28] Wird eine besondere Prämie für einen längerfristig festgelegten Zeitraum hingegen als bewusste Abweichung vom üblichen Regulierungsregime gewährt, handelt es sich hierbei um eine Form von *Access Holidays*. Eine derartige Einordnung ist zwar vom ursprünglichen Ansatz der *Access Holidays*, der sich auf eine Freistellung vom Drittzugang bei gleichzeitigem kommerziellem Betrieb beschränkt, nicht mehr erfasst. Weiter kann hier jedoch der Terminus der *Regulatory Holidays* reichen, der über reine Zugangsferien hinaus etwa auch privilegierte Regulierungsmodelle für einzelne Infrastrukturen erfasst. Vor diesem Hintergrund sind auch die seitens der australischen *Productivity Commission* im Zusammenhang mit dem Ansatz der *Access Holidays* geäußerten Ausführungen zu verstehen. Den Regulierungsrisiken kann demnach nicht nur durch eine umfassende Freistellung vom Drittzugang begegnet werden. In Betracht kommen vielmehr auch belastbare, einem Regulierungsvertrag entsprechende Vorabbindungen des Regulierers gegenüber dem Regulierungsverpflichteten, im Rahmen derer dem Verpflichteten für einen festgelegten Zeitraum von den üblichen Regulierungs-

---

[26] Vgl. oben 2. Kapitel: III. 1. b) dd).
[27] Siehe unten 3. Kapitel: II. 3.
[28] *Gans/King*, The Economic Record Vol. 80 (2004), p. 89 (99); BritNed, Application for EU exemption, 2006, p. 22, abrufbar unter http://www.ofgem.gov.uk/MARKETS/WHLMKTS/COMPANDEFF/TPACCESS/Documents1/15348-1633_06.pdf (zuletzt abgerufen am 13.11.07).

bedingungen abweichende, privilegierte Regulierungsbedingungen zugestanden werden.[29]

b) Umfassendere Konzeption der Regulatory Holidays

Access Holidays in ihrer ursprünglichen Bedeutung beschreiben als Zugangs-Ferien den völligen Dispens vom Drittzugangsregime. Durch die Freistellung vom Drittzugangsregime soll das Risiko eines Scheiterns der Investition durch die Chance auf einen vom Wettbewerbsdruck entlasteten Spielraum im Erfolgsfall ausgeglichen werden. Der Investor soll seinen Erfolg befristet nicht mit Drittanbietern teilen müssen. Hieraus wird deutlich, dass es sich in dieser ursprünglichen Konzeption um einen vertikal integrierten Investor handelt, da ein auch eigentumsmäßig entflochtener Netzbetreiber keine besonderen Präferenzen für bestimmte Anbieter hegt, sondern ohne Regulierung vielmehr nur zur *Cournot*-Preisbildung neigt.[30] Ausgleich für den einzelwirtschaftlichen Vorteil des wettbewerblichen Spielraums ist das Fortkommen der Gesamtwirtschaft durch die Investitionsanreize und die damit verbundene Steigerung der Versorgungssicherheit.[31]

Regulierungsfreistellungsmaßnahmen im hier erörterten Zusammenhang sind über diese klassischen *Access Holidays* hinausgehend jedoch in einem wesentlich breiteren Spektrum zu verstehen. Insbesondere müssen sie nicht notwendig so weit gehen, dass eine vollständige Freistellung vom Drittzugangsregime erfolgt. In Betracht kommt etwa auch ein bloßer Dispens von bestimmten Regulierungsmaßnahmen, der die Grundstrukturen des Drittzugangsregimes unangetastet lässt. Damit kann gerade auch dem Umstand Rechnung getragen werden, dass das Investitionsrisiko bezogen auf die implementierte Regulierung der Energieversorgungsnetze nicht im Scheitern im Sinne einer Nichtnutzung der Infrastruktur zu sehen ist, sondern vielmehr in einer ungünstigen Ausgestaltung der Regulierungsbedingungen.[32] Soweit im vorliegenden Zusammenhang von *Access Holidays* die Rede ist, sind diese in diesem umfassenderen Sinn als Regulierungsfreistellungsmaßnahmen zu verstehen, die sich wie ausgeführt allgemeiner auch als *Regulatory Holidays* beschreiben lassen. Ein solches weiteres Verständnis, welches auch Freistellungen, die den Drittzugang als solchen aufrechterhalten, erfasst, lässt sich auch als ein Regulierungsvertrag im Sinne einer bestimmten Vorabbindung des Regulierers einordnen.[33] Zunächst losgelöst vom vorhandenen Rechtsrahmen kann dieser Regulierungs-

---

[29] Productivity Commission, Review of the National Access Regime, Report no. 17, 2001, p. 25 ff, 289 ff, abrufbar unter http://www.pc.gov.au/__data/assets/pdf_file/0020/18173/access.pdf (zuletzt abgerufen am 01.04.08).
[30] Vgl. oben 2. Kapitel: I.
[31] *Gans/King*, Agenda (Vol. 10) 2003, p. 163 (168 ff).
[32] Vgl. oben 3. Kapitel: I. 1.
[33] *Gans/King*, The Economic Record Vol. 80 (2004), p. 89 (94 ff).

vertrag materiell vielfältige Gestaltungen aufweisen. Zu untersuchen bleibt, inwieweit diese möglichen Gestaltungen auch vom vorhandenen Rechtsrahmen abgedeckt sind. In gleicher Weise wie eine Weiterentwicklung der sektorspezifischen Regulierung Platz gegriffen hat – dies gilt gerade für die Europäische Union und die Entwicklung von 1996 bis 2009 – ist damit auch das Instrument der *Access Holidays* in einem weiteren Sinn zu verstehen, so dass etwa auch bloße Freistellungen vom Entgeltregulierungsregime erfasst werden.

Der Grundcharakter des Instruments als zeitlich befristeter Dispens von bestimmten Verpflichtungen wird dadurch qualitativ nicht berührt. *Access Holidays* im engeren Sinne wie auch *Regulatory Holidays* im weiteren Sinne senken oder eliminieren die regulierungsbedingten Investitionsrisiken durch ein Zeitfenster, in dem durch die Regulierungsfreistellung keine Regulierungseingriffe zu befürchten sind, und schaffen dadurch eine verbesserte Investitionssicherheit. Dieser Grundgedanke ist auch bei der Analyse der Freistellungsregelungen der Art. 17 StromhandelsVO und Art. 36 GasRL zu berücksichtigen.[34]

3. Arten der *Access Holidays*

Hingewiesen muss gerade bei einem solchen weiteren Verständnis von *Access Holidays* im Sinne von *Regulatory Holidays* jedoch auf den Umstand, dass eine interne Differenzierung zwischen verschiedenen Arten von *Regulatory Holidays* zwingend erforderlich ist. Dabei ergeben sich im Wesentlichen zwei Grundkonstellationen. Differenzierungskriterium ist der Einfluss der Regulierungsfreistellungsmaßnahme auf den Wettbewerb.

a) Möglichkeit einer Wettbewerbsbeschränkung

Konstellation eins beschreibt den ursprünglichen Ansatz der *Access Holidays*. Die Versorgungssicherheit wird unter Inkaufnahme einer befristeten Wettbewerbsbeschränkung verbessert. In diesem Fall wird dem Investor durch die Regulierungsfreistellung eine Marktstellung eingeräumt, die ihm in begrenztem und vor allem befristetem Rahmen einen vom Wettbewerbsdruck befreiten Spielraum einräumt. Dieser Spielraum kann entweder bei der Bildung der Durchleitungsentgelte, was der Konstellation eines reinen Netzbetreibers entspricht, oder aber in Gestalt der Diskriminierung von Drittanbietern genutzt werden, was der Konstellation eines vertikal integrierten Investors entspricht. Nach Ablauf der *Access Holidays* ist der Freistellungsbegünstigte allerdings der vollumfänglichen Marktregulierung ausgesetzt. Eine kurz- bis mittelfristige Wettbewerbsbeschränkung wird folglich in Kauf genommen, um eine Verbesserung der Versorgungssicherheit sowie eine langfristige Verbesserung des

---

[34] Siehe unten 5. Kapitel.

Wettbewerbs zu generieren.[35] Der durch die Regulierungsfreistellung geschaffene Spielraum muss dabei allerdings zwingend so begrenzt werden, dass eine Verdrängung anderer Wettbewerber von den vor- und nachgelagerten Märkten aufgrund der durch die Freistellung geschaffenen Spielräume ausgeschlossen bleibt. Dadurch wird verhindert, dass während der Laufzeit der Freistellungsmaßnahme Wettbewerber vom Markt verschwinden, was sowohl eine langfristige Verbesserung der Versorgungssicherheit als auch des Wettbewerbs konterkarieren würde.

Ausgehend von diesem Grundansatz ist wiederum zu unterscheiden: Dem ursprünglichen Ansatz nach stellen *Access Holidays* vor allem ein Instrument zur Auflösung des *truncation*-Falls dar. Eine konkrete Infrastrukturinvestition, die trotz der mit ihr verbundenen technischen und wirtschaftlichen Risiken durchgeführt werden soll, scheitert allein aufgrund der mit einer bestehenden sektorspezifischen Regulierung verbundenen Risiken. Denkbar ist jedoch auch ein breiter angelegtes Anwendungsspektrum. In diesem Fall scheitert die Investition nicht am existierenden Regulierungsrahmen. Ohne Regulierung würde die betroffene Infrastruktur jedoch größer dimensioniert oder bereits zu einem früheren Zeitpunkt als unter Regulierungsbedingungen realisiert.[36] Auch hier wird dem Investor ein vom Wettbewerbsdruck befreiter Spielraum eingeräumt. In Betracht kommen hier jedoch regelmäßig wesentlich geringere Zugeständnisse, da die Investition nicht im Sinne des Ob, sondern nur des Wann von der Freistellung abhängt. Die Investitionsanreize werden hier durch die Freistellung nicht geschaffen, sondern nur optimiert. Denkbar sind etwa bloße Absicherungen gegen das Risiko des regulatorischen Opportunismus, indem etwa Regulierung stattfindet, deren Bedingungen jedoch längerfristig definiert werden, um auf diese Weise die Investitionssicherheit zu erhöhen. Wiederum wird auf diese Weise berücksichtigt, dass langlebige Wirtschaftgüter typischerweise auf längerfristige Vertragsstrukturen angewiesen sind.[37]

b) Wettbewerbsneutralität

Konstellation zwei unterscheidet sich von der ersten dadurch, dass eine Regulierungsfreistellung zwar gewährt werden kann, jedoch unter der Bedingung, dass es nicht zu einer Beeinträchtigung des Wettbewerbs kommt. Der Unterschied zum erstgenannten Modell ist hier grundlegender Art. Erfasst werden letztlich nur diejenigen Fälle, in denen sektorspezifische Regulierung aufgrund des Fehlens eines unbestreitbaren natürlichen Monopols wettbewerblich nicht

---

[35] *Wälde/Gunst*, Journal of World Trade 36 (2) 2002, p. 191 (197, 206); ebenfalls die Bedeutung von langfristigen Anreizen betonend von *Hirschhausen/Beckers/Brenck*, Utilities Policy 12 (2004), p. 203 (205).
[36] *Gans/King*, The Economic Record Vol. 80 (2004), p. 89 (96).
[37] *Jorde/Sidak/Teece*, Yale J. Regul. 2000, p. 1 (27); *Spiller*, ICC 2 (1993), p. 387 (396).

geboten ist.³⁸ Wie oben ausgeführt sind Drittzugangsverpflichtungen hier makroökonomisch nicht nur überflüssig, sondern sogar schädlich. Mit der Regulierungsfreistellung einhergehende Wettbewerbsfreistellungsrenten auch in zeitlich befristeter Form, sei es in Form von Monopolpreisen oder durch diskriminierendes Verhalten, sind hier nicht denkbar, da Wettbewerb besteht. Ein wesentliches Element des ursprünglichen Ansatzes von *Access Holidays*, der eine befristete Wettbewerbsbeschränkung in Kauf nimmt, kommt hier nicht vor.

Eine solche Reduzierung hat mit dem ursprünglichen Ansatz der *Access Holidays* nur noch die Freistellung von bestimmten Regulierungsverpflichtungen gemein. Die Begründung ist eine völlig andere. Werden Regulierungsfreistellungsmaßnahmen, die nicht einmal zu kurzfristigen Wettbewerbsbeschränkungen führen, nicht gewährt, leidet der Wettbewerb unter der Regulierung. Regulierung wird damit ins Gegenteil verkehrt, weshalb Regulierungsfreistellungsmaßnahmen in diesem Fall wirtschaftlich und rechtlich dringend geboten sind.³⁹ *Regulatory Holidays* dienen hier weniger der Schaffung positiver Investitionsanreize zur Verbesserung der Versorgungssicherheit als vielmehr der Eliminierung von Wettbewerbsbeeinträchtigungen.

Welche der genannten Konstellationen in der Realität Anwendung finden können, ist de lege lata Frage des jeweils existierenden Regulierungsrahmens, i.e. vorliegend Frage der tatbestandlichen Voraussetzungen von Art. 17 StromhandelsVO und Art. 36 GasRL. Bei der Auslegung dieses Rechtsrahmens sind jedoch im Sinne eines teleologischen Auslegungsansatzes gerade auch die beschriebenen ökonomisch-theoretischen Implikationen zu beachten.⁴⁰

c) Parallelität zum gewerblichen Schutzrecht

Dass auch der Gesetzgeber zeitlich befristete Monopolrenten zur Förderung bestimmter erwünschter Entwicklungen mitunter hinnimmt, zeigt das Instrument des Patents. Das Instrument des Patents zeigt sehr anschaulich, dass der Grundgedanke des Ansatzes der *Access Holidays* weder ein absolut neuartiger, noch ein mit den Prinzipien der geltenden Wirtschaftsrechtsordnung unvereinbarer wäre. Lediglich die Übertragung des Ansatzes, eine langfristig gesteigerte Gesamtwohlfahrt durch die Inkaufnahme kurz- oder mittelfristiger Wettbewerbsbeschränkungen zu erreichen, auf bestimmte Infrastruktureinrichtungen und -netze ist jüngeren Alters. Auch dem Inhaber des Patents wird für die Lauf-

---

³⁸ Auch die australische Productivity Commission greift diese Differenzierung als mögliche Ausgestaltung eines Access Holiday-Ansatzes auf; Productivity Commission, Review of the National Access Regime, Report no. 17, 2001, p. 36, 283 f, 320, abrufbar unter http://www.pc.gov.au/__data/assets/pdf_file/0020/18173/access.pdf (zuletzt abgerufen am 01.04.08).
³⁹ Vgl. oben 2. Kapitel: I. 2. b).
⁴⁰ Siehe unten 5. Kapitel: II. 2. a).

zeit ein Monopolrecht eingeräumt, um Anreize für Forschungsinvestitionen zu schaffen. Der Nachteil einer zunächst monopolisierten Innovation wird gegenüber dem einer potentiell aufgrund fehlender Anreize überhaupt nicht stattfindenden Innovation in Kauf genommen.[41] Auch wenn zur theoretischen Begründung des Patents neben dieser so genannten Anspornungstheorie in Anlehnung an *Fritz Machlup* noch drei weitere Ansätze existieren,[42] weisen Patent und *Access Holidays* auch im Hinblick auf denkbare Alternativen Gemeinsamkeiten auf. Unabhängig von der tatsächlichen Durchführbarkeit[43] wären auch im Patentbereich staatswirtschaftlich akzentuierte Lösungen denkbar. In gleicher Weise wie theoretisch auch grenzüberschreitende Energieinfrastrukturen durch staatliche Direktinvestitionen realisierbar wären, erschiene theoretisch anstelle eines Patents auch eine hoheitliche Entschädigung für erbrachte Forschungsaufwendungen möglich. Die Praktikabilität einer solchen Lösung soll damit freilich in keiner Weise gewürdigt werden.

Die Ähnlichkeiten zwischen Patenten und bestimmten Infrastrukturen zeigen sich auch auf rechtlicher Ebene. Mangels sektorspezifischer Regulierung finden sich die Konflikte im Bereich gewerblicher Schutzrechte im allgemeinen Wettbewerbsrecht.[44] Ähnlich wie bestimmte Infrastrukturen können auch Schutzrechte den Charakter eines natürlichen Monopols aufweisen, das freilich keinen wirtschaftlichen, sondern einen rechtlichen Ursprung hat, und zu einer marktbeherrschenden Stellung führen. Dies gilt vor allem, wenn das Schutzrecht seinem Inhaber die Möglichkeit eröffnet, den Zugang zu einem Markt zu kontrollieren. Trotz Schutzrecht kann dessen Inhaber hier in eng begrenzten Ausnahmefällen unter außergewöhnlichen Umständen verpflichtet werden, Dritten eine begrenzte Nutzung zu gewähren.[45] Das Regel-Ausnahme-Verhältnis ist hier im Vergleich zum Ansatz der *Regulatory Holidays* gerade umgekehrt. Im Fall der *Regulatory Holidays* werden bestimmte Einrichtungen ausnahmsweise vom Regelfall der Regulierungsverpflichtung ausgenommen. Der Schutzrechtsinhaber hingegen wird ausnahmsweise verpflichtet, Dritte nicht nur nach eigenem Ermessen, sondern nach hoheitlicher Vorgabe an seiner Technologie teilhaben zu lassen. Der Grundcharakter bleibt jedoch gleich.

---

[41] *King/Maddock*, Unlocking the Infrastructure, 1996, p. 121 f; *Gans/King*, Agenda (Vol. 10) 2003, p. 163 (169 f).

[42] Es handelt sich um die Eigentums-, die Belohnungs- sowie die Offenbarungstheorie; vgl. *Machlup*, GRUR Int 1961, S. 373 (377); *Kraßer*, Patentrecht, 2009, S. 36 f; *Osterrieth*, Patentrecht, 2007, Rdnr. 5 ff.

[43] Siehe unten 3. Kapitel: II. 4.

[44] *Kraßer*, Patentrecht, 2009, S. 47 ff; *Osterrieth*, Patentrecht, 2007, Rdnr. 16 ff.

[45] EuGH »Magill TV Guide« C-241 & 242/91, Slg. 1995, I-743 (822 ff) Rdnr. 47, 48 ff; »IMS Health« C-418/01, Slg. 2004, I-5039 (5080 f, 5086) Rdnr. 30, 35, 52; EuG »Tiercé Ladbroke« T-504/93, Slg. 1997, II-927 (969) Rdnr. 131 ff; *Emmerich*, Kartellrecht, 2008, S. 141, 160, 169 ff.

4. Eignung zur Auflösung der Regulierungsrisiken

Entscheidend für die Funktionsfähigkeit von *Access Holidays* ist jedoch, inwieweit diese tatsächlich geeignet sind, Regulierungsrisiken zu vermindern oder zu eliminieren. Dies gilt gerade, wenn man diese in einem weiteren Verständnis betrachtet. Oben wurden die verschiedenen Regulierungsrisiken dargestellt, wobei zwischen einer grundsätzlichen Fehleinschätzung der Regulierungsbehörde bezüglich der Regulierungsbedürftigkeit eines Marktes und Risiken bei der Durchführung der Regulierung unterschieden wurde. An dieser Stelle soll untersucht werden, ob und inwieweit *Access Holidays* ein Instrument zur Beherrschung der jeweiligen Risiken darstellen oder bestimmte Einzelrisiken trotz der Möglichkeit einer Regulierungsfreistellung bestehen bleiben bzw. ob *Access Holidays* zu neuen Problemstellungen führen.

a) Fehleinschätzung bezüglich der Regulierungsbedürftigkeit

Einzugehen ist zunächst auf den Einfluss von *Access Holidays* auf das Risiko einer Fehleinschätzung bezüglich der Regulierungsbedürftigkeit eines Marktes. *Access Holidays* beziehen sich ihrem ursprünglichen Charakter nach auf konkrete Einzelprojekte. Gegenstand einer Regulierungsfreistellung sind demnach bezogen auf den Energiebereich einzelne Elektrizitäts- oder Gasleitungen sowie Gasspeicher- und Flüssiggasanlagen. Die implementierte sektorspezifische Regulierung bezieht sich hingegen grundsätzlich auf das gesamte Energieversorgungsnetz, i.e. für den Elektrizitätsbereich auf die Übertragung und Verteilung respektive für den Gasbereich auf die Fernleitung und Verteilung.[46] Geschuldet ist dies wie oben dargestellt zum einen einer besonderen staatlichen Gewährleistungsverantwortung. Hauptbegründungsansatz aus ökonomischer Perspektive ist jedoch der Charakter eines unbestreitbaren natürlichen Monopols, den eine Vielzahl der Energieversorgungsnetzinfrastrukturen aufweist. Wie oben bereits angedeutet ist diese Begründung jedoch bei bestimmten Infrastrukturen, wie grenzüberschreitenden Stromverbindungsleitungen sowie Gasfernleitungen, -speichern und LNG-Terminals zumindest fraglich.[47]

---

[46] Die ehedem im deutschen Recht nennenswerte Ausnahme außerhalb des Anwendungsfeldes der Access Holidays der so genannten Objektnetze gem. § 110 EnWG ist nach der Entscheidung EuGH »Citiworks«, C-439/06, Slg. 2008, I-3913 (3956ff) Rdnr. 37ff nicht mit dem Unionsrecht vereinbar.
Im Gassektor existieren ferner außerhalb von Art. 36 GasRL Freistellungsmöglichkeiten im Bereich unbedingter Zahlungsverpflichtungen gem. Art. 48 GasRL. Die beschriebenen Ausnahmen greifen jedoch nur auf Antrag bei der Regulierungsbehörde ein. Die Initiative geht nicht von der Regulierungsbehörde im Sinne einer grundsätzlichen Überprüfungsbedürftigkeit der Regulierung aus.
Erleichterungen ohne Mitwirkungserfordernis des Regulierungsverpflichteten gelten lediglich im Bereich der vorgelagerten Rohrleitungsnetze gem. Art. 34 GasRL sowie bei entstehenden und isolierten Märkten gem. Art. 49 GasRL.

[47] Vgl. oben 2. Kapitel: I. 2. c) bb); siehe unten 5. Kapitel: II. 2. c) aa), d) bb), cc).

Access Holidays können sich in diesem Zusammenhang als sehr wirkmächtiges Instrument erweisen. Gerade ihr einzelfallbezogener Ausnahmecharakter kommt ihnen hier zugute. Die Zweifel bezüglich der Einordnung als nicht angreifbare natürliche Monopole beziehen sich nur auf einen sehr begrenzten Teil der als Mehrnetzebenensysteme[48] aufgebauten Energieversorgungsnetze. Liegt mit der gesetzgeberischen Normierung der sektorspezifischen Regulierung praktisch aller Energieversorgungsnetze folglich nur für einen geringen Teil derselben eine Fehleinschätzung der Regulierungsbedürftigkeit vor, erweist sich das Instrument der *Access Holidays* durch seinen projektbezogenen Charakter als adäquate Reaktion. Die Fehleinschätzung der Regulierungsbedürftigkeit wird dadurch korrigiert, dass in Form von *Access Holidays* für die Projekte, bei denen die Regulierungsbedürftigkeit zweifelhaft ist, die Möglichkeit besteht, von der Regulierung Abstand zu nehmen. Je nachdem wie fundiert im Einzelfall die Zweifel an der Regulierungsbedürftigkeit sind, ermöglicht das Instrument der *Regulatory Holidays* im hier beschriebenen weiteren Verständnis je nach Reichweite der Freistellung sogar ein dosiertes Vorgehen.

Regulatory Holidays erweisen sich damit für den Bereich der Energieversorgungsnetze als methodologisch geeignetes Instrument zur Beherrschung des Risikos einer Fehleinschätzung der Regulierungsbedürftigkeit bestimmter Infrastrukturen. Alternativ käme ein generelle Überprüfung der Regulierungsbedürftigkeit neuer Energieversorgungsinfrastrukturen oder bestimmter Netzebenen oder -teile in Betracht. Ein solches Vorgehen wird marktbezogen im Bereich des Telekommunikationssektors angewandt, wenn vor Durchführung sektorspezifischer Regulierungsmaßnahmen eine Marktdefinition und eine Marktanalyse durchgeführt werden.[49] Allerdings steht im Bereich der Energieversorgungsinfrastrukturen der Charakter eines unbestreitbaren natürlichen Monopols wesentlich seltener in Frage als im Telekommunikationssektor.[50] Das einzelfallbezogene Instrument der *Regulatory Holidays* erscheint daher für den Bereich der Energieversorgungsnetze grundsätzlich besser geeignet.

Voraussetzung einer derartigen Funktionsfähigkeit ist freilich eine Ausgestaltung des im jeweiligen Rechtsrahmen durch den Gesetzgeber konkret geschaffenen Instruments der Regulierungsausnahme, die jene Infrastrukturen erfasst, bei denen die Regulierungsbedürftigkeit typischerweise zweifelhaft

---

[48] Das Elektrizitätsnetz wird mit der Höchst- (380 bzw. 220 kV), Hoch- (110 kV), Mittel- (10 und 20 kV), Niederspannung (230 bzw. 400 V) und den jeweiligen Umspannungen in 7 Netzebenen eingeteilt. Im Gasbereich existiert keine vergleichbar strenge Einteilung. Auch hier kann jedoch zwischen Hoch- (bis zu 100 bar), Mittel- (100 mbar bis 1 bar) und Niederdruckleitungen (20 bis 100 mbar) unterschieden werden.

Das Fehlen des Charakters eines nicht angreifbaren natürlichen Monopols kommt nur im Ferntransport, i.e. auf der Höchstspannungs- bzw. Hochdruckebene in Betracht. Siehe unten 5. Kapitel: II. 2. c) aa), d) bb), cc).

[49] Siehe unten 7. Kapitel (Exkurs): II. 2. b).
[50] Siehe unten 7. Kapitel (Exkurs): III. 1.

ist.[51] Die grundsätzliche Eignung des Instruments der *Access Holidays* zur Beherrschung des Risikos einer Fehleinschätzung der Regulierungsbedürftigkeit wird dadurch allerdings nicht in Frage gestellt.

b) Art der Regulierung

Bei den mit der Art der Regulierung in Zusammenhang stehenden Risiken rückt zunächst wieder der materielle Grundkonflikt des Trade-Offs zwischen Wettbewerb und Investitionsanreiz und damit verbunden der Versorgungssicherheit ins Blickfeld.[52] Drittzugangsansprüche kombiniert mit Beweislastverteilungen zu Lasten der Netzeigentümer oder -betreiber und möglicherweise zu niedrige Netzzugangsentgelte machen Investitionen unattraktiver. Zu weit reichende Dispense könnten wiederum die Versorgungssicherheit zu Lasten des Wettbewerbs überbetonen. Dem breiten Ausgestaltungsspektrum einer Regulierungsfreistellungsmaßnahme entsprechend hängt die Eignung von *Regulatory Holidays* zur Beherrschung der mit der Art der Regulierung verbundenen Risiken von der jeweiligen Ausgestaltung im Einzelfall ab.

Jede Form der Regulierungsfreistellung eliminiert bezogen auf die Reichweite ihres Freistellungsinhaltes und ihre Dauer jedoch wirksam das Credibility-Problem und das Risiko eigener Interessensbildung der Regulierungsbehörde. Das bei der Durchführung sektorspezifischer Regulierung auftretende Credibility-Problem wird im Rahmen ihrer Reichweite durch *Regulatory Holidays* wirkungsvoll beseitigt. Die Regulierungsbedingungen oder auch das völlige Ausbleiben sektorspezifischer Regulierung stehen ab Bestandskräftigwerden der Regulierungsfreistellungsmaßnahme für den Investor fest und erhöhen die Planungssicherheit auf diese Weise nachdrücklich. Das Credibility-Problem einer nachträglichen Verschlechterung der Regulierungsbedingungen, sei es aus Gründen eines regulatorischen Opportunismus oder aus einer einfachen Fehleinschätzung heraus, verschwindet. *Regulatory Holidays* ermöglichen kalkulierbare Investitionsbedingungen für die Länge ihrer Geltungsdauer, die vom Regulierer nachträglich nicht verändert werden können. Für langlebige Wirtschaftsgüter mit irreversiblen Kosten ist die langfristige Kalkulierbarkeit der Investition von besonderer Wichtigkeit. Die typischen Gefahren längerfristiger Vertragsbindungen können durch die Einbeziehung der Regulierungsbehörde reduziert werden.[53] Je weiter die Kalkulierbarkeit reicht, desto größer ist die Chance auf eine Realisierung eines Investments.

---

[51] Siehe unten 5. Kapitel: II. 2. c) aa), d) bb), cc).
[52] Vgl. oben 3. Kapitel: I.
[53] Vgl. grundlegend zu langfristigen Vertragsstrukturen und eines so verstandenen Regulierungsverhältnisses *Williamson*, The Economic Institutions of Capitalism, 1985, p. 333 ff sowie von *Hirschhausen/Beckers/Brenck*, Utilities Policy 12 (2004), p. 203 (207), die Anwendungen längerfristiger Vertragsstrukturen im Energiebereich und deren Risiken beschreiben.

Auch dem Risiko einer eigenen Interessenbildung der Regulierungsbehörde im Regulierungsprozess kann das Instrument der *Regulatory Holidays* wirkungsvoll begegnen. Hier kommt ihm wiederum sein Einzelfall- und Ausnahmecharakter zugute. Kreiert die Regulierungsbehörde im Regulierungsprozess tatsächlich wie oben geschildert eigene Interessen, wird sie im Falle nicht mehr vorhandener Notwendigkeit regelmäßig die Einstellung der sektorspezifischen Regulierung eher verzögern, da dies ihren Interessen entgegensteht. Auch die Regulierungsfreistellung bedeutet eine befristete Regulierungseinstellung. Im Falle eigener Interessensbildung wird die Regulierungsbehörde dennoch mit hoher Wahrscheinlichkeit eher bereit sein, eine befristete Regulierungsfreistellungsmaßnahme zu gewähren, da diese nach Ablauf wiederum ein regulatorisches Tätigwerden und damit eine Regulierungsbehörde erforderlich macht und diese nicht etwa in ihrer Existenz in Frage stellt. Auch dürfte die methodologisch stärkeren Einzelfallcharakter aufweisende Regulierungsfreistellung aus psychologischer Perspektive besser mit einer eigenen Interessensbildung der Regulierungsbehörde vereinbar sein als der Verzicht auf die Regulierung ganzer abstrakt-generell definierter Marktbereiche. In der Fähigkeit, dem Credibility-Problem und dem Risiko eigener Interessensbildung der Regulierungsbehörde entgegenzutreten, liegt der entscheidende Mechanismus eines weiter verstandenen Ansatzes von *Regulatory Holidays*, der nicht nur den klassischen Drittzugangsdispens erfasst. Regulierungsfreistellungsmaßnahmen zeigen sich hier als Regulierungsvertrag, der dem Charakter eines Vertrags entsprechend Verlässlichkeit und damit Investitionssicherheit schafft.

Auch im Verhältnis von Regulierer und Reguliertem schafft ein derartiges vertragliches Verständnis eine entscheidende Verbesserung. Die Regulierungsausnahme variiert den Charakter der Regulierung von einer hoheitlichen, durch Eingriff gekennzeichneten Regulierung hin zu einer, wenn auch nicht auf Ebene der Gleichordnung einzuordnenden, so doch stärker kooperativ geprägten Regulierung. Damit verbunden ist die reale Chance auf eine bessere Beherrschung des als formelles Regulierungsdilemma bezeichneten informatorischen Defizits. Die Regulierungsbehörde kann wie ausgeführt niemals ex-ante über sämtliche Informationen verfügen, die zur Bildung der »richtigen« Regulierung erforderlich wären, da diese Informationen regelmäßig erst ex-post vorliegen. Marktorientierte und transparente Regulierungsmechanismen bieten zwar die Hoffnung auf weitere Annäherung an ein »ideales« Regulierungsergebnis, können das informatorische Defizit und das daraus folgende Investitionsrisiko jedoch nicht beseitigen. Das Problem der informatorischen Defizite wird vielfach mit dem Terminus der asymmetrischen Informationsverteilung beschrieben. Gemeint ist hiermit, dass die Netzbetreiber als regulierte Unternehmen regelmäßig über mehr und bessere, da aktuellere, Informationen verfügen als der Regulierer. Dies gilt gerade auch für die Frage nach den im Netz bestehenden

Investitionsnotwendigkeiten.⁵⁴ Im Bereich herkömmlicher Regulierung wird der Netzeigentümer bzw. -betreiber durch Regulierung verpflichtet und hat folglich eher negative Mitwirkungsanreize im Verfahren. Durch eine Regulierungsfreistellung entsteht jedoch ein kooperativer Prozess und der Netzbetreiber bzw. -eigentümer wird begünstigt, i.e. er hat positive Mitwirkungsanreize. Die Regulierungsfreistellung vermag hier in bestimmten Fällen durch ihre anreizorientierte Konzeption, die den Freistellungspetenten und die Regulierungsbehörde stärker in dasselbe Boot setzt, bessere Ergebnisse zu produzieren als klassische sektorspezifische Regulierungsmechanismen ohne die Möglichkeit zur Regulierungsfreistellung.⁵⁵ Auf diese Weise besteht für die Regulierungsbehörde gerade bei entsprechender verfahrensmäßiger Ausgestaltung der im jeweiligen Rechtsrahmen vorhandenen Regulierungsausnahme eine realistischere Möglichkeit einer umfassenden Information. Die Beherrschbarkeit des informatorischen Defizits durch die Regulierungsbehörde verbessert sich folglich. Der Netzeigentümer bzw. -betreiber, der ein wirkliches Interesse an einer Freistellung hat, ist an dieser Stelle gezwungen, durch eigenes Mitwirken die asymmetrische Informationsverteilung im Idealfall durch ein Informationsgleichgewicht zu ersetzen. Gelingt es durch *Regulatory Holidays* als Anreizsystem die Informationsbasis zu verbessern, ist dies als entscheidender Fortschritt zu bewerten, da Information den Schlüssel zu gelungener Regulierung darstellt.⁵⁶

Die Eignung zur besseren Beherrschung der sonstigen mit der Art der Regulierung verbundenen Risiken hängt von der konkreten Ausgestaltung der Regulierungsfreistellung ab. Erfolgt im Rahmen der Freistellung ein genereller Dispens vom Drittzugangsregime, entfällt damit auch die Regulierung der Entgeltbildung durch die Regulierungsbehörde. Sachlogisch entfallen damit sämtliche mit der Bildung der Regulierungsentgelte durch die Regulierungsbehörde für den Investor verbundenen Risiken. Die Eignung von *Regulatory Holidays* zur Beherrschung dieser Risiken ist folglich groß. Nicht übersehen werden darf dabei, dass ein solches Vorgehen andere Risiken bergen kann.⁵⁷ Kaum anders stellt sich die Situation dar, wenn die Verpflichtung zum Drittzugang als solche erhalten bleibt, die Entgeltbildung jedoch dem Netzeigentümer oder -betreiber in weitgehend eigener Verantwortung überlassen wird.

Differenzierter fällt das Bild hingegen aus, wenn trotz Regulierungsfreistellung sowohl eine Verpflichtung zum Drittzugang als auch eine Entgeltregulierung weiterbesteht, jedoch im Rahmen dieser Entgeltbildung seitens des Regulierers großzügigere Maßstäbe angelegt werden. Auch eine derartige Gestaltung

---

⁵⁴ Vgl. *Keller/Wild*, Utilities Policy 12 (2004), p. 243 (248f.).
⁵⁵ Vgl. *Schmalensee*, The Control of Natural Monopolies, 1979, p. 7f, der auf die Notwendigkeit innovativer Annäherungen an die existierenden Regulierungsdilemmata hinweist.
⁵⁶ Vgl. *Hirschhausen/Beckers/Brenck*, Utilities Policy 12 (2004), p. 203 (207).
⁵⁷ Siehe unten 3. Kapitel: I. 5. b).

ist noch vom Begriff der *Access Holidays* im hier verstandenen weiten Sinn der *Regulatory Holidays* erfasst, ohne dass dies jedoch gleichzeitig auch zwingend bedeutet, dass der geltende Regulierungsrechtsrahmen für sämtliche solcher Konstellationen überhaupt das Instrument der Regulierungsfreistellung benötigt respektive eine solche Regulierungsfreistellung auch erfasst.[58] Die Eignung von *Regulatory Holidays* zur Auflösung der mit der Entgeltbildung verbundenen Risiken hängt hier entscheidend von der Gewichtung der Versorgungssicherheit gegenüber dem Wettbewerb durch die Regulierungsbehörde ab. Werden *Access Holidays* im Falle damit verbundener Wettbewerbsbeschränkungen abgelehnt oder lässt der Rechtsrahmen eine derartige Gestaltung nicht zu, darf aber auch die Zeitachse nicht außer Acht gelassen werden. Dabei ist jedoch die begrenzte Prognostizierbarkeit dynamischer wettbewerblicher Prozesse zu beachten. Kurzfristige Wettbewerbsbeschränkungen können langfristig auch eine Wettbewerbsverbesserung bedeuten. Ist eine solche Bereitschaft vorhanden, sind im Bereich der Entgeltbildung Freistellungen möglich, die eine reale Minimierung der sowohl im Bereich der kosten- als auch der anreizorientierten Regulierung vorhandenen Risiken versprechen. Die Reichweite der Freistellung kann auch hier wiederum divergieren. Beispielsweise besteht die Möglichkeit, etwa in Orientierung am klassischen wettbewerbsrechtlichen Ansatz eine bloße Vergleichsmarktbetrachtung durchzuführen und im Rahmen des Vergleichsmaßstabs beispielsweise im Rahmen des Kriteriums der Betriebsführung des effizient und strukturell vergleichbaren Netzbetreibers einen großzügigeren Maßstab anzulegen. Auch denkbar ist das Zugeständnis einer besonderen Risikoprämie für die Durchleitungsentgelte neuer Infrastrukturen.[59] Allerdings birgt eine derartige Gewichtung wiederum das Risiko einer Überbetonung der Versorgungssicherheit gegenüber dem Wettbewerb. Sichergestellt werden muss hier, dass keine prohibitiven Preise gefordert werden. Andernfalls würde im Falle einer auf die Regulierung der Entgeltbildung beschränkten Freistellung durch die Hintertür doch ein Drittzugangsdispens im umfassenden Sinn zu erzielen sein. Diese Gefahr droht vor allem im Falle vertikal integrierter Energieversorgungsunternehmen.

Abhilfe können *Regulatory Holidays* auch bei im Bereich des Engpassmanagements entstehenden Risiken schaffen. Wie ausgeführt entstehen durch die gem. Art. 16 Absatz 1 StromhandelsVO vorgeschriebene Marktorientierung des Engpassmanagements in Form von expliziten oder impliziten Auktionen oder Kombinationsinstrumenten aus diesen beiden grundsätzlich negative Investitionsanreize, da jede Kapazitätsvergrößerung bei dieser Form des Engpassma-

---

[58] Siehe unten 5. Kapitel: III. 2., 3.
[59] Productivity Commission, Review of the National Access Regime, Report no. 17, 2001, p. 302 ff, 320, abrufbar unter http://www.pc.gov.au/__data/assets/pdf_file/0020/18173/access.pdf (zuletzt abgerufen am 01.04.08).

nagements zu einer Verringerung der Engpassmanagementerlöse führt.[60] Die in Reaktion normierte Verwendungszweckbeschränkung gem. Art. 16 Abs. 6 StromhandelsVO ist daher sachgerecht, reduziert ihrerseits wiederum allerdings die Anreize, zusätzliches Kapital zu investieren. Vor allem Investoren, die keine reinen Netzbetreiber sind, werden hierdurch faktisch ausgeschlossen.[61] *Regulatory Holidays* können zur Lösung dieser Probleme beitragen und einen wirksamen Investitionsanreiz erzeugen.

c) Rechtsfolgen der Regulierungsrisiken

Bezogen auf die oben beschriebenen, aus den Regulierungsrisiken folgenden Rechtsfolgen bleibt festzustellen, dass *Regulatory Holidays* tatsächlich einen wesentlichen Beitrag zu leisten vermögen, um eine Unverhältnismäßigkeit des Regulierungsrahmens auszuschließen. Die Verhältnismäßigkeit des Regulierungsrahmens gerät wie oben dargestellt vor allem dort in Gefahr, wo eine Regulierung ihrer Grundkonzeption nach eigentlich nicht erforderlich und damit eher kontraproduktiv ist. Die Unverhältnismäßigkeit droht wie oben ausgeführt[62] insbesondere im Hinblick auf das Eigentumsgrundrecht des Netzeigentümers bzw. die Berufsfreiheit des Netzbetreibers. Im Bereich der Energieversorgungsnetze erfolgt bis auf wenige Ausnahmen eine generelle Regulierung ohne Überprüfung der Regulierungsbedürftigkeit im Einzelfall durch die Exekutive. Regelmäßig wird eine freistellungsfähige Energieinfrastruktur bezogen auf das gesamte Energieversorgungsnetz die Ausnahme darstellen, weshalb die legislative Festlegung der Regulierungsbedürftigkeit grundsätzlich nicht unverhältnismäßig ist. Für dennoch existierende Ausnahmefälle erscheint hingegen eine Überprüfung der Regulierungsbedürftigkeit im Einzelfall aus Gründen der Verhältnismäßigkeit angezeigt. Diesem Ausnahmecharakter wird das Instrument der *Access Holidays* durch seinen eigenen Ausnahmecharakter in kongruenter Weise gerecht. Es erscheint somit besser geeignet als die generelle Überprüfung der Regulierungsbedürftigkeit sämtlicher Energienetzinfrastrukturen.

Auch die anreizorientierte Wirkungsweise von *Access Holidays* eignet sich gut zur Beherrschung der aufgezeigten Rechtsfolgen der Regulierungsrisiken. Berufs- und Eigentumsfreiheit als zentrale Wirtschaftsgrundrechte haben auch die Funktion, Anreize zu innovativem unternehmerischen Handeln, auch in Gestalt zusätzlicher Investitionen, zu setzen.[63] Der Verwirklichung dieser Anreize dienen *Access Holidays*. Ein anreizorientierter Regulierungsansatz, der begrifflich die Anreizfunktion ebenfalls aufnimmt, reizt weniger zu neuen In-

---

[60] Vgl. *Keller/Wild*, Utilities Policy 12 (2004), p. 243 (244).
[61] Vgl. oben 2. Kapitel: III. 1. b) cc).
[62] Vgl. oben 2. Kapitel: III. 2. c).
[63] Vgl. BVerfGE 115, 205 (230).

vestitionen und stärker zur Kostendegression an.⁶⁴ Trotz der beschriebenen Anreizfunktion ist rechtlich geboten lediglich die Freistellungsmöglichkeit bei fehlender Regulierungsbedürftigkeit im Sinne eines Fehlens eines unbestreitbaren natürlichen Monopols. Ein Verfassungsgebot, das den Gesetzgeber verpflichtet, Wettbewerbsbeschränkungen hinzunehmen, um stärkere Investitionsanreize zu schaffen, erscheint hingegen kaum vertretbar. Die Anreizfunktion des Eigentumsgrundrechts führt jedoch dazu, dass der Gesetzgeber jedenfalls an einer derartigen Gestaltung auch bei Beschränkung auf wenige Ausnahmefälle nicht durch das Willkürverbot gehindert ist.

Der ökonomische Ansatz der *Access Holidays* und weiterentwickelt der *Regulatory Holidays* wird methodologisch auch einem von der Europäischen Kommission für den Bereich des Wettbewerbsrecht in jüngerer Zeit propagierten *more economic approach* gerecht. Dieser beinhaltet zum einen, empirische Methoden der Wirtschaftswissenschaften anzuwenden. Zum anderen bedeutet der Ansatz des *more economic approach* auch eine stärkere Fokussierung der Wettbewerbspolitik auf den Konsumentenschutz⁶⁵ oder, stärker auch die Angebotsseite berücksichtigend, eine Fokussierung auf eine Maximierung der Gesamtwohlfahrt.⁶⁶ Auch diesen Aspekten wird der Ansatz der *Regulatory Holidays* gerecht, deren wesentlicher Zweck gerade auch die Gewährleistung von Versorgungssicherheit und damit eine Wohlfahrtsmaximierung ist.

5. Risiken der *Access Holidays*

Das Instrument der *Access Holidays* enthält jedoch auch selbst gewisse Risiken, die mögliche Ansatzpunkte zur Kritik bieten. In Betracht kommen zum einen negative Wettbewerbswirkungen einer Freistellung, die man auch als Risiken des Regulierers bezeichnen könnte. Zum anderen scheinen jedoch auch für den Investor selbst eigene Risiken einer Regulierungsfreistellung, i.e. Risiken des Freistellungsbegünstigten, nicht ausgeschlossen.

Zu beantworten ist zunächst die Fragestellung, ob durch das Instrument der Regulierungsfreistellung letztlich das materielle Regulierungsdilemma von Wettbewerb vs. Versorgungssicherheit nur umgekehrt wird, folglich also mit Auflösung eher zu Lasten des Wettbewerbs fortbesteht. Auch bezogen auf das formelle Dilemma des informatorischen Defizits stellt sich die Frage eines Weiterbestehens in umgekehrter Form zu Lasten der Regulierungsbehörde und

---

⁶⁴ Vgl. oben 2. Kapitel: II. 3. a).
⁶⁵ Vgl. zum more economic apporach *Monti*, A reformed competition policy, 2004, SPEECH/04/477, p.3f, abrufbar unter http://europa.eu/rapid/pressReleasesAction.do?reference=SPEECH/04/477&format=DOC&aged=1&language=EN&guiLanguage=en (zuletzt abgerufen am 11.04.10); *Albers*, Der »more economic approach« bei Verdrängungsmissbräuchen, 2006, S.3f, abrufbar unter http://ec.europa.eu/comm/competition/antitrust/art82/*Albers*.pdf (zuletzt abgerufen am 04.04.08).
⁶⁶ *Schmidtchen*, WuW 2006, S.6 (14ff).

schlussendlich wiederum zu Lasten des Wettbewerbs. Beide Probleme bedürfen einer näheren Analyse. Eine bloße Umkehrung des materiellen Regulierungsdilemmas zu Lasten des Wettbewerbs wäre in der Tat ähnlich problematisch wie eine Überbetonung des Wettbewerbs zu Lasten der Versorgungssicherheit. Dauerhafte Wettbewerbsbeschränkungen durch Marktmachtmissbrauch sind mit der marktwirtschaftlichen Ordnung wie oben ausgeführt nicht in Einklang zu bringen und bergen ebenso wie eine mangelnde Versorgungssicherheit die Gefahr massiver Wohlfahrtsverluste. Ebenso ist zu verhindern, dass durch *Regulatory Holidays* Anreize zur Errichtung bereits a priori nicht erforderlicher Kapazitäten geschaffen werden, i.e. erkennbare Überinvestments sollten vermieden werden.

Bezogen auf den Investor bergen *Access Holidays* gerade in der Ursprungskonstellation einer Zugangsbefreiung möglicherweise das Risiko eines Scheiterns der Investition. Wie dargestellt ist Regulierung zwar mit den beschriebenen Risiken behaftet. Garantiert ist jedoch zumindest einen Mittelrückfluss in Höhe der Regulierungsentgelte und insoweit eine graduelle Sozialisierung der Regulierungsrisiken. Ob und wann durch *Access Holidays* dieses Risiko nur um den Preis eines möglichen Scheiterns der Investition eliminiert wird, bedarf ebenfalls einer näheren Betrachtung.

a) Makroökonomische Risiken

Das Risiko einer Überbetonung der Versorgungssicherheit gegenüber wirksamem Wettbewerb hängt wiederum stark von Bereitschaft zur Akzeptanz einer mit *Access Holidays* einhergehenden Wettbewerbsbeschränkung ab. Die oben entwickelte Differenzierung nach verschiedenen Arten von *Access Holidays*[67] ist daher wieder aufzugreifen.

In der oben als Konstellation zwei bezeichneten Situation wird die Regulierungsfreistellung gewährt, weil kein unbestreitbares natürliches Monopol vorliegt. Eine Wettbewerbsbeschränkung wird hier nicht in Kauf genommen. Fehlt es an einem solchen nicht angreifbaren natürlichen Monopol, ist die entsprechende Infrastruktur durch Wettbewerb bedroht. Hier erscheinen weder eine Überbetonung der Versorgungssicherheit zu Lasten des Wettbewerbs noch ein erkennbares Überinvestment als realistisches Szenario. Voraussetzung für eine Regulierungsfreistellung ist hier wie ausgeführt, dass freistellungsbedingte Wettbewerbsbeschränkungen ausgeschlossen werden können. Dies bedeutet, dass Wettbewerb besteht oder die freigestellte Infrastruktur tatsächlich durch Wettbewerb bedroht ist. Denkbar ist auch, dass ein Dispens nur einen Teil der Regulierungsmaßnahmen betrifft, besonders wettbewerbsrelevante Regulierungsmaßnahmen jedoch weiter durchgeführt werden. Eine Überbetonung der Versorgungssicherheit gegenüber dem Wettbewerb erscheint folglich kaum als

---

[67] Vgl. oben 3. Kapitel: I. 3.

relevantes Risiko, sofern in Kauf genommene Wettbewerbsbeschränkungen generell ausgeschlossen werden können. Vor allem wird es im Wettbewerbsfall kaum zu relevanten Überinvestments kommen. Überinvestment im Sinne eines Marktangebots ohne entsprechende Marktnachfrage erhöht definitionsgemäß die Kosten des Anbieters. Sinnvoll kann ein solches Überinvestment folglich nur mittel- oder langfristig sein, wenn mit steigender Nachfrage zu rechnen ist. Im Wettbewerbsfall besteht jedoch gegenwärtig keine Chance auf eine Weitergabe dieser Kosten an den Abnehmer. Freistellungen, die nur Infrastrukturen ohne den Charakter eines nicht angreifbaren natürlichen Monopols erfassen, bergen somit kaum ein Risiko einer Einschränkung des Wettbewerbs. Lediglich für den Fall, in dem fehlerhaft ein nicht angreifbares natürliches Monopol nicht als solches erkannt wird, besteht die Gefahr einer Überbetonung der Versorgungssicherheit zu Lasten des Wettbewerbs. Auf die exakte Einordnung der betroffenen Infrastrukturen als unbestreitbares natürliches Monopol oder nicht ist daher besonders zu achten. Die Regulierungsbehörde kann und muss dies durch der konkreten Fallgestaltung angepasste Marktabgrenzungen sicherstellen.[68]

Anders stellt sich die Situation dar, wenn die gesteigerte Versorgungssicherheit durch eine befristete Wettbewerbsbeschränkung erkauft wird. Die geschaffene und von der Regulierung freigestellte Infrastruktur ist hier keinem ausreichenden Wettbewerb ausgesetzt. Kosten einer Überinvestition können im Rahmen eines begrenzten wettbewerbsfreien Spielraums auf die Nachfrager abgewälzt werden. Hier kann eine größere Gefahr einer Überbetonung der Versorgungssicherheit gegenüber dem Wettbewerb bestehen. Eine derartige Regulierungsfreistellung kann leicht ins Übermaß abgleiten, zumal die Prognosefähigkeit des Wettbewerbs als komplexem, dynamischem Prozess ohnehin nur sehr begrenzt ist.[69] Hierdurch könnten sich auch langfristige Wettbewerbsverbesserungen als unerfüllte Hoffnung erweisen, wenn während der Laufzeit einer Regulierungsfreistellung etwaige Wettbewerber aus dem Markt verdrängt werden sollten. Auch die Gefahr eines volkswirtschaftlich unsinnigen Überinvestments scheint dann realistisch, wenn der Freistellungsbegünstigte die durch das Überinvestment überhöhten Kosten im Rahmen des durch eine Regulierungsfreistellung gewährten Spielraums von den Nutzern abschöpfen kann.[70]

---

[68] Siehe unten 5. Kapitel: II. 1. c), d), e).

[69] Dies stellt ein grundsätzliches Problem dar, das gerade auch bei einem more economic approach zu beachten ist. Letztlich muss die Frage beantwortet werden, unter welchen Voraussetzungen eine zunächst näher zu definierende Effizienz des Wettbewerbs eintritt; vgl. hierzu grundlegend zu den verschiedenen Standpunkten *Emmerich*, Kartellrecht, 2008, S. 10f; *Oberender* (Hrsg.), Effizienz und Wettbewerb, 2005.
Access Holidays nur für den Fall fehlender unbestreitbarer natürlicher Monopole begegnen dieser Problematik nicht in vergleichbarer Weise, da das Vorliegen oder Nichtvorliegen natürlicher Monopole anhand der beschriebenen klaren Kriterien festgestellt werden kann.

[70] Access Holidays daher zumindest begrifflich ablehnend *Knieps*, Netzökonomie, 2007, S. 192.

Eine Regulierungsfreistellung, die Wettbewerbsbeschränkungen dem Grunde nach akzeptiert, muss daher so ausgestaltet werden, dass ein zugestandener wettbewerblicher Spielraum des Investors eng beschränkt bleibt. Dies folgt jedoch bereits aus dem ursprünglichen Ansatz der *Access Holidays*. Eine Freistellung, die Wettbewerbsbeschränkungen grundsätzlich akzeptiert, kommt nur in Betracht, wenn entweder der Wettbewerb nur in geringem Maße beeinträchtigt oder aber entscheidende Verbesserungen im Bereich Versorgungssicherheit und damit langfristig auch des Wettbewerbs zu erwarten sind. Sind hingegen erhebliche Wettbewerbsbeeinträchtigungen zu erwarten, werden dadurch Wettbewerber und damit langfristig auch die Versorgungssicherheit gefährdet. Auch bergen Freistellungsgestaltungen, welche die Versorgungssicherheit gegenüber dem Wettbewerb überbetonen, das Risiko von Überinvestments. Erhebliche Überinvestments verbessern jedoch die Versorgungssicherheit nicht entscheidend, sondern sind, wie die Begrifflichkeit bereits impliziert, zu einem guten Teil überflüssig. Daher kann eine offensichtliche Überinvestition bereits nach dem ursprünglichen Ansatz der *Access Holidays* nicht durch eine Regulierungsausnahme begünstigt werden. Seitens der Regulierungsbehörde wären Regulierungsfreistellungen, die einen gewissen wettbewerblichen Spielraum eröffnen, daher besonders streng zu befristen. Ferner müsste der wettbewerbliche Spielraum eng begrenzt werden und könnte nur bei einer besonderen Breite und Tiefe der zur Verfügung stehenden Informationen gewährt werden. Die Befristung, die bei einem eingeräumten wettbewerblichen Spielraum zwingend ist, verhindert Überinvestitionen und die Verdrängung von Wettbewerbern. Nach Ende der Freistellung wird eine Überinvestition keine Berücksichtigung durch die Regulierungsbehörde im Sinne einer Kompensation mehr finden. Die Überdimensionierung muss folglich, soweit sie auftritt, vom Investor in der Laufzeit der Freistellung amortisiert werden. Die Regulierungsfreistellungsdauer wird jedoch aufgrund der Langlebigkeit der betreffenden Infrastrukturen regelmäßig nicht deren gesamte Lebensdauer und auch nicht den kompletten Abschreibungszeitraum erfassen. Folglich werden Überinvestments das angemessene Investment eher maßvoll übersteigen. Gleichzeitig muss der wettbewerbsfreie Spielraum des Investors trotz Freistellung jedenfalls beschränkt bleiben, um Verdrängungspraktiken zu vermeiden. Dadurch besteht keine Möglichkeit, Überinvestitionen eklatanten Charakters durch extrem vom Marktpreis abweichende Tarifierungen allein während der Laufzeit der Freistellung zu amortisieren. Wettbewerbliche Spielräume dürfen daher auch in der Grundkonzeption von *Access Holidays* immer nur Grenzbereiche zu umfassendem Wettbewerb erfassen. Damit ist die Gefahr einer Verdrängungspraxis ausgeschlossen und sichergestellt, dass nach Ablauf der Freistellung zusätzlich zur gesteigerten Versorgungssicherheit auch eine Wettbewerbsbelebung eintritt. Die Gefahr eines Überinvestments ist ebenfalls auf Grenzbereiche beschränkt. Hier ist jedoch festzustellen, dass es in diesem Fall makroökonomisch sinnvoller erscheint, eine Auflösung des materiellen Dilemmas zugunsten einer Überinvestition und damit der Versorgungssicherheit als zugunsten einer kurzfristigen Wettbewerbsverbesserung herbeizuführen. Begründen lässt sich dies damit, dass dort wo aufgrund informatorischer Defizite, die Wahl zwischen Über- und Unterinvestment besteht und ein richtiges Investment gleichsam nur zufällig erreicht werden könnte, Überinvestment dem Unterinvestment vorzuziehen ist.[71] Konkrete Handlungsanweisung an die genehmigende Behörde wäre es daher, auch bei Gewährung wettbewerblicher Spielräume eine Marktverschließung im Sinne einer Marktabschottung durch den Freistellungspetenten auszuschließen.[72]

Voraussetzung für eine entsprechende Handhabung der beschriebenen Risiken durch die Regulierungsbehörde ist jedoch immer auch ein ausreichender Informationsgrad der Regulierungsbehörde. Hier ließe sich einwenden, dass das formelle Regulierungsdilemma des informatorischen Defizits bei Anwendung des Instruments der *Access Holidays* nun in einer im Verhältnis zu einer gewöhnlichen Regulierung umgekehrten Form zu Lasten der Regulierungsbehörde bestünde. Die eine Regulierungsfreistellung genehmigende Regulierungsbehörde könnte in diesem Fall gerade nicht erkennen, wo ein relevantes Überinvestment oder eine Wettbewerbsbeschränkung, die Verdrängungspraktiken zulässt, drohen und würde möglicherweise auch hier eine Freistellung gewähren, was erhebliche Negativkonsequenzen bedeutete. Völlig entkräften lässt sich diese Befürchtung nicht. Steht sie doch mit der Tatsache in engem Zusammenhang, dass Regulierung niemals vollkommen ist, da sie gegenüber funktionierendem Wettbewerb immer nur die zweitbeste Alternative sein kann.[73] Auch Regulierungsfreistellungsmaßnahmen können keinen vollkommenen Ansatz im Sinne einer endgültigen Auflösung der Regulierungsrisiken und -probleme darstellen. Allerdings variiert die Qualität der unterschiedlichen Regulierungsformen. Es wurde bereits gezeigt, dass das stärker kooperativ akzentuierte Verhältnis von Regulierungsverpflichtetem und Regulierungsbehörde, das *Regulatory Holidays* erzeugen, eine bessere Auflösung der asymmetrischen Informationsverteilung erwarten lässt als herkömmliche Regulierungsmaßnahmen. Darüber hinaus sind diejenigen Infrastrukturen, die aus Gründen der Versorgungssicherheit langfristig tatsächlich erforderlich sind und diese somit bei Realisierung auch maßgeblich verbessern können, relativ gut zu identifizieren. Mit dem Programm Transeuropäische Netze – Energie (TEN-E) der Europäischen Union besteht eine belastbare Datengrundlage, die gerade informatorisch Re-

---

[71] Vgl. von *Hirschhausen/Beckers/Brenck*, Utilities Policy 12 (2004), p. 203 (209).
[72] Vgl. European Commission, DG Competition discussion paper on the application of Article 82 of the Treaty to exclusionary abuses, 2005, Rdnr. 56 ff, abrufbar unter http://ec.europa.eu/competition/antitrust/art82/discpaper2005.pdf (zuletzt abgerufen am 12.04.10).
[73] *Wälde/Gunst*, Journal of World Trade 2002, p. 191 (196).

gulierungsfreistellungen sinnvoll ergänzen kann.[74] Festzuhalten bleibt allerdings auch, dass dort, wo die mit *Regulatory Holidays* verbundenen Risiken trotz allem deren Chancen nach eingehender Prüfung übersteigen, eine Dispensgewährung nicht in Betracht kommt.

b) Mikroökonomische Risiken des Freistellungsbegünstigten

Für den Fall, dass mangels Regulierungsbedürftigkeit auf sektorspezifische Regulierung gänzlich verzichtet wird und die Regulierungsfreistellung nicht nur einen dem Freistellungspetenten stärker entgegenkommenden Entgeltbildungsmaßstab oder bessere Bedingungen beim Engpassmanagement bedeutet, bergen *Access Holidays* jedoch auch ein eigenes Risiko für den Freistellungsbegünstigten. Wie dargestellt erfolgt im Rahmen der praktizierten sektorspezifischen Regulierung eine Sozialisierung der Infrastrukturkosten durch Umlegung auf die Regulierungsentgelte. Dieses Vorgehen birgt zwar sämtliche beschriebene Regulierungsrisiken, führt aber zumindest zu einem Vermögensrückfluss in Höhe der Regulierungsentgelte. Die Gefahr eines Scheiterns im klassischen Sinn besteht nicht. Werden *Access Holidays* im klassischen Sinn gewährt, so dass ein Dispens vom Drittzugangsregime erfolgt, bedeutet dies auch, dass die entsprechende Infrastruktur nicht mehr als Teil eines regulierten Netzes betrachtet werden kann, im Rahmen desselben ihr Investitionsaufwand bei der Bildung der Durchleitungsentgelte berücksichtigt wird. Die betroffene Infrastruktur wird vielmehr, soweit technisch möglich,[75] isoliert betrachtet und muss kommerziell betrieben werden. Die Gefahr des Scheiterns der Investition im klassischen Sinn besteht hier wieder, wenn die Infrastruktur nicht ausreichend genutzt wird und damit keine ausreichenden Vermögensrückflüsse entstehen.

Eine Kompensation dieses Risikos ist jedoch durch höhere Gewinnchancen möglich. Hier muss allerdings wiederum nach dem Geschäftsmodell des Investors differenziert werden. Handelt es sich um einen Investor, der im Bereich der Energieerzeugung tätig ist, wird das Hauptinteresse regelmäßig in der eigenen Nutzung der entsprechenden Infrastruktur liegen, weshalb die Drittzugangsbeschränkung hier zwingend erforderlich ist. Die Nutzung der Infrastruktur ist im Rahmen des normalen Prognoserisikos der eigenen Absatzmengen sichergestellt. Es liegt eine vertikale Integration vor. Damit steht dem Investitionsrisiko hier die in der Ausweitung der Absatzmenge liegende Gewinnchance gegenüber, so dass *Access Holidays* ein wirkliches Anwendungsfeld finden. Anders stellt sich die Situation dar, wenn es sich beim Investor um ein Unternehmen handelt, das nicht im Bereich der Energieerzeugung oder des Vertriebs, sondern ausschließlich auf der Ebene des Netzbetriebs tätig ist. Hier kann eine

---
[74] Siehe unten 4. Kapitel: III. 2. b).
[75] Siehe unten 5. Kapitel: I. 1., 2. a).

Auslastung, die zu einer attraktiven Verzinsung des eingesetzten Kapitals führt, nicht durch eine Nutzung eigener in vertikaler Integration existierender Erzeugungs- oder Vertriebsbereiche erzielt werden. Vielmehr ist ein derartiger Investor im kommerziellen Betrieb, wenn *Regulatory Holidays* einen Investitionsanreiz setzen sollen, auf die Nutzung durch Dritte angewiesen. Für einen solchen Investor können neben entsprechenden Freiheiten bei der Entgeltbildung aufgrund der Langlebigkeit des Investitionsgutes längerfristige Vertragsstrukturen[76] oder besondere Zugeständnisse im Bereich des Engpassmanagements eine besondere Wichtigkeit entfalten. Bezogen auf das konkrete Beispiel der Energiewirtschaft ist die Prognoseunsicherheit allerdings beschränkt, da aufgrund der vorhandenen langjährigen Erfahrungsdaten Nachfrageentwicklungen und auch Handelsströme bis zu einem gewissen Grad vorhersehbar sind.[77]

6. Zwischenergebnis

Ausgangspunkt der Auseinandersetzung mit dem Instrument der Regulierungsfreistellung ist der Ansatz der *Access Holidays*. Vorliegend werden Regulierungsfreistellungen jedoch in einen größeren Zusammenhang gestellt. Je nach Art ihrer Ausgestaltung wirken sie in differenzierter Art und Weise und lassen sich im hier verstandenen Sinn auch treffend mit der Bezeichnung *Regulatory Holidays* beschreiben. Das Spektrum erfasst den Bereich eines rechtlich und makroökonomisch beinahe zwingenden Dispenses für Fälle, in denen ein Regulierungsbedürfnis aufgrund vorhandenem zumindest potentiellen Wettbewerb nicht besteht. *Access Holidays* erfassen in ihrer ursprünglichen Konzeption losgelöst vom geltenden energierechtlichen Rahmen jedoch auch Fallgestaltungen, in denen befristete Wettbewerbsbeschränkungen in Kauf genommen werden, um eine Verbesserung der Versorgungssicherheit zu erreichen, sei es im Sinne einer Investitionsbeschleunigung oder Investitionsermöglichung.

Die Eignung des Instruments der *Regulatory Holidays* zur Auflösung der eingeführten Regulierungsdilemmata lässt sich dabei nicht einheitlich beurteilen. Bezüglich des formellen Regulierungsdilemmas der asymmetrischen Informationsverteilung bieten *Access Holidays* starke Anreize für die Energieversorgungsunternehmen, die regelmäßig über bessere Informationen verfügen, diese mit der Regulierungsbehörde zu teilen. Regulierungsfreistellungsmaßnahmen erweisen sich folglich hier als wirksames Mittel. Hinsichtlich des materiellen

---

[76] Vgl. *Jorde/Sidak/Teece*, Yale J. Regul. 2000, p. 1 (27); *Spiller*, ICC 2 (1993), p. 387 (396).

[77] Im Fall des BritNed-Interkonektors hat etwa die Europäische Kommission bei der Prognose der zu erwartenden Nutzungsentgelte, die in einem marktorientierten Verfahren gebildet werden, auch auf die Erfahrungen aus dem Interkonnektor zwischen dem Vereinigten Königreich und Frankreich Bezug genommen; vgl. European Commission, Exemption decision on the BritNed interconnector, 18.10.2007, p. 5, abrufbar unter http://ec.europa.eu/energy/electricity/infrastructure/doc/BritNed_decision_ec.pdf (zuletzt abgerufen am 04.04.08).

Defizits des Konflikts von Investitions- und damit Versorgungssicherheit und Wettbewerb hängt die Wirksamkeit wesentlich von der konkreten Ausgestaltung ab. Dem Risiko einer Fehleinschätzung der Regulierungsbedürftigkeit lässt sich bereits mit dem restriktivsten Ansatz, der auch kurzfristige Wettbewerbsbeschränkungen nicht in Kauf nimmt, recht wirksam begegnen. Die langfristige Versorgungssicherheit profitiert hiervon nur sehr begrenzt. Stärkere Verbesserungen der Versorgungssicherheit lassen sich hingegen erzielen, wenn kurz- oder mittelfristige Beeinträchtigungen des Wettbewerbs hingenommen werden. Bereits nach dem ursprünglichen Ansatz von *Access Holidays*, der Wettbewerbsbeschränkungen in begrenztem Maß in Kauf nimmt, kommen solche jedoch nur befristet und in Grenzfällen in Betracht, da andernfalls die Versorgungssicherheit nicht profitieren kann. Insoweit lässt sich das materielle Defizit des Konflikts von Versorgungssicherheit und Wettbewerb nicht völlig auflösen, jedoch kann diesem vor allem in langfristiger Perspektive besser begegnet werden. Überwiegen jedoch die mit einer etwaigen Regulierungsfreistellung verbundenen kurzfristigen Wettbewerbsbeschränkungen den Gewinn an Versorgungssicherheit und die Chance auf langfristige Wettbewerbsverbesserungen, kann eine Regulierungsfreistellung nicht oder nur in einem diese Risiken vermeidenden Maß gewährt werden. Der Investor darf nicht übersehen, dass *Access Holidays* je nach Ausgestaltung die Regulierungsrisiken um den Preis des Geschäftsrisikos eines kommerziellen Betriebs der freigestellten Infrastruktur eliminieren. Das Geschäftsmodell des Investors muss dies berücksichtigen.

In rechtlicher Hinsicht bieten *Access Holidays* ein wirksames Instrument zur Behebung etwaiger Unverhältnismäßigkeiten des bestehenden Regulierungsrahmens. Die Regulierungsfreistellung als einzelfallorientiertes Instrument verspricht hier eine stärker der Bedeutung des Einzelinvestments gerecht werdende Bewertung. Auch verhindert der Einzelfallcharakter der *Access Holidays* eine etwaige Verwässerung des Regulierungsrahmens als solchem.

II. Einordnung gegenüber Alternativkonzeptionen

Access Holidays lösen die mit einer sektorspezifischen Regulierung verbundenen Problemstellungen wie dargestellt nicht völlig auf. Daher stellt sich die Frage, ob Alternativkonzeptionen möglicherweise besser geeignet sind, die Regulierungsdilemmata aufzulösen. In Betracht kommen hier neben einer eigentumsrechtlichen Entflechtung der Energieversorgungsnetze von Erzeugung und Vertrieb staatliche Direktinvestitionen zum Leitungsbau, besondere Varianten des Netzmanagements – hier vor allem *Open-Market-Coupling (OMC)* – sowie ein als disaggregiert bezeichneter Regulierungsansatz.

1. Ownership-Unbundling

Geradezu als Allheilmittel zur Auflösung der bestehenden Probleme im europäischen Energiemarkt wurde und wird vor allem seitens der Europäischen Kommission die eigentumsrechtliche Entflechtung von Netzbetrieb auf der einen und Erzeugung und Vertrieb auf der anderen Seite der noch bestehenden vertikal integrierten Energieversorgungsunternehmen propagiert. Die Europäische Kommission sieht einen wettbewerbsorientierten Energiemarkt als entscheidende Voraussetzung für die Erhaltung der Energieversorgungssicherheit Europas sowie für die Schaffung wirksamer Anreize für die erforderlichen Investitionen in Höhe von mehreren Milliarden €. Als Hauptgrund für das bisherige Fehlen eines echten Marktes wird zu Recht[78] die Marktfragmentierung entlang nationaler Grenzen identifiziert. Hauptursächlich für diese Fragmentierung sei nun wiederum gerade auch ein hoher Grad an vertikaler Integration, der durch eine eigentumsrechtliche Entflechtung aufgebrochen werden soll.[79] Durch die vertikale Integration würden die Investitionsanreize verzerrt, da ein integriertes Energieversorgungsunternehmen ein Interesse daran hätte, den verbundenen Versorger zu privilegieren, was sich am besten durch eine Kapazitätsbegrenzung realisieren ließe. Das Europäische Parlament bezeichnete eine eigentumsrechtliche Entflechtung der Übertragungs- und Fernleitungsnetze sogar als »das wirksamste Instrument, um diskriminierungsfrei Investitionen in Infrastrukturen [...] zu fördern.«[80] Die bestehenden rechtlichen und funktionalen Entflechtungsmaßnahmen werden als unzureichend bezeichnet.

a) Rechtliche Einordnung

Zu untersuchen ist folglich, ob ein solches auch als *Ownership-Unbundling* bezeichnetes Vorgehen tatsächlich positive Anreize für die Errichtung neuer Energieinfrastrukturen setzt und damit eine Alternative zu Regulierungsfreistellungen darstellt. Als Ausgestaltungsformen eines *Ownership-Unbundling* kommen von einer Treuhandlösung eines unabhängigen Netzbetreibers (ISO) bis zu einer Enteignungslösung mehrere Varianten in Betracht.[81] Die exakte Ausgestaltung einer eigentumsrechtlichen Entflechtung soll im vorliegenden Zusammenhang keine Rolle spielen.

---

[78] Vgl. oben 1. Kapitel: II. 1. b), III.
[79] Europäische Kommission, Vorschlag für eine Richtlinie des Europäischen Parlaments und des Rates zur Änderung der Richtlinie 2003/54/EG über gemeinsame Vorschriften für den Elektrizitätsbinnenmarkt, KOM(2007) 528 endg., S. 2.
[80] Entschließung des Europäischen Parlaments vom 10. Juli 2007 zu den Aussichten für den Erdgas- und den Elektrizitätsbinnenmarkt, P6_TA(2007)0326, abrufbar unter http://www.europarl.europa.eu/sides/getDoc.do?pubRef=-//EP//TEXT+TA+P6-TA-2007-0326+0+DOC+XML+V0//DE (zuletzt abgerufen am 07.04.08).
[81] Vgl. hierzu die Darstellung bei *Kühling/Hermeier*, ET 2008, S. 134 (134 f).

Hinzuweisen ist zunächst darauf, dass gegen das von der Kommission verfolgte *Ownership-Unbundling* verschiedene grundsätzliche Bedenken vorgetragen werden: So wurde der Europäischen Union teilweise bereits die Zuständigkeit für ein solches Vorgehen mangels erforderlicher Kompetenzgrundlage, welche jedoch nach dem in Art. 5 Abs. 1 Satz 1 EUV verankerten Prinzip der begrenzten Einzelermächtigung zwingend erforderlich ist, abgesprochen. Verwiesen wird dabei auf die angeblich fehlende Energie- und Enteignungskompetenz.[82] Angesichts der Existenz der Binnenmarktkompetenz zur Rechtsangleichung des Art. 114 AEUV und deren traditionell eher extensiver Auslegung durch den EuGH[83] kann dieses Argument jedoch nur eingeschränkt überzeugen.[84] Darüber hinaus wird jedoch auch die Vereinbarkeit mit den Grundrechten der betroffenen Energieversorgungsunternehmen in Frage gestellt. Wie oben ausgeführt ist auch die Europäische Union an Grundrechte gebunden.[85] Konkret betroffen durch eine eigentumsrechtliche Entflechtung ist neben der Eigentumsfreiheit wiederum die Berufsfreiheit in Gestalt der unternehmerischen Freiheit. Dieses Argument erscheint belastbarer, gerade auch angesichts der Tatsache, dass die Europäische Kommission ihr Vorgehen auf Marktuntersuchungen und -bewertungen[86] stützt, die zu einem Zeitpunkt durchgeführt wurden, als das System des regulierten Netzzugangs und vor allem der rechtlichen und funktionalen Entflechtung im Sinne der Binnenmarktrichtlinien Elektrizität 2003/54/EG und Gas 2003/55/EG noch nicht voll respektive gerade erst implementiert war. Auch die bereits implementierte gesellschaftsrechtliche und funktionale Entflechtung konnte im Untersuchungszeitraum noch nicht greifen.[87] Die Erforderlichkeit einer umfassenden eigentumsrechtlichen Entflechtung im Hinblick auf die betroffenen Grundrechte der Energieversorgungsunternehmen darf folglich bezweifelt werden.[88] Eine solche Erforderlichkeit ist jedoch unabdingbar, da sämtliche Unionsrechtsakte gem. Art. 5 Abs. 4 AEUV verhältnismäßig sein müssen. Die These einer mangelnden Erforderlichkeit des *Ownership-Unbundling* wird durch eine Studie des britischen Sheffield Energy & Resources Information Center gestützt. Zwar hätte sich der britische Gasmarkt, für den die Studie erstellt wurde, seit der eigentumsrechtlichen Entflech-

---

[82] *Schmidt-Preuß* in: Baur/Pritzsche/Simon, Unbundling in der Energiewirtschaft, 2006, S. 23 f; *Storr*, EuZW 2007, S. 232 (234 ff).

[83] Die einzige deutliche und daher erwähnenswerte Einschränkung der Angleichungskompetenz des Art. 114 AEUV (ex-Artikel 95 EGV) hat der EuGH in seiner ersten Entscheidung zur ersten Tabakwerberichtlinie vorgenommen; vgl. EuGH »Tabakwerberichtlinie« C-376/98 & C-74/99, Slg. 2000, I-8419 ff.

[84] Vgl. *Baur/Pritzsche/Klauer*, Ownership Unbundling, 2006, S. 57 ff.

[85] Vgl. oben 2. Kapitel: III. 2.

[86] European Commission – Competition DG, DG Competition Report on Energy Sector Inquiry, 2007.

[87] Vgl. *Holznagel/Schumacher*, N & R 2007, S. 96 (102 f); *Baur/Pritzsche/Klauer*, Ownership Unbundling, 2006, S. 74 f; *Büdenbender/Rosin*, ET 2007, S. 20 (21).

[88] Vgl. *Holznagel/Schumacher*, N & R 2007, S. 96 (103).

tung positiv entwickelt, jedoch sei dies nicht der Entflechtung, sondern der vorherigen Einführung effektiver Regulierungsinstrumente geschuldet.[89] Jedenfalls wäre bei Implementierung eines umfassenden *Ownership-Unbundlings* mit rechtlichen Auseinandersetzungen der betroffenen Energieversorgungsunternehmen und der Europäischen Union zu rechnen, was mögliche Wettbewerbsverbesserungen zumindest maßgeblich verzögern dürfte.

Relativiert wird diese Befürchtung zwar durch die im Jahr 2008 etwa von Seiten der E.ON AG und der RWE AG erklärte Bereitschaft, ihr Übertragungsnetz bzw. ihr Gasfernleitungsnetz zu veräußern, wenn die Europäische Kommission im Gegenzug Kartellverfahren gegen die E.ON AG bzw. gegen die RWE AG einstellt.[90] Zwischenzeitlich hat die E.ON AG nicht nur im Rahmen einer Verpflichtungszusage in einem Kartellverfahren gegenüber der Europäischen Kommission rechtlich bindend den Verkauf ihres Höchstspannungsnetzes zugesagt,[91] sondern dieses zum 1. Januar 2010 tatsächlich an die niederländische TenneT B.V. verkauft. Dennoch existieren zahlreiche weitere vertikal integrierte Energieversorgungsunternehmen, die zu einem freiwilligen *Ownership-Unbundling* nach wie vor nicht bereit sind. Gerade der selektive Charakter des Vorgehens der Europäischen Kommission gegen einzelnen Unternehmen gestützt nicht etwa auf einen stimmigen regulierungsrechtlichen Ansatz, sondern auf allgemein wettbewerbliche Einzelfallinstrumente gibt Anlass, das Vorgehen der Kommission in Frage zu stellen. Zumindest im Falle RWE beschränkt sich die geäußerte Veräußerungsbereitschaft mit dem Gasfernleitungsnetz auf die Gasversorgung. Vor allem aber muss auf die Frage eingegangen werden, ob eine umfassende eigentumsrechtliche Entflechtung tatsächlich einen wesentlichen Beitrag zum Ausbau der grenzüberschreitenden Energieinfrastrukturen und damit zu einer Defragmentierung des europäischen Energieversorgungsnetzes zu leisten vermag, i.e. ob *Ownership-Unbundling*, wie von der Europäischen Kommission behauptet, tatsächlich den Schlüssel zu mehr Investitionen in die Energieversorgungsnetze darstellt. Dies gilt unabhängig von der rechtlichen Zulässigkeit eines *Ownership-Unbundling*.

b) Eignung zur Schaffung von Investitionsanreizen

Die These einer Investitionsverzerrung durch vertikale Integration muss unter Einbeziehung der sonstigen Marktregulierung in die Betrachtung nachdrücklich hinterfragt werden. Die Kommission argumentiert, ein vertikal integrierter

---

[89] SERIS, The Advantages of full Ownership Unbundling in Gas Transportation and Supply: How the European Commission got it wrong about the UK; abrufbar unter http://www.seris.co.uk/SERIS_reply_to_OFGEM.pdf (zuletzt abgerufen am 15.11.07).
[90] E.ON, Pressemitteilung vom 28.02.2008, abrufbar unter http://www.eon.com/de/media/news-detail.jsp?id=8449&year=2008 (zuletzt abgerufen am 11.04.10).
[91] E.ON, Pressemitteilung vom 26.11.2008, abrufbar unter http://www.eon.com/de/media/news-detail.jsp?id=8913&year=2008 (zuletzt abgerufen am 11.04.10).

Energieversorger werde » – wo immer möglich – seine eigenen Absatzunternehmen beim Netzzugang bevorzugen.«[92] Hierbei unterstellt die Kommission freilich, ohne dies deutlich zu machen und ohne Auseinandersetzung, eine Hypothese als zutreffend: Die Kommission setzt gleichsam voraus, dass die durch die Binnenmarktrichtlinien Elektrizität 54/2003/EG und Gas 55/2003/EG implementierte Regulierung nicht funktionsfähig ist. Die einschlägigen Bestimmungen zur rechtlichen und funktionalen Entflechtung und zum Netzzugang ermöglichen es dem vertikal integrierten, jedoch rechtlich entflochtenen Netzbetreiber de jure gerade nicht das eigene Absatzunternehmen zu bevorzugen. Die Behauptung der Kommission, eine solche fände dennoch statt, muss folglich, da nicht ausreichend belegt, als bloße Behauptung unberücksichtigt bleiben. Die *Energy Sector Inquiry*[93] kann wie ausgeführt gerade nicht als Begründung herangezogen werden, da der Untersuchungszeitraum die aktuell praktizierte Regulierung nicht in ausreichendem Maße erfasst. Auch die von der Kommission angeführten praktischen Beispiele, wie die in bestimmten Mitgliedstaaten in jüngerer Zeit errichteten LNG-Terminals,[94] sind als Beleg der Kommissionsthesen denkbar ungeeignet. Vielmehr lassen sich gerade diese Einrichtungen als Beispiele für die Wirksamkeit und Bedeutung von Regulierungsfreistellungen heranziehen, da beispielsweise im Vereinigten Königreich, wo drei LNG-Terminals existieren, sämtliche der errichteten LNG-Terminals durch Regulierungsfreistellungsmaßnahmen nach Art. 36 GasRL begünstigt wurden.[95] Dies spricht wiederum deutlich gegen ein Alternativverhältnis von Freistellung und *Ownership-Unbundling*.

Dass weniger die eigentumsrechtliche Entflechtung und mehr die Möglichkeit einer Regulierungsfreistellung für diese zur Verbesserung der Versorgungssicherheit wichtigen Infrastrukturmaßnahmen beigetragen haben dürfte, lässt sich auch begründen. Auch nach einer eigentumsrechtlichen Entflechtung wird das entflochtene Netz weiterhin einer Regulierung unterworfen. Soweit es sich bei den betroffenen Infrastrukturen um unbestreitbare natürliche Monopole handelt, ist dies auch erforderlich. Andernfalls hätte der entflochtene Netz-

---

[92] Europäische Kommission, Vorschlag für eine Richtlinie des Europäischen Parlaments und des Rates zur Änderung der Richtlinie 2003/54/EG über gemeinsame Vorschriften für den Elektrizitätsbinnenmarkt, KOM(2007) 528 endg., S. 5.

[93] European Commission – Competition DG, DG Competition Report on Energy Sector Inquiry, 2007.

[94] Europäische Kommission, Vorschlag für eine Richtlinie des Europäischen Parlaments und des Rates zur Änderung der Richtlinie 2003/54/EG über gemeinsame Vorschriften für den Elektrizitätsbinnenmarkt, KOM(2007) 528 endg., S. 5.

[95] Im Vereinigten Königreich wurden Freistellungen bis zum Jahr 2008 für drei LNG-Terminals und eine Gasspeichereinrichtung gewährt: Grain-LNG-Terminal, Dragon-LNG-Terminal, South-Hook-LNG-Terminal & Isle-of-Grain-LNG-Terminal. Vgl. hierzu die Aufstellung der begünstigten Flüssiggasinfrastrukturen auf http://ec.europa.eu/energy/infrastructure/infrastructure/gas/Gas_exemptions_en.htm (zuletzt abgerufen am 10.04.10).

II. Einordnung gegenüber Alternativkonzeptionen

betreiber mangels verbundenem Versorgungs- oder Erzeugungsunternehmen zwar keinen Diskriminierungsanreiz mehr, er könnte jedoch von den Netznutzern mit dem *Cournot*-Preis[96] einen Monopolpreis fordern. Wird jedoch weiterhin eine Regulierung durchgeführt, bleiben weiterhin auch die oben beschriebenen Regulierungsrisiken und mit diesen die ebenfalls dargestellten negativen Investitionsanreize existent. Sämtliche der oben dargestellten regulierungsbedingten Investitionsrisiken beziehen sich ausschließlich auf die Regulierungsmaßnahmen. Solange Regulierung erfolgt, bleiben diese damit sachlogisch bestehen. Besonders negativ wirkt sich dabei aus, dass nicht nur sämtliche der dargestellten Investitionsrisiken weiterbestehen, sondern in Teilen eine Vergrößerung der Negativanreize Platz greift. Dies gilt vor allem für die Beseitigung von Netzengpässen. Wie ausgeführt sind die Engpassmanagementerlöse im marktorientierten Verfahren umso größer, je knapper die Kapazität ist. Damit bestehen prinzipiell keine Investitionsanreize, weshalb Verwendungszweckbeschränkungen für die Engpassmanagementerlöse bestehen. Diese Beschränkungen bergen jedoch für sich wiederum neue Risiken.[97] Ein vertikal integrierter Netzbetreiber kann trotz dieser Risiken einen Investitionsanreiz haben, soweit er die sinkenden Engpassmanagementerlöse durch einen gesteigerten Absatz überkompensieren kann. Zwar kann auch ein entflochtener Netzbetreiber im Falle eines gesteigerten Absatzes Mehrerlöse erzielen. Diese beschränken sich jedoch auf die Netznutzungsentgelte. Gerade die Bildung der Netznutzungsentgelte birgt jedoch wiederum eine Vielzahl eigener negativer Investitionsanreize.[98] Über den Anreiz gesteigerter Absatzmengen verfügt freilich ein entflochtener Netzbetreiber gerade nicht. Insoweit wäre bezüglich bestimmter Infrastrukturen ein *Ownership-Unbundling* geradezu kontraproduktiv.[99] Dass diese Argumente nicht aus der Luft gegriffen sind, sondern zutreffen, gestand die Kommission in ihren Vorschlägen zum so genannten Dritten Binnenmarktpaket Strom und Gas indirekt selbst ein: Wäre die vertikale Integration bestimmter Energieversorgungsunternehmen tatsächlich der Grund für das Ausbleiben der notwendigen Investitionen in die Engpässe in den grenzüberschreitenden Versorgungsnetzen, so müssten nach erfolgter Entflechtung zügig die notwendigen Investitionen verwirklicht werden. Weiterer Investitionsförderungsinstrumente wie der Regulierungsfreistellung bedürfte es dann nicht mehr, was insbesondere gilt, wenn diese Instrumente auf den ersten Blick selbst gewissen Wettbewerbsbedenken ausgesetzt sind. Die Möglichkeit der Regulierungsfreistellung wurde in den Kommissionsvorschlägen zum energierechtlichen Rechtsrahmen jedoch nicht abgeschafft. Vielmehr war sie weiter enthalten und wurde sogar um die Freistellung von der Verpflichtung zur eigentums-

---

[96] Vgl. oben 2. Kapitel: I.
[97] Vgl. oben 2. Kapitel: III. 1. b) cc).
[98] Vgl. oben 2. Kapitel: III. 1. b) aa), bb).
[99] Vgl. *Talus/Wälde*, CRNI 2006, p. 355 (367); *Büdenbender/Rosin*, ET 2007, S. 20 (26 f.).

rechtlichen Entflechtung erweitert. Art. 7 Abs. 1 StromhandelsVO-Änderungsentwurf erfasste ausdrücklich Art. 8 ElektrizitätsRL-Änderungsentwurf, der die eigentumsrechtliche Entflechtung regelt. Art. 22 Abs. 1 GasRL-Änderungsentwurf erfasste ausdrücklich Art. 7 GasRL-Änderungsentwurf, der die eigentumsrechtliche Entflechtung für den Gasbereich regelt.[100] Dementsprechend überrascht es nicht, dass sowohl StromhandelsVO als auch GasRL das Freistellungsinstrument gem. Art. 17 Abs. 1 StromhandelsVO sowie gem. Art. 36 Abs. 1 GasRL jeweils ausdrücklich auf Art. 9 StromhandelsVO respektive Art. 9 GasRL und damit auf die Regelungen zum *Ownership-Unbundling* erweitern. Implizit zeigt sich hier auch ein generelles Problem von Entflechtungsmaßnahmen. Im Bereich der Energieversorgungsnetze ist eine Koordinierung von Erzeugungs- und Transportinvestitionen zwingend.[101] Beispielhaft zu nennen ist die durch den zunehmenden Windkraftausbau und den Bau neuer Kohlekraftwerke an Nord- und Ostsee in Deutschland stattfindende Verlagerung der großen Erzeugungskapazitäten von Süd nach Nord und die infolgedessen notwendigen Investitionserfordernisse im deutschen Stromverbundnetz.[102]

Zusammenfassend lässt sich daher feststellen, dass *Ownership-Unbundling* und *Access Holidays* keinesfalls in einem Alternativverhältnis zueinander stehen. Das Instrument des *Ownership-Unbundling* stellt eine Möglichkeit dar, Diskriminierungen von Dritten durch vertikal integrierte Unternehmen auszuschließen, da die vertikale Integration durch die eigentumsrechtliche Entflechtung aufgelöst wird. Dieses Ziel lässt sich allerdings vermutlich bereits mit weit weniger eingriffsintensiven Instrumenten wie dem bestehenden Regulierungsrechtsrahmen verwirklichen, der allerdings Zeit benötigt, um Wirkungen zu entfalten.[103] Es ist daher festzustellen, dass Netzengpässe sich allein durch ein *Ownership-Unbundling* jedenfalls kaum beheben lassen.

---

[100] Europäische Kommission, Vorschlag für eine Verordnung des Europäischen Parlaments und des Rates zur Änderung der Verordnung (EG) Nr. 1228/2003 über die Netzzugangsbedingungen für den grenzüberschreitenden Stromhandel, KOM(2007) 531 endg., S. 34; dies., Vorschlag für eine Richtlinie des Europäischen Parlaments und des Rates zur Änderung der Richtlinie 2003/55/EG über gemeinsame Vorschriften für den Erdgasbinnenmarkt, KOM(2007) 529 endg., S. 42.

[101] von *Hirschhausen/Beckers/Brenck*, Utilities Policy 12 (2004), p. 203 (208); *Keller/Wild*, Utilities Policy 12 (2004), p. 243 (250); *Holznagel/Schumacher*, N&R 2007, S. 96 (102).

[102] Vgl. konkret zur Integration von land- und offshoregestützer Windkraft in das deutsche Stromnetz die Dena-Netzstudie 2005, Dena, Dena-Netzstudie, 2005, abrufbar unter http://www.offshore-wind.de/page/fileadmin/offshore/documents/dena_Netzstudie/dena-Netzstudie_I_Haupttext.pdf (zuletzt abgerufen am 10.04.10).

[103] Vgl. *Büdenbender/Rosin*, ET 2007, S. 20 (22 f.).

2. Open-Market-Coupling

Eine Alternative zu Regulierungsfreistellungen könnte jedoch ein verbessertes Engpassmanagement darstellen. Wie oben bereits erläutert kommt ein verbessertes Engpassmanagement als Alternativlösung vor allem im Elektrizitätsbereich in Betracht, da im Gassektor aktuell keine vergleichbare Engpasssituation besteht und die Investitionsnotwendigkeiten in das bestehende Ferngasleitungsnetz weniger durch konkret bestehende physische Engpässe begründet sind als durch eine Verringerung bestimmter Lieferabhängigkeiten. Auch kommt dem Engpassmanagement im Gasbereich aufgrund vom Elektrizitätsbereich abweichender technischer und physikalischer Grundbedingungen generell keine mit dem Strombereich vergleichbare Bedeutung zu. Engpassmanagement beschränkt sich im Gasbereich vielmehr im Wesentlichen auf die Handhabung vertraglicher Engpässe und damit auf die Implementierung geeigneter und funktionsfähiger Kapazitätsfreigabemechanismen.[104]

a) Funktionsweise des Open-Market-Coupling

Einzugehen ist im Bereich des Engpassmanagements somit vor allem auf den Elektrizitätssektor und dabei auf die Methode des so genannten *Open Market Coupling* (*OMC*), auf die das Engpassmanagement aktuell in der Bundesrepublik Deutschland angelehnt an nordeuropäische Vorbilder umgestellt wird. *OMC* beschreibt ein marktorientiertes Verfahren, im Rahmen desselben explizite und implizite Auktionen durch ein Auction Office kombiniert werden.[105] Der Fortschritt zur bisherigen Engpassmanagementmethode liegt vor allem in der Einbeziehung eines impliziten Auktionselements. Zur Verfügung gestellt wird vom Netzbetreiber an einen Dritten nicht mehr nur die reine Übertragungskapazität, zu der noch zusätzlich elektrische Energie erworben werden muss. Vielmehr werden im Rahmen des impliziten Elements die grenzüberschreitenden Übertragungsnetzkapazitäten bei der börslichen Abwicklung des Energiehandels automatisch berücksichtigt. Die Kombination aus expliziter und impliziter Auktion bedeutet dabei, dass gegenüber dem Auction Office weiterhin direkte Gebote für Übertragungskapazität abgegeben werden kön-

---

[104] Vgl. oben 2. Kapitel: II. 4.
[105] Vgl. grundlegend zur technischen Funktionsweise der Methode des Open Market Coupling und seiner rechtlichen Vereinbarkeit mit dem europäischen Energierechtsrahmen *Kühling/Sester/Wipfler/Matz/Hermeier*, Rechtsgutachten über die Etablierung eines Auction Office im Rahmen des Open Market Coupling, 2005, abrufbar unter http://www.bundesnetzagentur.de/cae/servlet/contentblob/35910/publicationFile/1596/RechtsgutachtenAuctionOfficeId7929pdf.pdf (zuletzt abgerufen am 11.04.10) sowie *Haubrich*, Technische Fragen beim Open Market Coupling – OMC, 2006, abrufbar unter http://www.bundesnetzagentur.de/cae/servlet/contentblob/35912/publicationFile/1597/StudieTechnFragenId7928pdf.pdf (zuletzt abgerufen am 11.04.10).
Ein zusammenfassender Überblick findet sich bei *Kühling*, RdE 2006, S. 173 ff.

nen. Auch bilateral können weiterhin Nutzungsverträge abgeschlossen werden. Parallel hierzu läuft jedoch im so genannten Day-ahead-Bereich ein implizites Auktionsverfahren ab. Bei dieser impliziten Auktion kann ausschließlich das Auction Office auf die vorhandene Übertragungsnetzkapazität zugreifen. Die Institution des Auction Office lässt sich bereits auf Basis des heute bestehenden Rechtsrahmens regulieren, wenn auch zentralisierte Regulierungsbefugnisse beispielsweise bei der Europäischen Kommission zu einer gesteigerten Effizienz führen könnten.[106] Der Zugriff durch das Auction Office erfolgt dabei zunächst im Wege einer Simulation, die dem eigentlichen Stromhandel um einen Tag vorgelagert ist: Nach Handelsschluss an den Strombörsen – im Fall der Bundesrepublik Deutschland die Leipziger Strombörse EEX – vergleicht das Auction Office anhand der von den Börsen übermittelten Orderbücher die Gleichgewichtspreise an den jeweiligen Strombörsen. Ergibt sich an einer Strombörse ein niedrigerer Gleichgewichtspreis als an einer anderen, gibt das Auction Office für den Niedrigpreisraum ein Kauf- und für den Hochpreisraum ein Verkaufsangebot ab. Zum Kauf und Verkauf des auf einem Markt erzeugten Stromes auf dem anderen wird Übertragungskapazität benötigt. Ist genügend Übertragungskapazität vorhanden, kann das Auction Office seine Kauf- und Verkaufsoperationen auf den verschiedenen Märkten solange durchführen, bis der Gleichgewichtspreis an beiden Börsen identisch ist. Ist jedoch keine ausreichende Übertragungskapazität vorhanden, so stellen sich keine identischen Gleichgewichtspreise ein. Das Auction Office erzielt vielmehr aus seinen Kauf- und Verkaufsoperationen einen Gewinn. Dieser Gewinn stellt den implizit ermittelten Preis für die Nutzung der Übertragungskapazität dar. Wie ausgeführt wird dieser Wert zunächst im Rahmen einer Simulation ermittelt. Nach Durchführung der Simulation werden zunächst nach dem Prinzip des Meistgebotes die expliziten Gebote berücksichtigt, sofern sie den ermittelten Wert erreichen oder übersteigen. Auf Basis der verbleibenden Kapazitäten erfolgen die An- und Verkaufsoperationen an den einzelnen Strombörsen.

b) Eignung von Engpassmanagementverfahren zur Beseitigung von Netzengpässen

OMC in der beschriebenen Form stellt bezogen auf sein implizites Element ein so genanntes Nodalpreissystem dar, i.e. ein Knotenpreissystem. Das Stromnetz wird in mehrere Bereiche gesplittet. Die Grenzpunkte zwischen den einzelnen Bereichen sind im vorliegenden Fall die Grenzkuppelstellen. Diese bilden die Kanten zwischen den einzelnen Netzbereichen, welche die Knoten darstellen. An diesen Knoten wird jeweils lokal durch die Zusammenführung von Angebot und Nachfrage der Preis ermittelt. Liegt eine begrenzte Übertragungskapazität vor, variieren die Preise an den einzelnen Netzknoten. Die Preisdifferenz

---

[106] Siehe hierzu *Hermeier*, RdE 2007, S. 249 (252 f.).

II. Einordnung gegenüber Alternativkonzeptionen

ergibt den Engpassnutzungspreis.[107] Als Nodalpreissystem ist das *OMC* sehr gut geeignet, bestehende Investitionsnotwendigkeiten aufzuzeigen. An den Knoten, zwischen denen sich hohe Engpassgebühren in Form erheblicher Preisunterschiede ergeben, sind die Kapazitäten unterdimensioniert und müssen daher ausgebaut werden.[108]

Weniger geeignet ist *OMC* hingegen, die bestehenden Engpässe auch tatsächlich zu beheben. *OMC* ist eine Form des Engpassmanagements. Der Terminus Engpassmanagement macht dies schon rein begrifflich deutlich. Management bedeutet die Handhabung einer Problemstellung, nicht jedoch deren Auflösung. Anders formuliert bedeutet dies, dass *OMC* ein geeignetes Instrument darstellt, bestehende Grenzkuppelstellen optimal zu nutzen. Dort wo trotz einer solchen optimalen Nutzung physische Engpässe bestehen,[109] kann *OMC* diese nicht aufheben. Ein anderes Ergebnis lässt sich auch nicht mit dem Argument der Verwendung der Engpassmanagementerlöse für die Behebung der Engpässe gem. Art. 16 Abs. 6 StromhandelsVO finden, da diese Regelung wie ausgeführt eigene Risiken birgt und darüber hinaus bisher vor allem nicht zu einer entscheidenden Reduzierung der grenzüberschreitenden Engpässe geführt hat.[110] Engpassmanagement kann darüber hinaus überhaupt nur dort zum Einsatz kommen, wo überhaupt ein Engpass im Sinne eines Netzknotens vorhanden ist. Fehlen zwischen einzelnen Netzbereichen Verbindungsleitungen, anhand derer ein zu managender Engpass gebildet werden könnte, völlig, kann Engpassmanagement und damit auch *OMC* keinerlei Wirkungen zeitigen. Konkrete Beispiele für derartige Konstellationen finden sich beispielsweise für den *Estlink*-Interkonnektor zwischen Estland und Finnland oder das *BritNed*-Kabel zwischen dem Vereinigten Königreich und den Niederlanden.[111] In beiden Fällen, für die jeweils Regulierungsfreistellungsmaßnahmen gewährt wurden, stellen die genannten Einrichtungen die jeweils erste Verbindung der betroffenen Netzbereiche dar.

Auch *OMC* kann daher keine Alternative zum Instrument der *Access Holidays* darstellen. Als marktorientiertes Engpassmanagementverfahren birgt es grundsätzlich die oben dargestellten Risiken, die aus dem Zusammenhang zwi-

---

[107] *Pritzsche/Stephan/Pooschke*, RdE 2007, S. 36 (41); *Haubrich*, Technische Fragen beim Open Market Coupling – OMC, 2006, S. 15 ff, abrufbar unter http://www.bundesnetzagentur.de/cae/servlet/contentblob/35912/publicationFile/1597/StudieTechnFragenId7928pdf.pdf (zuletzt abgerufen am 11.04.10).
[108] *Keller/Wild*, Utilities Policy 12 (2004), p. 243 (247 ff).
[109] Für die Bundesrepublik Deutschland bestehen Engpässe mit Ausnahme der Bundesrepublik Österreich mit allen Nachbarstaaten; vgl. Bundesnetzagentur, Erlöse aus grenzüberschreitendem Engpassmanagement, 2007, abrufbar unter http://www.bundesnetzagentur.de/cae/servlet/contentblob/88834/publicationFile/1604/Bericht6-5EMPLL2007Id14548pdf.pdf (zuletzt abgerufen am 12.04.10).
[110] Vgl. oben 2. Kapitel: III. 1. b) cc).
[111] Siehe unten 5. Kapitel: II. 3. b) cc).

schen knapper Übertragungskapazität und Engpassmanagementerlösen folgen.[112] Gerade diesen Risiken kann wie oben ebenfalls gezeigt durch Regulierungsfreistellungen wirksam begegnet werden.[113] Da *OMC* als Nodalpreissystem jedoch wertvolle Informationen über die tatsächlichen Investitionsnotwendigkeiten in grenzüberschreitende Stromleitungen generieren kann, bietet sich für *OMC* und Regulierungsfreistellungen anstelle eines Alternativverhältnisses ein Verhältnis der Komplementarität besser an.

3. Disaggregierter Regulierungsansatz

a) *Funktionsweise eines disaggregierten Regulierungsansatzes*

Eine kaum geeignete Alternative zu den mit dem Instrument der *Access Holidays* verfolgten Lösungsansätzen stellt ein in der Literatur beschriebener disaggregierter Regulierungsansatz dar. Diese in jüngeren Veröffentlichungen geprägte Terminologie umschreibt zunächst treffend, dass sektorspezifische Regulierung nur dort gerechtfertigt ist, wo sektorspezifische Marktmacht besteht, i.e. ein nicht angreifbares natürliches Monopol existiert. Existiert hingegen potentieller oder aktiver Wettbewerb, soll auf sektorspezifische Regulierung verzichtet werden. Im Rahmen eines disaggregierten Regulierungsansatzes wird folglich nur die bottleneck-Einrichtung einer Regulierung unterworfen. Die angreifbaren Bereiche werden hingegen nicht reguliert.[114] Eine konsequente Anwendung dieses Konzepts soll dann, wie expressis verbis hervorgehoben wird, den Einsatz von *Access Holidays* überflüssig machen.[115]

b) *Eignung zur Schaffung von Investitionsanreizen*

Übersehen wird dabei jedoch, dass im Rahmen des als disaggregiert bezeichneten Regulierungsansatzes weiterhin die oben beschriebenen Regulierungsrisiken bestehen. Begründen lässt sich dies damit, dass der disaggregierte Regulierungsansatz weitgehend den bestehenden Rechtsrahmen der sektorspezifischen Regulierung umschreibt. Für die Energieversorgung bedeutet ein solcher Ansatz eine Regulierung des Netzzugangs zu den Energieversorgungsnetzen, nicht jedoch der Endkundenentgelte oder Erzeugerpreise von Elektrizität und Gas. Ein solches Modell beschreibt exakt das derzeit beispielsweise in der Bundesrepublik Deutschland praktizierte Regulierungsmodell. Seit Außerkrafttreten der BTOElt zum 1. Juli 2007 wird mit den Energieversorgungsnetzen ausschließlich der monopolistische bottleneck reguliert. Dass in diesem Rahmen Risiken bestehen, die sich durch Regulierungsfreistellungen begren-

---

[112] Vgl. oben 2. Kapitel: III. 1. b) cc).
[113] Vgl. oben 3. Kapitel: I. 4. b).
[114] *Knieps*, Wettbewerbsökonomie, 2005, S. 81 ff.
[115] *Knieps*, Netzökonomie, 2007, S. 192.

zen lassen, wurde dargelegt. Wenn im Rahmen eines disaggregierten Regulierungsansatzes etwa die Risiken einer kostenorientierten Regulierung anerkannt werden und in Konsequenz eine price-cap-Regulierung, i.e. eine anreizorientierte Regulierung, vorgeschlagen wird, bleiben die mit einer anreizorientierten Regulierung verbundenen Risiken weiterhin existent. Dies gilt gerade, wenn vorausgesetzt wird, »dass durch die Regulierung die Gesamtkostendeckung, einschließlich der entscheidungsrelevanten Kapitalkosten, nicht gefährdet wird.«[116] Dies sicherzustellen stellt jedoch wie dargelegt eines der Hauptrisiken einer sektorspezifischen Regulierung dar, dem gerade auch durch Regulierungsfreistellungsmaßnahmen wirksam begegnet werden kann. Im Rahmen eines disaggregierten Regulierungsansatzes wird auch darauf hingewiesen, dass zur Steigerung der Investitionsanreize bisweilen eine regulatorische Selbstbindung notwendig sein kann.[117] Diese Einsicht ist vor dem Hintergrund des oben aufgezeigten Credibility-Problems[118] positiv zu bewerten. Allerdings darf nicht übersehen werden, dass im bestehenden energierechtlichen Regulierungsrechtsrahmen Regulierungsfreistellungsmaßnahmen die einzige Möglichkeit einer glaubwürdigen Selbstbindung der Regulierungsbehörde bilden.[119] Darüber können auch Begrifflichkeiten wie etwa die des disaggregierten Regulierungsmandats oder die jüngsten Äußerungen der Bundesnetzagentur[120] zur stabilen und sachgerechten Festlegung der Investitionsrenditen als Voraussetzung der Kalkulierbarkeit der Investitionen nicht hinwegtäuschen: Diese Theorie begründet keine Selbstbindung der Behörde, sondern setzt sie voraus. Fehleinschätzungen der Behörde ex-post bleiben hier möglich.

Hinzuweisen ist allerdings auch auf den Umstand, dass die Instrumente des disaggregierten Regulierungsansatzes und der Regulierungsfreistellung bei entsprechender Auslegung auch Überschneidungen aufweisen können. Soweit mit dem Terminus des disaggregierten Regulierungsansatzes darauf hingewiesen werden soll, dass sektorspezifische Regulierung gegenwärtig auch in Netzbereichen durchgeführt wird, in denen keine netzspezifische Marktmacht, i.e. kein monopolistischer bottleneck besteht, stellen Regulierungsfreistellungen gerade das Instrument dar, von einer im Einzelfall begrenzt überbordenden Regulierung zu dispensieren. Ein so verstandener disaggregierter Regulierungsansatz beschränkt das Instrument der Regulierungsfreistellung auf die oben als Konstellation zwei bezeichnete Gestaltung, die ohne eine Wettbewerbsbeschränkung auskommt. In dieser limitierten Form besteht dann allerdings eine

---

[116] *Knieps*, Netzökonomie, 2007, S. 169f, 191.
[117] *Knieps*, Netzökonomie, 2007, S. 191f.
[118] Vgl. oben 2. Kapitel: III. 1. b) dd).
[119] Siehe unten 5. Kapitel: II. 3. b) bb) (b) (bb).
[120] Bundesnetzagentur, Pressemitteilung vom 7. Juli 2008, abrufbar unter http://www.bundesnetzagentur.de/cae/servlet/contentblob/32390/publicationFile/1245/PM20080707 AnreizregulierungEnergieId13917pdf.pdf (zuletzt abgerufen am 11.04.10).

inhaltliche Übereinstimmung. Soweit mit einem disaggregierten Regulierungsansatz längerfristige Selbstbindungen der Regulierungsbehörde im Sinne einer bestandskräftigen Entscheidung zugunsten eines Investors erfasst sein sollen, ermöglichen *Regulatory Holidays* im hier gemeinten umfassenden Sinn eine solche Selbstbindung, da sie nicht nur Drittzugangsdispense, sondern Freistellungen von bestimmten Regulierungsbedingungen als solchen wie beispielsweise auch Zugeständnisse bei der Entgeltberechnungsmethode erfassen.[121]

Der als disaggregiert bezeichnete Regulierungsansatz kann folglich nicht gegen *Regulatory Holidays* im vorliegend verstandenen umfassenden Sinn ins Feld geführt werden. Er stellt keine Alternative dar. Wenn sich bei entsprechender Auslegung des Begriffs eines disaggregierten Regulierungsansatzes Parallelen zum Regulierungsfreistellungskonzept ergeben, untermauert dies vielmehr die Berechtigung von *Regulatory Holidays*. Bedeutung kommt dem Terminus des disaggregierten Regulierungsansatzes möglicherweise auch insoweit zu, als er politischen Bestrebungen einer stärker eingriffsorientierten Regulierung auch der Endkundentarife im Energiesektor[122] und damit einem regulatorischen Rückschritt mit einem neuen auch als Schlagwort geeigneten Terminus die Grenzen sektorspezifischer Regulierung vor Augen führt.[123]

4. Direktverpflichtungen zum Leitungsbau

Als eine weitere Alternative zum Instrument der Regulierungsfreistellung ist an hoheitliche Direktverpflichtungen zum Leitungsbau zu denken. Hoheitliche Verpflichtungen zum Leitungsbau sind in verschiedenen Gewändern denkbar. In Betracht kommt neben einem dirigistischen Ansatz einer hoheitlichen Verpflichtung zur Errichtung bestimmter einzelner Infrastrukturen auch die bloße Verpflichtung der Netzbetreiber zu Instandhaltung und Ausbau des Netzes in weitgehend eigener Verantwortung in abstrakt-genereller Form. Die Reichweite der hoheitlichen Verpflichtung bestimmt die Alternativeigenschaft einer hoheitlichen Verpflichtung zum Instrument der Regulierungsfreistellung bezogen auf die Errichtung neuer grenzüberschreitender Infrastrukturen. Im Unterschied zu Regulierungsfreistellungen stellen hoheitliche Verpflichtungen zum Leitungsbau jedenfalls keinen anreizorientierten Ansatz dar.

---

[121] Vgl. oben 3. Kapitel: I. 2. b).

[122] Erkennbar wurden derartige Tendenzen mit dem am 22. Dezember 2007 in Kraft getretenen Gesetz zur Bekämpfung von Preismissbrauch im Bereich der Energieversorgung und des Lebensmittelhandels in Gestalt des durch dieses Gesetz eingeführten § 29 GWB neu, der Entgelte in der Energiewirtschaft regelt; siehe BGBl. I 2007, S. 2966 ff.
Es handelt sich hierbei zwar um eine genuin klassisch wettbewerbsrechtliche Regelung in Gestalt einer Missbrauchskontrollvorschrift. Die Beweislastumkehr des § 29 Nr. 2 GWB erinnert jedoch stark an für die sektorspezifische Regulierung typische Gestaltung; vgl. auch Kritik bei *Kahlenberg/Haellmigk*, BB 2008, S. 174 (181).

[123] *Knieps*, Netzökonomie, 2007, S. 168 f.

a) Rechtliche Bewertung

Hoheitliche Verpflichtungen zum Leitungsbau begegnen jedoch zunächst gewissen grundsätzlichen Bedenken. Vor allem dem auch unionsrechtlich garantierten Eigentumsgrundrecht[124] kommt hier Bedeutung zu. So wurde vor dem Hintergrund der Eigentumsgarantie des Art. 14 GG für das deutsche Verfassungsrecht eine Investitionspflicht in das Energieversorgungsnetz als problematisch angesehen.[125] Art. 14 GG enthält neben der Gewährleistung des Eigentums zwar mit der Inhalts- und Schrankenbestimmung durch die Gesetze gem. Art. 14 Abs. 1 Satz 2 GG sowie der Verpflichtung des Eigentums gem. Art. 14 Abs. 2 GG gleichzeitig die Sozialbindung des Eigentums. Die Sozialbindung des Eigentums ist allerdings nicht nur Rechtfertigungsgrund, sondern auch Orientierungspunkt und Grenze einer Eigentumsbeschränkung, i.e. gemessen am sozialen Bezug des Eigentumsobjekts dürfen Belastungen nicht übermäßig und unzumutbar sein, sondern müssen vielmehr den Grundsätzen der Verhältnismäßigkeit genügen. Dem Energieversorgungsnetz kommt, soweit es die Eigenschaften eines unbestreitbaren natürlichen Monopols aufweist, eine hohe Sozialpflichtigkeit zu, die ihre Grenze jedoch dort findet, wo dem Netzbetreiber eine Existenzvernichtung oder -gefährdung droht oder dieser aufgrund eines Drittzugangs keinerlei Form von Eigennutzung mehr durchführen kann.[126] Bezogen auf Direktverpflichtungen zum Leitungsbau ergeben sich daraus folgende Konsequenzen: Soweit der Charakter eines unbestreitbaren natürlichen Monopols für eine bestimmte Infrastruktur in Frage steht, erscheint eine hoheitliche Verpflichtung per se extrem fragwürdig, da es in diesem Fall schon grundsätzlich an der besonderen Sozialpflichtigkeit fehlt. Für die vorliegend in Rede stehenden grenzüberschreitenden Infrastrukturen erscheint der Charakter eines unbestreitbaren natürlichen Monopols in bestimmten Fällen zumindest zweifelhaft.[127] Des Weiteren wird aus dem Anspruch auf eine weitere Eigennutzung teilweise gefolgert, dass dieser Anspruch nicht durch eine Investitionsverpflichtung insoweit umgangen werden dürfte, dass die negative Investitionsfreiheit nicht mehr gewährleistet ist.[128] Diese Argumentation erscheint jedoch zu undifferenziert, da sie der elementaren Bedeutung eines zuverlässigen Energieversorgungsnetzes nicht gerecht wird. Soweit das Energieversorgungsnetz ein unbestreitbares natürliches Monopol darstellt, können Parallelnetze realistischerweise nicht errichtet werden. Auch können Dritte die Kapazität des

---

[124] Vgl. oben 2. Kapitel: III. 2. a).
[125] So allerdings ob seiner Pauschalität und der mangelnden Berücksichtigung der Besonderheiten eines unbestreitbaren natürlichen Monopols in wenig überzeugender Weise vor allem *Schmidt-Preuß*, Substanzerhaltung und Eigentum, 2003, S. 43; ders., AG 1996, S. 1 (8).
[126] Vgl. oben 2. Kapitel: III. 2. c).
[127] Siehe unten 5. Kapitel: II. 2. c) aa), d) bb), cc).
[128] *Papier*, Verfassungsfragen der Durchleitung, FS-Baur, 2002, S. 209 (222); ders., Die Regelung von Durchleitungsrechten, 1997, S. 37; ders., BB 1997, S. 1213 (1219).

bestehenden Verbundnetzes nicht ohne weiteres durch einen eigenen Ausbau desselben steigern, wenn die Systemintegrität einen einheitlichen Netzbetrieb und ein einheitliches Netzmanagement erfordert. Hier erscheinen angesichts der in den beschriebenen Fällen extremen Sozialpflichtigkeit des Eigentums auch hoheitliche Investitionsverpflichtungen möglich.[129] Um die Eingriffsintensität auf ein verhältnismäßiges Maß zu begrenzen, erscheint es jedoch angezeigt, lediglich abstrakt-generell die Systemverantwortlichkeit festzulegen und die eigentliche Prognose- und Investitionsverantwortlichkeit beim Netzbetreiber zu belassen.

Ein anderes Ergebnis würde an dieser Stelle auch zu Konflikten mit den geltenden Sekundärrechtsakten der Gemeinschaft führen. Art. 12 lit. a), b), 25 Abs. 1 ElektrizitätsRL verpflichten die Übertragungs- und Verteilernetzbetreiber expressis verbis, die Fähigkeit des Netzes, eine angemessene Nachfrage nach Übertragung von Elektrizität zu befriedigen, sicherzustellen, sowie durch entsprechende Übertragungskapazität des Netzes zur Versorgungssicherheit beizutragen. Art. 13 Abs. 1 lit. a), 25 Abs. 1 GasRL enthalten vergleichbare Verpflichtungen bezogen auf die Gasversorgungsnetze. Das deutsche Recht setzt diese Richtlinienvorgaben durch die § 11 ff EnWG um. § 11 Abs. 1 Satz 1 EnWG sieht ausdrücklich die Verpflichtung der Netzbetreiber vor, das Energieversorgungsnetz zu warten sowie auch den bedarfsgerechten Ausbau, sofern dies wirtschaftlich zumutbar ist. §§ 12 Abs. 3, 13 Abs. 7 und 15 Abs. 3, 16 Abs. 5 EnWG konkretisieren diese Pflichten für die Übertragungs- und Fernleitungsnetzbetreiber. Auch besteht für diese Verpflichtungen eine zumindest indirekte Sanktionsmöglichkeit: Folge eines unzureichenden Netzausbaus wird letztlich immer eine Zugangsverweigerung gem. § 20 Abs. 2 EnWG sein. Im Falle einer Zugangsverweigerung aus Gründen mangelnder Kapazität besteht gem. § 20 Abs. 2 Satz 3 EnWG eine Informationspflicht zu den notwendigen Ausbaumaßnahmen und den damit verbundenen Kosten. Eine Sanktionsmöglichkeit von Amts wegen aufgrund eines unzureichenden Netzausbaus durch die Regulierungsbehörde besteht gem. § 65 EnWG i. V. m. §§ 11 ff EnWG. Ein Anspruch auf Einschreiten der Regulierungsbehörde gem. § 31 EnWG i. V. m. einer Zugangsverweigerung gem. § 20 Abs. 2 EnWG bei unzureichendem Netzausbau dürfte hingegen nicht bestehen.[130] Sämtliche der genannten Regelungen übertragen die Prognose- und Investitionsverantwortlichkeit jedoch gerade nicht auf die Regulierungsbehörde, sondern belassen diese bei den Netzbetreibern. Dadurch wird auch das unternehmerische Investitionsermessen geschützt.[131] Ein Grund-

---

[129] Wie hier auch begründet mit der Nichtduplizierbarkeit infolge des Charakters als unbestreitbares natürliches Monopol *Theobald/Zenke*, WuW 2001, S. 19 (27 ff).

[130] Vgl. Bundesnetzagentur, BK 7–08–005, Amtsblatt der Bundesnetzagentur vom 4. Juni 2008, S. 839; a. A. *Büdenbender/Rosin*, ET 2007, S. 20 (24).

[131] *Ballwieser/Lecheler*, ET 2007, S. 48 (49); *Herrmann*, Europäische Vorgaben zur Regulierung der Energienetze 2005, S. 163 f.

rechtskonflikt liegt nach obigen Maßstäben aufgrund dieser nur zurückhaltenden Verpflichtung nicht vor.

Allerdings können die genannten Verpflichtungen der Netzbetreiber allein einen Ausbau der europäischen Energieversorgungsnetze zu einem wirklichen einheitlichen transeuropäischen Netz, das ohne Engpässe einen tatsächlichen Binnenmarkt schafft, nicht sicherstellen. Zum einen sind bestimmte Netzbereiche von den genannten Verpflichtungen nicht erfasst. Die genannten Vorschriften beziehen sich auf Energieversorgungsnetze im Allgemeinen sowie Übertragungs- und Fernleitungsnetze im Besonderen. Damit ist im Gasbereich mit den vorgelagerten Rohrleitungsnetzen im Sinn des Art. 2 Nr. 2 GasRL und in Umsetzung derselben § 3 Nr. 39 EnWG ein für die Versorgungssicherheit in maßgeblicher Weise relevanter Netzteil nicht erfasst. Im Elektrizitätsbereich erscheint es zweifelhaft, ob die Grenzkuppelstellen zwischen den einzelnen Netzen erfasst sind, da Grenzkuppelstellen zwar Teil eines bisher unvollendeten gesamteuropäischen Übertragungsnetzes wären, heute aber noch einzelne Netze miteinander verbinden und somit weniger Bestandteil eines Energieversorgungsnetzes im Sinne der §§ 11 Abs. 1 Satz 1, 12 Abs. 3 EnWG als mehrerer Energieversorgungsnetze sind. Zwar weist Art. 2 Nr. 4 ElektrizitätsRL den Übertragungsnetzbetreibern auch die Verantwortlichkeit für den Betrieb, die Wartung und erforderlichenfalls den Ausbau des Übertragungsnetzes und gegebenenfalls der Verbindungsleitungen zu. Art. 3 Abs. 10 ElektrizitätsRL sieht als geeignetes Instrument zur Erstellung ausreichender Verbindungskapazitäten jedoch ausdrücklich die Schaffung wirtschaftlicher Anreize vor, was mit einer dirigistischen Konzeption unvereinbar ist. Auch die über die Richtlinienregelung hinausgehende eigenständige Erfassung des grenzüberschreitenden Bereichs durch die StromhandelsVO mit ihren markt- und anreizorientierten Verfahren stützt diese Einordnung. Zum anderen begrenzt § 11 Abs. 1 Satz 1 EnWG die Ausbaupflicht auf die wirtschaftliche Zumutbarkeit. Wenn die Systemverantwortung der Übertragungs- und Fernleitungsnetzbetreiber, soweit sie zusätzliche Investitionsmaßnahmen betrifft, gem. §§ 13 Abs. 7 und 16 Abs. 5 EnWG ausdrücklich in den Zusammenhang mit schweren Versorgungsstörungen gestellt wird, zeigt dies die Limitierung der Systemverantwortlichkeit auf. Verpflichtungen zur Durchführung von Neuinvestitionen in Form von Interkonnektoren oder Fernleitungen sind, wenn überhaupt, nur möglich, um akute Versorgungsstörungen zu beheben. Im Fall des Elektrizitätsversorgungsnetzes müsste folglich etwa ein Zusammenbruch des Netzes drohen. Im Gasbereich müsste ein Versiegen der Gaslieferungen zu befürchten sein. Neuinvestitionsvorhaben, die aus Gründen der Versorgungssicherheit nicht zwingend oder allenfalls längerfristig erforderlich sind und in hohem Maß auch aus Gründen der Wettbewerbsverbesserung realisiert werden sollen, sind auf der Grundlage der genannten Normen nicht veranlasst.

An dieser Stelle ist auch nochmals auf die geschilderten grundrechtlichen Zusammenhänge hinzuweisen. Eine hoheitliche Verpflichtung, sich selbst über einen völlig diskriminierungsfreien Zugang zum bestehenden Netz hinaus, der aus Gründen der ehemaligen Gebietsmonopolstellung gerechtfertigt werden kann, durch die Errichtung neuer Netzabschnitte Konkurrenz machen zu müssen, erscheint durchaus bedenklich. Insbesondere lassen sich derartige wettbewerblich veranlasste Investitionsvorhaben nicht mit Hinweis auf die besondere Sozialpflichtigkeit der Energieversorgungsnetze rechtfertigen, wenn die Versorgungssicherheit auch ohne die betroffenen Infrastrukturen sichergestellt ist. Anschaulich illustrieren lassen sich diese Bedenken auch am Schicksal der InfrastrukturRL. Deren ursprünglich vorhandener interventionistische Charakter[132] wurde im Gesetzgebungsverfahren erheblich entschärft, so dass die InfrastrukturRL heute keine geeignete Grundlage für hoheitliche Neubauverpflichtungen mehr darstellt.[133]

Folglich ermöglicht der bestehende Rechtsrahmen gerade keine Direktverpflichtungen zum Netz- oder Leitungsbau im Sinne eines dirigistischen Einzelfalleingriffs. Auch verpflichtet er die Netzbetreiber nicht in abstrakt-genereller Weise auf Basis ihrer eigenen Prognosen zum Bau neuer Infrastrukturen, sofern diese rein wettbewerblich veranlasst sind. Weitergehende Verpflichtungen wären unter Grundrechtsaspekten zumindest bedenklich. Für bestimmte grenzüberschreitende Infrastrukturen reichen die Verpflichtungen nicht einmal so weit.

b) Praktische Brauchbarkeit zur Generierung zusätzlicher Investitionen

Im Übrigen muss darauf hingewiesen werden, dass es generell fraglich erscheint, ob hoheitliches Wissen über notwendige Netzausbaumaßnahmen tatsächlich besser ist als das der Marktteilnehmer. Näher liegt eine unzureichende Kenntnis auf staatlicher Seite und damit eine zu erwartende Wissensanmaßung.[134] Dem lässt sich zwar wiederum entgegenhalten, dass eventuellen Informationsdefiziten durch noch weitergehende Informationspflichten der Netzbetreiber gegenüber der Regulierungsbehörde begegnet werden könnte. Hier bleibt allerdings mehr als fraglich, ob im Falle drohender Investitionsverpflichtungen von hoheitlicher Seite ein angemessener Informationsfluss zwischen Behörden und Marktteilnehmern entstehen könnte. Dies gilt insbesondere vor dem Hintergrund, dass eine Investition nach Realisierung sämtlichen der oben beschrie-

---

[132] Vgl. insbesondere Art. 7 des ursprünglichen Vorschlags der Europäischen Kommission für eine Richtlinie des Parlaments und des Rates über Maßnahmen zur Gewährleistung der Sicherheit der Elektrizitätsversorgung und von Infrastrukturinvestitionen, KOM(2003) 740 endg.
[133] Siehe unten 4. Kapitel: IV.
[134] Vgl. *Keller/Wild*, Utilities Policy 12 (2004), p. 243 (244); grundlegend zur Anmaßung von Wissen *Hayek*, ORDO (Bd. 26) 1975, S. 12 (12 ff).

benen Risiken ausgesetzt wäre. Letztlich bestünde auch in einer dirigistischen Konzeption hoheitlicher Direktverpflichtungen zum Leitungsbau wiederum das oben beschriebene informatorische Defizit. Dass die bestehenden begrenzten Verpflichtungen sowohl Prognose- als auch Investitionsverantwortlichkeit beim Netzbetreiber belassen, zeigt, dass auch der Unionsgesetzgeber diese Problematik erkannt hat. Auch die Gefahr makroökonomisch suboptimaler Überinvestments könnte nicht ausgeschlossen werden, wenn Investitionsmaßnahmen zwar hoheitlich angeordnet werden könnten, die Finanzierung jedoch auf die teilweise privaten Energieversorgungsunternehmen abgewälzt werden würde. Das Gleichgewicht zwischen Handlung und Haftung wäre nicht mehr gegeben. Eine auch hoheitliche Finanzierung durch staatliche Mittel scheitert angesichts des notwendigen Investitionsvolumens[135] unabhängig von beihilferechtlichen Fragestellungen realistischerweise schon an der Höhe der benötigten Finanzmittel.

Folglich ist festzustellen, dass hoheitliche Direktverpflichtungen zum Leitungsbau keine wirkliche Alternative zum Instrument der Regulierungsfreistellung darstellen. Weder decken die Investitionsverpflichtungen des bestehenden Rechtsrahmen das gesamte Spektrum der notwendigen Investitionen ab, noch wären umfassendere Pflichten vor dem Hintergrund der betroffenen Grundrechte der verpflichteten Energieversorgungsunternehmen ohne weiteres implementierbar. Auch erscheint es generell fraglich, ob die hoheitlichen Kenntnisse überhaupt gut genug sind, die entsprechenden Investitionsmaßnahmen zu identifizieren. Letztlich würden hoheitliche Investitionsverpflichtungen die grundsätzliche Frage aufwerfen, ob Energieversorgungsnetze überhaupt in gemeinwohlkonformer Weise von privater Seite bewirtschaftet werden können. Ein solcher Ansatz, der in letzter Konsequenz auf Enteignungen und eine hoheitliche Bewirtschaftung zulaufen müsste, würde freilich einen erheblichen Teil der europäischen Energiepolitik der letzten beiden Dekaden zu Unrecht in beträchtlicher Weise diskreditieren.

III. Zwischenergebnis

Festzustellen bleibt, dass auch *Access Holidays* oder im vorliegend verstandenen weiteren Sinn *Regulatory Holidays* die regulatorischen Dilemmata des Konflikts zwischen Versorgungssicherheit und Wettbewerb sowie des informatorischen Defizits nicht vollständig aufzulösen vermögen. *Regulatory Holidays* sind jedoch dadurch gekennzeichnet, dass sie bei sinnvoller Ausgestaltung einerseits in gleicher Weise wie eine durchgeführte sektorspezifische Regulierung geeignet sind, relevante Marktmachtstellungen zu vermeiden, da sie in diesen

---

[135] Vgl. oben 1. Kapitel: III.

Fällen nicht gewährt werden dürfen. Andererseits bieten sie jedoch gerade in Grenzfällen eine Möglichkeit, geringe Marktmachtstellungen in Kauf zu nehmen, um dadurch die Versorgungssicherheit aber langfristig auch den Wettbewerb zu stärken. Selbst wenn auch derartig beschränkte wettbewerbliche Spielräume abgelehnt werden, bleibt für *Regulatory Holidays* wie beschrieben immer noch ein sinnvoller Anwendungsbereich. Vor dem Hintergrund der aufgrund der existierenden informatorischen Defizite vorhandenen Unmöglichkeit einer sicheren Prognose der richtigen Investition und der daraus folgenden bloßen Wahl zwischen Über- und Unterinvestment, erscheint die durch *Regulatory Holidays* mögliche Auflösung des materiellen Dilemmas zugunsten der Versorgungssicherheit und des langfristigen Wettbewerbs sinnvoller als eine zu starke Gewichtung kurzfristiger Wettbewerbsgesichtspunkte.

4. Kapitel

Einordnung in den vorhandenen europäischen und nationalen Rechtsrahmen

Maßgeblich für einen erfolgreichen Einsatz des Instruments einer Regulierungsfreistellung ist die Einordnung in den vorhandenen Rechtsrahmen. Der vorhandene Rechtsrahmen im hier interessierenden Sinn umschreibt – neben der existierenden sektorspezifischen Regulierungspraxis – das allgemeine Wettbewerbsrecht sowie vor allem diejenigen Rechtsakte und Instrumente, die wie das Instrument der Regulierungsfreistellung ebenfalls auf verstärkte Infrastrukturinvestitionen abzielen. Zu nennen sind in diesem Zusammenhang insbesondere das Programm Transeuropäische Netze – Energie (TEN-E)[1] sowie die Energie-Infrastrukturrichtlinie[2].

I. Das Regulierungsregime der Binnenmarktrichtlinien Strom und Gas

Wie eingangs bereits erwähnt, erscheint die Möglichkeit einer Regulierungsfreistellung zunächst als Fremdkörper in der Regulierungssystematik der Binnenmarktrichtlinien Strom und Gas. Die durch die genannten Richtlinien implementierte sektorspezifische Regulierung basiert ganz wesentlich auf dem Zugang Dritter zu den Energieversorgungsnetzen zu Bedingungen, die die Regulierungsbehörde festlegt und in regelmäßigen Abständen überprüft. Diese Möglichkeit zu beschneiden, stellt daher prima facie einen Widerspruch dar. Bereits oben wurde jedoch ausführlich dargelegt, dass in der einer sektorspezifischen Regulierung zugrundeliegenden wirtschaftswissenschaftlichen Theorie Regulierungsfreistellungsmaßnahmen gerade keinen Fremdkörper darstellen müssen. Vielmehr lässt sich ökonomisch sektorspezifische Regulierung überhaupt nur dort rechtfertigen, wo unbestreitbare natürliche Monopole vorliegen. Existieren in einem regulierten Marktumfeld hingegen bestimmte Märkte, die

---

[1] Die Transeuropäischen Netze (TEN) finden ihre primärrechtliche Grundlage in Art 170ff AEUV. Hauptbestandteil der TEN im Sinne des AEUV sind neben Verkehrs- und Telekommunikations- die Energieinfrastrukturen. Neben der primärrechtlichen Verbürgung existieren zahlreiche Sekundärrechtsakte. Siehe unten 4. Kapitel: III.

[2] Richtlinie 2005/89/EG des Europäischen Parlaments und des Rates vom 18. Januar 2006 über Maßnahmen zur Gewährleistung der Sicherheit der Elektrizitätsversorgung und von Infrastrukturinvestitionen (»InfrastrukturRL«), ABl. 2006 Nr. L 33/22.

keine nicht angreifbaren natürlichen Monopole darstellen, muss für diese, um optimale Wohlfahrtsgewinne erzielen zu können, auf Regulierung verzichtet werden. Soweit das Instrument der Regulierungsfreistellung in einem Umfeld umfassender Regulierung zu diesem Zweck genutzt wird, hat es nicht nur seine Berechtigung, sondern scheint auch geboten, wenn durch die Regulierungsverpflichtung in Grundrechte eingegriffen wird.[3] Bezüglich der Einordnung in den vorhandenen Regulierungsrechtsrahmen bleibt dennoch zu erörtern, ob der Gesetzgeber erstens erkannt hat, dass unter bestimmten Umständen Regulierung auch im regulierten Marktumfeld unterbleiben muss, und ob er zweitens möglicherweise die Regulierungsfreistellung nicht nur als Konsequenz dieser Erkenntnis ermöglicht hat, sondern auch weitergehende Formen im Sinne des ursprünglichen Ansatzes von Regulierungsferien – Investitionsförderung durch wettbewerblichen Spielraum – zulassen wollte. Antworten auf beide Fragen können sich vor allem aus einer historischen Exegese finden und sind für die Auslegung der einzelnen Tatbestandsvoraussetzungen von Art. 17 StromhandelsVO sowie Art. 36 GasRL von nicht unerheblicher Bedeutung.

1. Entstehungsgeschichte der Regulierungsausnahmen

Weder der ursprüngliche Entwurf der GasRL[4] noch der der StromhandelsVO[5] enthielten die später in Art. 22 GasRL 2003 und Art. 7 StromhandelsVO 2003 normierte Möglichkeit einer Regulierungsfreistellung bestimmter Infrastrukturen. Enthalten in den ursprünglichen Kommissionsvorschlägen war hingegen bereits die grundsätzlich alle Energieversorgungsnetze betreffende Verpflichtung zum Drittzugang. Auch die sonstigen regulatorischen Verpflichtungen der Netzbetreiber waren in den Kommissionsentwürfen bereits enthalten.

a) Entstehungsgeschichte der StromhandelsVO 2003

Bereits die ersten Beratungen der Mitteilung der Europäischen Kommission zur Vollendung des Energiebinnenmarktes und der darin enthaltenen Sekundärrechtsvorschläge[6] im Europäischen Parlament brachten für die StromhandelsVO jedoch Veränderungen im Hinblick auf die Möglichkeit einer Regulierungsfreistellung. So wurde auf Vorschlag des Ausschusses für Industrie, Außenhandel, Forschung und Energie eine erste Freistellungsmöglichkeit be-

---

[3] Vgl. oben 2. Kapitel: III. 2. c).
[4] Europäische Kommission, Vollendung des Energiebinnenmarktes, KOM(2001) 125 endg., S. 48 ff.
[5] Europäische Kommission, Vollendung des Energiebinnenmarktes, KOM(2001) 125 endg., S. 82 ff.
[6] Europäische Kommission, Vollendung des Energiebinnenmarktes, KOM(2001) 125 endg.

I. Das Regulierungsregime der Binnenmarktrichtlinien Strom und Gas   117

stimmter Infrastrukturen in die erste legislative Entschließung des Parlaments zu den Vorschlägen der Kommission aufgenommen.[7] Interessant ist dabei, dass bei der Begründung dieses Vorschlags die oben genannten Argumente – Freistellung im Falle des fehlenden Charakters eines unbestreitbaren natürlichen Monopols oder Freistellung zur Verbesserung der Versorgungssicherheit – keine herausgehobene Rolle spielten. Die Versorgungssicherheit wurde allerdings im vorgeschlagenen Normtext insoweit in Bezug genommen, als die Freistellungsmaßnahme bereits im ersten Parlamentsvorschlag für solche Projekte gewährt werden sollte, deren Realisierung andernfalls unmöglich ist. Hauptbegründungsansatz des Parlamentsvorschlag war indes, dass im Elektrizitätsbereich die besonderen Engpassmanagementanforderungen, vor allem die Verwendung der Engpassmanagementerlöse, nicht passend wären, wenn andere Investoren als die Übertragungsnetzbetreiber entsprechende Vorhaben verwirklichen zu beabsichtigten. Daher müsste auch die Möglichkeit geschaffen werden, Verbindungsleitungen rein gewerblich betreiben zu können. Dabei sollte jedoch noch unter Bezugnahme auf die Richtlinie 96/92/EG[8] ausdrücklich an der sonstigen Regulierung der betreffenden Projekte festgehalten werden.[9] Eine gewisse Widersprüchlichkeit kann hier nicht geleugnet werden, da ein rein gewerblicher Betrieb unter gleichzeitiger Anwendung bestimmter, wenn auch reduzierter Regulierungsverpflichtungen kaum möglich ist. Eine Rückbindung an den Zusammenhang zwischen der Grundkonzeption einer sektorspezifischen Regulierung und der Notwendigkeit bestimmter Ausnahmen im Sinne einer umfassenden Regulierungsfreistellungsmöglichkeit im Falle des Fehlens eines unbestreitbaren natürlichen Monopols ist daher aufgrund des noch begrenzten Ansatzes kaum möglich. Dieser Änderungsantrag fand die grundsätzliche Zustimmung der Kommission. Betont wurde allerdings, um die Interessen der Union als Ganzes zu gewährleisten, dass eine Freistellung nur mit Zustimmung der Kommission gewährt werden könne. Auch wurde im ge-

---

[7] Legislative Entschließung des Europäischen Parlaments zu dem Vorschlag für eine Verordnung des Europäischen Parlaments und des Rates über die Netzzugangsbedingungen für den grenzüberschreitenden Stromhandel, P5_TA(2002)0107, abrufbar unter http://www.europarl.europa.eu/sides/getDoc.do?pubRef=-//EP/NONSGML+TA+P5-TA-2002-0107+0+DOC+PDF+V0//DE (zuletzt abgerufen am 12.04.10).

[8] Richtlinie 96/92/EG des Europäischen Parlaments und des Rates vom 19. Dezember 1996 betreffend gemeinsame Vorschriften für den Elektrizitätsbinnenmarkt, ABl. 1997 Nr. L 27/20ff.

[9] Europäisches Parlament, Bericht des Ausschusses für Industrie, Außenhandel, Forschung und Energie des Europäischen Parlaments über den Vorschlag für eine Verordnung des Europäischen Parlaments und des Rates über die Netzzugangsbedingungen für den grenzüberschreitenden Stromhandel vom 28.02.2002, Änderungsantrag 18, A5-0074/2002, abrufbar unter http://www.europarl.europa.eu/sides/getDoc.do?pubRef=-//EP//NONSGML+REPORT+A5-2002-0074+0+DOC+PDF+V0//DE&language=DE (zuletzt abgerufen am 12.04.10).

änderten Kommissionsvorschlag dezidiert darauf hingewiesen, dass die Wettbewerbsregeln des EGV *[jetzt AEUV]* von der Ausnahme unberührt blieben.[10] Einer nochmaligen entscheidenden Modifikation wurde die Möglichkeit einer Regulierungsfreistellung schließlich im Rat der Europäischen Union unterzogen. Das Letztentscheidungsrecht der Kommission wurde akzeptiert. Auch wurden die einzelnen Voraussetzungen einer Regulierungsfreistellung konkretisiert. Vor allem wurde jedoch im Gemeinsamen Standpunkt des Rates erstmals der Charakter der Regulierungsfreistellung als umfassenderes Investitionsförderungsinstrument offenbar, da diese sich nunmehr nicht mehr nur auf das Engpassmanagement bezog, sondern darüber hinaus mit dem Netzzugang Dritter auch grundlegende Regulierungsverpflichtungen der BinnenmarktRL Elektrizität miterfasste. Durch diesen umfassenderen Ansatz lässt sich zum einen implizit der Zusammenhang zwischen Freistellung und der wirtschaftswissenschaftlichen Grundkonzeption einer sektorspezifischen Regulierung herstellen, wonach insbesondere dann eine Freistellung zu gewähren ist, wenn die Voraussetzungen einer sektorspezifischen Regulierung mangels unbestreitbaren natürlichen Monopolcharakters nicht vorliegen. Zum anderen ermöglicht dieser umfassendere Ansatz tatsächlich einen rein kommerziellen Betrieb und ermöglicht damit auch Geschäftsmodelle eines Investors, der nicht gleichzeitig Netzbetreiber ist, was wie ausgeführt ursprünglicher Zweck der Freistellungsmöglichkeit sein sollte. Auch wurde die Freistellungsmöglichkeit auf Kapazitätserweiterungen ausgedehnt. Ebenfalls erwähnenswert erscheint, dass der im veränderten Kommissionsvorschlag noch dezidiert enthaltene Hinweis auf die Einhaltung der Wettbewerbsregeln der Union fehlte und stattdessen die Wettbewerbsauswirkungen Prüfungsgegenstand im Verfahren der Regulierungsfreistellung wurden.[11]

Dieser modifizierte Vorschlag der Freistellung bestimmter neuer Verbindungsleitungen fand auch die Zustimmung des Europäischen Parlaments. Auch die Kommission äußerte sich positiv. Betont wurden dabei einerseits die strengen Voraussetzungen einer Regulierungsfreistellung und die Kontrolle durch die Kommission, andererseits jedoch auch die dringende Notwendigkeit, das

---

[10] Europäische Kommission, Geänderter Vorschlag für eine Richtlinie des Europäischen Parlaments und des Rates zur Änderung der Richtlinien 96/92/EG und 98/30EG über Vorschriften für den Elektrizitätsbinnenmarkt und Erdgasbinnenmarkt – Geänderter Vorschlag für eine Verordnung des Europäischen Parlaments und des Rates über die Netzzugangsbedingungen für den grenzüberschreitenden Stromhandel, KOM(2002) 304 endg., S. 60, 71.

[11] Rat der Europäischen Union, Gemeinsamer Standpunkt des Rates vom 3. Februar 2003 im Hinblick auf den Erlass der Verordnung des Europäischen Parlaments und des Rates über die Netzzugangsbedingungen für den grenzüberschreitenden Stromhandel, 15527/2/02 REV 2, S. 18 ff, abrufbar unter http://register.consilium.europa.eu/pdf/de/02/st15/st15527-re02.de02.pdf (zuletzt abgerufen am 12.04.10); vgl. auch SEK(2003) 160 endg., S. 4 f.

I. Das Regulierungsregime der Binnenmarktrichtlinien Strom und Gas   119

Interkonnektorennetz erheblich auszudehnen, wozu die Freistellung ein geeignetes Mittel darstelle.[12]

b) Entstehungsgeschichte der GasRL 2003

Für die GasRL ging die Initiative zur Schaffung einer Regulierungsfreistellungsmöglichkeit anders als für die StromhandelsVO nicht vom Europäischen Parlament, sondern vom Rat aus. So war die Möglichkeit der Regulierungsfreistellung neuer Infrastrukturen erstmals im Gemeinsamen Standpunkt des Rates enthalten.[13] Unterschiede in der Einordnung zum Instrument der Regulierungsfreistellung nach der StromhandelsVO ergeben sich jedoch nicht. Der Rat macht in seiner Begründung zum Gemeinsamen Standpunkt vielmehr ausdrücklich deutlich, dass die Möglichkeit der Regulierungsausnahme für neue Infrastrukturen aus den gleichen Überlegungen wie bei der entsprechenden Bestimmung der StromhandelsVO zu schaffen sei.[14] Die Nichterstreckung der Freistellungsmöglichkeit auf Vorschriften des Engpassmanagements stellt gegenüber der Freistellungsmöglichkeit im Elektrizitätsbereich nicht etwa eine Beschränkung dar, sondern ist allein der Tatsache geschuldet, dass es aufgrund abweichender technischer Grundvoraussetzungen und anderer Kapazitätsstrukturen im Gasbereich keine dem Elektrizitätssektor vergleichbaren Engpassmanagementregulierungsmechanismen gibt.[15] Wenn die gleichen Überlegungen wie bei der StromhandelsVO in Bezug genommen werden und gleichzeitig im Gasbereich die besonderen Aspekte des Engpassmanagements nicht existieren, unterstreicht dies abermals, dass auch im Elektrizitätsbereich die Freistellungsmöglichkeit nicht nur Folge der Besonderheiten des Engpassmanagements sein kann. Ferner muss darauf hingewiesen werden, dass die Versor-

---

[12] Europäisches Parlament, Empfehlung des Ausschusses für Industrie, Außenhandel, Forschung und Energie des Europäischen Parlaments für die zweite Lesung betreffend den Gemeinsamen Standpunkt des Rates im Hinblick auf den Erlass der Verordnung des Europäischen Parlaments und des Rates über die Netzzugangsbedingungen für den grenzüberschreitenden Stromhandel vom 25.04.2003, Begründungspunkt 2.3, A5–0134/2003, abrufbar unter http://www.europarl.europa.eu/sides/getDoc.do?pubRef=-//EP//NONSGML+REPORT+A5-2003-0134+0+DOC+PDF+V0//DE (zuletzt abgerufen am 12.04.10).

[13] Rat der Europäischen Union, Gemeinsamer Standpunkt des Rates im Hinblick auf den Erlass der Richtlinie des Europäischen Parlaments und des Rates über gemeinsame Vorschriften für den Erdgasbinnenmarkt und zur Aufhebung der Richtlinie 98/30/EG vom 29.01.2003, 15531/02, abrufbar unter http://register.consilium.europa.eu/pdf/de/02/st15/st15531.de02.pdf (zuletzt abgerufen am. 12.04.10).

[14] Rat der Europäischen Union, Gemeinsamer Standpunkt des Rates im Hinblick auf den Erlass der Richtlinie des Europäischen Parlaments und des Rates über gemeinsame Vorschriften für den Erdgasbinnenmarkt und zur Aufhebung der Richtlinie 98/30/EG vom 29.01.2003 – Entwurf der Begründung des Rates, 15531/02 ADD 1, abrufbar unter http://register.consilium.europa.eu/pdf/de/02/st15/st15531-ad01de02.pdf (zuletzt abgerufen am 19.12.07).

[15] Vgl. oben 2. Kapitel: II. 4.

gungssicherheit im Gasbereich abweichend vom Elektrizitätsbereich bei der Normierung der Freistellungsvoraussetzungen eine besondere Erwähnung findet. Neben dem impliziten Bezug, der sich aus der Bindung der Freistellung an ein Scheitern der Investition ohne Freistellung ergibt, wird die Freistellung für Gasinfrastrukturen gem. Art. 22 Abs. 1 lit. a) a. E. GasRL 2003 respektive Art. 36 Abs. 1 lit. a) a. E. GasRL explizit an eine Verbesserung der Versorgungssicherheit gebunden.

2. Konsequenzen für die Einordnung in den regulatorischen Kontext der BinnenmarktRL Elektrizität und Gas

Die Begründung der Vorschläge der Kommission, der Legislativentwürfe des Parlaments sowie des Gemeinsamen Standpunkts des Rates enthalten sämtlich die ausdrückliche Feststellung, dass eine Regulierungsfreistellung nur unter den normierten engen Voraussetzungen[16] möglich ist und durch die Letztentscheidungskompetenz der Kommission deren Einhaltung auch sichergestellt ist. Gleichzeitig ist den Begründungen der in Rede stehenden Rechtsakte jedoch auch zu entnehmen, dass es sich bei den Regulierungsfreistellungsmaßnahmen um Instrumente zur Erzeugung von Investitionsanreizen handeln soll.[17] Der Normtext macht dies in der StromhandelsVO insoweit deutlich, als die Freistellung nur gewährt werden soll, wenn ohne diese die Investition nicht realisiert wird. Die GasRL geht auf die Versorgungssicherheit sogar direkt ein, indem sie die Verbesserung der Versorgungssicherheit ausdrücklich als Voraussetzung der Freistellung normiert und folglich durch die Freistellung zu Investitionen in die Versorgungssicherheit anreizen will. Diese Intention muss bei der Einordnung in den vorhandenen Regulierungsrechtsrahmen gewürdigt und berücksichtigt werden. Es geht bei der Regulierungsfreistellungsmöglichkeit nach der

---

[16] Siehe unten 5. Kapitel: II., III.
[17] Europäische Kommission, Geänderter Vorschlag für eine Richtlinie des Europäischen Parlaments und des Rates zur Änderung der Richtlinien 96/92/EG und 98/30EG über Vorschriften für den Elektrizitätsbinnenmarkt und Erdgasbinnenmarkt – Geänderter Vorschlag für eine Verordnung des Europäischen Parlaments und des Rates über die Netzzugangsbedingungen für den grenzüberschreitenden Stromhandel, KOM(2002) 304 endg., S. 60, 71; Europäisches Parlament, Empfehlung des Ausschusses für Industrie, Außenhandel, Forschung und Energie des Europäischen Parlaments für die zweite Lesung betreffend den Gemeinsamen Standpunkt des Rates im Hinblick auf den Erlass der Verordnung des Europäischen Parlaments und des Rates über die Netzzugangsbedingungen für den grenzüberschreitenden Stromhandel vom 25. 04. 2003, Begründungspunkt 2.3, A5–0134/2003, abrufbar unter http://www.europarl.europa.eu/sides/getDoc.do?pubRef=-//EP//NONSGML+REPORT+A5-2003-0134+0+DOC+PDF+V0//DE (zuletzt abgerufen am 12.04.10); Rat der Europäischen Union, Gemeinsamer Standpunkt des Rates vom 3. Februar 2003 im Hinblick auf den Erlass der Verordnung des Europäischen Parlaments und des Rates über die Netzzugangsbedingungen für den grenzüberschreitenden Stromhandel, 15527/2/02 REV 2, S. 18 ff, abrufbar unter http://register.consilium.europa.eu/pdf/de/02/st15/st15527-re02.de02.pdf (zuletzt abgerufen am 12.04.10).

Intention des Gesetzgebers eben gerade auch um ein Investitionsförderungsinstrument, dessen Hauptziel es ist, Investitionen auch für solche Unternehmen attraktiv zu gestalten, die keine Netzbetreiber sind, sondern auf der Erzeugungs- oder Versorgungsebene tätig sind. Angesichts der Tatsache, dass die bisher gewährten Regulierungsfreistellungen allerdings gerade auch Unternehmen gewährt wurden, an denen ausschließlich oder zumindest überwiegend reine Netzbetreiber beteiligt sind[18] und die Kommission dennoch auch in ihren Vorschlägen zum so genannten Dritten Energierechtspaket an der Möglichkeit der Regulierungsfreistellung festhält und dieser Vorschlag auch die Zustimmung des Rates fand,[19] ist der Zweck der Regulierungsfreistellung heute in einem umfassenderen Zusammenhang zu verstehen. Zielsetzung der sektorspezifischen Regulierungsmaßnahmen ist hingegen, was die Verpflichtungen zum Drittzugang betrifft, wie oben dargestellt vor allem die Herstellung eines unverfälschten und funktionsfähigen Wettbewerbs. Die Zielsetzungen scheinen demnach Unterschiede aufzuweisen.

Allerdings macht der Normtext mit Art. 22 Abs. 1 lit. a) GasRL 2003 und Art. 7 Abs. 1 lit. a) StromhandelsVO 2003 respektive Art. 36 Abs. 1 lit. a) GasRL und Art. 17 Abs. 1 lit. a) StromhandelsVO auch deutlich, dass Regulierungsfreistellungsmaßnahmen und Wettbewerb sich nicht ausschließen müssen, da der Gesetzgeber Regulierungsfreistellungen nur zulässt, wenn die durch die Freistellung ermöglichten Infrastrukturen der Wettbewerbsverbesserung dienen. Damit ist die Regulierungsfreistellung zumindest kein Fremdkörper mehr im regulierten Umfeld. Der Gesetzgeber sieht sehr wohl eine harmonische Einordnung der Regulierungsfreistellungsmöglichkeit in den bestehenden Regulierungsrechtsrahmen. *Regulatory Holidays* im Sinne der Art. 22 GasRL 2003 und Art. 7 StromhandelsVO 2003 respektive Art. 36 GasRL und Art. 17 StromhandelsVO müssen folglich sowohl ihrem Charakter als Investitionsförderungsinstrument als auch der Funktionsfähigkeit des Wettbewerbs gerecht werden. Ausgeschlossen ist damit allerdings eine Auslegung, die Regulierungsfreistellungen so sehr beschneidet, dass keine Investitionsförderung mehr möglich wäre. Dies ist gerade auch bei der Auslegung der einzelnen Freistellungsvoraussetzungen zwingend zu berücksichtigen.[20]

---

[18] Im Elektrizitätsbereich handelt es sich beispielsweise bei den BritNed-Gesellschaften mit der britischen National Grid und der niederländischen TenneT jeweils um reine Netzbetreiber. Als Beispiel für den Erdgasbereich kann die Balgzand-Bacton-Line genannt werden, bei der zumindest der Hauptgesellschafter *Gasunie* im Gastransportbereich tätig ist; vgl. http://www.gasunietechnologyandassets.nl/en/whatwedo.htm (zuletzt abgerufen am 08.04.08).
[19] Vgl. oben 3. Kapitel: II. 1. b).
[20] Siehe unten 5. Kapitel: II.

3. Zwischenergebnis

Festzuhalten ist daher, dass sowohl nach dem Richtlinien- bzw. Verordnungstext die Möglichkeit einer Regulierungsfreistellung eindeutig auch als Instrument zur Schaffung zusätzlicher Investitionsanreize kreiert wurde. Keine Rolle spielten im Rechtssetzungsprozess die Zusammenhänge zwischen einer Regulierungsfreistellung und der Grundkonzeption einer sektorspezifischen Regulierung. Die Möglichkeit einer Regulierungsfreistellung wurde demnach nicht etwa nur geschaffen, um die sonst in sehr umfassender Weise implementierte sektorspezifische Regulierung vor dem Verdikt der Grundrechtswidrigkeit aufgrund eines unverhältnismäßigen Eingriffs zu bewahren. Dies ändert allerdings nichts daran, dass der Möglichkeit einer Regulierungsfreistellung heute gegebenenfalls auch diese Funktion zukommt, da maßgeblich für die Normauslegung nicht etwa allein der Wille des historischen Gesetzgebers ist, »sondern [dieser nur] eine Teilwahrheit birgt.«[21] Größere Bedeutung kommt vielmehr dem normativen Sinn des Gesetzes zu, als Ergebnis eines gedanklichen Prozesses, in den sowohl subjektive als auch objektive Momente einzubeziehen sind. Dazu sind als methodische Aspekte sämtliche Auslegungsmethoden zu berücksichtigen. Lediglich die zugrundeliegende Wertentscheidung darf nicht konterkariert werden.[22] Das Ergebnis der historischen Auslegung der Regulierungsfreistellungsmöglichkeit gem. Art. 22 GasRL 2003 und Art. 7 StromhandelsVO 2003 respektive Art. 36 GasRL und Art. 17 StromhandelsVO als Investitionsanreizinstrument muss demnach Berücksichtigung finden. Als Instrument zur Förderung von Investitionen fügt sich die Möglichkeit einer Regulierungsfreistellung gerade harmonisch in das Umfeld einer sonst sehr strengen und konsequenten sektorspezifischen Regulierung ein, da es als solches das bewusste Abweichen von der sonstigen Regulierungskonzeption eben nur ausnahmsweise zulässt und Wettbewerb und Investitionsförderung in Einklang bringt.

II. Allgemeines Wettbewerbsrecht

Das Verhältnis der Regulierungsfreistellung zum allgemeinen Wettbewerbsrecht spielt angesichts der Bedeutung der Rechtssicherheit für die Funktionsfähigkeit von *Regulatory Holidays*[23] eine zentrale Rolle. Wie bereits ausgeführt existiert neben dem durch Elektrizitäts- und GasRL und in Umsetzung derselben in der Bundesrepublik Deutschland durch das EnWG implementierten sektorspezifischen Netzzugangsregime auch auf Basis des allgemeinen Wettbe-

---

[21] *Larenz*, Methodenlehre der Rechtswissenschaft, 1995, S. 137 ff.
[22] *Engisch*, Einführung in das juristische Denken, 2005, S. 236 f; *Larenz*, Methodenlehre der Rechtswissenschaft, 1995, S. 137 ff.
[23] Vgl. oben 3. Kapitel: I. 2.

werbsrechts unter bestimmten Bedingungen ein Recht auf Zugang zu wesentlichen Einrichtungen. Geprägt durch den Ansatz der *essential-facilities-doctrine* ermöglichen Art. 102 AEUV sowie § 19 Abs. 4 Nr. 4 GWB den Zugang zu wesentlichen Einrichtungen nicht nur für bestimmte Wirtschaftsbereiche in allgemeiner Weise.

Die Voraussetzungen für einen derartigen Zugangsanspruch weisen im US-amerikanischen, deutschen sowie europäischen Recht ähnliche Voraussetzungen auf. Vorliegend genügt es, auf die auf der Basis der Rechtsprechung des EuGH und EuG entwickelten Kriterien einzugehen.[24] Für die hier behandelten Infrastrukturen grenzüberschreitenden Charakters[25] ist das Missbrauchsverbot des AEUV maßgeblich: Art. 102 AEUV verbietet die missbräuchliche Ausnutzung einer marktbeherrschenden Stellung auf dem Gemeinsamen Markt oder einem wesentlichen Teil desselben, wobei das Verhalten gem. Art. 102 Satz 1 AEUV ferner geeignet sein muss, den Handel zwischen den Mitgliedstaaten zu beeinträchtigen. Die Zwischenstaatlichkeitsklausel erfährt dabei heute eine weite Auslegung, so dass lediglich Phänomene mit rein lokaler oder regionaler Bedeutung dem Anwendungsbereich des Vertrags entzogen sind.[26] Für die hier behandelten grenzüberschreitenden Infrastrukturen mit erheblichen Investitionsvolumina dürfte die überregionale Bedeutung außer Frage stehen. Auch eine Einschränkung des Geltungsanspruchs mangels Spürbarkeit der Beeinträchtigung kommt für die hier betroffenen Großprojekte regelmäßig nicht in Betracht. In seinem Anwendungsbereich genießt das Recht der Europäischen Union gegenüber dem Recht der Mitgliedstaaten nach ständiger Rechtsprechung des EuGH Anwendungsvorrang, i.e. die nationalen Behörden müssen die Wettbewerbsregeln des AEUV gegebenenfalls auch im Widerspruch zum nationalen Recht anwenden.[27] Für Art. 102 AEUV folgt daraus grundsätzlich, dass nach Unionsrecht als missbräuchlich verbotenes Verhalten auch national nicht erlaubt sein kann und nach Unionsrecht erlaubtes Verhalten nach nationalem Recht nicht missbräuchlich sein kann. Vor allem auf deutschen Druck hin macht Art. 3 Abs. 2 Satz 2 KartellverfahrensVO[28] hiervon jedoch insoweit eine Ausnahme, als es den Mitgliedstaaten nicht verwehrt ist, auf ihrem Hoheitsgebiet

---

[24] Unterschiede in der jüngeren Entwicklung der europäischen und US-amerikanischen Rechtsprechung zeigt jedoch *Haus*, N&R 2004, S. 143 (146f).

[25] Siehe unten 5. Kapitel: I.

[26] Vgl. die (nicht verbindlichen) Leitlinien der Kommission über den Begriff der Beeinträchtigung des zwischenstaatlichen Handels in den Artikeln 81 und 82 des Vertrags, ABl. 2004 Nr. C 101/81; *Rehbinder*, in: Immenga/Mestmäcker, Wettbewerbsrecht/EG, 2007, Art. 81 Abs. 1 EGV, Rdnr. 262ff; *Emmerich*, Kartellrecht, 2008, S. 26.

[27] EuGH »van Gend & Loos« 26/62, Slg. 1963, 1 (24ff); »Costa/E.N.E.L.« 6/64, Slg. 1964, 1251 (1269ff).

[28] Verordnung (EG) Nr. 1/2003 des Rates vom 16. Dezember 2002 zur Durchführung der in den Artikeln 81 und 82 des Vertrags niedergelegten Wettbewerbsregeln (»KartellverfahrensVO«), ABl. 2003 Nr. L 1/1.

strengere innerstaatliche Vorschriften zur Unterbindung oder Ahndung einseitiger Handlungen zu implementieren. Gegenstand der vorliegenden Ausführungen sind allerdings ausschließlich Regulierungsfreistellungen für grenzüberschreitende Infrastruktureinrichtungen. Diese beschränken sich begriffsnotwendig niemals auf das Hoheitsgebiet eines Mitgliedstaats.

Maßgeblich sind daher Zugangsvoraussetzungen nach Art. 102 AEUV, wie sie in der Rechtsprechung des EuGH konkretisiert wurden.[29] Zugang zu einer Einrichtung auf Basis des allgemeinen Wettbewerbsrechts ist demnach unter den Bedingungen zu gewähren, dass

1. eine wesentliche, i.e. für ein Tätigwerden auf abgeleiteten Märkten unabdingbare, Einrichtung vorliegt,
2. die Verweigerung des Zugangs missbräuchlich ist und
3. eine Rechtfertigung durch objektive Gründe ausscheidet.

Klassischer Anwendungsbereich dieses Zugangsanspruchs sind die Netzwirtschaften und damit die vorliegend interessierenden Energieversorgungsnetze. Wie oben dargelegt existieren gerade im Bereich der Energieversorgung unbestreitbare natürliche Monopole, deren Nutzung für ein Tätigwerden auf abgeleiteten Märkten tatsächlich unabdingbar ist.[30]

Wesentlicher Inhalt einer Regulierungsfreistellung ist nun aber Investitionssicherheit. Durch die befristete Freistellung von bestimmten sektorspezifischen Regulierungsmaßnahmen sollen dem Investor genau oder zumindest besser kalkulierbare Bedingungen eingeräumt werden. Investitionssicherheit wird folglich durch Rechtssicherheit bedingt.[31]

Dieser Ansatz wird nicht nur konterkariert, sondern zerstört, wenn der Investor aufgrund der Regulierungsfreistellung zwar keine sektorspezifischen Verpflichtungen befürchten muss, aber durch das allgemeine Wettbewerbsrecht sachlich identischen Risiken ausgesetzt ist. Wettbewerbsrecht unterscheidet sich vom Regulierungsrecht wie ausgeführt weniger durch die potentielle inhaltliche Reichweite des Eingriffs als durch die Methodik des Eingriffs, wobei im Einzelfall qualitativ ähnlich weitreichende Verpflichtungen denkbar sind. Während die Regulierung ex-ante für einen gesamten Bereich erfolgt, greift das klassische Wettbewerbsrecht einzelfallorientiert ex-post ein. Typischerweise ist im Rahmen sektorspezifischer Regulierung der Regulierte auch stärker beweisbelastet als im Bereich des klassischen wettbewerbsrechtlichen Instrumentariums. Daraus folgt jedoch, dass wettbewerbsrechtliche Verpflichtungen, wenn auch nur nachträglich und konkret auf bestimmte Einzelprojekte bezogen, für

---

[29] Vgl. EuGH »Telemarketing (CBEM)« 311/84, Slg. 1985, 3261 (3278) Rdnr. 26f; »GB-Inno-BM SA« C-18/88, Slg. 1991, I-5941 (5980) Rdnr. 19; »Magill TV Guide« C-241 & 242/91, Slg. 1995, I-743 (823ff) Rdnr. 52ff; »Bronner« C-7/97, Slg. 1998, I-7791 (7826) Rdnr. 24; »IMS Health« C-418/01, Slg. 2004, I-5039 (5080f, 5086) Rdnr. 30, 35, 52.
[30] Vgl. oben 2. Kapitel: I. 2. c).
[31] Vgl. oben 3. Kapitel: I. 2.

den Investor theoretisch zu vergleichbaren Belastungen und Risiken führen können. Die Gefahr einer nachträglichen Belastung des Investors durch eine wettbewerbsrechtliche Verpflichtung wird dabei regelmäßig je nach Umfang der gewährten Regulierungsausnahme unterschiedlich groß sein. Erfolgt beispielsweise eine grundsätzliche Freistellung von der Verpflichtung, Dritten Zugang zur Infrastruktur zu gewähren, würde sich ein durch die Wettbewerbsbehörde nachträglich eingeräumtes Zugangsrecht für Dritte mehr in deren üblichem Tätigkeitsspektrum befinden als etwa bloße Freistellungen von bestimmten regulierungstypischen Mechanismen wie etwa bestimmten Kapazitätszuteilungsmechanismen. Dies ändert jedoch nichts daran, dass in casu pessimo der drohende Einsatz wettbewerbsrechtlicher Instrumente trotz Regulierungsfreistellung zu einem Unterlassen der Investition führen kann.

Die beschriebene Problematik beschränkt sich dabei nicht auf Art. 102 AEUV und seine Ausprägung im Zusammenhang mit der *essential-facilities-doctrine*. Auch Konflikte mit Art. 101 AEUV sind denkbar.[32] Wird die freistellungsgegenständliche Infrastruktur etwa von mehreren Unternehmen errichtet, was bei grenzüberschreitenden Infrastrukturen im Energiebereich mit hohem Investitionsaufwand den Regelfall darstellen dürfte, ohne dass die Zusammenarbeit in der Form eines Vollfunktionsgemeinschaftsunternehmens im Sinne der Fusionskontrollverordnung[33] vollzogen wird und dadurch die Fusionskontrolle eingreift[34], kann bereits in der Zusammenarbeit bei der Errichtung der Infrastruktur ein Verstoß gegen Art. 101 AEUV begründet sein. Ebenso könnten besondere Nutzungsbedingungen, die seitens des Freistellungsinhabers mit den Nutzern der Infrastruktur vereinbart werden und im Rahmen der Regulierungsfreistellung akzeptiert werden, nachträglich als wettbewerbswidrige Absprache im Sinne des Art. 101 AEUV angesehen werden. Durch die Einführung des Systems der Legalausnahme durch Art. 1 Abs. 2 KartellverfahrensVO hat sich diese Problematik insoweit verschärft, als es anders als im Anwendungsbereich der Fusionskontrollverordnung nicht mehr möglich ist, durch vorherige Administrativfreistellung ein Eingreifen von Art. 101 Abs. 3 AEUV verbindlich feststellen zu lassen. Auch das potentielle Eingreifen einer Gruppenfreistellungsverordnung kann unter dem Regime der Legalausnahme nur beschränkte

---

[32] Einen umfassenden Überblick über die Anknüpfungspunkte der Wettbewerbsregeln von Art. 101 und 102 AEUV auf grenzüberschreitende Stromverbindungsleitungen liefern *Talus/Wälde*, CRNI 2006, p. 355 ff. Mögliche Konflikte mit dem Kartellverbot des Art. 101 AEUV im Besonderen finden sich aaO, p. 355 (363, 382) sowie bei de *Wyl/Essig/Holtmeier* in: Schneider/Theobald, Handbuch zum Recht der Energiewirtschaft, 2003, S. 586 ff.

[33] Verordnung (EG) Nr. 139/2004 des Rates vom 20. Januar 2004 über die Kontrolle von Unternehmenszusammenschlüssen (»Fusionskontrollverordnung«), ABl. 2004 Nr. L 24/1.

[34] Vgl. zum Beispiel den BritNed-Interkonnektor Entscheidung der Europäischen Kommission COMP/M.4652 – National Grid/TenneT/BritNed JV vom 3. August 2007, ABl. 2007 Nr. C 191/3, vollständiger Text abrufbar unter http://ec.europa.eu/comm/competition/mergers/cases/decisions/m4652_20070803_20310_en.pdf (zuletzt abgerufen am 08.04.08).

Rechtssicherheit bieten. Das Instrument der Regulierungsfreistellung könnte hier für seinen begrenzten Anwendungsbereich auch ein Mittel darstellen, das unter Rechtssicherheitsaspekten unbefriedigende System der Legalausnahme wiederum durch ein System der Administrativfreistellung zu ersetzen. Das entstehende Risiko gleicht dem des Art. 102 AEUV. Eine Zusammenarbeit mehrerer Unternehmen, die im Verfahren der Regulierungsfreistellung einen expliziten Dispens erhält, könnte nachträglich durch die Wettbewerbsbehörde als wettbewerbswidrige Vereinbarung klassifiziert werden. Es handelt sich dabei nicht etwa um einen bloßen Kompetenzkonflikt zwischen Regulierungsbehörde und Wettbewerbsbehörde. Vielmehr hängt die Funktionsfähigkeit des Instruments der Regulierungsfreistellung von ihrem Verhältnis zum allgemeinen Wettbewerbsrecht ab, da die durch die Rechtssicherheit bedingte Investitionssicherheit durch einen drohenden nachträglichen Eingriff der Wettbewerbsbehörde zerstört wird.

Folglich stellt sich die Frage, ob *Regulatory Holidays* vom sektorspezifischen Regulierungsregime nicht nur eine Freistellung von der besonderen Methodik sektorpsezifischer Regulierungseingriffe bedeuten, sondern darüber hinaus gleichzeitig für die Laufzeit einer Regulierungsfreistellung auch vor wettbewerbsrechtlichen Eingriffen schützen, soweit diese zu einer Verpflichtung führen, die den Freistellungsinhalt konterkariert. Von Bedeutung ist vorliegend je nach Ausgestaltung der Regulierungsfreistellungsentscheidung in besonderem Maß auch die Frage eines möglicherweise existierenden Bestandsschutzes.

1. Verhältnis Wettbewerbsrecht/Regulierungsrecht

Für eine Beantwortung der aufgeworfenen Frage ist zunächst eine Klärung des grundsätzlichen Verhältnisses von allgemeinem Wettbewerbsrecht zu sektorspezifischem Regulierungsrecht erforderlich. Oben wurde ausgeführt, unter welchen Bedingungen über das Instrumentarium des allgemeinen Wettbewerbsrechts hinaus sektorspezifische Regulierungsmaßnahmen erforderlich werden und sich mithin auch harmonisch in die bestehende Wirtschaftsverfassung einfügen. Auch das weitergehende Instrumentarium der sektorspezifischen Regulierung wurde dargestellt.[35] Unbeantwortet blieb jedoch zunächst die Frage, ob und wenn ja inwieweit das allgemeine Wettbewerbsrecht neben einer implementierten sektorspezifischen Regulierung anwendbar bleibt. Diese Frage ist aufgrund ihres Einflusses auf die Rechtssicherheit von erheblicher Relevanz. Selbst wenn allgemeines Wettbewerbsrecht und sektorspezifisches Regulierungsrecht einen identischen Zielekanon verfolgen, unterscheiden sich zumindest die Zuständigkeiten erheblich: Während im Bereich des allgemeinen Wettbewerbsrechts die allgemeinen Wettbewerbsbehörden wie etwa in der Bundes-

---

[35] Vgl. oben 2. Kapitel: I. 1., II.

republik Deutschland das Bundeskartellamt und die Landeskartellbehörden zuständig sind, existieren im Bereich der sektorspezifischen Regulierung regelmäßig Sonderbehörden. Für den hier interessierenden Bereich der Strom- und Gasversorgungsnetze liegt die Zuständigkeit in der Bundesrepublik Deutschland bei der Bundesnetzagentur. Die Möglichkeit, dass allgemeine Wettbewerbs- und Sonderbehörde etwa aufgrund unterschiedlicher Schwerpunktsetzung bei der Gesetzesauslegung auch bei in der Sache identischen legislativen Voraussetzungen zu unterschiedlichen Ergebnissen kommen, ist folglich nicht auszuschließen. Für den hier behandelten Fall der Regulierungsausnahme bedeutet dies, dass für den Investor auch im Fall einer gewährten Regulierungsausnahme ein reales Risiko einer nachträglichen Verpflichtung durch die allgemeine Wettbewerbsbehörde besteht. Bezogen auf die europäische Ebene ist Wettbewerbsbehörde die Europäische Kommission. Die interne Zuständigkeit liegt bei der Generaldirektion Wettbewerb. Die Kommission schlug jedoch die Gründung einer europäischen Regulierungsbehörde in Gestalt der Agentur für die Zusammenarbeit der Energieregulierungsbehörden vor,[36] die zwischenzeitlich auch geschaffen wurde.[37] Soweit der europäischen Ebene im Ausnahmefall Befugnisse einer Regulierungsbehörde zugewiesen sind,[38] ist zuständiges Organ ebenfalls die Europäische Kommission. In dieser besonderen Rolle der Europäischen Kommission kann für den hier behandelten Fall der Regulierungsausnahme nach Art. 17 StromhandelsVO sowie Art. 36 GasRL ein entscheidender Schlüssel zur Auflösung der geschilderten Problematik liegen.

a) Mögliche Abgrenzungen

Grundsätzlich und zunächst losgelöst vom geltenden Rechtsrahmen sind für das Verhältnis von allgemeinem Wettbewerbsrecht zu sektorspezifischem Regulierungsrecht drei Grundprinzipien denkbar: Spezialität, Parallelität und Kooperation.

Spezialität beschreibt im hier gemeinten Sinn die ausschließliche Zuständigkeit der jeweiligen Behörden in ihrem Bereich. Maßgeblich ist mithin der jeweilige Tätigkeitsbereich oder anders formuliert das jeweilige Prüfprogramm und der Schutzzweck desselben der betroffenen Behörde. Dient sektorspezifische Regulierung etwa ausschließlich Zwecken der Versorgungssicherheit, müsste auch die allgemeine Wettbewerbsbehörde zuständig bleiben, um eine Gefähr-

---

[36] Europäische Kommission, Vorschlag für eine Verordnung des Europäischen Parlaments und des Rates zur Gründung einer Agentur für die Zusammenarbeit der Energieregulierungsbehörden, KOM(2007) 530 endg.
[37] Verordnung (EG) Nr. 713/2009 des Europäischen Parlaments und des Rates vom 13. Juli 2009 zur Gründung einer Agentur für die Zusammenarbeit der Energieregulierungsbehörden, ABl. 2009 Nr. L 211/1.
[38] *Hermeier*, RdE 2007, S. 249 (252).

dung des Wettbewerbs ausschließen zu können. Verfolgt die Sonderbehörde jedoch einen umfassenden Ansatz, der auch wettbewerbsrechtliche Aspekte erfasst, wäre eine Zuständigkeit der allgemeinen Wettbewerbsbehörde nicht geboten.

Im Fall einer Parallelität sind Sonderbehörde und allgemeine Wettbewerbsbehörde schlicht nebeneinander tätig. Unabhängig vom Prüfprogramm der einen Behörde kann die jeweils andere Behörde die Prüfung gegebenenfalls mit eigener Schwerpunktsetzung erneut durchführen. Ein solches Verhältnis beinhaltet freilich für die hier behandelten Fragen gerade die oben dargestellten Gefahren.

Kooperation als dritte denkbare Form des Verhältnisses zwischen Sonderbehörde und allgemeiner Wettbewerbsbehörde lässt sich in verschiedenen Formen ausgestalten. Kooperative Zusammenarbeit ist dergestalt möglich, dass im Verfahren der einen Behörde ein Zustimmungserfordernis der anderen Behörde normiert wird. Als schwächere Form ist auch ein Anhörungsrecht denkbar. Weitergehend wäre wiederum eine materielle Bindungswirkung bezüglich bestimmter Inhalte. So könnte etwa die Sonderbehörde in Wettbewerbsfragen an die Einschätzung der allgemeinen Wettbewerbsbehörde gebunden sein. Nur begrenzt kooperativ wäre hingegen ein Aufgreifrecht einer Behörde, das die Zuständigkeit der anderen Behörde im Einsatzfall ausschließt. Rechtssicherheit im oben beschriebenen Sinn könnte ein solches Modell in Kombination mit Ausschlussfristen allerdings bieten.[39]

b) Abgrenzungsmaßstab

Maßstab bei der Ermittlung des jeweils zutreffenden Verhältnisses ist das geltende positive Recht. Finden sich keine unmittelbaren Regelungen des Problemkreises sind die allgemeinen Auslegungsmethoden zu bemühen.

aa) Positivrechtliche Abgrenzungen

Auf der Ebene des Unionsrechts findet sich keine eindeutige legislative Aussage zum Verhältnis zwischen allgemeinem Wettbewerbsrecht und sektorspezifischer Regulierung. Soweit das allgemeine Wettbewerbsrecht primärrechtlich und dabei vor allem in Art. 101 ff AEUV normiert ist, ist der Unionsgesetzgeber allerdings bei der Schaffung von Sekundärrecht gebunden. Ein Dispens etwa von Verpflichtungen, die unmittelbar beispielsweise aus Art. 102 AEUV folgen, im Rahmen sekundärrechtlicher sektorspezifischer Regelungen scheidet folg-

---

[39] Vgl. *Möschel*, WuW 2002, S. 683 (684 ff); ders., Zwischen Konflikt und Kooperation: Regulierungszuständigkeiten in der Telekommunikation, in: Forschungsinstitut für Wirtschaftsverfassung und Wettbewerb e.V. (Hrsg.): Multimedia: Kommunikation ohne Grenzen, 1998, S. 53 (54); *Hohmann*, Die essential facility doctrine im Recht der Wettbewerbsbeschränkungen, 2001, S. 355 f.

lich aus.⁴⁰ Art. 101 ff AEUV machen allerdings keine Vorgaben bezüglich der organisatorischen Kompetenzen. Möglich bleibt folglich die Erfüllung der direkt aus Art. 101 ff AEUV folgenden Anforderungen im Verfahren der sektorspezifischen Regulierung. Für den Energiesektor legen die Binnenmarktrichtlinien mit Art. 37 Abs. 13 Satz 2 ElektrizitätsRL sowie Art. 41 Abs. 13 Satz 2 GasRL jeweils fest, dass die Mitgliedstaaten geeignete und wirksame Regulierungsmechanismen schaffen, die insbesondere auch Art. 102 AEUV Rechnung tragen. Die Möglichkeit, die Einhaltung der wettbewerbsrechtlichen Voraussetzungen im Regulierungsverfahren durch die Regulierungsbehörde sicherzustellen, besteht folglich ausdrücklich. Sie wird jedoch nicht zwingend verlangt. Ebenso erscheint es möglich, die allgemeine Wettbewerbsbehörde mit der Einhaltung der wettbewerbsrechtlichen Kernpunkte zu betrauen, sofern hierdurch geeignete und wirksame Regulierungsmechanismen geschaffen werden.

bb) Regulatorische Effizienz als Auslegungsmaßstab

In den Fokus gerät somit im Rahmen einer teleologischen Auslegung insbesondere die regulatorische Effizienz.⁴¹ Geeignete und wirksame Regulierungsmechanismen sind zwar nicht nur die effizientesten Mechanismen. Regelmäßig werden aber die effizientesten Wirkungsweisen gleichzeitig auch geeignet und wirksam sein. Regulatorische Effizienz lässt sich dabei unter verschiedenen Aspekten beleuchten. Zentraler Aspekt hierbei ist wiederum die Rechtssicherheit.

(a) Korrektivbedürfnis durch die Wettbewerbsbehörde und daraus potentiell folgende Parallelzuständigkeit

Im Falle paralleler Verfahren von allgemeiner Wettbewerbsbehörde und Sonderbehörde ohne hierarchische Strukturfestlegung droht regelmäßig eine Infragestellung der Entscheidung der einen Behörde durch die andere Behörde. Die Transaktionskosten solcher Doppelprüfungen und -entscheidungen werden die eines Einzelverfahrens regelmäßig nicht unerheblich übersteigen. Die Effizienz des Verfahrens leidet hierbei erheblich. Dem lässt sich freilich entgegenhalten, ein paralleles Vorgehen sei zwar möglicherweise teurer, biete jedoch auch regelmäßig Gewähr für ein qualitativ hochwertigeres Ergebnis. Als Negativum eines zentralisierten Verfahrens kann vor allem das erhöhte Fehlerrisiko, das aus der fehlenden Korrekturmöglichkeit durch eine andere Behörde resultiert, ins Feld geführt werden. Gerade ein regulatorischer Wettbewerb mehrerer Behörden kann, gleichsam einem Entdeckungsverfahren, möglicherweise bessere Ergebnisse hervorbringen.⁴² Diesem Ansatz ist zu konzedieren, dass gerade

---
[40] Vgl. Ruffert in: Calliess/Ruffert, EUV/EGV, 2007, Art. 6, Rdnr. 14 f.
[41] Vgl. grundsätzlich zum Effizienzargument *Möschel*, WuW 2002, S. 683 (686 ff); *Paulweber*, Regulierungszuständigkeiten in der Telekommunikation, 1999, S. 204 ff.
[42] Vgl. *Möschel*, WuW 2002, S. 683 (687).

durch ihre besondere Dynamik geprägte wettbewerbliche Prozesse prospektiv niemals vollständig erfasst und analysiert werden können, sondern vielmehr für alle Beteiligten immer auch Lernprozesse bleiben. Die Problematik ist eng verwandt mit den oben beschriebenen informatorischen Defiziten als einem der Hauptregulierungsdilemmata.[43] Dem lässt sich allerdings wiederum entgegnen, dass auch eine Korrekturmöglichkeit durch eine zweite Behörde das Risiko einer Fehleinschätzung der Marktverhältnisse möglicherweise verringert, jedoch keinesfalls ausschließt. Wo eine Behörde einem Irrtum anheim fallen kann, können dies auch zwei oder mehrere. Insbesondere ist zur Schaffung einer Korrekturmöglichkeit keinesfalls ein wirklich paralleles Verhältnis erforderlich. Kooperative Verfahren bieten besonders bei strenger Ausgestaltung wie etwa einem Zustimmungserfordernis im Vergleich zu parallelen Verfahren identische Korrekturmöglichkeiten.

Für eine echte Parallelität könnten allerdings bestimmte regulierungsspezifische Problematiken sprechen. Bereits oben wurde darauf hingewiesen, dass Regulierungsbehörden unter bestimmten Umständen eigene Interessen entwickeln können.[44] Zu denken ist hier wie ausgeführt an die Gefahr, dass Regulierungsbehörden, um ihre eigene Existenz zu sichern, trotz fehlender Notwendigkeit bestimmte Regulierungsmaßnahmen veranlassen könnten. Diese Gefahr ist besonders hoch, wenn sektorspezifische Regulierung nur für eine Übergangszeit konzipiert ist. Für die hier behandelte Frage von Regulierungsfreistellungsmaßnahmen im Energiesektor relativiert sich diese Problematik jedoch. Zuständig für die behandelten Regulierungsfreistellungsmaßnahmen ist in jedem Fall die Regulierungsbehörde.[45] Fraglich ist, ob darüber hinaus eine Zuständigkeit der allgemeinen Wettbewerbsbehörde in Betracht kommt. Das Risiko einer nicht erforderlichen Regulierung ausgelöst durch den Selbsterhaltungstrieb der Regulierungsbehörde stellt sich hier insoweit nicht, als ohne Freistellung durch die Regulierungsbehörde *Regulatory Holidays* in der durch Art. 17 StromhandlesVO und Art. 36 GasRL implementierten Form ohnehin nicht in Betracht kommen und die Zuständigkeit der Regulierungsbehörde insoweit feststeht. Darüber hinaus weist sektorspezifische Regulierung im Energiesektor anders als etwa im Telekommunikationssektor aufgrund der unterschiedlichen wirtschaftlichen und technischen Voraussetzungen[46] sektorspezifisch bereits a priori eine wesentlich dauerhaftere Natur auf. Eine Kontrolle der Regulierungsbehörde durch die allgemeine Wettbewerbsbehörde zum Schutz vor zu weitgehenden Regulierungsmaßnahmen vor dem Hintergrund eines regulatorischen Selbsterhaltungstriebes ist daher im Bereich der vorliegend behandelten Regulierungsausnahme nicht erforderlich.

---

[43] Vgl. oben 2. Kapitel: III. 1. b).
[44] Vgl. *Mestmäcker*, FS-Fikentscher, 1998, S. 557, 573; vgl. oben 2. Kapitel: III. 1. b) dd).
[45] Siehe 6. Kapitel: I. 1. a).
[46] Siehe 7. Kapitel (Exkurs): III. 1.

II. Allgemeines Wettbewerbsrecht

Allerdings erscheinen andere regulierungsspezifische Problematiken umso besser geeignet, eine zusätzliche Kontrolle der Regulierungsbehörde durch die allgemeine Wettbewerbsbehörde zu rechtfertigen. Regulierungsbehörden sehen sich im Vergleich zu den allgemeinen Wettbewerbsbehörden regelmäßig dem Vorwurf einer stärkeren politischen Einflussnahme ausgesetzt.[47] Begründen lässt sich dies durch den Umstand, dass regulierte Wirtschaftsbereiche typischerweise ehemalige Staatsmonopole sind. Mit Liberalisierung der Märkte sind zwar die staatlichen Monopole weggefallen. Allerdings ist die öffentliche Hand in vielen Fällen nach wie vor als Anteilseigner an den ehemaligen Monopolunternehmen nicht nur unerheblich beteiligt. Auch teilweise noch existierende personelle Verflechtungen dürfen nicht unterschätzt werden. Folglich besteht ein vitales Interesse an einer günstigen Wertentwicklung dieser Anteile. Übermäßige Belastungen der ehemaligen Monopolunternehmen durch Regulierungsmaßnahmen konterkarieren dieses Bestreben. Gerade Regulierungsfreistellungsmaßnahmen könnten sich hingegen wertsteigernd auswirken. Eine Kontrolle der Regulierungsbehörde durch die allgemeine Wettbewerbsbehörde, der traditionell eine größere Unabhängigkeit attestiert wird,[48] könnte somit gerade bei Regulierungsfreistellungsmaßnahmen geboten sein.

Auch die Gefahr des so genannten Regulatory Capture könnte für ein paralleles Verhältnis von Regulierungsbehörde und allgemeiner Wettbewerbsbehörde sprechen. Regulatory Capture beschreibt das Phänomen einer drohenden Identifikation der Regulierungsbehörde mit den Interessen des regulierten Unternehmens.[49] Vor allem am Beispiel des Banken- und Versicherungswesens lässt sich ersehen, dass das öffentliche Interesse an störungsfreiem und sicherem Marktverlauf leicht mit dem Schutz der einzelnen Marktteilnehmer vor vermeintlich ruinösem Wettbewerb verwechselt werden kann. Eine Regulierungsbehörde, deren Zuständigkeit dauerhaft auf eine Branche beschränkt ist und die möglicherweise verwaltungsorganisatorisch den einzelnen Regulierungsverpflichteten bestimmte Sachgebiete und Mitarbeiter zuordnet, ist dieser Gefahr gerade auch aufgrund bestimmter psychologischer Phänomene stärker ausgesetzt als eine allgemeine Wettbewerbsbehörde ohne einen derart engen Kontakt zu den einzelnen Unternehmen.[50]

---

[47] Vgl. am Beispiel der Telekommunikationsregulierung Monopolkommission, Zur Reform des Telekommunikationsgesetzes, 2004, Rdnr. 44 ff; 77, 110 f; dies., Wettbewerbsentwicklung bei der Telekommunikation 2007: Wendepunkt der Regulierung, 2007, Rdnr. 208, 256; *Paulweber*, Regulierungszuständigkeiten in der Telekommunikation, 1999, S. 203 f.
[48] Vgl. *Paulweber*, Regulierungszuständigkeiten in der Telekommunikation, 1999, S. 203.
[49] Vgl. *Basedow*, N & R 2007, S 133.
[50] *Möschel*, WuW 2002, S. 683 (688); *Hohmann*, Die essential facility doctrine im Recht der Wettbewerbsbeschränkungen, 2001, S. 356; *Paulweber*, Regulierungszuständigkeiten in der Telekommunikation, 1999, S. 202 f; *Klimisch/Lange*, WuW 1998, S. 15 (26).

(b) Korrektivfunktion der Wettbewerbsbehörde durch Kooperationsverhältnis
Zusammenfassend lassen sich für ein im Sinne funktioneller Konkordanz gestaltetes Zusammenwirken von sektorspezifischem Regulierungsrecht und allgemeinem Wettbewerbsrecht mithin zumindest bestimmte Grundkriterien definieren: Regulierung, die sich auf eine Gewährleistungsverantwortungsfunktion im Sinne umfassender Versorgungssicherheit beschränkt und damit nur einen limitierten Tätigkeitsbereich aufweist, ist auf eine parallel zuständige allgemeine Wettbewerbsbehörde angewiesen. Verfügt die Regulierungsbehörde jedoch über einen weiter ausgedehnten Kompetenzbereich, der wettbewerbspolitische Zielsetzungen mit einschließt und der Regulierungsbehörde auch entsprechende Instrumente an die Hand gibt, ist ein paralleles Tätigwerden der Wettbewerbsbehörde nicht erforderlich. Will man dem Charakter des Wettbewerbs als beständiges Entdeckungsverfahren in besonderer Weise durch mehrfache Prüfungen der Marktverhältnisse und -entwicklungen gerecht werden, so ist dies auch durch eine besondere innerbehördliche Organisation und eine dadurch veranlasste differenzierte Schwerpunktsetzung der Prüfung möglich. Anstelle einer innerbehördlichen Mehrfachprüfung ist ein kooperatives Verhältnis von Sonder- und allgemeiner Wettbewerbsbehörde auch in stark ausgeprägter Form durch materielle Bindungswirkungen ebenso möglich.[51] Ein paralleles Verhältnis verschiedener Behörden im Sinne unabhängiger Entscheidungskompetenzen bietet hier keine entscheidenden Vorteile. Auch die verbleibenden oben genannten Probleme des Regulatory Capture und der drohenden stärkeren politischen Beeinflussbarkeit einer Regulierungsbehörde lassen sich, soweit man die genannten Theorien überhaupt im Sinne einer allgemeinen Aussage akzeptiert,[52] anstelle eines Parallelverhältnisses ebenso gut durch ein Kooperationsverhältnis mit materieller Bindungswirkung lösen. Regulatory Capture ließe sich allein schon dadurch bekämpfen, innerhalb einer Regulierungsbehörde Personal zwischen den einzelnen Sachbereichen in regelmäßigen Abständen rotieren zu lassen.

Als mögliche Rechtfertigung für eine Parallelität von allgemeiner Wettbewerbsbehörde und Sonderbehörde verbleibt damit im eigentlich Sinn lediglich eine zeitliche Begründung: Im Falle einer Fehleinschätzung der Marktverhältnisse durch die Sonderbehörde böte ein Parallelverhältnis die Möglichkeit einer nachträglichen Korrektur sektorspezifischer Regulierungsmaßnahmen, sofern diese a priori auf einen bestimmten Zeitraum festgelegt wurden und somit ein erneutes Tätigwerden der Regulierungsbehörde nicht ohne weiteres möglich ist. Führt ein bestimmtes Verhalten im Nachhinein zu negativen Markteffekten, indem es beispielsweise zur Stärkung der Marktstellung einer ohnehin

---

[51] Vgl. auch mit allerdings abweichender Terminologie *Haus*, Zugang zu Netzen und Infrastruktureinrichtungen, 2002, S. 173 f.
[52] Vgl. hierzu die weiterführenden Ausführungen bei *Knieps*, Netzökonomie, 2007, S. 184 ff.

schon marktmächtigen Unternehmung führt, könnte die allgemeine Wettbewerbsbehörde hier durch eine nachträgliche Intervention abhelfen. Auch der BGH schließt für den Fall telekommunikationsrechtlicher Entgeltgenehmigungen ausdrücklich die Möglichkeit nicht aus, dass ein Unternehmen einen Tarif vorlegt, mit dem es seine marktbeherrschende Stellung missbraucht, und hierfür eine Genehmigung erwirkt, weil der Missbrauch im Prüfungsverfahren nicht aufgedeckt wird, und bejaht daher die grundsätzliche Anwendbarkeit von Art. 102 AEUV.[53] Ein wirkliches Parallelverhältnis ermöglicht eine nachträgliche Intervention mithin auch, wenn ein bestimmtes Verhalten zuvor von der Sonderbehörde ausdrücklich zugestanden wurde. Allerdings ist hier eine differenzierte Betrachtung erforderlich. Zu trennen sind im Wesentlichen zwei verschiedene Konstellationen: Hat das durch die Sonderbehörde begünstigte Unternehmen dieser im Verwaltungsverfahren relevante Aspekte vorenthalten, besteht selbstverständlich die Möglichkeit, die Entscheidung zu revidieren. Nach deutschem Verwaltungsrecht wäre hierbei eine Rücknahme des Verwaltungsakts gem. § 48 Abs. 2 Satz 3 VwVfG mangels schutzwürdigen Vertrauens ohne Probleme möglich, ohne dass etwaige Vermögensnachteile ausgeglichen werden müssten. Fehlt es hingegen an derartigen Verantwortlichkeiten ist zunächst nicht einsehbar, warum das regulierte Unternehmen durch die Möglichkeit einer nachträglichen Korrektur durch ein Parallelverfahren allein das Risiko einer Fehleinschätzung der Marktverhältnisse tragen sollte. Zu beachten ist an dieser Stelle jedoch der Grundcharakter der wettbewerbsrechtlichen Missbrauchsaufsicht, die von einem objektiven Konzept ausgeht. Wird der Missbrauchsvorwurf erhoben, so beruht er allein auf der Feststellung der Unvereinbarkeit der Maßnahme mit dem Wettbewerb. Ziele, Motive oder gar Verschulden des Verhaltens sind regelmäßig nicht relevant.[54] In der Diktion des BGH stellt der Missbrauch ein Unwerturteil »orientiert am Prinzip der Wettbewerbsfreiheit und losgelöst von subjektiver Vorwerfbarkeit dar«.[55] Es geht mithin allein um den Schutz des Wettbewerbs. Diese Einordnung macht grundsätzlich eine Risikoverteilung auch zu Lasten der regulierten Unternehmen möglich. Ein Parallelverhältnis der Behörden ließe sich folglich grundsätzlich durch einen zeitlichen Begründungsansatz rechtfertigen. Damit ist jedoch nicht festgestellt, dass dies für die vorliegende Konstellation der Regulierungsausnahme ebenso gelten kann.

---

[53] BGH vom 10.02.2004 WuW/E DE-R 1254 (1256) – Verbindung von Telefonnetzen.
[54] Vgl. EuGH »Continental Can« 6/72, Slg. 1973, 215 (247) Rdnr. 29; »AKZO« C-62/86, Slg. 1991, I-3359 (3455) Rdnr. 69; *Möschel*, in: Immenga/Mestmäcker, Wettbewerbsrecht/EG, 2007, Art. 82 EGV, Rdnr. 126.
[55] BGH vom 09.11.1982 WuW/E BGH 1965 (1966) – gemeinsamer Anzeigenteil.

2. Besonderheiten der Regulierungsausnahme

Übertragen auf den hier behandelten Fall der Regulierungsausnahme bedarf es einer besonderen Gewichtung der aufgezeigten Argumente. Maßgeblich für das Verhältnis von allgemeinem Wettbewerbsrecht und sektorspezifischer Regulierung ist wie ausgeführt das geltende Recht. Finden sich keine unmittelbaren Regelungen, ist wiederum auf die allgemeinen Auslegungsregeln zurückzugreifen.

a) Exakt positiv-rechtliche Anhaltspunkte

aa) Unionsrecht

Weder Art. 17 StromhandelsVO noch Art. 36 GasRL enthalten für die geregelte Regulierungsausnahme besondere Abgrenzungsregeln zum allgemeinen Wettbewerbsrecht. Die StromhandelsVO enthält auch darüber hinaus keine Abgrenzungsregelung bezüglich der Zuständigkeitsregelungen von Regulierungsbehörden und Wettbewerbsbehörden. Lediglich bezüglich langfristiger Verträge enthält der Anhang der StromhandelsVO die Regelung, dass im Rahmen von Verträgen, die gegen Art. 101 und 102 AEUV verstoßen, keine vorrangigen Zugangsrechte und Verbindungskapazitäten eingeräumt werden dürfen. Dies ist allerdings insoweit gleichermaßen wenig überraschend wie überflüssig, als hierdurch letztlich nur nochmals normiert wird, dass die Regulierungsbehörden bei der Anwendung der StromhandelsVO an das Primärrecht gebunden sind. Eine Einordnung, die durch eine Regulierungsfreistellung gleichzeitig auch bindend für die Wettbewerbsbehörde die Konformität der freigestellten Maßnahme mit Art. 101 ff AEUV für die gesamte Laufzeit der Ausnahme festgestellt sieht, legt diese Regelung jedoch gerade nicht fest. Auch die GasRL gibt den Mitgliedstaaten die Einordnung des Verhältnisses von allgemeiner Wettbewerbs- und Regulierungsbehörde nicht durch eine bestimmte Einzelregelung vor. Einen Hinweis auf die allgemeinen Wettbewerbsregeln enthält Art. 32 Abs. 3 GasRL, der jedoch wiederum lediglich darauf verweist, dass der Abschluss bestimmter langfristiger Verträge nur zulässig ist, sofern er mit den Wettbewerbsregeln der Union in Einklang steht. Soweit es sich bei diesen um primärrechtliche Regelungen handelt, ist dies erneut insoweit ohne spezifischen eigenen Regelungsgehalt, als Sekundärrecht ohnehin keinen Dispens vom Primärrecht gewähren kann, sofern ein solcher nicht vom Primärrecht vorgesehen ist. Einen weiteren Verweis auf das allgemeine Wettbewerbsrecht enthält Art. 41 Abs. 13 Satz 2 GasRL. Auch hier erfolgt jedoch keine exakte Zuständigkeitsabschichtung in Bezug auf die Kompetenzen der allgemeinen Wettbewerbsbehörde gegenüber denjenigen der Regulierungsbehörde. Vielmehr werden die Mitgliedstaaten wiederum zur Schaffung von Regelungen verpflichtet, die den Bestimmungen des Vertrages, insbesondere Art. 102 AEUV, Rechnung tragen.

Ergiebiger ist Art. 41 Abs. 13 Satz 2 GasRL jedoch in seinem systematischen Kontext, da Art. 41 GasRL die Einrichtung von Regulierungsbehörden regelt. Hierdurch wird deutlich, dass es unionsrechtlich nicht etwa geboten wäre, die Einhaltung der primären Wettbewerbsregeln durch die allgemeinen Wettbewerbsbehörden sicherzustellen. Vielmehr können die Mitgliedstaaten diese Aufgabe in ihrem Zuständigkeitsbereich auch den Regulierungsbehörden übertragen.[56] Auch die ElektrizitätsRL enthält analog zu Art. 41 Abs. 13 Satz 2 GasRL zwar keine exakte Zuständigkeitsabschichtung, jedoch im Rahmen der Regelung der Regulierungsbehörde in ihrem Art. 37 Abs. 13 Satz 2 einen Verweis auf die Einhaltung der Bestimmungen des Vertrages und dabei insbesondere auf Art. 102 AEUV. Die daraus folgenden Implikationen entsprechen denen des Art. 41 GasRL.

Starke Indizien gegen ein Parallelverhältnis von Sonderbehörde und allgemeiner Wettbewerbsbehörde ergeben sich allerdings aus der oben beschriebenen Entstehungsgeschichte von Art. 17 StromhandelsVO und Art. 36 GasRL. Wie ausgeführt war in der grundsätzlichen zustimmenden Stellungnahme der Europäischen Kommission zum Entwurf einer Regulierungsfreistellung ausdrücklich enthalten, dass freigestellte Infrastrukturen weiterhin den Wettbewerbsregeln des AEUV unterliegen.[57] Schon diese ausdrückliche Regelung hätte nicht zwingend eine Zuständigkeit der Wettbewerbsbehörde bedeutet, da das Wettbewerbsrecht auch durch die Regulierungsbehörde angewandt werden kann. Dieser explizite Hinweis auf die Wettbewerbsregeln des AEUV fehlt im schließlich angenommenen Normtext der Art. 17 StromhandelsVO und Art. 36 GasRL hingegen. Stattdessen ist im Unterschied zum ursprünglichen Entwurf die Wettbewerbskonformität der Regulierungsfreistellung nun bereits Prüfungsgegenstand im Verfahren der Regulierungsfreistellung. Dies schließt ein Tätigwerden der Wettbewerbsbehörde zwar nicht zwingend aus, ist jedoch ein starkes Indiz für die Integration der wettbewerbsrechtlichen Prüfung in das Verfahren der Regulierungsfreistellung und spricht somit gegen ein Parallelverhältnis von Regulierungs- und Wettbewerbsbehörde.

---

[56] Dies entspricht auch dem allgemeinem Verhältnis von Europäischer Union zu ihren Mitgliedstaaten, wonach die Mitgliedstaaten mit ihren Verwaltungsbehörden die Durchführung des Unionsrecht gewährleisten, soweit nicht ein Fall direkter Zuständigkeit der Europäischen Kommission begründet ist. Bei der Ausgestaltung der Verwaltung sind die Mitgliedstaaten im Rahmen von Effektivitäts- und Äquivalenzgebot des Art. 4 Abs. 3 AEUV weitgehend frei, soweit nicht durch Unionsrecht eine besondere Zuständigkeitsverteilung vorgenommen wird; vgl. EuGH »International Fruit Company/Produktschop voor groenten en fruit« 51–54/71, Slg. 1971, 1107 (1116) Rdnr. 3/4; *von Bogdandy* in: Grabitz/Hilf, Art. 10 EGV, Rdnr. 43.

[57] Europäische Kommission, Geänderter Vorschlag für eine Richtlinie des Europäischen Parlaments und des Rates zur Änderung der Richtlinien 96/92/EG und 98/30EG über Vorschriften für den Elektrizitätsbinnenmarkt und Erdgasbinnenmarkt – Geänderter Vorschlag für eine Verordnung des Europäischen Parlaments und des Rates über die Netzzugangsbedingungen für den grenzüberschreitenden Stromhandel, KOM(2002) 304 endg., S. 71.

bb) Deutsches Recht

Für das deutsche Recht findet sich die Abgrenzung der sektorspezifischen Regulierungsregeln im Bereich des Energierechts vom das allgemeine Wettbewerbsrecht regelnden Gesetz gegen Wettbewerbsbeschränkungen in § 111 EnWG. Rückschlüsse lassen sich hieraus nicht nur für die Anwendung der Art. 36 GasRL umsetzenden Regelung des § 28a EnWG ziehen. Auch für den Elektrizitätsbereich sind Rückschlüsse möglich, da die direkt anwendbare StromhandelsVO wie gezeigt keine zwingenden Vorgaben bezüglich des Verhältnisses von Sonderbehörde zu allgemeiner Wettbewerbsbehörde macht. Besonders hinzuweisen ist auf die Regelung des § 58 EnWG, welche die Zusammenarbeit der Kartellbehörden mit der Regulierungsbehörde regelt und hierbei auch für die Regulierungsfreistellung explizite Regelungen enthält.

§ 111 Abs. 1 Satz 1 EnWG legt fest, dass in den Bereichen, in denen das EnWG und die auf Basis desselben erlassenen Rechtsverordnungen ausdrücklich abschließende Regelungen enthalten, die §§ 19 bis 20 GWB keine Anwendung finden. § 111 Abs. 2 Nr. 1 EnWG wiederum definiert als abschließende Regelungen im Sinne des Abs. 1 Satz 1 sämtliche Bestimmungen des Teiles 3 des EnWG. Hierzu zählt auch § 28a EnWG. Diese Regelung erweckt den klaren Eindruck eines Spezialitätsverhältnisses des EnWG gegenüber dem GWB. Eine andere Bewertung ergibt sich auch nicht aus § 111 Abs. 1 Satz 2 EnWG, wonach jedoch gleichzeitig die Aufgaben und Zuständigkeiten der Kartellbehörden unberührt bleiben. Hierdurch wird lediglich klargestellt, dass die Kartellbehörden außerhalb der abschließenden Regelungen sowohl aufgrund der §§ 19 bis 20 GWB als auch im Bereich der Missbrauchsaufsicht gem. Art. 102 AEUV zuständig bleiben.[58] Für die Zuständigkeit der deutschen Kartellbehörden im Bereich der §§ 19 bis 20 GWB trifft das EnWG folglich zumindest für Regulierungsfreistellungen im Gasbereich gem. § 28a EnWG eine eindeutige Regelung. Diese lässt sich aufgrund der weitgehenden Vergleichbarkeit und fehlenden zwingenden Verordnungsvorgabe analog auf den Elektrizitätsbereich und damit auf Art. 17 StromhandelsVO anwenden. Die dargestellte Regelung stellt eine Abkehr von der ehedem angenommenen uneingeschränkten Anwendbarkeit der §§ 19 bis 20 GWB auf energiewirtschaftliche Sachverhalte dar.[59] Darüber hinaus enthält das EnWG eine weitere Konkretisierung. § 58 Abs. 1 EnWG bestimmt, dass bei der Entscheidung über eine Regulierungsfreistellung gem. Art. 17 StromhandelsVO respektive § 28a EnWG bezüglich der Tatbestandsvoraussetzung des Art. 17 Abs. 1 lit. a) StromhandelsVO bzw. § 28a Abs. 1 Nr. 1 EnWG, i.e. der Prüfung einer Wettbewerbsverbesserung durch die Investition, das Einvernehmen zwi-

---

[58] Vgl. BKartA, Tätigkeitsbericht 2003/2004, S. 31, BTDrucks. 15/5790; *Salje*, EnWG, 2006, § 111, Rdnr. 11.

[59] Vgl. zur überkommenen Rechtslage z.B. OLG Düsseldorf vom 08.12.2003 WuW/E DE-R, 1246 (1249) – GETEC net.

schen Bundesnetzagentur und Bundeskartellamt herzustellen ist. Im Rahmen dieses Einvernehmens prüft das Bundeskartellamt, wenn das Einvernehmenserfordernis praktische Wirksamkeit entfalten soll, nach seinem genuin wettbewerbsrechtlichen Prüfungsmaßstab. Derselbe Prüfungsmaßstab wäre bei einem nachgelagerten Verfahren nach §§ 19f GWB sowie Art. 102 AEUV wiederum anzuwenden. Für eine Dreifachprüfung – einmal durch die Regulierungsbehörde und zweimal durch das Kartellamt – besteht jedoch kein Bedürfnis. Für das Verhältnis von Bundesnetzagentur und Bundeskartellamt verwirklicht das EnWG somit für die Regulierungsfreistellung ein kooperatives Verhältnis. Auch aus der zitierten Rechtsprechung des BGH zur telekommunikationsrechtlichen Entgeltgenehmigung ergeben sich entgegen anderslautender Ausführungen in der Literatur[60] keine abweichenden Erkenntnisse. Der BGH schließt wie ausgeführt für den Fall telekommunikationsrechtlicher Entgeltgenehmigungen zwar ausdrücklich die Möglichkeit nicht aus, dass ein Unternehmen einen Tarif vorlegt, mit dem es seine marktbeherrschende Stellung missbraucht, und hierfür eine Genehmigung erwirkt, weil der Missbrauch im Prüfungsverfahren nicht aufgedeckt wird, und bejaht daher die grundsätzliche Anwendbarkeit von Art. 102 AEUV. Gleichzeitig macht er jedoch deutlich, dass diese Frage von der Frage nach der inhaltlichen Bindungswirkung einer bestandskräftigen Entgeltgenehmigung zu trennen sei, zu der er ausdrücklich keine Stellung bezieht.[61]

Festzuhalten ist allerdings, dass die §§ 58 und 111 EnWG ausschließlich die Zuständigkeiten der deutschen Regulierungs- und Wettbewerbsbehörden regeln können. Nationales deutsches Recht wie das EnWG vermag jedoch aufgrund des Vorrangs des Unionsrechts nicht über dessen Anwendbarkeit wie vorliegend relevant etwa Art. 101 ff AEUV und die Zuständigkeit der europäischen Wettbewerbsbehörde, der Europäischen Kommission, auf Basis des europäischen Wettbewerbsrechts zu disponieren. Fraglich bleibt daher, wie das Verhältnis von Art. 101 ff AEUV und deren Anwendung durch die Europäische Kommission zum Instrument der Regulierungsfreistellung auszugestalten ist. Die unionsrechtlichen Vorgaben liefern wie ausgeführt keine direkten Anhaltspunkte. Hinweise kann jedoch möglicherweise ein Kommissionsvermerk[62] zu den hier interessierenden Regelungen von Art. 17 StromhandelsVO und Art. 36 GasRL geben. Wörtlich heißt es dort auf Seite 8, »eine Ausnahme von den Bestimmungen der Richtlinien und Verordnung bedeutet nicht eine Ausnahme

---

[60] Vgl. *Haus*, N&R 2004, S. 143 (145).
[61] BGH vom 10.02.2004 WuW/E DE-R 1254 (1256) – Verbindung von Telefonnetzen.
[62] Europäische Kommission, Vermerk der GD Energie und Verkehr zu den Richtlinien 2003/54/EG und 2003/55/EG und der Verordnung (EG) Nr. 1228/2003 im Elektrizitäts- und Erdgasbinnenmarkt – Ausnahmen von bestimmten Bestimmungen der Regelung des Netzzugangs Dritter vom 30.01.2004, abrufbar unter http://ec.europa.eu/energy/electricity/legislation/doc/notes_for_implementation_2004/exemptions_tpa_de.pdf (zuletzt abgerufen am 11.08.08).

gleich welcher Art von den Wettbewerbsvorschriften und schließt auch nicht die Möglichkeit einer Intervention der Wettbewerbsbehörden, einschließlich der Kommission, aus.«[63] Soweit darauf hingewiesen wird, dass eine Regulierungsfreistellung nicht gleichzeitig einen Dispens vom Primärrecht bedeutet, verweist der Kommissionsvermerk nur nochmals auf eine ohnehin klare Rechtslage. Interessanter ist die ausdrücklich festgehaltene Interventionsmöglichkeit der Wettbewerbsbehörden. Hier muss die Einschätzung der Kommission nachdrücklich hinterfragt werden. Dies gilt umso mehr, als der ursprünglich seitens der Kommission geforderte Hinweis im Richtlinien- bzw. Verordnungstext auf die Unberührtheit der Wettbewerbsregeln im letztlich beschlossenen Text nicht mehr vorhanden ist und stattdessen eine Überprüfung wettbewerblicher Fragestellungen im Verfahren der Regulierungsfreistellung durch die Regulierungsbehörde normiert wurde.[64] Dabei ist zu beachten, dass ein Kommissionsvermerk nicht rechtlich bindend ist, sondern vielmehr nur die Rechtsauffassung der Kommission darstellt. Über eine Selbstbindung der Kommission im Sinne einer vertrauensschützenden Wirkung hinaus ausgelöst durch eine festgelegte Verwaltungspraxis zugunsten des Antragstellers kann der Kommissionsvermerk keine Rechtswirkungen entfalten. Insbesondere kommt dem Kommissionsvermerk auch nicht die Rechtsverbindlichkeit[65] zu, die etwa Leitlinien im Einzelfall abhängig vom Rechtssetzungsverfahren zukommen kann.[66] Daran vermag auch die Tatsache nichts zu verändern, dass es sich bei dem genannten Kommissionsvermerk um einen interessanten Einblick in die Einschätzungen der Europäischen Kommission als für die Gewährung einer Regulierungsausnahme letztzuständigem Exekutivorgan[67] handelt und dieser somit im Rahmen der allgemeinen Auslegung zu berücksichtigen ist. Gerade der Umstand, dass die Kommission im Rahmen ihrer Vorschläge zu einem dritten Energierechtspaket die Einführung formeller, verbindlicher Leitlinien für Regulierungsausnahmen vorschlägt,[68] relativiert die Bindungskraft des Kommissionsvermerks.

---

[63] Auch die zwischenzeitlich erschienene überarbeitete Version des Kommissionsvermerks enthält eine entsprechende Formulierung; vgl. European Commission, Commission staff working document on Article 22 of Directive 2003/55/EC concerning common rules for the internal market in natural gas and Article 7 of Regulation (EC) No 1228/2003 on conditions for access to the network for cross-border exchanges in electricity, SEC(2009)642final, Rdnr. 8.

[64] Vgl. oben 4. Kapitel: I. 1. a).

[65] Vgl. *Gundel*, Jura 2008, S. 288 (293, Fn. 80).

[66] Siehe unten 4. Kapitel: III. 2. b); *Lecheler*, DVBl. 2008, S. 873 (874ff); *Lecheler* in Grabitz/Hilf, Art. 155, Rdnr. 7ff.

[67] Siehe unten 6. Kapitel: I. 2. b).

[68] Europäische Kommission, Vorschlag für eine Verordnung des Europäischen Parlaments und des Rates zur Änderung der Verordnung (EG) Nr. 1228/2003 über die Netzzugangsbedingungen für den grenzüberschreitenden Stromhandel, KOM(2007) 531 endg.; dies., Vorschlag für eine Verordnung des Europäischen Parlaments und des Rates zur Gründung einer Agentur für die Zusammenarbeit der Energieregulierungsbehörden, KOM(2007) 530, S. 21; S. 19; dies., Vorschlag für eine Richtlinie des Europäischen Parlaments und des Rates zur

b) Teleologische und systematische Indikationen

Nachdem aus dem Wortlaut der maßgeblichen Normen wie dargestellt keine eindeutigen Ergebnisse folgen und die von der Kommission vorgetragenen Einschätzungen keinen rechtsverbindlichen Charakter aufweisen, sind vorliegend neben der bereits eingeführten Entstehungsgeschichte der Normen teleologische und systematische Auslegungsansätze von entscheidender Bedeutung. Die Funktionsfähigkeit des Instruments der *Regulatory Holidays* steht und fällt mit der tatsächlichen Gewährleistung umfassender Investitionssicherheit durch die Beseitigung von Ungewissheit, was nur durch Rechtssicherheit gewährleistet werden kann.

Ein wirkliches Parallelverhältnis von Regulierungsbehörde und allgemeiner Wettbewerbsbehörde erscheint dabei faktisch ausgeschlossen, da ein solches gerade keine Rechtssicherheit garantieren kann. Räumt man der Wettbewerbsbehörde die Kompetenz ein, nachträglich aufgrund veränderter Markteinschätzungen ein durch die Regulierungsfreistellung ausdrücklich konzediertes Verhalten als Missbrauch im Sinne des Art. 102 AEUV oder als wettbewerbswidriges Kartell im Sinne des Art. 101 AEUV zu bewerten und daraus die herkömmlichen Rechtsfolgen abzuleiten, geht für den Investor die Rechtssicherheit und damit die Investitionssicherheit verloren.[69] Das Instrument der *Regulatory Holidays* wird faktisch wirkungslos. Damit würde nicht nur das gesetzgeberische Regelungsziel der Schaffung zusätzlicher Investitionsanreize in beträchtlichem Maß konterkariert, sondern vielmehr eine Auslegung vertreten, die den praktischen Anwendungsbereich der Regelung auf derartige Fälle beschränkt, die aufgrund ihrer besonderen Bedingungen absehbar nicht Gegenstand eines wettbewerbsbehördlichen Verfahrens werden. Dies erscheint auch unter systematischen Gesichtspunkten mehr als zweifelhaft. Auch ist ein Parallelverhältnis von Regulierungs- und Wettbewerbsbehörde aus systematischen Gründen nicht erforderlich. Gem. Art. 17 Abs. 1 lit. a), f) StromhandelsVO sowie Art. 36 Abs. 1 lit. a), e) GasRL sind bereits im Genehmigungsverfahren vor der Regulierungsbehörde Wettbewerbsaspekte von maßgeblicher Bedeutung. Die Regulierungsbehörde ist in ihrer Prüfung gerade nicht auf Versorgungssicherheitsaspekte limitiert. Wie noch zu zeigen ist, handelt es sich dabei nur bei der Tatbestandsvoraussetzungen der Art. 17 Abs. 1 lit. f) StromhandelsVO sowie Art. 36 Abs. 1 lit. e) GasRL um einen regulierungsfreistellungsspezifischen Prüfungsgegenstand. Im Rahmen der Tatbestandsvoraussetzung der Art. 17 Abs. 1 lit. a) StromhandelsVO sowie Art. 36 Abs. 1 lit. a) GasRL ist dagegen eine Prüfung durchzuführen, die mit der Prüfung einer Wettbewerbsbeschränkung bzw. eines missbräuchlichen Verhaltens im Rahmen von Art. 101 und 102 AEUV fak-

---

Änderung der Richtlinie 2003/55/EG über gemeinsame Vorschriften für den Erdgasbinnenmarkt, KOM(2007) 529 endg., S. 19.
[69] Vgl. *Talus/Wälde*, CRNI 2006, p. 355 (375).

tisch übereinstimmt.[70] Ein wirkliches Parallelverhältnis von Regulierungs- und Wettbewerbsbehörde erscheint daher kaum vertretbar. Wenn das OLG Düsseldorf für das Netzzugangsrecht zwar ein Parallelverhältnis annimmt, gleichzeitig jedoch feststellt, dass EnWG und GWB im Ergebnis nicht voneinander abweichen können, wird die Rechtssicherheit über die inhaltliche Bindungswirkung sichergestellt.[71]

Den obigen Kriterien folgend kommt daher entweder ein Verhältnis der Spezialität oder der Kooperation in Betracht. Ein Spezialitätsverhältnis würde in der vorliegenden Konstellation eine Alleinzuständigkeit der Regulierungsbehörde bedeuten. Die Zuständigkeit der Regulierungsbehörde steht aufgrund der ausdrücklichen Regelung von Art. 17 Abs. 4 StromhandelsVO bzw. von Art. 36 Abs. 3 GasRL außer Frage. Spezialität würde daher im hier bearbeiteten Zusammenhang immer eine Alleinzuständigkeit der Regulierungsbehörde und nicht der Wettbewerbsbehörde bedeuten. Unabhängig von der existierenden Normierung erschiene die Umkehrkonstellation aufgrund der über die reinen Wettbewerbsfragen hinaus zu beachtenden energierechtlichen Sonderprobleme auch wenig sinnvoll. Eine umfassende Alleinzuständigkeit der Regulierungsbehörde ist jedoch in ähnlicher Weise wie ein wirkliches Parallelverhältnis nicht unerheblichen Bedenken ausgesetzt. Die beiden oben beschriebenen regulierungsspezifischen Risiken des Regulatory Capture sowie einer drohenden stärkeren politischen Einflussnahme werden im Zusammenhang mit der Regulierungsfreistellungsmaßnahme in besonderer Weise relevant. Wie ausgeführt bedeutet Regulatory Capture die Gefahr einer Identifikation der Regulierungsbehörde mit den Interessen des regulierten Unternehmens. Übertragen auf den Energiesektor wird diese Gefahr regelmäßig dort stark ausgeprägt sein, wo Versorgungssicherheitsaspekte eine besondere Bedeutung aufweisen. Im Bereich der Versorgungssicherheit wird die besondere Gewährleistungsverantwortung des Staates im Energiesektor relevant. Wie ausgeführt erschöpft sich damit zwar nicht annähernd die Begründung einer sektorspezifischen Regulierung. Besondere Wettbewerbsverhältnisse spielen vielmehr eine vergleichbar große Rolle.[72] Dennoch existiert im Bereich der Wettbewerbsziele mit der Wettbewerbsbehörde eben noch eine weitere Behörde, wohingegen die besondere Gewährleistungsverantwortung in erster Linie durch die Regulierungsbehörde wahrgenommen wird. Dies birgt die Gefahr, dass der besonderen Gewährleistungsverantwortung in der Regulierungsbehörde zumindest unbewusst höheres Gewicht beigemessen wird. Folglich könnte dort, wo regulierte Unternehmen Versorgungssicherheitsaspekte geltend machen, eine besondere Empfänglichkeit der Regulierungsbehörde bestehen. Bei der Prüfung eines Regulierungs-

---

[70] Siehe unten 5. Kapitel: II.1. b), 3. a).
[71] OLG Düsseldorf vom 08. 12. 2003 WuW/E DE-R 1246 (1249) – GETEC net.
[72] Vgl. oben 2. Kapitel: I. 2., II.

II. Allgemeines Wettbewerbsrecht

freistellungsbegehrens spielen nun Aspekte der Versorgungssicherheit regelmäßig eine entscheidende Rolle. Folglich erscheint vor dem Hintergrund des Regulatory Capture eine Gegenkontrolle der Regulierungsbehörde durch die Wettbewerbsbehörde, die als weniger anfällig für Regulatory Capture gilt,[73] vor der Bewilligung einer Regulierungsausnahme sinnvoll. Politische Einflussnahme auf die Regulierungsbehörde droht bei der Regulierungsausnahme insoweit in besonderem Maße, als es sich bei den in Frage kommenden konkreten Projekten regelmäßig um extrem kapitalintensive Maßnahmen handeln wird. Andernfalls ist nur schwer vorstellbar, dass mit der Abhängigkeit der Investition von der Regulierungsfreistellung eine der Hauptvoraussetzungen von Regulierungsfreistellungen erfüllt wird.[74] Die Ursache für eine gesteigerte Gefahr politischer Einflussnahme bei kapitalintensiven Investitionen liegt in der gesteigerten Bedeutung und im gesteigerten Risiko der Investition für den Investor. Ist die öffentliche Hand, wie oftmals der Fall, als Anteilseigner an den Investoren beteiligt, hat sie ein vitales Interesse an der Reduktion der Investitionsrisiken. Die Gefahr der Gewährung einer Regulierungsfreistellung unterhalb des eigentlich erforderlichen Investitionsrisikogrades ist somit groß.[75] Eine Gegenkontrolle durch die nach überwiegend vertretener Einordnung besser gegen politische Einflussnahme gewappnete Wettbewerbsbehörde[76] erscheint daher auch vor diesem Hintergrund zweckmäßig, auch wenn beispielsweise bezogen auf die deutsche Bundesnetzagentur eingeräumt werden muss, dass konkrete Beispiele gegen eine politische Beeinflussbarkeit der Regulierungsbehörde existieren.[77]

Sinnvoll ist damit einzig ein kooperatives Verhältnis. Eine Zusammenarbeit von Regulierungsbehörde und Wettbewerbsbehörde vermag gerade die eingeforderte Gegenkontrolle der Regulierungsbehörde sicherzustellen. Dem Aspekt der durch ausreichende Rechtssicherheit bedingten Investitionssicherheit kann ein kooperatives Verhältnis dadurch gerecht werden, dass die Beteiligung der Wettbewerbsbehörde bereits im Genehmigungsverfahren der Regulierungsausnahme durch die Regulierungsbehörde erfolgt. Für das deutsche Recht wurde das aus § 58 Abs. 1 EnWG folgende Kooperationsverhältnis bereits be-

---

[73] Vgl. *Paulweber*, Regulierungszuständigkeiten in der Telekommunikation, 1999, S. 202.
[74] Siehe unten 5. Kapitel: III. 1. b).
[75] Gerade die Auseinandersetzung um die Regulierung der VDSL-Infrastrukturen der DTAG (siehe unten 7. Kapitel (Exkurs): I., II. 3.) könnte als Beleg derartiger Befürchtungen dienen; vgl. hierzu auch die Äußerungen des Deutschlandchefs von British Telecom, *Geldmacher*, in Handelsblatt vom 03.01.2008, S. 12.
[76] Vgl. *Paulweber*, Regulierungszuständigkeiten in der Telekommunikation, 1999, S. 203.
[77] Im Fall der VDSL-Infrastrukturen etwa, für die die DTAG eine Regulierungsfreistellung begehrt (siehe unten 7. Kapitel (Exkurs): I.), wurde seitens der Bundesnetzagentur den Anträgen der DTAG nicht entsprochen und stattdessen eine Entscheidung getroffen, die zumindest Kompromisscharakter aufweist; vgl. Bundesnetzagentur, BK 4a-07–002/R, Amtsblatt der Bundesnetzagentur vom 4. Juli 2007, S. 2619 ff.

schrieben.[78] Fraglich bleibt jedoch, ob auch Art. 17 StromhandelsVO bzw. Art. 36 GasRL ein solches kooperatives Verhältnis de lege lata ermöglichen. Kern dieser Fragestellungen ist das Verfahren der Regulierungsfreistellung, das im weiteren Verlauf noch gesondert beleuchtet werden wird.[79] An dieser Stelle soll lediglich geprüft werden, ob ein kooperatives Verhältnis im Sinne einer Gegenkontrolle der Wettbewerbsfragen durch die Wettbewerbsbehörde möglich ist. Art. 17 Abs. 4 StromhandelsVO sowie Art. 36 Abs. 3 GasRL betrauen die Regulierungsbehörde mit der Entscheidung über eine Regulierungsausnahme. Gleichzeitig legen sowohl Art. 17 Abs. 7 StromhandelsVO als auch Art. 36 Abs. 8 GasRL jeweils fest, dass die getroffene Ausnahmeentscheidung zusammen mit allen für die Entscheidung bedeutsamen Informationen unverzüglich an die Kommission zu übermitteln ist. Die Kommission kann infolgedessen gem. Art. 17 Abs. 8 Satz 1 StromhandelsVO bzw. gem. Art. 36 Abs. 9 Satz 1 GasRL verlangen, dass die betreffende Regulierungsbehörde bzw. der betreffende Mitgliedstaat die Entscheidung über die Gewährung der Ausnahme ändert oder widerruft. Die Europäische Kommission ist in dieser Funktion gewissermaßen als europäische Regulierungsbehörde tätig. Gleichzeitig stellt die Europäische Kommission jedoch auch die europäische Wettbewerbsbehörde dar[80], weshalb eine Gegenkontrolle der Entscheidung der mitgliedstaatlichen Regulierungsbehörden unter besonderer Berücksichtigung der wettbewerblichen Aspekte einer Regulierungsfreistellung im bestehenden Rechtsrahmen möglich ist. Ein kooperativ ausgestaltetes Verhältnis steht auch nicht im Widerspruch zu Art. 101 ff AEUV. Die Einhaltung von Art. 101 ff AEUV wird durch ein kooperatives Verhältnis nicht dispensiert. Vielmehr kann gerade gewährleistet und eben auch durch die Kommission als Wettbewerbsbehörde geprüft und sichergestellt werden, dass die Freistellungsmaßnahme mit den Wettbewerbsvorschriften in Einklang steht. Gleichzeitig kann auf diese Weise sichergestellt werden, dass die im Energiesektor in wettbewerbsrechtlichen Konfliktfällen gewonnenen Erkenntnisse in die Freistellungsentscheidung mit einbezogen werden. Durch das beschriebene Kooperationsverhältnis unter Einbeziehung der Europäischen Kommission wird über die Ausführungen zum GWB hinaus[81], auch ein nachträgliches Tätigwerden der nationalen Wettbewerbsbehörde unter Berufung auf

---

[78] Vgl. oben 4. Kapitel: II. 2. a) bb).
[79] Siehe unten 6. Kapitel: I.
[80] In ihrem internen Verwaltungsaufbau verteilt die Europäische Kommission die einzelnen Verwaltungszuständigkeiten auf Generaldirektionen. Für Wettbewerbsfragen liegt die organinterne Zuständigkeit bei der Generaldirektion Wettbewerb. Für den Bereich Energie und damit auch für die Regulierungsfreistellung ist mit der Generaldirektion Energie und Verkehr eine andere Generaldirektion zuständig. Diese interne Zuständigkeitsverteilung steht allerdings einer Kooperation mehrerer Generaldirektionen im Verfahren der Regulierungsausnahme nicht entgegen. Für eine Übersicht über den Kommissionsaufbau siehe http://ec.europa.eu/dgs_de.htm (zuletzt abgerufen am 14.02.08).
[81] Vgl. oben 4. Kapitel: II. 2. a) bb).

Art. 101 ff AEUV ausgeschlossen, da diese in entsprechender Anwendung von Erwägung 17 der KartellverfahrensVO durch die Beteiligung der Europäischen Kommission ihre Zuständigkeit verliert. Dies gilt auch, wenn die Kommission weder Widerruf noch Änderung verlangt, da in diesem Fall immerhin ein willensgetragenes Nichteingreifen der Kommission vorliegt. Aufgenommen wird ein solch kooperatives Verhältnis auch durch das EuG, wenn es grundsätzlich anerkennt, dass bestimmte regulierungsrechtliche Phänomene auch Einfluss auf die Anwendung des allgemeinen Wettbewerbsrechts haben können.[82]

c) Grundsatz des Vertrauensschutzes

Als verbleibende Begründung eines Parallelverhältnisses kommt wiederum wie oben bereits für das grundsätzliche Verhältnis von Regulierungs- und Wettbewerbsrecht ausgeführt jedoch eine zeitliche in Betracht. Im Falle einer Fehleinschätzung böte diese Begründung als einzige die Möglichkeit einer nachträglichen Intervention der Wettbewerbsbehörde. Wie ausgeführt stellt der Missbrauch im objektiven Sinn zwar kein subjektiv vorwerfbar begründetes Unwerturteil dar. Immerhin stellt der Missbrauchsvorwurf jedoch ein Unwerturteil dar, wenn auch orientiert am Prinzip der Wettbewerbsfreiheit. Ein solches Unwerturteil lässt sich im Falle der Regulierungsfreistellungsmaßnahme jedoch nicht begründen. Dem Investor wurde vielmehr durch die gewährte Ausnahmegenehmigung gerade bescheinigt, dass sein Projekt den gesetzlichen Regelungen entspricht und damit keinen Unwert darstellt. Dabei wird im Rahmen von Art. 17 Abs. 1 lit. a) StromhandelsVO sowie Art. 36 Abs. 1 lit. a) GasRL im Freistellungsverfahren auch das Nichtvorliegen einer Wettbewerbsbeschränkung festgestellt.[83] An dieser Stelle muss, auch wenn sich die Einschätzung der Behörde als unzutreffend erweist, der Aspekt des Vertrauensschutzes in besonderer Weise berücksichtigt werden. Aus dem Rechtsstaatsprinzip folgend ist dieser sowohl im deutschen Verfassungsrecht wie auch in der europäischen Rechtsordnung anerkannt. Art. 2 Satz 1 EUV verpflichtet die Europäische Union explizit auf die Wahrung der Rechtsstaatlichkeit. Das Prinzip des Vertrauensschutzes ist wesentliches Element derselben.[84] Schutzwürdiges Vertrauen des Freistellungsbegünstigten könnte verletzt sein, wenn die allgemeine Wettbewerbsbehörde gestützt beispielsweise auf eine etwaige Verletzung von

---

[82] Vgl. in grundsätzlicher Weise EuG »EDP« T-87/05, Slg. 2005, II-3745 (3796, 3799) Rdnr. 116, 126. Das EuG stellt hier ausdrücklich fest, dass bestimmte Ausnahmen nach der GasRL Einfluss auf die Anwendung der Verordnung (EWG) Nr. 4064/89 des Rates vom 21. Dezember 1989 über die Kontrolle von Unternehmenszusammenschlüssen (ABl. 1989 Nr. L 395/1) in der berichtigten (ABl. 1990 Nr. L 257/13) und durch die Verordnung (EG) Nr. 1310/97 des Rates vom 30. Juni 1997 (ABl. 1997 Nr. L 180/1) geänderten Fassung haben, was gegen eine isolierte Betrachtung von Regulierungsausnahmen und Wettbewerbsrecht spricht.
[83] Siehe unten 5. Kapitel: II. 1. b), 3. a).
[84] Calliess in: Calliess/Ruffert, EUV/EGV, 2007, Art. 6 EUV, Rdnr. 29 ff.

Art. 102 AEUV eine nachträgliche Anordnung erlässt, die eine faktische Aufhebung der Regulierungsfreistellung bedeutet. Der Freistellungsverwaltungsakt als solcher wird in dieser Konstellation nicht aufgehoben. Vielmehr wird die wettbewerbsbehördliche Anordnung gestützt auf das allgemeine Wettbewerbsrecht und nicht auf das Regulierungsrechtsregime neben die Freistellung gestellt. Es geht daher auch nicht um eine etwaige Rechtswidrigkeit der Freistellungsentscheidung als solcher, sondern vielmehr um eine nachträglich abweichende Wettbewerbsbewertung durch die allgemeine Wettbewerbsbehörde. Vertrauensschutz schützt allerdings in Gestalt der Bestandskraft, die den »Kristallisationspunkt« des Vertrauensschutzes im Bereich der Exekutive darstellt,[85] nicht nur im Verhältnis zur ursprünglichen handelnden Behörde. In Form der der Bestandskraft innewohnenden Tatbestandswirkung bindet ein Verwaltungsakt, soweit seine Regelung reicht, auch andere Behörden und Staatsorgane.[86] Diese Tatbestandswirkung könnte durch ein nachträgliches Einschreiten der Wettbewerbsbehörde verletzt sein.

aa) Allgemeine Voraussetzungen des Vertrauensschutzes im Unionsrecht
Maßgeblich kann vorliegend allerdings nur ein Vertrauensschutz gegenüber der Europäischen Union sein. Zu denken ist zwar auch an einen Vertrauenstatbestand, der aus dem Tätigwerden der nationalen Regulierungsbehörde folgt. In Anlehnung an die zur Rückforderung unionsrechtswidrig gezahlter Beihilfen entwickelte Dogmatik,[87] könnte sich ein solcher Vertrauenstatbestand grundsätzlich jedoch nicht gegen ein Tätigwerden der Europäischen Kommission als europäische Wettbewerbsbehörde durchsetzen.

Die Gewährung von Vertrauensschutz ist nach der Rechtsprechung des EuGH[88] regelmäßig an drei Voraussetzungen gebunden:

– das (1) Bestehen einer Vertrauenslage,
– die (2) Schutzwürdigkeit des Vertrauens sowie
– das (3) Überwiegen des Individualinteresses gegenüber Unionsinteressen.

---

[85] *Pieroth*, JZ 1984, S. 971 (978).
[86] *Maurer*, Allgemeines Verwaltungsrecht, 2006, § 11, Rdnr. 8; *Wolff/Bach/Stober*, Verwaltungsrecht I, 2007, § 48, Rdnr. 8. Andere Stimmen sehen diese Bindungswirkung bereits ab Wirksamkeit des Verwaltungsakts umfassend gegeben; für weitere Nachweise siehe *Blanke*, Vertrauensschutz im deutschen und europäischen Verwaltungsrecht, 2000, S. 158 ff.
[87] Vgl. mit weiteren Nachweisen *von Wallenberg* in: Grabitz/Hilf, Art. 88 EGV, Rdnr. 93 ff; EuGH »Deutsche Milchkontor« 205–212/82, Slg. 1983, 2633 (2667 ff) Rdnr. 27 ff.
[88] EuGH »Kühn« » C-177/90, Slg. 1992, I-35 (62 f) Rdnr. 13 f; »Irish Farmers Association« C-22/94, Slg. 1997, I-1809 (1839) Rdnr. 25; »Pesquerias De Bermeo & Naviera Laida« C-258/90 & C-259/90, Slg. 1992, I-2901 (2944), Rdnr. 34; »Lubella« C-64/95, Slg. 1996, I-5105 (5138) Rdnr. 31; »Deutschland/Rat« C-280/93, Slg. 1994, I-4973 (5065 f) Rdnr. 79 f; »Frankreich & Irland/Kommission C-296/93 & 307/93, Slg. 1996, I-795 (849 f) Rdnr. 59 ff; »Accrington Beef« C-241/95, Slg. 1996, I-6699 (6731) Rdnr. 33; »Mulder« C-189/89, Slg. 1988, 2321 (2352) Rdnr. 24; »Spagl« C-189/89, Slg. 1990, I-4539 (4577 f) Rdnr. 9; »von Deetzen« C-44/89, Slg. 1991, I-5119 (5154 f) Rdnr. 20.

Nur wenn (1) durch die Union und nicht lediglich durch einen Mitgliedstaat eine Situation geschaffen wurde, die ein berechtigtes Vertrauen im Sinne eines objektiven Vertrauenstatbestands erweckt hat und (2) der Betroffene auf den Fortbestand der rechtlichen Rahmenbedingungen vertrauen darf, i.e. ein subjektiver Vertrauenstatbestand vorliegt, kommt Vertrauensschutz in Betracht. Zu berücksichtigen ist (3) jedoch auch unter diesen Umständen, dass sich eine einzelne Rechtsposition niemals unreflektiert gegen ebenfalls schutzwürdige Rechtspositionen durchsetzen kann. Erforderlich ist daher eine Abwägung mit diesen ebenfalls schutzwürdigen Interessen. Je nach Schutzwürdigkeit der individuellen Rechtsposition kommt im Fall des Überwiegens die Gewährung von Bestandsschutz, der Erlass von Übergangsregelungen oder die Einräumung von Schadensersatzansprüchen in Betracht.

bb) Vertrauensschutz im Treibhausgasemissionshandel als Vergleichsbeispiel

Vergleichbare Fragestellungen des Vertrauensschutzes wurden und werden in jüngerer Zeit im energierechtlichen Bereich auf nationaler Ebene vor allem im Zusammenhang mit der Implementierung des Treibhausgasemissionshandelssystems diskutiert. Hier wurde die Frage aufgeworfen, ob die Einbeziehung von immissionsschutzrechtlich bereits genehmigten Anlagen in das System des Treibhausgasemissionshandels möglicherweise im Widerspruch zum Prinzip des Vertrauensschutzes steht und daher als verfassungswidrig zu verwerfen ist.[89] Entscheidend für die Beantwortung dieser Frage ist die Reichweite der immissionsschutzrechtlichen Genehmigung. Beinhaltet die immissionsschutzrechtliche Genehmigung gleichzeitig auch die Erlaubnis zu einem unbegrenzten und kostenlosen Ausstoß von Treibhausgasen, würde eine nachträgliche Einforderung von Emissionszertifikaten für die bereits genehmigte Tätigkeit den Grundsatz des Vertrauensschutzes verletzen. Steht eine immissionsschutzrechtliche Genehmigung dem Ausstoß von Treibhausgasen hingegen indifferent gegenüber, so kann sie auch kein schutzwürdiges Vertrauen bezüglich des Ausstoßes von Treibhausgasen begründen. Eine nachträgliche Pflicht zur Vorlage einer ausreichenden Menge von Emissionshandelszertifikaten könnte den Grundsatz des Vertrauensschutzes folglich auch nicht verletzen. Dabei wurden im Rahmen der in der Bundesrepublik Deutschland geführten Auseinandersetzung nicht nur der Grundsatz des Vertrauensschutzes, sondern in erster Linie Grundrechte, insbesondere die Eigentumsfreiheit und die Berufsfreiheit, bemüht.[90] Hierzu ist festzustellen, dass in der Rechtsprechung des EuGH dem Grundsatz des Vertrauensschutzes gegenüber den Grundrechten eine eigenständigere Bedeutung zugemessen wird.[91] Unabhängig von einer endgültigen

---

[89] Vgl. *Weidemann*, DVBl. 2004, S. 727 (732); *Frenz*, Natur und Recht 2004, 429 (431f.).
[90] Vgl. BVerwG, NVwZ 2005, S. 1178 (1181f.); VG Würzburg, NVwZ 2005, S. 471 (473ff.).
[91] Vgl. EuGH »Kühn« C-177/90, Slg. 1992, I-35 (62f) Rdnr. 13, 16.

Auflösung dieser dogmatisch geprägten Auseinandersetzung[92] erscheint für den vorliegenden Kontext die Feststellung ausreichend, dass auch der Ansatz des EuGH wie eingangs erwähnt ähnlich einer Verhältnismäßigkeitsprüfung im Rahmen des Grundrechtseingriffs jedenfalls eine Interessensabwägung von Individual- und Unionsinteresse vorsieht, die eine Berücksichtigung aller relevanten Gesichtspunkte ermöglicht. Im Übrigen findet sich im europäischen Recht mit Art. 2 Satz 1 EUV eine direktere Normierung des Grundsatzes der Rechtsstaatlichkeit, die die eigenständigere Betonung des Vertrauensschutzes durch den EuGH erklärt. Eine stärkere Akzentuierung des Vertrauensschutzes bietet hier gegenüber der Position des BVerwG, das das Emissionshandelssystem als Regelung der Benutzung des Eigentums einordnet,[93] sogar den Vorteil, dass sie die Art der Nutzung unabhängiger vom jeweiligen Gehalt des Eigentumsrechts macht, der mitunter nur schwer abzugrenzen ist, und stattdessen an den klar definierten Genehmigungsinhalt anknüpft.

Für den Fall des Treibhausgasemissionshandels ist festzustellen, dass die immissionsschutzrechtliche Anlagengenehmigung keine Stellung zur Treibhausgasemission nimmt. Sie verleiht insbesondere keine Rechte hinsichtlich der Treibhausgasemissionen und damit auch keinen diesbezüglichen Vertrauenstatbestand.[94] Auch gibt es im Immissionsschutzrecht keinen Rechtsgrundsatz, nach dem Rechtspositionen im Falle einer partiellen Neuordnung eines Rechtsgebiets, die nicht in einen vorhandenen genehmigungsrechtlichen Besitzstand eingreift, einem besonderen Vertrauensschutz unterlägen.[95] Dies wird auch durch den EuGH anerkannt.[96] Zu beachten sind allerdings die berechtigten Interessen des Anlagenbetreibers, die zu einem angemessenen Ausgleich gebracht werden müssen. Für das Verhältnis von Treibhausgasemissionshandel und immissionsschutzrechtlicher Genehmigung ist folglich festzustellen, dass durch die immissionsschutzrechtliche Genehmigung kein objektiver Vertrauenstatbestand im Hinblick auf die Pflicht zur Abgabe einer ausreichenden Menge an Treibhausgasemissionszertifikaten geschaffen wurde.

---

[92] Siehe hierzu Schwarz, Vertrauensschutz als Verfassungsprinzip, 2002, S. 231 ff; Calliess in: Calliess/Ruffert, EUV/EGV, 2007, Art. 6, Rdnr. 29 ff; *Pieroth*, Rückwirkung und Übergangsrecht, 1981, S. 79 ff, 279 ff; ders./Schlink, Grundrechte, 2009, Rdnr. 305.
Die Literatur und auch das BVerfG scheinen allerdings neben dem aus den Grundrechten folgenden Vertrauensschutz subsidiär auch einen genuin rechtsstaatlich zu begründenden Vertrauensschutz anzuerkennen; vgl. BVerfGE 13, 261 (271); 13, 215 (224); wobei die jüngere Rechtsprechung des BVerfG für die verbleibenden Restbereiche auch auf die Möglichkeit einer Verortung in Art. 2 Abs. 1 GG hindeutet, vgl. BVerfGE 74, 129 (148); 97, 271 (285).
[93] BVerwG, NVwZ 2005, S. 1178 (1182).
[94] BVerwG, NVwZ 2005, S. 1178 (1182).
[95] Vgl. BVerfGE 31, 270 (274 f); 83, 201 (212); BVerwG, NVwZ 2004, S. 1246; BVerwGE 65, 313 (317).
[96] EuGH »Eridania« 230/78, Slg. 1979, 2749 (2768) Rdnr. 20 ff; »Faust« 52/81; Slg. 1982, 3745 (3762 f) Rdnr. 27.

cc) Vertrauensschützende Wirkung der Freistellungsentscheidung

Übertragen auf das Verhältnis zwischen Regulierungsfreistellungsmaßnahme und allgemeinem Wettbewerbsrecht führen diese Grundsätze freilich zu entgegengesetzten Schlüssen. Ein etwaiger nachträglicher wettbewerbsrechtlicher Eingriff erfolgt gerade nicht auf Basis einer partiellen Neuregelung. Die wettbewerbsrechtlichen Aspekte existieren vielmehr bereits zum Zeitpunkt der Entscheidung über eine Regulierungsfreistellungsmaßnahme. Verändern kann sich nachträglich allein die Einschätzung des Marktverhaltens und der Marktstrukturen im Sinne eines subjektiven Kriteriums oder die Marktstruktur oder das Marktergebnis im Sinne eines objektiven Kriteriums. Das Prinzip des Vertrauensschutzes soll jedoch in seiner Ausprägung gegenüber Exekutivorganen gerade Sicherheit vor Negativfolgen veränderter Sachverhaltsbewertungen durch Exekutivorgane bieten. Anders als im Verhältnis von immissionsschutzrechtlicher Genehmigung und Zertifikatabgabepflicht besteht im Falle einer Regulierungsfreistellungsmaßnahme im Hinblick auf einen nachträglichen wettbewerbsrechtlichen Eingriff auch ein objektiver Vertrauenstatbestand. Maßgeblich sind in diesem Zusammenhang der Zuständigkeitsbereich und das Prüfprogramm der Regulierungsbehörde. Hier finden sich enge Berührungspunkte zu den oben ausgeführten Argumenten einer systematischen Auslegung. Eine Regulierungsfreistellung wird sowohl im Elektrizitäts- als auch im Gasbereich nur gewährt, wenn keine negativen Wettbewerbseffekte zu erwarten sind. Art. 17 Abs. 1 lit. a), f) StromhandelsVO sowie Art. 36 Abs. 1 lit. a), e) GasRL legen fest, dass freigestellte Investitionen den Wettbewerb verbessern müssen und dass die Freistellungen als solche weder nachteilige Auswirkungen auf den Wettbewerb noch das Funktionieren des Binnenmarktes haben dürfen. Unabhängig davon wie diese Vorgaben exakt auszulegen sind,[97] wird deutlich, dass Wettbewerbsaspekte wesentlicher Bestandteil der Regulierungsfreistellung sind. Wie noch gezeigt werden wird, entspricht ein Teil der Prüfung der Tatbestandsvoraussetzungen von Art. 17 Abs. 1 lit. a) StromhandelsVO sowie Art. 36 Abs. 1 lit. a) GasRL der Prüfung des Fehlens von Wettbewerbsbeschränkungen im Rahmen von Art. 101 und 102 AEUV. Folglich wird beim Investor nicht nur die Erwartung geweckt, sondern vielmehr eine Rechtsposition[98] geschaffen, nach der die in Rede stehende Infrastrukturmaßnahme im Einklang mit den Anforderungen an einen funktionsfähigen Wettbewerb steht. Auf den inhaltlichen Umfang der Freistellung bezogen besteht damit ein objektiver Vertrauenstatbestand. Es handelt sich hierbei auch nicht um einen nur durch mitgliedstaatliche Behörden geschaffenen Vertrauenstatbestand. Vielmehr ist wie

---
[97] Siehe unten 5. Kapitel: II.
[98] Ausführungen zu den Grundlagen und Konsequenzen dieser maßgeblichen Differenzierung finden sich bei *Schwarz*, Vertrauensschutz als Verfassungsprinzip, 2002, S. 39 ff. Siehe auch BVerfGE 15, 313 (324); 38, 61 (83); 68, 193 (222).

ausgeführt die Europäische Kommission am Verfahren der Freistellungsentscheidung beteiligt und prüft auch die maßgeblichen Wettbewerbsfragen.[99] Der Umstand, dass in der Geschäftsverteilung der Kommission mit der Generaldirektion Energie und der Generaldirektion Wettbewerb je nach interner Verwaltungsorganisation möglicherweise zwei Generaldirektionen zuständig sind, vermag daran nichts zu verändern. Auch wenn intern ein System vielfältiger Ermächtigungen und Delegationen eingreift,[100] handelt die Europäische Kommission nach außen gem. Art. 1 der Geschäftsordnung der Europäischen Kommission[101] dennoch als Kollegialorgan. Damit besteht in Gestalt der Bestandskraft im engeren Sinn eine Vertrauenslage auch und gerade gegenüber der Europäischen Union.

Schutzwürdig ist das geweckte Vertrauen, wenn der Betroffene auf den Fortbestand der rechtlichen Rahmenbedingungen vertrauen darf. Dies richtet sich danach, ob es sich um eine bloße Erwartung oder um eine verfestigte Rechtsposition handelt. Die Regulierungsausnahme weckt nicht nur die Erwartung, dass das freigestellte Projekt, mit den Anforderungen eines funktionsfähigen Wettbewerbs im Einklang steht. Vielmehr stellt sie dies gerade fest. Die Feststellung erfolgt auch nicht etwa als bloßer Randpunkt der Prüfung. Die Auswirkungen einer Freistellung auf den Wettbewerb stehen vielmehr im Zentrum der Prüfung. Dies wird allein schon daraus deutlich, dass zwei von fünf bzw. sechs der im Rahmen der gem. Art. 36 Abs. 1 GasRL bzw. Art. 17 Abs. 1 StromhandelsVO zu prüfenden Voraussetzungen Wettbewerbsfragen betreffen und diese Prüfung, wie sich aus der Entstehungsgeschichte der Normen ergibt,[102] auch regelmäßig eher restriktiv verlaufen wird.

(a) Zulässigkeit eines Widerrufsvorbehalts als Mittel zur Einschränkung des Vertrauensschutzes nach deutschem Recht
Eine Einschränkung der Schutzwürdigkeit des Vertrauens könnte allerdings aus einem ausdrücklichen Verweis in der Freistellungsentscheidung auf die Möglichkeit eines nachträglichen Einschreitens der allgemeinen Wettbewerbsbehörde folgen. Ein derartiger Verweis stellt einen Vorbehalt bezogen auf die Regulierungsfreistellung dar. Ein solcher Vorbehalt steht jedoch nicht im freien Ermessen der handelnden Behörde. Im deutschen Verwaltungsrecht ist dabei zwischen Verwaltungsakten zu differenzieren, auf deren Erlass ein Anspruch besteht (gebundenen Verwaltungsakten) und solchen auf deren Erlass kein Anspruch besteht (nicht gebundenen Verwaltungsakten). Im ersten Fall dient der

---

[99] An einer solchen Beteiligung von Unionsorganen fehlte es in der Rechtssache »VEMW« gerade, weshalb hier kein schutzwürdiges Vertrauen entstehen konnte; vgl. EuGH »VEMW« C-17/03, Slg. 2005, I-4983 (5042f) Rdnr. 74f.
[100] Vgl. Ruffert in: Calliess/Ruffert, EUV/EGV, 2007, Art. 219, Rdnr. 1.
[101] ABl. 2000 Nr. L 308/26.
[102] Vgl. oben 4. Kapitel: I. 1.

Vorbehalt allein der Sicherstellung der gesetzlichen Voraussetzungen des Verwaltungsakts. Im zweiten Fall hat die Behörde eine pflichtgemäße Ermessensentscheidung zu treffen, wobei ein Vorbehalt vom Zweck der gesetzlichen Gesamtregelung getragen sein muss.[103] Dabei kann eine bloße erwartete zukünftige Änderung der tatsächlichen Verhältnisse keine ausreichende Begründung eines Vorbehalts sein.[104] Bei der Entscheidung über eine Regulierungsfreistellung handelt es sich um eine gebundene Entscheidung. Sind die tatbestandlichen Voraussetzungen einer Freistellung erfüllt, ist diese zu gewähren. Allenfalls bei der Beurteilung einzelner Tatbestandsvoraussetzungen, zu denken ist hier gerade an die die Wettbewerbsfragen regelnden Tatbestandsvoraussetzungen, kann der Behörde ein Ermessen im Sinne eines Prognosespielraums eingeräumt werden. Ein Vorbehalt gegründet auf dieses Prognoseermessen müsste nach den aufgezeigten Kriterien dem Zweck der gesetzlichen Gesamtregelung dienen. Dies gilt jedoch im Falle der Regulierungsfreistellung gerade nicht, da deren Zweck, die Förderung von Investitionen in neue grenzüberschreitende Infrastrukturkapazitäten, nur bei ausreichender Investitionssicherheit, die durch Rechtssicherheit bedingt ist, erreicht werden kann. Diese Rechtssicherheit geht jedoch durch ein drohendes nachträgliches Einschreiten der Wettbewerbsbehörde verloren.

(b) Zulässigkeit eines Widerrufsvorbehalts als Mittel zur Einschränkung des Vertrauensschutzes nach Unionsrecht
Für das Unionsrecht dürften keine anderen Kriterien gelten. In gleicher Weise wie die deutsche Dogmatik differenziert auch der EuGH zwischen dem Widerruf rechtmäßiger begünstigender Verwaltungsakte und rechtswidriger Verwaltungsakte. Wenn auch die begriffliche Differenzierung zwischen Widerruf rechtmäßiger und Rücknahme rechtswidriger Verwaltungsakte nicht vorgenommen wird, sieht auch der EuGH grundsätzlich nur rechtwidrige Verwaltungsakte und nicht rechtmäßige begünstigende Verwaltungsakte als widerrufsfähig an bzw. legt im Falle rechtmäßiger Verwaltungsakte einen wesentlich strengeren Maßstab an. Dies entspricht weitgehend der deutschen Regelung der §§ 48, 49 VwVfG.[105] Vorliegend von Interesse ist wie ausgeführt allein die Widerrufsfähigkeit rechtmäßiger Verwaltungsakte im Sinne eines nachträglichen Eingriffs in die Tatbestandswirkung durch eine abweichende Anordnung seitens der allgemeinen Wettbewerbsbehörde. Der Gerichtshof sieht hier grund-

---

[103] Vgl. *Blanke*, Vertrauensschutz im deutschen und europäischen Verwaltungsrecht, 2000, S. 208 f; *Bronnenmeyer*, Der Widerruf rechtmäßiger begünstigender Verwaltungsakte nach § 49 VwVfG, 1994, S. 91 f.
[104] BVerwG, NJW 1990, S. 2773.
[105] Mangels primärrechtlicher Regelung bezüglich des Widerrufs von Verwaltungsakten stützt der EuGH sein Ergebnis sogar ausdrücklich auf eine rechtsvergleichende Untersuchung in den Mitgliedstaaten; EuGH »Algera« 7/56, 3–7/57, Slg. 1957, 83 (118).

sätzlich nicht einmal Anlass zu einer Abwägung der verschiedenen Interessen im Einzelfall. Lediglich in bestimmten Ausnahmefällen, wozu ein ausdrücklicher Widerrufsvorbehalt zählt, ist hier nach entsprechender Interessensabwägung auch der Widerruf eines rechtmäßigen begünstigenden Verwaltungsaktes möglich.[106]

Damit entfiele grundsätzlich auch der Raum für eine Prüfung eines das Unionsinteresse überwiegenden Individualinteresses als Voraussetzung für Vertrauensschutz und dieser würde bereits a priori bestehen. Etwas anderes könnte wiederum nur im Falle eines ausdrücklichen Widerrufsvorbehalts gelten, der in einem ausdrücklichen Hinweis auf die Möglichkeit eines nachträglichen Einschreitens der allgemeinen Wettbewerbsbehörde in der Freistellungsentscheidung begründet sein könnte. Zu prüfen ist daher, ob im Falle eines solchen Vorbehalts das Unionsinteresse das Individualinteresse tatsächlich überwiegt und ob ein solcher Widerrufsvorbehalt überhaupt zulässig ist. Bei der Abwägung der widerstreitenden Interessen spielt wie angedeutet der Verhältnismäßigkeitsgrundsatz eine entscheidende Rolle. Auf Seiten der Union ist hier neben dem Interesse an einem funktionsfähigen Wettbewerb vor allem die Gewährleistung dauerhafter Versorgungssicherheit in den Bereichen Strom und Gas in die Abwägung einzustellen. Versorgungssicherheit und Wettbewerb stehen in dieser Abwägung nicht widerspruchsfrei zueinander, sondern müssen auch intern in Teilbereichen gegeneinander abgewogen werden. Individualinteresse des Regulierungsfreistellungsbegünstigten ist sein Interesse an kalkulierbaren und ausreichend hohen Investitionsrückflüssen. Bei oberflächlicher Betrachtung könnte man dem Wettbewerbsinteresse der Union hier den Vorrang einräumen. Beachtet man jedoch, dass auf Seiten der Union auch noch die Versorgungssicherheit steht und die zu deren Verbesserung freigestellten Objekte eben nur unter der Bedingung kalkulierbarer Investitionssicherheit errichtet werden, verschieben sich die Gewichte.[107] Auch muss bezogen auf das Interesse der Union an einem funktionsfähigen Wettbewerb die Befristung der Freistellung berücksichtigt werden. Art. 17 Abs. 4 UAbs. 3, Abs. 7 lit. c) StromhandelsVO sowie Art. 36 Abs. 6 UAbs. 2, Abs. 8 lit. c) GasRL normieren ausdrücklich die jeweilige Befristung der Freistellung und bleiben diesbezüglich dem Grundansatz der *Access Holidays* treu. Dies führt dazu, dass nachträglich entstehende Wettbewerbsbedenken jedenfalls nur zeitlich befristet bestehen können. Vor allem aber muss nochmals darauf hingewiesen werden, dass Wettbewerbsfragen wie beschrieben schon bei der Genehmigung der Regulierungsausnahme nicht nur berücksichtigt, sondern mit erheblicher Gewichtung geprüft wurden. Darüber

---

[106] Vgl. *Schwarze*, Europäisches Verwaltungsrecht, 2005, S. 957.
[107] Die Bedeutung des Vertrauensschutzes im Falle von Risikoinvestitionen mit anfänglicher Unsicherheit heben auch *Talus/Wälde*, CRNI 2006, p. 355 (375f) hervor. Wenn sie gleichzeitig für eine Anwendung des Wettbewerbsrechts plädieren, spricht dies für ein Vorgehen in der hier vorgeschlagenen Weise.

hinaus ist schon die Zulässigkeit eines ausdrücklichen Vorbehalts mehr als fraglich. Eine ausdrückliche Auseinandersetzung der Unionsgerichte mit der Frage nach der Zulässigkeit eines Widderrufsvorbehalts in Fällen begünstigender Verwaltungsakte ist nicht ersichtlich. Wie im deutschen Recht dürfte ein Vorbehalt jedoch nicht in Frage kommen, wenn der Betroffene einen Anspruch auf Erlass des entsprechenden Verwaltungsaktes hat.[108] Bezogen auf die Regulierungsfreistellung besteht ein solcher Anspruch wie ausgeführt, wenn die Tatbestandsvoraussetzungen der Freistellung erfüllt sind. Ermessen besteht lediglich im Sinne eines Prognosespielraums bezüglich der Wettbewerbsvoraussetzungen. Hiermit einen Vorbehalt zu begründen, würde allerdings den Zweck der Freistellung wie dargestellt konterkarieren.

(c) Vertrauensschutz am Beispiel des BritNed-Interkonnektors
Auch das Beispiel des *BritNed*-Interkonnektors zwischen dem Vereinigten Königreich und den Niederlanden[109] lässt sich kaum für einen Vorbehalt zugunsten des allgemeinen Wettbewerbsrechts in Stellung bringen. Die endgültige Freistellungsentscheidung der britischen Regulierungsbehörde ofgem vom 15. November 2007 statuiert bezüglich eines möglichen Widerrufs, dass ein solcher möglich ist, wenn *BritNed* einer Verletzung nationalen oder Unionswettbewerbsrechts überführt wird. Als Widerrufsbehörde wird die Regulierungsbehörde genannt. Jedenfalls die Europäische Kommission könnte bei einem wirksamen Vorbehalt die Freistellung jedoch auch als Wettbewerbsbehörde widerrufen. Der verbindliche englische Text gebraucht die Formulierung »is found to be«.[110] Der Gebrauch des Präsens anstelle des Präteritums lässt hier darauf schließen, dass es sich bei den Verstößen um Verhaltensweisen handelt, die nicht Gegenstand der Freistellungsentscheidung sind. Diesbezüglich ist selbstredend ein Vorbehalt zulässig. Vielmehr könnte sogar ohne einen entsprechenden Vorbehalt kaum ein schutzwürdiges Vertrauen bestehen. Der Vertrauenstatbestand kann vielmehr nicht weiter reichen als der Inhalt der Freistellung. Für alle nicht durch die Regulierungsfreistellung geregelten wettbewerbsrechtlichen Fragestellungen bleiben die Wettbewerbsregeln der Union auch nachträglich und auch durch die Wettbewerbsbehörde umfassend anwendbar. So schreitet die allgemeine Wettbewerbsbehörde selbstredend gegen nachträgliche wettbewerbswidrige Vereinbarungen der freistellungsbegünstigten Unternehmen ein, selbst wenn Gegenstand dieser Vereinbarungen etwa die Nutzung der freigestellten

---

[108] Vgl. *Schwarze*, Europäisches Verwaltungsrecht, 2005, S. 981.
[109] Siehe unten ausführlicher 5. Kapitel: II. 1. c) aa) (c).
[110] Ofgem, Amendment to the exemption order issued to BritNed Development Ltd (»BritNed«) under condition 12 of the electricity interconnector licence granted to BritNed in respect of the BritNed interconnector from 15 November 15.11. 2007, abrufbar unter http://ec.europa.eu/energy/electricity/infrastructure/doc/BritNed_decision_ofgem.pdf (zuletzt abgerufen am 31.03.08).

152   *4. Kapitel: Einordnung in den europäischen und nationalen Rechtsrahmen*

Infrastruktur ist. Auch Unternehmenszusammenschlüsse, in die die freigestellte Infrastruktur einbezogen wird, unterliegen der herkömmlichen Zusammenschlusskontrolle. Hier ist auch denkbar, dass mit einem Zusammenschlussvorhaben in Zusammenhang stehende Auflagen in den Freistellungsinhalt eingreifen, da der Zusammenschluss im Belieben der beteiligten Unternehmen steht. Auf diese Weise ausgelegt sind auch die genannten Verlautbarungen der Europäischen Kommission zum Verhältnis der Regulierungsfreistellung zum allgemeinen Wettbewerbsrecht[111] gegen jede Kritik erhaben. Handlungsanweisung an den Freistellungspetenten muss daher sein, den Freistellungsantrag möglichst detailliert auszugestalten, um einen möglichst weitreichenden Freistellungstatbestand schaffen zu können. Ist der Freistellungsinhalt hingegen begrenzt, besteht sachlogisch ein größerer Raum für Eingriffe der Wettbewerbsbehörde.

3. Zwischenergebnis

Zusammenfassend lässt sich folglich feststellen, dass die Funktionsfähigkeit des Instruments der Regulierungsfreistellung in erheblichem Umfang von einer Integration der Wettbewerbsbehörden in das Verfahren der Regulierungsfreistellungsmaßnahme abhängig ist. Ein einfaches Parallelverhältnis zwischen Regulierungs- und Wettbewerbsbehörde konterkariert die Rechtssicherheit und damit die Investitionssicherheit des Investors. Abhängig vom Umfang der gewährten Regulierungsausnahme und der damit verbundenen Wahrscheinlichkeit und Intensität eines nachträglichen wettbewerbsbehördlichen Eingriffs können Regulierungsfreistellungen durch ein Parallelverhältnis wirtschaftlich völlig entwertet werden und damit in letzter Konsequenz auch ihren Anwendungsbereich verlieren. Ein Kooperationsverhältnis von Regulierungs- und Wettbewerbsbehörde im Sinne einer einvernehmlichen Entscheidung bezogen auf die wettbewerblichen Voraussetzungen beugt dieser Gefahr effektiv vor und ermöglicht dennoch eine wettbewerbsrechtliche Gegenkontrolle der Regulierungsbehörde. § 58 Abs. 1 EnWG und das Letztentscheidungsrecht der Europäischen Kommission ermöglichen ein Kooperationsverhältnis. Auch Konflikte mit dem Grundsatz des Vertrauensschutzes können durch eine kooperative Verfahrensgestaltung vermieden werden. Durch das Widerrufs- und Änderungsrecht der Kommission im Rahmen des Genehmigungsverfahrens der Regulierungsausnahme ermöglicht der existierende Rechtsrahmen de lege lata ein

---

[111] Europäische Kommission, Vermerk der GD Energie und Verkehr zu den Richtlinien 2003/54/EG und 2003/55/EG und der Verordnung (EG) Nr. 1228/2003 im Elektrizitäts- und Erdgasbinnenmarkt – Ausnahmen von bestimmten Bestimmungen der Regelung des Netzzugangs Dritter vom 30.01.2004, S. 8; abrufbar unter http://ec.europa.eu/energy/electricity/legislation/doc/notes_for_implementation_2004/exemptions_tpa_de.pdf (zuletzt abgerufen am 11.08.08).

solches Kooperationsverhältnis. Ein solch kooperativ gestaltetes Verfahren ohne nachträgliche Interventionsmöglichkeit führt die Regulierungsfreistellungsmaßnahme und das bestehende Wettbewerbsrecht harmonisch zusammen. Der bestehende Rechtsrahmen ermöglicht grundsätzlich eine umfassende Prüfung der wettbewerbsrechtlichen Fragen im Verfahren der Regulierungsfreistellung. Die Prüfung ist folglich auch an dieser Stelle vorzunehmen. Eine nachträgliche Intervention der Wettbewerbsbehörde ist im Regelungsbereich der Regulierungsausnahme auf diese Weise auszuschließen. Die Einschätzung der Kommission, dass eine nachträgliche Intervention der Wettbewerbsbehörden trotz bestehender Regulierungsausnahme möglich sein soll, kann daher nur geteilt werden, soweit die beschriebene restriktive Auslegung herangezogen wird.

III. Programm Transeuropäische Netze – Energie (TEN-E)

Im Zusammenhang mit dem vorhandenen Rechtsrahmen ist auch auf vorhandene Instrumente zur Infrastruktursicherung und -ausbauförderung im weiteren Sinn einzugehen. Wären in diesem Bereich bereits ausreichende Instrumente vorhanden, könnte auf die Möglichkeit der Regulierungsfreistellung möglicherweise verzichtet werden. Prominent in den Fokus rückt hier vor allem das Programm Transeuropäische Netze. Titel XVI des AEUV trägt der Union gem. Art. 170 ff AEUV auf, einen Beitrag zum Auf- und Ausbau transeuropäischer Netze in den Bereichen der Verkehrs-, Telekommunikations- und Energieinfrastruktur zu leisten. Ziel des Tätigwerdens der Union soll es gem. Art. 170 Abs. 2 AEUV sein, den Verbund und die Interoperabilität der einzelstaatlichen Netze sowie den Zugang zu denselben zu fördern. Gegenstand der Transeuropäischen Netze sind damit nicht nur, jedoch vor allem grenzüberschreitende Projekte. Damit treffen sie mit grenzüberschreitenden Energieinfrastrukturen den Kern der vorliegenden Bearbeitung.

1. Hilfscharakter der Transeuropäischen Energienetze (TEN-E)

Allerdings legt bereits die Verwendung des Verbs »beitragen« in Art. 170 Abs. 1 AEUV die Vermutung nahe, dass es sich nicht um ein umfassendes Investitionsprogramm im Sinne einer Errichtung bestimmter Infrastrukturprojekte durch die Europäische Union als Hauptfinanzierungs- oder gar Projektverantwortliche handelt, sondern vielmehr um ein Unterstützungsinstrument. Diese Auslegung des Vertragstextes wird durch die bestehende Praxis des Programms Transeuropäische Netze bestätigt.

a) Finanzvolumen der einzelnen TEN-Bereiche

Zu trennen ist zunächst zwischen den verschiedenen Teilbereichen des Programms Transeuropäische Netze: Wie eingangs erwähnt soll der Infrastrukturausbau in den Bereichen Verkehr, Energie und Telekommunikation gefördert werden. Art. 170 Abs. 1 AEUV erwähnt die drei genannten Bereiche dabei in gleichrangiger Form. In der Realität weist die Ausgestaltung des Programms transeuropäische Netze in den verschiedenen Bereichen jedoch erhebliche Unterschiede auf. So werden die Bereiche Verkehr, Energie und Telekommunikation nicht gleichrangig unterstützt und gefördert, sondern vielmehr in einem Stufenverhältnis. Die weitaus größte Bedeutung kommt der Säule der transeuropäischen Verkehrsnetze (TEN-V) zu. Es folgen die transeuropäischen Energienetze und schließlich die Telekommunikationsnetze. Allerdings darf im Bereich der Telekommunikationsnetze nicht übersehen werden, dass die Europäische Union diesen Bereich unter dem Stichwort der Informationsgesellschaft zusätzlich gesondert erfasst. Dennoch bleibt festzustellen, dass im Rahmen des konkreten Programms transeuropäische Netze dem Telekommunikationsbereich insbesondere kein eigenes Budget zukommt, was ihn von den Bereichen Verkehr und Energie unterscheidet und die oben vorgenommene Reihung erklärt.[112] Wendet man dieses finanzielle Kriterium auch auf die verbleibenden Bereiche Energie und Verkehr an, so ergeben sich mit deutlichem Abstand als bedeutendster Bereich die transeuropäischen Verkehrsnetze und von mittlerer Priorität die transeuropäischen Energienetze. Für den Zeitraum 2007–2013 sind als Unionszuschüsse für transeuropäische Verkehrsnetze maximal 8,013 Milliarden € festgesetzt, während auf den Bereich der TEN-E mit 155 Millionen € nur 1,9% des gesamten Zuschussvolumens von 8,168 Milliarden € entfallen.[113] Angesichts eines von der Europäischen Union selbst geschätzten Investitionsbedarfs zur Fertigstellung des transeuropäischen Verkehrsnetzes in Höhe von 600 Milliarden € in den Jahren 2007–2020, hiervon allein 160 Milliarden € für im Zeitraum 2007–2013 als vorrangig eingestufte Projekte,[114] sowie angesichts des bereits erwähnten geschätzten Investitionsbedarfs von 28–30 Milliarden € für die vorrangigen Projekte im Rahmen der transeuropäischen Energienetze[115] nehmen sich diese Beträge mit 5 oder gar nur 0,5% des Investitionsvolumens

---

[112] Vgl. Entscheidung Nr. 1336/97/EG des Europäischen Parlaments und des Rates vom 17. Juni 1997 über Leitlinien für transeuropäische Telekommunikationsnetze, ABl. 1997 Nr. L 183/12, geändert durch Entscheidung Nr. 1376/2002/EG des Europäischen Parlaments und des Rates vom 12. Juli 2002, ABl. 2002 Nr. L 200/1.

[113] Art. 18 Abs. 1 Verordnung (EG) Nr. 680/2007 des Europäischen Parlaments und des Rates vom 20. Juni 2007 über die Grundregeln für die Gewährung von Gemeinschaftszuschüssen für transeuropäische Verkehrs- und Energienetze, ABl. 2007 Nr. L 162/1.

[114] Vgl. VO (EG) Nr. 680/2007 Erwägung 4; ABl. 2007 Nr. L 162/1 i. V. m. Entscheidung Nr. 1692/96/EG, ABl. 1996 Nr. L 228/1.

[115] Vgl. Europäische Kommission, Transeuropäische Netze: Entwicklung eines integrierten Konzepts, KOM(2007) 135 endg., S. 6; dies., Vorrangiger Verbundplan, KOM(2006)

eher moderat und für die TEN-E besonders bescheiden aus und verdeutlichen, dass es sich bei dem Programm transeuropäische Netze in der Realität eben nicht um ein umfassendes Investitionsprogramm handelt.

b) Maßnahmenprogramm im Bereich der TEN-E

Dies zeigt auch der Rechtsrahmen der transeuropäischen Netze als solcher bereits auf. Gem. Art. 171 Abs. 1 Spiegelstrich 2 AEUV werden zur Verwirklichung eines transeuropäischen Infrastrukturnetzes in den erfassten Bereichen technische Normen harmonisiert. Ferner arbeiten die Mitgliedstaaten gem. Art. 171 Abs. 2 AEUV zur Verwirklichung der Ziele des Art. 170 AEUV im Sinne einer verstärkten Koordination untereinander oder gem. Art. 171 Abs. 3 AEUV die Union auch mit dritten Ländern zusammen, i.e. die Verwirklichung transeuropäischer Netze wird, was die genannten Vorschriften betrifft, vor allem durch eine verbesserte und abgestimmtere Politik angestrebt. Finanzielle Maßnahmen werden hingegen ausschließlich von Art. 171 Abs. 1 Spiegelstrich 3 AEUV erfasst. Die Aufzählung der dort genannten Maßnahmen ist zwar nicht abschließend, unterstreicht jedoch mit den genannten Durchführbarkeitsstudien, Anleihebürgschaften oder Zinszuschüssen den Anschub- und Entwicklungscharakter des Instruments. Hierfür spricht auch, dass Art. 171 Abs. 1 Spiegelstrich 3 Halbsatz 2 AEUV für spezifische Verkehrsinfrastrukturvorhaben gesondert die Möglichkeit einer finanziellen Förderung aus Mitteln des nach Art. 177 AEUV errichteten Kohäsionsfonds erwähnt. Hieraus wird deutlich, dass derartige, volumenmäßig regelmäßig größere Fördermaßnahmen einerseits nicht von Art. 171 Abs. 1 Spiegelstrich 3 Halbsatz 1 AEUV abgedeckt sind und sich ausschließlich auf Verkehrsinfrastrukturvorhaben und gerade nicht auf Energieinfrastrukturen erstrecken. Diesen Charakter bestätigen auch die Sekundärrechtsakte. Art. 6 VO (EG) Nr. 680/2007 über die Grundregeln für die Gewährung von Unionszuschüssen für transeuropäische Verkehrs- und Energienetze regelt die Formen und Modalitäten des Unionszuschusses. Demnach sind neben Studienzuschüssen, Darlehenszinszuschüssen, Kreditsicherungsgarantien oder Risikokapitalbeteiligungen an Investitionsfonds zur Bereitstellung von Risikokapital für privatwirtschaftliche Vorhaben im Bereich der transeuropäischen Netze auch Zuschüsse direkt zu den Arbeiten möglich. Während jedoch Studien gem. Art. 6 Abs. 2 lit. a) VO (EG) Nr. 680/2007 mit bis zu 50% der zuschussfähigen Kosten bezuschusst werden können, gilt für die Arbeiten im Bereich der TEN-E gem. Art. 6 Abs. 2 lit. b) ii) VO (EG) Nr. 680/2007 eine Obergrenze von 10% der zuschussfähigen Kosten. Risikokapitalbeteiligungen an Investitionsfonds sind gem. Art. 6 Abs. 1 lit. e) i.V.m. Art. 18 VO (EG) Nr. 680/2007 für den Energiebereich mit einem Prozent der bereitstehenden

---

846 endg., S. 5; VO (EG) Nr. 680/2007 Erwägung 10, ABl. 2007 Nr. L 162/1 i.V.m Entscheidung Nr. 1364/2006/EG, ABl. 2006 Nr. L 262/1.

Haushaltsmittel auf 1,55 Millionen € beschränkt. Im Übrigen sollen Unionszuschüsse für den Aufbau und die Unterhaltung der Energieinfrastruktur generell eine strikte Ausnahme darstellen.[116] Aus den beschriebenen Zuschussformen und Obergrenzen in der Bezuschussung wird sehr deutlich, dass es sich zumindest bei den TEN-E nicht um ein umfassendes Investitionsprogramm handelt, zumal hier auch die zusätzliche Möglichkeit der Bezuschussung aus Mitteln des Kohäsionsfonds gem. Art. 171 Abs. 1 Spiegelstrich 3 Halbsatz 2 i. V. m. Art. 177 AEUV fehlt. Was den Investitionsförderungscharakter angeht, stellen die TEN-E damit allenfalls einen Investitionshebel dar, wobei auch dessen Effektivität aufgrund der Mittelbeschränkung von 155 Millionen € für die gesamte Europäische Union und einen Zeitraum von 7 Jahren mehr als fraglich sein dürfte.

2. Planungsfunktion des Programms Transeuropäische Energienetze (TEN-E)

a) TEN-E als fachliche Bedarfsplanung auf europäischer Ebene

Dem Programm Transeuropäische Energienetze (TEN-E) kommt jedoch auf anderem Gebiet eine weiter reichende Bedeutung zu. So stellen die im Rahmen der Leitlinien zu den transeuropäischen Energienetzen als Vorhaben von gemeinsamem Interesse ausgewiesenen Projekte ein bedeutendes Planungsinstrument für den Ausbau eines grenzüberschreitenden Energieinfrastrukturnetzes dar.[117] Diese Ausweisung von Vorhaben von gemeinsamem Interesse ist die wohl bedeutendste Funktion der transeuropäischen Netze. Zum einen, da nur als Vorhaben von gemeinsamen Interesse identifizierte Projekte von den oben erwähnten Fördermöglichkeiten profitieren können, und zum anderen, da die Leitlinien auf europäischer Ebene die zur Verwirklichung eines transeuropäischen Energienetzes erforderliche fachliche Bedarfsplanung darstellen.[118] Dabei muss allerdings darauf hingewiesen werden, dass die Planungsfunktion der Leitlinien zur Verwirklichung eines transeuropäischen Energienetzes gerade keine hoheitliche Wissensanmaßung notwendiger Infrastrukturinvestitionen im oben kritisch betrachteten Sinn[119] darstellt. Die Leitlinien zu den transeuropäischen Energienetzen definieren die Vorhaben von gemeinsamem Interesse nicht im Sinne einer reißbrettartigen Festlegung etwa seitens der Europäischen

---

[116] Entscheidung Nr. 1364/2006/EG des Europäischen Parlaments und des Rates vom 6. September 2006 zur Festlegung von Leitlinien für die transeuropäischen Energienetze und zur Aufhebung der Entscheidung 96/391/EG und der Entscheidung 1229/2003/EG Erwägungsgrund 4, ABl. 2006 Nr. L 262/1 ff.
[117] *Wahl*, Europäisches Planungsrecht, FS-Blümel, 1999, S. 617 (627).
[118] *Hermes* in: Schneider/Theobald, Handbuch zum Recht der Energiewirtschaft, 2003, S. 266 f sowie grundlegend zu den planerischen Anforderungen bei der Errichtung von Energieversorgungsnetzen S. 247 ff.
[119] Vgl. oben 3. Kapitel: II. 4. b).

Kommission, sondern vielmehr auf Basis der Planungen und Prioritätsvorstellungen der Mitgliedstaaten. Diese beziehen regelmäßig die Erkenntnisse der einzelnen Energieversorgungsunternehmen und Netzbetreiber mit ein und heben diese mit dem Instrument der transeuropäischen Energienetze auf eine übergeordnete europäische Ebene. Dass dennoch ein hoheitliches Planungselement vorhanden sein muss, leuchtet ein. Nur ein Planungsprozess kann abzuwägende öffentliche und drittbezogene Interessen einbeziehen. Diese Planungsfunktion wird jedoch hauptsächlich im Rahmen der Raumplanung relevant. Bedarfsplanung in der Energieversorgung muss hingegen zwingend die bestehende Organisation derselben, i.e. die Energieversorgungsunternehmen, berücksichtigen. Die Kombination dieser Belange mit der politisch zu treffenden Entscheidung über die Entwicklung der Energieversorgung macht eine sinnvolle fachliche Bedarfsplanung der grenzüberschreitenden Energieversorgungsnetze aus. Das Instrument der transeuropäischen Netze versucht diesen planerischen Ansatz zu verwirklichen.[120] Bedeutung kommt dieser auf europäischer Ebene angesiedelten Planung vor allem auch dann zu, wenn Mitgliedstaaten die Netzplanung verändern oder neu gestalten wollen, da von derartigen Maßnahmen in einem entstehenden europäischen Verbundnetz, das einen wirklichen Binnenmarkt ermöglicht, immer automatisch auch Rückwirkungen auf die Netzplanungen und Ausbaumaßnahmen in anderen Ländern zu erwarten sind. Besonders anschaulich lässt sich dies an Ferngasleitungen und Strominterkonnektoren aufzeigen. Diese sind regelmäßig nur sinnvoll zu verwirklichen, wenn sie nicht an der Grenze zu einem anderen Staat gleichermaßen ins Leere laufen, sondern dort fortgeführt bzw. ins Netz eingebunden werden. Die planerische Bedeutung der im Programm Transeuropäische Netze vorgesehenen Vorgaben darf dabei nicht unterschätzt werden, da sie zumindest eine stark bewusstseinsbildende Bedeutung aufweisen und im Übrigen eben nicht nur bloße Vorfeldmaßnahme einer Förderentscheidung, sondern eine eigenständige Unionsaktivität sind.[121]

b) TEN-E als Harmonisierungsinstrument im Bereich der Infrastrukturplanung

Die Bedeutung der planerischen Funktion der Leitlinien zu den Transeuropäischen Energienetzen lässt sich auch an der bereits in der Vergangenheit immer wieder gestellten Forderung nach einer europäischen Regulierungsbehörde ab-

---

[120] Vgl. Erwägungsgründe 13, 21, Art. 7 Abs. 3 Entscheidung Nr. 1364/2006/EG des Europäischen Parlaments und des Rates vom 6. September 2006 zur Festlegung von Leitlinien für die transeuropäischen Energienetze und zur Aufhebung der Entscheidung 96/391/EG und der Entscheidung 1229/2003/EG, ABl. 2006 Nr. L 262/1 ff.
[121] *Wahl*, Europäisches Planungsrecht, FS-Blümel, 1999, S. 617 (627); *Jarass*, DVBl. 2000, S. 945 (949).

lesen.[122] Eine solche wurde neben anderen Argumenten, deren Überzeugungskraft hier keiner näheren Würdigung unterzogen werden soll, vor allem mit der Begründung gefordert, es mangele auf der europäischen Ebene an ausreichender Harmonisierung und Konvergenz der einzelstaatlichen Energiepolitiken in den Bereichen technische Standards, aber auch beim Aufbau neuer Infrastrukturen. Die Europäische Kommission verfügt dabei nach eigener Aussage angeblich nicht über das nötige Expertenwissen zur Durchführung derartiger Tätigkeiten, was eines der zentralen Argumente bei der Forderung einer europäischen Agentur für die Zusammenarbeit der Regulierungsbehörden darstellte.[123] Im Gegensatz zu den bestehenden Selbstregulierungsforen für grenzüberschreitende Fragen – Florenzer Forum für den Elektrizitätsbereich sowie Madrider Forum für den Gasbereich – und der unabhängigen Gruppe der europäischen Regulierungsbehörden für Elektrizität und Gas (ERGEG)[124] bedürfe es im Rahmen einer europäischen Agentur vor allem nicht mehr der Einstimmigkeit, i.e. der Zustimmung von 27 Regulierungsbehörden und 30 Übertragungs- und Fernleitungsnetzbetreibern.[125] Vor dem Hintergrund der Art. 170 ff AEUV erscheinen diese Begründungsansätze zumindest fragwürdig. Die Harmonisierung technischer Normen zur Herstellung und Sicherung der Interoperabilität der Netze ist gem. Art. 171 Abs. 1 Spiegelstrich 2 AEUV Kern der zur Verwirklichung transeuropäischer Netzstrukturen durchzuführenden Aktionen. Auch die Harmonisierung beim Bau grenzüberschreitender Infrastrukturen ist nicht von einer neuen Behörde abhängig. Vielmehr stellen die im Rahmen der Leitlinien ermittelten Projekte von gemeinsamem Interesse gerade eine solche Harmonisierung dar. Auch der Umstand, dass der Europäischen Kommission geeignetes Expertenwissen und damit letztlich geeignetes Personal fehle, ist wenig überzeugend, da auch eine neue Behörde solches Personal erst einstellen muss. Die Einstellung zusätzlicher Mitarbeiter unter Ansiedlung etwa beim Kommissar für Energie war der Kommission bereits vor Inkrafttreten des Dritten Binnenmarktpakets Strom und Gas unbenommen. Schon damals bestand seitens der Kommission ausdrücklich die Möglichkeit, nach Anhörung des Europäischen Parlaments im Einvernehmen mit den betroffenen Mitgliedstaaten im

---

[122] Vgl. die Übersicht bei *Holznagel/Schumacher*, DVBl. 2007, S. 409 (410) sowie Europäische Kommission, Vorschlag für eine Verordnung des Europäischen Parlaments und des Rates zur Gründung einer Agentur für die Zusammenarbeit der Energieregulierungsbehörden, KOM(2007) 530 endg.

[123] Vgl. Europäische Kommission, Vorschlag für eine Verordnung des Europäischen Parlaments und des Rates zur Gründung einer Agentur für die Zusammenarbeit der Energieregulierungsbehörden, KOM(2007) 530 endg., S. 11 f.

[124] Siehe für weitere Informationen zur ERGEG http://www.ergeg.org (zuletzt abgerufen am 13. 12. 2007).

[125] Vgl. Europäische Kommission, Vorschlag für eine Verordnung des Europäischen Parlaments und des Rates zur Gründung einer Agentur für die Zusammenarbeit der Energieregulierungsbehörden, KOM(2007) 530 endg., S. 11.

Rahmen der TEN-E einen eigenen Projektkoordinator gem. Art. 10 der Leitlinien[126] zu ernennen.

Zu beantworten bleibt allerdings die Frage nach der Verbindlichkeit von Leitlinien zum Auf- und Ausbau transeuropäischer Netze. Der Rechtscharakter einer Leitlinie ergibt sich nicht ohne weiteres aus der Regelungssystematik der europäischen Verträge. Ausscheiden müssen insbesondere Vergleiche zu Leitlinien im Rahmen der Gemeinsamen Außen- und Sicherheitspolitik (GASP) des EUV. Dies gilt auch nach Inkrafttreten des Vertrags von Lissabon. Zwar beseitigt dieser die Drei-Säulen-Struktur der abgelösten Verträge und damit auch die strikte Trennung zwischen intergouvernementalen Charakter des EUV a. F. und supranationaler Funktionsweise des EGV. Dennoch kommt der GASP auch unter Berücksichtigung des Vertrags von Lissabon eine Sonderstellung zu. Anders als die ehedem ebenfalls im EUV a. F. intergouvernemental organisierten Regelungen zur Polizeilichen und Justiziellen Zusammenarbeit in Strafsachen, die sich nun im AEUV finden, ist die GASP weiterhin im EUV geregelt.[127] Dabei ist vor allem festzuhalten, dass Art. 31 EUV für die GASP im Ergebnis am Prinzip der Einstimmigkeit weitgehend festhält. Maßgeblich für die Rechtsqualität ist daher neben dem Inhalt der Leitlinien vor allem das Verfahren ihrer Verabschiedung. Anzuwenden ist hierbei gem. Art. 172 AEUV das ordentliche Gesetzgebungsverfahren gem. Art. 289 Abs. 1, 294 AEUV, das weitgehend dem überkommenen Verfahren der Mitentscheidung nach Art. 251 EGV entspricht. Das ordentliche Gesetzgebungsverfahren wird angewendet auf den Erlass von Rechtsakten, weshalb der Inhalt der Leitlinien als verbindlich zu betrachten ist.[128] Fraglich ist allerdings, welchen Inhalt die Leitlinien zu den transeuropäischen Energienetzen aufweisen. Wie bereits ausgeführt ist Kerninhalt die planerische Funktion. Dementsprechend lassen die Leitlinien den Mitgliedstaaten inhaltlich einen erheblichen Beurteilungsspielraum und verpflichten diese gem. Art. 6 Abs. 5 sowie Art. 8 Abs. 6 der Leitlinien zur Ergreifung geeigneter und erforderlicher Maßnahmen. Eine verbindliche Letztentscheidungskompetenz gegenüber den Mitgliedstaaten zur Durchführung bestimmter Maßnahmen besteht daher nicht. Allerdings sind in den Anhängen zur Richtlinie zumindest die Vorhaben von gemeinsamen Interesse und auch die darunter befindlichen vorrangigen Vorhaben verbindlich festgelegt. Auch lassen die primärrechtlichen Grundlagen vor allem im Bereich der Harmonisierung der technischen Normen und damit der Sicherstellung von Interoperabilität Spielraum für weitergehendere Verbindlichkeiten. Diesen muss zwar gegebenenfalls gem. Art. 172

---

[126] Entscheidung Nr. 1364/2006/EG des Europäischen Parlaments und des Rates vom 6. September 2006 zur Festlegung von Leitlinien für die transeuropäischen Energienetze und zur Aufhebung der Entscheidung 96/391/EG und der Entscheidung 1229/2003/EG, ABl. 2006 Nr. L 262/1 ff.
[127] *Streinz*, Europarecht, 2008, Rdnr. 63a.
[128] *Lecheler*, DVBl. 2008, S. 873 (874); *ders.* in Grabitz/Hilf, Art. 155, Rdnr. 7 ff.

Abs. 2 AEUV ein Mitgliedstaat, dessen Hoheitsgebiet konkret betroffen ist, zustimmen. Dennoch ist damit eine Einstimmigkeit im Sinne einer Zustimmung auch nicht betroffener Mitgliedstaaten nicht mehr erforderlich. Folglich boten die Leitlinien zu den transeuropäischen Netzen bereits in der Vergangenheit einen Teil derjenigen planerischen Möglichkeiten, welche die Kommission durch eine europäische Regulierungsagentur erst schaffen wollte und nun in Gestalt der Agentur für die Zusammenarbeit der Energieregulierungsbehörden geschaffen hat. Eine bessere Personalausstattung hätte sich wie ausgeführt auch bei der Kommission verwirklichen lassen. Darüber hinaus erscheint es angesichts der Bestimmung des Art. 172 Abs. 2 AEUV überhaupt fraglich, ob, wie von der Kommission beabsichtigt, mit ihrem Verordnungsvorschlag im Wege der Binnenmarktkompetenz des Art. 114 AEUV im Verfahren des Art. 294 AEUV Fragen der Infrastrukturgestaltung, die Gegenstand des Art. 172 Abs. 2 AEUV sind, mit Mehrheitsentscheidung und damit gegebenenfalls ohne Zustimmung eines später von einer verbindlichen Letztentscheidung der Regulierungsagentur betroffenen Mitgliedsstaates überhaupt primärrechtskonform geregelt werden könnten. Diese Probleme bestehen nicht bei einer besseren Ausgestaltung und Anwendung des Programms Transeuropäische Netze. Festzuhalten bleibt daher, dass es im Bereich der grenzüberschreitenden innereuropäischen Infrastrukturausbauplanung nicht nur keine Zuständigkeitslücke im Sinne nur vorhandener dezentraler Zuständigkeiten einzelner nationaler Regulierungs- oder Planungsbehörden gab und gibt, sondern im Rahmen der transeuropäischen Energienetze vielmehr Instrumente zu einer europäischen Planungsharmonisierung existieren.[129] Vor diesem Hintergrund muss auch auf die die Europäische Union gem. Art. 5 AEUV tragenden und verpflichtenden Prinzipien der Subsidiarität und Verhältnismäßigkeit hingewiesen werden. Beide verfolgen letztlich das Ziel einer kompetenziellen Schonung der Mitgliedstaaten.[130] Das Harmonisierungsinstrument der transeuropäischen Netze verwirklicht diesen Ansatz mit seinem schonenden und von Zusammenarbeit geprägten Charakter besser als eine zentrale Infrastrukturbehörde mit Letztentscheidungskompetenz.

Diese planerische Funktion des Instruments der transeuropäischen Energienetze ergänzt sich mit dem Instrument der Regulierungsfreistellung in sinnvoller Weise. Ein wesentlicher Aspekt bei der Entscheidung über die Gewährung einer Regulierungsfreistellungsmaßnahme ist gem. Art. 36 Abs. 1 lit. a) GasRL die Verbesserung der Versorgungssicherheit. Eine solche lässt sich mit

---

[129] Für die Infrastrukturausbauplanung existieren daher Probleme in der Zuständigkeitsverteilung, auf die Hermeier für den grenzüberschreitenden Stromhandel und das Engpassmanagement hinweist nicht in der dort auftretenden Virulenz; vgl. *Hermeier*, RdE 2007, S. 249 (249 ff).

[130] Vgl. *Leschke/Möstl* in: Heine/Kerber, Zentralität und Dezentralität von Regulierung in Europa, 2007, S. 84 f.

neuen Infrastrukturen vor allem dort erzielen, wo im bisherigen Netz Ausbaudefizite bestehen. Dies gilt jedoch nur unter der Voraussetzung, dass sich die neu errichtete Infrastrukturmaßnahme harmonisch in das bestehende Netz integriert, ohne dessen Interoperabilität zu gefährden. Bei der Frage der Erfüllung der genannten Kriterien können die Leitlinien zu den transeuropäischen Energienetzen und der Gesichtspunkt, ob das entsprechende Infrastrukturprojekt dort als Projekt von gemeinsamem Interesse erwähnt ist, eine brauchbare Hilfestellung bieten. Konkretes Beispiel für den sich ergänzenden Charakter von Regulierungsfreistellung und TEN-E ist das Projekt der *Nabucco*-Pipeline.[131] *Nabucco* stellt im Rahmen der TEN-E ein zentrales Projekt dar, was auch daran erkennbar wird, dass die Kommission von der beschriebenen Möglichkeit Gebrauch gemacht hat, gem. Art. 10 der Leitlinien für die transeuropäischen Energienetze einen eigenen Koordinator zu ernennen. Gleichzeitig ist das *Nabucco*-Projekt ein bedeutendes Beispiel für eine gewährte Regulierungsfreistellung. Über das Instrument der Regulierungsfreistellung und die dort jeweils gem. Art. 36 Abs. 9 Satz 1 GasRL sowie gem. Art. 17 Abs. 8 Satz 1 StromhandelsVO vorgesehene Letztentscheidungskompetenz der Europäischen Kommission ist für die betroffenen Projekte schon heute eine verbindliche Letztentscheidung durch die Europäische Kommission möglich.[132] Diese bereits bestehende Möglichkeit ist bei der Äußerung eines weiteren Harmonisierungsbedarfs in Gestalt einer europäischen Regulierungsagentur zu berücksichtigen.

3. Zwischenergebnis

Hieraus wird deutlich, dass das Instrument der Regulierungsfreistellung im Programm Transeuropäische Energienetze weder eine gleich wirksame Alternative noch einen Widerspruch findet. Die Regulierungsfreistellung bietet Investitionsanreize, welche durch TEN-E mangels entsprechender finanzieller Ausstattung aber auch aufgrund des konzeptionellen Ansatzes gerade nicht realisiert werden können. Allerdings können die TEN-E-Leitlinien als Planungsinstrument bei der Entscheidung über die Erfüllung der Freistellungsvoraussetzungen hilfreiche Anhaltspunkte liefern. Auch lassen sich durch eine Kombination von TEN-E und Regulierungsfreistellung über die im Rahmen derselben vorhandenen Letztentscheidungskompetenzen der Europäischen Kommission schon im vorhandenen Rechtsrahmen wirkliche Harmonisierungsbefugnisse auf europäischer Ebene konstruieren. TEN-E und *Regulatory Holidays* ergänzen sich mithin gegenseitig und sind etwaigen Alternativmodellen wie bei-

---

[131] Siehe unten 5. Kapitel: II. 2. d) ee) (b), 3. c) bb) (a).
[132] Auf diese Besonderheit wird auch hingewiesen von *Hermeier*, RdE 2007, S. 249 (252); Siehe unten 6. Kapitel: I. 2. b).

spielsweise den diskutierten Direktverpflichtungen zum Leitungsbau[133] vorzuziehen.

IV. Energie-Infrastrukturrichtlinie

Neben dem Programm Transeuropäische Energienetze tritt im Bereich der vorhandenen Infrastrukturregulierung auch die Richtlinie 2005/89/EG des Europäischen Parlaments und des Rates vom 18. Januar 2006 über Maßnahmen zur Gewährleistung der Sicherheit der Elektrizitätsversorgung und von Infrastrukturinvestitionen (»InfrastrukturRL«)[134] in den Fokus, deren Funktionsweise ebenfalls einer Abgrenzung zum Instrument der Regulierungsfreistellung bedarf. Der Titel der Richtlinie lässt zunächst eine große Nähe zu dem mit Regulierungsfreistellungsmaßnahmen verfolgten Ziel der Schaffung von Investitionsanreizen vermuten und stellt damit für den Elektrizitätsbereich die Notwendigkeit weiterer Investitionsförderungsinstrumente in Frage. Nicht geklärt ist damit allerdings, ob die InfrastrukturRL auch inhaltlich geeignet ist, Investitionsanreize zu setzen. Besondere Erkenntnisgewinne zur Einordnung der InfrastrukturRL lassen sich aus deren Entstehungsprozess gewinnen.

1. Ursprünglicher Richtlinienentwurf

Der ursprüngliche Vorschlag für eine InfrastrukturRL wurde von der Europäischen Kommission im Dezember 2003 eingebracht.[135] Vor dem oben dargestellten Hintergrund[136] sah es die Kommission als notwendig an, zur Sicherung ausreichender Investitionen in die Erhaltung und den Ausbau der europäischen Elektrizitätsversorgung für den Elektrizitätssektor eine eigene Richtlinie zu erlassen. Gegenstand einer solchen Richtlinie sollte neben Maßnahmen zur Erhaltung des Gleichgewichts zwischen Angebot und Nachfrage auf den Energieverbrauchsmärkten vor allem die Sicherstellung ausreichender Investitionen in neue Verbindungsleitungen in Europa sein. Die Schaffung von Anreizen zur Errichtung neuer Verbindungsleitungen, i.e. neuer Interkonnektoren, ist gerade auch das Ziel von Regulierungsfreistellungsmaßnahmen. Dies legt den Schluss nahe, dass Regulierungsfreistellungsmaßnahmen möglicherweise aufgrund weitergehender Regelungen der InfrastrukturRL für den Elektrizitätsbereich zur Sicherung ausreichender Netzinvestitionen überflüssig sein könnten. Der

---

[133] Vgl. oben 3. Kapitel: II. 4.
[134] ABl. 2006 Nr. L 33/22.
[135] Europäische Kommission, Vorschlag für eine Richtlinie des Europäischen Parlaments und des Rates über Maßnahmen zur Gewährleistung der Sicherheit der Elektrizitätsversorgung und von Infrastrukturinvestitionen, KOM(2003) 740 endg.
[136] Vgl. oben 1. Kapitel.

IV. Energie-Infrastrukturrichtlinie

ursprüngliche Entwurf einer InfrastrukturRL liefert auch tatsächlich Argumente für eine derartige Auffassung. Regelungen zu den Netzinvestitionen und gerade zum Verbindungsleitungsbau sowie eine Sanktionierung der entsprechenden Verpflichtungen waren in Art. 6, 7 und 8 des ursprünglichen Richtlinienentwurfs enthalten.[137] Art. 6 dieses Entwurfs enthielt dabei noch recht allgemein gehaltene Verpflichtungen der Mitgliedstaaten, wie die Gewährleistung einer besseren bedarfsseitigen Steuerung der Netzausbauinvestitionen oder die Sicherstellung der Einspeisung regenerativ oder aus Kraft-Wärme-Kopplung erzeugten Stroms. Auch die Maßnahmen bezüglich eines verschärften Wettbewerbs unter gleichzeitiger Sicherung einer qualitativ hochwertigen Versorgung der ElektrizitätsRL 2003/54/EG sollten bei der mitgliedstaatlichen Investitionsrahmensetzung Berücksichtigung finden. Aus der unschwer zu erkennenden Allgemeinheit der beschriebenen Regelungen wird jedoch deutlich, dass die genannten Normierungen die Wirkungen einer Regulierungsfreistellungsmaßnahme nicht ersetzen können.

Konkretere Verpflichtungen der Mitgliedstaaten fanden sich allerdings für den durch Art. 7 des Richtlinienentwurfs geregelten Bau von Verbindungsleitungen. Demnach sollten die Übertragungsnetzbetreiber gem. Art. 7 Abs. 1 und 2 des Entwurfs verpflichtet werden, der jeweiligen nationalen Regulierungsbehörde regelmäßig eine detaillierte Erklärung über beabsichtigte Investitionen in grenzüberschreitende Verbindungskapazität vorzulegen. Diese Vorschläge sollten gem. Art. 7 Abs. 3 des Entwurfs von den Regulierungsbehörden mit der Kommission und von dieser wiederum mit der ERGEG erörtert werden, bevor die nationalen Regulierungsbehörden den vorgelegten Plan unter Berücksichtigung der Ergebnisse der Erörterungen und gegebenenfalls unter Vornahme sachgerechter Änderungen gem. Art. 7 Abs. 4 des Entwurfs genehmigen sollten. Für den Fall verschuldeter Verzögerungen oder Fehlern bei der Umsetzung der nach Art. 7 Abs. 4 des Entwurfs definierten Vorhaben sollten den jeweiligen Regulierungsbehörden gem. Art. 7 Abs. 6 des Entwurfs adäquate Mittel an die Hand gegeben werden, um die genehmigte Strategie zu verwirklichen. Ausdrücklich vorgesehen waren dabei gem. Art. 7 Abs. 6 lit. a) des Entwurfs finanzielle Sanktionen gegen die Übertragungsnetzbetreiber, gem. lit. b) die Möglichkeit einer Durchführungsanweisung bis zu einem bestimmten Termin oder gem. lit. c) sogar die Vergabe der durchzuführenden Arbeiten an einen Dritten im Rahmen einer Ausschreibung.

Über die finanzielle Sanktionsmöglichkeit von Art. 7 Abs. 6 lit. a) des Entwurfs hinaus verpflichtete Art. 8 Abs. 1 des Entwurfs die Mitgliedstaaten, gene-

---

[137] Europäische Kommission, Vorschlag für eine Richtlinie des Europäischen Parlaments und des Rates über Maßnahmen zur Gewährleistung der Sicherheit der Elektrizitätsversorgung und von Infrastrukturinvestitionen, KOM(2003) 740 endg., S. 12 ff.

rell für alle Verstöße gegen die Verpflichtungen der Richtlinie Sanktionsregeln zu erlassen.

Vor allem die detaillierten Verpflichtungen von Art. 7 des Richtlinienentwurfs hätten das Instrument der Regulierungsfreistellung zumindest in Teilen durchaus überflüssig machen können, da Investitionen, die *Regulatory Holidays* im Anreizweg realisieren wollen, auf Basis von Art. 7 des Richtlinienentwurfs mittels Befehls und Zwangs hätten durchgesetzt werden können.[138]

2. Überarbeitete Richtlinienregelung

Die genannten Vorschriften fanden allerdings niemals Eingang in das geltende Recht der Europäischen Union. Vor allem die beschriebenen Vollmachten und Befugnisse der nationalen Regulierungsbehörden im Bereich des Ausbaus der grenzüberschreitenden Verbindungsleitungen stießen auf scharfe Kritik. Der vom Rat um eine Stellungnahme gebetene Europäische Wirtschafts- und Sozialausschuss (EWSA) lehnte vor allem die Befugnis der Regulierungsbehörden ab, den Übertragungsnetzbetreibern eine bestimmte Investition vorzuschreiben, da er die Gefahr einer Überregulierung sah. Dies wurde auch damit begründet, dass noch keine ausreichenden Erfahrungswerte vorliegen, ob der bestehende Rechtsrahmen mit seinen wesentlich milderen Eingriffsmitteln nicht ebenso zur Setzung geeigneter Investitionsanreize geeignet ist.[139] Hier rücken Regulierungsfreistellungsmaßnahmen, ohne direkt erwähnt zu werden, prominent ins Blickfeld. Ähnliche Bedenken wurde bereits seitens des Rates geäußert. Nach Prüfung des Kommissionsvorschlags durch die Ratsarbeitsgruppe »Energie« wurden die beschriebenen Vorschriften als zu dirigistisch und komplex kritisiert.[140] Ein durch dieselbe Arbeitsgruppe ausgearbeiteter Textvorschlag war infolgedessen im Vergleich zum ursprünglichen Kommissionsvorschlag bereits erheblich entschärft. Vor allem die Befugnisse der Regulierungsbehörden zur Sanktionierung ausbleibender Investitionen im Verbindungsleitungsbereich wurden in ihrer spezifischen Form von Art. 7 Abs. 6 des ursprünglichen Entwurfs ersatzlos gestrichen. Nur die allgemeine Sanktionierung gem. Art. 8 war auch im veränderten Entwurf weiterhin enthalten.[141] Auf diesen Vorschlag

---

[138] Diese Einschätzung – noch auf Basis der ursprünglichen Kommissionsvorschläge – teilend, *Baur*, ZNER 2004, S. 318 (323).

[139] Stellungnahme des Europäischen Wirtschafts- und Sozialausschusses zu dem »Vorschlag für eine Richtlinie des Europäischen Parlaments und des Rates über Maßnahmen zur Gewährleistung der Sicherheit der Elektrizitätsversorgung und von Infrastrukturinvestitionen«, ABl. 2005 Nr. C 120/119ff, Ziffern 3.8 und 4.5.

[140] Rat der Europäischen Union, Sachstandsbericht des Rats der Europäischen Union vom 7. Mai 2004 9314/04, S. 3; abrufbar unter http://register.consilium.europa.eu/pdf/de/04/st09/st09314.de04.pdf (zuletzt abgerufen am 14.12.07).

[141] Rat der Europäischen Union, Vermerk über den durch die Ratsarbeitsgruppe »Energie« ausgearbeiteten Text für eine Richtlinie des Europäischen Parlaments und des Rates über

verständigte sich schließlich der Rat.¹⁴² Selbst dieser Vorschlag konnte sich letztlich nicht durchsetzen. Nach informellen Beratungen zwischen Rat, Europäischem Parlament und der Kommission wurde eine nochmalige Revision vorgenommen. Der ehedem die Verbindungsleitungen erfassende Artikel 7 wurde auf eine bloße Pflicht der Mitgliedstaaten zur Berichterstattung gegenüber der Kommission entsprechend der des Art. 4 ElektrizitätsRL reduziert. In Abstimmung mit den Übertragungsnetzbetreibern stellen die Mitgliedstaaten lediglich sicher, dass bekannte Investitionsabsichten für die jeweils nächsten fünf Jahre mitgeteilt werden. Die Sanktionsmöglichkeiten gegenüber den Übertagungsnetzbetreibern wurden dahingehend beschränkt, dass die Mitgliedstaaten gem. Art. 7 Abs. 3 UAbs. 3 InfrastrukturRL diese bezogen auf Investitionen, die sich materiell auf die Bereitstellung grenzüberschreitender Verbindungsleitungen auswirken, zur Informationsübermittlung verpflichten können.¹⁴³ In dieser wesentlich veränderten Form wurde die Richtlinie am 18. Januar 2006 schließlich verabschiedet.

3. Zwischenergebnis

Damit stellt die InfrastrukturRL in ihrer bestehenden Form keine Alternative zu Regulierungsfreistellungen als Investitionsförderungsinstrument dar und macht diese mithin auch nicht etwa überflüssig. Vielmehr enthält die Energie-Infrastrukturrichtlinie weniger detaillierte Regulierungsinstrumente und -mechanismen und mehr Allgemeinplätze und generalisierende Verpflichtungen der Mitgliedstaaten zur Schaffung von Mindeststandards zur Absicherung des Netzbetriebs. Diese Normen weisen allerdings eher technische Bedeutung auf. Bezogen auf die grenzüberschreitenden Verbindungsleitungen beschränkt sich die InfrastrukturRL im Wesentlichen auf ein Informationsinstrument. Der tatsächliche Beitrag zur Realisierung neuer Investitionen in grenzüberschreitende Verbindungsleitungen dürfte gering bis nicht vorhanden sein.¹⁴⁴ Im Zusammenhang mit dem Instrument der Regulierungsfreistellung können allerdings so-

---

Maßnahmen zur Gewährleistung der Sicherheit der Elektrizitätsversorgung und von Infrastrukturinvestitionen vom 20. Oktober 2004 13764/04, S. 8f; abrufbar unter http://register.consilium.europa.eu/pdf/de/04/st13/st13764.de04.pdf (zuletzt abgerufen am 14.12.07).

¹⁴² Rat der Europäischen Union, Vermerk über den Vorschlag für eine Richtlinie des Europäischen Parlaments und des Rates über Maßnahmen zur Gewährleistung der Sicherheit der Elektrizitätsversorgung und von Infrastrukturinvestitionen vom 10. Februar 2005 6145/05, abrufbar unter http://register.consilium.europa.eu/pdf/de/05/st06/st6145.de05.pdf (zuletzt angerufen am 14.12.07).

¹⁴³ Rat der Europäischen Union, Vermerk über den Vorschlag für eine Richtlinie des Europäischen Parlaments und des Rates über Maßnahmen zur Gewährleistung der Sicherheit der Elektrizitätsversorgung und von Infrastrukturinvestitionen vom 11. Juli 2005 10803/05, abrufbar unter http://register.consilium.europa.eu/pdf/de/05/st10/st10803.de05.pdf (zuletzt abgerufen am 14.12.07).

¹⁴⁴ Vgl. *Talus/Wälde*, E.L.Rev. (2007) 32, p. 125 (134f).

wohl die nationalen Regulierungsbehörden als auch die Kommission sinnvollerweise auch auf die Informationen zurückgreifen, die aufgrund der Verpflichtungen aus der InfrastrukturRL und den entsprechenden nationalen Umsetzungsgesetzen übermittelt werden. Das eine Freistellung beantragende Energieversorgungsunternehmen wird seinerseits zwar ohnehin die Informationen übermitteln, die im ihm zur Verfügung stehen.[145] Wertvoll können die vorhandenen Informationen jedoch im Hinblick auf auch geplante Projekte anderer Unternehmen sein, die sowohl für die Beurteilung der Freistellungsauswirkungen auf die Versorgungssicherheit als auch auf den Wettbewerb in den betroffenen Märkten nicht unerhebliche Bedeutung aufweisen können.[146]

---

[145] Vgl. oben 3. Kapitel: I. 4. b).
[146] Siehe unten 5. Kapitel: II.

5. Kapitel

Tatbestandsvoraussetzungen der Regulierungsfreistellung gem. Art. 17 StromhandelsVO und Art. 36 GasRL

Die konkreten Voraussetzungen einer Regulierungsfreistellung bestimmter Infrastrukturen werden für den Elektrizitätsbereich durch Art. 17 StromhandelsVO vorgegeben. Für den Gasbereich ist maßgeblich Art. 36 GasRL, der seiner Richtlinieneigenschaft entsprechend gem. Art. 288 Abs. 3 AEUV einer Umsetzung durch die einzelnen Mitgliedstaaten bedarf. Der Normtext der Richtlinie macht jedoch bereits Vorgaben, die in ihrer Regelungstiefe der des Art. 17 StromhandelsVO entsprechen, weshalb die jeweilige einzelstaatliche Umsetzung von Art. 36 GasRL im vorliegenden Zusammenhang keine hervorzuhebende Rolle spielt. Die materiellen Voraussetzungen einer Regulierungsfreistellung sind in Art. 17 StromhandelsVO und Art. 36 GasRL weitgehend identisch: Art. 17 StromhandelsVO und Art. 36 GasRL binden die Regulierungsfreistellung an das Scheitern der Investition ohne Ausnahmegenehmigung (Art. 17 Abs. 1 lit. b) StromhandelsVO, Art. 36 Abs. 1 lit. b) GasRL), an die zumindest rechtsformmäßige Trennung des Eigentums an der Infrastruktur von den Netzbetreibern, in deren Netzen die entsprechende Infrastruktur geschaffen wird (Art. 17 Abs. 1 lit. c) StromhandelsVO, Art. 36 Abs. 1 lit. c) GasRL) und die Erhebung einer Gebühr von den Nutzern der Infrastruktur (Art. 17 Abs. 1 lit. d) StromhandelsVO, Art. 36 Abs. 1 lit. d) GasRL). Darüber hinaus kann eine Regulierungsfreistellung sowohl nach der StromhandelsVO als auch nach der GasRL nur gewährt werden, wenn sich die Ausnahme nicht nachteilig auf den Wettbewerb, das effektive Funktionieren des Elektrizitäts- bzw. Erdgasbinnenmarktes oder das effiziente Funktionieren des regulierten Netzes, an das die Infrastruktur angeschlossen ist, auswirkt (Art. 17 Abs. 1 lit. f) StromhandelsVO, Art. 36 Abs. 1 lit. e) GasRL). Dies stellt in Kombination mit einer Wettbewerbsverbesserung, der die Investition dienen muss, (Art. 17 Abs. 1 lit. a) StromhandelsVO, Art. 36 Abs. 1 lit. a) GasRL) die wohl bedeutendste Voraussetzung der Regulierungsfreistellung dar. Aufmerksamkeit muss an dieser Stelle dem Umstand gewidmet werden, dass die GasRL neben einer Verbesserung des Wettbewerbs expressis verbis durch die Investition auch eine Verbesserung der Versorgungssicherheit fordert (Art. 36 Abs. 1 lit. a) GasRL). Auf diesen Punkt verzichtet die StromhandelsVO. Gerade ob der sonstigen Identität der materiellen Voraussetzungen im Elektrizitäts- und Gasbereich ist dieser Punkt auch im

Zusammenhang mit dem oben beschriebenen[1] Charakter der Regulierungsfreistellung als Investitionsförderungsinstrument gesondert zu untersuchen. Einer gemeinsamen Analyse der einzelnen Voraussetzungen steht dieser Aspekt allerdings nicht im Wege, da gerade eine Elektrizitäts- und Gasbereich gemeinsam erfassende Analyse die Möglichkeit zu einer eingehenden Beleuchtung der Bedeutung dieses Unterschieds durch eine vergleichende Betrachtung eröffnet. Auch die für den Elektrizitätsbereich zusätzlich zu erfüllende materielle Voraussetzung einer Nichtdeckung der Kapital- oder Betriebskosten der betroffenen Infrastruktur durch Komponenten der Nutzungsentgelte der durch die Infrastruktur verbundenen Netze seit der teilweisen Marktöffnung gem. Art. 19 der Richtlinie 96/92/EG steht als eher technische Voraussetzung der gemeinsamen Untersuchung der sonstigen Voraussetzungen nicht im Wege. Beide Freistellungsinstrumente sind ferner dadurch geprägt, dass die Freistellung wie bereits erwähnt[2] gem. Art. 17 Abs. 4 UAbs. 3, Abs. 7 lit. c) StromhandelsVO respektive gem. Art. 36 Abs. 6 UAbs. 3, Abs. 8 lit. c) GasRL jeweils zeitlich zu befristen ist.

Infrastrukturen, die von sektorspezifischen Regulierungsmaßnahmen freigestellt werden, werden auch als so genannte Merchant-Lines bezeichnet. Gemeint sind damit Infrastrukturen, die auf kommerzieller Basis unter Inkaufnahme eines unternehmerischen Risikos betrieben werden, wobei der Betreiber personenverschieden vom Übertragungsnetzbetreiber ist. Teilbereiche, auch solche bedeutender Art, einer sektorspezifischen Regulierung können jedoch auch auf solche Infrastrukturen Anwendung finden.[3] Nicht erfasst vom Begriff einer Merchant-Line sind jedoch Gestaltungen, die sich auf das Zugeständnis einer besonderen Risikoprämie oder einer verlängerten Regulierungsperiode beschränken, ohne dass dies jedoch a priori bedeutet, dass derartige Gestaltungen nicht von Art. 17 StromhandelsVO und Art. 36 GasRL erfasst sein können.

Vor einer gemeinsamen Untersuchung der einzelnen Voraussetzungen der Regulierungsfreistellung muss jedoch zunächst getrennt zwischen Elektrizität und Gas auf bestimmte technische und physikalische Unterschiede zwischen Elektrizität und Gas eingegangen werden, deren Verständnis unabdingbar ist für eine treffende Einordnung der Freistellungsvoraussetzungen und auch die mögliche Gestalt und Reichweite einer gewährten Freistellung. Auch elektrizitäts- bzw. gasspezifische rechtliche Gesichtspunkte sind vorab darzustellen.

---

[1] Vgl. oben 4. Kapitel: I. 2.
[2] Vgl. oben 4. Kapitel: II. 2. c) cc).
[3] Vgl. *Talus/Wälde*, CRNI 2006, p. 355 (362 Fn. 21).

I. Besonderheiten Elektrizität und Gas

1. Technische und physikalische Besonderheiten der Elektrizitätsübertragung

Der ursprüngliche Ansatz von *Access Holidays* bestand wie oben ausgeführt in einem Dispens des Investors von der Durchleitungsverpflichtung gegenüber Dritten für die erfassten Infrastrukturen. Auch Art. 17 StromhandelsVO verwirklicht diesen zentralen Gedanken, indem er die Freistellungsmöglichkeit ausdrücklich auf Art. 32 und 37 Abs. 6 und 10 ElektrizitätsRL und damit auf den regulierten Netzzugang Dritter erstreckt. Anders formuliert eröffnet eine solche Freistellung vom regulierten Zugang Dritter dem Investor die Möglichkeit, selbst zu entscheiden, welcher Anbieter seinen Strom durch die betroffenen Infrastrukturen leiten darf und welcher nicht. Eine solche Auswahl zwischen durchgeleitetem und nicht durchgeleitetem Strom erfordert jedoch zunächst eine Identifikation des Stroms oder der Strommengen eines fiktiven Anbieters A, dem beispielsweise die Durchleitung gestattet wird, und einem Anbieter B, dem eine solche Durchleitung verweigert wird, i.e. eine Freistellung kann sich nur auf klar bestimmbare und quantifizierbare Kapazitäten beziehen. Erforderlich ist vor allem eine Abgrenzbarkeit der betroffenen Kapazität gegen selbstständige Stromflüsse, die die wirtschaftlich nutzbare Kapazität beschränken. Eine solche Identifikation und Abgrenzbarkeit ist im Bereich der Elektrizität jedoch aufgrund ihrer besonderen physikalischen Eigenschaften und des Aufbaus der europäischen Stromübertragungsnetze vielfach ausgeschlossen.

a) Verhalten des elektrischen Stroms in Netzen

aa) Kirchhoffsche Gesetze und loop flows

Elektrischer Strom fließt physikalisch betrachtet nicht im eigentlichen Wortsinn, so dass auch kein Fluss existiert, dem man an einer bestimmten Stelle die Durchleitung durch bestimmte Netzabschnitte gewähren könnte oder nicht. Elektrischer Strom ist vielmehr die Bezeichnung der gerichteten Bewegung von Ladungsträgern, im Falle der Übertragung im Wege eines Kabels, der gerichteten Bewegung von Elektronen im leitenden Stoff des Kabels, i.e. in der Regel in einem Kupfer- oder Aluminiumdraht.[4] Diese Driftbewegung der Ladungsträger im Kabeldraht verläuft jedoch eher langsam. Im Kupferdraht bewegen sich die Ladungsträger bei einer Stromdichte von 2 A/mm^2 beispielsweise nur mit etwa 0,147 mm/s fort.[5] Es existiert damit zwar ein tatsächlich vorhandener Fluss. Der üblicherweise und für den vorliegenden Zusammenhang relevante Begriff des elektrischen Stroms meint jedoch die Ladungsänderung der einzel-

---

[4] *Peschke/von Olshausen*, Kabelanlagen für Hoch- und Höchstspannung, 1998, S. 28 ff.
[5] *Steffen/Bausch*, Elektrotechnik, 2007, S. 119.

nen Atome, die durch den Elektronendrift entsteht. Diese Ladungsänderung regt benachbarte Atome ebenfalls zur Ladungsänderung an. Die entstehende kaskadenartige Ladungsänderung der benachbarten Atome setzt sich dabei mit Lichtgeschwindigkeit fort. Dieser elektrische Strom verfolgt bei seiner Ausbreitung den Weg des geringsten Widerstands, was dazu führt, dass im Falle der Verfügbarkeit mehrerer paralleler Wege gleichen Widerstands eine gleichmäßige Ausbreitung des Stroms erfolgt.[6] Beschreibung und Erklärung dieser Phänomene sind die so genannten Kirchhoffschen Gesetze, die den Zusammenhang mehrerer elektrischer Ströme und Spannungen in elektrischen Netzwerken beschreiben. Hiernach ist die Summe aller zufließenden Ströme in einem Knotenpunkt stets gleich der Summe aller abfließenden Ströme (1. Kirchhoffsches Gesetz) und alle Teilspannungen eines Netzumlaufs addieren sich zu Null (2. Kirchhoffsches Gesetz).[7] Folge dieser Gesetzmäßigkeiten sind als so genannte loop flows besser bekannte Ringflüsse. Im vermaschten Netz entspricht dem physikalischen Verhalten des elektrischen Stromes daher besser das Bild eines Sees, in den seitens der Erzeuger Strom an einer Stelle eingeleitet wird, der vom Verbraucher an einer anderen Stelle wieder entnommen wird.[8] Der genaue Weg des elektrischen Stroms durch den See respektive durch bestimmte Bereiche eines vermaschten Netzes kann jedoch nicht ermittelt werden. In Konsequenz dieser Gesetzmäßigkeiten werden die Entgelte für die Stromdurchleitung auch nicht mehr entfernungsabhängig berechnet, sondern pauschal nach dem so genannten Briefmarkenmodell, das für den Bereich der Bundesrepublik Deutschland seine Grundlage in den §§ 15 ff StromNEV findet. Weitere Folge dieser Ringflüsse ist jedoch auch, dass Einspeisungen oder Entnahmen elektrischer Energie an einem bestimmten Punkt des Netzes dazu führen, dass auch die Möglichkeit Dritter, an anderen Stellen des Netzes Einspeisungen oder Entnahmen vorzunehmen, beeinflusst wird, i.e. es entstehen Externalitäten. Dasselbe gilt sachlogisch auch für die Integration neuer Leitungen in das bestehende vermaschte Netz. Hierdurch verändert sich die Ausbreitung des elektrischen Stroms im gesamten Netz, wobei durch die Zuschaltung neuer Netzabschnitte und neuer Einspeisequellen die Kapazität anderer Netzabschnitte sowohl zu- als auch abnehmen kann, da sich die Widerstände im Verbundnetz verschieben. Insbesondere ist auch für die neu geschaffene Infrastruktur die nach der Integration in das Netz tatsächlich vorhandene wirtschaftlich nutzbare Kapazität zwar näherungsweise vorherzusagen, aber nicht exakt und vor allem nicht dauerhaft. Diese kann im eng vermaschten Netz erst durch Modellrechnungen nachträglich ermittelt werden und entspricht im Wesentlichen der physikalisch vorhandenen Kapazität der Leitungen abzüglich der über die neuen Leitungen

---

[6] *Steffen/Bausch*, Elektrotechnik, 2007, S. 39.
[7] *Steffen/Bausch*, Elektrotechnik, 2007, S. 92 ff; Bosse/Mecklenbräucker, Grundlagen der Elektrotechnik I, 1996, S. 105 ff.
[8] *Schwintowski*, EWeRK info vom 24. September 2001, 2 (3 f).

gehenden Ringflüsse. Das Ermittlungsmodell der vorhandenen grenzüberschreitenden Übertragungskapazitäten ist gem. Art. 15 Abs. 2 StromhandelsVO durch die jeweils zuständige nationale Regulierungsbehörde zu genehmigen.[9]

bb) Konsequenzen für die Ausgestaltung einer Regulierungsfreistellung

Daraus folgt zwingend, dass im vermaschten Stromnetz eine Regulierungsfreistellung für eine neue Stromleitung im Sinne einer Befreiung vom Drittzugang durch Reservierung für einen bestimmten Nutzer erheblichen Schwierigkeiten begegnet. In eng vermaschten Netzen, wie beispielsweise denen in der Bundesrepublik Deutschland, ist bereits die Identifikation und Abgrenzung einzelner Netzteile, zwischen denen ein definierbarer Stromfluss besteht, schwierig. Die Netz- und Systemregeln der deutschen Übertragungsnetzbetreiber legen im TransmissionCode 2007 etwa fest, dass innerhalb einzelner Regelzonen ein Netzgebiet nur zum Engpass erklärt werden kann, wenn es messtechnisch abgrenzbar ist.[10] Auch ist eine Regulierungsfreistellung in klassischer Form kaum wirtschaftlich sinnvoll, sofern die betroffene Leitung rein physikalisch nicht isoliert betrachtet werden kann, sondern in ihrer Funktion im Netzzusammenhang zu sehen ist und dementsprechend Ringflüsse auftreten. Beantragt ein Investor etwa eine Regulierungsfreistellung für eine neu zu schaffende Infrastruktur im Sinne einer Drittzugangsbefreiung und entscheidet sich somit für das Geschäftsmodell einer Merchant-Line, entfällt sachlogisch mit dem Drittzugang auch die Einbeziehung der neuen Infrastruktur in die Berechnung der Netznutzungsentgelte. Investitionsrückflüsse erzielt der Investor vielmehr nur über die kommerzielle Nutzung der Kapazität. Diese erstreckt sich jedoch nur auf die tatsächlich vorhandene wirtschaftlich nutzbare Kapazität, die wiederum wie ausgeführt im vermaschten Netz erst nach der Netzintegration genau zu ermitteln ist. Ist diese aufgrund von Ringflüssen geringer als die physikalische Kapazität, fehlen diese Potentiale auch bei den Investitionsrückflüssen aus kommerzieller Nutzung.

---

[9] Die Bundesnetzagentur stellt an ein genehmigungsfähiges Modell die Anforderung einer (1) verlässlichen Berechnung der zur Verfügung stehenden Kapazitäten incl. Sicherheitsmargen, die (2) allgemein akzeptiert ist und dem gegenwärtigen Stand der Technik entspricht. Ausgeschlossen sein muss (3) eine Verknappung durch missbräuchliches Verhalten oder ineffiziente Mechanismen, wohingegen (4) ein zuverlässiger Netzbetrieb durch entsprechende Sicherheitsstandards garantiert sein muss. Schließlich sollte (5) das Modell auch von den durch die Kuppelstelle verbundenen Netzbetreibern analog angewandt werden.
Für ein konkretes Beispiel und für die technischen Schwierigkeiten bei der Ermittlung der Kapazität vgl. die Genehmigung des Modell für die Berechnung der Übertragungsnetzkapazität der Vattenfall Europe Transmission GmbH, Bundesnetzagentur, BK 6–06–025, 20. Dezember 2006, S. 5, abrufbar unter http://www.bundesnetzagentur.de/media/archive/8590.pdf (zuletzt abgerufen am 10.06.08).
[10] Verband der Netzbetreiber, TransmissionCode 2007, Kapitel 4.2 Abs. 4; abrufbar unter http://www.vde.de/de/fnn/dokumente/documents/transmissioncode2007.pdf (zuletzt abgerufen am 11.04.10).

Regulierungsfreistellungen im Sinne einer tatsächlichen physikalischen Kapazitätsreservierung bieten sich im Elektrizitätsbereich folglich dort an, wo ein nur beschränkter Vermaschungsgrad existiert. Ist hingegen ein hoher Vermaschungsgrad vorhanden, muss auch die konkrete Ausgestaltung einer Regulierungsfreistellung den dann gegebenen physikalischen Besonderheiten gerecht werden. Andernfalls verliert die Regulierungsfreistellung für diese Konstellationen die tatsächliche Eignung als Investitionsanreiz, was jedoch die Grundintention des Gesetzgebers angesichts der auch im eng vermaschten Bereich erforderlichen Investitionen[11] konterkariert. Zu denken wäre etwa an eine Freistellung, die sich auf besondere Risikoprämien oder die Verwendungszweckbeschränkungen von Engpassmanagementerlösen beschränkt. Zur Vereinbarkeit eines solches Modell mit den anderen Tatbestandsvoraussetzungen von Art. 17 StromhandelsVO, vor allem mit Art. 17 Abs. 1 lit. c) und d) StromhandelsVO, ist gesondert Stellung zu nehmen.[12]

b) Regelfallbeschränkung der Regulierungsausnahme auf Gleichstromverbindungsleitungen

Der Gesetzgeber hat diese Problematik zumindest implizit erkannt: Die Verbundnetze der europäischen Übertragungsnetzbetreiber[13] sind sämtlich als Wechselstromnetze aufgebaut. Wechselstrom bezeichnet einen elektrischen Strom, der seine Richtung periodisch und in steter Wiederholung in der Regel sinusförmig ändert. Grund für diesen auch weltweit überwiegenden Einsatz von Wechselstrom in der Übertragung und Verteilung elektrischen Stroms sind bestimmte technische Eigenschaften von Wechselstrom. So lassen sich die Spannungen von Wechselstrom mittels eines Transformators einfach umwandeln, was vor allem an den Übergängen zwischen den einzelnen Netzebenen von herausragender Bedeutung ist. Außerdem ermöglicht der Einsatz von Wechselstrom in Form des so genannten Dreiphasenwechselstroms den Einsatz besonders einfach und kostengünstig aufgebauter Elektromotoren.[14] In diesem vermaschten Wechselstromnetz treten jedoch die oben beschriebenen, für eine Regulierungsfreistellung negativen Eigenschaften des elektrischen Stromes auf.

aa) Anwendungsfelder der Gleichstromübertragung

Die Ausnahme bei der Übertragung elektrischen Stroms stellen hingegen Gleichstromsysteme dar. Hauptnachteile der Gleichstromübertragung sind neben dem Fehlen der beschriebenen Eigenschaften des Wechselstroms deren hö-

---

[11] Vgl. oben 1. Kapitel: II. 2. b) bb), III.
[12] Siehe unten 5. Kapitel: III. 2., 3.
[13] Vgl. oben 1. Kapitel Fn. 59f.; 3. Kapitel Fn. 13.
[14] Vgl. *Heuck/Dettmann*, Elektrische Energieversorgung, 2002, S. 51.

here Kosten aufgrund der zum Anschluss an die Wechselstromnetze erforderlichen Stromrichterstationen sowie die schwierige Integrierbarkeit nachträglicher Abzweigungen. Anders als bei der Wechselstromübertragung, wo eine nachträgliche Abzweigung durch eine Trafostation möglich ist, wird hierfür bei Gleichstromsystemen eine zusätzliche Stromrichterstation benötigt, die höhere Investitionskosten aufweist.[15] Gleichstromsysteme weisen jedoch gegenüber der Wechselstromübertragung auch entscheidende Vorteile auf: Bei der Übertragung elektrischen Stroms über sehr lange Distanzen begegnet der Einsatz von Wechselstrom dem Problem hoher Übertragungsverluste. Zusätzlich zum Ohmschen Widerstand des elektrischen Leiters treten im Bereich der Wechselstromübertragung induktive Widerstände auf, die auch als kapazitive Blindströme bezeichnet werden. Auch wird bei der Wechselstromübertragung durch den so genannten Skineffekt an den Rändern des Leitungsquerschnitts Strom verdrängt, was ebenfalls zu Übertragungsverlusten führt.[16] Daher werden trotz der im Gleichstrombereich durch die erforderlichen zusätzlichen Netzeinrichtungen entstehenden Kosten bei längeren Übertragungsstrecken Gleichstromsysteme eingesetzt. Im Überlandbereich liegt die Break-Even-Distance bei etwa 500 km. Bei Seekabeln werden Gleichstromsysteme bereits ab einer Übertragungslänge von 30–70 km eingesetzt, da der bei Wechselstromsystemen notwendige Einbau von Kompensationsspulen zur Reduktion von Blindströmen hier aufgrund der Unterseeausführung unmöglich ist. Darüber hinaus kommen Gleichstromsysteme auch auf kürzeren Distanzen zum Einsatz, um Wechselstromnetze unterschiedlicher Frequenz oder Phasenzahl oder solche, die nicht synchron zueinander arbeiten, zu koppeln.[17] Dies ist nur möglich, weil die oben beschriebenen Parallelflüsse im Bereich der Gleichstromübertragung nicht auftreten. Gleichstrom fließt vielmehr stets in eine Richtung. Der Lastfluss lässt sich über die Stromrichter regeln, weshalb keine besonderen Stabilitätsprobleme zu befürchten sind. Damit existieren trotz der hohen Investitionskosten und damit auch höheren Risikoprofile der beschriebenen Einrichtungen[18] sinnvolle Anwendungsfelder für die Gleichstromübertragung.

*bb) Eignung von Gleichstromverbindungsleitungen
für Regulierungsfreistellungen*

Aufgrund dieser besonderen Anwendungsfelder eignen sich Gleichstromsysteme auch wesentlich besser als Wechselstromsysteme für eine klassische Regulierungsfreistellung im Sinne einer Ausnahme vom Zugang Dritter zu den betroffenen Infrastrukturabschnitten. Parallelflüsse, die zu einer physikalisch

---

[15] *Peschke/von Olshausen*, Kabelanlagen für Hoch- und Höchstspannung, 1998, S. 87.
[16] *Peschke/von Olshausen*, Kabelanlagen für Hoch- und Höchstspannung, 1998, S. 24.
[17] Vgl. *Heuck/Dettmann*, Elektrische Energieversorgung, 2002, S. 50f; *Peschke/von Olshausen*, Kabelanlagen für Hoch- und Höchstspannung, 1998, S. 87.
[18] Siehe unten 5. Kapitel: III. 1. b) aa).

zwangsläufigen Drittnutzung der betroffenen Infrastruktur führen und die wirtschaftlich nutzbare Kapazität einschränken, treten nicht auf. Haupteinsatzgebiet von Gleichstromübertragungseinrichtungen ist aufgrund der beschriebenen extremen Schwierigkeiten bei der nachträglichen Integration von Abzweigungen auch nicht die Integration in eng vermaschte Netzbereiche, sondern regelmäßig die Punkt-zu-Punktübertragung. Die Gleichstromübertragung im nicht vermaschten Bereich entspricht gerade nicht mehr dem oben aufgezeigten Bild eines Sees, sondern wiederum mehr dem eines Flusses. Einzelne Stromflüsse über die Gleichstromverbindung lassen sich genau prognostizieren. Auch die bereitstehenden und wirtschaftlich nutzbaren Übertragungskapazitäten sind damit weitgehend bekannt. Vor allem werden nicht wie im eng vermaschten System relevante Anteile der Übertragungskapazität durch Ringflüsse blockiert. Daher steht eine der physikalischen Kapazität weitgehend entsprechende wirtschaftliche Kapazität der betroffenen Leitungssysteme zur Verfügung. Dies schafft die Voraussetzungen, ausreichende Investitionsrückflüsse aus einem kommerziellen, nicht regulierten Betrieb, i.e. aus dem Geschäftsmodell der Merchant-Line, zu erzielen.

Es ist daher eine den physikalischen Grundlagen der Elektrizität und den im Vergleich zu Wechselstromsystemen regelmäßig besonders hohen Investitionskosten[19] gerecht werdende Normausgestaltung, wenn der Gesetzgeber gem. Art. 17 Abs. 1 StromhandelsVO eine Regulierungsausnahme grundsätzlich nur für Gleichstromleitungen gewährt. Auch die Beschränkung auf Verbindungsleitungen, womit gem. Art. 2 Abs. 1 UAbs. 2 StromhamdelsVO nur Übertragungsleitungen erfasst sind, die eine Grenze zwischen Mitgliedstaaten überqueren oder überspannen und die nationalen Übertragungsnetze der Mitgliedstaaten verbinden, ist nicht nur dem Umstand geschuldet, dass die zur Schaffung eines wirklichen Elektrizitätsbinnenmarktes vordringlich zu beseitigenden Kapazitätsengpässe weniger innerhalb der einzelnen Übertragungsnetze angesiedelt sind[20] als vielmehr an den Grenzen der Mitgliedstaaten. Wiederum maßgeblich ist auch die Tatsache, dass grenzüberschreitende Leitungen nach den oben ausgeführten Kriterien den Hauptanwendungsfall der für die Regulierungsfreistellung besonders geeigneten Gleichstromsysteme bilden und gleichzeitig aufgrund ihrer besonderen Länge oder etwaigen Unterseeausführung ein

---

[19] Siehe unten 5. Kapitel: III. 1. b) aa).
[20] Für die Zukunft kann allerdings die Notwendigkeit einer Engpassbewirtschaftung innerdeutscher Engpässe nicht ausgeschlossen werden; vgl. Bundesnetzagentur, Netzzustands- und Netzausbaubericht gem. § 63 Abs. 4 a EnWG, 2008, S. 39f, abrufbar unter http://www.bundesnetzagentur.de/cae/servlet/contentblob/31282/publicationFile/1104/BerichtNetzzustandNetzausbauId12385pdf.pdf (zuletzt abgerufen am 12.04.10); dies., Pressemitteilung vom 9. Januar 2008, abrufbar unter http://www.bundesnetzagentur.de/cae/servlet/contentblob/32376/publicationFile/1287/PM20080109NetzzustandEnergieId12383pdf.pdf (zuletzt abgerufen am 12.04.10).

größeres Investitionsrisiko aufweisen, welches eine Privilegierung durch eine Regulierungsfreistellung zu rechtfertigen vermag.

Wechselstromleitungen können gem. Art. 17 Abs. 2 StromhandelsVO im Ausnahmefall auch in den Genuss einer Regulierungsfreistellung kommen, sofern die Kosten und Risiken der betreffenden Investition im Vergleich zu den normalerweise bei einer Wechselstromverbindung benachbarter Netze auftretenden Kosten besonders hoch sind. Wann dies der Fall ist, ist im weiteren Verlauf näher darzustellen.[21] An dieser Stelle kann jedoch bereits festgestellt werden, dass die konkrete Ausgestaltung des Dispenses einer Wechselstromverbindung in den meisten Fällen anders ausfallen muss als die einer Gleichstromverbindung. Vor allem eine Befreiung vom Zugang Dritter im Sinne einer nicht regulierten Nutzung seitens des Investors ist wie ausgeführt problematisch, wenn aufgrund auftretender loop flows Kapazitätsrestriktion auftreten, die einen rein kommerziellen Betrieb im Geschäftsmodell der Merchant-Line ohne Vergütung der loop flows durch eine Regulierungskomponente je nach Intensität der Kapazitätsrestriktionen stark erschweren oder unmöglich machen. Zwar ist die Regulierungsfreistellung auch im Fall freigestellter Wechselstromsysteme auf Verbindungsleitungen, i.e. gem. Art. 1 Abs. 1 UA 2 StromhandelsVO auf grenzüberschreitende Systeme begrenzt. Der Vermaschungsgrad und damit auch loop flows halten sich damit in Grenzen, da es zumindest definierbare Verbindungsleitungen gibt. Allerdings ist regelmäßig ein höherer Netzintegrationsgrad zu erwarten, was sich anschaulich beispielsweise am Verbundgrad der Bundesrepublik Deutschland mit ihren westeuropäischen Nachbarn belegen lässt. Von Deutschland nach Frankreich übertragener elektrischer Strom kann neben dem direkten Weg von Deutschland nach Frankreich auch den physikalischen Weg über die Niederlande und von dort über Belgien oder von Deutschland über die Schweiz nehmen.[22] Zu entwickeln sind daher für Wechselstromverbindungen, welche die Voraussetzungen einer Regulierungsfreistellung gem. Art. 17 StromhandelsVO erfüllen, innovative Modelle anderer Freistellungsmechanismen, die einen Investitionsanreiz vermitteln. Zu denken ist wiederum an gesonderte Risikoprämien oder Befreiungen von den Verwendungszweckbeschränkungen.

2. Technische und rechtliche Besonderheiten des Erdgasferntransports

Der Gassektor begegnet anderen, dem Elektrizitätsbereich nicht exakt vergleichbaren technischen Besonderheiten. Insbesondere handelt es sich bei Erdgas anders als beim Sekundärenergieträger elektrischer Strom um einen Primär-

---

[21] Siehe unten 5. Kapitel: III. 1. b) aa).
[22] Vgl. beispielhaft Bundesnetzagentur, BK 6-06-025, 20. Dezember 2006, S. 5, abrufbar unter http://www.bundesnetzagentur.de/media/archive/8590.pdf (zuletzt abgerufen am 10.06.08).

energieträger und damit um einen körperlichen Stoff, der darüber hinaus auch im großtechnischen Maßstab speicherbar ist.[23] Beim Transport durch Gasfernleitungen, i.e. durch Pipelines, findet ein tatsächlicher Fluss statt, so dass dem Grunde nach generelle, auch physische Zugangsrestriktionen möglich sind. Dennoch sind auch im Gasbereich technische Aspekte zu berücksichtigen, die Einfluss auf die Tatbestandsvoraussetzungen der Regulierungsfreistellung gem. Art. 36 GasRL haben. Besonders die aus der Primärenergieeigenschaft folgenden örtlichen Gebundenheiten an natürliche Gasvorkommen wirken sich aus. Zwar besteht die Möglichkeit der Erdgasspeicherung, die ebenfalls bei den Marktabgrenzungen und Bewertungen der Wettbewerbsauswirkungen zu berücksichtigen ist und Folgen nach sich zieht. Volumenmäßig »künstlichen Erdgasquellen« entsprechende Speicherkapazitäten lassen sich jedoch kaum schaffen.[24] Über die technischen Aspekte hinaus, sind im Erdgasbereich bestimmte rechtliche Sondergesichtspunkte zu beachten, die ebenfalls bei der Auslegung der einzelnen Tatbestandsvoraussetzungen Berücksichtigung finden müssen. Zu erwähnen sind hier vor allem so genannte *Take-or-Pay-* oder *Destination-Clause*-Vertragsgestaltungen[25], die sich im Bereich des Gasferntransports ursprünglich als branchenübliche Gestaltungen entwickelt haben, in jüngerer Zeit jedoch zunehmend ins Visier der Europäischen Kommission und der allgemeinen Wettbewerbsbehörden geraten sind. Auch auf die Möglichkeit einer Regulierungsfreistellung wirken sich derartige Vertragsgestaltungen aus. Gerade vor dem Hintergrund der oben vertretenen vertrauensschützenden Wirkungen einer Regulierungsfreistellung im Hinblick auf nachträgliche wettbewerbsrechtliche Anordnungen[26] müssen diese schwerpunktmäßig im Wettbewerbsrecht angesiedelten Fragestellungen in die Prüfung miteinbezogen werden.

Der sachliche Anwendungsbereich der Regulierungsfreistellungsmöglichkeit gem. Art. 36 GasRL bezieht sich auf Verbindungsleitungen, LNG- und Speicheranlagen. Als Teil einer Richtlinie bedarf Art. 36 GasRL selbstverständlich einer Umsetzungsnorm durch die einzelnen Mitgliedstaaten, wie sie sich für die Bundesrepublik Deutschland in § 28a EnWG findet. Die folgende Darstellung beschränkt sich dennoch wie bereits ausgeführt auf den Richtlinientext, was angesichts der Regelungstiefe des Art. 36 GasRL auch methodologisch widerspruchsfrei möglich ist. Verbindungsleitungen sind gem. Art. 2 Ziffer 17 GasRL Fernleitungen, die eine Grenze zwischen Mitgliedstaaten queren oder überspannen und einzig dem Zweck dienen, die nationalen Fernleitungsnetze dieser Mitgliedstaaten zu verbinden. Nicht erfasst wären damit augenscheinlich vor-

---

[23] Vgl. oben 2. Kapitel: I. 2. c).
[24] Das nutzbare Arbeitsvolumen von circa 19 Milliarden m³ zum 31. 12. 2005 in der Bundesrepublik Deutschland (vgl. oben 2. Kapitel: I. 2. c)) reicht nicht annähernd aus, um den deutschen Jahresverbrauch in Höhe von 85,9 Milliarden m³ im Jahr 2004 abzudecken.
[25] Siehe unten 5. Kapitel: I. 2. b).
[26] Vgl. oben 4. Kapitel: II. 2. c) cc).

gelagerte Rohrleitungsnetze, i.e. gem. Art. 2 Ziffer 2 GasRL Rohrleitungen oder ein Netz von Rohrleitungen, deren Betrieb und/oder Bau Teil eines Öl- oder Gasgewinnungsvorhabens ist oder die dazu verwendet werden, Erdgas von einer oder mehreren solcher Anlagen zu einer Aufbereitungsanlage, zu einem Terminal oder zu einem an der Küste gelegenen Endanlandeterminal zu leiten. Allerdings erwähnt Art. 36 Abs. 1 GasRL ausdrücklich auch die Freistellungsmöglichkeit von Art. 34 GasRL, der jedoch wiederum ausschließlich den Zugang zu den vorgelagerten Rohrleitungsnetzen regelt. Diese dort normierten Zugangsregeln sind zwar weniger restriktiv als das sonstige Zugangsregime der Art. 32 f GasRL. A maiore ad minus muss gerade daher jedoch die Regulierungsfreistellung nach dem Normtext des Art. 36 Abs. 1 GasRL auch Art. 34 GasRL und damit die vorgelagerten Rohrleitungsnetze erfassen. Im Hinblick auf die große Bedeutung der vorgelagerten Rohrleitungsnetze im Bereich des Erdgasferntransports ist dies auch konsequent. Bei den LNG-Anlagen handelt es sich um die oben bereits erwähnten Flüssiggasterminals. Erfasst sind gem. Art. 2 Ziffer 11 GasRL Kopfstationen zur Verflüssigung von Erdgas oder zur Einfuhr, Entladung und Wiederverdampfung von verflüssigtem Erdgas, darin eingeschlossen auch Hilfsdienste und die vorübergehende Speicherung, die für die Wiederverdampfung und die anschließende Einspeisung in die Fernleitungsnetze erforderlich ist, nicht jedoch die zu sonstigen Speicherzwecken genutzten Teile der LNG-Kopfstationen. Derartige LNG-Kopfstationen stellen zahlenmäßig bisher das Hauptanwendungsfeld der Regulierungsfreistellungsmaßnahme dar. So wurden bisher im Bereich LNG-Terminals neun Freistellungsanträge nach Art. 36 GasRL für Anlagen im Vereinigten Königreich, in Italien und den Niederlanden gestellt.[27] Mit den Speicheranlagen sind gem. Art. 2 Ziffer 9 GasRL Erdgasunternehmen gehörende und/oder von ihnen betriebene Anlagen zur Speicherung von Erdgas, einschließlich der zu sonstigen Speicherzwecken genutzten Teile der LNG-Terminals erfasst, jedoch mit Ausnahme der für Gewinnungstätigkeiten und ausschließlich von Fernleitungsnetzbetreibern bei der Wahrnehmung ihrer Funktion genutzten Einrichtungen. Erfasst sind somit wie im Elektrizitätsbereich nur größere neue Infrastrukturen oder gem. Art. 36 Abs. 2 GasRL die Aufstockung solcher Infrastrukturen zur Erschließung neuer Gasversorgungsquellen, die ganz überwiegend grenzüberschreitenden Charakter aufweisen.

---

[27] Siehe Übersicht über die freigestellten Erdgasinfrastrukturen bei der Europäischen Kommission unter http://ec.europa.eu/energy/infrastructure/infrastructure/gas/Gas_exemptions_en.htm (zuletzt abgerufen am 10.04.10).

178   5. Kapitel: Tatbestandsvoraussetzungen der Regulierungsfreistellung

a) Technik des Gasferntransports

aa) Erdgastransport in Gestalt der LNG-Verschiffung

Als Primärenergieträger kann Erdgas im Unterschied zum elektrischen Strom wie ausgeführt nicht weitgehend ortsunabhängig erzeugt werden, sondern muss von der natürlichen Lagerstätte entweder direkt oder über zwischengeschaltete Speicheranlagen zum Endverbraucher transportiert werden. In Betracht kommen dabei mit dem Leitungs- oder Tankschifftransport grundsätzlich zwei Möglichkeiten. Beim Transport mittels eines Tankschiffes wird das Gas auf -161° C abgekühlt, wodurch das Erdgas vom gasförmigen in einen flüssigen Aggregatzustand übergeht und sein Volumen um den Faktor 600 verringert. Erforderlich sind hierfür die LNG-Terminals, an denen das Gas zunächst für den Schiffstransport in einen flüssigen Zustand versetzt wird und am Zielort wieder in einen gasförmigen Zustand versetzt wird.[28] Es leuchtet ein, dass technisch betrachtet umfassende Zugangsrestriktionen im Sinne eines Ausschlusses eines diskriminierungsfreien Drittzugangs für ein derartiges LNG-Terminal möglich sind und damit keinerlei physikalisch bedingte Einschränkungen für Regulierungsfreistellungsmaßnahmen bestehen, da eine umfassende Zuordnungsfähigkeit der durch die LNG-Terminals geleiteten Gasmengen besteht. Vor allem Katar, das mit 14,4% der nachgewiesenen Welterdgasreserven nach der Russischen Föderation und dem Iran über die weltweit drittgrößten Erdgasvorkommen verfügt,[29] hat die LNG-Verschiffung aufgrund seiner geografisch für den Pipelinetransport ungünstigen Lage zu den Hauptverbraucherländern als Hauptdistributionsweg für nicht im Nahen Osten belegene Nachfragemärkte gewählt. Auch Algerien ist im LNG-Geschäft seit längerem präsent. Russland plant ein LNG-Terminal im eisfreien Barentsseehafen Murmansk, um im Nordamerikageschäft Fuß fassen zu können.[30]

bb) Pipelinetransport als Hauptdistributionsweg

Haupttransportmittel für Erdgas ist allerdings wie im Elektrizitätsbereich der leitungsgebundene Transport, im Fall des Erdgases über Pipelines.[31] Auch der

---

[28] Vgl. Übersicht bei E.ON Ruhrgas http://www.eon-ruhrgas.com/cps/rde/xchg/SID-3F57EEF5-88714A22/er-corporate/hs.xsl/673.htm (zuletzt abgerufen am 10.06.08).

[29] Vgl. BP, Energie im Blickpunkt – BP Weltenergiestatistik 2005, 2005, S. 20, abrufbar unter http://www.deutschebp.de/liveassets/bp_internet/germany/STAGING/home_assets/assets/deutsche_bp/broschueren/de_statistical_review_of_world_energy_full_report_2005.pdf (zuletzt abgerufen am 13.03.08).

[30] *Stern*, The Future of Russian Gas and Gazprom, 2005, p. 162 ff.

[31] Im Jahr 2004 wurden weltweit über Pipelines circa 502 Milliarden m3 Erdgas exportiert, wohingegen über LNG-Systeme nur rund 178 Milliarden m3 exportiert wurden; vgl. BP, Energie im Blickpunkt – BP Weltenergiestatistik 2005, 2005, S. 28, abrufbar unter http://www.deutschebp.de/liveassets/bp_internet/germany/STAGING/home_assets/assets/deutsche_bp/broschueren/de_statistical_review_of_world_energy_full_report_2005.pdf (zuletzt abgerufen am 13.03.08).

Abtransport der an LNG-Terminals angelandeten Gasressourcen erfolgt über Leitungsnetze. Europa, das neben Nordamerika einen der größten Gasverbraucher darstellt, verfügt über ein vergleichsweise besonders umfassend ausgebautes Pipelinenetz. Allein das bundesdeutsche Erdgasleitungsnetz hat eine Länge von circa 375.000 km. Wie im Bereich der Elektrizität sind auch im Erdgasbereich mehrere Netzebenen zu unterscheiden. Im vorliegenden Zusammenhang sind vor allem von Interesse die Hochdruckerdgasleitungen, die im Gasferntransport zum Einsatz kommen. Der Anteil derartiger Leitungen am deutschen Leitungsnetz beträgt rund 27%. Das Erdgas wird hier mit einem Druck von bis zu 100 bar transportiert, bei Leitungen auf dem Meeresgrund werden sogar bis zu 200 bar erreicht.[32] In diesen Leitungen fließt das Erdgas und wird hierzu mit Pump- und Verdichterstationen bewegt. Da beim Verbraucher folglich diejenigen Gasmoleküle aus der Leitung entnommen werden, die an der Förderquelle in eine Pipeline eingespeist wurden, kann auch im Bereich von Gaspipelines eine Regulierungsfreistellung im Sinne einer wirklichen Zugangsrestriktion für einen begrenzten Netzabschnitt grundsätzlich technisch realisiert werden. Eingeräumt werden muss allerdings, dass auch das Erdgas sich in der Leitung den dort herrschenden Druckverhältnissen entsprechend ausbreitet und in enger vermaschten Netzbereichen eine physische Zuordnung auch im Gasbereich schwierig bis unmöglich wird. Kapazitätsbeschränkungen durch Phänomene, die den Parallelflüssen im Elektrizitätsbereich vergleichbar wären, treten jedoch nicht auf. Zu berücksichtigen sind allerdings Inkompatibilitäten, die aus der Gasqualität folgen können. Abhängig von der jeweiligen natürlichen Lagerstätte variiert die chemische Zusammensetzung des Erdgases. Hauptbestandteil von Erdgas ist dabei immer Methan. Dessen Anteil pendelt von circa 79 bis zu 99 Vol. %. Infolgedessen wird zwischen verschiedenen Energiedichten beim Erdgas unterschieden, so genanntem High caloric-Gas (H-Gas) mit einem Methananteil von 87 bis 99 Vol. % und anderen höherwertigen Kohlenwasserstoffen und so genanntem Low caloric-Gas (L-Gas) mit einem Methananteil von 79 bis 87 Vol. %. Aufgrund des unterschiedlichen Brennwertes können H-Gas und L-Gas nicht in denselben Brennern zum Einsatz kommen. Da eine Umwandlung von L-Gas in H-Gas nicht möglich ist, kommt eine Einspeisung von L-Gas in H-Gas-Netze nicht in Betracht. Umgekehrt ist eine Umwandlung von H-Gas in L-Gas durch eine Beimischung von Stickstoff möglich, weshalb auch eine Einspeisung in L-Gasinfrastrukturen nicht ausgeschlossen ist. L-Gas-Vorkommen finden sich vor allem in deutschen oder niederländischen Gaslagerstätten. In den entsprechenden Bereichen besteht ein weitreichender Ausbaugrad der Transportinfrastrukturen, so dass die

---

[32] Vgl. aktuelle Informationen zur deutschen Gaswirtschaft bei http://www.eon-ruhrgas.com/cps/rde/xchg/SID-3F57EEF5-35100DCE/er-corporate/hs.xsl/670.htm (zuletzt abgerufen am 31.01.08).

fehlende Aufwärtskompatibilität von L-Gas für die vorliegende Thematik neuer Infrastrukturen kaum von Belang ist.[33] Abgesehen von diesen Inkompatibilitäten und Zuordnungsschwierigkeiten im Bereich eng vermaschter Netzstrukturen können in den Gasnetzen damit zumindest mengenmäßig relativ problemlose Zuordnungen der einzelnen Gasflüsse getroffen werden und bestehen keine besonderen Interdependenzen. Eine isolierte Betrachtung einzelner Leitungsabschnitte ist damit möglich. Ferngasleitungsnetze, die regelmäßig nicht eng vermascht sind, eignen sich somit auch technisch für Regulierungsfreistellungen. Gleiches gilt auch für Gasspeicheranlagen und LNG-Terminals, wo eine Zuordnungsfähigkeit der durchgeleiteten Gasmengen ebenso besteht.

b) Besondere rechtliche Rahmenbedingungen des Gasferntransports

Haben die technischen Besonderheiten des Gasferntransports somit keine besonderen Auswirkungen auf die Regulierungsfreistellung, sind dafür bestimmte rechtliche Rahmenbedingungen der Erdgaswirtschaft zu beachten. Vor allem in der Erdgaswirtschaft übliche Vertragsgestaltungen müssen im Zusammenhang mit einer Regulierungsfreistellungsmöglichkeit Berücksichtigung finden. Ins Blickfeld rücken hierbei vor allem so genannte *Take-or-Pay*-Vertragsgestaltungen sowie *Destination-Klauseln*. Beide Gestaltungen beziehen sich zunächst auf Gaslieferverträge, haben jedoch auch Auswirkungen auf den Gasferntransport.

aa) Take-or-Pay-Verträge

Bei *Take-or-Pay*-Verträgen handelt es sich um Verträge zwischen Großabnehmern und Produzenten in der Gaswirtschaft. Die Laufzeiten dieser Verträge betragen bis zu 25 Jahre. Aufgrund der hohen Investitionskosten bei der Erschließung natürlicher Gasvorkommen besteht für die Erdgasproduzenten ein besonderes Investitionssicherheitsbedürfnis. Die Investitionen sind so hoch, dass eine Rentabilität nur über eine lange Vertragslaufzeit entsteht. Zwischen den Produzenten und den Großabnehmern wurden und werden daher bereits zu Beginn der vertraglichen Zusammenarbeit langlaufende Verträge geschlossen, die den Erzeuger zur Lieferung einer bestimmten Menge Gas pro Jahr verpflichten, und den Abnehmer zur Zahlung dieser vorab festgelegten Liefermenge unabhängig davon, ob das vereinbarte Kontingent auch tatsächlich abgenommen wird. Die Preise werden zwar regelmäßig nicht vorher fest determiniert, sondern beispielsweise an die Entwicklung bestimmter Märkte gebunden.[34] Die Verträge deutscher Großabnehmer mit der russischen Gazprom sind etwa über-

---

[33] Siehe Übersichtskarte des deutschen Erdgasleitungsnetzes bei E.ON Ruhrgas http://www.eon-ruhrgas.com/cps/rde/xchg/SID-3F57EEF5-FF2F131F/er-corporate/hs.xsl/4234.htm (zuletzt abgerufen am 10.06.08).
[34] *Talus*, E.L.Rev. 32 (2007), p. 535 (536).

wiegend an die Entwicklung des Rohölpreises gekoppelt.[35] Dem Erzeuger wird durch diese Gestaltung unter der Bedingung eigener Lieferbereitschaft ein jährlicher Zahlungszufluss garantiert. Das Mengenrisiko entfällt damit für den Erzeuger und wird auf den Großabnehmer übergewälzt. Diese kompensierten das Mengenrisiko in der Vergangenheit ihrerseits überwiegend dadurch, dass sie mit den auf den nachgelagerten Stufen der Gasversorgung tätigen Versorgern wie regionalen oder kommunalen Versorgern wiederum ihrerseits langlaufende Vertragsgestaltungen wählten und somit einen Absatz der vereinbarten Liefermengen sicherstellen konnten. Sichergestellt wird durch die *Take-or-Pay*-Verträge auch eine hohe Auslastung der Pipelineinfrastruktur. Maßgeblich ist dabei nicht die tatsächliche Auslastung der Pipelines, sondern wiederum nur die Verpflichtung, langfristig gebuchte Kapazitäten unabhängig von der tatsächlichen Nutzung auch zu bezahlen.

Im Zusammenhang mit den sektorspezifischen Regulierungsverpflichtungen bedürfen *Take-or-Pay*-Verträge deshalb einer besonderen Aufmerksamkeit, da ihr kapazitätsabdeckender Einsatz ein Drittzugangsregime in massiver Weise konterkarieren kann. Werden sämtliche Pipelinekapazitäten in strengen *Take-or-Pay*-Strukturen vermarktet, besteht kein Raum für einen Drittzugang, da sämtliche Kapazitäten dann durch die langlaufenden Verträge belegt sind und damit eine Marktabschottung möglich wird.[36] Art. 48 GasRL normiert daher, dass Zugangsverweigerungen aufgrund unbedingter Zahlungsverpflichtungen nur unter engen Bedingungen möglich sind und einer Genehmigung bedürfen.[37] Durch die Regelungen zum Engpassmanagementverfahren gem. Art. 16 ErdgasfernleitungsnetzVO wird außerdem sichergestellt, dass eine rein vertragliche Blockade bestimmter Leitungskapazitäten, die nicht mit einer tatsächlichen Inanspruchnahme der Kapazität korrespondiert, ausgeschlossen ist. Festgestellt ist damit jedoch auch, dass derartige Vertragsstrukturen zumindest unter dem Blickwinkel der energierechtlichen Sekundärrechtsakte nicht grundsätzlich im Widerspruch zum Unionsrecht stehen. Wie in jüngerer Zeit deutlich wurde, gilt dies auch im Bezug auf das allgemeine Wettbewerbsrecht. Die Kommission ist hier zur Überzeugung gelangt,[38] dass ein grundsätzlicher Ausschluss derartiger langlaufender Vertragsstrukturen trotz vor dem Hintergrund von Art. 101 und 102 AEUV bestehender Bedenken mit den Besonderheiten des Gasmarktes[39] unvereinbar wäre. Beachtet werden muss allerdings, dass diese

---

[35] *Konoplyanik*, JENRL Vol 23 2005, p. 282 (287 f).
[36] *Talus*, E.L.Rev. 32 (2007), p. 535 (536 f).
[37] Vgl. hierzu auch entsprechend EuGH »VEMW« C-17/03, Slg. 2005, I-4983 (5037 ff) Rdnr. 57 ff.
[38] Vgl. Erwägungen 8 und 11 Richtlinie 2004/67/EG des Rates vom 26. April 2004 über Maßnahmen zur Gewährleistung der sicheren Erdgasversorgung, ABl. 2004 Nr. L 127/92 ff.
[39] Weitere Nachweise für die angebliche Notwendigkeit langfristiger Verträge und die vermeintliche Unausgewogenheit der Liberalisierung der Gasmärkte bei *Stern*, The Future of Russian Gas and Gazprom, 2005, p. 131 ff.

Öffnung gegenüber langfristigen Vertragsstrukturen auf den Importbereich beschränkt ist.[40] Der Umstand, dass Gazprom für sein Engagement auf dem britischen Markt kurzfristige Vertragsstrukturen akzeptiert hat,[41] macht auch deutlich, dass selbst für den Importbereich langfristige Vertragsstrukturen nicht alternativlos sind.

Weniger problematisch sind *Take-or-Pay*-Gestaltungen, soweit sie sich auf die Infrastrukturnutzung beziehen, hingegen generell bei Infrastrukturen, für die eine Regulierungsfreistellung auf Basis von Art. 36 GasRL gewährt wurde. Soweit die Infrastruktur von der Verpflichtung zum Drittzugang komplett freigestellt wurde, können auch *Take-or-Pay*-Strukturen bezogen auf die freigestellte Infrastruktur keine weitere Marktabschottung bewirken, da es ohnehin im Belieben des Infrastrukturbetreibers steht, Dritten den Netzzugang zu gewähren. Auch können in diesem Fall keine wettbewerblichen Bedenken gegen die auf die Infrastrukturnutzung bezogenen Elemente der *Take-or-Pay*-Struktur bestehen, da aufgrund der vergleichbaren Wirkungen auch eine entsprechende Regulierungsfreistellung als solche negative Wettbewerbswirkungen zeitigen und daher nicht genehmigt würde.[42] Bezieht sich die Freistellung allerdings nur auf die Entgeltbildung, müssen *Take-or-Pay*-Strukturen weiter Beachtung finden, da sie hier wiederum die Gefahr einer Marktabschottung bergen. Auch müssen die Vertragsgestaltungen in Bezug auf nachgelagerte Infrastrukturen in besonderer Weise in den Blick genommen werden, um negative Wettbewerbsauswirkungen zu verhindern.[43]

bb) Destination-Klauseln

Anders stellt sich jedoch das Verhältnis von Regulierungsfreistellungen und *Destination-Klauseln* dar. Neben den beschriebenen *Take-or-Pay*-Klauseln beinhalteten in der Vergangenheit Gaslieferverträge zwischen Erzeugern aus der Russischen Föderation respektive zum Zeitpunkt des Vertragsschlusses der UdSSR und Großabnehmern aus der Europäischen Union Klauseln, wonach es dem Großabnehmer verboten ist, das gelieferte Erdgas in anderen als den vorher vereinbarten Gebieten zu veräußern. Dies galt auch dann, wenn Infrastrukturkapazitäten zum Weitertransport in andere Gebiete vorhanden waren. Durch

---

[40] Vgl. Erwägung 25 GasRL 2003; Erwägungen 8 und 11 Richtlinie 2004/67/EG des Rates vom 26. April 2004 über Maßnahmen zur Gewährleistung der sicheren Erdgasversorgung, ABl. 2004 Nr. L 127/92ff; Europäische Kommission, Aussichten für den Erdgas- und Elektrizitätsbinnenmarkt, KOM(2006) 841 endg., S. 17f; *Konoplyanik*, JENRL, Vol 23 (2005), p. 282 (289).
[41] Mit weiteren Nachweisen *Stern*, The Future of Russian Gas and Gazprom, 2005, p. 133 f.
[42] Beleg hierfür ist auch, dass die Europäische Kommission langfristige Take-or-Pay-Verträge wesentlich weniger kritisch sieht, wenn auf Seiten der Gasabnehmer keine Monopolsituation vorliegt; vgl. mit weiteren Nachweisen *Talus*, E.L.Rev. 32 (2007), p. 535 (540f).
[43] Siehe unten 5. Kapitel: II. 2. d) dd).

solche Vertragsgestaltungen konnte der Gasimporteur oder -großhändler künstlich verschiedene Marktgebiete mit unterschiedlichen Preisen schaffen, auch wenn zwischen diesen keine entsprechenden physischen Engpässe existierten.[44] Durch *Destination-Klauseln* wurde folglich auch nach Wegfall der gesetzlichen Sanktionierung der Gebietsmonopole weiterhin eine Demarkation der einzelnen Marktgebiete geschaffen. Die Europäische Kommission hat daher als zuständige Wettbewerbsbehörde in der jüngeren Vergangenheit *Destination-Klauseln* in mehreren Fällen als wettbewerbswidrig untersagt.[45]

Die Verbindung von *Destination-Klauseln* und Regulierungsfreistellung wird jedoch erst auf den zweiten Blick erkennbar. *Destination-Klauseln* haben zunächst keinen unmittelbaren Bezug zu Regulierungsfreistellungen, da sie ausschließlich die Gaslieferverträge betreffen und nicht die Nutzung der Transportinfrastrukturen. Dennoch wirken sich *Destination-Klauseln* auch nachdrücklich auf die Funktionsfähigkeit von Regulierungsfreistellungen aus. Wie bereits angedeutet wurde und im Folgenden noch näher erläutert wird, spielt der Wettbewerbsgedanke bei der Regulierungsfreistellung eine entscheidende Rolle. Es geht dabei auch und gerade um einen Wettbewerb im Sinne eines Gas-zu-Gas-Wettbewerbs. Voraussetzung für einen solchen Gas-zu-Gas-Wettbewerb sind zum einen vorhandene Transportkapazitäten, zu deren Schaffung die Regulierungsfreistellung in besonderem Maß beitragen soll. Daneben müssen jedoch vor allem entsprechende Gasmengen vorhanden sein, die Gegenstand eines Wettbewerbs sein können. Ein Weiterverkauf von Großabnehmern an andere Großabnehmer kann einen solchen Wettbewerb ermöglichen. Ein Weiterverkauf, der auf eine entsprechende Nachfrage trifft, ist jedoch nur möglich, wenn eine gebietsmäßige Bindung nicht besteht. Absatzrestriktionen können den Wettbewerb auch insoweit verzerren, weil der durch eine *Destination-Klausel* gebundene Großhändler zu einem wettbewerbswidrigem Dumping-Wettbewerb gezwungen würde, wenn er sein Gas nur in einem bestimmten Marktgebiet verkaufen darf. Andere Anbieter müssten in diesem Fall zwingend unterboten werden, um nicht auf den erworbenen Gasmengen sitzen zu bleiben. In Kenntnis dieses Umstands würde ein Markteintritt durch neue Anbieter, den

---

[44] Vgl. *Konoplyanik*, JENRL 23 (2005), p. 282 (291 ff).

[45] Vgl. Europäische Kommission, Erster Benchmarkingbericht über die Verwirklichung des Elektrizitäts- und Erdgasbinnenmarktes, SEK(2001) 1957, S. 21, 33; dies., Pressemitteilung der Europäischen Kommission Gazprom/ENI vom 6. Oktober 2003, IP/03/1345, abrufbar unter http://europa.eu/rapid/pressReleasesAction.do?reference=IP/03/1345&format =PDF&aged=1&language=DE&guiLanguage=en (zuletzt abgerufen am 12.04.10); dies., Pressemitteilung der Europäischen Kommission Gazprom/OMV vom 17. Februar 2005, IP/05/195, abrufbar unter http://europa.eu/rapid/pressReleasesAction.do?reference=IP/05/ 195&format=PDF&aged=1&language=DE&guiLanguage=en (zuletzt abgerufen am 18.03. 08); dies., Pressemitteilung der Europäischen Kommission Gazprom/E.ON Ruhrgas vom 10. Juni 2005, IP/05/710, http://europa.eu/rapid/pressReleasesAction.do?reference=IP/05/ 710&format=PDF&aged=1&language=DE&guiLanguage=en (zuletzt abgerufen am 18.03. 08).

die Regulierungsfreistellung auf Infrastrukturebene ermöglichen soll, erheblich erschwert. Existieren mithin *Destination-Klauseln*, ist Gas-zu-Gas-Wettbewerb auch durch die Schaffung neuer Infrastrukturen nicht möglich[46] und das Instrument der Regulierungsfreistellung verliert seine Wirkung. Die ablehnende Haltung der Wettbewerbsbehörden gegenüber *Destination-Klauseln* ist daher nicht nur aus Gründen des allgemeinen Wettbewerbsrechts konsequent, sondern dient auch der Funktionsfähigkeit eines Instruments wie der Regulierungsfreistellung.

II. Wettbewerbliche Einzelvoraussetzungen

1. Wettbewerbsauswirkungen der Freistellung als solcher und Verbesserung des Wettbewerbs durch die Infrastruktur

a) Wettbewerbsverbesserung als Schlüsselkriterium der Regulierungsfreistellung

Zentrale und wohl auch problematischste Tatbestandsvoraussetzungen einer Regulierungsfreistellung sind die sowohl von Art. 17 Abs. 1 lit. a), f) StromhandelsVO als auch von Art. 36 Abs. 1 lit. a), e) GasRL geforderte Verbesserung des Wettbewerbs bei der Strom- bzw. Gasversorgung durch die Investition und das Ausbleiben nachteiliger Wettbewerbsauswirkungen der Regulierungsfreistellung als solcher. StromhandelsVO und GasRL errichten dabei beinahe identische Tatbestandsvoraussetzungen einer Regulierungsfreistellung. Art. 36 Abs. 1 lit. a) GasRL fordert lediglich zusätzlich zu einer Verbesserung des Wettbewerbs durch die Investition auch eine Verbesserung der Versorgungssicherheit. Diese zusätzliche Anforderung birgt allerdings kaum Schwierigkeiten, da eine neue Infrastruktur und damit eine neue Transportkapazität regelmäßig eine Verbesserung der Versorgungssicherheit darstellt. Negativ könnte die Versorgungssicherheit durch eine neue Infrastruktur allenfalls betroffen sein, wenn durch die zusätzlichen Kapazitäten bereits vorhandene für die Versorgungssicherheit bedeutsamere Infrastrukturen als die neu zu errichtende in ihrer Existenz bedroht wären. Eine solche Situation könnte etwa dadurch entstehen, dass die neue Infrastruktureinrichtung durch die Freistellung vorhandenen Infrastrukturen gegenüber in einen solch aggressiven Wettbewerb treten könnte, dass diese nicht mehr wettbewerbsfähig am Markt wären. Obgleich der beschriebene Fall aufgrund des hohen Fixkostenanteils von Gasfernübertragungsleitungen, Gasspeicheranlagen und LNG-Einrichtungen schon rein tatsächlich nur schwer vorstellbar ist, würde eine solche Konstellation jedenfalls an der geforderten Wettbewerbsverbesserung scheitern, weshalb dem Tatbestands-

---

[46] Vgl. *Konoplyanik*, JENRL 23 (2005), p. 282 (293).

merkmal der Verbesserung der Versorgungssicherheit nur beschränkter eigenständiger Gehalt zukommt. Die zusätzliche Erwähnung der Versorgungssicherheit in Art. 36 Abs. 1 lit. a) GasRL macht jedoch deutlich, dass im Gasbereich neue Infrastrukturen im Ferntransportbereich und Versorgungssicherheit in noch stärkerer Weise als im Elektrizitätsbereich in einem direkten Zusammenhang stehen. Die zusätzliche Erwähnung der Versorgungssicherheit sollte daher bei der Auslegung der Tatbestandsvoraussetzung insoweit Berücksichtigung finden, dass bei der Prüfung einer Verbesserung des Wettbewerbs in der Gasversorgung durch die Investition in Grenzfällen ein weniger strenger Maßstab als im Elektrizitätsbereich angelegt wird.

Die Schlüsselrolle bei der Genehmigung einer Regulierungsfreistellung kommt folglich der geforderten Wettbewerbsverbesserung zu. Hauptintention des europäischen Gesetzgebers bei der Schaffung des Instruments der Regulierungsfreistellung ist die Schaffung eines wirklichen Energiebinnenmarkts durch Verbindung der aus vor allem historischen Gründen[47] getrennten nationalen Energiemärkte. Hierzu ist es jedoch erforderlich, vorhandene Infrastrukturen nicht nur wettbewerblich nutzbar zu machen, sondern dort, wo vorhandene Kapazitäten physisch nicht ausreichen, neue physische Kapazitäten zu schaffen. Im Grundsatz wird dies auch seitens der Europäischen Kommission anerkannt: Explizit, wenn sie bestimmte Wettbewerbsbeschränkungen im Elektrizitätsbereich, die »wegen des Hereinholens der für den Aufbau neuer Verbindungsleitungen vorgenommenen Investitionen unerlässlich sind«, günstiger beurteilen will[48] und implizit, wenn sie sich mit Instrumenten wie dem der Regulierungsfreistellung grundsätzlich einverstanden zeigt.

b) Analyse der Wettbewerbsauswirkungen neuer Infrastrukturen anhand der Instrumente des klassischen Wettbewerbsrechts

Für die Beurteilung der Wettbewerbsauswirkungen neuer Infrastrukturen und deren Regulierungsfreistellung können die Instrumente des klassischen Wettbewerbsrechts fruchtbar gemacht werden. In gleicher Weise nutzen Art. 17 StromhandelsVO und Art. 36 GasRL zwar nicht die üblichen Termini einer Verhinderung, Einschränkung oder Verfälschung des Wettbewerbs, wie sie etwa in Art. 101 AEUV Verwendung finden, sondern fordern eine Verbesserung des Wettbewerbs durch die neue Infrastruktur. Dennoch können hieraus keine verschärften Anforderungen abgeleitet werden, da Art. 17 Abs. 1 lit. a) StromhandelsVO und Art. 36 Abs. 1 lit. a) GasRL im Zusammenhang mit Art. 17 Abs. 1 lit. f) StromhandelsVO und Art. 36 Abs. 1 lit. e) GasRL betrachtet

---

[47] Vgl. oben 1. Kapitel: I. 2. a).
[48] Europäische Kommission, Pressemitteilung vom 12. März 2001, MEMO/01/76, abrufbar unter http://europa.eu/rapid/pressReleasesAction.do?reference=IP/01/341&format=PDF&aged=1&language=DE&guiLanguage=en (zuletzt abgerufen am 12.04.10).

werden müssen.[49] Diese Voraussetzung einer Regulierungsfreistellung spricht wiederum im bekannten Duktus vom Ausbleiben nachteiliger Auswirkungen auf den Wettbewerb. Im Unterschied zu der in lit. a) normierten Voraussetzung beziehen sich lit. f) bzw. e) jedoch auf die Auswirkungen der Regulierungsfreistellung als solcher und nicht der Investition auf den Wettbewerb. Dies ist jedoch logisch zwingend. Da eine nicht vom Regulierungsregime freigestellte neue Infrastruktur aufgrund ihrer durch die sektorspezifische Regulierung normierten umfassenden Drittzugänglichkeit regelmäßig positive Wettbewerbswirkungen zeitigen wird bzw. als regulierter Markt überhaupt keinen Wettbewerbsbereich darstellt, ist die Untersuchung der Wettbewerbsauswirkungen einer neuen regulierten Infrastruktur unter Ausblendung der Regulierungsfreistellung für den vorliegenden Zusammenhang wenig ergiebig. Wettbewerbsauswirkungen der Investition können vielmehr nur sinnvoll bewertet werden, wenn die Infrastruktur unter Ausblendung der sektorspezifischen Regulierung betrachtet wird. In gerade umgekehrter Reihenfolge zur gesetzlichen ist daher zunächst zu prüfen, ob die Regulierungsfreistellung als solche mit nachteiligen Wettbewerbsauswirkungen verbunden ist. Hierbei ist vor allem auf die oben beschriebenen ökonomischen Voraussetzungen[50] einer sektorspezifischen Regulierung einzugehen, i.e. auf das Vorliegen oder Nichtvorliegen eines unbestreitbaren natürlichen Monopols. Überprüft werden muss folglich zunächst, ob eine freizustellende Infrastruktur einer wettbewerblichen Bedrohung ausgesetzt ist. Dies bedeutet, dass abweichend zu üblichen Wettbewerbsprüfungen im Energiebereich, bezogen auf die betroffene Infrastruktur gerade der Transportbereich einer Wettbewerbsprüfung unterzogen werden muss. Das Argument, es handele sich um einen regulierten Bereich und damit nicht um einen Wettbewerbsbereich, kann gegen eine solche Prüfung nicht ins Feld geführt werden, da bei der Prüfung der Auswirkung einer Regulierungsfreistellung gerade geprüft werden muss, wie sich eine Nichtregulierung auswirkt. Ergibt sich dabei, dass unter Heranziehung der entwickelten Maßstäbe und Voraussetzungen keine Rechtfertigung für eine sektorspezifische Regulierung gefunden werden kann, bedeutet dies, dass die Regulierungsfreistellung als solche keine nachteiligen Wettbewerbsauswirkungen zeitigen wird.

---

[49] Europäische Kommission, Vermerk der GD Energie und Verkehr zu den Richtlinien 2003/54/EG und 2003/55/EG und der Verordnung (EG) Nr. 1228/2003 im Elektrizitäts- und Erdgasbinnenmarkt – Ausnahmen von bestimmten Bestimmungen der Regelung des Netzzugangs Dritter vom 30.01.2004, S. 6f; abrufbar unter http://ec.europa.eu/energy/electricity/legislation/doc/notes_for_implementation_2004/exemptions_tpa_de.pdf (zuletzt abgerufen am 11.08.08); European Commission, Commission staff working document on Article 22 of Directive 2003/55/EC concerning common rules for the internal market in natural gas and Article 7 of Regulation (EC) No 1228/2003 on conditions for access to the network for cross-border exchanges in electricity, SEC(2009)642final, Rdnr. 31.

[50] Vgl. oben 2. Kapitel: I.

II. Wettbewerbliche Einzelvoraussetzungen

Dies bedeutet jedoch nicht, wie oben ebenfalls dargestellt[51], dass das allgemeine Wettbewerbsrecht keine Anwendung mehr finden müsste. Ganz im Gegenteil ist dieses, da eine sektorspezifische Regulierung nicht erfolgt, nun regulär anzuwenden, i.e. die im Energiebereich üblichen Wettbewerbsfragen sind zu stellen und zu beantworten. Wie ausgeführt[52] würde die Möglichkeit eines nachträglichen Einschreitens der allgemeinen Wettbewerbsbehörde allerdings die Funktionsfähigkeit des Instruments der Regulierungsfreistellung erheblich gefährden. Ein solches nachträgliches Einschreiten ist jedoch nicht erforderlich, da die Einhaltung des allgemeinen Wettbewerbsrechts wie oben angedeutet bereits im Verfahren der Regulierungsfreistellung sichergestellt wird. Erreicht wird dies, indem im Anschluss an die Prüfung der Auswirkungen der Freistellung als solcher im Rahmen von Art. 17 Abs. 1 lit. f) StromhandelsVO respektive Art. 36 Abs. 1 lit. e) GasRL unter Heranziehung der Maßstäbe des klassischen Wettbewerbsrechts gem. Art. 17 Abs. 1 lit. a) StromhandelsVO respektive Art. 36 Abs. 1 lit. a) GasRL geprüft wird, ob die freigestellte Infrastruktur als solche den Wettbewerb verbessert oder zumindest nicht einschränkt. Hier ist vor allem zu prüfen, welche Auswirkungen die freigestellte Infrastruktur unter konkreter Bezugnahme auf die freistellungsbegünstigten Unternehmen auf die betroffenen Märkte zeitigt. Betroffene Märkte sind dabei die dem Infrastrukturbereich vor- und nachgelagerten Märkte, wie auch aus dem Normtext deutlich wird, der in Art. 17 Abs. 1 lit. a) StromhandelsVO und Art. 36 Abs. 1 lit. a) GasRL jeweils von einer Wettbewerbsverbesserung bei der Strom bzw. Gasversorgung spricht. Versorgung erfasst gem. Art. 2 Ziffer 19 ElektrizitätsRL sowie gem. Art. 2 Ziffer 7 GasRL mit dem Verkauf den nachgelagerten Markt. Durch diese den Maßstäben des klassischen Wettbewerbsrechts entsprechende Prüfung wird auch die oben vertretene Erstreckung des durch die Regulierungsausnahme geschaffenen Bestandsschutzes auf das allgemeine Wettbewerbsrecht möglich.[53]

c) Marktabgrenzung der relevanten Märkte als Ausgangspunkt der Analyse der Wettbewerbsauswirkungen

Ausgangspunkt einer Analyse der Wettbewerbsauswirkungen ist jedoch zunächst eine detaillierte Abgrenzung der relevanten Märkte. Nur wenn diese Voraussetzung erfüllt ist, ist es möglich, die Auswirkungen bestimmter Maßnahmen und Verhaltensweisen auf die betroffenen Märkte und damit auf den Wettbewerb auf denselben zu untersuchen. Nur nach einer eingehenden Definition des betroffenen Marktes lässt sich ermitteln, welche Marktteilnehmer in der Lage sind, konkurrierenden Unternehmen Schranken zu setzen, und damit

---

[51] Vgl. oben 2. Kapitel: I.
[52] Vgl. oben 4. Kapitel: II. 2. b).
[53] Vgl. oben 4. Kapitel: II. 2. c) cc).

zu verhindern, dass diese sich dem Wettbewerbsdruck entziehen. Auch das Vorliegen unbestreitbarer natürlicher Monopole lässt sich nur nach einer genauen Marktabgrenzung bestimmen.

aa) Marktabgrenzung im Bereich grenzüberschreitender Infrastrukturen in der bisherigen Kommissionspraxis

Obwohl es sich mithin um eine unabdingbare Voraussetzung zur Ermittlung der Wettbewerbswirkungen handelt, schenkte die Europäische Kommission einer Ermittlung der durch grenzüberschreitende Infrastrukturen im Elektrizitäts- und Gasbereich betroffenen Märkte im konkreten Zusammenhang mit der Regulierungsfreistellung bisher wenig Aufmerksamkeit. Vielmehr spricht die Kommission hier eher allgemein von den betroffenen Märkten,[54] ohne jedoch zu erläutern, um welche es sich dabei konkret handelt. Erforderlich ist jedoch eine detaillierte Untersuchung. Zu klären ist, ob es sich bei den vorliegend behandelten Infrastrukturen um eigene Märkte handelt oder ob diese anderen etablierten Märkten zugeordnet werden können. Wenn auch grenzüberschreitende Infrastrukturen nur in sehr beschränktem Maß eine gesonderte Würdigung seitens der Kommission erfahren haben, lassen sich Indizien für eine Einordnung verschiedener betroffener Märkte dennoch aus den Entscheidungen der Kommission im allgemeinen Wettbewerbsrecht mit energierechtlichem Bezug finden. Zu erwähnen sind hier vor allem Fusionskontrollverfahren, wobei allerdings auch hier eine besondere Würdigung grenzüberschreitender Phänomene nur sehr beschränkt erfolgt.[55]

---

[54] Europäische Kommission, Vermerk der GD Energie und Verkehr zu den Richtlinien 2003/54/EG und 2003/55/EG und der Verordnung (EG) Nr. 1228/2003 im Elektrizitäts- und Erdgasbinnenmarkt – Ausnahmen von bestimmten Bestimmungen der Regelung des Netzzugangs Dritter vom 30.01.2004, S. 5; abrufbar unter http://ec.europa.eu/energy/electricity/legislation/doc/notes_for_implementation_2004/exemptions_tpa_de.pdf (zuletzt abgerufen am 11.08.08).

[55] Entscheidungen der Europäischen Kommission COMP/M.4672 – E.ON/Endesa Europa/Viesgo vom 6. August 2007; COMP/M.4238 – E.ON/Pra_ská plynárenská vom 11. Juli 2006; COMP/M.4110 – E.ON/Endesa vom 25. April 2006, COMP/M.3868 – DONG/Elsam/Energie E2 vom 14. März 2006; COMP/M.3696 – E.ON/MOL vom 21. Dezember 2005; COMP/M.3665 – ENEL/Slovenske Elektrarne vom 26. April 2005; COMP/M.3448 EDP/Hidroeléctrica del Cantábrico vom 9. September 2004; COMP/M.3440 – EDP/ENI/GDP vom 9. Dezember 2004; COMP/M.3410 – Total/Gaz de France vom 8. Oktober 2004; COMP/M.3268 – Sydkraft/Graninge vom 30. Oktober 2003; COMP/M.3007 – E.ON/TXU Europe Group vom 18. Dezember 2002; COMP/M.2947 – Verbund/Energie Allianz vom 11. Juni 2003; COMP/M.2890 – EDF/Seeboard vom 25. Juli 2007; COMP/M.2857 – ECS/IEH vom 23. Dezember 2002; COMP/M.2822 – EnBW/ENI/GVS vom 17. Dezember 2002; COMP/M.2801 – RWE/Innogy vom 17. Mai 2002; COMP/M.2684 – EnBW/EDP/Cajastur/Hidrocantabrico vom 19. März 2002; COMP/M.2679 – EDF/TXU Europe/24 Seven vom 20. Dezember 2001; COMP/M.2675 – EDF/TXU Europe/West Burton Power Station vom 20. Dezember 2001; COMP/M.2586 – CE/Yorkshire Electric vom 17. September 2001; COMP/M.2432 – Grupo Villa Mir/EnBW/Hidroeléctrica del Cantábrico vom 26. September 2001; COMP/M.2349 – E.ON/Sydkraft vom 9. April 2001; COMP/M.2209 – EDF Group/Cottam

bb) Bedarfsmarktkonzept und SSNIP-Test als wichtigste Abgrenzungsmechanismen

Maßstab der Marktabgrenzung zur Ermittlung der sachlich und räumlich relevanten Märkte ist klassischerweise das überwiegend angewandte Bedarfsmarktkonzept.[56] Demnach umfasst der sachlich relevante Produktmarkt »sämtliche Erzeugnisse und/oder Dienstleistungen, die von den Verbrauchern hinsichtlich ihrer Eigenschaften, Preise und ihres vorgesehenen Verwendungszwecks als austauschbar oder substituierbar angesehen werden.«[57] Der räumlich relevante Markt »umfasst das Gebiet, in dem die beteiligten Unternehmen die relevanten Produkte oder Dienstleistungen anbieten, in dem die Wettbewerbsbedingungen hinreichend homogen sind und das sich von benachbarten Gebieten durch spürbar unterschiedliche Wettbewerbsbedingungen unterscheidet.«[58] Ermittelt wird folglich, welche Unternehmen ein Unternehmen aufgrund von Nachfragesubstituierbarkeit und Angebotssubstituierbarkeit als Konkurrenten ansieht, die das Unternehmen in dessen eigenem Verhalten disziplinieren.[59] Nachfragesubstituierbarkeit beschreibt die Bereitschaft und Fähigkeit der Nachfrager bei einer angenommenen moderaten, dauerhaften Preiserhöhung für das betreffende Produkt auf leicht, i.e. ohne erhebliche Anpassungslasten, verfügbare Substitute ausweichen zu können. Angebotssubstituierbarkeit beschreibt die Bereitschaft und Fähigkeit der Anbieter bei moderaten, dauerhaften Erhöhungen der Preise ihre Produktion auf die relevanten Produkte und Dienstleistungen umzustellen und sie ohne erhebliche Anpassungszeiträume auf den Markt zu bringen. Die Aspekte, anhand derer Nachfrage- und Angebotssubstituierbarkeit zu ermitteln sind, sind vielfältig. Vor allem bei der räumlichen Marktabgrenzung

---

Power Station vom 29. November 2000; COMP/M.1949 – Western Power Distribution (WPD)/Hyder vom 14. Juli 2000; COMP/M.1853 – EDF/EnBW vom 7. Februar 2001; COMP/M.1803 – Electrabel/EPON vom 7. Februar 2000; COMP/M.1673 – VEBA/VIAG vom 13. Juni 2000; COMP/JV.36 – TXU Europe/EDF-London Investments vom 3. Februar 2000; IV/M.1606 – EDF/South Western Electricity vom 19. Juli 1999; IV/M.1383 – Exxon/Mobil vom 29. September 1999; IV/M.1346 – EDF/London Electricity vom 27. Januar 1999; alle abrufbar unter http://ec.europa.eu/comm/competition/mergers/cases/ (zuletzt abgerufen am 24.04.08).

[56] Die heute maßgebende Bekanntmachung der Kommission über die Definition des relevanten Marktes im Sinne des Wettbewerbsrechts der Gemeinschaft vom 9. Dezember 1997, ABl. 1997 Nr. C 372/5 ff fußt auf dem Bedarfsmarktkonzept.

[57] Bekanntmachung der Kommission über die Definition des relevanten Marktes im Sinne des Wettbewerbsrechts der Gemeinschaft vom 9. Dezember 1997, ABl. 1997 Nr. C 372/5 ff, Rdnr. 7.

[58] Bekanntmachung der Kommission über die Definition des relevanten Marktes im Sinne des Wettbewerbsrechts der Gemeinschaft vom 9. Dezember 1997, ABl. 1997 Nr. C 372/5 ff, Rdnr. 8.

[59] Bekanntmachung der Kommission über die Definition des relevanten Marktes im Sinne des Wettbewerbsrechts der Gemeinschaft vom 9. Dezember 1997, ABl. 1997 Nr. C 372/5 ff, Rdnr. 13; *Emmerich*, in: Immenga/Mestmäcker, Wettbewerbsrecht/EG, 2007, Art. 81 Abs. 1 EGV, Rdnr. 204 ff; *ders.*, Kartellrecht, 2008, S. 70 f.

ist zu überprüfen, ob Konkurrenten auch tatsächlich in der Lage sind, das in Rede stehende Unternehmen zu disziplinieren. Neben dem Bedarfsmarktkonzept sollten jedoch zumindest im Sinne einer Gegenkontrolle weitere ökonomische Konzepte bei der Marktabgrenzung Anwendung finden. Zu denken ist gerade im Bereich der vorliegenden Thematik vor allem an den hypothetischen Monopolistentest, den *Small but Significant Non transistory Increase in Price (SSNIP)*-Test. Hierbei wird experimentell für ein bestimmtes Produkt untersucht, inwieweit für einen Hersteller eine dauerhafte, geringfügige, aber signifikante Preiserhöhung profitabel wäre, wenn er hypothetisch eine Monopolstellung für dieses Produkt hätte. Die Profitabilität kann sowohl durch Konsumentenverhalten in Gestalt eines Nachfragverzichts oder Ausweichens als auch durch Wettbewerberverhalten in Gestalt einer Produktions- oder Vertriebsmodifikation beeinträchtigt werden. Sind derartige Substitutionen von signifikanter Bedeutung, führt eine Preiserhöhung nicht mehr zu Gewinnsteigerungen. Im Rahmen des *SSNIP*-Tests werden schrittweise angrenzende Produktgruppen oder Marktgebiete hinzugenommen. Führt eine Preiserhöhung nicht zu steigender Profitabilität, werden weitere Produkte und Gebiete hinzugezählt, da Substitutionsbeziehungen bestehen. Steigt hingegen die Profitabilität, existieren keine weiteren Substitutionen und der Markt ist abgegrenzt.[60] Die Anwendung derartiger Verfahren entspricht wiederum auch dem von der Europäischen Kommission geforderten *more economic approach*, in den sich wiederum wie ausgeführt auch das Prinzip der Regulierungsfreistellung insoweit harmonisch einfügt, als es eine ökonomisch-theoretisch ausgestaltete Annäherung an eine wettbewerbsrechtliche Fragestellung darstellt. Unabhängig vom angewandten Verfahren ist jedoch aufgrund der Vielfältigkeit der zu berücksichtigenden Aspekte bei der Marktabgrenzung zwischen Elektrizitäts- und Gasinfrastrukturen zu differenzieren. Berücksichtigung finden müssen hierbei gerade im Bereich der vorliegend relevanten Energiemärkte technische und regulatorische Aspekte. Vor allem der durch Regulierung geschaffene Öffnungsgrad der betroffenen Märkte ist gerade im Hinblick auf die Regulierungsfreistellung neuer Infrastrukturen zu berücksichtigen.[61] Generell gilt, dass auch die Handelsströme im Allgemeinen wichtige Indizien liefern können. Einzugehen ist auch darauf, ob durch das bisherige Binnenmarktprogramm eine Markt-

---

[60] Vgl. Monopolkommission; Strom und Gas 2007: Wettbewerbsdefizite und zögerliche Regulierung, Rdnr. 149, BTDrucks. 16/7087; *Immenga/Körber*, in: Immenga/Mestmäcker, Wettbewerbsrecht/EG, 2007, Art. 2 FKVO, Rdnr. 51.

[61] Vgl. Entscheidungen der Europäischen Kommission COMP/M.4180 – Gaz de France/Suez vom 14. November 2006, Tz. 19 ff; COMP/M.3868 – DONG/Elsam/Energi E2 vom 14. März 2006, Tz. 20 ff; COMP/M.3696 – E.ON/MOL vom 21. Dezember 2005, Rdnr. 26.; COMP/M.3448 EDP/Hidroeléctrica del Cantábrico vom 9. September 2004, Tz. 8 ff; COMP/M.3440 – EDP/ENI/GDP vom 9. Dezember 2004, Tz. 17 ff; COMP/M.2586 – CE/Yorkshire Electric vom 17. September 2001, Tz. 11 ff; COMP/M.1853 – EDF/EnBW vom 7. Februar 2001, Tz. 13 ff.

integration erreicht wurde, die zu einem räumlich einheitlichen Binnenmarkt geführt hat.[62]

d) Relevante Märkte im Bereich der grenzüberschreitenden Verbindungsleitungen im Strombereich

aa) Sachliche Marktabgrenzung

Ausgangspunkt einer sachlichen Marktabgrenzung im Elektrizitätsbereich sind die seitens der Europäischen Kommission in den erwähnten wettbewerbsrechtlichen Fallgestaltungen getroffenen Zuordnungen. Dabei sind im Elektrizitätsbereich als sachliche Märkte durch die Kommission grundsätzlich anerkannt: [1] die Erzeugung und Großhandelslieferung von elektrischer Energie (i.e. Erzeugung von elektrischer Energie in Kraftwerken und körperliche Einfuhr von Strom über Verbindungsleitungen und dessen Verkauf am Großhandelsmarkt an Händler, Verteilungsgesellschaften oder große Industrieverbraucher), [2] der Transport elektrischer Energie (über Hochspannungsnetz), [3] die Verteilung von elektrischer Energie (über Niederspannungsnetze), [4] die Einzelhandelslieferung von elektrischer Energie (an kleine Gewerbe- und Industrieverbraucher und Privatkunden) sowie [5] die Bereitstellung von Ausgleichsenergie.[63] Für den vorliegend behandelten Fall grenzüberschreitender Verbindungsleitungen fehlt es jedoch an einer gesonderten detaillierten Einordnung durch die Europäische Kommission und die Ausführungen bleiben eher vage. In Gestalt der Erwähnung der »körperlichen Einfuhr von Strom über Verbindungsleitungen« erscheint eine Zuordnung der behandelten grenzüberschreitenden Phänomene zum Markt der Erzeugung und Großhandelslieferung möglich. Prima facie scheint jedoch genauso eine Zuordnung zum Markt des Transports über das Hochspannungsnetz möglich, was aufgrund dessen Charakters als Infrastrukturmarkt für eine Infrastruktur auch naheliegend erscheint.

Eine Zuordnung a priori zum Transportbereich bedeutet grundsätzlich die umfassende Anwendung des Regulierungsrechtsrahmens. Damit liegt ein regulierter Markt vor, der keinen Wettbewerbsbereich darstellt.[64] Nachfrage- und Angebotssubstitution sind hier keine entscheidenden Parameter, da die Bedin-

---

[62] Bekanntmachung der Kommission über die Definition des relevanten Marktes im Sinne des Wettbewerbsrechts der Gemeinschaft vom 9. Dezember 1997, ABl. 1997 Nr. C 372/5 ff, Rdnr. 32, 49.

[63] Vgl. Entscheidungen der Europäischen Kommission COMP/M.3665 – Enel/Slovenske Elektrarne vom 26. April 2005, Tz. 8; COMP/M.3440 – EDP/ENI/GDP vom 9. Dezember 2004, Tz. 31 ff; COMP/M.2679 – EDF/TXU Europe/24 Seven vom 20. Dezember 2001, Tz. 8 ff; COMP/M.2675 – EDF/TXU Europe/West Burton Power Station vom 20. Dezember 2001, Tz. 8 ff; COMP/M.1949 – Western Power Distribution (WPD)/Hyder vom 14. Juli 2000, Tz. 10; COMP/M.1673 – VEBA/VIAG vom 13. Juni 2000, Tz. 11; IV/M.1606 – EDF/South Western Electricity vom 19. Juli 1999, Tz. 10; IV/M.1346 – EDF/London Electricity vom 27. Januar 1999, Tz. 18 ff.

[64] Vgl. Entscheidung der Europäischen Kommission COMP/M.3440 – EDP/ENI/GDP

gungen der Nachfrage und des Angebots durch die Regulierung umfassend festgelegt sind. Auch eine Abgrenzung im Wege des *SSNIP*-Test ist nicht möglich, da eine Preiserhöhung durch das anbietende Unternehmen aufgrund der Regulierung nicht möglich ist. Die durch die regulatorische Festlegung eintretende Starrheit der Angebotsbedingungen führt zum Scheitern der üblichen Marktabgrenzungsmechanismen. Vielmehr führt die Regulierung zur Abgrenzung eines eigenen, regulierten Marktes. Eine solche Festlegung im Sinne umfassender Regulierung steht jedoch bei der Prüfung einer Regulierungsfreistellungsmöglichkeit gerade in Frage. Prämisse einer Marktabgrenzung anhand der Kriterien der Nachfrage- und der Angebotssubstituierbarkeit muss jeweils eine nicht regulierte Nutzung des Interkonnektors sein, da im Falle festgelegter Durchleitungsentgelte eine Preiserhöhung nicht denkbar ist, was eine Prüfung von Nachfrage- und Angebotssubstituierbarkeit oder die Anwendung des *SSNIP*-Tests unmöglich macht. Ergeben sich im Rahmen der Marktabgrenzung Märkte, welche die Eigenschaften unbestreitbarer natürlicher Monopole aufweisen, ist die Einführung sektorspezifischer Regulierungsmaßnahmen somit Folge einer entsprechenden Marktabgrenzung und dieser nicht vorauszuschicken.

Voraussetzung für eine solche Marktabgrenzung ist allerdings, dass eine Infrastruktur überhaupt isoliert betrachtet werden kann. Kann eine Infrastruktur nicht isoliert betrachtet werden, i.e. kann der Nutzer nicht zwischen der Nutzung der Infrastruktur und einer anderen Infrastruktur wählen, ist eine Substitution a priori nicht möglich. Wie ausgeführt ist eine isolierte Betrachtung in einem eng vermaschten Wechselstromübertragungsnetz, in dem Ringflüsse auftreten nicht möglich. Daher können technisch-physikalisch bedingt nur Gleichstromsysteme oder Wechselstromsysteme ohne enge Vermaschung und damit ohne Ringflüsse als Gegenstand einer umfassenden Regulierungsfreistellung in Betracht kommen. Im Falle eines eng vermaschten Wechselstromnetzes scheidet eine isolierte Betrachtung einzelner Netzabschnitte hingegen aus. Es besteht damit keine Wahlmöglichkeit der Transportstrecke und infolgedessen bei einer hypothetischen Preiserhöhung auch keine Substitutionsmöglichkeit. Eine Regulierungsfreistellung im Sinne einer umfassenden Drittzugangsbefreiung scheidet hier physikalisch bedingt aus. Technisch bedingt kommen hier vielmehr nurmehr andere, eingeschränkte Freistellungsgestaltungen in Betracht.[65]

---

vom 9. Dezember 2004, Tz. 34 ff; Monopolkommission; Strom und Gas 2007: Wettbewerbsdefizite und zögerliche Regulierung, Rdnr. 467, BTDrucks. 16/7087.

[65] Siehe unten 5. Kapitel: II. 2. c) bb), cc).

II. Wettbewerbliche Einzelvoraussetzungen

(a) Differenzierung zwischen zwei Grundtypen grenzüberschreitender Verbindungsleitungen
Bei der Abgrenzung der durch grenzüberschreitende Stromverbindungsleitungen sachlich betroffenen Märkte ist eine eindeutige Zuordnung nicht möglich. Vielmehr ergeben sich unter Anwendung der eingeführten Kriterien Nachfragesubstituierbarkeit und Angebotssubstituierbarkeit zwei Typen von Interkonnektoren.[66]

(aa) Verbindungsleitungen zur Realisierung von Handelsmargen. Betrachtet man die Nachfragesubstituierbarkeit, ergeben sich zwei Konstellationen bei einer potentiellen Preiserhöhung der Entgelte für die Interkonnektornutzung. Ist in den durch die Verbindungsleitung verbundenen Gebieten unter dem Gesichtspunkt der Versorgungssicherheit jeweils ausreichende Erzeugungskapazität vorhanden, i.e. eine ausreichende Marktliquidität vorhanden, und verfolgt der Interkonnektor folglich den Zweck der Realisierung von Handelsmargen durch Nutzung von Preisdifferenzen, die etwa durch unterschiedlich starken Wettbewerbsdruck oder divergierende Umweltbedingungen oder Unterschiede im jeweiligen nationalen Rechtsrahmen in den verbundenen Gebieten entstehen, führt eine Erhöhung der Nutzungsentgelte zum Ausweichen der Nachfrager auf Erzeugungskapazitäten in ihrem Gebiet. Anstelle des Interkonnektors kann damit auch eine andere Erzeugungskapazität genutzt werden. Die Nutzung des Interkonnektors wird hier folglich nicht durch die Nutzung einer anderen Leitungskapazität, sondern durch die Inspruchnahme anderer im Heimatmarkt belegener Erzeugungskapazitäten substituiert.[67] Voraussetzung einer derartigen Abgrenzung ist wie erwähnt eine ausreichende Marktliquidität. Liegt diese nicht vor, kann auch die Verbindungsleitung grundsätzlich nicht durch andere Erzeugungskapazitäten substituiert werden. Konkreter Maßstab für eine entsprechende Marktliquidität kann die Gegenüberstellung von Gesamterzeugungsleistung plus vorhandener physischer Importkapazität und die jeweilige Spitzenlast sein. Auch neuere Phänomene der Großhandelsebene wie

---

[66] Vgl. *Talus/Wälde*, CRNI 2006, p. 355 (361 ff).

[67] *Talus/Wälde*, CRNI 2006, p. 355 (366 f). Auch die Europäische Kommission scheint dies zumindest implizit anzuerkennen, wenn sie beispielsweise fehlende Durchleitungskapazitäten durch Virtual Power Plants (VPP) als kompensationsfähig ansieht, erzeugte und importierte elektrische Energie gleichsetzt oder Verbindungsleitungen zwischen benachbarten Ländern als wichtigen Aspekt für den Wettbewerb auf den Stromversorgungsmärkten einordnet; vgl. Entscheidungen der Europäischen Kommission COMP/M.3440 – EDP/ENI/GDP vom 9. Dezember 2004, Tz. 36 f; COMP/M.3268 – Sydkraft/Graninge vom 30. Oktober 2003, Tz. 15, 19; COMP/M.2890 – EDF/Seeboard vom 25. Juli 2002, Tz. 14; COMP/M.1853 – EDF/EnBW vom 7. Februar 2001, Tz. 94 ff; COMP/M.2679 – EDF/TXU Europe/24 Seven vom 20. Dezember 2001, Tz. 9 f; COMP/M.2675 – EDF/TXU Europe/West Burton Power Station vom 20. Dezember 2001, Tz. 9 f; COMP/M.2349 – E.ON/Sydkraft vom 9. April 2001, Tz. 11; COMP/M.2209 – EDF Group/Cottam Power Station vom 29. November 2000, Tz. 10.

der Handel von Elektrizität über Strombörsen versprechen Aufschluss, da hier über die Vielfalt und den Umfang der gehandelten Stromprodukte die Marktliquidität erkennbar wird. Berücksichtigung muss dabei zwingend auch ein zeitlicher Abgrenzungsfaktor finden, der sowohl die prognostizierte Nachfrageentwicklung als auch den voraussichtlichen Ersetzungsbedarf alter Kraftwerke berücksichtigt.[68] Einbezogen werden in die Berechnung der Marktliquidität kann nur die jeweilige »engpassfreie« Marktliquidität. An dieser Stelle besteht ein enger Zusammenhang mit der räumlichen Marktabgrenzung. Bestehen in einem nationalen Netz interne Engpässe, müssen diese beachtet werden. So kann eine Nachfragesubstitution durch andere Erzeugungskapazität nur erfolgen, wenn diese über das jeweilige Hochspannungsnetz übertragen werden kann. Netzausbau und -auslastung des jeweils betroffenen inländischen Hochspannungsnetzes sind daher in die Marktabgrenzung ebenfalls mit einzubeziehen.

Das gleiche Ergebnis ergibt sich auch unter Heranziehung des Kriteriums der Angebotssubstituierbarkeit. Werden die Preise für die Nutzung des Interkonnektors erhöht, können andere Anbieter die Nutzung des Interkonnektors durch die Errichtung neuer Kraftwerkskapazitäten im Hochpreisgebiet substituieren. Konzediert werden muss jedoch, dass eine Errichtung neuer Kraftwerkskapazitäten ad hoc nicht möglich ist, sondern Anpassungszeiträume erfordert, weshalb man eine Angebotssubstituierbarkeit verneinen könnte. Allerdings müssen hier die besonderen Marktbedingungen der Elektrizitätsmärkte berücksichtigt werden und wie bereits im Rahmen der Nachfragesubstituierbarkeit ein zeitlicher Abgrenzungsfaktor. Grundsätzlich handelt es sich bei den grenzüberschreitenden Verbindungsleitungen um regulierte Infrastrukturen, was zum Ausschluss einer wettbewerblichen Betrachtung führt. Bedingung für die genannten Betrachtungsansätze ist jedoch wie ausgeführt eine Betrachtung ohne Regulierung, i.e. eine Betrachtung unter Einbeziehung einer Regulierungsfreistellung. Eine solche Regulierungsfreistellung wird jedoch vor Errichtung einer Infrastruktur gewährt. Andere Anbieter können sich folglich frühzeitig auf die Nutzungsbedingungen der Verbindungsleitung einstellen. Folglich besteht ausreichend Zeit die Verbindungsleitung durch eine neue Erzeugungskapazität zu substituieren. Konkrete Voraussetzung und damit auch Maßstab für eine wirkliche Substituierbarkeit ist jedoch auch hier die interne Engpassfreiheit der betroffenen Märkte. An dieser Stelle wird wiederum die erwähnte Nähe zur räumlichen Marktabgrenzung sichtbar. Nur unter der Bedingung, dass neue Erzeugungskapazitäten intern ohne Kapazitätsrestriktionen an das jeweilige Netz angeschlossen werden, ist eine Angebotssubstituierbarkeit möglich. Zu beachten ist daher bereits bei der Marktabgrenzung die

---

[68] Vgl. Entscheidung der Europäischen Kommission COMP/M.3696 – E.ON/MOL vom 21. Dezember 2005, Tz. 142, 150f.

Funktionsfähigkeit der sonstigen Marktregulierung und das Vorliegen oder Auftreten netzinterner Engpässe.[69]

Bestätigt wird dieses Ergebnis auch durch die Anwendung des *SSNIP*-Tests, der gerade im Zusammenhang mit einer Regulierungsfreistellung als geeigneter Mechanismus zur Marktabgrenzung erscheint. Besonders gut geeignet zur Marktabgrenzung erscheint der *SSNIP*-Test vorliegend deshalb, weil die hypothetische Vorstellung einer Monopolstellung bezogen auf Energieinfrastrukturen nicht etwa einen Sonderfall, sondern vielmehr den Regelfall darstellt, der bei der Begründung der sektorspezifischen Regulierung eine wesentliche Rolle spielt. Wird der Preis für die Nutzung des Interkonnektors erhöht, führt dies unter der Bedingung ausreichender Marktliquidität nicht zu einer Erhöhung der Profitabilität. Vielmehr substituieren die Nachfrager die Nutzung des Interkonnektors zum Stromimport durch die Inanspruchnahme anderer Erzeugungskapazitäten, die aufgrund der ausreichenden Marktliquidität vorliegen. Bei der Nutzung dieser Kapazitäten werden als Transportweg nur regulierte Infrastrukturen genutzt, so dass der Preis für die Nutzung derselben keine Wettbewerbseffekte zeitigt. Da die Profitabilität nicht ansteigt, handelt es sich bei der durch den Interkonnektor importierten Energie um den gleichen sachlichen Markt wie die Erzeugung bzw. Großhandelslieferung elektrischer Energie.

Dass eine solche Zuordnung bestimmter Interkonnektoren zum sachlichen Markt für die Großhandelslieferung respektive Erzeugung elektrischer Energie zutreffend ist, wird dadurch bestätigt, dass zum einen die Regulierungsfreistellung ursprünglich gerade auch deshalb geschaffen wurde, um Nichtnetzbetreiber als Investoren für die von der Freistellung erfassten grenzüberschreitenden Infrastrukturen zu gewinnen.[70] Nichtnetzbetreiber als potentielle Investoren für derartige Infrastrukturen sind vor allem Energieerzeugungsunternehmen. Diese Einordnung unterstreicht die Kommission, wenn sie in ihren Vorschlägen zu einem Dritten Energierechtspaket die Regulierungsfreistellung auf die in den Vorschlägen enthaltenen Verpflichtungen zum *Ownership-Unbundling* erweitert und damit durch eine Freistellung begünstigte Infrastrukturen weiterhin im Eigentum von im Bereich der Stromerzeugung tätigen Unternehmen verbleiben können.[71]

---

[69] Vgl. Entscheidung der Europäischen Kommission COMP/M.3868 – DONG/Elsam/ Energie E2 vom 14. März 2006, Tz. 254 ff; Bundesnetzagentur, Netzzustands- und Netzausbaubericht gem. § 63 Abs. 4 a EnWG, 2008, abrufbar unter http://www.bundesnetzagentur. de/cae/servlet/contentblob/31282/publicationFile/1104/BerichtNetzzustandNetzausbau-Id12385pdf.pdf (zuletzt abgerufen am 12.04.10).
[70] Vgl. oben 4. Kapitel: I. 1.
[71] Vgl. oben 3. Kapitel: II 1. b).

(bb) Verbindungsleitungen zur Gewährleistung der Versorgungssicherheit. Anders stellt sich die Situation freilich dar, wenn die entsprechende Marktliquidität nicht vorhanden ist, i.e. die in Rede stehende Verbindungsleitung zwingend benötigt wird, um die Versorgungssicherheit in beiden oder einem der verbundenen Marktgebiete zu gewährleisten. Fehlt es an einer entsprechenden Marktliquidität, kann die Nutzung des Interkonnektors nicht durch die Inanspruchnahme anderer Erzeugungskapazitäten substituiert werden, da diese mangels entsprechender Marktliquidität nicht in ausreichendem Maß vorhanden sind. Eine Erhöhung des Nutzungspreises des Interkonnektors führt hier zu einer steigenden Profitabilität. Sowohl nach dem Bedarfsmarktkonzept als auch bei Anwendung des *SSNIP*-Tests ergibt sich somit eine Zuordnung zum sachlichen Markt für den Transport über Hochspannungsnetze. Fraglich ist allerdings, ob eine derartige Situation realistisch erscheint. Zum einen wurden wie oben ausgeführt die bisher vorhandenen und somit regulierten Interkonnektorkapazitäten vor allem aus Gründen der Versorgungssicherheit geschaffen und haben in der Vergangenheit auch weitgehend ausgereicht, diese in ausreichendem Maße sicherzustellen. Hauptsächlich für zusätzliche grenzüberschreitende Infrastrukturkapazitäten im Elektrizitätsbereich ins Feld geführte Gründe sind denn wie ebenfalls oben ausgeführt[72] auch Wettbewerbsgründe, was auch die im Unterschied zur entsprechenden Vorschrift der GasRL in Art. 17 Abs. 1 lit. a) StromhandelsVO fehlende Erwähnung der Versorgungssicherheit zu bestätigen scheint. Zusätzliche grenzüberschreitende Verbindungsleitungen müssten demnach nicht dem Markt für den Transport über Hochspannungsnetze zugeordnet werden. Auch hier darf jedoch ein zeitlicher Faktor nicht übersehen werden. So muss berücksichtigt werden, dass alte Kraftwerke durch neue ersetzt werden müssen. Zeigt sich etwa, dass auf Basis der Planungen für neue Erzeugungskapazitäten in Zukunft die Gesamterzeugungsleistung hinter die Spitzenlast zurückfällt, kann sich die Marktzuordnung grenzüberschreitender Verbindungsleitungen verändern. Die Planungen für Neu- und Ersatzinvestitionen im Erzeugungsbereich müssen somit bei der Marktabgrenzung berücksichtigt werden. Dies gilt vor allem, wenn Neu- und Ersatzinvestitionen im Erzeugungsbereich nicht ohne weiteres möglich sind. Aufgrund seiner Eigenschaft als Sekundärenergieträger kann Strom zwar grundsätzlich weitgehend ortsunabhängig erzeugt werden. Diese Einordnung trifft jedoch vor allem auf die Erzeugung elektrischer Energie in Wärmekraftwerken auf der Basis fossiler Energieträger zu. Eine stärkere Einbeziehung regenerativer Energieträger in den europäischen Energiemix, wie sie politisch beabsichtigt ist und durch das Treibhausgasemissionshandelssystem auch einzelwirtschaftlich teilweise erzwungen wird,[73] weist hingegen durchaus eine Ortsgebundenheit auf. So eignen sich für

---

[72] Vgl. oben 1. Kapitel: II. 1. b) aa).
[73] Vgl. Richtlinie 2003/87/EG über ein System für den Handel mit Treibhausgasemissions-

die Nutzung von Sonnenenergie im großtechnischen Maßstab vor allem solarthermische Anlagen, die jedoch wiederum in Wüstengebieten besonders wirtschaftlich betrieben werden können. Windkraftnutzung ist vor allem in Küstengebieten und offshore besonders ertragreich und damit besonders wirtschaftlich. Wasserkraftnutzung ist sachlogisch nur im Bereich der entsprechenden Gewässervorkommen möglich. Vor allem aber sind Sonnen-, Wind- und in begrenztem Maß auch die Wasserkraft Energieträger mit nur beschränkt kalkulierbaren Erzeugungsprofilen. Aufgrund der mangelnden Speicherbarkeit elektrischen Stroms im großtechnischen Maßstab ist daher ein gut verknüpftes und ausreichend dimensioniertes Netz erforderlich, in dessen Rahmen witterungsbedingte Erzeugungsdefizite in einzelnen Netzabschnitten durch Strom aus anderen Netzgebieten kompensiert werden können und das in seinen Kapazitätsverteilungen an die Standorte der Erzeugungskapazitäten angepasst ist. Ist ein Netz in seiner flächenmäßigen Ausdehnung und Kapazität groß genug dimensioniert, sind über das Netz gerechnet auch die bereitstehenden Mengen regenerativ erzeugten Stroms besser kalkulierbar und es kann auch eine nennenswerte Grundlastfähigkeit entstehen. Die Nutzung der grenzüberschreitenden Verbindungsleitungen ist hier jedoch unverzichtbar und kann nicht ohne weiteres durch andere Erzeugungskapazitäten kompensiert werden.

Gerade hier sind wiederum zeitliche Faktoren zwingend zu berücksichtigen. Die europäischen Stromversorgungsnetze waren in der Vergangenheit so aufgebaut, dass zumindest in den größeren Mitgliedstaaten eine weitgehende Unabhängigkeit von Stromlieferungen aus anderen Staaten bestand. Bis heute wird die Energiepolitik gerade auch aus sicherheitspolitischen Gründen als zentraler Bereich staatlicher Souveränität betrachtet. Allerdings setzte sich der bisher vorgefundene Energiemix auch zum absolut überwiegenden Teil aus mit fossilen Energieträgern unter Einschluss der Kernenergie gespeisten Erzeugungskapazitäten zusammen. Dieser Energiemix ist jedoch aktuell in einem Veränderungsprozess begriffen. Eine Verbindungsleitung, die heute noch dem ersten Typ zuzuordnen ist, kann in der Zukunft folglich durchaus die Eigenschaften des zweiten Typs annehmen. Dass derartige Fallgestaltungen bereits heute entstehen, lässt sich am Beispiel der allein im deutschen Höchstspannungsnetz in Folge der vermehrten Einspeisung in Norddeutschland erzeugten Windstroms notwendig gewordenen umfassenden Ausbaumaßnahmen erkennen.[74] Ohne diese Ausbaumaßnahmen droht im deutschen Netz das Auftreten von Engpäs-

---

zertifikaten in der Gemeinschaft, ABl. 2003 Nr. L 275/32, sowie die Richtlinie 2001/77/EG zur Förderung der Stromerzeugung aus erneuerbaren Energiequellen im Elektrizitätsbinnenmarkt, ABl. 2001 Nr. L 283/33.

[74] Vgl. Bundesnetzagentur, Netzzustands- und Netzausbaubericht gem. § 63 Abs. 4 a EnWG, 2008, S. 26 ff, abrufbar unter http://www.bundesnetzagentur.de/cae/servlet/contentblob/31282/publicationFile/1104/BerichtNetzzustandNetzausbauId12385pdf.pdf (zuletzt abgerufen am 12.04.10); vgl. oben 1. Kapitel: II. 2. b) bb).

sen, die nicht mehr durch bloße netztechnische Maßnahmen beherrschbar sind, sondern bewirtschaftet werden müssen. Was bezogen auf die gesamteuropäische Ebene durch den Verbindungsleitungsbau verschwinden soll, würde innerhalb Deutschlands ohne Ausbaumaßnahmen in Gestalt von Engpässen auftreten. Hier können die Leitungen nur begrenzt durch andere Erzeugungskapazitäten substituiert werden und sind somit dem Transportbereich zuzuordnen. Beispiele für eine Zuordnung grenzüberschreitender Verbindungsleitungen zum sachlichen Markt des Transports über Hochspannungsnetze existieren auch dort, wo ein Stromverbundnetz von Beginn an über Staatsgrenzen hinweg so errichtet wurde, dass die grenzüberschreitenden Verbindungsleitungen keine Engpässe darstellen. Diese Fallgestaltung trifft beispielsweise auf die baltischen Staaten und Nordwest-Russland zu.[75] Für den vorliegenden Bearbeitungsgegenstand ist diese Konstellation insoweit grundsätzlich weniger interessant, als neue Interkonnektoren hier nicht mehr benötigt werden. Allerdings kann auch hier ein Bedürfnis für neue Interkonnektoren entstehen, wenn die bestehenden Verbundnetze über die Grenzen der Europäischen Union hinausragen und aus sicherheitspolitischen und geostrategischen Erwägungen bisherige Versorgungsverbünde durch einen Anschluss an innereuropäische Netze ersetzt werden sollen.

(b) Fallweise Zuordnung zum sachlichen Markt entweder für die Erzeugung und Großhandelslieferung oder für den Höchst- und Hochspannungstransport
Folglich sind grenzüberschreitende Verbindungsleitungen je nach Fallgestaltung entweder dem sachlichen Markt für die Erzeugung und Großhandelslieferung elektrischer Energie oder dem sachlichen Markt für den Transport von elektrischer Energie über Höchst- und Hochspannungsnetze zuzuordnen. Zentrales Kriterium ist dabei die Marktliquidität im jeweiligen räumlichen Markt für die Erzeugung und Großhandelslieferung elektrischer Energie. Im Bereich der Marktliquidität ist zu beachten, dass weitere Unterdifferenzierungen möglich sind. Vor allem muss berücksichtigt werden, dass die Ausgleichsenergie einen eigenen sachlichen Markt darstellt, da im Bereich der verschiedenen vorzuhaltenden Reserven teilweise nur bestimmte, schnell fahrbare Kraftwerkstypen wie Gas- oder Ölkraftwerke zum Einsatz kommen können.

bb) Räumliche Marktabgrenzung
Der räumlich relevante Markt umfasst wie ausgeführt das Gebiet, in dem die beteiligten Unternehmen die relevanten Produkte oder Dienstleistungen anbieten, in dem die Wettbewerbsbedingungen hinreichend homogen sind und das sich von benachbarten Gebieten durch spürbar unterschiedliche Wettbewerbs-

---

[75] *Talus/Wälde*, CRNI 2006, p. 355 (362).

II. Wettbewerbliche Einzelvoraussetzungen

bedingungen unterscheidet.[76] Anders als die sachliche Marktabgrenzung ist eine räumliche Marktabgrenzung in abstrakter Weise anhand des bloßen Kriteriums »grenzüberschreitende Verbindungsleitungen« kaum möglich. Eine räumliche Marktabgrenzung fordert vielmehr die Betrachtung konkreter Fallgestaltungen. Die Europäische Kommission ging hier in der Vergangenheit sowohl bezogen auf den Markt für den Transport über Hochspannungsleitungen als auch für die Erzeugung bzw. den Stromgroßhandel regelmäßig von einem jeweils landesweiten Umfang der Märkte aus.[77] Diese Abgrenzung war jedoch teilweise nicht unumstritten.[78] Alternativ in Betracht kommt eine durch grenzüberschreitende Verbindungsleitungen geschaffene Marktintegration, die eine großräumigere Abgrenzung nicht ausschließt,[79] wobei eine europaweite Marktabgrenzung seitens der Kommission für die nähere Zukunft jüngst wieder abgelehnt wurde.[80] Entscheidendes Kriterium sollte daher neben dem Angleichungsgrad der rechtlichen Rahmenbedingungen vor allem der Grad der technischen Integration sein.[81] Kaum geeignet erscheint hingegen entgegen der Praxis der Europäischen Kommission[82] eine einseitig an bestehenden Marktanteilen fixierte Abgrenzung der Marktgebiete. Angesichts der ehemals streng national konfigurierten Energiemärkte[83] ersetzt eine solche Marktabgrenzung das Kriterium der Räumlichkeit unter Ausblendung gerade der regulatorischen Dynamik durch ein weitgehend historisches Abgrenzungskriterium. Zentrales Kriterium sollten vielmehr vorhandene oder nicht vorhandene Engpässe und daraus resultierende Preisdifferenzen auf nachgelagerten Märkten sein. Liegen Engpässe nicht vor, existiert wettbewerbliche Bedrohung auch der Marktan-

---

[76] Vgl. oben 5. Kapitel: II. 1. c) bb).

[77] Entscheidungen der Europäischen Kommission COMP/M.3448 – EDP/Hidroeléctrica del Cantábrico vom 9. September 2004, Tz. 20 ff; COMP/M.3440 – EDP/ENI/GDP vom 9. Dezember 2004, Tz. 76 ff; COMP/M.1853 – EDF/EnBW vom 7. Februar 2001, Tz. 20 ff; COMP/M.1673 – VEBA/VIAG vom 13. Juni 2000, Tz. 22 ff.

[78] Vgl. Entscheidung der Europäischen Kommission COMP/M.3696 – E.ON/MOL vom 21. Dezember 2005, Rdnr. 252.

[79] Vgl. Entscheidungen der Europäischen Kommission COMP/M.3868 – DONG/Elsam/Energie E2 vom 14. März 2006, Tz. 254 ff; COMP/M.3665 – Enel/Slovenske Elektrarne vom 26. April 2005, Tz. 14 f; COMP/M.3268 – Sydkraft/Graninge vom 30. Oktober 2003, Tz. 27.

[80] Entscheidung der Europäischen Kommission COMP/M.4110 – E.ON/Endesa vom 25. April 2006, Tz. 71.

[81] Vgl. Entscheidung der Europäischen Kommission COMP/M.2857 – ECS/IEH vom 23. Dezember 2002, Tz. 13; COMP/M.2801 – RWE/Innogy vom 17. Mai 2002, Tz. 16.; COMP/M.2684 – EnBW/EDP/Cajastur/Hidrocantabrico vom 19. März 2002, Tz. 24; COMP/M.2432 – Grupo Villa Mir/EnBW/Hidroeléctrica del Cantábrico vom 26. September 2001; Tz. 25; COMP/M.2349 – E.ON/Sydkraft vom 9. April 2001, Tz. 13; COMP/M.1853 – EDF/EnBW vom 7. Februar 2001, Tz. 21 f; COMP/M.1803 – Electrabel/EPON vom 7. Februar 2000, Tz. 20; COMP/M.1673 – VEBA/VIAG vom 13. Juni 2000, Tz. 22 ff.

[82] Vgl. Entscheidungen der Europäischen Kommission COMP/M.3868 – DONG/Elsam/Energi E2 vom 14. März 2006, Tz. 158 ff; COMP/M.2947 – Verbund/Energie Allianz vom 11. Juni 2003, Tz. 58 f.

[83] Vgl. oben 1. Kapitel: I. 2. a).

teile, was das entscheidende Kriterium darstellt. Lediglich soweit Marktanteile derart gering sind, dass sie nicht zum Aufbau eines angesichts des erforderlichen Ausgleichsenergiebedarfs wirtschaftlichen Bilanzkreises genügen, können sie räumliches Marktabgrenzungskriterium sein. Auch eine Selbstbeschränkung auf marktanteilsstarke Gebiete begründet mit Vertriebskostendegressionen und eine daraus resultierende verengte Marktabgrenzung[84] dürfte durch moderne Vertriebsinnovationen wie den Internetplattformvertrieb weniger wahrscheinlich werden. Wie schon bei der sachlichen Marktabgrenzung muss jedoch für den Sonderfall der Regulierungsfreistellung auch bei der räumlichen Marktabgrenzung zwischen verschiedenen Situationen differenziert werden, wobei wiederum zu beachten ist, dass der Faktor Zeit zu Veränderungen führen kann.

Handelt es sich um eine Verbindungsleitung, die dem sachlichen Markt für die Erzeugung und Großhandelsbelieferung mit elektrischer Energie zuzuordnen ist, ist danach zu differenzieren, in welche Richtung die Handelsströme verlaufen. Verlaufen diese wechselnd in beide Richtungen und wird das Preisniveau in den verbundenen Gebieten durch die Handelsoperationen zum Ausgleich gebracht, ist der Markt nicht national zu beschränken. Liegen hingegen erhebliche Preisdifferenzen vor, was regelmäßig eine Handelsrichtung vom Niedrigpreisgebiet ins Hochpreisgebiet bedeutet, erscheint eine nationale Abgrenzung sinnvoll, da spürbar unterschiedliche Wettbewerbsbedingungen vorliegen.[85] Hilfreich bei der Abgrenzung kann hier wiederum die technische Systemkonfiguration sein. Handelt es sich bei der Verbindungsleitung etwa um ein Gleichstromsystem, das nicht bipolar aufgebaut ist, kann die Stromrichtung nur mit erheblicher zeitlicher Verzögerung verändert werden, was eher für eine Einordnung im letzteren Sinn spricht.

Handelt es sich um eine Verbindungsleitung, die dem sachlichen Markt für den Transport über Hochspannungsnetze zuzuordnen ist, muss ebenfalls differenziert werden. Stellt die in Rede stehende Verbindungsleitung einen bewirtschafteten Netzengpass dar, der Engpassmanagementerlöse erzielt, divergiert das Preisniveau auf beiden Seiten des Interkonnektors. Der räumliche Markt für die Hochspannungsübertragung ist hier jeweils national beschränkt. Der Interkonnektor bildet mit etwaigen zwischen den verbundenen nationalen Märkten vorhandenen weiteren Verbindungsleitungen einen eigenen räumlichen Markt.

Grundsätzlich wird man für die Regulierungsfreistellung unabhängig von der Einordnung des konkret behandelten Interkonnektors von verschiedenen räumlichen Märkten ausgehen müssen, die überwiegend jeweils mit den ver-

---

[84] Vgl. Entscheidung der Europäischen Kommission COMP/M.2947 – Verbund/Energie Allianz vom 11. Juni 2003, Tz. 91.
[85] Vgl. Entscheidungen der Europäischen Kommission COMP/M.3868 – DONG/Elsam/ Energi E2 vom 14. März 2006, Fn. 44; COMP/M.3696 – E.ON/MOL vom 21. Dezember 2005, Rdnr. 263.

bundenen Ländern oder einer Gruppe von Ländern übereinstimmen dürften. Nur bei Vorliegen von Preisdifferenzen zwischen den verbundenen Gebieten ist ein kommerzieller Leitungsbetrieb möglich, der wiederum Voraussetzung für die Funktionsfähigkeit einer Regulierungsfreistellung in Gestalt einer Merchant-Line ist. Die Merchant-Line stellt wiederum das klassische Modell einer Regulierungsfreistellung dar. Preisdifferenzen bedeuten jedoch gleichzeitig inhomogene Marktbedingungen und damit verschiedene räumliche Märkte.

e) Relevante Märkte im Bereich der Erdgastransportinfrastrukturen

aa) Sachliche Marktabgrenzung

Auch im Erdgasbereich können als Ausgangspunkt der sachlichen Marktabgrenzung wiederum seitens der Europäischen Kommission im allgemeinen Wettbewerbsrecht getroffene Entscheidungen dienen, auch wenn die Kommission auch hier grenzüberschreitende Phänomene nicht unmittelbar erörtert. Grundsätzlich als eigene sachliche Märkte anerkannt sind dabei im vorgelagerten Bereich [1] die Märkte für Exploration, Erschließung und Förderung, wobei die Exploration auch als eigener sachlicher Markt abgegrenzt wird, im Infrastrukturbereich [2] der überregionale Gasferntransport, [3] die regionale und [4] lokale Weiterverteilung, [5] die Gasspeicherung sowie der Bereich [6] der Gaslieferung, der in die Belieferung regionaler Weiterverteiler, die Belieferung von Händlern, die Belieferung großer Kraftwerke, die Belieferung großer Industriekunden, die Belieferung kleiner Industrie- und Gewerbekunden sowie die Belieferung von Privatkunden zu unterteilen ist.[86]

Wie schon für den Elektrizitätsbereich festgestellt, muss jedoch bei der Übertragung der im allgemeinen Wettbewerbsrecht gewonnenen Erkenntnisse auf die Wettbewerbswirkungen einer Regulierungsfreistellung beachtet werden, dass die allgemeine Feststellung, die sachlich als Infrastrukturmärkte abgegrenzten Märkte könnten als regulierte Märkte nicht als Wettbewerbsbereiche angesehen werden, zu kurz greift. Durch eine Regulierungsfreistellung wird die Regulierung für die freigestellte Infrastruktur gerade in Frage gestellt.[87]

---

[86] Vgl. Entscheidungen der Europäischen Kommission COMP/M.4238 – E.ON/Pra_ská plynárenská vom 11. Juli 2006, Tz. 13; COMP/M.3696 – E.ON/MOL vom 21. Dezember 2005, Tz. 141; COMP/M.2822 – EnBW/ENI/GVS vom 17. Dezember 2002, Tz. 13 ff; COMP/M.1673 – VEBA/VIAG vom 13. Juni 2000, Tz. 181 ff; IV/M.1383 – Exxon/Mobil vom 29. September 1999, Tz. 15 ff, 67 ff.

[87] Daher ist auch die Marktabgrenzung der österreichischen Regulierungsbehörde Energie-Control Kommission im Fall der Nabucco-Pipeline (siehe unten 5. Kapitel: II. 2. d) ee) (b), 3. c) bb) (a)) unvollständig; Energie-Control Kommission, Geänderter Bescheid über eine Ausnahmegenehmigung zu Gunsten des österreichischen Abschnitts der Nabucco Erdgas Pipeline, 09.04. 2008, S. 18, abrufbar unter http://www.e-control.at/portal/page/portal/medienbibliothek/recht/dokumente/pdfs/090408-knisg-0107.pdf (zuletzt abgerufen am 12. 04.10).

(a) Sachlicher Markt für Erdgasfernübertragung und Erdgasimport
Dennoch können sich aus den sachlichen Marktabgrenzungen der Kommission im Erdgasbereich weitergehende Implikationen als im Elektrizitätsbereich ergeben. Zwar findet auch im Erdgasbereich keine ausdrückliche gesonderte Einordnung grenzüberschreitender Infrastrukturen durch die Kommission statt. Das Charakteristikum der Grenzüberschreitung findet jedoch implizit eine stärkere Berücksichtigung. Ursächlich hierfür sind die oben dargestellten physikalischen Unterschiede zwischen elektrischem Strom auf der einen und Erdgas auf der anderen Seite. Vor allem das zentrale Ergebnis der sachlichen Marktabgrenzung im Bereich der grenzüberschreitenden Elektrizitätsverbindungsleitungen, die Zuordnung entweder zum Erzeugungs- oder Transportmarkt je nach Funktion des Interkonnektors, ergibt sich nicht in gleicher Weise im Gasbereich. Anders als beim elektrischen Strom handelt es sich bei Erdgas wie ausgeführt nicht um einen Sekundär-, sondern um einen Primärenergieträger. Erdgas kann daher nicht wie elektrischer Strom grundsätzlich ortsunabhängig erzeugt werden, sondern muss dort gefördert werden, wo natürliche Vorkommen existieren, oder einem Speicher entnommen werden, wobei dieser Speicher wiederum aus einem natürlichen Vorkommen gespeist werden muss. Eine Gasfernleitung, ein Gasspeicher oder ein LNG-Terminal kann daher nicht wie bestimmte Elektrizitätsinterkonnektoren durch eine »Gaserzeugungsstätte« an einem anderen Ort ersetzt werden. Dies stellt den zentralen Unterschied in der Regulierung der Strom- und Gasmärkte dar, die sonst erhebliche Ähnlichkeiten aufweist, und wirkt sich auf die sachliche Marktabgrenzung aus. Etwas anderes könnte im Einzelfall nur gelten, wenn das durch die grenzüberschreitende Infrastruktur in den entsprechenden räumlichen Markt eingeführte Erdgas durch eine zusätzliche Förderquelle im selben räumlichen Markt substituiert werden könnte. In diesem Fall könnte ein Unternehmen, das über die Fernleitung Erdgas einführt, durch ein im entsprechenden räumlichen Markt erdgasförderndes Unternehmen diszipliniert werden. Die Nutzung einer überregionalen Gastransportinfrastruktur könnte hier durch die Nutzung einer regionalen Infrastruktur substituiert werden. Ob eine solche Substitutionsmöglichkeit tatsächlich besteht, muss für jeden Einzelfall gesondert betrachtet werden. Bezogen auf die gesamte Europäische Union sind jedoch wie oben ausgeführt die unionsinternen Gasreserven zunehmend erschöpft.[88] Die Importquote steigt massiv an. Die Erschließung zusätzlicher unionsinterner Gasvorkommen im gleichen Ausmaß wie die durch eine neue Infrastruktur entstehende zusätzliche Einfuhrkapazität ist daher regelmäßig ausgeschlossen. In einem weiteren Sinn besteht eine Substitutionsmöglichkeit seitens der Nachfrager darüber hinaus noch in der Nutzung eines anderen Primärenergieträgers. So kann beispielsweise zur Stromerzeugung anstelle eines Gaskraftwerks ein

---

[88] Vgl. oben 1. Kapitel: II. 2. b) aa).

Kohlekraftwerk oder ein anderes Kraftwerk errichtet werden. Allerdings ist der Verbraucher aufgrund seiner Investitionen in das jeweilige Nutzungssystem auf längere Sicht gebunden. Man geht dabei bereits auf der Endkundenebene von einer Energieträgerbindung von 15 Jahren aus.[89] Im großtechnischen Maßstab dürfte diese Bindung noch länger ausfallen. Darüber hinaus sind bestimmte externe Faktoren zu beachten, die eine Substitution durch andere Energieträger unwirtschaftlich machen können. So weist Erdgas aufgrund niedriger CO_2-Emmissionen beispielsweise beim Treibhausgasemissionshandel gegenüber anderen fossilen Energieträger Vorteile auf. Eine Substitution des durch eine grenzüberschreitende Gasfernleitung transportierten Erdgases ist daher nur durch die Inanspruchnahme einer anderen Gasfernleitung oder eines LNG-Terminals als Gasquelle möglich. Ein einheitlicher sachlicher Markt mit anderen Primärenergieträgern besteht ausdrücklich nicht.[90]

Daraus ergibt sich, dass im Falle einer Erhöhung der Nutzungsgebühren für überregionale Ferntransportsysteme seitens der regionalen Fernleitungs- und Verteilungsunternehmen nicht die Möglichkeit bestünde, die Nutzung der entsprechenden Infrastruktur ohne erhebliche Anpassungslasten zu substituieren. Eine der oben für den Elektrizitätsmarkt getroffenen Zuordnung vergleichbare Marktabgrenzung wäre nur möglich, wenn im Falle einer Erhöhung des Preises der überregionalen Transportinfrastruktur auf im eigenen Markt vorhandene ausreichende Marktliquidität zurückgegriffen werden könnte. Aufgrund der Primärenergieträgereigenschaft von Erdgas und dem beschriebenen Versiegen oder Nichtvorhandensein eigener Gasquellen scheidet eine solche Betrachtung, die eine Zuordnung entsprechender grenzüberschreitender Infrastrukturen zum sachlichen Markt für die Gasförderung ermöglichen würde, jedoch aus. Eine Nachfragesubstitution ist im Falle einer Preiserhöhung daher unter der Bedingung ihres Vorhandenseins nur durch die Nutzung einer anderen grenzüberschreitenden Importinfrastruktur, i.e. einer Pipeline oder eines LNG-Terminals möglich. Bezogen auf die Angebotssubstituierbarkeit können auch andere Anbieter die überregionale Importtransportinfrastruktur nur durch die Errichtung einer anderen Transportkapazität substituieren. Etwas anderes könnte wiederum nur gelten, wenn innerhalb der abzugrenzenden Märkte relevante eigene Gasvorkommen existierten.[91] Nach dem Bedarfsmarktkonzept sind grenzüberschreitende Gasferntransportinfrastrukturen, i.e. Pipelines oder LNG-Terminals, daher dem sachlichen Markt für die überregionale Ferngasübertragung zuzuordnen, der den Import von Erdgas von ausländischen Erdgasproduzenten und den nachfolgenden Transport durch Überland-Pipelines

---

[89] Vgl. Monopolkommission, Strom und Gas 2007: Wettbewerbsdefizite und zögerliche Regulierung, 2007, Rdnr. 443, BTDrucks. 16/7087.
[90] Vgl. BGH, Beschluss vom 10. Dezember 2008, KVR 2/08.
[91] Vgl. *Pfaffenberger/Scheele*, Gutachten zu Wettbewerbsfragen im Zusammenhang mit § 3, Absatz 2, Satz 1 GasNEV, 2005, S. 46 f.

zu den regionalen Ferngasgesellschaften umfasst. Dies gilt auch für LNG-Terminals.[92] Die Anwendung des *SSNIP*-Tests führt auch hier nicht zu anderen Ergebnissen. Bestätigt wird dies durch die ausdrückliche Erwähnung des Gasimports bei der Marktabgrenzung durch die Kommission in der Fusionskontrolle und die damit einhergehende implizite Berücksichtigung grenzüberschreitender Infrastrukturen.[93]

(b) Sachlicher Markt für Erdgasspeicherung
Fraglich bleibt allerdings, ob auch Gasspeicheranlagen, zumindest soweit es sich um Großspeicheranlagen, i.e. Poren- oder Kavernenspeicher,[94] handelt, dem sachlichen Markt für die überregionale Gasfernübertragung zuzuordnen sind. Eine derartige Betrachtung erschiene prima facie möglich. Denkbar wäre es etwa, eine Importkapazität zumindest zeitweise durch eine ausreichend große Gasspeichereinrichtung zu substituieren bzw. eine Gasspeichereinrichtung durch zusätzliche Importkapazität zu ersetzen. Eine solche Betrachtung wird jedoch den tatsächlichen Gegebenheiten der Gaswirtschaft nicht gerecht. Erdgasspeicher sind vor allem erforderlich und werden errichtet, um saisonale Verbrauchsschwankungen, den so genannten Swing, auszugleichen. So wird im Sommer bei niedrigem Verbrauch Erdgas in die Untertagegroßspeicher eingepresst und im Winter wieder entnommen. Hier ist der Verbrauch mit dem in der Spitze Fünf- bis Sechsfachen der Tagesabgabe eines Sommertages teilweise so hoch, dass eine Nachfragedeckung allein über die Ferntransportkapazitäten nicht möglich ist.[95] Die Errichtung weiterer Ferntransportkapazitäten zu Substitutionszwecken wäre absolut unwirtschaftlich, da in verbrauchsarmen Jahresabschnitten keine vertretbare Kapazitätsauslastung möglich wäre. Lediglich dort, wo Gasspeichereinrichtungen auf der Ebene der lokalen Weiterverteiler nur in Bereichen kurzfristiger im Tagesverlauf auftretender Schwankungen eine Rolle spielen, erscheint ein einheitlicher sachlicher Markt für Speicherung und lokale Verteilung möglich, da hier die Speicherung oftmals auch innerhalb der Gasleitung im Wege des line-pack[96] möglich ist und durchgeführt wird. Dies

---

[92] Vgl. Entscheidung der Europäischen Kommission COMP/M.3868 – DONG/Elsam/Energie E2 vom 14. März 2006, Tz. 71 ff; COMP/M.1673 – VEBA/VIAG vom 13. Juni 2000, Tz. 181.
[93] Entscheidungen der Europäischen Kommission COMP/M.1673 – VEBA/VIAG vom 13. Juni 2000, Tz. 181 ff; IV/M.1383 – Exxon/Mobil vom 29. September 1999, Tz. 67 ff.
[94] Vgl. oben 2. Kapitel: I. 2. c) aa).
[95] Vgl. Entscheidung der Europäischen Kommission IV/M.1383 – Exxon/Mobil – vom 29. September 1999, Tz. 50, 69; RWE Dea, Erdgasspeicher, abrufbar unter http://www.rwe.com/generator.aspx/rwe-dea/know-how/speicher/erdgasspeicher/language=de/id=263584/erdgasspeicher.html (zuletzt abgerufen am 19.03.08); E.ON Ruhrgas, Untertage-Speicher für Erdgas, abrufbar unter http://www.eon-ruhrgas.com/cps/rde/xchg/SID-3F57EEF5-3A71DE73/er-corporate/hs.xsl/677.htm (zuletzt abgerufen am 19.03.08).
[96] Vgl. oben 2. Kapitel: I. 2. c) aa).

ändert jedoch nichts daran, dass die Gasspeicherung im Bereich der Untertagegroßspeicherung einen eigenen sachlichen Markt bildet.[97]

bb) Räumliche Marktabgrenzung

Wie bereits für den Elektrizitätsbereich ausgeführt, ist eine abstrakte räumliche Marktabgrenzung losgelöst von konkreten Einzelfällen kaum möglich. Dennoch kann auch für den Erdgasbereich zumindest auf die grundlegenden Determinanten eingegangen werden. Maßgeblich ist wie ausgeführt das Gebiet, in dem die Wettbewerbsbedingungen hinreichend homogen sind und das sich von benachbarten Gebieten durch spürbar unterschiedliche Wettbewerbsbedingungen unterscheidet. Abzustellen ist auf die tatsächlichen Marktverhältnisse.

Grundsätzlich in Betracht kommen drei verschiedene Typen von räumlichen Märkten: internationale, nationale oder regionale Märkte. Für eine internationale Abgrenzung könnte die Tatsache sprechen, dass mit dem Import von Erdgas von ausländischen Erdgasproduzenten auf der Beschaffungsseite ein grenzüberschreitendes Element Teil des sachlichen Marktes ist. Dennoch kann nicht übersehen werden, dass die Wettbewerbsbedingungen zumindest zwischen den Nationalstaaten nicht hinreichend homogen sind, um eine über die Grenzen der Mitgliedstaaten hinausgehende Marktabgrenzung vorzunehmen. Trotz der bereits implementierten Marktregulierung unterscheiden sich die Rahmenbedingungen zwischen den verschiedenen Mitgliedstaaten. Vor allem ist es aus verschiedenen Gründen technisch oder wirtschaftlich nicht möglich, Gas in sämtlichen Gebieten aus sämtlichen Gebieten zu importieren, da hierfür entsprechende Infrastrukturen Voraussetzung sind.[98] Auch eine Bezugsmöglichkeit über Swaps setzt eine Marktliquidität voraus, die nicht als Regelfall bezeichnet werden kann.[99] Wie im Elektrizitätsbereich hat die Kommission aus diesen Gründen auch im Erdgasbereich eine europaweite räumliche Marktabgrenzung kürzlich für die nähere Zukunft ausgeschlossen.[100] Maßgeblich ist daher, inwieweit Durchleitungskapazitäten vorhanden sind, was jeweils auch und gerade vom Grad der implementierten Regulierung abhängt. In Betracht kommt daher sowohl eine nationale Marktabgrenzung als auch eine regionale Marktabgrenzung.[101] Für den Bereich der Bundesrepublik Deutschland haben sowohl die

---

[97] Vgl. Entscheidungen der Europäischen Kommission COMP/M.3868 – DONG/Elsam/Energie E2 vom 14. März 2006, Tz. 50 ff; COMP/M.3696 – E.ON/MOL vom 21. Dezember 2005, Tz. 141; IV/M.1383 – Exxon/Mobil vom 29. September 1999, Tz. 261.

[98] Vgl. Entscheidung der Europäischen Kommission COMP/M.3868 – DONG/Elsam/Energie E2 vom 14. März 2006, Tz. 146 ff.

[99] Vgl. zu den verschiedenen Argumenten Entscheidung der Europäischen Kommission COMP/M.4545 – Statoil/Hydro vom 3. Mai 2007, Tz. 9 ff.

[100] Entscheidung der Europäischen Kommission COMP/M.4110 – E.ON/Endesa vom 25. April 2006, Tz. 71.

[101] Vgl. Entscheidung der Europäischen Kommission COMP/M.4238 – E.ON/Praská plynárenská vom 11. Juli 2006, Tz. 15.

Europäische Kommission als auch das Bundeskartellamt in der Vergangenheit auch nach Wegfall der Demarkationsverträge regionale Märkte entsprechend den Netzen der einzelnen regionalen Ferngasunternehmen abgegrenzt.[102] Auch für Frankreich wurden heterogene Wettbewerbsbedingungen zwischen den einzelnen Regelzonen attestiert.[103] Hingegen wurden für Ungarn, die Niederlande oder auch Spanien nationale Marktabgrenzungen vorgenommen.[104] Entscheidendes Kriterium sind immer die tatsächlich zur Verfügung stehenden Kapazitäten.[105]

Für den Bereich der Gasspeicherung ist zu beachten, dass technisch bedingt nur ein beschränkter Radius um die Speichereinrichtung wirtschaftlich vom jeweiligen Gasspeicher bedient werden kann. Für Porenspeicher liegt dieser Radius bei 200 km, während er im Bereich der Kavernenspeicher auf 50 km beschränkt ist. Soweit nicht durch Netzeffekte in Gestalt von Überschneidungen der Einzugsradien einzelner Speicher und ausreichende Kapazitäten eine Ausweitung der Speichergebiete dergestalt möglich ist, dass nachgelagerte Marktstufen von mehreren Speichereinrichtungen bedient werden können, sind die räumlichen Märkte mithin im Rahmen der aufgezeigten Radien beschränkt. Selbst wenn technisch eine umfassendere Marktabgrenzung möglich ist, ist zu beachten, dass erhebliche Restriktionen auch aus der komplexen Synchronisierung von reservierter Speicher- und Durchleitungskapazität und tatsächlichem Gasbedarf folgen können.[106]

2. Keine nachteiligen Wettbewerbsauswirkungen der Regulierungsfreistellung

a) Charakter eines unbestreitbaren natürlichen Monopols als maßgebliches Kriterium

Wie bereits ausgeführt muss Gegenstand der Analyse der Wettbewerbsauswirkungen der Regulierungsfreistellung als solcher vor allem die Untersuchung des

---

[102] Entscheidung der Europäischen Kommission COMP/M.1673 – VEBA/VIAG vom 13. Juni 2000, Tz. 185; IV/M.1383 – Exxon/Mobil vom 29. September 1999, Tz. 137 ff; BKartA vom 12.03.2007 WuW/E DE-V 1357, 1358 f – »RWE/Saar Ferngas«.

[103] Entscheidung der Europäischen Kommission COMP/M.4180 – Gaz de France/Suez vom 14. November 2006, Tz. 380 ff.

[104] Entscheidungen der Europäischen Kommission COMP/M.3696 E.ON/MOL vom 21. Dezember 2005, Tz. 126, 132; COMP/M.3448 EDP/Hidroeléctrica del Cantábrico vom 9. September 2004, Tz. 28; IV/M.1383 – Exxon/Mobil vom 29. September 1999, Tz. 136.

[105] Vgl. Energie-Control Kommission, Geänderter Bescheid über eine Ausnahmegenehmigung zu Gunsten des österreichischen Abschnitts der Nabucco Erdgas Pipeline, 09.04.2008, S. 19 ff, abrufbar unter http://www.e-control.at/portal/page/portal/medienbibliothek/recht/dokumente/pdfs/090408-knisg-0107.pdf (zuletzt abgerufen am 12.04.10).

[106] Vgl. Entscheidung der Europäischen Kommission COMP/M.3868 – DONG/Elsam/Energie E2 vom 14. März 2006, Tz. 123 ff; IV/M.1383 – Exxon/Mobil vom 29. September 1999, Tz. 262 ff.

unbestreitbaren natürlichen Monopolcharakters der in Rede stehenden Infrastruktur sein. Fehlt es an diesem Charakter, sind nach den entwickelten Maßstäben die ökonomisch-theoretischen Voraussetzungen für eine sektorspezifische Regulierung nicht gegeben. Liegt hingegen ein unbestreitbares natürliches Monopol vor, ist sektorspezifische Regulierung erforderlich. Dies bedeutet allerdings nicht, dass jeglicher Raum für eine Regulierungsfreistellung entfiele. Wie dargestellt bedeutet das Vorliegen eines unbestreitbaren natürlichen Monopols eine bottleneck-Situation, in der Dritte auf diskriminierungsfreien Zugang zu den betroffenen Infrastrukturen angewiesen sind, um auf vor- oder nachgelagerten Märkten tätig werden zu können. Daher besteht bei Vorliegen eines unbestreitbaren natürlichen Monopols kein Raum für Freistellungen, die den diskriminierungsfreien Drittzugang zu den betroffenen Infrastrukturen einschränken.

Konkret bedeutet dies, dass eine Freistellung, durch die einem Nichtnetzbetreiber der alleinige Infrastrukturzugang eingeräumt wird, bei Vorliegen eines unbestreitbaren natürlichen Monopols nicht in Betracht kommt. Raum bleibt jedoch für Freistellungen, die ein von der sonstigen Regulierung abweichendes Entgeltsystem etwa mit einer besonderen Risikoprämie ermöglichen, solange kein diskriminierendes Element enthalten ist, soweit derartige Gestaltungen nicht an anderen Tatbestandvoraussetzungen der Regulierungsfreistellung scheitern. Eine solche Freistellung kann vor allem dem Geschäftsmodell eines nicht vertikal integrierten Netzbetreibers entsprechen, der ohnehin auf einen Drittnutzung angewiesen ist, ohne hierbei gesteigerte Diskriminierungsanreize aufzuweisen, für den die Investition jedoch nur bei einer gesonderten Risikoprämie attraktiv ist. Ein Bedürfnis für derartige im Einzelfall erforderliche erhöhte Risikoprämien wird auch seitens der Bundesnetzagentur anerkannt, wenn diese besonderen Einzelprojekten die Möglichkeit zusätzlicher Erlöse, i. e. eine erhöhte Risikoprämie, einräumen will.[107] Nicht ausgeführt wird dabei allerdings, dass wirkliche Investitionssicherheit auf diese Weise nur bei glaubwürdiger Selbstbindung der Behörde erreicht werden kann, wozu wiederum die Regulierungsfreistellung im hier verstandenen weiten Sinn für ihren Anwendungsbereich der neuen grenzüberschreitenden Infrastrukturen gerade das Mittel darstellt.[108] Zentrales Kriterium der fehlenden nachteiligen Auswirkungen der Regulierungsfreistellung muss damit im Sinne eines systematischen Modells das Vorliegen oder Nichtvorliegen eines unbestreitbaren natürlichen Monopolcharakters der betroffenen Infrastruktur sein. Keinen Einfluss kann bei der Prüfung dieser Tatbestandsvoraussetzung hingegen die Marktstellung des konkreten Investors haben. Sedes examinationis dieses Aspekts ist vielmehr

---

[107] Bundesnetzagentur, Pressemitteilung vom 7. Juli 2008, S. 2, abrufbar unter http://www.bundesnetzagentur.de/cae/servlet/contentblob/32390/publicationFile/1245/PM20080707AnreizregulierungEnergieId13917pdf.pdf (zuletzt abgerufen am 11.04.10).
[108] Vgl. oben 3. Kapitel: I. 4. b).

die in Art. 17 Abs. 1 lit. a) StromhandelsVO respektive Art. 36 Abs. 1 lit. a) Gas-RL normierte Voraussetzung einer Wettbewerbsverbesserung durch die Investition als solche.

Auch die Europäische Kommission scheint diese in den Normtexten angelegte Differenzierung zu erkennen, wenn sie der in Art. 17 Abs. 1 lit. f) StromhandelsVO normierten Voraussetzung fehlender wettbewerblicher Negativauswirkungen der Freistellung als solcher hauptsächlich Bedeutung für Ausnahmen vom Zugang Dritter beimisst.[109] Hier wird die vorgeschlagene Differenzierung zwischen lit. a) und lit. e) bzw. f) implizit aufgenommen. Ergibt sich bei der Prüfung der Auswirkungen der Freistellung als solcher, dass die in Rede stehende Infrastruktur ein unbestreitbares natürliches Monopol darstellt, ist sektorspezifische Regulierung im Sinne des »Ob« einer Regulierung durch ein Drittzugangsrecht grundsätzlich geboten. Eine Befreiung vom Drittzugang wird für derartige Infrastrukturen daher mit hoher Wahrscheinlichkeit nicht in Betracht kommen. Hingegen bleiben Befreiungen von anderen Elementen der existierenden sektorspezifischen Regulierung durchaus denkbar. Mithin differenziert auch die Europäische Kommission, wenn sie die in lit. e) bzw. lit. f) normierten Anforderungen vor allem bei der Befreiung vom Drittzugang für bedeutsam erachtet, implizit bei der Prüfung der Wettbewerbsauswirkungen der Befreiung als solcher zwischen Infrastrukturen mit den Eigenschaften eines unbestreitbaren natürlichen Monopols und solchen, die diese Charakteristika gerade nicht aufweisen.

b) Lösung vom klassischen Access Holidays-Ansatz

Festzuhalten ist an dieser Stelle weiterhin, dass mit der Tatbestandsvoraussetzung einer ausbleibenden nachteiligen Wettbewerbswirkung der Regulierungsausnahme eine bedeutende Einschränkung derselben im Hinblick auf den grundlegenden Ansatz der *Access Holidays* vorgenommen wird. Der ursprüngliche Ansatz der *Access Holidays*, der eine befristete Wettbewerbsbeschränkung in Kauf nimmt, indem er dem Freistellungsbegünstigten einen tatsächlichen wettbewerblichen Spielraum einräumt, wird vom Normtext zumindest prima facie nicht aufgenommen. Stattdessen folgt die Regulierungsfreistellung dem Wortlaut nach stärker dem oben als Konstellation zwei beschriebenen Ansatz der Wettbewerbsneutralität der Regulierungsfreistellung.[110] Daraus folgt jedoch auch, dass es nur mit eingeschränkter Überzeugungskraft möglich ist, die Re-

---

[109] Europäische Kommission, Vermerk der GD Energie und Verkehr zu den Richtlinien 2003/54/EG und 2003/55/EG und der Verordnung (EG) Nr. 1228/2003 im Elektrizitäts- und Erdgasbinnenmarkt – Ausnahmen von bestimmten Bestimmungen der Regelung des Netzzugangs Dritter vom 30.01.2004, S.7, abrufbar unter http://ec.europa.eu/energy/electricity/legislation/doc/notes_for_implementation_2004/exemptions_tpa_de.pdf (zuletzt abgerufen am 11.08.08).

[110] Vgl. oben 3. Kapitel: I. 3. b).

gulierungsfreistellungen gem. Art. 17 StromhandelsVO bzw. Art. 36 GasRL zunächst mit dem Ansatz der *Access Holidays* gleichzustellen und im Anschluss mit Argumenten anzugreifen, die sich vor allem gegen den Ansatz der *Access Holidays* richten. Vor allem kann es nicht überzeugen, den Anwendungsbereich der vorhandenen Freistellungsmöglichkeiten mit Verweis auf den *Access Holidays*-Ansatz als zu extensiv zu bezeichnen, wenn wie gezeigt die gesetzlich normierte Freistellungsmöglichkeit wesentlich restriktiver gestaltet ist, als dies dem ursprünglichen Ansatz der *Access Holidays* entspräche.[111] Vielmehr ist hier eine Differenzierung erforderlich. Eine solche Differenzierung ermöglicht es, im Wege einer systematischen Auslegung, Elemente der im ursprünglichen Ansatz akzeptierten besonderen Wettbewerbswirkungen von *Access Holidays* fruchtbar zu machen, ohne pauschal Wettbewerbsbeschränkungen zuzulassen. Möglichkeiten für eine differenzierte Betrachtung bieten zum einen für den Gasbereich eine Berücksichtigung der besonderen Betonung der Versorgungssicherheit in Art. 36 Abs. 1 lit. a) GasRL und zum anderen auch eine stärkere Einbeziehung der Zeitachse in die Betrachtung.

c) Verbindungsleitungen im Elektrizitätsbereich

Ob eine grenzüberschreitende Verbindungsleitung im Elektrizitätsbereich ein unbestreitbares natürliches Monopol darstellt, lässt sich anhand des bloßen Kriteriums der grenzüberschreitenden Verbindungsleitung nicht eindeutig festlegen. Vielmehr muss die im Bereich der Marktabgrenzung entwickelte Differenzierung zwischen verschiedenen Typen von Interkonnektoren wieder aufgegriffen werden.

aa) Verbindungsleitungen im sachlichen Markt für Erzeugung und Großhandelslieferung elektrischer Energie

Zu untersuchen sind zunächst die Interkonnektoren, die dem sachlichen Markt für Großhandelslieferung respektive Erzeugung elektrischer Energie zuzuordnen sind. Wie im Rahmen der Marktabgrenzung ausgeführt, kann die Nutzung derartiger Interkonnektoren durch die Nutzung anderer im jeweiligen räumlichen Markt befindlicher Erzeugungskapazitäten substituiert werden. Fraglich ist somit, ob im Erzeugungsbereich unbestreitbare natürliche Monopole existieren. Handelt es sich bei Erzeugungskapazitäten um unbestreitbare natürliche Monopole, kommt eine Regulierungsfreistellung im Sinne einer Drittzugangsbefreiung für die in Rede stehende Infrastruktur nicht in Betracht. Dies ist jedoch regelmäßig nicht der Fall. Auch im Kraftwerksbereich treten zwar Skaleneffekte auf[112] und es existieren auch versunkene Kosten. Die Bedeutung von Skaleneffekten und versunkenen Kosten im Kraftwerksbereich ist jedoch nicht

---

[111] So jedoch partiell *Spanjer*, ZfE 2008, S. 46 (46f, 50).
[112] So wird etwa weiterhin die Erzeugung elektrischen Stroms in Einheiten einer Größe

mit den versunkenen Kosten im Bereich des Stromtransports vergleichbar. Abgesehen von sehr kleinen Marktgebieten ist regelmäßig eine Vielzahl von Kraftwerken erforderlich, um den gesamten Strombedarf zu decken. Damit besteht eine wettbewerbliche Bedrohung des Interkonnektors durch die Nutzung anderer Erzeugungskapazitäten. Etwas anderes kann nur gelten, wenn im Einzelfall eine solche Bedrohung durch andere Erzeugungskapazität nicht besteht. Ursächlich hierfür kann eine wesentlich unterhalb der Spitzenlast im jeweiligen räumlichen Markt liegende Gesamterzeugungsleistung sein. Hier fehlt es an der Marktliquidität, was wie oben ausgeführt bereits zu einer anderen Einordnung der Verbindungsleitung führt. Die Nutzung anderer Erzeugungskapazitäten kann auch dadurch beschränkt sein, dass innerhalb der jeweiligen Marktgebiete die sektorspezifische Regulierung dergestalt nicht vollständig funktioniert, dass die Durchleitung von anderen Erzeugungskapazitäten verursacht durch Engpässe nicht an den Grenzen, sondern innerhalb einzelner Länder, nicht möglich ist. Auch hier kann der Interkonnektor bereits nicht dem Erzeugungsbereich zugeordnet werden. Wird die Verbindungsleitung hingegen deshalb nicht durch andere Erzeugungskapazitäten bedroht, weil die in Frage kommenden Erzeugungskapazitäten zwar existieren jedoch vom gleichen Unternehmen kontrolliert werden, das die Regulierungsfreistellung begehrt, muss dieser Gesichtspunkt bei der Tatbestandsvoraussetzung Art. 17 Abs. 1 lit. a) StromhandelsVO Beachtung finden.

Gleichzeitig muss bei der Prüfung der Bedrohung durch andere Erzeugungskapazität auch die Lebensdauer des bestehenden Kraftwerkparks beachtet werden. Die Lebensdauer eines Kraftwerks ist regelmäßig erheblich niedriger als die von Netzinfrastrukturen, so dass häufigere Ersatzinvestitionen nötig werden. Auch dies kann eine wettbewerbliche Bedrohung bestehender Erzeugungskapazität darstellen, womit kein unbestreitbares natürliches Monopol vorliegt. Vor allem in der befristeten Phase eines parallelen Betriebs bereits errichteter neuer und noch nicht abgeschalteter alter Anlagen erscheint eine wettbewerbliche Bedrohung durch ausreichende Marktliquidität möglich. Konkret zu prüfen ist daher im Hinblick auf die natürliche Monopoleigenschaft eines Interkonnektors nicht nur, inwieweit dieser bereits durch bestehende Erzeugungskapazität und damit Marktliquidität bedroht ist, sondern auch inwieweit eine solche Bedrohung durch neue Kapazitäten hinreichend sicher vorliegt. Bereits im Bau befindliche Kapazitäten müssen in jedem Fall Beachtung finden. Ebenso können erteilte Genehmigungen Berücksichtigung finden. Wiederum erst im Rahmen der Prüfung der Tatbestandsvoraussetzung des Art. 17 Abs. 1 lit. a) StromhandelsVO kann Berücksichtigung finden, welches Unternehmen

---

von 300 MW oder mehr als besonders wirtschaftliche erachtet; vgl. *Theobald* in: Schneider/Theobald, Handbuch zum Recht der Energiewirtschaft, 2003, S. 12.

die neuen Kapazitäten errichtet, da hier klassische wettbewerbsrechtliche Maßstäbe wie Marktanteilsverteilungen zur Anwendung kommen.

Auffallend ist, dass mit dem Kriterium der Marktliquidität von entscheidender Bedeutung für die Beurteilung der Wettbewerbsauswirkungen einer Freistellung als solcher die Erzeugungskapazitäten sind,[113] obwohl Freistellungsobjekt eine Leitungsinfrastruktur ist. Andere Leitungsinfrastrukturen sind für die Beurteilung der Marktliquidität nur insoweit von ähnlicher Bedeutung als andere vorhandene oder mit ausreichender Prognosesicherheit noch zu errichtende Interkonnektoren ebenfalls Marktliquidität durch Import bereitstellen können. In diesem Zusammenhang können weitere Infrastrukturplanungen auch von Bedeutung für die Beurteilung der Wettbewerbswirkungen einer Regulierungsfreistellung sein. Eine bloße Fixierung auf weitere Infrastrukturplanungen, losgelöst von den beschriebenen Aspekten der Erzeugung,[114] ist hingegen kaum geeignet, tragende Erkenntnisse zu vermitteln.

Ergibt sich im Rahmen der beschriebenen Prüfung, dass der in Rede stehende Interkonnektor aufgrund ausreichender Marktliquidität durch andere Erzeugungskapazität bedroht ist, fehlt es an der unbestreitbaren natürliche Monopoleigenschaft und eine Regulierungsfreistellung ist uneingeschränkt möglich. Die mögliche Freistellung umfasst hier auch die umfassende Befreiung von Art. 32 ElektrizitätsRL und damit vom diskriminierungsfreien Drittzugang. Dem steht auch Art. 17 Abs. 4 UAbs. 3 StromhandelsVO nicht entgegen, da die Nichtdiskriminierung über die Wettbewerbssituation am Markt sichergestellt wird. Hinzuweisen ist darauf, dass Ergebnis der Prüfung auch sein kann, dass nur ein Teil der Gesamtkapazität durch andere Erzeugungskapazitäten bedroht ist.[115] In diesem Fall muss auch die Regulierungsfreistellung auf diesen Teil der Kapazität beschränkt werden. Art. 17 Abs. 4 UAbs. 1 Satz 2 StromhandelsVO weist ausdrücklich auf die Möglichkeit einer Beschränkung der freigestellten Kapazität auf einen bestimmten Teil der Infrastruktur hin.

---

[113] Vgl. auch zur zentralen Bedeutung der Marktliquidität für wettbewerbliche Bedrohungen Monopolkommission, Strom und Gas 2007: Wettbewerbsdefizite und zögerliche Regulierung, 2007, Rdnr. 440, BTDrucks. 16/7087.

[114] Vgl. Europäische Kommission, Vermerk der GD Energie und Verkehr zu den Richtlinien 2003/54/EG und 2003/55/EG und der Verordnung (EG) Nr. 1228/2003 im Elektrizitäts- und Erdgasbinnenmarkt – Ausnahmen von bestimmten Bestimmungen der Regelung des Netzzugangs Dritter vom 30.01.2004, S. 2, abrufbar unter http://ec.europa.eu/energy/electricity/legislation/doc/notes_for_implementation_2004/exemptions_tpa_de.pdf(zuletzt abgerufen am 11.08.08).

[115] Ausführlicheres zu dieser Möglichkeit bei den Erdgasinfrastrukturen, siehe unten 5. Kapitel: II 2. d) bb).

bb) Verbindungsleitungen im sachlichen Markt für Höchst- und Hochspannungstransport elektrischer Energie

Eine gesonderte Betrachtung ist erforderlich, wenn die für eine Freistellung in Betracht kommende Verbindungsleitung dem sachlichen Markt für den Transport von elektrischer Energie über Höchst- und Hochspannungsnetze zuzuordnen ist. Die Marktliquidität genügt hier nicht, um eine Substitution durch andere Erzeugungskapazitäten durchzuführen. Vielmehr wird die Verbindungsleitung in diesem Fall benötigt, um die Versorgungssicherheit in den verbundenen Gebieten zu gewährleisten. Auch hier ist zu prüfen, ob eine derartige Infrastruktur den Charakter eines unbestreitbaren natürlichen Monopols aufweist. Bereits oben wurde beschrieben, dass die Märkte für die Übertragung und die Verteilung elektrischer Energie als geradezu klassische Beispiele unbestreitbarer natürlicher Monopole dargestellt werden. Gleichzeitig wurde jedoch auch ausgeführt, dass diese pauschale Einordnung für den vorliegenden Fall grenzüberschreitender Verbindungsleitungen zumindest zu hinterfragen ist.[116] Soweit grenzüberschreitende Verbindungsleitungen dem sachlichen Markt für Erzeugung und Großhandelslieferung zuzuordnen sind, wurde diese kritische Würdigung bereits vorgenommen.[117] Fraglich bleibt allerdings, ob grenzüberschreitende Verbindungsleitungen, auch wenn sie dem sachlichen Markt für den Transport von elektrischer Energie über Höchst- und Hochspannungsnetze zuzuordnen sind, möglicherweise nicht zwingend ein unbestreitbares natürliches Monopol darstellen. Elektrizitätsversorgungsnetze weisen wie oben erwähnt starke Skaleneffekte auf. Auch Verbundeffekte finden sich, wenn man Spitzenlast-, Grundlast- und Ausgleichsenergietransport gesondert betrachtet. Da Elektrizitätsversorgungsnetze faktisch keiner anderen Verwendung als dem Stromtransport zugeführt werden können und die Markteintrittskosten auch nicht etwa durch einen Abbau der Netze wieder erlöst werden können, weisen sie einen hohen Grad irreversibler Kosten auf. Folglich sind die Grundvoraussetzungen eines unbestreitbaren natürlichen Monopols erfüllt. Im Unterschied zum Kraftwerksbereich wird eine Vielzahl von Leitungen nur zur Erstellung eines räumlichen Netzes, kaum jedoch in Gestalt von parallelen Leitungen benötigt, weshalb grundsätzlich auch keine Temporarität vorliegt. Temporarität auch des Interkonnektors ist jedoch zeitlich befristet nicht ausgeschlossen. So ist es theoretisch denkbar, dass im Hinblick auf absehbare künftige Rückgänge in der Erzeugungskapazität in bestimmten Gebieten mehrere grenzüberschreitende Verbindungsleitungen errichtet respektive erweitert werden. Dies bedeutet jedoch bis zum tatsächlichen Rückgang der Erzeugungsleistung ausreichende Marktliquidität und damit zeitlich befristet bereits eine abweichende

---
[116] Vgl. oben 2. Kapitel: I. 2. c) bb).
[117] Vgl. oben 5. Kapitel: II. 2. c) aa).

Marktzuordnung und damit wiederum abweichende Bewertung des natürlichen Monopolcharakters.

Soweit eine grenzüberschreitende Verbindungsleitung nicht durch andere Erzeugungskapazitäten substituiert werden kann und damit dem sachlichen Markt für Transport von elektrischer Energie über Höchst- und Hochspannungsnetze zuzuordnen ist, liegt ein unbestreitbares natürliches Monopol vor. Regulierungsfreistellungen ohne nachteilige Wettbewerbsauswirkungen sind hier nur in eng beschränktem Rahmen möglich. Keinesfalls in Betracht kommt eine Regulierungsfreistellung, durch die dem Freistellungsbegünstigten Diskriminierungspotential gegenüber auf die Nutzung der Infrastruktur angewiesenen Dritten eingeräumt wird. Eine Freistellung von Art. 32 ElektrizitätsRL und dem darin enthaltenen Drittzugang kommt hier somit nicht in Betracht. Eine Freistellung etwa eines vertikal nicht integrierten Netzbetreiberinvestors in Gestalt eines zwar diskriminierungsfreien, aber dennoch vom herkömmlich regulierten, abweichenden Entgeltbildungssystem bleibt möglich. Auch eine Freistellung von der Verwendungszweckbeschränkung der Engpassmanagementerlöse gem. Art. 16 Abs. 6 StromhandelsVO bleibt hier möglich, ohne dass dies allein negative Auswirkungen auf den Wettbewerb zeitigt. Ausscheiden müsste eine derartige Freistellung allerdings auch, sofern hierdurch etwa eine marktbeherrschende Stellung auf vor- oder nachgelagerten Märkten entsteht oder gestützt wird, was jedoch wie ausgeführt im Rahmen der unter lit. a) normierten Voraussetzungen zu prüfen ist. Konkretes Beispiel für einen sinnvollen Anwendungsbereich für Freistellungen auch bei Vorliegen von unbestreitbaren natürlichen Monopoleigenschaften können Modelle in Gestalt vorab festgelegter Mindestverzinsungen und daran angepasst Freistellungslaufzeiten im Sinne eines Regulierungsvertrags zwischen Investor und Regulierungsbehörde sein, wenn eine entsprechende Verzinsung ohne entsprechende Freistellung ernsthaft in Frage steht.[118]

cc) Systematik der Regulierungsfreistellung bezüglich Befristung und Regelfallbeschränkung auf Gleichstromverbindungsleitungen

Offen bleibt mit der getroffenen Einordnung jedoch zunächst die Frage, warum eine Regulierungsfreistellung gem. Art. 17 Abs. 4 UAbs. 3, Abs. 7 lit. c) StromhandelsVO zeitlich zu befristen ist. In den Fällen, in denen kein unbestreitbarer

---

[118] In der beschriebenen Art und Weise verfährt die Europäische Kommission im Fall des BritNed-Interkonnektors (siehe unten 5. Kapitel: II. 3. b) cc) (a)) in ihren Änderungsanordnungen gegenüber der britischen und niederländischen Regulierungsbehörde, ohne hierbei allerdings zum Vorliegen eines unbestreitbaren natürlichen Monopolcharakters Stellung zu nehmen; vgl. Ofgem, Amendment to the exemption order issued to BritNed Development Ltd (»BritNed«) under condition 12 of the electricity interconnector licence granted to BritNed in respect of the BritNed interconnector, 15. 11. 2007, p. 1 f, abrufbar unter http://ec.europa.eu/energy/electricity/infrastructure/doc/BritNed_decision_ofgem.pdf (zuletzt abgerufen am 15. 10. 2008).

natürlicher Monopolcharakter vorliegt, wäre auch an eine unbefristete Freistellung zu denken. Dennoch erscheint die Befristung bei näherer Prüfung sinnvoll. Die durch die Regulierungsfreistellungsmöglichkeit angereizten neuen Infrastrukturen sollen in langfristiger Perspektive zum Zusammenwachsen der nationalstaatlichen Energiemärkte zu einem einheitlichen Binnenmarkt führen.[119] In einem solchen Binnenmarkt verteilt sich die Marktliquidität im Wettbewerb bei Verwirklichung des Binnenmarkts über den gesamten Binnenmarkt und dabei nur noch in einem für den gesamten Binnenmarkt erforderlichen Umfang. An diesem Punkt werden allerdings wiederum die Infrastrukturen benötigt und können nicht mehr ohne weiteres durch andere in diesem Binnenmarktmodell überschüssige und damit nicht mehr vorhandene Erzeugungskapazitäten substituiert werden. Grenzüberschreitende Verbindungsleitungen, die ursprünglich nicht den Charakter eines unbestreitbaren natürlichen Monopols aufweisen, können somit ihre Natur verändern, weshalb die Befristung letztlich auch in den Fällen überzeugt, in denen ursprünglich kein unbestreitbares natürliches Monopol vorliegt.

Das gefundene Ergebnis fügt sich auch harmonisch in die beschriebenen physikalischen und technischen Vorbedingungen und Anforderungen der Stromübertragung ein. Eine Regulierungsfreistellung im Sinne einer Drittzugangsfreistellung erfordert die Möglichkeit einer isolierten Betrachtung der entsprechenden Infrastrukturen. In Betracht kommt eine Regulierungsfreistellung im Sinne einer Drittzugangsbefreiung wie ausgeführt nur, wenn die Infrastruktur kein natürliches Monopol darstellt, was wiederum nur der Fall ist, wenn die Infrastruktur durch andere Erzeugungskapazitäten substituiert werden kann. Regelmäßig wird dieser Fall bei Gleichstromsystemen auftreten, da diese als Punkt-zu-Punkt Übertragungseinrichtungen weniger nicht substituierbarer Bestandteil einer komplexen Netzinfrastruktur sind, sondern größere Strommengen abgrenzbar von einem in ein anderes Gebiet befördern. Gleichstromsysteme können vor allem bei unipolarer Richtung an ihrem Endpunkt mit einem dort lokalisierten Kraftwerk verglichen werden. Die Gleichstrom-Verbindungsleitung als Regelfall der Regulierungsfreistellung gem. Art. 17 Abs. 1 StromhandelsVO passt in den systematischen Zusammenhang der Regulierungsfreistellung. Wechselstromsysteme werden hingegen aufgrund der entstehenden Parallelflüsse und der damit einhergehenden beschränkten Isolierbarkeit eher in die zweite Kategorie der geschilderten Fallgruppen einzuordnen sein.

d) Einordnung der Erdgastransportinfrastrukturen

Auch im Erdgasbereich ist für die Beantwortung der Frage nach den Auswirkungen der Regulierungsausnahme als solcher auf den Wettbewerb oder das

---

[119] Vgl. oben 1. Kapitel: II. 1. b) aa), III.

effektive Funktionieren des Erdgasbinnenmarktes gem. Art. 36 Abs. 1 lit. e) GasRL die Einordnung der betroffenen Infrastruktur als unbestreitbares natürliches Monopol von entscheidender Bedeutung. Weist die Infrastruktur den Charakter eines solchen unbestreitbaren natürlichen Monopols auf, kann eine umfassende Regulierungsfreistellung im Sinne einer Freistellung vom System des diskriminierungsfreien Drittzugangs gem. Art. 32 und 33 GasRL nicht in Betracht kommen. Dem Primärenergiecharakter des Erdgases geschuldet erfolgt bei grenzüberschreitenden Gasinfrastrukturen keine Differenzierung zwischen verschiedenen sachlichen Märkten. Vielmehr ergibt sich eine einheitliche Zuordnung zum sachlichen Markt für die überregionale Ferngasübertragung, der den Import von Erdgas von ausländischen Erdgasproduzenten und den nachfolgenden Transport durch Überland-Pipelines zu den regionalen Ferngasgesellschaften umfasst.[120]

aa) Transportmarktzuordnung und daraus folgender grundsätzlicher unbestreitbarer natürlicher Monopolcharakter

Wie bereits ausgeführt wurden Erdgasleitungsnetze und damit auch der sachliche Markt für den Erdgasferntransport geradezu als klassisches Beispiele für unbestreitbare natürliche Monopole herangezogen, ohne dass hierbei eine besondere Untergliederung der verschiedenen Stufen der Erdgastransportkette Platz gegriffen hätte.[121] Erdgasfernleitungen weisen Skaleneffekte auf. Auch kann eine Erdgasfernleitung nur für den Gastransport zwischen den durch sie verbundenen Punkten genutzt werden. Auch ein LNG-Terminal kann nur an seinem jeweiligen Belegenheitspunkt Erdgas in ein bestehendes Erdgasnetz einspeisen. Dies gilt in gleicher Weise für eine Gasspeichereinrichtung. Ein Verkauf der genannten Infrastrukturen bringt die Markteintrittskosten regelmäßig nicht wieder ein. Die Investition ist damit irreversibel bzw. versunken. Damit liegt dem Grunde nach ein unbestreitbares natürliches Monopol vor. Dennoch muss diese Einordnung modifiziert werden und kann in ihrer Pauschalität nicht aufrecht erhalten werden. Ins Zentrum der Betrachtung rückt dabei die Einbeziehung des Imports von Erdgas von ausländischen Erdgasproduzenten. Im Bereich der Elektrizität wurde darauf hingewiesen, dass bezogen auf den sachlichen Markt für die Großhandelslieferung respektive Erzeugung des elektrischen Stroms abgesehen von räumlich besonders kleinen Märkten eine einzige Erzeugungseinheit nicht ausreichen wird, um die benötigte Erzeugungsleistung zur Verfügung zu stellen. Soweit die Gesamterzeugungsleistung die Spitzenlast überschreitet, ist hier eine wettbewerbliche Bedrohung durchaus mög-

---

[120] Vgl. oben 5. Kapitel: II. 1. e) aa).
[121] Monopolkommission, XVI. Hauptgutachten 2004/2005; BTDrucks. 16/2460, S. 24, 65; vgl. oben 2. Kapitel: I. 2. c) aa).

lich. Die Einbeziehung der Notwendigkeit von Ersatzinvestitionen stützt diese These im Sinne zumindest übergangsweise vorhandener Marktliquidität.

bb) Bedrohung durch internen Leitungswettbewerb

Auch im Erdgasbereich kann abgesehen von räumlich besonders kleinen Märkten eine einzelne Erdgasinfrastruktur den Importbedarf nicht abdecken.[122] Durch das Vorhandensein mehrerer Importfazilitäten kann damit eine Marktliquidität geschaffen werden, die eine wettbewerbliche Bedrohung im Sinne eines Gas-zu-Gas-Wettbewerbs ermöglicht. Das natürliche Monopol ist hier durch Temporarität beschränkt. Existiert bezogen auf einen räumlichen Markt ein derartiger Gas-zu-Gas-Wettbewerb im Importbereich, sind auch die einzelnen grenzüberschreitenden Importinfrastrukturen durch Wettbewerb bedroht und das natürliche Monopol ist nicht mehr unbestreitbar. Echte Möglichkeiten für einen bereits bestehenden derartigen Gas-zu-Gas-Wettbewerb können sich aus der beschriebenen zunehmenden Eliminierung der in den Gasbezugsverträgen mit den Gasförderunternehmen ehedem vorhandenen *Destination-Clauses* ergeben. Hierdurch stehen die physisch vorhandenen Importkapazitäten auch tatsächlich an jedem Ort entlang der Importinfrastruktur im Sinne einer wettbewerblichen Bedrohung zur Verfügung. Übersehen werden darf in diesem Zusammenhang auch nicht, dass eine Bedrohung durch zusätzliche Kapazitäten nicht zwingend weitere physische Infrastrukturen erfordert. Eine Bedrohung durch zusätzliche Kapazität kann auch künstlich geschaffen werden, indem die Freistellung auf einen bestimmten prozentualen Anteil der Infrastruktur beschränkt wird. Der verbleibende, nicht freigestellte Anteil kann dann die geforderte wettbewerbliche Bedrohung darstellen.[123] Für den Gastransport über Fernleitungssysteme bietet sich ein derartiges Vorgehen schon insoweit an, als sich Skaleneffekte infolge der Zwei-Drittel-Regel[124] hier besonders auswirken. Um einen solchen internen Leitungswettbewerb zu ermöglichen, hat sich im Zusammenhang mit freizustellenden Gasinfrastrukturen das so genannte *Open-Season*-Verfahren etabliert.[125] Dieses existiert auch im Elektrizitätsbereich, wird vorliegend allerdings der tatsächlichen Anwendungshäufigkeit ent-

---

[122] Da die Kapazität von Erdgaspipelines nicht nur von deren Querschnitt, sondern auch von der eingesetzten Kompressorleistung abhängig ist, lässt sich durch zusätzlichen Kompressoreinsatz die Kapazität weiter steigern. Hierdurch steigen jedoch die variablen Kosten der Pipeline überproportional an, weshalb bei längerfristiger Betrachtung Kapazitätserweiterungen durch neue Leitungen günstiger sind; vgl. *Pfaffenberger/Scheele*, Gutachten zu Wettbewerbsfragen im Zusammenhang mit § 3, Absatz 2, Satz 1 GasNEV, 2005, S. 39 ff.

[123] Vgl. *Knieps*, ZfE 26 (2002), S. 171 (176 f); *Pfaffenberger/Scheele*, Gutachten zu Wettbewerbsfragen im Zusammenhang mit § 3, Absatz 2, Satz 1 GasNEV, 2005, S. 35.

[124] Vgl. oben 2. Kapitel: I. 2. a) bb).

[125] Vgl. Bundesnetzagentur, Open Season Verfahren (Gas); abrufbar unter http://www.bundesnetzagentur.de/enid/5b5a9367e4027e5ea3ed0307ce60505f,0/Elektrizitaet/Gas/Open_Season-Verfahren__Gas__3w6.html (zuletzt abgerufen am 14.03.08).

sprechend am Beispiel des Erdgassektors dargestellt. Hierbei wird eine umfassende Marktbedarfsanalyse durchgeführt, um den Kapazitätsbedarf in den verschiedenen Marktgebieten zu ermitteln. Anhand zunächst unverbindlicher Kapazitätsbedarfsanfragen werden der Ausbaubedarf geschätzt und Entgeltbandbreiten ermittelt. In einer zweiten Phase erfolgen anschließend auf Basis einseitig bindender Verpflichtungen der Kunden Kapazitätszuteilungen. Erst danach beginnt der Ausbauprozess.[126]

cc) *Primärenergieträgereigenschaft des Erdgases und daraus folgende Angreifbarkeit von Erdgastransportinfrastrukturen*

Wie im Elektrizitätsbereich spielen auch im Erdgassektor im Rahmen der für eine wettbewerbliche Bedrohung erforderlichen Marktliquidität neben den echten Neuinvestitionen auch die erforderlichen Ersatzinvestitionen eine besondere Rolle. Wie bereits für den Elektrizitätsbereich ausgeführt zeichnen sich Leitungsinfrastrukturen zwar durch eine besondere Langlebigkeit aus und werden im Unterschied zu Kraftwerken auch seltener durch echte Neubauten als durch Reparaturen kapazitätsmäßig erhalten. Beachtet werden muss jedoch wiederum die Primärenergieeigenschaft des Erdgases. Ist ein natürliches Vorkommen erschöpft, bedarf es der Erschließung neuer Vorkommen und bei räumlich abweichender Belegenheit auch wiederum neuer und, wenn es sich bei den versiegenden Vorkommen um interne handelt, gleichzeitig zusätzlicher Importinfrastrukturen. Auch hierbei entsteht zumindest übergangsweise wiederum Raum für wettbewerbliche Bedrohung durch Gas-zu-Gas-Wettbewerb ausgelöst durch ausreichende Marktliquidität, da die Inbetriebnahme neuer Infrastrukturen regelmäßig nicht exakt zeitlich mit dem Versiegen vorhandener Vorkommen zusammenfällt. Auch bedeutet die Inbetriebnahme neuer Infrastrukturen regelmäßig einen sprunghaften Angebotsanstieg, während die Nachfragekurve nach den Prognosen der Kommission einen zwar stetigen aber flachen Anstieg nimmt.[127] Wiederum entfällt hiermit, solange die ausreichende Marktliquidität bezogen auf einen räumlichen Markt vorhanden ist, der unbestreitbare natürliche Monopolcharakter und es entsteht Raum für eine umfassende Regulierungsfreistellung auch vom Regime des diskriminierungsfreien Drittzugangs gem. Art. 32 und 33 GasRL.

---

[126] Beispielhaft für ein Open-Season-Verfahren: E.ON Gastransport, Open-Season 2008, 2007, abrufbar unter http://www.eon-gastransport.com/cps/rde/xbcr/SID-3F57EEF5–20A88DF3/eon-gastransport/EGT_Broschuere_openSeason_07.pdf (zuletzt abgerufen am 11.08.08); siehe auch unten das Beispiel der Nabucco-Pipeline Kapitel 5: II. 2. d) ee) (b).

[127] Europäische Kommission, Grünbuch – Hin zu einer europäischen Strategie für Energieversorgungssicherheit, KOM(2000) 769 endg., S. 75 ff; vgl. oben 1. Kapitel: II. 2. a) bb).

(a) Strategischer Charakter der Erdgasversorgung
Hier ist mit der Primärenergieeigenschaft des Erdgases auch auf den besonderen strategischen Charakter der Erdgasversorgung und des Erdgasimports hinzuweisen. Tatsächlich ist es gerade auch der eng mit dem Primärenergiecharakter verknüpfte strategische Aspekt der Erdgasversorgung, der dazu führt, dass eine mögliche wettbewerbliche Bedrohung auch im Bereich der Transportkapazitäten in Betracht kommt. Dies gilt vor allem, wenn man die Betrachtung nicht wie § 3 GasNEV, der die Möglichkeit einer wettbewerblichen Bedrohung implizit anerkennt,[128] weitgehend auf den deutschen Markt beschränkt, sondern stattdessen eine unionsweite Perspektive wählt. Dies darf allerdings nicht mit der Einordnung der gesamten Union als ein räumlicher Markt gleichgesetzt werden. Wie bereits ausgeführt, besteht bereits heute eine starke Importabhängigkeit der Europäischen Union im Bereich Erdgas, da Erdgas im Unterschied zum elektrischen Strom, der als Sekundärenergieträger grundsätzlich ortsunabhängig produziert werden kann, am Ort des natürlichen Vorkommens gefördert werden muss.[129] Wenn gegenwärtig mit der niederländischen und der britischen noch eine nennenswerte unionsinterne Gasförderung besteht und mit Norwegen und Algerien noch andere bedeutende unionsnahe Erdgaslieferanten existieren, wird in Zukunft die Importabhängigkeit stark zunehmen und ohne Gegenmaßnahmen die Importvielfalt stark abnehmen.[130] Hauptprofiteur dieser Entwicklung wäre die Russische Föderation, die gegenwärtig über das Fernleitungsnetz der Gazprom neben den Importbedingungen des eigenen Erdgases auch die des auf Durchleitung angewiesenen Erdgases von Nachbarstaaten wie Turkmenistan beherrscht.[131] Dadurch entsteht zumindest für bestimmte Mitgliedstaaten zunehmend die Gefahr der Existenz eines Importmonopolisten. Dieser kann jedoch anders als Unternehmungen mit monopolartigen Marktanteilen oder auch eng oligopolistische Strukturen auf den sachlichen Märkten der Erzeugung elektrischen Stroms auch durch das Wettbewerbsrecht der Union nur sehr beschränkt kontrolliert werden. Ursächlich hierfür sind wiederum die Besonderheiten des Primärenergieträgers Erdgas und dabei vor allem der Umstand, dass die unionsinternen Erdgasvorkommen zunehmend erschöpft sind und das Erdgas importiert werden muss. Eine effektive Kontrolle und Sanktionierung möglichen missbräuchlichen Verhaltens scheitert dabei nicht etwa de jure mangels territorialer Erstreckung der Union auf die Erdgasquellen. Durch Anwendung des Auswirkungsprinzips zur Bestimmung des internationalen Anwendungsbereichs des Unionswettbewerbsrechts erstreckt sich die Missbrauchskontrolle auch auf das Verhalten der in Rede stehenden Gasimpor-

---

[128] Vgl. oben 2. Kapitel: II. 3. b).
[129] Siehe unten 5. Kapitel: II. 2. d) cc).
[130] In begrenztem Umfang besteht daher aktuell noch echter Lieferantenwettbewerb; vgl. *Stern*, The Future of Russian Gas and Gazprom, 2005, p. 123.
[131] *Stern*, The Future of Russian Gas and Gazprom, 2005, p. 72 ff.

teure.¹³² Entsteht allerdings eine Abhängigkeit von einem bestimmten Importeur in einem Maße, dass eine Alternativversorgung nicht einmal mehr in beschränktem Rahmen denkbar erscheint, wird die Durchsetzung des Unionswettbewerbsrechts rechtstatsächlich erheblich erschwert bzw. sogar unmöglich.

(b) Gas-zu-Gas-Wettbewerb durch Diversifizierung der Importquellen
Das Verhalten des russischen Exportmonopolisten Gazprom gegenüber verschiedenen osteuropäischen Staaten zeigt sowohl bei deren Versorgung als auch bei Durchleitungsbestrebungen ohne Gazprom-Beteiligung durch Gazprom-Pipelines, dass die Gefahr einer Ausnutzung bestehender Abhängigkeitsverhältnisse durchaus real ist.¹³³ Dies gilt trotz der Tatsache, dass die Russische Föderation und ihr vorausgehend die UdSSR ihre vertraglichen Lieferverpflichtungen gegenüber der Europäischen Union in der Vergangenheit erfüllt haben.¹³⁴ Zwar dürfte die Gefahr bewusster physischer Unterbrechungen gegenüber den EU-Mitgliedstaaten angesichts der Tatsache, dass die Russische Föderation auf die Deviseneinnahmen aus dem Gashandel angewiesen ist, der weit größte und überproportionale Anteil der Einnahmen aus dem Gasexport in die EU stammt und vergleichbare Exporterträge aus dem Handel mit asiatischen Staaten in mittlerer Frist eher unwahrscheinlich sind, gering sein.¹³⁵ Im Falle einer gesteigerten Importabhängigkeit bleibt jedoch die Gefahr schlechterer Importbedingungen real und wird dadurch noch größer, dass die Russische Föderation den eigenen Verbrauch, wenn auch mit aktuell sinkender Tendenz, aus den Exporterträgen in der Vergangenheit subventioniert hat.¹³⁶ Die bisherige Verweigerungshaltung der Russischen Föderation gegenüber einer Ratifikation des Energiecharta-Vertrags sowie dessen Transit-Protokolls¹³⁷ und die erhebliche Skepsis gegenüber Wettbewerbsmechanismen, die aus den Begründungen der bisherigen Nichtratifikation folgt, bestätigen diese Bedenken.¹³⁸ Abhilfe

---

¹³² Europäische Kommission Bekanntmachung betreffend die Einfuhr japanischer Erzeugnisse in die Gemeinschaft, auf die der Vertrag von Rom anwendbar ist ABl. 1972 Nr. C 111/13; *Völcker*, in: Immenga/Mestmäcker, Wettbewerbsrecht/EG, 2007, IntWbR B., Rdnr. 1 ff; *Emmerich*, Kartellrecht, 2008, S. 25 f.

¹³³ Zu den Lieferunterbrechungen und zur Nutzung von Gazprom-Pipelines durch andere Gasförderstaaten in Osteuropa vgl. *Stern*, The Future of Russian Gas and Gazprom, 2005, p. 66 f, 79 f.

¹³⁴ Europäische Kommission, Grünbuch – Hin zu einer europäischen Strategie für Energieversorgungssicherheit, KOM(2000) 769 endg., S. 24.

¹³⁵ *Stern*, The Future of Russian Gas and Gazprom, 2005, p. 143 f, 144 ff, 218 f.

¹³⁶ *Stern*, The Future of Russian Gas and Gazprom, 2005, p. 127 ff.

¹³⁷ Vertrag über die Energiecharta, BGBl. II 1997, S. 5, ABl. 1998 Nr. L 69/1 ff; siehe hierzu umfassend *Gundel*, AVR 42 (2004), S. 157 ff.

¹³⁸ Abgelehnt wird vor allem das im Transitprotokoll vorgesehene Zugangsregime zu den Erdgasinfrastrukturen; vgl. mit weiteren Nachweisen *Stern*, The Future of Russian Gas and Gazprom, 2005, p. 137 f; *Gundel*, AVR 42 (2004), S. 157 (174 f).

kann in dieser Situation nur eine Disziplinierung durch die Bedrohung mit zusätzlichen Versorgungsquellen bieten. Dies gilt umso mehr, als die Fixierung auf einzelne Lieferprovenienzen über die Abhängigkeitsgefahr hinaus auch die Gefahr von Versorgungsstörungen durch Erschöpfung der Gasquellen birgt.[139]

In der Verfolgung einer derartigen Strategie liegt wiederum gleichzeitig die Möglichkeit für eine Marktliquidität, welche echten Gas-zu-Gas-Wettbewerb und damit eine wettbewerbliche Bedrohung einzelner Importinfrastrukturen bedeutet. Der Charakter des unbestreitbaren natürlichen Monopols steht hier wiederum in Frage, was Raum für eine umfassende Regulierungsfreistellung bedeutet. Anders formuliert muss im Erdgasbereich, auch wenn eigentlich ein unbestreitbares natürliches Monopol vorliegt, zusätzliche Importkapazität in die Union und damit Leitungswettbewerb geschaffen werden, weil das natürliche Monopol im Falle einer Abhängigkeit von bestimmten Lieferquellen rechtlich und tatsächlich nicht so kontrolliert werden kann, wie es ökonomisch-theoretisch geboten wäre. Der durch eine weitgehende Abhängigkeit der Union von den Erdgaslieferungen eines einzigen Importeurs geschaffene Wohlfahrtsverlust ist größer als der durch überdimensionierte Importkapazitäten. Subadditivität im ursprünglichen Sinn liegt nicht vor. Dies gilt vor allem auch deshalb, weil es sich nur um eine temporäre Überdimensionierung handelt. Mit dem sukzessiven Versiegen unionsinterner Vorkommen und dem zu erwartenden Rückgang norwegischer Importe, verschwindet auf den neuen Importstrecken die Überdimensionierung. Dieses Zeitfenster nimmt die Befristung der Regulierungsfreistellung auf. Wird eine solche zusätzliche Kapazität geschaffen, entsteht tatsächlich Leitungswettbewerb und ein unbestreitbares natürliches Monopol im eigentlichen Sinn liegt nicht mehr vor.

dd) Systematik der Regulierungsfreistellung

Für internationale Ferntransportkapazitäten zur Erschließung natürlicher Erdgasvorkommen und auch für Ferntransportnetze, die diese Gasvorkommen an die regionalen und lokalen Verteilnetze anbinden, kann folglich grundsätzlich eine Regulierungsfreistellung gewährt werden, da hier eine wettbewerbliche Bedrohung möglich ist.[140] Ausscheiden muss eine Freistellung allerdings für

---

[139] Vgl. *Riley*, CEPS Policy Brief 116 (2006), The Coming of the Russian Gas Deficit: Consequences and Solutions; vgl. oben 1. Kapitel: II. 2. b) aa).
Zu Bedenken Anlass geben beispielsweise in Bezug auf die Russische Föderation vor allem die Schwierigkeiten und Verzögerungen bei der Erschließung der Erdgasvorkommen auf der sibirischen Halbinsel Jamal von nach Gazprom-Schätzungen circa 13.000 Milliarden m³; vgl. *Stern*, The Future of Russian Gas and Gazprom, 2005, p. 11 ff, 201 ff.

[140] Die zur Anbindung der Ostseepipeline Nordstream in der Bundesrepublik geplanten Pipelines OPAL (Ostsee-Pipeline-Anbindungs-Leitung) sowie NEL (Norddeutsche-Erdgas-Leitung) kommen daher grundsätzlich für eine Regulierungsfreistellung in Betracht und sind auch Beispiele für einen parallelen Leitungsbau. Bei der NEL ist jedoch einschränkend zu beachten, dass sie keinen grenzüberschreitenden Charakter aufweist und aus diesem

II. Wettbewerbliche Einzelvoraussetzungen

Netze mit rein nationalem Bezug, i.e. für regionale und lokale Verteilnetze, die die beschriebenen strategischen Charakteristika nicht aufweisen. Hier liegt der unbestreitbare natürliche Monopolcharakter durchweg vor.[141] Der beschränkte sachliche Anwendungsbereich von Art. 36 Abs. 1 GasRL ist somit konsequent.

Sofern durch ausreichende Importkapazität ausreichende Marktliquidität geschaffen wird, ist eine wettbewerbliche Bedrohung möglich. Besonderes Augenmerk sollte auf das *Open-Season*-Verfahren fallen, da bei Anwendung desselben Gas-zu-Gas-Wettbewerb durch internen Leitungswettbewerb möglich wird, wenn eine wettbewerbliche Bedrohung durch andere externe Kapazitäten ausscheidet. Wiederum muss allerdings sichergestellt werden, dass die entsprechende Marktliquidität nicht durch einzelne Unternehmen beherrscht wird und so trotz ausreichender physischer Kapazitäten Wettbewerb behindert wird. Dies ist allerdings im Rahmen der Tatbestandsvoraussetzung des Art. 36 Abs. 1 lit. e) GasRL zu prüfen.

Ergibt sich hingegen nach Prüfung der aufgezeigten Aspekte, dass die in Rede stehende Infrastruktur den Charakter eines unbestreitbaren natürlichen Monopols aufweist, muss wie im Elektrizitätsbereich eine umfassende Regulierungsfreistellung im Sinne einer Freistellung vom Regime des diskriminierungsfreien Drittzugangs ausscheiden. Grundsätzlich möglich bleiben Freistellungsmodelle, die ohne diskriminierendes Element etwa ein Entgeltbildungssystem mit besonderer Risikoprämie vorsehen, sofern diese nicht an anderen Tatbestandsvoraussetzungen der Regulierungsfreistellung scheitern. Hier muss allerdings wiederum im Rahmen der Tatbestandsvoraussetzung des Art. 36 Abs. 1 lit. a) GasRL sichergestellt werden, dass in Fällen der vertikalen Integration eine solche Freistellung nicht doch zu Wettbewerbsverzerrungen auf vor- oder nachgelagerten Märkten führt.

Geschaffen werden die beschriebenen zusätzlichen Kapazitäten freilich nur unter der Bedingung der Wirtschaftlichkeit. Allerdings sind der Gastransport in die Europäische Union und der Verkauf an die dortigen Verbraucher durch-

---

Grund losgelöst von den wettbewerblichen Voraussetzungen die Freistellungsvoraussetzungen nicht erfüllt. Allerdings ist hier besonders zu prüfen, ob durch eine Freistellung bezogen auf den konkreten Freistellungsinhaber eine marktbeherrschende Stellung verstärkt wird.
Vgl. hierzu die zwischenzeitlich ergangenen Entscheidungen der Bundesnetzagentur und der Europäischen Kommission; Bundesnetzagentur, Beschluss Az. BK7-08-010, 25.02. 2009, abrufbar unter http://www.bundesnetzagentur.de/cae/servlet/contentblob/103190/publicationFile/4572/BK7-08-010_Beschluss_vom_25022009.pdf (zuletzt abgerufen am 18.04.10); Europäische Kommission, Betr. Ausnahmegenehmigung der Bundesnetzagentur für die OPAL-Gasleitung gemäß Art. 22 der Richtlinie 2003/55, 12.06.2009, abrufbar unter http://ec.europa.eu/energy/infrastructure/infrastructure/gas/doc/090611_com_decision_bnetza_exemption_opal.pdf (zuletzt abgerufen am 18.04.10).
[141] Vgl. *Pfaffenberger/Scheele*, Gutachten zu Wettbewerbsfragen im Zusammenhang mit § 3, Absatz 2, Satz 1 GasNEV, 2005, S. 35.

aus wirtschaftlich.[142] Aufgrund der Ortsgebundenheit der natürlichen Erdgasquellen können neue Erdgasquellen nur durch neue Transportinfrastrukturen angebunden werden. Damit besteht für bisher nicht oder nicht ausreichend am europäischen Erdgasmarkt aufgestellte Importeure folglich auch ein wirtschaftlicher Anreiz zur Errichtung neuer Kapazitäten. Gerade eine Regulierungsausnahme verstärkt diesen wirtschaftlichen Anreiz und ist im Umfeld mehrerer Importquellen und damit wettbewerblicher Bedrohung auch ohne negative Auswirkung auf den Wettbewerb möglich.

Dass zusätzlich aus den Besonderheiten des Gasmarktes weitere besondere Maßnahmen folgen müssen, ist unbestritten und auch seitens der Europäischen Kommission im Grundsatz anerkannt.[143] Zu denken ist vor allem an langlaufende Vertragsgestaltungen. Die bereits beschriebenen *Take-or-Pay*-Verträge sind dem Grunde nach mit einer Regulierungsfreistellung vereinbar. Die Auswirkungen auf den Wettbewerb unterscheiden sich wie ausgeführt nicht qualitativ von denen einer Regulierungsfreistellung im Sinne einer Befreiung vom Drittzugangsregime.[144] Wann und unter welchen Bedingungen eine Regulierungsfreistellung keine negativen Wettbewerbswirkungen zeitigt, wurde soeben dargestellt. Sichergestellt werden muss allerdings, dass durch die Regulierungsfreistellung in Kombination mit anderen Verhaltensweisen, wie beispielsweise langlaufenden Vertragsgestaltungen auf nachgelagerter Ebene keine Wettbewerbsbeschränkungen etwa durch eine Verstopfung sämtlicher Nachfragekanäle entstehen.[145] Soweit sich derartige Gestaltungen jedoch auf nachgelagerte Marktstufen und einzelne Unternehmen beziehen, ist dies Gegenstand der allgemeinen wettbewerblichen Prüfung und damit im Verfahren der Regulierungsfreistellung im Rahmen der durch Art. 36 Abs. 1 lit. a) GasRL normierten Tatbestandsvoraussetzung zu prüfen. Anders zu beurteilen sind hingegen die oben beschriebenen *Destination-Clause*-Gestaltungen. Indem sie die eigentlich

---

[142] Im Jahr 2004 betrug die Erdgasnachfrage in der EU-25 ca. 460 Milliarden m³ mit ansteigender Tendenz, was einem Anteil von etwa 17% an der weltweiten Gasnachfrage von rund 2680 Milliarden m³ entspricht; vgl. European Commission – Competition DG, DG Competition Report on Energy Sector Inquiry, 2007, Rdnr. 20f; BP, Energie im Blickpunkt – BP Weltenergiestatistik 2005, 2005, S. 25, abrufbar unter http://www.deutschebp.de/liveassets/bp_internet/germany/STAGING/home_assets/assets/deutsche_bp/broschueren/de_statistical_review_of_world_energy_full_report_2005.pdf (zuletzt abgerufen am 13.03.08).
Zu berücksichtigen ist dabei auch, dass die EU nicht nur bezogen auf das Gesamtvolumen der Marktnachfrage, sondern auch auf das Preisniveau und die Schuldnerbonität zu den attraktivsten Marktregionen zählt.

[143] Europäische Kommission, Aussichten für den Erdgas- und Elektrizitätsbinnenmarkt, KOM(2006) 841 endg., S. 17f; Erwägungen 8 und 11 Richtlinie 2004/67/EG des Rates vom 26. April 2004 über Maßnahmen zur Gewährleistung der sicheren Erdgasversorgung, ABl. 2004 Nr. L 127/92 ff.

[144] Vgl. oben 5. Kapitel: I. 2. b) aa).

[145] Monopolkommission, Strom und Gas 2007: Wettbewerbsdefizite und zögerliche Regulierung, 2007, Rdnr. 445, BTDrucks. 16/7087.

vorhandene Marktliquidität auf bestimmte Gebiete beschränken, ermöglichten diese tatsächlich bezogen auf einzelne Marktgebiete strukturelle Marktabschottungen. Damit wäre gegebenenfalls eine entscheidende Voraussetzung für die Gewährung einer Regulierungsfreistellung nicht erfüllt. Die sukzessive Aufhebung der *Destination-Clause*-Gestaltungen, die dazu führt, dass Transportkapazitäten real ihrem physischen Verlauf entsprechend zur Verfügung stehen und beispielsweise durch Stichleitungen umfassend nutzbar gemacht werden können, beseitigt damit eine nicht unwesentliche Hürde für Regulierungsfreistellungen.

ee) Wettbewerbliche Bedrohung von Beispielanlagen

Gestützt wird die Argumentation durch bereits existierende Beispielfälle. Dies gilt sowohl für den Bereich der LNG-Terminals, dem eine besondere Bedeutung bei der Einordnung der Erdgasinfrastrukturen als unbestreitbare natürliche Monopole zukommt,[146] als auch für den Bereich des klassischen leitungsgebundenen Erdgasferntransports. Wird die grundsätzliche Einordnung bestimmter Erdgasinfrastrukturen als unbestreitbare natürliche Monopole in Frage gestellt, ist zunächst darauf hinzuweisen, dass selbst deutsche Gesetz- und Verordnungsgeber implizit davon ausgehen, dass bestimmte Gasfernleitungsinfrastrukturen nicht zwingend den Charakter eines unbestreitbaren natürlichen Monopols aufweisen. Wie bereits ausgeführt[147] sieht die Verordnungsermächtigung des § 24 Satz 2 Nr. 5 EnWG, umgesetzt durch § 3 Absatz 2 GasNEV, für den Fall eines wirksam bestehenden oder potentiellen Leitungswettbewerbs die Anwendbarkeit eines Vergleichsmarktverfahrens für die Entgeltbildung vor. Wirksam bestehender oder potentieller Leitungswettbewerb und das Vorliegen eines unbestreitbaren natürlichen Monopols schließen sich jedoch wie dargestellt eigentlich begrifflich aus, da die Unbestreitbarkeit eines natürlichen Monopols nichts anderes bedeutet als die nicht existente Bedrohung durch vorhandenen oder potentiellen Wettbewerb.[148] Sieht die GasNEV dennoch die Möglichkeit eines Leitungswettbewerbs, geht der Verordnungsgeber offenbar davon aus, dass Gasfernleitungseinrichtungen nicht zwingend einen unbestreitbaren natürlichen Monopolcharakter aufweisen müssen.

(a) Wingas-Ferngasnetz

Konkret ist die Thematik paralleler Leitungsbau und damit Leitungswettbewerb in der Bundesrepublik Deutschland beinahe zwangsläufig mit dem Leitungsnetz der Wingas GmbH verbunden. Tatsächlich hat die Wingas GmbH mit der Errichtung ihres Ferngasnetzes auf nicht unerheblichen Teilstrecken ein

---

[146] Vgl. *Talus*, E.L.Rev. 32 (2007), p. 535 (539).
[147] Vgl. oben 2. Kapitel: II. 3. b).
[148] Vgl. oben 2. Kapitel: I. 2. b) bb).

zum bestehenden Leitungsnetz anderer deutscher Ferngasgesellschaften paralleles Leitungsnetz errichtet und damit in Teilbereichen die tatsächliche Möglichkeit für Leitungswettbewerb geschaffen.[149] Ob das Leitungsnetz der Wingas GmbH jedoch tatsächlich als Beleg für fehlende Markteintrittsbarrieren im Gasfernleitungsbereich herangezogen werden kann, ist umstritten. Vertreten wird einerseits, dass Hauptintention bei der Errichtung des Wingas-Netzes nicht etwa die Schaffung einer Konkurrenzsituation gegenüber etablierten Ferngasgesellschaften im Sinne eines Leitungswettbewerbs gewesen sei, sondern die Befriedigung konzerninterner Versorgungsinteressen der BASF SE, die über ihre Tochter Wintershall neben der russischen Gazprom Hauptgesellschafter der Wingas GmbH ist.[150] Der Leitungswettbewerb, der durch die Errichtung der Wingas-Leitungen auf bestimmten Teilstücken tatsächlich entstanden ist, ist demnach eher Nebenprodukt der besonderen Versorgungssicherheitsbedürfnisse der BASF SE. Untermauert wird diese Einordnung seitens der Monopolkommission auch damit, dass es über das Beispiel Wingas hinaus beispielsweise in der Bundesrepublik Deutschland seit der Liberalisierung der Gasmärkte zunächst keinen signifikanten parallelen Leitungsbau mehr gegeben hat. Die Monopolkommission hat deshalb auch die durch § 24 Satz 2 Nr. 5 EnWG, umgesetzt durch § 3 Absatz 2 GasNEV, geschaffene Möglichkeit der Entgeltbildung kritisiert, die vom üblichen Regulierungsrahmen abweicht.[151] Andererseits existieren jedoch auch gewichtige Argumente, dass Hauptintention des Wingas-Engagements zumindest auf Seiten Gazproms der Eintritt in den deutschen Markt für Erdgasvertrieb gewesen ist, der aufgrund einer Verweigerungshaltung der Ruhrgas nur durch die Etablierung von Leitungswettbewerb möglich war. Der Umstand, dass es nach dem Wingas-Engagement keinen weiteren signifikanten Leitungswettbewerb gegeben hat, lässt sich dabei damit erklären, dass Gazprom 1998 eine Kooperation mit der durch das Wingas-Engagement aufgeschreckten Ruhrgas abgeschlossen hat.[152] Unabhängig von der tatsächlichen Intention des Wingas-Leitungsbaus lassen sich aus dem Beispiel des Wingas-Netzes aber jedenfalls Erkenntnisse gewinnen, die die grundsätzliche Erkenntnis bestätigen, nach der der unbestreitbare natürliche Monopolcharakter von Erdgasferntransportinfrastrukturen nicht zwingend ist. War mit der zweiten dargestellten Ansicht der Eintritt in den Wettbewerb gegenüber der etablierten Ruhrgas Motiv für den Leitungsbau, ist der Charakter eines unbestreitbaren natürlichen Monopols für die betroffenen Ferngasleitungen ohnehin widerlegt. Auch die Begründung, dass die Gewährleistung ih-

---

[149] Vgl. *Knieps*, ZfE 26 (2002), S. 171 (178 f.).
[150] Monopolkommission, XVI. Hauptgutachten 2004/2005; BTDrucks. 16/2460, S. 24, 65.
[151] Monopolkommission, XVI. Hauptgutachten 2004/2005; BTDrucks. 16/2460, S. 24, 65.
[152] Vgl. *Stern*, The Future of Russian Gas and Gazprom, 2005, p. 111 f.

rer Versorgungssicherheit Hauptintention der BASF für den Wingas-Leitungsbau gewesen ist, unterstreicht die getroffene Einordnung, nach der grundsätzlich vorhandene unbestreitbare natürliche Monopole im Bereich des Erdgasferntransports jedenfalls gerade aufgrund des aus der Primärenergieeigenschaft folgenden strategischen Charakters temporär beschränkt sind und damit Raum für wettbewerbliche Bedrohungen entsteht. Hätten die Kapazitäten der vorhandenen Infrastrukturen zur Gewährleistung ausreichender Versorgungssicherheit ausgereicht, wäre ein paralleler Leitungsbau kaum wirtschaftlich sinnvoll gewesen.

(b) Nabucco-Pipeline
Als weiteres konkretes Beispiel für wettbewerbliche Bedrohungen und die daraus folgende Wettbewerbsverträglichkeit der Regulierungsfreistellung ist im Bereich der Gasfernleitungen die so genannte *Nabucco*-Pipeline zu erwähnen. Das *Nabucco*-Projekt soll von der östlichen Grenze der Türkei auf einer Länge von abhängig von der Bauvariante 2.000 km oder 3.300 km neu zu errichtender Rohrleitung bis zur österreichischen Erdgasstation Baumgarten reichen. Die Kapazität soll im Endausbau bei jährlich circa 31 Milliarden m³ Erdgas liegen. Die Kosten wurden je nach Bauvariante auf 3 bis 4,6 Milliarden € taxiert. Durch die zwischenzeitlichen Anstiege der weltweiten Rohstoffpreise geht man mittlerweile von einem Investitionsvolumen von bis zu 8 Milliarden € aus.[153] Die *Nabucco*-Pipeline verspricht, einen erheblichen Beitrag zur Reduzierung der Importabhängigkeiten der Europäischen Union von einzelnen Importeuren zu leisten. Sie stellt den von der Europäischen Kommission geforderten vierten Hauptimportkorridor dar, der neben der Russischen Föderation, Nordafrika und dem Nordseeraum den mittelasiatischen Raum, i.e. den nahen und mittleren Osten sowie den kaspischen Raum, anschließt. Der Anschluss erfolgt dabei so, dass die Transportroute keine russischen Gebiete durchläuft. Konkret zu denken ist gegenwärtig an irakisches oder auch ägyptisches Erdgas.[154] Auch turkmenische Erdgasvorkommen, die bisher nur über russisches Gebiet durch von Gazprom beherrschte Pipelines in die Europäische Union gelangen, will die Europäische Kommission mittelfristig mit einer zusätzlichen transkaspischen Pipeline für die Union nutzbar machen.[155] Mittel- und langfristig kön-

---
[153] Handelsblatt Nr. 103 2008, S. 7.
[154] Pressemitteilung des Präsidenten der Europäischen Kommission vom 16.04.08, abrufbar unter http://ec.europa.eu/archives/commission_2004-2009/president/pdf/press_20080 416_en.pdf (zuletzt abgerufen am 12.04.10).
[155] Zwar hat sich die turkmenische Turkmengaz in einem im Jahr 2003 abgeschlossenen Vertrag verpflichtet, ab 2009 bis 2028 jährlich bis zu 80 Milliarden m³ Erdgas an Gazprom zu liefern. Da Turkmenistan die Fördermenge bis 2030 jedoch auf bis zu 250 Milliarden m³ jährlich ausweiten will, verbleiben ausreichende Kapazitäten für die Nabucco-Pipeline. Dies gilt auch, wenn gleichzeitig das turkmenische Engagement auf asiatischen Märkten ausgeweitet wird; vgl. Bundesagentur für Außenwirtschaft, Mitteilung vom 18.02.2008, abrufbar unter

nen unter der Bedingung einer politischen Stabilisierung auch iranische Erdgasvorkommen über *Nabucco* an das Leitungsnetz der Europäischen Union angeschlossen werden. Am österreichischen Gasknotenpunkt Baumgarten besteht eine direkte Leitungskonkurrenz zu Gaspipelines aus der Russischen Föderation, wodurch eine Regulierungsfreistellung in Betracht kommt, da mit der Leitungskonkurrenz der unbestreitbare natürliche Monopolcharakter in Frage steht. Soweit man in den dort bisher vorhandenen Gasfernleitungen nur temporäre natürliche Monopole sieht, deren Temporarität bezogen auf die prognostizierte Nachfrageentwicklung gerade durch das *Nabucco*-Projekt aufgehoben wird, ist festzuhalten, dass die Freistellung vom Zugangsregime sich im Falle der *Nabucco*-Pipeline nur auf maximal 50% der jeweiligen maximal verfügbaren technischen Gesamtkapazität beschränkt. Insoweit bleibt in Höhe der nicht freigestellten Kapazität die geforderte Bedrohung durch internen Leitungswettbewerb im Sinne mehrerer Bruchteilskapazitäten bestehen. Außerdem wird vor Baubeginn jeder Baustufe für den freigestellten Kapazitätsanteil ein *Open-Season*-Verfahren zur Feststellung des Kapazitätsbedarfs durchgeführt. Transparenz und Diskriminierungsfreiheit im internen Kapazitätswettbewerb werden auf diese Weise sichergestellt. Damit wird auch jedenfalls den Anforderungen von Art. 36 Abs. 6 UAbs. 2 GasRL genügt.[156] Generell zeigt sich die Europäische Kommission für Regulierungsfreistellungen offener, wenn ein *Open-Season*-Verfahren vorgeschaltet wurde.[157] Beleg für einen Leitungswettbewerb in der Gasversorgung ist auch die Tatsache, dass nach Bekanntwerden der *Nabucco*-Pläne seitens der russischen Gazprom gemeinsam mit dem italienischen Kooperationspartner Eni mit der Southstream-Pipeline umgehend Planungen für ein Konkurrenzprojekt eingeleitet wurden. Ob eine Realisierung von *Nabucco* und Southstream nebeneinander möglich ist, muss zum gegenwärtigen Zeitpunkt jedoch fraglich bleiben.[158]

---

http://www.bfai.de/fdb-SE,MKT200802158008,Google.html (zuletzt abgerufen am 16.04. 08).

[156] Vgl. Energie-Control Kommission, Geänderter Bescheid über eine Ausnahmegenehmigung zu Gunsten des österreichischen Abschnitts der Nabucco Erdgas Pipeline, 09.04. 2008, S. 2, 13 f; abrufbar unter http://www.e-control.at/portal/page/portal/medienbibliothek/recht/dokumente/pdfs/090408-knisg-0107.pdf (zuletzt abgerufen am 12.04.10).

[157] Europäische Kommission, Vermerk der GD Energie und Verkehr zu den Richtlinien 2003/54/EG und 2003/55/EG und der Verordnung (EG) Nr. 1228/2003 im Elektrizitäts- und Erdgasbinnenmarkt – Ausnahmen von bestimmten Bestimmungen der Regelung des Netzzugangs Dritter vom 30.01.2004, S. 2, abrufbar unter http://ec.europa.eu/energy/electricity/legislation/doc/notes_for_implementation_2004/exemptions_tpa_de.pdf (zuletzt abgerufen am 11.08.08); European Commission, Commission staff working document on Article 22 of Directive 2003/55/EC concerning common rules for the internal market in natural gas and Article 7 of Regulation (EC) No 1228/2003 on conditions for access to the network for crossborder exchanges in electricity, SEC(2009) 642 final, Rdnr. 28.3.

[158] South Stream soll Südrußland mit Bulgarien, Ungarn, Österreich und Italien verbinden. Die Durchleitungskapazität wird mit etwa 30 Milliarden m^3 geplant. Die Kosten werden auf etwa 10 Milliarden € geschätzt. Diese vergleichsweise hohen Kosten und auch die Na-

(c) LNG-Terminals

Trotz des Umstands, dass bezogen auf die Gesamtkapazität Pipelines leistungsfähiger bleiben, weisen auch LNG-Terminals eine zunehmende Relevanz auf. LNG-Terminals bieten außerdem vor allem im Hinblick auf Importabhängigkeiten eine wesentlich größere Flexibilität, da die Herkunft der zu löschenden Tankschiffe keine maßgebliche Rolle spielt. Bezogen auf die Anzahl potentieller Freistellungsobjekte werden LNG-Terminals sogar den häufigeren Anwendungsfall darstellen, da die Investitionskosten zwar auch erheblich sind, jedoch generell-abstrakt betrachtet regelmäßig hinter denen eines Rohrleitungssystems zurückbleiben.[159] Daraus ergeben sich geringere Markteintrittsbarrieren und damit wiederum eine bessere Bestreitbarkeit der Infrastruktur. Konkret lässt sich ein Infrastrukturwettbewerb durch LNG-Terminals am Beispiel des Vereinigten Königreichs nachweisen. Hier wurden in der jüngeren Vergangenheit bis 2008 mit dem *Dragon-*[160], dem *South-Hook-*[161] und dem *Isle-of-Grain*-LNG-Terminal[162] bereits drei LNG-Terminals unter Nutzung der durch Art. 36 GasRL und der entsprechenden britischen Umsetzungsrechtsakte geschaffenen Freistellungsmöglichkeit errichtet. Zusätzlich wurde unter Nutzung einer Regulierungsfreistellung mit der Balgzand-Bacton-Pipeline auch eine Erdgasfernleitung errichtet.[163] Eigentümer sind jeweils unterschiedliche Gesellschaften, was den Infrastrukturwettbewerb deutlich macht. Auch wurde durch die britische Regulierungsbehörde ofgem jeweils ausdrücklich betont, dass die Freistellung auch und gerade deshalb keine negativen Auswirkungen auf den Wettbewerb habe, weil durch sie neue Erdgaslieferquellen erschlossen werden können. Hier findet sich der beschriebene strategische Aspekt wieder, der dazu

---

mensgebung South Stream, die den geografischen Bezug zur Ostseepipeline Nord Stream aufnimmt, lassen auf ein strategisches Interesse der Russischen Föderation schließen; vgl. *Stock/Höhler*, Handelsblatt vom 29. 02. 2008, S. 7.

[159] Siehe unten 5. Kapitel: III. 1. b) bb) (b).

[160] Ofgem, Application by Dragon LNG Limited under section 19C of the Gas Act 1986 for an exemption from section 19D of the Gas Act 1986 – Ofgem final views, 01. 02. 2005, p. 15 ff, abrufbar unter http://www.ofgem.gov.uk/Markets/WhlMkts/CompandEff/TPAccess/Documents1/10028_2005.pdf (zuletzt abgerufen am 13.03.08).

[161] Ofgem, European Commission decision on Ofgem's decision to grant South Hook LNG Terminal Company Ltd (SHTCL) and Grain LNG Ltd (GLNG) an exemption under section 19C(5) of the Gas Act 1986 (the »Gas Act«) from the application of section 19D of the Gas Act, 11. 02. 2005, abrufbar unter http://www.ofgem.gov.uk/Markets/WhlMkts/CompandEff/TPAccess/Documents1/10168_3305.pdf (zuletzt abgerufen am 13.03.08).

[162] Ofgem, National Grid Grain LNG Ltd application for exemption from Section 19D of the Gas Act 1986 – Ofgem's decision, 30. 04. 2007, p. 3 f, abrufbar unter http://www.ofgem.gov.uk/Markets/WhlMkts/CompandEff/TPAccess/Documents1/Final%20views%20Grain%203%20letter%20FINAL%20_2_.pdf (zuletzt abgerufen am 13.03.08).

[163] Ofgem, Application by BBL Company for an interconnector licence to participate in the operation of the Balgzand Bacton Line – Ofgem final views, 08. 04. 2005, p. 14 ff, abrufbar unter http://www.ofgem.gov.uk/Markets/WhlMkts/CompandEff/TPAccess/Documents1/11072_11405.pdf (zuletzt abgerufen am 13.03.08).

führt, dass nicht zwingend ein unbestreitbares natürliches Monopol vorliegt und eine Freistellung daher auch ohne negative Wettbewerbsauswirkungen möglich ist.

3. Verbesserung des Wettbewerbs durch die Investition

Wirkt sich die Freistellung als solche nicht nachteilig auf den Wettbewerb aus, ist zu untersuchen, ob die freizustellende Investition als solche den Wettbewerb verbessert. Wie bereits ausgeführt, ist die Freistellung in diese Betrachtung mit einzubeziehen, da eine umfassend regulierte Infrastruktur schwerlich negative Auswirkungen auf den Wettbewerb zeitigen wird. Einbezogen werden kann dabei allerdings nur eine solche Freistellung, die sich als solche entsprechend der dargestellten Prüfung in ihren Auswirkungen auf den Wettbewerb als nicht nachteilig erwiesen hat.

a) Anwendung klassisch wettbewerbsrechtlicher Maßstäbe

aa) Erzeugungs- und Großhandels- respektive Importmärkte als relevante Märkte

Für die Auslegung des Terminus der Verbesserung des Wettbewerbs ist auf die Maßstäbe des allgemeinen Wettbewerbsrechts zurückzugreifen.[164] Dieses Vorgehen ist auch insoweit konsequent, als mit der Verneinung negativer Wettbewerbsauswirkungen der Regulierungsfreistellung als solcher gleichzeitig auch die auf den Einzelfall bezogene Entbehrlichkeit bestimmter sektorspezifischer Regulierungsmaßnahmen festgestellt wurde. Ein weiterer besonderer regulierungsspezifischer Auslegungsmaßstab ist damit für das Tatbestandsmerkmal der Verbesserung des Wettbewerbs durch die Infrastruktur entbehrlich. Zu analysieren ist vielmehr, ob durch die freigestellte Infrastruktur eine Wettbewerbsbeschränkung zu befürchten ist. Besonderes Gewicht kommt dabei dem möglichen weiteren Ausbau vorhandener marktbeherrschender Stellungen oder der Übertragung solcher Stellungen auf weitere Märkte im Sinne eines Marktverschlusses zu.[165] Mit der besonderen Berücksichtigung von Marktverschließungseffekten, im konkreten Fall vor allem solchen durch Lieferverweigerungen, wird ein Kriterium in den Mittelpunkt der Prüfung gestellt, das auch

---

[164] Vgl. oben 5. Kapitel: II. 1. b).
[165] Europäische Kommission, Vermerk der GD Energie und Verkehr zu den Richtlinien 2003/54/EG und 2003/55/EG und der Verordnung (EG) Nr. 1228/2003 im Elektrizitäts- und Erdgasbinnenmarkt – Ausnahmen von bestimmten Bestimmungen der Regelung des Netzzugangs Dritter vom 30. 01. 2004, S. 2, 5, abrufbar unter http://ec.europa.eu/energy/electricity/legislation/doc/notes_for_implementation_2004/exemptions_tpa_de.pdf (zuletzt abgerufen am 11.08.08); Monopolkommission, Strom und Gas 2007: Wettbewerbsdefizite und zögerliche Regulierung, 2007, Rdnr. 315, BTDrucks. 16/7087.

im Rahmen eines *more economic approach* zentrale Bedeutung aufweist.[166] Konkret betrachtet werden müssen folglich die im Einzelfall die Freistellung begehrenden Unternehmen und vor allem deren Marktanteile auf den betroffenen Märkten. Daraus ergibt sich, dass auch im Rahmen des Tatbestandsmerkmals der Verbesserung des Wettbewerbs wiederum streng zwischen den verschiedenen Arten von Infrastrukturen zu differenzieren ist. Verfügt eine Infrastruktur über die Eigenschaften eines natürlichen Monopols, steht dies bezogen auf den jeweiligen Transportmarkt begriffsnotwendig einem Marktanteil von 100% gleich. Herkömmliches wettbewerbsrechtliches Instrumentarium versagt angesichts dieses Marktanteils. Freistellungen müssen hier deshalb wie ausgeführt bereits aufgrund des Tatbestandsmerkmals Art. 17 Abs. 1 lit. f) StromhandelsVO bzw. Art. 36 Abs. 1 lit. e) GasRL so ausgestaltet sein, dass trotz Freistellung funktionsfähiger Wettbewerb auf der Transportebene möglich ist. Regulierungsfreistellungen können hier daher nur derart gestaltet werden, dass trotz Freistellung ein diskriminierungsfreier Drittzugang besteht, i.e. eine umfassende Regulierungsfreistellung kommt nicht in Betracht.[167] Im Rahmen der Tatbestandsvoraussetzung der Verbesserung des Wettbewerbs sind in diesem Fall folglich die Auswirkungen auf die vor- und nachgelagerten Erzeugungs- und Großhandelsmärkte zu prüfen, auf denen keine natürlichen Monopole vorliegen. Handelt es sich bei der Infrastruktur hingegen nicht um ein unbestreitbares natürliches Monopol, sind auch im Bereich der Tatbestandsvoraussetzung der Verbesserung des Wettbewerbs die Auswirkungen auf die Märkte zu überprüfen, denen die Infrastrukturen zugeordnet sind, da hier mangels unbestreitbaren natürlichen Monopols Wettbewerb möglich ist. Bezieht man die oben durchgeführten Marktabgrenzungen in diese Betrachtung mit ein, ergibt sich daraus, dass im Rahmen des Tatbestandsmerkmals der Verbesserung des Wettbewerbs im Elektrizitätsbereich die Märkte für Erzeugung und Großhandelsverkauf sowie im Gasbereich die Märkte für den Erdgasimport zu betrachten sind. Dieses Vorgehen entspricht der Formulierung der Tatbestandsvoraussetzung, die jeweils von einer Verbesserung des Wettbewerbs in der Strom- bzw. Gasversorgung spricht. Wiederum ist die Marktliquidität von entscheidender Bedeutung, wobei im Rahmen des Tatbestandsmerkmals der Verbesserung des Wettbewerbs zu beachten ist, dass global vorhandene Marktliquidität keine positiven Wettbewerbseffekte zeitigen kann, wenn sie sich in der Hand marktbeherrschender Einheiten oder Kollektive befindet.[168] Wird durch eine Regulie-

---

[166] *Albers*, Der »more economic approach« bei Verdrängungsmissbräuchen, 2006, S. 4f, abrufbar unter http://ec.europa.eu/comm/competition/antitrust/art82/*Albers*.pdf (zuletzt abgerufen am 04.04.08); European Commission, DG Competition discussion paper on the application of Article 82 of the Treaty to exclusionary abuses, 2005, Rdnr. 58, abrufbar unter http://ec.europa.eu/competition/antitrust/art82/discpaper2005.pdf (zuletzt abgerufen am 12.04.10).
[167] Vgl. oben 5. Kapitel: II. 2. a).
[168] Vgl. Entscheidung der Europäischen Kommission COMP/M.1673 – VEBA/VIAG

rungsfreistellung die Position solcher Unternehmen weiter gestärkt, muss eine Freistellung folglich ausscheiden oder so modifiziert werden, dass keine wettbewerbsbeschränkenden Wirkungen zu befürchten sind.

bb) Eingreifkriterien der Fusionskontrolle als Auslegungshilfe

Wie aus der Bezugnahme auf konkret handelnde Unternehmen deutlich wird, erfordert ähnlich wie bei der räumlichen Marktabgrenzung eine Beantwortung der aufgeworfenen Fragen über die Beleuchtung abstrakt bleibender grenzüberschreitender Infrastrukturen hinaus grundsätzlich die Betrachtung konkreter Einzelprojekte. Allerdings lassen sich wiederum grundsätzliche Kriterien benennen, die im Falle grenzüberschreitender Infrastrukturen regelmäßig Beachtung finden müssen und auch einen entscheidenden Beitrag zur Beantwortung der Frage nach den Wettbewerbsauswirkungen freigestellter Infrastrukturen leisten können. Auslegungshilfe können vor allem die im Rahmen der Eingreifkriterien der Fusionskontrolle entwickelten Maßstäbe sein. Gegenstand der Fusionskontrolle sind klar abgegrenzte Unternehmen. Betrachtet werden die Wettbewerbswirkungen eines Zusammenschlusses, i.e. eines klar definierten Vorgangs. Gegenstand der Regulierungsfreistellung sind klar abgegrenzte Infrastruktureinrichtungen. Betrachtet werden die Wettbewerbsauswirkungen einer freigestellten Infrastruktur gerade unter Einbeziehung der die Kontrolle über diese Infrastruktur ausübenden Unternehmen, i.e. wiederum ein klar definierter Vorgang. Im Zentrum der Analyse steht im Rahmen der Fusionskontrolle nach wie vor die Schaffung oder Verstärkung einer marktbeherrschenden Stellung,[169] was konsequent ist, da im Falle eines Unternehmenszusammenschlusses die Potentiale zweier oder mehrerer Unternehmen zusammengeführt werden. Dies gilt trotz des Umstandes, dass allein aus dem Wortlaut von Art. 2 Abs. 2 und 3 Fusionskontrollverordnung eine solche Fokussierung der Prüfung nicht mehr erklärt werden kann.[170] Auch bei den Wettbewerbswirkungen der vorliegend betrachteten grenzüberschreitenden Infrastrukturen sind die Zusammenführung vorhandener Marktpotentiale oder die Übertragung von Marktpotentialen von einem in einen anderen Mitgliedstaat von be-

---

vom 13. Juni 2000, Tz. 128; Bundeskartellamt, Bericht des Bundeskartellamts über seine Tätigkeit in den Jahren 2005/2006 sowie über die Lage und Entwicklung auf seinem Aufgabengebiet, 2007, BTDrucks. 16/5710, S. 29 f; *Pfaffenberger/Scheele*, Gutachten zu Wettbewerbsfragen im Zusammenhang mit § 3, Absatz 2, Satz 1 GasNEV, 2005, S. 46 ff.

[169] Zusätzlich erfasst sind nun jedoch auch so genannte nicht koordinierte Wirkungen (siehe unten 5. Kapitel: II. 3. b) bb) (cc)), deren Einbeziehung ehedem zumindest zweifelhaft war; vgl. *Immenga/Körber*, in: Immenga/Mestmäcker, Wettbewerbsrecht/EG, 2007, Art. 2 FKVO, Rdnr. 472 ff.

[170] Europäische Kommission, Leitlinien zur Bewertung horizontaler Zusammenschlüsse gemäß der Ratsverordnung über die Kontrolle von Unternehmenszusammenschlüssen, ABl. 2004 Nr. C 31/5, Tz. 1, 4, 24, 76 ff; *Immenga/Körber*, in: Immenga/Mestmäcker, Wettbewerbsrecht/EG, 2007, Art. 2 FKVO, Rdnr. 192 ff; *Emmerich*, Kartellrecht, 2008, S. 213 f.

II. Wettbewerbliche Einzelvoraussetzungen

sonderem Interesse. Folglich besteht eine inhaltliche wie methodologische Übereinstimmung. Die Fusionskontrolle verfolgt vor allem die Zielsetzung einer präventiven Marktstrukturkontrolle, i.e. die missbräuchliche Ausnutzung einer beherrschenden Stellung soll präventiv verhindert werden, da eine nachträgliche Kontrolle gem. Art. 102 AEUV aufgrund der vielfältigen Missbrauchsmöglichkeiten immer nur die zweitbeste Lösung bietet.[171] In gleicher Weise wollen auch Art. 17 Abs. 1 lit. a) StromhandelsVO respektive Art. 36 Abs. 1 lit. a) GasRL durch die geforderte Wettbewerbsverbesserung präventiv verhindern, dass es durch die Freistellung zu einer missbräuchliches Verhalten ermöglichenden Marktstruktur kommt. Bei der Prüfung der geforderten Wettbewerbsverbesserung erscheint daher eine Orientierung an den Maßstäben und Erkenntnissen der Fusionskontrolle sinnvoll.

Besondere Beachtung sollten dabei die im Rahmen der Fusionskontrolle zu Oligopolstrukturen gewonnenen Erkenntnisse finden, da die Märkte für die Erzeugung und den Großhandelsverkauf von elektrischem Strom sowie für den Import von Erdgas in mehreren Mitgliedstaaten die Struktur eines engen Oligopols aufweisen[172]. Auch die im Bereich von Gemeinschaftsunternehmen und deren kooperativen Wirkungen auf vor- oder nachgelagerten Märkten gewonnenen Erkenntnisse sollten Berücksichtigung finden, soweit die betreffende Infrastruktur ein entsprechendes Gemeinschaftsunternehmen darstellt.

b) Wettbewerbsverbesserungen im Elektrizitätsbereich

Zur Beantwortung der Frage nach einer Verbesserung des Wettbewerbs durch die freigestellte Infrastruktur ist somit für den Elektrizitätsbereich zu untersuchen, ob die durch die Freistellung begünstigten Unternehmen eine marktbeherrschende Stellung begründen oder verstärken können. Relevanter Markt für die Beantwortung der Frage nach einer Verbesserung des Wettbewerbs durch die Investition ist wie ausgeführt der Markt für die Erzeugung bzw. den Großhandelsverkauf elektrischer Energie entweder als direkt betroffener Markt oder als vorgelagerter Markt. Differenziert werden muss zwischen den verschiedenen Geschäftsmodellen freistellungsbegünstigter Unternehmen, wobei entscheidend vor allem ist, ob eine Eigennutzung der freigestellten Verbindungsleitung, i.e. eine Nutzung durch verbundene Erzeugungsunternehmen, oder ein

---

[171] Entscheidung der Kommission IV/M.1439 – Telia/Telenor vom 13. Oktober 1999, ABl. 2001 Nr. L 40/1 (26), Tz. 169; *Immenga/Körber*, in: Immenga/Mestmäcker, Wettbewerbsrecht/EG, 2007, FKVO, Rdnr. 11, 27; *Emmerich*, Kartellrecht, 2008, S. 212.

[172] Für die Bundesrepublik Deutschland spricht das Bundeskartellamt im Bereich der inländischen Stromerzeugung und an den Märkten für die Belieferung von Weiterverteilern und industriellen/gewerblichen Großkunden mit Strom sogar von einem Duopol gebildet aus E.ON und RWE; Bundeskartellamt, Bericht des Bundeskartellamts über seine Tätigkeit in den Jahren 2005/2006 sowie über die Lage und Entwicklung auf seinem Aufgabengebiet, 2007, BTDrucks. 16/5710, S. 29, 122. Die Feststellung wurde zwischenzeitlich durch den BGH bestätigt; BGH »Stadtwerke Eschwege« KVR 60/07 vom 11. November 2008, Rdnr. 25.

reiner Netzbetrieb, i.e. eine Nutzung durch dritte, nicht verbundene Erzeugungsunternehmen beabsichtigt ist. Im ersten Fall sind Oligopolstrukturen ebenso wie die Auswirkungen von Gemeinschaftsunternehmen besonders zu berücksichtigen, wobei vor allem auf Diskriminierungspotentiale zu achten ist. Im zweiten Fall stehen weniger Diskriminierungspotentiale im Mittelpunkt als die Verhinderung klassischen Monopolistenverhaltens, wie etwa eine Ausbeutung durch Monopolpreisbildung.[173]

Weiter muss auch zwischen den verschiedenen räumlich betroffenen Märkten differenziert werden. Wie oben ausgeführt existieren grundsätzlich verschiedene räumliche Märkte, da Regulierungsfreistellungen grundsätzlich Preisdifferenzen zwischen den verbundenen Gebieten voraussetzen. Das Modell eines durch ein Erzeugungsunternehmen genutzten Interkonnektors erfordert auf Seiten des Importeurs ein niedrigeres Preisniveau. Für einen zur Drittnutzung durch Netzbetreiber errichteten Interkonnektor kommt im Freistellungsfall vor allem eine Freistellung der Verbindungsleitung von den Erfordernissen des Art. 16 Abs. 6 StromhandelsVO, i.e. der Verwendungszweckbeschränkung der Engpassmanagementerlöse, in Betracht, wobei Engpassmanagementerlöse wiederum nur auftreten, wenn Preisdifferenzen vorliegen. Lediglich ein Ausnahmemodell, das auf einer besonderen Regulierungsprämie fußt, kommt ohne Preisdifferenzen aus, wobei damit noch nicht festgestellt ist, dass ein solches Modell vom vorhandenen Rechtsrahmen ermöglicht wird.[174] Das Vorliegen von Preisdifferenzen bedeutet jedoch zwingend das Vorliegen inhomogener Wettbewerbsbedingungen und damit die Existenz verschiedener räumlicher Märkte.[175]

aa) Bedeutung divergierender Wettbewerbsentwicklungen auf verschiedenen räumlich betroffenen Märkten

Wenn mithin mehrere räumlich relevante Märkte bestehen, sind die Wettbewerbswirkungen der Verbindungsleitung auf sämtlichen dieser Märkte zu berücksichtigen.[176] Unproblematisch stellt sich die Situation regelmäßig dar, wenn durch die Verbindungsleitung Wettbewerbsverbesserungen auf beiden verbundenen Märkten zu erwarten sind. In umgekehrter Konstellation bestehen ebenfalls keine Probleme. Verschlechtert sich der Wettbewerb durch die Verbindungsleitung auf beiden Märkten, muss eine Regulierungsfreistellung regelmäßig ausscheiden. Verbessert sich der Wettbewerb in einem der räumlich betroffenen Märkte durch die neue Verbindungsleitung, während diese für den Wettbewerb auf dem weiteren betroffenen Markt indifferent bleibt, ist das Prüfungsergebnis nach den oben entwickelten entscheidenden Maßstäben des all-

---

[173] Vgl. oben 5. Kapitel: II. 2. a).
[174] Siehe unten 5. Kapitel: III. 2., 3.
[175] Vgl. oben 5. Kapitel: II. 1. d) bb).
[176] Vgl. *Talus*, JENRL 2005, p. 266 (271).

II. Wettbewerbliche Einzelvoraussetzungen

gemeinen Wettbewerbsrechts, das nur Wettbewerbsbeschränkungen untersagt, ebenfalls positiv. Schwieriger ist die Beurteilung allerdings, wenn die Wettbewerbswirkungen des Interkonnektors in den verbundenen Märkten entgegengesetzt sind, i.e. in einem Markt eine Wettbewerbsverbesserung eintritt, während der Wettbewerb in einem anderen Markt verschlechtert wird. Der Normtext spricht lediglich von einer Wettbewerbsverbesserung als solcher, ohne eine weitere Differenzierung zwischen verschiedenen Märkten vorzunehmen. Damit scheint eine Globalbetrachtung, die eine Aufrechnung positiver und negativer Wettbewerbsauswirkungen zulässt und im Falle des Überwiegens der positiven Effekte eine Wettbewerbsverbesserung auch insgesamt bejaht, grundsätzlich möglich. Auch verfahrenstechnisch wäre ein derartiges Vorgehen möglich. Durch das Letztentscheidungsrecht der Europäischen Kommission über eine Regulierungsfreistellung gem. Art. 17 Abs. 8 StromhandelsVO und die Konsultation der Regulierungsbehörden anderer Mitgliedstaaten gem. Art. 17 Abs. 4 UAbs. 5 StromhandelsVO ist ein Vergleich und eine Gewichtung der Wettbewerbsauswirkungen auf den verschiedenen betroffenen Märkten möglich. Dennoch kann eine solche Globalbetrachtung den strengen Maßstäben des Wettbewerbsrechts der Union nicht genügen. So werden auch im Bereich des klassischen Wettbewerbsrechts beispielsweise in der Fusionskontrolle keine Globalbetrachtungen durchgeführt, sondern sämtliche betroffenen Märkte einzeln analysiert. Folge dieses Vorgehens sind je nach Fallgestaltung etwa Auflagen, die gerade auch Sondersituationen in bestimmten betroffenen Märkten geschuldet sein können. Gerade die Entscheidungsbefugnisse der Europäischen Kommission eröffnen auch bei der Regulierungsfreistellung Raum für eine Ausgestaltung, die den unterschiedlichen Wettbewerbsauswirkungen auf den verschiedenen Märkten gerecht wird. Als konkrete Maßnahmen bieten sich hier etwa im Bereich der grenzüberschreitenden Verbindungsleitungen Regulierungsfreistellungen für den Transport in »nur eine Richtung« an. Eine derartige Beschränkung, die erst nachträglich durch die Europäische Kommission angeordnet wurde, findet sich beispielsweise im Erdgasbereich bei der Regulierungsfreistellung der *Balgzand-Bacton-Line* (*BBL*), die die Niederlande und das Vereinigte Königreich verbindet. Die Freistellung gilt hier nicht für die Buchungsrichtung Vereinigtes Königreich – Niederlande.[177] Im Wechselstrombereich scheiden derartige Gestaltungen aufgrund der oben beschriebenen technischen und physikalischen Gesetzmäßigkeiten weitgehend aus. Bei Gleich-

---

[177] Eine Regulierungsfreistellung auch für die Buchungsrichtung Vereinigtes Königreich – Niederlande lehnt die Kommission ab. Bezogen auf den niederländischen Markt erachtet sie eine Wettbewerbsverbesserung nur durch eine Nutzung der Leitung von Unternehmen aus dem Vereinigten Königreich als möglich, was nach Meinung der Kommission wiederum nur durch die Anwendung des Regulierungsregimes sicherzustellen ist; vgl. European Commission, Commission's amendment decision regarding BBL, 12.07.05, p. 3, 5, abrufbar unter http://ec.europa.eu/energy/gas/infrastructure/doc/bbl_decision_ec.pdf (zuletzt abgerufen am 10.06.08).

stromsystemen ist eine Begrenzung der Freistellung auf den Stromtransport in nur eine Richtung technisch möglich. Dies gilt nicht nur für den Fall einer unipolaren Leitung, sondern auch für die bipolare Einrichtung, da auch hier die fließenden Ströme mengenmäßig zugeordnet werden können.[178]

Weniger überzeugend erschiene es hingegen, mit dem Argument der dem ursprünglichen Ansatz der *Access Holidays* immanenten Wettbewerbsbeschränkungen doch eine Globalbetrachtung vorzunehmen, die Wettbewerbsbeschränkungen auf Einzelmärkten zulässt. Ein solcher Ansatz lässt sich zwar ökonomisch-theoretisch begründen, ist jedoch mit dem Normtext kaum in Einklang zu bringen. Einfallstor für eine dem ursprünglichen Ansatz der *Access Holidays* näher kommende Anwendung der Regulierungsfreistellungsmöglichkeit des Art. 17 StromhandelsVO, die mit dem Normtext noch vereinbar ist,[179] muss daher die Auslegung des Begriffs der Wettbewerbsverbesserung respektive der fehlenden Wettbewerbsbeschränkungen sein. Über die Auslegungsmaßstäbe des klassischen Wettbewerbsrechts hinaus können hier die besonderen Aspekte des Regulierungsfreistellungsinstruments Berücksichtigung finden. Hierbei ist jedoch ein äußerst behutsames Vorgehen angezeigt, das die Grundprinzipien des allgemeinen Wettbewerbsrechts berücksichtigt und achtet, da andernfalls ein Vertrauensschutz gegenüber nachträglichen Maßnahmen auf Basis des allgemeinen Wettbewerbsrechts wie oben vertreten[180] kaum mehr begründbar ist.

bb) Einfluss des Geschäftsmodells auf die Einordnung

(a) Vertikal-integrierte Unternehmen als Freistellungsadressat
Zu betrachten ist zunächst der erste Fall der Eigennutzung des Interkonnektors durch ein im Bereich der Erzeugung elektrischer Energie tätiges, verbundenes Unternehmen. Das Geschäftsmodell beinhaltet hier die Freistellung vom diskriminierungsfreien Drittzugang. Bereits die Infrastruktur ist hier dem sachlichen Markt für die Erzeugung bzw. den Großhandelsverkauf elektrischer Energie zuzurechnen, da andernfalls bereits im Hinblick auf die Wettbewerbswirkungen der Regulierungsfreistellung als solcher keine Freistellung vom diskriminierungsfreien Drittzugang in Betracht kommt.[181]

(aa) Marktanteile als zentrales Kritierum. Zentrale Bedeutung kommt zunächst den Marktanteilen der begünstigten Investoren zu. Kann ein Unternehmen durch eine von der Regulierung freigestellte Verbindungsleitung durch zusätzliche Stromimporte seine Marktanteile derart vergrößern, dass eine

---

[178] Vgl. *Heuck/Dettmann*, Elektrische Energieversorgung, 2002, S. 50 f.
[179] Europäische Kommission, Pressemitteilung vom 12. März 2001, MEMO/01/76, abrufbar unter http://europa.eu/rapid/pressReleasesAction.do?reference=IP/01/341&format=PDF&aged=1&language=DE&guiLanguage=en (zuletzt abgerufen am 12.04.10).
[180] Vgl. oben 4. Kapitel: II. 2. c) cc).
[181] Vgl. oben 5. Kapitel: II. 2. c) aa), bb).

marktbeherrschende Stellung begründet oder verstärkt wird, muss für dieses Unternehmen, auch wenn die Regulierungsfreistellung grundsätzlich aufgrund ausreichender Marktliquidität in Betracht kommt, eine Freistellung ausscheiden. Da die Errichtung einer neuen Infrastruktur jedoch keinen Zusammenschluss bestehender Unternehmen darstellt, sondern die Schaffung neuer Kapazitäten bedeutet, ist es nicht möglich, Marktanteile wie im Verfahren der Fusionskontrolle zu addieren. Möglich ist es jedoch, bestehende Marktanteile zu ermitteln und den Einfluss einer freigestellten Infrastruktur auf deren weitere Entwicklung zu prognostizieren. Liegt etwa ein Markt mit geringer wettbewerblicher Dynamik vor, der entweder monopolistisch oder eng oligopolistisch geprägt ist, könnte sich wettbewerbliches Potential dadurch entwickeln, dass eine Verbindungsleitung zu Marktgebieten mit höherer wettbewerblicher Dynamik und niedrigeren Preisen errichtet wird. In dieser Konstellation wäre Stromimport in das Hochpreisgebiet und eine Wettbewerbsverbesserung im Hochpreisgebiet zu erwarten. Dies gilt jedoch nicht, wenn freistellungsbegünstigtes Unternehmen ein Unternehmen ist, das im Gebiet ohne funktionsfähigen Wettbewerbsdruck bereits über entsprechende Marktanteile verfügt. Wird hier eine umfassende Regulierungsfreistellung im Sinne einer Drittzugangsfreistellung gewährt, erscheint es wenig wahrscheinlich, dass es tatsächlich zu einer Wettbewerbsverbesserung in Gestalt sinkender Großhandelspreise kommt, da ein Monopolist hierzu keinen Anlass hat und auch im engen Oligopol ein solches Verhalten aufgrund vorhandener Vergeltungspotentiale, die im Elektrizitätsbereich unter der Bedingung ausreichender Marktliquidität und dem Grad der vorhandenen Markttransparenz regelmäßig vorhanden sind, große Risiken birgt.[182] Handelt es sich hingegen bei dem oder den freistellungsbegünstigten Unternehmen um einen Newcomer auf dem Markt mit fehlendem dynamischen Wettbewerb, der durchaus in einem anderen Mitgliedstaat ein etabliertes Unternehmen sein kann, bestehen realistische Aussichten für eine Wettbewerbsverbesserung.[183] Gerade eine Regulierungsfreistellung kann hier einen entscheidenden Aspekt darstellen, da sie eine Disziplinierung im Sinne des bisherigen Monopol- oder Oligopolverhaltens durch Vergeltungsdrohungen im Heimatmarkt des Newcomerunternehmens unwahrscheinlicher macht. Eine glaubwürdige Vergeltungsdrohung erfordert Vergeltungspotential. Vergeltungspoten-

---

[182] So erachtete die Kommission vorstoßenden Wettbewerb durch EnBW in das Marktgebiet von RWE und der E.ON-Vorgängerunternehmen VEBA/VIAG aufgrund der Vergeltungspotentiale von E.ON und RWE als unwahrscheinlich; vgl. Entscheidung der Europäischen Kommission COMP/M.1673 – VEBA/VIAG vom 13. Juni 2000, Tz. 94, 114.
[183] So auch Europäische Kommission, Vermerk der GD Energie und Verkehr zu den Richtlinien 2003/54/EG und 2003/55/EG und der Verordnung (EG) Nr. 1228/2003 im Elektrizitäts- und Erdgasbinnenmarkt – Ausnahmen von bestimmten Bestimmungen der Regelung des Netzzugangs Dritter vom 30.01. 2004, S. 5, abrufbar unter http://ec.europa.eu/energy/electricity/legislation/doc/notes_for_implementation_2004/exemptions_tpa_de.pdf (zuletzt abgerufen am 11.08.08).

tial im Elektrizitätsmarkt erfordert jedoch im hier betrachteten Markt der Erzeugung bzw. des Großhandelsverkaufs elektrischer Energie entweder Erzeugungskapazitäten im jeweils anderen räumlichen Markt oder aber eine Importfazilität, i.e. eine grenzüberschreitende Verbindungsleitung. Im Falle einer umfassenden Regulierungsfreistellung im Sinne einer Drittzugangsfreistellung existiert jedoch trotz physisch vorhandener Verbindungsleitung keine solche Importfazilität, da der Freistellungsinhaber die freigestellte Infrastruktur nicht für einen diskriminierungsfreien Drittzugang und damit für ein glaubwürdiges Vergeltungspotential öffnen muss. Die Marktteilnehmer im Hochpreisgebiet müssen sich daher in ihrem räumlichen Markt dem neuen Wettbewerber stellen. Eine Regulierungsfreistellung kann daher ein Mittel darstellen, Wettbewerb dort zu schaffen und zu verbessern, wo er bisher durch Vergeltungsdrohungen geschwächt war, was vor allem in engen Oligopolstrukturen in Gestalt sogenannter koordinierter Wirkungen ein nicht selten anzutreffendes Phänomen ist.[184]

(bb) Herfindahl-Hirschmann-Index als Gewichtungskriterium. Bei der Analyse der Marktanteile können hier auf der einen Seite die Marktanteile im jeweiligen Importmarkt betrachtet werden und auf der anderen Seite vorhandene, unter Einbeziehung des jeweiligen Preisniveaus für den Importmarkt verfügbare Kapazitäten. Indizwirkung kann auch die Höhe der Kapazität haben, für die eine Befreiung vom diskriminierungsfreien Drittzugang beantragt wird. Zur Ermittlung des Konzentrationsniveaus sollten die freigestellte Kapazität und der bisherige Marktanteil im Hochpreisgebiet addiert werden und auf das ermittelte Ergebnis, die aus der Fusionskontrolle bekannten Methoden zur Gewichtung der Marktanteile angewandt werden, i.e. besonders der seitens der Kommission bevorzugte *Herfindahl-Hirschmann-Index (HHI)*, der die Summe der Quadrate der Marktanteile der betroffenen Unternehmen, hier die Summe der Quadrate des Marktanteils und der freigestellten Kapazität bildet.[185] Durch die Quadrierung kommt es zu einer Übergewichtung der Marktanteile, was im Fall der Regulierungsausnahme die seitens der Kommission betonte restriktive Anwendung[186] sicherstellt. In dieselbe Richtung zielt die Addition der gesamten freigestellten Kapazität. Indem man die kritische Grenze des *HHI* bei der Regulierungsfreistellung ans obere Ende der in der Fusionskontrolle existierenden Skala verlagert, bleibt es dennoch möglich, eine Überbetonung des Wettbewerbs zu Lasten der Versorgungssicherheit auszuschließen. Bis zu einem

---

[184] Vgl. Europäische Kommission, Leitlinien zur Bewertung horizontaler Zusammenschlüsse gemäß der Ratsverordnung über die Kontrolle von Unternehmenszusammenschlüssen, ABl. 2004 Nr. C 31/5, Tz. 39 ff.
[185] *Immenga/Körber*, in: Immenga/Mestmäcker, Wettbewerbsrecht/EG, 2007, Art. 2 FKVO, Rdnr. 252 ff.
[186] Vgl. oben 4. Kapitel: I. 1. a).

HHI von 2000 oder einem Deltawert von 250, der die Differenz zwischen *HHI* vor und nach dem Zusammenschluss beschreibt, ist daher davon auszugehen, dass die freigestellte Infrastruktur den Wettbewerb verbessert. Selbst oberhalb eines *HHI* von 2000 sollte eine Freistellung nicht scheitern, wenn der Deltawert unter 150 bleibt.[187] Ein weiteres Mittel, eine Überbetonung des Wettbewerbs zu Lasten der Versorgungssicherheit zu vermeiden, besteht darin, bei der Berechnung der Marktanteile, die grundsätzlich auf wertmäßiger Basis erfolgt,[188] den Wert des durch die freigestellte Kapazität hinzukommenden Anteils eher niedrig, i.e. nicht mit dem Preis im Hochpreisgebiet anzusetzen. Das vorgeschlagene Verfahren bietet innerhalb eines transparenten mathematischen Verfahrens Raum für eine stark ausgeprägte Berücksichtigung der Konsumentenwohlfahrt auch und gerade im Sinne eines *more economic approach*, ohne dass eine Bezugnahme auf mitunter diffuse und kaum prognostizierbare, rechtfertigende Effizienzgesichtspunkte erforderlich wäre. *More economic approach* im Rahmen einer Regulierungsfreistellung bedeutet daher die Berücksichtigung von Effizienzaspekten in Gestalt eines Beitrags zur Versorgungssicherheit. Eine Berücksichtigung durch ein mathematisches Instrument wie den *HHI* stellt sicher, dass Effizienzaspekte nicht willkürlich, sondern im Rahmen klar definierter Verfahren berücksichtigt werden.

(cc) Oligopolstrukturen und Gemeinschaftsunternehmen. Im Lichte der im Bereich der Erzeugung elektrischen Stroms häufig anzutreffenden Oligopolstrukturen ist, auch wenn die Analyse der Marktanteile als solche nicht zu einem negativem Befund im Hinblick auf eine Wettbewerbsverbesserung führt, auf nicht koordinierte und damit einseitige Wirkungen[189] zu achten. Gerade in oligopolistischen Märkten können auch bei geringer Wahrscheinlichkeit einer Abstimmung und damit einer Koordinierung zwischen den Mitgliedern des Oligopols erhebliche Behinderungen des Wettbewerbs in Gestalt unilateraler Effekte entstehen. Infolge einzelner, nicht koordinierter Preiserhöhungen durch das Unternehmen mit dem größten Marktanteil können es im engen Oligopol auch Wettbewerber einträglich finden, die Preise zu erhöhen.[190] Handelt es sich

---

[187] Vgl. Europäische Kommission, Leitlinien zur Bewertung horizontaler Zusammenschlüsse gemäß der Ratsverordnung über die Kontrolle von Unternehmenszusammenschlüssen, ABl. 2004 Nr. C 31/5, Tz. 19 ff.
[188] Entscheidung der Europäischen Kommission IV./M.430 – Procter & Gamble/VP Schickedanz vom 21. Juni 1994, ABl. 1994 Nr. L 354/32 (51 f), Tz. 112 ff; Immenga/Körber, in: Immenga/Mestmäcker, Wettbewerbsrecht/EG, 2007, Art. 2 FKVO, Rdnr. 225; *Emmerich*, Kartellrecht, 2008, S. 216.
[189] Vgl. Europäische Kommission, Leitlinien zur Bewertung horizontaler Zusammenschlüsse gemäß der Ratsverordnung über die Kontrolle von Unternehmenszusammenschlüssen, ABl. 2004 Nr. C 31/5, Tz. 24 ff.
[190] Vgl. Europäische Kommission, Leitlinien zur Bewertung horizontaler Zusammenschlüsse gemäß der Ratsverordnung über die Kontrolle von Unternehmenszusammenschlüssen, ABl. 2004 Nr. C 31/5, Tz. 24 f.

daher etwa um eine Verbindungsleitung mit besonders großer Kapazität und ergibt sich für das freistellungsbegünstigte Unternehmen daraus mit hoher Wahrscheinlichkeit eine starke Verbesserung der eigenen Marktanteile gegenüber den übrigen Marktteilnehmern, kann dies gerade im Oligopol die Wahrscheinlichkeit einer Marktmachtausübung erhöhen.[191] Denkbar ist auch, dass kleinere Unternehmen dadurch beeinträchtigt werden, dass über die neue Verbindungsleitung zusätzliche Ressourcen kontrolliert werden, die Wettbewerbern als wettbewerbswirksames Expansionspotential nicht mehr zur Verfügung stehen. Wettbewerber können dadurch wegfallen.[192] In diesem Fall ist auch unterhalb der üblichen Marktanteilsschwellen eine erhebliche Behinderung des Wettbewerbs nicht ausgeschlossen. Besondere Beachtung muss in diesem Zusammenhang auch wiederum ein zeitlicher Aspekt finden. Ist etwa aufgrund absehbarer Abschaltungen von Erzeugungskapazität mit einem Rückgang der Erzeugungskapazität nicht freistellungsbegünstigter Anbieter zu rechnen, was in mittlerer Frist trotz anfänglichen Nichtvorhandenseins schließlich doch zur Entstehung marktbeherrschender Stellungen führen kann, muss die Freistellungslaufzeit entsprechend angepasst werden. Ist etwa im Einzelfall als Folge besonders gewichtiger Irreversibilitäten neues Angebot ohne eine entsprechende Begrenzung nicht zu erwarten, ist andernfalls mit Preiserhöhungen zu rechnen. Im Oligopol sind derartige Szenarien wahrscheinlicher als im Polypol.[193]

Wettbewerbliche Bedenken können sich über die bisher beschriebenen Aspekte hinaus zusätzlich auch bei der Errichtung einer Infrastruktur im Rahmen eines Gemeinschaftsunternehmens ergeben. Handelt es sich um ein Vollfunktionsgemeinschaftsunternehmen, erfolgt in diesem Fall ohnehin eine Prüfung nach der Fusionskontrollverordnung.[194] Darüber hinaus sind jedoch bei der im Rahmen des Freistellungsverfahrens stattfindenden Wettbewerbsprüfung bestimmte Gesichtspunkte gesondert zu berücksichtigen. Wird die Kontrolle über die Joint Venture Company von Unternehmen ausgeübt, die in den durch die Infrastruktur verbundenen räumlichen Märkten jeweils über eine monopolistische Stellung verfügen oder Teil eines engen Oligopols sind, besteht die Gefahr

---

[191] Vgl. Europäische Kommission, Leitlinien zur Bewertung horizontaler Zusammenschlüsse gemäß der Ratsverordnung über die Kontrolle von Unternehmenszusammenschlüssen, ABl. 2004 Nr. C 31/5, Tz. 27.
[192] Vgl. Europäische Kommission, Leitlinien zur Bewertung horizontaler Zusammenschlüsse gemäß der Ratsverordnung über die Kontrolle von Unternehmenszusammenschlüssen, ABl. 2004 Nr. C 31/5, Tz. 36.
[193] Europäische Kommission, Leitlinien zur Bewertung horizontaler Zusammenschlüsse gemäß der Ratsverordnung über die Kontrolle von Unternehmenszusammenschlüssen, ABl. 2004 Nr. C 31/5, Tz. 32 ff.
[194] So etwa im Fall des BritNed-Interkonnektors (siehe unten 5. Kapitel: II. 3. b) cc) (a)); vgl. Entscheidung der Europäischen Kommission COMP/M.4652 – National Grid/TenneT/BritNed JV vom 3. August 2007.

II. Wettbewerbliche Einzelvoraussetzungen

eines kooperativen Gemeinschaftsunternehmens, das nicht zu einer Verbesserung des Wettbewerbs führt, sondern jeweils die Position der freistellungsbegünstigten Unternehmens auf den jeweiligen räumlichen und durch die Infrastruktur verbundenen Märkten stärkt. Im Rahmen des aus der Fusionskontrolle bekannten zweistufigen Verfahrens ist neben den üblichen Marktanteilsbetrachtungen auf der zweiten Prüfungsstufe vor allem darauf zu achten, ob am Joint Venture Mutterunternehmen beteiligt sind, die bezogen auf betroffene und bisher bereits konzentrierte Märkte mit überdurchschnittlicher Wahrscheinlichkeit als Auslöser einer größeren Wettbewerbsdynamik in Betracht kommen.[195] Als solche Unternehmen kommen im Markt für Erzeugung und Großhandelsverkauf elektrischer Energie Unternehmen in Betracht, die in räumlich benachbarten Märkten über, zu Preisen des konzentrierten Marktes berechnet, freie Kapazitäten verfügen. Die sich aus einer Prognose der Marktentwicklung in der geschilderten Situation ergebende Wahrscheinlichkeit, dass die Gründung eines solchen Gemeinschaftsunternehmens die Koordinierung des Wettbewerbsverhaltens der Mütter auf den betroffenen Märkten verfolgt, ist hoch. In Anlehnung an Art. 2 Abs. 4 und 5 Fusionskontrollverordnung kann hier eine neu errichtete Infrastruktur schwerlich einer Verbesserung des Wettbewerbs dienen, sondern stellt regelmäßig einen Verstoß gegen Art. 101 Abs. 1 AEUV dar. Auch eine Rechtfertigung über Art. 101 Abs. 3 AEUV erscheint in der beschriebenen Konstellation kaum möglich. Eine solche wäre allenfalls denkbar, wenn mit der Verbindungsleitung unmittelbare und nicht etwa erst mittelfristig eintretende Verbesserungen der Versorgungssicherheit verbunden wären. Dies kommt jedoch kaum in Betracht, wenn aktuell ausreichende Marktliquidität in den jeweiligen Märkten vorhanden ist, was wiederum als Voraussetzung für eine Befreiung vom diskriminierungsfreien Drittzugang eingeführt wurde, wie er für im Bereich der Erzeugung elektrischer Energie tätige Unternehmen Teil des Geschäftsmodells einer freigestellten Infrastruktur ist. Ein Gemeinschaftsunternehmen scheidet daher als Adressat einer Freistellung vom Drittzugang aus, sofern Mütter des Gemeinschaftsunternehmens Monopolunternehmen oder Angehörige enger Oligopole auf benachbarten Märkten sind. Deutlich wird an dieser Stelle wiederum, dass die oben vertretene Konzentration der Prüfung allgemein wettbewerbsrechtlicher Aspekte[196] auch vor dem Hintergrund des Art. 101 AEUV nicht etwa zu einem materiell eingeschränkten Prüfungsmaßstab führt.

---

[195] Vgl. *Immenga/Körber*, in: Immenga/Mestmäcker, Wettbewerbsrecht/EG, 2007, Art. 2 FKVO, Rdnr. 481.
[196] Vgl. oben 4. Kapitel: II. 2. b), c) cc).

(b) Netzbetreiber als Freistellungsadressat
Andere Prüfungsschwerpunkte ergeben sich im zweiten Fall eines reinen Netzbetreibers als freistellungsbegünstigtem Unternehmen. Ein durch reine Netzbetreiberunternehmen betriebener Interkonnektor ist auf die Nutzung durch Dritte angewiesen. Das Geschäftsmodell bedarf folglich keiner Befreiung vom diskriminierungsfreien Drittzugang. Als Freistellungsgegenstand kommen vielmehr die Entgeltbildungssysteme und dabei vor allem auch die Verwendung der Engpassmanagementerlöse in Betracht.

(aa) Höhe der Durchleitungsentgelte als zentrales Kriterium. Das Geschäftsmodell einer Nutzung des Interkonnektors durch Dritte ist jedoch nur unter bestimmten Bedingungen tragfähig. Ist in den durch die Verbindungsleitung verbundenen Märkten global betrachtet im Markt für die Erzeugung und den Großhandelsverkauf elektrischer Energie ausreichende Marktliquidität vorhanden, wird die Verbindungsleitung zum Import bzw. Export elektrischer Energie nur unter der Bedingung eines marktorientierten Preisbildungsverfahren genutzt. Vereinnahmt der Netzbetreiber hingegen einen exzessiven Monopolpreis, wird eine Nachfragedeckung über das im jeweiligen Heimatmarkt vorhandene Angebot erfolgen, da ein Import nicht wirtschaftlich ist. Lediglich im Falle fehlender Marktliquidität in den jeweiligen Märkten für die Erzeugung und den Großhandelsverkauf elektrischer Energie ist es dem Netzbetreiber möglich, einen Monopolpreis zu vereinnahmen, da hier eine Nutzung des Interkonnektors unabdingbar ist. Dies ist konsequent, da in dieser Konstellation der Interkonnektor nach den oben entwickelten Maßstäben ein unbestreitbares natürliches Monopol darstellt.[197] Eine Regulierungsfreistellung, die die Vereinnahmung eines solchen Monopolpreises ermöglicht, dient nicht der Wettbewerbsverbesserung, sondern belastet den Wettbewerb, da sich die Preiserhöhungen auf den nachgelagerten Märkten für den Großhandelsverkauf des durch den Interkonnektor importierten Stroms fortsetzen. Deutlich wird an dieser Stelle jedoch wiederum, dass auch in der Konstellation, in der der Interkonnektor aufgrund seiner natürlichen Monopoleigenschaft dem sachlichen Markt für den Transport elektrischer Energie über Hochspannungsnetze zuzuordnen ist, bei der Frage nach einer Verbesserung des Wettbewerbs durch die freigestellte Infrastruktur zu betrachtende Märkte die vor- bzw. nachgelagerten Märkte für die Erzeugung und den Großhandelsverkauf elektrischer Energie sind. Um auf diesen Märkten tatsächlich eine Wettbewerbsverbesserung durch die freigestellte Verbindungsleitung herbeizuführen, ist daher bei einer Freistellung, die sich auf das Entgeltbildungssystem und die Verwendung der Engpassmanagementerlöse bezieht, sicherzustellen, dass trotz Freistellung das angewandte Entgeltbildungssystem ein marktorientiertes System ist. Wie oben bereits aus-

---

[197] Vgl. oben 5. Kapitel: II. 2. c) aa), bb).

geführt[198], kann jedoch ein marktorientiertes System allein keine engpassbeseitigende Wirkung aufweisen, da es aufgrund seines nach dem Verhältnis von Angebot und Nachfrage funktionierenden Mechanismus in der Engpasssituation hohe Erträge verspricht. Daher muss eine das Entgeltbildungssystem und die Verwendungszweckbeschränkung betreffende Freistellung als zusätzliches Element auch sicherstellen, dass die Freistellung nicht zu einer Verzögerung bei der Beseitigung von trotz der neuen Infrastruktur weiter bestehenden Engpässen führt. Das Problem tritt nur auf, wenn es sich bei der Infrastruktur um ein unbestreitbares natürliches Monopol handelt. Hier muss auch eine Regulierungsfreistellung eine Verwendungszweckbeschränkung der Engpassmanagementerlöse enthalten, da andernfalls der Engpass ein – bezogen auf die Laufzeit der Freistellung – dauerhafter bleibt.

(bb) Nur privilegierte Regulierung als Regulierungsfreistellung?. An dieser Stelle stellt sich die Frage, ob überhaupt noch von einer Regulierungsfreistellung die Rede sein kann, da marktorientierte Regulierung und Verwendungszweckbeschränkung der Engpassmanagementerlöse jeweils Elemente des Regulierungsrechtsrahmens sind. Dennoch ist die Frage positiv zu beantworten. Die Regulierungsfreistellung kann hier darin bestehen, dass beispielsweise die Engpassmanagementerlöse so lange von einer Verwendungszweckbeschränkung ausgenommen werden, bis eine bestimmte vorher festgelegte Verzinsung des eingesetzten Kapitals erreicht wird. Zur Schaffung eines Investitionsanreizes ist es hierbei möglich, eine Verzinsung zu wählen, die oberhalb des üblicherweise seitens der Regulierungsbehörde bei der Festlegung der Regulierungsentgelte gewährten Prozentsatzes liegt. In einem solchen Modell stellt die Regulierungsfreistellung vor allem ein Instrument zu einer glaubwürdigen Selbstbindung der Regulierungsbehörde unter Einbeziehung der Europäischen Kommission[199] für einen vorab bestimmten Zeitraum dar. Damit wird auch durch eine solche beschränkte Regulierungsfreistellung immerhin noch das oben beschriebene Credibility-Problem[200] gelöst, womit einem erheblichen Regulierungsrisiko wirksam begegnet wird. Eine solche Sonderbehandlung ist, anders als von der Kommission bezogen auf die Festlegung einer besonderen Rentabilität oder Bindungsdauer einer regulierungsbehördlichen Entscheidung behauptet,[201] nicht ohne weiteres in vergleichbarer Qualität ohne Ausnahme

---

[198] Vgl. oben 2. Kapitel: III. 1. b) cc).
[199] Siehe unten 6. Kapitel: I. 2.
[200] Vgl. oben 2. Kapitel: III. 1. b) dd).
[201] Europäische Kommission, Vermerk der GD Energie und Verkehr zu den Richtlinien 2003/54/EG und 2003/55/EG und der Verordnung (EG) Nr. 1228/2003 im Elektrizitäts- und Erdgasbinnenmarkt – Ausnahmen von bestimmten Bestimmungen der Regelung des Netzzugangs Dritter vom 30.01.2004, S. 3, abrufbar unter http://ec.europa.eu/energy/electricity/legislation/doc/notes_for_implementation_2004/exemptions_tpa_de.pdf (zuletzt abgerufen am 11.08.08).

möglich. Zwar ist es zutreffend, dass eine Regulierungsbehörde grundsätzlich über nicht unerhebliche Spielräume bei der Konkretisierung der Regulierungsverpflichtungen verfügt. Allerdings hat der Regulierungsadressat innerhalb dieses Spielraums keinen Anspruch auf eine bestimmte, für ihn vorteilhafte Regulierung. Werden hingegen die Voraussetzungen für eine Regulierungsfreistellung erfüllt, besteht auch ein Anspruch auf diese.[202] Vor allem aber muss beachtet werden, dass die Pflicht zur regelmäßigen Überprüfung der Entgeltsysteme mit der Regelung des Art. 37 Abs. 10 ElektrizitätsRL direkt aus dem Unionsrecht folgt. Der Umstand, dass Art. 17 Abs. 1 StromhandelsVO diese Norm auch ausdrücklich in den möglichen Anwendungsbereich einer Regulierungsfreistellung mit einbezieht, spricht eindeutig gegen eine glaubwürdige längerfristige Selbstbindung einer Regulierungsbehörde außerhalb einer Regulierungsfreistellung. Auch für die Festlegung einer besonderen zulässigen Rentabilität gilt, dass ein solches Vorgehen, soweit mit den weiteren Voraussetzungen der Regulierungsfreistellung vereinbar, besser auch im Verfahren der Regulierungsfreistellung gewährt werden sollte, da es im Ergebnis den Wirkungen einer eingeschränkten Befreiung von der Verwendungszweckbeschränkung der Engpassmanagementerlöse gem. Art. 16 Abs. 6 StromhandelsVO recht nahe kommt. Eine Sonderbehandlung außerhalb der Regulierungsfreistellung ist daher entgegen der Einschätzung der Kommission nicht ohne weiteres möglich.

cc) Beispiele

(a) BritNed-Interkonnektor

Als konkretes Beispiel für eine Regulierungsfreistellung im Sinne des zweiten Beispiels des Geschäftsmodells eines Netzbetreibers kann der *BritNed*-Interkonnektor zwischen dem Vereinigten Königreich und den Niederlanden dienen. Bei der *BritNed* Development Ltd handelt es sich um ein Joint Venture, dessen Mütter mit der britischen National Grid International Ltd und der niederländischen NLink International B.V. jeweils 100%ige Töchter der reinen Netzbetreiber National Grid plc. und TenneT Holding B.V. sind.[203] Freistellungsinhalt ist hier zum einen eine Freistellung von der Verwendungszweckbeschränkung des Art. 16 Abs. 6 StromhandelsVO. Zum anderen kam es dem Freistellungspetenten jedoch vor allem darauf an, gegen regulatorisches Ermessen, i.e. gegen Veränderungen der Regulierung in Folgeperioden, geschützt zu sein.[204] Berücksichtigt man, dass die Befreiung von der Verwendungszweckbeschränkung der Engpassmanagementerlöse nur insoweit gilt, als dies zum Er-

---

[202] Vgl. oben 4. Kapitel: II. 2. c) cc).
[203] BritNed, Application for EU exemption, 2006, p. 7, abrufbar unter http://www.ofgem.gov.uk/MARKETS/WHLMKTS/COMPANDEFF/TPACCESS/Documents1/15348-1633_06.pdf (zuletzt abgerufen am 13.11.07).
[204] BritNed, Application for EU exemption, 2006, p. 22f, abrufbar unter http://www.of-

reichen der zum Zeitpunkt des Freistellungsantrags kalkulierten Rentabilität der Investition plus maximal einem Prozentpunkt notwendig ist, und bei höheren Rentabilitäten eine neuerliche Verwendungszweckbeschränkung eingreift,[205] wird deutlich, dass die Überwindung des Credibiltiy-Problems durchaus den Hauptinhalt einer Regulierungsfreistellung darstellen kann.[206] Keine Ausführungen enthält die Freistellungsentscheidung des *BritNed*-Interkonnektors allerdings zu einem möglicherweise vorhandenen unbestreitbaren natürlichen Monopolcharakter desselben. Dies ist bei Betrachtung des beantragten Freistellungsinhalts des *BritNed*-Interkonnektors unter Einbeziehung der seitens der Europäischen Kommission erwirkten Veränderungen, i.e. der Deckelung der Freistellung von der Verwendungszweckbeschränkung, jedoch auch unproblematisch. Trotz Freistellung ist der *BritNed*-Interkonnektor diskriminierungsfrei für den Drittzugang geöffnet, wobei das angewandte Entgeltbildungssystem ein marktorientiertes ist.[207] Gleichzeitig ist durch die Deckelung der Verwendungszweckbeschränkung sichergestellt, dass es trotz der Freistellung im Falle weiter bestehender Engpässe nicht zu einer Verzögerung bei der Engpassbeseitigung kommt. Insoweit genügt die im Falle des *BritNed*-Interkonnektors gewährte Freistellung den denkbar strengsten Maßstäben, was eine exakte Einordnung der Verbindungsleitung entbehrlich macht. Möglicherweise hätte jedoch eine exakte Einordnung der Verbindungsleitung eine großzügigere Freistellung ermöglicht, wenn Ergebnis dieser Einordnung gewesen wäre, dass aufgrund der vorhandenen Marktliquiditäten zumindest zum gegenwärtigen Zeitpunkt kein unbestreitbares natürliches Monopol vorliegt. Im Falle des *BritNed*-Interkonnektors muss daher festgestellt werden, dass auf Seiten der Europäischen Kommission eine außerordentlich starke Fixierung auf die Vermeidung negativer Wettbewerbswirkungen erfolgte.

---

gem.gov.uk/MARKETS/WHLMKTS/COMPANDEFF/TPACCESS/Documents1/153 48–1633_06.pdf (zuletzt abgerufen am 13.11.07).

[205] Ofgem, Amendment to the exemption order issued to BritNed Development Ltd (»BritNed«) under condition 12 of the electricity interconnector licence granted to BritNed in respect of the BritNed interconnector, 15.11.2007, p. 1f, abrufbar unter http://ec.europa.eu/energy/electricity/infrastructure/doc/BritNed_decision_ofgem.pdf (zuletzt abgerufen am 15.10.2008).

[206] Wenig überzeugend erscheinen insoweit die Ausführungen des überarbeiteten Kommissionsvermerks zu den Regulierungsfreistellungen, wonach der Schutz der Investition vor veränderten Regulierungsbedingungen in der Zukunft bei der Entscheidung über eine Freistellung kein maßgebliches Kriterium sein könne; vgl. European Commission, Commission staff working document on Article 22 of Directive 2003/55/EC concerning common rules for the internal market in natural gas and Article 7 of Regulation (EC) No 1228/2003 on conditions for access to the network for cross-border exchanges in electricity, SEC(2009)642final, Rdnr. 17.

[207] Vgl. BritNed, Application for EU exemption, 2006, p. 12ff, abrufbar unter http://www.ofgem.gov.uk/MARKETS/WHLMKTS/COMPANDEFF/TPACCESS/Documents1/153 48–1633_06.pdf (zuletzt abgerufen am 13.11.07).

(b) Estlink-Interkonnektor

Zweites konkretes Beispiel für eine Regulierungsfreistellung im Elektrizitätsbereich ist der zwischen Estland und Finnland errichtete *Estlink*-Interkonnektor. Der Inhalt dieser Regulierungsfreistellung unterscheidet sich von der des *BritNed*-Interkonnektors. Deutlich wird dies bereits anhand der Freistellungslaufzeiten. Während die Laufzeit der *BritNed*-Freistellung bis zu 25 Jahre betragen kann, ist die *Estlink*-Freistellung auf längstens 7 Jahre beschränkt. Anders als im Fall des *BritNed*-Interkonnektors handelt es sich bei den Mutterunternehmen des ebenfalls als Joint Venture ausgestalteten *Estlink*-Interkonnektors vor allem nicht ausschließlich um Unternehmen, die exklusiv im Bereich des Netzbetriebs tätig sind. Vielmehr sind einzelne Mutterunternehmen hauptsächlich oder als vertikal integrierte Unternehmen zumindest auch im Bereich der Erzeugung elektrischer Energie tätig.[208] Hervorzuheben ist besonders, dass seitens der finnischen Regulierungsbehörde eine ausführliche Marktabgrenzung und Zuordnung der neuen Verbindungsleitung vorgenommen wird. In den Mittelpunkt der Betrachtung wird dabei die Marktliquidität gerückt, wobei festzustellen ist, dass diese in Finnland begrenzt ist und der neue Interkonnektor etwa den zu erwartenden Nachfragzuwachs in Höhe von 2,5% der in Finnland installierten Kapazität abdeckt.[209] Die Freistellungsentscheidung der finnischen Regulierungsbehörde nimmt in Folge zwar keine direkte Stellung zu einem unbestreitbaren natürlichen Monopolcharakter des Interkonnektors. Indirekt ergeben sich aus den Ausführungen jedoch die zutreffenden Abgrenzungen. Zwar wird eine Freistellung vom diskriminierungsfreien Drittzugang gewährt, was nach obigen Maßstäben eine größere Marktliquidität voraussetzen würde. Zu beachten ist aber, dass eine Diskriminierung dennoch kaum möglich ist, da die Freistellung nicht einem einzelnen Unternehmen gewährt wurde, sondern durch die Verteilung der Kapazität des Interkonnektors auf verschiedene Unternehmen interner Netzwettbewerb hergestellt ist und somit die Diskriminierung schon vorgelagert weitgehend ausgeschlossen wird. Eine Freistellung mit Diskriminierungspotential hätte hingegen nicht erfolgen dürfen, da der Interkonnektor weniger überschüssige Marktliquidität bereitstellt, als vielmehr konkret prognostizierte Nachfragesteigerungen abdeckt.

Bezüglich der Verbesserung des Wettbewerbs in der Stromversorgung stellt die Freistellungsentscheidung der finnischen Regulierungsbehörde im Einklang mit den oben entwickelten Kriterien für den skandinavischen Markt fest, dass eine solche deshalb zu erwarten ist, weil durch den Interkonnektor neue Wett-

---

[208] Finnish Energy Market Authority, Decision Rno. 195/429/2004, 02.02.2005, p. 9, abrufbar unter http://www.emvi.fi/files/Estlink_decision_2005_02_02.doc (zuletzt abgerufen am 16.05.08).
[209] Finnish Energy Market Authority, Decision Rno. 195/429/2004, 02.02.2005, p. 11 abrufbar unter http://www.emvi.fi/files/Estlink_decision_2005_02_02.doc (zuletzt abgerufen am 16.05.08).

bewerber hinzukommen und nicht etwa nur die Marktstellung der bereits auf dem Markt agierenden Unternehmen gestärkt wird. Vielmehr verteilen sich die Kapazitäten des Interkonnektors so, dass die Unternehmen mit höheren Marktanteilen im Bereich der Erzeugung und des Großhandelsverkaufs elektrischer Energie im Verhältnis die geringsten Kapazitäten auf der neuen Verbindungsleitung erhalten. Zudem hat die finnische Regulierungsbehörde nachträglich marktorientierte und nicht diskriminierende Kapazitätsfreigabemechanismen ohne Prioritäten zugunsten der Projektteilnehmer angeordnet, wodurch auch sichergestellt ist, dass gleichsam durch die Hintertür nicht doch eine Begründung oder ein Ausbau marktbeherrschender Stellungen möglich werden.[210] Dies darf jedoch nicht darüber hinwegtäuschen, dass Kapazitätsfreigabemechanismen allein nicht geeignet sind, der Gefahr einer Begründung oder Verstärkung marktbeherrschender Stellungen entgegenzuwirken. Droht eine solche, sind vielmehr primär Kapazitätsrestriktionen nötig, da kurzfristige Transportfazilitäten kein gleichwertiges Äquivalent zu langfristigen Kapazitäten bieten können. Durch die dadurch eintretende, abgeschwächte wettbewerbliche Bedrohung tritt der Freigabefall möglicherweise überhaupt nicht ein.[211]

c) *Wettbewerbsverbesserungen im Erdgasbereich*

aa) *Orientierung an den für den Elektrizitätsbereich entwickelten Maßstäben*

Die Prüfung der Wettbewerbsverbesserung durch die Investition im Erdgasbereich gleicht weitgehend der Prüfung im Elektrizitätsbereich. Auch bei den Erdgasinfrastrukturen ist im Rahmen der Tatbestandsvoraussetzung der Verbesserung des Wettbewerbs gem. Art. 36 Abs. 1 lit. a) GasRL eine an allgemein wettbewerbsrechtlichen Maßstäben orientierte Prüfung vorzunehmen, wobei im Zentrum der Analyse wiederum die Begründung oder der Ausbau einer marktbeherrschenden Stellung der konkret durch die Freistellung begünstigten Unternehmen steht. Oligopolstrukturen und Gemeinschaftsunternehmen sind wie im Elektrizitätsbereich wiederum besonders zu beachten. Auch das bei der Marktabgrenzung zentrale Unterscheidungsmerkmal der Primärenergieeigenschaft des Erdgases und seine daraus folgende stärkere Ortsgebundenheit im Gegensatz zur Sekundärenergieeigenschaft der Elektrizität führen bei der Frage nach einer Verbesserung des Wettbewerbs durch die Investition nicht zu grundsätzlichen Abweichungen in der Betrachtung. Relevanter Markt für die Beantwortung der Frage nach einer Verbesserung des Wettbewerbs durch die freigestellte Investition ist der Markt für den Erdgasimport, der in besonderer Weise mit den vor- und nachgelagerten Märkten der Gasförderung sowie dem

---

[210] Finnish Energy Market Authority, Decision Rno. 195/429/2004, 02. 02. 2005, p. 7, 12 ff, abrufbar unter http://www.emvi.fi/files/Estlink_decision_2005_02_02.doc (zuletzt abgerufen am 16.05.08).
[211] Siehe unten Kapitel 5: II. 3. c) aa) (b).

Gasgroßhandel und der Gaslieferung an regionale Weiterverteiler und Händler verknüpft ist.

(a) Räumlich betroffene Märkte, integrierter oder reiner Netzbetrieb sowie Oligopolstrukturen und Gemeinschaftsunternehmen
Differenziert werden muss wie im Elektrizitätsbereich zwischen den verschiedenen Geschäftsmodellen der freistellungsbegünstigten Unternehmen, i.e. zwischen einer Eigennutzung durch vertikal integrierte Unternehmen oder einem reinem Netzbetrieb mit einer Nutzung durch Dritte. Auch hier sind im ersten Fall vor allem Diskriminierungspotentiale zu beachten, während im zweiten Fall im Zentrum der Betrachtung mit der Verhinderung einer Ausbeutung durch Monopolpreisbildung die Verhinderung klassischen Monopolistenverhaltens steht.

Bezüglich der räumlich betroffenen Märkte muss auch im Erdgasbereich eine Berücksichtigung sämtlicher betroffener Märkte erfolgen. Eine Globalbetrachtung, im Rahmen derselben negative Wettbewerbseffekte auf einem der verbundenen Märkte durch positive Effekte auf einem anderen Markt ausgeglichen werden könnten, muss im Gasbereich aus denselben Erwägungen ausscheiden wie im Elektrizitätsbereich.[212] Obgleich auch im Erdgasbereich in Pipelinesystemen grundsätzlich wechselnde Fließrichtungen möglich sind, sind diese – der Primärenergieeigenschaft und der Körperlichkeit des Erdgases geschuldet – innerhalb eines Fernübertragungsnetzes grundsätzlich stärker vordeterminiert als im Elektrizitätsbereich. Dies erleichtert die Analyse der Wettbewerbseffekte.

Die maßgeblichen Kriterien für die Regulierungsfreistellung im Hinblick auf die geforderte Wettbewerbsverbesserung sind wiederum abhängig vom jeweiligen Geschäftsmodell des freistellungsbegünstigten Unternehmens. Wird wiederum zunächst das Modell der Eigennutzung betrachtet, i.e. die Nutzung der Infrastruktur durch ein vertikal integriertes Unternehmen, und damit auch der Freistellungsinhalt einer Befreiung vom diskriminierungsfreien Drittzugang, müssen vor allem die Marktanteile der begünstigten Investoren auf dem Markt für die Belieferung von regionalen Weiterverteilern und Händlern näher beleuchtet werden. Wiederum muss eine Regulierungsfreistellung, die auch Ausnahmen vom diskriminierungsfreien Drittzugang beinhaltet, ausscheiden, wenn begünstigtes Unternehmen ein Unternehmen ist, das in einem durch die Infrastruktur berührten Markt, der bisher monopolistisch oder oligopolistisch geprägt ist, bereits über entsprechende Marktanteile verfügt. In Betracht käme hier allenfalls eine auf einen Bruchteil der Gesamtkapazität beschränkte Befreiung, die durch die übrigen Neukapazitäten sicherstellt, dass eine Vergrößerung der vorhandenen Marktanteile ausgeschlossen ist. Dazu ist es wiederum erfor-

---

[212] Vgl. oben 5. Kapitel: II. 3. b) aa).

derlich, dass gerade in Oligopolsstrukturen diese übrigen Neukapazitäten nicht ausschließlich anderen Incumbents zugeordnet, sondern auch Newcomer befreiungsbegünstigt sind, oder aber ein erheblicher Kapazitätsanteil reguliert bleibt. Bei der Analyse der Marktanteile ist wiederum auf mathematische Verfahren wie den seitens der Kommission bevorzugten *Herfindahl-Hirschmann-Index* (*HHI*) zurückzugreifen. Angesichts der zusätzlichen Erwähnung der Versorgungssicherheit in Art. 36 Abs. 1 lit. a) GasRL sind allerdings bei der Anwendung solcher herkömmlicher Verfahren im Zusammenhang mit Regulierungsfreistellungen im Erdgasbereich die maßgeblichen Schwellenwerte noch stärker als im Elektrizitätsbereich an die gerade noch vertretbaren Grenzen auszudehnen.[213]

Wie im Elektrizitätsbereich muss auch im Erdgasbereich sichergestellt werden, dass im Falle vorhandener Oligopolstrukturen bereits Marktanteile, die als solche noch nicht zur Begründung eines drohenden Marktmissbrauchs dienen könnten, im Hinblick auf nicht koordinierte Wirkungen zu einem negativen Befund bezogen auf die geforderte Wettbewerbsverbesserung führen. Eine adäquate Vorgehensweise besteht auch hier wiederum in einer Beschränkung der Freistellung für das betroffene Unternehmen auf einen Bruchteil der Kapazität. Keine Unterschiede zum Elektrizitätsbereich ergeben sich im auch im Falle eines Betriebs der Gasinfrastruktur als Joint Venture Company. Auch hier muss sichergestellt werden, dass kein kooperatives Gemeinschaftsunternehmen entsteht, das anstelle einer Wettbewerbsverbesserung lediglich die Position der beteiligten Unternehmen auf jeweils benachbarten Märkten stärkt. Dieser Aspekt darf vor allem in der Konstellation eines zunächst durchgeführten und grundsätzlich als positiv zu bewertenden *Open-Season*-Verfahrens nicht übersehen werden.[214]

Als Eigentümlichkeit des Erdgasmarktes müssen ferner nochmals langlaufende Vertragsgestaltungen besonders berücksichtigt werden. Oben wurde darauf hingewiesen, dass die auf die Infrastrukturnutzung bezogenen Elemente so genannter *Take-or-Pay*-Verträge wettbewerblich dann unproblematisch sind, wenn auch eine Befreiung vom Drittzugangsregime wettbewerblich unproblematisch ist.[215] Etwas anderes ergibt sich jedoch für langlaufende Abnahmeverpflichtungen auf nachgelagerten Märkten, die für die Frage einer Wettbewerbsverbesserung durch die Infrastruktur maßgeblich sind, wie vor allem dem Markt für die Belieferung von Weiterverteilern. Voraussetzung für eine umfassende Freistellung auch vom Drittzugang ist wie ausgeführt Gas-zu-Gas-Wettbewerb auf den nachgelagerten Märkten. Werden die Weiterverteiler hier jedoch durch langlaufende Vertragsstrukturen gebunden, ist eine solcher Gas-zu-Gas-

---

[213] Vgl. oben 5. Kapitel: II. 3. b) bb) (a) (bb).
[214] Siehe unten 5. Kapitel: II 3. c) bb) (a).
[215] Vgl. oben 5. Kapitel: I. 2. b) aa).

Wettbewerb während der Vertragslaufzeit nicht mehr möglich, da selbst bei vorhandenen Infrastrukturkapazitäten durch die gebundenen Nachfrager ein Marktverschluss vorliegt.[216] Daher erscheint die kritische Würdigung solcher langlaufender Vertragsstrukturen auf nachgelagerten Märkten durch die Europäische Kommission und das Bundeskartellamt konsequent und wurde auch gerichtlich bestätigt.[217]

Wie bereits für den Elektrizitätsbereich festgestellt, ergeben sich auch bei der Freistellung von Erdgasinfrastrukturen andere Prüfungsschwerpunkte, soweit beabsichtigtes Geschäftsmodell ein reines Netzbetreiber-Modell ist, i.e. die freistellungsbegünstigten Unternehmen keine vertikal integrierten Einheiten sind. Da dieses Geschäftsmodell auf die Nutzung durch Dritte angewiesen ist, existiert grundsätzlich auch kein Diskriminierungspotential. Ein möglicher Freistellungsgegenstand ist auch hier zuvorderst in der Modifikation des Entgeltbildungssystems zu finden, wobei vor allem eine höhere Netzrentabilität in Betracht kommt. Sicherzustellen ist jedoch wiederum auch, dass keine Monopolpreise gefordert werden können. Soweit die Gasinfrastruktur kein natürliches Monopol darstellt, i.e. Infrastrukturwettbewerb vorliegt, besteht eine solche Gefahr nicht. Ist die Gasinfrastruktur hingegen nicht durch Wettbewerb bedroht, kann wiederum nur eine sehr begrenzte Regulierungsfreistellung in Betracht kommen. Der Dispens kann hier nur soweit gehen, dass das Entgeltbildungssystem auch unter Einbeziehung des Dispenses weiterhin den inhaltlichen Anforderungen in Art. 13 ErdgasfernleitungsnetzVO genügt. Wie bereits für den Elektrizitätsbereich festgestellt wurde, erschöpft sich hier die Regulierungsfreistellung im Wesentlichen in einer Auflösung des Credibility-Problems.

(b) Besondere Bedeutung von Kapazitätsfreigabemechanismen
Besonderer Aufmerksamkeit bedürfen im Gasbereich im Zusammenhang mit der Vermeidung marktbeherrschender Stellungen einzelner Unternehmen die üblichen Kapazitätsfreigabemechanismen. Eine Marktabschottung lässt sich schwerer realisieren, wenn langfristig gebuchte, aber nicht genutzte Kapazitäten nicht gehortet werden können, sondern im Rahmen von Kapazitätsfreigabemechanismen freigegeben werden müssen. Eine Schlüsselrolle kommt hier dem so genannten Use-it-or-lose-it-Prinzip zu. Wird eine langfristig gebuchte Kapazität kurzfristig nicht benötigt, entsteht im Bereich der kurzfristigen Nachfrage Gas-zu-Gas-Wettbewerb und damit eine wettbewerbliche Bedrohung.[218] Allerdings kann ein Kapazitätsfreigabemechanismus allein keine Disziplinierung marktbeherrschender Unternehmen bewirken. Zunächst kann eine kurzfristige

---
[216] BKartA vom 13.01.2006 WuW/E DE-V 1147, 1147ff – »E.ON Ruhrgas«.
[217] BKartA vom 13.01.2006 WuW/E DE-V 1147, 1147ff – »E.ON Ruhrgas«; OLG Düsseldorf vom 20.06.2006 WuW/E DE-R 1757, 1757ff – »E.ON Ruhrgas«.
[218] *Konoplyanik*, JENRL 23 (2005), p. 282 (293f).

Kapazität nicht mit einer verbindlichen langfristigen Kapazität gleichgesetzt werden und ist daher nicht geeignet, das Risiko der Stärkung einer marktbeherrschenden Stellung auszugleichen. Darüber hinaus bedeutet die Existenz eines Kapazitätsfreigabemechanismus nicht, dass tatsächlich auch Kapazitäten freigegeben werden. Eine Freigabe erfolgt nicht, wenn der Kapazitätsinhaber seine Kapazitäten permanent in Anspruch nimmt.[219] Daher ist festzustellen, dass trotz der Tatsache, dass Kapazitätsfreigabemechanismen durch die Bereitstellung kurzfristiger Marktliquidität zu einer Dynamisierung der Handelsmärkte führen, Kapazitätsfreigabemechanismen allein marktbeherrschende Unternehmen nicht zu disziplinieren vermögen. Kapazitätsfreigabemechanismen allein sind daher nicht geeignet, Wettbewerbsbedenken im Zusammenhang mit einer Regulierungsfreistellung zugunsten marktbeherrschender Unternehmen zu überwinden.

bb) Beispiele

(a) Nabucco-Pipeline

Anhand des bereits erwähnten Projekts der *Nabucco*-Pipeline lassen sich die dargestellten Aspekte einer geforderten Wettbewerbsverbesserung an einem konkreten Beispiel darstellen. Gerade bei der Auslegung des Tatbestandsmerkmals Art. 36 Abs. 1 lit. a) GasRL erweist sich die nähere Beleuchtung der *Nabucco*-Pipeline als fruchtbar, da die Freistellungsentscheidung der österreichischen Energie-Control Kommission bezüglich des österreichischen Abschnitts der Pipeline durch die Europäische Kommission im Rahmen des durch Art. 36 Abs. 9 GasRL festgelegten Verfahrens[220] eine nicht unerhebliche Modifikation erfahren hat, die sich vor allem auf die Tatbestandsvoraussetzung der Verbesserung des Wettbewerbs bezieht.[221] Festzuhalten ist zunächst, dass die für die *Nabucco*-Pipeline beantragte Freistellung für 50% der jeweils verfügbaren Kapazität, im Maximum beschränkt auf 15 Milliarden m³/a, eine umfassende Freistellung vom diskriminierungsfreien Drittzugang darstellt. Darüber hinaus beinhaltet die Freistellung für die gesamte Kapazität, i.e. sowohl für die reservierte als auch für die für Transportkunden freie Kapazität, ein modifiziertes Entgeltbildungssystem, das sich vor allem dadurch auszeichnet, dass mit einer Eigenkapitalrendite von 13% nach Steuern kalkuliert wird. Vergleicht man diesen Wert beispielsweise mit der von der deutschen Bundesnetzagentur vorgelegten zulässigen Verzinsung von nun 9,29%, die im Rahmen der Anreiz-

---

[219] Europäische Kommission, Betr.: Ausnahmeentscheidung für den österreichischen Abschnitt der Nabucco-Pipeline, 08.02.2008, Rdnr. 38, abrufbar unter http://ec.europa.eu/energy/gas/infrastructure/doc/nabucco_com_final_de.pdf (zuletzt abgerufen am 03.06.08).
[220] Siehe unten 6. Kapitel: I. 2.
[221] Europäische Kommission, Betr.: Ausnahmeentscheidung für den österreichischen Abschnitt der Nabucco-Pipeline, 08.02.2008, abrufbar unter http://ec.europa.eu/energy/gas/infrastructure/doc/nabucco_com_final_de.pdf (zuletzt abgerufen am 03.06.08).

regulierung für neue Infrastrukturen maßgeblich sein soll,[222] zeigt sich das Potential einer Regulierungsfreistellung als Investitionsanreiz. Auch die Tatsache, dass eine Abänderung der Tarifmethode erforderlich wird, wenn sich bei einer Überprüfung nach 20 Jahren eine Abweichung von den durchschnittlichen Tarifen vergleichbarer Transportsysteme vom mehr als +/- 10% ergeben sollte, ändert daran nichts, zumal eine solche Abänderung nicht rückwirkend wäre.[223]

Die Europäische Kommission bestätigt im Fall der *Nabucco*-Pipeline zunächst die Einordnung, nach der die von Art. 36 Abs. 1 lit. a) GasRL geforderte Verbesserung des Wettbewerbs anhand der Auswirkungen auf die vor- und nachgelagerten Erdgasmärkte zu beurteilen ist.[224] Die vom diskriminierungsfreien Drittzugang freigestellte Hälfte der Kapazität ist reserviert für die Anteilseigner der freistellungsbegünstigten *Nabucco* Gas Pipeline International GmbH, wobei bezogen auf den österreichischen Teilabschnitt die OMV Gas International GmbH von Interesse ist, die wiederum eine 100%ige Tochter des integrierten Erdgaskonzerns OMV AG darstellt. Berücksichtigt man den Umstand, dass mit der EconGas GmbH sowie der OMV Gas GmbH zwei 100%ige Töchter der OMV Gas International GmbH die nachgelagerten Märkte für die Belieferung großer Weiterverteiler, für die Gasspeicherung, für Ausgleichsenergie, für die Belieferung lokaler Weiterverteiler, für Endkunden mit einem Verbrauch von mehr als 500.000 m³ sowie für die Belieferung von Kraftwerken beherrschen, ergibt sich nach den hier entwickelten Kriterien eindeutig, dass eine Freistellung der kompletten Pipeline an der Tatbestandsvoraussetzung von Art. 36 Abs. 1 lit. a) GasRL hätte scheitern müssen. In gleicher Weise schädlich ist die Regulierungsfreistellung jedoch trotz ihrer Beschränkung auf 50% der Kapazität auch dann, wenn die verbleibenden 50% in einem offenen Verfahren wiederum vom marktbeherrschenden Unternehmen gebucht werden können. Hier erachtete es die österreichische Regulierungsbehörde als ausreichend, dass mit dem Use-it-or-lose-it-Prinzip ein wirksamer Kapazitätsmechanismus trotz Freistellung weiter bestehe und im Übrigen die *Nabucco*-Pipeline eine Transportverbindung zu bisher nicht erreichbaren Anbietern darstellt.[225] Beide Argumentationsansätze greifen jedoch zu kurz. Zum einen handelt es sich um einen abstrakt auf die Marktliquidität bezogenen Ansatz, der wie dargestellt im

---

[222] Vgl. oben 3. Kapitel: I. 1. b).

[223] Energie-Control Kommission, Geänderter Bescheid über eine Ausnahmegenehmigung zu Gunsten des österreichischen Abschnitts der Nabucco Erdgas Pipeline, 09. 04. 2008, S. 15 f; abrufbar unter http://www.e-control.at/portal/page/portal/medienbibliothek/recht/dokumente/pdfs/090408-knisg-0107.pdf (zuletzt abgerufen am 12.04.10).

[224] Europäische Kommission, Betr.: Ausnahmeentscheidung für den österreichischen Abschnitt der Nabucco-Pipeline, 08. 02. 2008, Rdnr. 31, abrufbar unter http://ec.europa.eu/energy/gas/infrastructure/doc/nabucco_com_final_de.pdf (zuletzt abgerufen am 03.06.08).

[225] Europäische Kommission, Betr.: Ausnahmeentscheidung für den österreichischen Abschnitt der Nabucco-Pipeline, 08. 02. 2008, Rdnr. 36 ff, abrufbar unter http://ec.europa.eu/energy/gas/infrastructure/doc/nabucco_com_final_de.pdf (zuletzt abgerufen am 03.06.08).

Rahmen der Tatbestandsvoraussetzung des Art. 36 Abs. 1 lit. e) GasRL zu prüfen ist. Zum anderen ist ein Freigabemechanismus als solcher wie ausgeführt nicht geeignet, die Bedenken gegen eine Regulierungsfreistellung marktbeherrschender Unternehmen zu zerstreuen. Bei der Prüfung der Verbesserung des Wettbewerbs durch die Infrastruktur ist hingegen auf die konkret betroffenen Unternehmen Bezug zu nehmen und sicherzustellen, dass diese auf vor- und nachgelagerten Märkten keine marktbeherrschende Stellung begründen oder ausbauen. Dies war jedoch durch die ursprüngliche Freistellung der österreichischen Regulierungsbehörde nicht gewährleistet. Insoweit setzt sich der methodologische Fehler der Energie-Control Kommission hier materiell fort. Problematisch war vor allem, dass die von der Freistellung begünstigten Unternehmen neben ihren Anteilen an der reservierten Kapazität im offenen *Open-Season*-Verfahren für die verbleibenden 50% der Gesamtkapazität für weitere Kapazitäten bieten konnten. In einem Worst-Case-Szenario hätte so der Marktteilnehmer mit dem größten Marktanteil, i.e. die OMV Gas International GmbH oder ihre Tochterunternehmen, die gesamte oder große Teile der für Österreich bestimmten Anteile der Pipelinekapazität buchen können. Erschwerend wirkt sich das am 25. Januar 2008 zwischen der OMV AG und der Gazprom AG unterzeichnete Kooperationsabkommen aus. Gazprom verfügt bezogen auf den Gasimport nach Österreich bereits über einen Marktanteil von 60%. Der ursprüngliche Freistellungsinhalt hätte es Gazprom erlaubt, unabhängig von der Kapazitätsbuchung durch den Kooperationspartner im Extremfall für die gesamten verbleibenden 50% der Kapazität zu bieten. Die Gefahr einer Verstärkung marktbeherrschender Stellungen war im Ausgangsmodell auch deshalb so groß, weil das darin enthaltene allgemeine *Open-Season*-Verfahren für die offen zugänglichen 50% der Kapazität keine klaren Regelungen für die Kapazitätszuweisung bei Engpässen enthielt, so dass etwa bei einer Bevorzugung größerer Kapazitätsgebote Gazprom und OMV gemeinsam die gesamte österreichische Ausspeisungskapazität hätten kontrollieren können.[226]

Insoweit war es sachgerecht, dass die Europäische Kommission der österreichischen Energie-Control Kommission Änderungen aufgegeben hat. Festgelegt wurde, dass marktbeherrschende Unternehmen maximal 50% der Kapazität an den österreichischen Ausspeisepunkten der *Nabucco*-Pipeline buchen können. Im Rahmen des allgemein offenen *Open-Season*-Verfahrens ist sicherzustellen, dass die Kapazitätszuweisung transparent und nichtdiskriminierend, i.e. beispielsweise anteilsmäßig erfolgt. Die genannten Änderungen sind konsequent. Allerdings begründet die Europäische Kommission nicht, weshalb gerade 50% der Kapazität die relevante Größe darstellen sollen. Eine Verbesserung des

---

[226] Europäische Kommission, Betr.: Ausnahmeentscheidung für den österreichischen Abschnitt der Nabucco-Pipeline, 08.02.2008, Rdnr. 32ff, abrufbar unter http://ec.europa.eu/energy/gas/infrastructure/doc/nabucco_com_final_de.pdf (zuletzt abgerufen am 03.06.08).

Wettbewerbs im Sinne einer Reduzierung der Marktanteile eines marktbeherrschenden Unternehmens tritt bereits dann ein, wenn der Anteil an der neuen Kapazität geringer ist als sein bisheriger Marktanteil. Durch die Fixierung auf 50% zeigt sich wiederum die eher restriktive Haltung der Kommission. Ausnahmen in Bezug auf die 50%-Klausel lässt die Kommission nur zu, wenn die Kapazitätsobergrenze von 50% mangels ausreichenden Drittinteresses, das etwa durch fehlende vorgelagerte Gaskontrakte begründet sein kann, eine Erweiterung der Kapazität verhindert. In diesem Fall muss das zusätzliche Gasvolumen dem Markt jedoch in einem offenen, transparenten und nicht diskriminierenden Verfahren, das seinerseits der Genehmigung durch die Regulierungsbehörde bedarf, zur Verfügung gestellt werden. Für die Berechnung der bereitzustellenden Volumina ist die gebuchte Kapazität maßgeblich. Durch die regulierte Bereitstellung der zusätzlichen Gasvolumina am Markt wirken sich hier auch größere Kapazitätsanteile nicht negativ auf den Wettbewerb aus.[227]

Auf keine Bedenken der Kommission stieß hingegen das Entgeltbildungssystem trotz des nicht unerheblichen Risikozuschlags auf die Eigenkapitalverzinsung. Dies bestätigt wiederum die oben getroffene Feststellung, dass zusätzliche Prämien die geringste Wettbewerbssensibilität aufweisen, sofern sie nicht exzessiv ausgestaltet sind.[228] Dies ist bezogen auf die *Nabucco*-Pipeline dadurch sichergestellt, dass zunächst zumindest beschränkter Leitungswettbewerb existiert und nach 20 Jahren Laufzeit über die 10%-Abweichungsregelung eine Deckelung sichergestellt ist.

(b) LNG-Terminals
Als weiteres Beispiel zur Veranschaulichung der dargestellten Kriterien einer Verbesserung des Wettbewerbs durch die Infrastruktur kann die Freistellung der dritten Ausbaustufe des *Isle of Grain* LNG-Terminals zugunsten der National Grid Grain LNG LtD (GLNG) dienen. Inhalt der Freistellung ist eine Befreiung von den Verpflichtungen der section 19D Gas Act 1986. Es handelt sich um eine Befreiung von den Drittzugangsverpflichtungen für LNG-Terminals. Relativiert wird diese weitgehende Befreiung jedoch wiederum dadurch, dass National Grid Grain LNG LtD als Tochter des Netzbetreibers National Grid nicht über Diskriminierungspotential verfügt und im Übrigen durch ein vorgeschaltetes *Open-Season*-Verfahren eine Zugangsmöglichkeit bestand. Die britische Regulierungsbehörde ofgem erkennt, dass eine Wettbewerbsverbesserung durch die Infrastruktur nur möglich ist, wenn die freigestellte Infrastruktur nicht zur Begründung oder zum Ausbau einer marktbeherrschenden Stel-

---

[227] Energie-Control Kommission, Geänderter Bescheid über eine Ausnahmegenehmigung zu Gunsten des österreichischen Abschnitts der Nabucco Erdgas Pipeline PA 8894/07, 09.04. 2008, S. 2ff; abrufbar unter http://www.e-control.at/portal/page/portal/medienbibliothek/recht/dokumente/pdfs/090408-knisg-0107.pdf (zuletzt abgerufen am 12.04.10).
[228] Vgl. oben 5. Kapitel: II. 2. a).

II. Wettbewerbliche Einzelvoraussetzungen

lung auf vor- oder nachgelagerten Märkten führt. Deshalb wird das konkrete Ergebnis des *Open-Season*-Verfahrens in die Freistellung miteinbezogen.[229] In Anlehnung an die Methodologie des klassischen Wettbewerbsrechts wendet die britische Regulierungsbehörde in der Folge wie vorliegend vorgeschlagen den *HHI* an, um die Auswirkungen einer freigestellten Infrastruktur auf die Marktstellung begünstigter Unternehmen auf den vor- und nachgelagerten Märkten zu ermitteln.[230] Auch die vorliegend vorgenommene Differenzierung zwischen den Tatbestandsvoraussetzungen Art. 36 Abs. 1 lit. a) und e) GasRL, nach der anhand der abstrakten Marktliquidität zunächst zu ermitteln ist, ob ein unbestreitbares natürliches Monopol vorliegt, und anschließend auf die Marktstellung konkreter Marktteilnehmer abzustellen ist, wird implizit aufgenommen. So weist ofgem ausdrücklich darauf hin, dass unter Einbeziehung weiterer in Planung und Bau befindlicher LNG-Terminals auch bei engen Marktabgrenzungen eine höhere Marktliquidität vorliegt respektive auch Pipelinekapazitäten in die Betrachtung der Marktliquidität einzubeziehen sind und dass damit losgelöst von den konkret die Freistellung begehrenden Unternehmen grundsätzlich Raum für eine Regulierungsfreistellung besteht.[231] Angesichts der Tatsache, dass auf den betroffenen britischen Gasmärkten bisher keine marktbeherrschenden Stellungen, sondern funktionierender Wettbewerb anzutreffen war, wurde die beantragte Regulierungsfreistellung folglich von ofgem genehmigt. Bedingung waren lediglich zusätzliche Kapazitätsfreigabemechanismen.[232] Wie ausgeführt genügen diese zwar nicht, um im Falle marktbeherrschender Stellungen Wettbewerb zu erzeugen.[233] Im Falle funktionierenden Wettbewerbs sind sie jedoch geeignetes Mittel, diesen zu erhalten.

---

[229] Ofgem, National Grid Grain LNG Ltd application for exemption from Section 19D of the Gas Act 1986 – Ofgem's decision, 30.04.2007, p. 5f, abrufbar unter http://www.ofgem.gov.uk/Markets/WhlMkts/CompandEff/TPAccess/Documents1/Final%20views%20Grain%203%20letter%20FINAL%20_2_.pdf (zuletzt abgerufen am 13.03.08).

[230] Ofgem, National Grid Grain LNG Ltd application für exemption from Section 19D of the Gas Act 1986 – Consultation, 14.12.2006, p. 14, abrufbar unter http://www.ofgem.gov.uk/Markets/WhlMkts/CompandEff/TPAccess/Documents1/16424-212_06.pdf (zuletzt abgerufen am 05.06.08).

[231] Ofgem, National Grid Grain LNG Ltd application für exemption from Section 19D of the Gas Act 1986 – Consultation, 14.12.2006, p. 15, abrufbar unter http://www.ofgem.gov.uk/Markets/WhlMkts/CompandEff/TPAccess/Documents1/16424-212_06.pdf (zuletzt abgerufen am 05.06.08).

[232] Ofgem, National Grid Grain LNG Ltd application for exemption from Section 19D of the Gas Act 1986 – Ofgem's decision, 30.04.2007, p. 3f, abrufbar unter http://www.ofgem.gov.uk/Markets/WhlMkts/CompandEff/TPAccess/Documents1/Final%20views%20Grain%203%20letter%20FINAL%20_2_.pdf (zuletzt abgerufen am 13.03.08).

[233] Vgl. oben 5. Kapitel: II. 3. c) (b).

4. Zusammenfassung

Die in den Tatbestandsvoraussetzungen Art. 17 Abs. 1 lit. a) und f) StromhandelsVO respektive Art. 36 Abs. 1 lit. a) und e) GasRL normierten Wettbewerbsanforderungen einer Regulierungsfreistellung stellen den zentralen Prüfungspunkt dar. Dabei muss entgegen der gesetzlichen Reihenfolge zunächst die Vereinbarkeit der Regulierungsfreistellung als solcher mit dem Wettbewerb und dem effektiven Funktionieren des Energiebinnenmarktes untersucht werden. Kern der Analyse ist die unbestreitbare natürliche Monopoleigenschaft der Infrastruktur, wobei die Marktliquidität als Stromerzeugungskapazität plus Importkapazität bzw. als eigene Gasreserven plus Gasimportkapazität im Mittelpunkt der Betrachtung steht. Nach dem Vorliegen oder Nichtvorliegen eines unbestreitbaren natürlichen Monopols richtet sich die mögliche Reichweite der Freistellung. In einem zweiten Prüfungsschritt muss im Rahmen der Tatbestandsvoraussetzung der Verbesserung des Wettbewerbs durch die Investition anhand der Kriterien des allgemeinen Wettbewerbsrechts auf die konkret von der Freistellung begünstigten Unternehmen und deren Stellung auf vor- und nachgelagerten Märkten rekurriert werden. Der im ersten Prüfungsschritt noch unter Loslösung von konkreten Unternehmen ermittelte mögliche Freistellungsinhalt ist in die Betrachtung mit einzubeziehen.

a) Elektrizität

Für eine Beurteilung der Wettbewerbswirkungen der Regulierungsfreistellung als solcher und anschließend der freigestellten Infrastruktur ist es daher zusammenfassend im Bereich Elektrizität zunächst erforderlich, eine genaue Marktabgrenzung durchzuführen. Entscheidendes Kriterium für die Einordnung der Verbindungsleitung ist die in den jeweils verbundenen Märkten aktuell vorhandene Marktliquidität. Ist diese global betrachtet in einem Maß vorhanden, dass die Nutzung des Interkonnektors bei einer Preiserhöhung durch die Nutzung einer anderen Erzeugungskapazität oder Importfazilität im oder in den jeweiligen Heimatmarkt substituiert werden kann, stellt insoweit und solange der Interkonnektor kein unbestreitbares natürliches Monopol dar und eine Regulierungsfreistellung ist umfassend möglich, ohne dass die Freistellung als solche negative Wettbewerbsauswirkungen hätte. Umfassend bedeutet in diesem Zusammenhang je nach Geschäftsmodell eine Freistellung auch in Gestalt einer Freistellung vom diskriminierungsfreien Zugang oder einer umfassenden Freistellung von der Verwendungszweckbeschränkung. Handelt es sich hingegen bei dem Interkonnektor um eine aus Versorgungssicherheitsgründen zwingend erforderliche Verbindungsleitung, i.e. fehlt es an der ausreichenden Marktliquidität, ist, soweit diese Erforderlichkeit reicht, nur eine Freistellung möglich, die trotz Freistellung eine marktorientierte Preisbildung weiter sicherstellt und auch die Verwendungszweckbeschränkung nur soweit dispensiert, als dies zur

Erreichung einer angemessenen, angesichts des Investitionsrisikos über der üblichen Verzinsung liegenden Rentabilität erforderlich ist. Anders formuliert muss es immer zur marktorientierten Preisbildung kommen. Liegt kein unbestreitbares natürliches Monopol vor, gelingt dies den Marktmechanismen allein. Andernfalls darf eine Regulierungsfreistellung nur soweit gehen, dass sich die Freistellung auf diese Bereiche nicht bezieht.

Selbst wenn kein unbestreitbares natürliches Monopol vorliegt und damit grundsätzlich auch eine umfassende Regulierungsfreistellung in Betracht kommt, muss eine solche umfassende Regulierungsfreistellung jedoch für Unternehmen ausscheiden, die durch eine Regulierungsfreistellung im Markt für die Erzeugung bzw. den Großhandelsverkauf elektrischer Energie eine marktbeherrschende Stellung begründen oder verstärken könnten. Dasselbe gilt, wenn die Regulierungsfreistellung ein Koordinationsinstrument jeweils zur Absicherung marktbeherrschender Stellungen oder enger Oligopolstrukturen auf benachbarten Märkten darstellt. Konkret in Betracht kommt dies vor allem, wenn der Interkonnektor ein Gemeinschaftsunternehmen ehemaliger Erzeugungs-Incumbents darstellt. Andernfalls führt die freigestellte Infrastruktur nicht zu einer Verbesserung des Wettbewerbs in der Stromversorgung.

b) Erdgas

Das Vorgehen bei der Bewertung der Wettbewerbswirkungen einer Regulierungsfreistellung unterscheidet sich im Erdgasbereich methodologisch nicht von dem im Bereich der Elektrizität. Zu beachten ist allerdings, dass auf der ersten Prüfungsstufe aufgrund der Primärenergieeigenschaft des Erdgases und der daraus folgenden Ortsgebundenheit der Vorkommen keine Unterscheidung zwischen verschiedenen sachlichen Märkten erfolgt. Sachlich betroffener Markt ist im Bereich der vorliegend interessierenden Infrastrukturen vielmehr immer der Markt für die überregionale Ferngasübertragung, der den Import von Erdgas von ausländischen Erdgasproduzenten umfasst. Maßgeblich für die mögliche Reichweite der gewährten Regulierungsfreistellung ist allerdings auch hier wiederum das Vorliegen oder Nichtvorliegen eines unbestreitbaren natürlichen Monopols, dessen Vorliegen, wie gezeigt wurde, nicht zwingend ist.

Auf der zweiten Prüfungsstufe ist auch im Erdgasbereich unter Einbeziehung der ermittelten möglichen Freistellungsreichweite Bezug auf die konkret von der Freistellung begünstigten Unternehmen zu nehmen. Maßstab ist hier wiederum eine an den Kriterien des allgemeinen Wettbewerbsrechts orientierte Bewertung. Zu achten ist auf den vor- und nachgelagerten Märkten vor allem auf marktbeherrschende Stellungen und Marktverschließungseffekte. Als Besonderheit des Gassektors dürfen dabei die Inkompatibilitäten zwischen Regulierungsfreistellungen mit Drittzugangsfreistellung und langlaufenden Vertragsstrukturen mit Abnahmeverpflichtung auf nachgelagerten Märkten nicht übersehen werden. Langlaufende Vertragsstrukturen bezogen auf die Infrastrukturnutzung selbst sind hingegen unbedenklich, soweit auch die Unbedenklichkeit einer Drittzugangsbefreiung festgestellt wurde.

III. Sonstige Einzelvoraussetzungen

1. Abhängigkeit der Investition von der Gewährung der Regulierungsfreistellung

Eine Regulierungsfreistellung kommt gem. Art. 17 Abs. 1 lit. b) StromhandelsVO respektive gem. Art. 36 Abs. 1 lit. b) GasRL nur in Betracht, wenn das Investitionsrisiko so hoch ist, dass die Investition ohne Ausnahmegenehmigung nicht getätigt würde.

a) Begrenzte Bedeutung des Kriteriums der Abhängigkeit der Investition von der Regulierungsfreistellung

Im Konzept der *Access Holidays* handelt es sich hierbei um einen zentralen Gesichtspunkt, da durch *Access Holidays* gerade solche Investitionen ermöglicht werden sollen, die andernfalls nicht realisiert werden können. Folglich wird mit der Abhängigkeit der Investition von der Regulierungsfreistellung ein Aspekt des *Access Holidays*-Ansatzes aufgegriffen. In der praktischen Anwendung stößt die benannte Tatbestandsvoraussetzung jedoch auf Probleme. Ob eine Investition ohne Regulierungsfreistellung tatsächlich verwirklicht wird oder nicht, verbleibt in letzter Konsequenz immer im Bereich des Hypothetischen, da dieser Aspekt regelmäßig vor allem von der Risikobereitschaft des Investors abhängt. Schon im Normtext ist diese Problematik durch den Gebrauch des Konjunktivs angelegt. Daraus wird deutlich, dass das Kriterium der Abhängigkeit der Investition von der Regulierungsfreistellung nur begrenzte Bedeutung entfalten kann.

Für die vorliegend konkret behandelte Regulierungsfreistellung gem. Art. 17 StromhandelsVO bzw. Art. 36 GasRL ist dies jedoch unschädlich. Der ursprüngliche Ansatz der *Access Holidays* nimmt zur Schaffung von Investitionsanreizen Wettbewerbsbeschränkungen bewusst in Kauf.[234] Um durch Regulierungsfreistellungen entstehende Wettbewerbsbeschränkungen dennoch zu begrenzen, ist es unvermeidlich, die Abhängigkeit der Investition von der Regulierungsfreistellung als situatives Korrektiv einzuführen. Für die vorliegend behandelten Regulierungsfreistellungsmöglichkeiten besteht jedoch eine solche Notwendigkeit nicht in gleichem Maß. Regulierungsfreistellungsmaßnahmen gem. Art. 17 StromhandelsVO sowie gem. Art. 36 GasRL können wie ausge-

---

[234] Vgl. oben 3. Kapitel: I. 3. a).

führt nur gewährt werden, wenn sowohl durch die Freistellung als solche als auch durch die freigestellte Investition keine negativen Wettbewerbsauswirkungen entstehen. Damit befindet sich die Regulierungsfreistellungsmaßnahme der vorliegend beschriebenen Art im Gegensatz zur Grundkonzeption der *Access Holidays* in einem engen Korsett vor allem im Hinblick auf die Wettbewerbsauswirkungen. Lediglich im Bereich der Beurteilung der Wettbewerbsauswirkungen der freigestellten Infrastruktur als solcher besteht die grundsätzliche eng begrenzte Möglichkeit, im Rahmen des Prognoseermessens der zuständigen Behörde wettbewerbliche Spielräume zu konzedieren. Auch hier sind jedoch aufgrund der wettbewerbsrechtlichen Verknüpfung enge Grenzen zu beachten.[235] Eine Begrenzung negativer Wettbewerbsauswirkungen durch das situative Korrektiv einer Abhängigkeit der Investition von der Regulierungsfreistellungsmaßnahme ist daher systematisch nicht in einer dem ursprünglichen Ansatz der *Access Holidays* vergleichbaren Weise geboten. Es erscheint daher auch fragwürdig, das Risikokriterium ins Zentrum der Freistellungsentscheidung rücken zu wollen. Dies gilt erst recht, wenn entscheidendes Kriterium für ein entsprechendes besonderes Investitionsrisiko dann eine zu erwartende exzessive Regulierung in Folgeperioden sein soll. Dies würde gleichsam bedeuten, dass die für die Freistellung zuständige Regulierungsbehörde vorab einräumt, dass sie ihr künftiges Handeln als exzessiv betrachtet.[236] Vor allem ist es nicht angebracht, die Vermeidung regulatorischer Unsicherheit zwar in zutreffender Weise ins Zentrum des Freistellungszwecks zu stellen, hierzu aber das Risikokriterium überzubetonen.[237] Diesen Zweck erfüllen die strengen wettbewerblichen Tatbestandsvoraussetzungen, die in der Logik von Art. 17 StromhandelsVO und Art. 36 GasRL eindeutig im Zentrum der Betrachtung stehen. Bestätigt wird diese Einordnung auch durch die Prüfungsschwerpunkte der bisherigen Freistellungsentscheidungen. Das Risikokriterium nimmt hier regelmäßig überschaubaren Raum ein, während die wettbewerblichen Fragestellungen breiten Diskussionsraum beanspruchen.[238]

---

[235] Vgl. oben 4. Kapitel: II. 2. c) cc).
[236] So jedoch *Spanjer*, ZfE 2008, S. 46 (50).
[237] So jedoch wiederum *Spanjer*, ZfE 2008, S. 46 (50).
[238] Vgl. Europäische Kommission, Betr.: Ausnahmeentscheidung für den österreichischen Abschnitt der Nabucco-Pipeline, 08.02.2008, Rdnr. 49–52 vs. 55–57 & 58–65, abrufbar unter http://ec.europa.eu/energy/gas/infrastructure/doc/nabucco_com_final_de.pdf (zuletzt abgerufen am 03.06.08); European Commission, Exemption decision on the BritNed interconnector, 18.10.2007, p. 5, abrufbar unter http://ec.europa.eu/energy/electricity/infrastructure/doc/BritNed_decision_ec.pdf (zuletzt abgerufen am 04.04.08); Finnish Energy Market Authority, Decision Rno. 195/429/2004, 02.02.2005, p. 7 vs. 6–7 & 8–10, abrufbar unter http://www.emvi.fi/files/Estlink_decision_2005_02_02.doc (zuletzt abgerufen am 16.05.08).

b) Erhöhter Investitionsaufwand als erhöhtes Investitionsrisiko

Ein angemessenes Vorgehen dürfte daher darin bestehen, das von Art. 17 Abs. 1 lit. b) StromhandelsVO und von Art. 36 Abs. 1 lit. b) GasRL geforderte besondere Investitionsrisiko mit einem im Vergleich zu anderen Infrastrukturinvestitionen im Elektrizitäts- und Gasbereich in besonderer Weise erhöhten Investitionsaufwand und daraus folgenden erhöhtem Investitionsrisiko gleichzusetzen. Auch die Europäische Kommission räumt der finanziellen Größenordnung des jeweiligen Projekts besondere Relevanz ein.[239] Ein wirklicher Nachweis einer Nichtverwirklichung des Projekts ohne Freistellung ist hingegen, wenn nicht bereits aufgrund des zwingend hypothetischen Charakters ohnehin unmöglich, zumindest nicht unbedingt geboten. Dies unterstreicht wiederum den beschränkten Gehalt des Risikokriteriums. Entsprechend dem Grundsatz der Verhältnismäßigkeit sollte der Risikograd der Investition vor allem für die Dauer einer Regulierungsfreistellung maßgeblich sein. Je größer das Investitionsrisiko, desto länger die Regulierungsfreistellung.

Nicht in Betracht kommt ein solches erhöhtes Investitionsrisiko, wenn die betreffende Infrastruktur zu einem nicht völlig unerheblichen Teil durch Zuschüsse einzelner Mitgliedstaaten oder der Europäischen Union und damit öffentlich finanziert wurde. Hier bildet gerade die Unterstützung durch öffentliche Finanzmittel das Äquivalent des besonderen Investitionsrisikos. Eine zusätzlich gewährte Regulierungsfreistellung würde eine Überkompensation bedeuten. Als öffentliche Finanzierung im beschriebenen Sinn kann jedoch nicht eine Bezuschussung vorbereitender Studien aus TEN-Mitteln angesehen werden. Anders verhält sich dies zwar im Grundsatz bei einer Finanzierung der tatsächlichen Baukosten aus TEN-Mitteln. Hier sind Einschränkungen für die Gewährung einer Regulierungsausnahme grundsätzlich denkbar.[240] Allerdings sind diese Mittel im Bereich der TEN-E wie oben dargestellt[241] tatsächlich so niedrig, dass hieraus in der Realität kaum Einschränkungen für eine Regulierungsfreistellungsmaßnahme zu befürchten sind. Diese Einordnung bestätigt den oben beschriebenen ergänzenden Charakter[242] des Programms Transeuropäische Energienetze und der Möglichkeit einer Regulierungsfreistellungsmaßnahme.

---

[239] Vgl. Europäische Kommission, Betr.: Ausnahmeentscheidung für den österreichischen Abschnitt der Nabucco-Pipeline, 08. 02. 2008, Rdnr. 52, abrufbar unter http://ec.europa.eu/energy/gas/infrastructure/doc/nabucco_com_final_de.pdf (zuletzt abgerufen am 03.06.08).

[240] Europäische Kommission, Vermerk der GD Energie und Verkehr zu den Richtlinien 2003/54/EG und 2003/55/EG und der Verordnung (EG) Nr. 1228/2003 im Elektrizitäts- und Erdgasbinnenmarkt – Ausnahmen von bestimmten Bestimmungen der Regelung des Netzzugangs Dritter vom 30. 01. 2004, S. 3, 6, abrufbar unter http://ec.europa.eu/energy/electricity/legislation/doc/notes_for_implementation_2004/exemptions_tpa_de.pdf (zuletzt abgerufen am 11.08.08).

[241] Vgl. oben 4. Kapitel: III. 1.

[242] Vgl. oben 4. Kapitel: III. 2.

III. Sonstige Einzelvoraussetzungen 259

Als zu pauschal muss allerdings eine Auslegung abgelehnt werden, die ein erhöhtes Investitionsrisiko a priori bei einer regulierten Infrastruktur verneint, soweit sich Regulierung und Regulierungsfreistellung überschneiden.[243] So wird zwar eingeräumt, dass auch eine regulierte Infrastruktur in Gestalt der oben beschriebenen regulierungsspezifischen Risiken[244] durchaus Risiken birgt. Die verfahrensmäßig für die Gewährung einer Regulierungsfreistellung in Zusammenarbeit mit der Europäischen Kommission zuständige nationale Regulierungsbehörde, die ebenfalls für die Festlegung der Durchleitungsentgelte zuständig ist, könne jedoch kaum bei der Festlegung der Durchleitungsentgelte diese als risikoadäquat festlegen und gleichzeitig bei der Entscheidung über eine Regulierungsfreistellungsmaßnahme zum Ergebnis eines besonderen Risikos kommen. Eine solche Einordnung der Regulierungsfreistellungsmöglichkeit beschränkt diese jedoch auf das Modell der klassischen Merchant-Line. Regulierungsfreistellungen im Sinne eines Regulierungsvertrags zwischen Investor und Regulierungsbehörde, die sich etwa auf die Vorabfestlegung einer verlängerten Regulierungsperiode zur Beherrschung des Credibility-Problems oder auf die Gewährung einer besonderen Risikoprämie beschränken, müssten damit aus dem Anwendungsbereich von Art. 17 StromhandelsVO und Art. 36 GasRL ausscheiden. Aus Art. 17 Abs. 1 lit. b) StromhandelsVO bzw. Art. 36 Abs. 1 lit. b) GasRL folgt ein solches Vorgehen jedoch nicht zwingend. Die Festlegung von Durchleitungsentgelten und Einordnung derselben als grundsätzlich risikoadäquat schließt eine Bewertung, die im Einzelfall ein erhöhtes Risiko anerkennt, nicht aus. Vielmehr trägt es gerade dazu bei, die grundsätzliche Risikoadäquanz der Entgelte zu bestätigen, wenn für besondere Projekte im Einzelfall Sonderkonditionen möglich werden. Dies stellt auch ein Mittel dar, die sonstigen Regulierungsbestimmungen und deren Anwendung als verhältnismäßig zu bestätigen. Vor allem ermöglicht ein solches Vorgehen die Gewährung von der üblichen Regulierungsperiode abweichender und damit verlängerter Regulierungsperioden für Einzelprojekte.

Kriterien für den Risikograd einer Investition im Sinne eines besonderen Risikos sind damit vor allem die angenommenen Kapitalkosten, die vorgesehene Amortisationsdauer, die Einnahmen im Laufe der Zeit oder die erwartete Investitionsrentabilität. Der Charakter der betroffenen Infrastrukturen als versunkene Investitionen erhöht den Risikograd gegenüber anderen Wirtschaftsgütern erheblich, wohnt allerdings sämtlichen Energieübertragungs- und Energieverteilungsinfrastrukturen zu einem gewissen Grad inne. Auch der Grad der Prognosesicherheit von nach der Investition eintretenden Ereignissen, die Einfluss auf die benannten Aspekte haben, beeinflusst den Risikograd einer Inves-

---

[243] *Jones*, EU Energy Law Vol. 1, 2006, p. 178.
[244] Vgl. oben 2. Kapitel: III. 1.

tition nicht unerheblich.[245] Hierzu gehört auch das Risiko veränderter Regulierungsbedingungen in folgenden Regulierungsperioden. Bei grenzüberschreitenden Infrastrukturen ist die Kalkulierbarkeit aufgrund der Mehrheit der regulierungsbehördlichen Systeme ausgelöst durch die Querung mehrerer Länder besonders eingeschränkt.[246] Dies stellt ein Argument für die Beschränkung der Freistellung auf grenzüberschreitende Infrastrukturen dar. Darüber hinaus sind besondere technische, wirtschaftliche oder politische Risiken einzelner Projekte zu berücksichtigen.[247] Politische Risiken dürften innerhalb der Europäischen Union eine untergeordnete Rolle spielen. Für an den Außengrenzen der Union belegene Infrastrukturen, welche möglicherweise als Joint Venture mit unionsexternen Unternehmungen realisiert werden, zu denken ist hier in besonderer Weise auch an Staatsmonopolunternehmen, sind jedoch politische Risiken nicht vollständig auszuschließen.

Eine Bewertung der aufgezeigten Risiken ist allerdings in allgemeiner Form kaum möglich, sondern muss an der konkreten Einzelinfrastrukturmaßnahme anknüpfen. Dennoch kann auch in abstrakter Form auf die Investitionsrisiken grenzüberschreitender Energieinfrastrukturen sowie auf deren erwartete Kosten eingegangen werden. Von Interesse sind daher an dieser Stelle vor allem die erwarteten Kosten der in Rede stehenden Projekte, die für das besondere Risiko grenzüberschreitender Infrastrukturen im Elektrizitäts- und Gasbereich von entscheidender Bedeutung sind. Gerade auf besondere grenzüberschreitende Kosten, die bei nicht grenzüberschreitenden Infrastrukturen in dieser Form nicht entstehen, ist zu achten. Anknüpfungspunkt für die Kosten grenzüberschreitender Infrastruktureinrichtungen sind die technischen Grundlagen des Aufbaus von Stromübertragungs- und Gasfernleitungseinrichtungen und der daraus folgende übliche und bei grenzüberschreitenden Projekten besondere Investitionsaufwand.

aa) Investitionsaufwand und wirtschaftliches Investitionsrisiko im Bereich der Elektrizitätsübertragung

Infrastrukturen zur Übertragung oder Verteilung von Elektrizität erfordern als solche einen hohen Investitionsaufwand. Dies gilt zunächst unabhängig davon, ob es sich um Verteilungs-, Übertragungs- oder grenzüberschreitende

---

[245] Europäische Kommission, Vermerk der GD Energie und Verkehr zu den Richtlinien 2003/54/EG und 2003/55/EG und der Verordnung (EG) Nr. 1228/2003 im Elektrizitäts- und Erdgasbinnenmarkt – Ausnahmen von bestimmten Bestimmungen der Regelung des Netzzugangs Dritter vom 30.01.2004, S. 6, abrufbar unter http://ec.europa.eu/energy/electricity/legislation/doc/notes_for_implementation_2004/exemptions_tpa_de.pdf (zuletzt abgerufen am 11.08.08).

[246] Europäische Kommission, Betr.: Ausnahmeentscheidung für den österreichischen Abschnitt der Nabucco-Pipeline, 08.02.2008, Rdnr. 51 f, abrufbar unter http://ec.europa.eu/energy/gas/infrastructure/doc/nabucco_com_final_de.pdf (zuletzt abgerufen am 03.06.08).

[247] *Talus*, JENRL 2005, p. 266 (272 f.).

Übertragungsinfrastrukturen handelt. Gegenstand der vorliegenden Regulierungsfreistellung sind ausschließlich grenzüberschreitende Infrastrukturen. Bei grenzüberschreitenden Infrastrukturen im Elektrizitätsbereich handelt es sich um Übertragungsinfrastrukturen, i.e. um Leitungen auf der Höchstspannungsebene. Einzugehen ist folglich auf den Investitionsaufwand für derartige Höchstspannungsleitungen und darauf, ob grenzüberschreitende Höchstspannungsleitungen, die den potentiellen Gegenstand einer Regulierungsfreistellungsmaßnahme bilden, möglicherweise generell höhere Investitionskosten aufweisen als herkömmliche Höchstspannungsleitungen.

(a) Freileitung vs. Kabelausführung
Aufgrund der unzureichenden Speicherbarkeit des elektrischen Stroms[248] kommt für die Übertragung und damit auch für die Höchstspannungsübertragung nur ein leitungsgebundener Transport in Betracht. Hierbei ist zwischen zwei Formen zu unterscheiden: Dem Stromtransport via Freileitung und dem Stromtransport via Kabel als Erd- oder Seekabelausführung. Der technische Unterschied besteht dabei in der Verlegungsart und im verwendeten Isolator, was zu Variationen im Aufbau der Leitungen führt. Freileitungen bestehen neben einem leitenden Teil, in der Regel aus Aluminium oder der Aluminiumlegierung Aldrey seltener aus Kupfer, aus mehreren umgebenden Stahl- oder Aluminiumseilen, welche die Zugfestigkeit gegen Witterungseinflüsse absichern. Aufgespannt werden die Leitungseinrichtungen im Höchstspannungsbereich in jeweils mehreren Systemen auf Stahlgittermasten mit Betonfundament, wobei bezüglich der Masten je nach Land und Region verschiedene Typen existieren.[249] Im Bereich der Leitungstrasse ist jeweils ein ausreichend breiter Korridor einzuhalten. Hierdurch werden weitergreifende Rodungsmaßnahmen notwendig.[250] Besonderer Vorteil der Freileitung ist die Einbeziehung der Umgebungsluft als Isolator. Dies erfordert zwar bestimmte Mindestabstände zwischen den Einzelkabeln und dem Erdboden, macht jedoch eine besondere Isolierung der Leitung als solcher überflüssig. Vielmehr werden bei der Freileitung nicht isolierte Leiterseile verlegt, die nur mittels eines Isolators am Mast befestigt sind. Im Kabelbereich, unabhängig ob Erd- oder Seekabel ist eine Isolierung durch das Umgebungsmedium nicht möglich. Erforderlich ist vielmehr der Einsatz spezieller Isolierungsmaterialien. Erd- oder Seekabel im Höchst- und Hochspannungsbereich sind daher aus mehreren Schichten aufgebaut. Die Kabelherstellung ist regelmäßig mit hohem technischem und finanziellem Aufwand verbunden. Von innen nach außen folgt auf einen Mehrdrahtleiter aus Aluminium, Aldrey oder Kupfer eine Isolierhülle aus spezialimprägnierten Papier oder Spe-

---

[248] Vgl. oben 2. Kapitel: I. 2. c) aa).
[249] *May*, Ökobilanz eines Solarstromtransfers von Nordafrika nach Europa, 2005, S. 22.
[250] *Peschke/von Olshausen*, Kabelanlagen für Hoch- und Höchstspannung, 1998, S. 14.

zialkunststoff. Diese wird wiederum durch weitere Papier- oder Kunststoffhüllen, einen Blei- oder Aluminiummantel und mehrere Stahlbewehrungen als Schutzband eingehüllt. Außen folgt schließlich ein Kunststoffmantel als Korrosionsschutz. Variationen im Kabelaufbau sind möglich.[251] Wie im Bereich der Freileitung müssen auch über Kabeltrassen aus Sicherheitsgründen Korridore freigehalten werden, die allerdings wesentlich kleiner sind als im Bereich der Freileitungen.

Kabeltrassen übersteigen den Investitionsaufwand und damit letztlich auch das Investitionsrisiko gegenüber einer Freileitung regelmäßig je nach Spannungsebene um das 5 bis 20fache[252] und damit um ein Vielfaches. Geschuldet ist dies zum einen dem beschriebenen aufwendigeren Kabelaufbau, der durch das Ausscheiden der Umgebungsluft als Dielektrikum[253] notwendig wird. Zum anderen sind im Kabelbereich aufwendige Tiefbauarbeiten notwendig, die zu einem enormen Kostenanstieg führen. Bei der Verlegung eines Seekabels sind im Hochseebereich zwar keine Tiefbauarbeiten im engeren Sinn erforderlich. Die besonderen Hochseebedingungen führen jedoch ihrerseits zu einem den Tiefbaukosten vergleichbaren Aufwand. Auch im Betrieb ist die Stromübertragung via Kabel höheren Risiken ausgesetzt. Anders als bei der Freileitung drohen zwar beispielsweise keine Systemausfälle durch Blitzschlag. Dafür können im Kabelbereich Beschädigungen der Kabeltrassen durch Erdarbeiten oder im Seekabelbereich durch Treibanker[254] nicht ausgeschlossen werden. Die statistische Häufigkeit derartiger Phänomene ist zwar wesentlich niedriger als die etwa eines Blitzeinschlags in eine Freileitung. Allerdings sind die Ausfallzeiten und der Reparaturaufwand bei den beschriebenen Beschädigungen der Kabeltrassen wesentlich größer als bei den im Bereich der Freileitungen typischerweise auftretenden Problemstellungen. Der Einsatz von Kabelstrecken anstelle von Freileitungen ist folglich eindeutiges Indiz für einen erhöhten Investitionsaufwand.[255] Etwas anderes könnte nur gelten, wenn trotz der erhöhten Investitionskosten ein Kabeleinsatz generell üblich wäre. Generell üblich ist die Erdverkabelung jedoch nur in dichtbesiedelten Bereichen, i.e. vor allem auf den nachgelagerten Netzebenen mittlerer (10 bis 20 kV) und niedriger Netzspannung (230 V). Im Bereich der Höchstspannungsübertragung (380 kV), wie sie für grenzüberschreitende Verbindungsleitungen zum Einsatz kommt, ist jedoch die Freileitung das übliche System. Mithin stellt die Notwendigkeit eines ver-

---

[251] *Peschke/von Olshausen*, Kabelanlagen für Hoch- und Höchstspannung, 1998, S. 28 ff, 119 f.
[252] *Peschke/von Olshausen*, Kabelanlagen für Hoch- und Höchstspannung, 1998, S. 16 f.
[253] Als Dielektrikum wird jedes elektrisch schwach- oder nichtleitende, nichtmetallische Material bezeichnet, dessen Ladungsträger im Allgemeinen nicht frei beweglich sind. Ein Dielektrikum kann sowohl ein Gas, ein Vakuum, eine Flüssigkeit oder ein Feststoff sein; vgl. *von Hippel*, Dielectric Materials and Applications, 1995, p. 147 ff.
[254] Bsp. von *Talus*, JENRL 2005, p. 266 (273).
[255] Siehe unten 5. Kapitel: IV. 2.

stärkten Kabeleinsatzes hier ein besonderes Investitionsrisiko dar. Kabeltrassen auch im Bereich der grenzüberschreitenden Verbindungsleitungen zur Höchstspannungsübertragung finden sich regelmäßig im Hochseebereich. Hier scheidet der Freileitungseinsatz zwingend aus. Der Kabeleinsatz ist alternativlos.[256] Der Investitionsaufwand und das Investitionsrisiko ist hier vergleichsweise groß, weshalb grenzüberschreitende Hochseeverbindungskabel vor dem Hintergrund der Tatbestandsvoraussetzung des Art. 17 Abs. 1 lit. b) StromhandelsVO regelmäßig als Freistellungsobjekt in Betracht kommen. Diese Einordnung lässt sich auch dadurch belegen, dass die beiden bisher gewährten Regulierungsfreistellungen im Elektrizitätsbereich[257], das *BritNed*-Kabel zwischen den Niederlanden und dem Vereinigten Königreich sowie der *Estlink*-Interkonnektor zwischen Estland und Finnland, jeweils Seekabelverbindungen sind.

(b) Gleichstrom- vs. Wechselstromübertragung
Weiteres entscheidendes Differenzierungskriterium bei der Höchstspannungsübertragung neben der Verlegungsart ist der Einsatz von Wechsel- oder Gleichstromsystemen. Bereits oben wurde erläutert, dass der Investitionsaufwand bei Gleichstromsystemen aufgrund der notwendigen Wechselrichterstationen die Kosten von Wechselstromsystemen systembedingt übersteigt.[258] Erst mit stark ansteigender Länge der Übertragungsstrecke wird die Gleichstromübertragung aufgrund von im Vergleich zu Wechselstromsystemen wesentlich niedrigeren Übertragungsverlusten wirtschaftlich, wobei hier der Investitionsaufwand schon aufgrund der reinen Länge der Infrastruktur stark ansteigt. Abhängig von der Übertragungsleistung beträgt die Break-Even-Distance, i.e. die Entfernung, ab der die sich die Investitionskosten für die Gleichstromübertragung mit der Wechselstromübertragung decken, etwa 500 bis 1.000 km. Obwohl bei einer solchen Übertragungsdistanz folglich gegenüber einem Wechselstromsystem wesentliche Kostenvorteile bestehen, wird etwa für eine 3.000 km lange Gleichstromübertragungsleitung von Nordafrika bis Mitteleuropa mit einer Kapazität von 2.000 MW immer noch mit einem Investitionsaufwand von 2 bis 3 Milliarden € gerechnet.[259] Diese Zahlen unterstreichen die besondere Höhe der Investitionen und damit auch deren höheren Risikograd. Das besondere Investitionsrisiko des zweiten Hauptanwendungsfalls von Gleichstromübertragungssystemen, des Seekabeleinsatzes, wurde bereits beschrieben. Der Investitionsaufwand und damit auch das Investitionsrisiko sind damit auch im Bereich der Gleichstromübertragung regelmäßig besonders hoch, weshalb auch für der-

---

[256] *Peschke/von Olshausen*, Kabelanlagen für Hoch- und Höchstspannung, 1998, S. 24.
[257] Siehe http://ec.europa.eu/energy/infrastructure/infrastructure/electricity/electricity_exemptions_en.htm (zuletzt abgerufen am 10.04.10).
[258] Vgl. oben 5. Kapitel: I. 1. b) aa).
[259] BMU (Hrsg.), Ökologisch optimierter Ausbau der Nutzung erneuerbarer Energien in Deutschland, 2004, S. 58 ff.

artige Systeme selbst im Fall einer Freileitungsausführung regelmäßig ein erhöhtes Investitionsrisiko im Sinne des Art. 17 Abs. 1 lit. b) StromhandelsVO bestehen wird.

Festgehalten werden muss allerdings im Umkehrschluss auch, dass bei grenzüberschreitenden Wechselstromübertragungseinrichtungen abgesehen vom seltenen Fall einer Erdkabelausführung ein besonderes Investitionsrisiko nicht mit einem in spezifischer Weise erhöhten Investitionsaufwand begründet werden kann. Die grundsätzliche Beschränkung der Regulierungsfreistellung auf Gleichstromsysteme gem. Art. 17 Abs. 1 StromhandelsVO findet folglich durchaus ihre systematische Entsprechung. Die im Ausnahmefall mögliche Anwendung der Regulierungsfreistellung auf Wechselstromsysteme gem. Art. 17 Abs. 2 StromhandelsVO bedarf somit durchaus einer gesonderten Begründung. Hingewiesen werden muss dabei darauf, dass im ursprünglichen Entwurf für eine Regulierungsfreistellung[260] eine Differenzierung zwischen und Wechsel- und Gleichstromsystemen nicht vorgesehen war und erst später Eingang in den Normtext fand.[261] Art. 17 Abs. 2 StromhandelsVO normiert als Ausnahme einer Regulierungsfreistellung für Wechselstromsysteme den Fall besonders hoher Kosten und Risiken einer Wechselstromverbindung zweier benachbarter Übertragungsnetze im Vergleich zu den normalerweise bei einer solchen Wechselstromverbindung auftretenden Kosten und Risiken. Höhere Kosten gegenüber einer üblichen Wechselstrom-Verbindungsleitung können beispielsweise einer unterhalb der Break-Even-Distance einer Gleichstromleitung liegenden besonderen Länge oder einer topographisch besonders anspruchsvollen Trassenführung geschuldet sein. Zu berücksichtigen sind auch die regulierungsspezifischen Risiken. Diese treffen zwar grundsätzlich alle Stromübertragungseinrichtungen in gleicher Weise, können jedoch bestimmte grenzüberschreitende Infrastrukturen in besonderer Weise betreffen. Wechselstromverbindungen eignen sich wie ausgeführt aus physikalischen Gründen kaum für Regulierungsfreistellungen im Sinne einer Befreiung vom Drittzugang.[262] Gegenstand einer Regulierungsfreistellung ist hier vielmehr regelmäßig die Verwendungszweckbeschränkung der Engpassmanagementerlöse gem. Art. 16 Abs. 6 StromhandelsVO. Greift in bestimmten Mitgliedstaaten etwa eine in der Art ihrer Durchführung,

---

[260] Legislative Entschließung des Europäischen Parlaments zu dem Vorschlag für eine Verordnung des Europäischen Parlaments und des Rates über die Netzzugangsbedingungen für den grenzüberschreitenden Stromhandel, P5_TA(2002)0107 abrufbar unter http://www.europarl.europa.eu/sides/getDoc.do?pubRef=-//EP//NONSGML+TA+P5-TA-2002-0107+0+DOC+PDF+V0//DE (zuletzt abgerufen am 12.04.10).

[261] Europäische Kommission, Geänderter Vorschlag für eine Richtlinie des Europäischen Parlaments und des Rates zur Änderung der Richtlinien 96/92/EG und 98/30EG über Vorschriften für den Elektrizitätsbinnenmarkt und Erdgasbinnenmarkt – Geänderter Vorschlag für eine Verordnung des Europäischen Parlaments und des Rates über die Netzzugangsbedingungen für den grenzüberschreitenden Stromhandel, KOM(2002) 304 endg., S. 71.

[262] Vgl. oben 5. Kapitel: I. 1. a) bb).

beispielsweise bezüglich der gewährten Eigenkapitalverzinsung, vergleichsweise besonders strenge Regulierung Platz, erhöht sich folglich auch das regulierungsspezifische Investitionsrisiko im Vergleich zu anderen Wechselstromverbindungsleitungen. Eine Regulierungsbehörde kann gerade hier, ohne widersprüchlich zu handeln, sondern gerade in Anerkennung ihrer eigenen strengen Regulierung, eine Regulierungsausnahme im Sinne einer Freistellung von der Verwendungszweckbeschränkung gewähren. Zu denken ist auch an einen aus dem Nebeneinander zweier benachbarter Regulierungsbehörden folgenden besonderen Verwaltungsaufwand, der den üblichen Aufwand eines solchen Nebeneinanders übersteigt. Daneben kommen auch im Bereich der Wechselstrom-Verbindungsleitungen besondere wirtschaftliche Risiken wie erhöhte Kapitalkosten oder eine besondere Bedeutung der Investition für den Investor in Betracht. Mithin war die Einbeziehung von Wechselstrom-Verbindungsleitungen gem. Art. 17 Abs. 2 StromhandelsVO, wenn auch auf den Ausnahmefall beschränkt, auch vor dem Hintergrund des besonderen Investitionsrisikos bestimmter grenzüberschreitender Verbindungsleitungen konsequent.

(c) Generelle Risikoneutralität aufgrund ausreichender Prognosesicherheit?
Gerade im Bezug auf Energieinfrastrukturen erscheint jedoch die Frage berechtigt, inwieweit eine Investition in eine größere Infrastrukturmaßnahme auch unter Berücksichtigung der oben dargestellten hohen Kosten überhaupt eine Risikoinvestition darstellt. Im Wege von Prognosemaßnahmen besteht die Möglichkeit, die künftige Entwicklung des Energiebedarfs so vorherzusagen, dass im Bereich der Netzkapazität sowohl defizitäre als auch ausreichende Ausbaustufen ersichtlich werden. Die Verlässlichkeit derartiger Prognosen lässt sich beispielsweise durch die Tatsache stützen, dass auch die Europäische Kommission im Rahmen der TEN-E relativ genau angibt, wo ihrer Meinung nach dringende Ausbaunotwendigkeiten bestehen und wo keine zusätzlichen Erweiterungen erforderlich sind.[263] Eine solche Betrachtung greift allerdings zu kurz, da sie wesentliche Gesichtspunkte ausblendet. Wie ausgeführt muss bei grenzüberschreitenden Verbindungsleitungen, die Gegenstand einer Regulierungsfreistellungsmaßnahme sein können, nach dem Geschäftsmodell differenziert werden. Jede im Elektrizitätssektor als Merchant-Line konzipierte Infrastruktur ist dabei auf das Bestehen von Preisdifferenzen angewiesen. Das hinter dieser Art von Interkonnektor stehende Kalkül der Ausnutzung von Preisdifferenzen kann nur aufgehen, wenn diese in der prognostizierten Höhe und Länge bestehen. Lässt sich die Entwicklung des Stromverbrauchs noch in verlässlichem Rahmen prognostizieren, so gilt dies nicht gleichzeitig für eine langfristige Prognose der Entwicklung der Stromerzeugungskosten. Aufgrund der eher niedrigen Elastizität der Stromnachfrage besteht ein direkter Zusammenhang

---

[263] Vgl. oben 4. Kapitel: III. 2. b).

zwischen Preis und Nachfrage nur begrenzt. Gerade die jüngere Vergangenheit hat gezeigt, dass sich die Strompreise etwa aufgrund verteuerter Primärenergieträger in den einzelnen Mitgliedstaaten der Europäischen Union unterschiedlich und anders als prognostiziert entwickeln. Bereits simple Abweichungen von den üblichen Wetterbedingungen können den Strompreis in einzelnen Mitgliedstaaten verändern.[264] Entwickeln sich die Stromerzeugerkosten auf den verschiedenen Märkten unterschiedlich, wird hierdurch auch das Geschäftsmodell des Interkonnektors bedroht. Neue Erzeugungskapazitäten können in Konkurrenz zu den bestehenden Interkonnektoren treten. Preisdifferenzen zwischen den einzelnen Mitgliedstaaten können sich hierdurch verringern oder sogar gänzlich verschwinden, wodurch sich die Transportmarge verringert oder gar ganz verschwindet. Folglich bleiben prognostische Unsicherheiten und damit ein nicht unerhebliches wirtschaftliches Investitionsrisiko bestehen.[265]

bb) Investitionsaufwand und wirtschaftliches Investitionsrisiko im Bereich des Gasferntransports

Wie Elektrizitätsinfrastrukturen erfordern auch Gastransportinfrastrukturen generell einen hohen Investitionsaufwand. Dies gilt zunächst wiederum unabhängig davon, ob es sich um Gasverteilungs- oder Gasferntransportinfrastrukturen handelt. Gegenstand der Regulierungsfreistellung sind allerdings wiederum nur grenzüberschreitende Fernleitungsinfrastrukturen respektive, soweit es sich um LNG- oder Speicheranlagen handelt, Infrastrukturen mit einem grenzüberschreitenden Bezug. Neben den wettbewerblichen Gründen, die einer solchen Beschränkung eine innere Logik verleihen, zeigt sich jedoch auch hier, dass die genannten Infrastrukturen einen typischerweise besonders hohen Investitionsaufwand erfordern, mit dem sich das besondere Investitionsrisiko erklären lässt.

(a) Pipelinegestützte Systeme
Begründen lässt sich dies zunächst am Beispiel einer Gasfernleitungsinfrastruktur. Wie beschrieben ist auch das Erdgasnetz als Mehrebenensystem konstruiert, wobei maßgebliches Differenzierungskriterium die Druckverhältnisse in den einzelnen Leitungsbereichen sind.[266] Der höchste Druck von bis zu 100 oder gar 200 bar herrscht in den Fernleitungsinfrastrukturen. Freistellungsfähig sind gem. Art. 36 Abs. 1 GasRL Verbindungsleitungen, wobei es sich gem. Art. 2 Ziffer 17 GasRL definitionsgemäß um Fernleitungen handeln muss. Aufgrund der hohen Druckverhältnisse erfordern Fernleitungen im Vergleich zu nachgelagerten Infrastrukturen den höchsten konstruktiven Aufwand, der

---

[264] *Talus*, JENRL 2005, p. 266 (273).
[265] *Talus/Wälde*, CRNI 2006, p. 355 (359).
[266] Vgl. oben 3. Kapitel Fn. 43.

sich wiederum in einem hohen Investitionsaufwand niederschlägt. Anders als im Bereich der Gasverteilungsinfrastrukturen, wo aufgrund der niedrigeren Druckverhältnisse auch Kunststoffleitungen aus Polyethylen oder seltener Polyvinylchlorid und früher auch Gusseisen zum Einsatz kommen bzw. kamen, werden im Hochdruckbereich ab einem Druck von mehr als 10 bar keine Kunststoffrohre und ab einem Druck von 16 bar nur noch Stahlrohre verwendet.[267] Dies erfordert einen höheren Investitionsaufwand. Zum einen benötigen Stahlrohre anders als Kunststoffrohre nach außen einen Korrosionsschutz.[268] Zum anderen hat sich der Werkstoff Stahl in der jüngeren Vergangenheit erheblich verteuert. Die erwähnte erwartete Kostensteigerung von ursprünglich maximal 4,6 Milliarden € auf nun bis zu 8 Milliarden € für die *Nabucco*-Pipeline, für die etwa 2 Millionen Tonnen Stahl benötigt werden, ist vor allem auf die gestiegenen Stahlpreise zurückzuführen.[269] Die genannten Zahlen verdeutlichen anschaulich den erheblichen Investitionsaufwand und das daraus folgende Investitionsrisiko. Sie sind bei grenzüberschreitenden Infrastrukturen aufgrund der typischerweise größeren Länge regelmäßig vergleichbar groß und lassen sich durch weitere Beispiele bestätigen. So wurde die zwischen Greifswald und dem russischen Wyborg geplante Ostseepipeline *Nord-Stream* mit einer Länge von 1.200 km und im Endausbau einer Kapazität von jährlich 55 Milliarden m³ Erdgas auf zwei Unterwasserleitungssträngen, die 2010 und 2012 in Betrieb gehen sollen, mit einem Investitionsvolumen von mindestens 5 Milliarden € veranschlagt. Dies allein wäre wiederum Beleg für einen erheblichen Investitionsaufwand. Auch hier musste die Kalkulation jedoch infolge gestiegener Rohstoffpreise auf mittlerweile circa 7,4 Milliarden € angepasst werden.[270]

(b) LNG-Terminals
Auch bei LNG-Terminals ist der Investitionsaufwand erheblich. Für ein LNG-Terminal mit einer Jahreskapazität von 10 Milliarden m³, was der des in Wilhelmshaven geplanten Terminals entspricht, sind zwischen 500 und 600 Millionen € zu veranschlagen. Die Fixkosten fallen damit zwar niedriger aus als im Bereich pipelinegestützer Versorgungssysteme. Dafür fallen jedoch die variablen Kosten im LNG-Bereich für Verflüssigung, Schiffstransport und Wiederverdampfung erheblich ins Gewicht, weshalb LNG-Anlagen langfristig be-

---

[267] Für die Bundesrepublik Deutschland ist dies durch die Verordnung über Gashochdruckleitungen (GasHDrLtgV), die für Gashochdruckleitungen zur Versorgung mit Gas im Sinne des EnWG nach wie vor anwendbar ist, auch auf gesetzlicher Grundlage festgelegt. § 3 Abs. 4 GasHDrLtgV verweist auf das Regelwerk des Deutschen Vereins des Gas- und Wasserfaches e.V. (DVGW), das wiederum unter G 463 12.01 für einen Betriebsdruck von >16 bar den Werkstoff Stahl vorsieht.
[268] *Cerbe*, Grundlagen der Gastechnik, 1999, S. 165 f.
[269] Handelsblatt Nr. 103 2008, S. 7.
[270] *Flauger*, Handelsblatt vom 30. 05. 2008, S. 16; http://www.nord-stream.com/de/project/facts-figures.html (zuletzt abgerufen am 18.06.08).

trachtet aus dem Betriebsrisiko folgend generell ein erhöhtes Investitionsrisiko aufweisen.

(c) Generelle Risikoneutralität aufgrund ausreichender Prognosesicherheit?
Auch im Erdgasbereich könnte wiederum die grundsätzliche Frage aufgeworfen werden, ob angesichts der vorhandenen detaillierten Prognosen über die Entwicklung der Gasnachfrage in der Europäischen Union kombiniert mit der existierenden Marktregulierung überhaupt ein besonderes Investitionsrisiko besteht. Wie für die Elektrizitätsinfrastrukturen ist diese Frage jedoch auch für die Gasinfrastrukturen mit ja zu beantworten. Gerade die Regulierungsrisiken wirken sich im Gassektor in besonderer Weise aus. In noch stärkerem Maße als der Elektrizitätssektor waren die Gastransportmärkte durch langfristige Vertragsstrukturen geprägt. Auch die Finanzierungsmodelle zur Bereitstellung des beschriebenen erheblichen Finanzbedarfs nahmen diese langfristigen Vertragsstrukturen auf, indem sie gerade durch die langlaufenden Verträge die nötige Rentabilität der Infrastruktur sichergestellt sahen. Regulierungsperioden mit beschränkter Laufzeit kombiniert mit der zunehmenden Verdrängung langlaufender Vertragsstrukturen und das daraus folgende Credibility-Problem wirken sich in diesem Zusammenhang daher besonders aus.[271] Regulierungsfreistellungen können hier unter der Bedingung der Erfüllung der strengen wettbewerblichen Voraussetzungen ein entscheidendes Korrektiv darstellen. Darüber hinaus bergen auch die Prognosen zum Anstieg der Gasimportmengen für die nähere und mittlere Zukunft[272] nicht unerhebliche Risiken. Erfolgt der Ausbau der Gasinfrastrukturen in proportionaler Orientierung zur Importmenge erscheinen Investitionen in Fernleitungsinfrastrukturen als wenig risikoreich, da die Infrastrukturen zwingend zum Transport der entsprechenden Mengen benötigt werden. Wachsen die Kapazitäten jedoch in höherem Maße wird das Risiko einer zu geringen Kapazitätsauslastung und damit einer nicht erfolgreichen Investition durchaus realistisch. Ein solches Wachsen der Kapazitäten ist sowohl aus Gründen des Wettbewerbs als auch aus solchen der Versorgungssicherheit gerade im Gasbereich durchaus wünschenswert. Auch die Europäische Kommission verfolgt wie oben ausgeführt[273] die Schaffung mehrerer Gasimportkorridore, vor allem um die geopolitische Abhängigkeit von Erdgas aus der Russischen Föderation zu verringern. Treten in diesem Zusammenhang Abweichungen von der prognostizierten Angebots- oder Nachfrageentwicklung auf,

---

[271] Vgl. in diesem Sinn auch die in der Kommissionsentscheidung erwähnten eindeutigen Ausführungen in der Risikoanalyse zum Nabucco-Projekt Europäische Kommission, Betr.: Ausnahmeentscheidung für den österreichischen Abschnitt der Nabucco-Pipeline, 08.02.2008, Rdnr. 49f, abrufbar unter http://ec.europa.eu/energy/gas/infrastructure/doc/nabucco_com_final_de.pdf (zuletzt abgerufen am 03.06.08).
[272] Vgl. oben 1. Kapitel: II. 2. a) bb).
[273] Vgl. oben 1. Kapitel: II. 2. b) aa).

weil etwa vorhandene Gasvorkommen doch noch nicht erschöpft sind oder die Nachfrage durch Energiesparmaßnahmen zurückgeht, ist eine mangelnde Auslastung neuer Infrastrukturen zumindest befristet nicht ausgeschlossen, was ein erhebliches Investitionsrisiko birgt.

2. Gesellschafrechtliche Entflechtung der Infrastruktur von Netzbetreibern

Als weitere Tatbestandvoraussetzung einer Regulierungsfreistellung normieren Art. 17 Abs. 1 lit. c) StromhandelsVO respektive Art. 36 Abs. 1 lit. c) GasRL, dass die freizustellende Infrastruktur im Eigentum einer natürlichen oder juristischen Person stehen muss, die zumindest der Rechtsform nach von den Netzbetreibern getrennt ist, in deren Netzen die Infrastruktur geschaffen wird.

a) Einbindung in das Entflechtungsregime

Die genannten Bestimmungen setzen die Systematik der Entflechtungsbestimmungen des Unionsrechts in der Regulierungsausnahme weiter fort. Der praktische Einfluss der genannten Tatbestandsvoraussetzung wird regelmäßig gering sein. Soweit es sich um eine Infrastruktur handelt, die von auf der Erzeugungs- oder Vertriebsstufe tätigen Unternehmen errichtet wird, ist sie regelmäßig absolut unproblematisch. Gerade im Bereich vertikal integrierter Energieversorgungsunternehmen, die sowohl auf den Marktstufen Erzeugung und/oder Vertrieb als auch auf der Transportstufe aktiv sind, haben die Auswirkungen der vorgeschriebenen gesellschaftsrechtlichen Trennung von den Netzbetreibern keine größere Bedeutung. Infolge des allgemeinen Entflechtungsregimes ist bei derartigen vertikal integrierten Energieversorgungsunternehmen ohnehin bereits eine buchhalterische, informationelle, organisatorische und vor allem auch eine gesellschaftsrechtliche Entflechtung implementiert.[274] Errichtet ein derartiges Unternehmen eine entsprechende Infrastruktur, so muss Eigentümer entweder eine ihrer bereits gesellschaftsrechtlich entflochtenen Töchter werden, die nicht Netzbetreiber ist, oder für die neue Infrastruktur eine neue Gesellschaft gegründet werden. Über den verwaltungstechnischen Aufwand hinaus entsteht hierdurch jedoch kein zusätzlicher Aufwand. Wird aus Gründen der Kooperation mehrerer Unternehmen bei der Errichtung der betroffenen Infrastruktur ohnehin eine eigene juristische Person gegründet, entfällt der Aufwand als zusätzlicher Aufwand komplett. Regelungsgegenstand von Art. 17 Abs. 1 lit. c) StromhandelsVO respektive Art. 36 Abs. 1 lit. c) GasRL ist damit lediglich, dass ein Netzbetreiber nicht rechtsformmäßiger Eigentümer einer freigestellten Infrastruktur werden kann.

---

[274] Art. 9, 26, 31 ElektrizitätsRL sowie Art. 9, 26, 31 GasRL implementieren eine umfassende rechtliche, operationelle, buchhalterische und informationelle Entflechtung.

Um den Anforderungen einer gesellschaftsrechtlichen Entflechtung von Netzbetreibern gerecht zu werden, wurde im Fall des *Estlink*-Interkonnektors zwischen Estland und Finnland mit der AS Nordic Energy Link (NEL) eine eigene Zweckgesellschaft gegründet.[275] Aufgrund des Charakters des *Estlink*-Interkonnektors als Gemeinschaftsprojekt von fünf Unternehmen,[276] wäre dieses Gemeinschaftsunternehmen vermutlich jedoch auch gegründet worden, wenn es nicht für die Regulierungsfreistellung erforderlich gewesen wäre. Im Falle der *Nabucco*-Pipeline wurde mit der *Nabucco* Gas Pipeline International GmbH ebenfalls eine eigene juristische Person gegründet. Die genannte GmbH ist wiederum Eigentümerin fünf nationaler GmbHs in den durch *Nabucco* in ihrem Staatsgebiet berührten Ländern. Diese fünf nationalen GmbHs sind Eigentümer die *Nabucco*-Pipeline. Auch im Fall der *Nabucco*-Pipeline ist die Gründung eines Gemeinschaftsunternehmens bereits unabhängig von der Regulierungsfreistellungsmöglichkeit sinnvoll, da die *Nabucco*-Pipeline ein Gemeinschaftsprojekt mehrerer Energieversorgungsunternehmen darstellt.[277]

b) Grad der Abgrenzung von regulierten und nicht regulierten Tätigkeiten

Die gesellschaftsrechtliche Entflechtung der Infrastruktur gem. Art. 17 Abs. 1 lit. c) StromhandelsVO respektive Art. 36 Abs. 1 lit. c) GasRL ist in engem Zusammenhang mit der folgenden Tatbestandsvoraussetzung einer Regulierungsfreistellung, Art. 17 Abs. 1 lit. d) StromhandelsVO respektive Art. 36 Abs. 1 lit. d) GasRL, zu sehen. Sichergestellt werden soll unbedingt eine ausreichende Abgrenzung der Netztätigkeiten der größeren Übertragungsnetzbetreiber von Infrastrukturtätigkeiten, für die das Mittel der Regulierungsfreistellung genutzt wird.[278] Fraglich ist allerdings, ob daraus zwingend folgen muss, dass Freistellungsmodelle, die nicht dem einer Merchant-Line entsprechen, aus dem Anwendungsbereich von Art. 17 StromhandelsVO und Art. 36 GasRL ausscheiden müssen. Zu denken ist hier vor allem an Modelle, die sich auf das Zu-

---

[275] Siehe Estonian Ministry of Economic Affairs and Communications, Exemption decision »Estlink« No. 52/09.02. 2005; p. 1, 6 http://www.mkm.ee/failid/050210_Estlink_decision__EN_.doc (zuletzt abgerufen am 19.09.2007).

[276] Darstellung der Eigentumsverhältnisse des Estlink-Interkonnektors unter http://www.nordicenergylink.com/index.php?id=52 (zuletzt abgerufen am 08.02.2008).

[277] Vgl. Energie-Control Kommission, Geänderter Bescheid über eine Ausnahmegenehmigung zu Gunsten des österreichischen Abschnitts der Nabucco Erdgas Pipeline PA 8894/07, 09.04. 2008, S. 10, 28, abrufbar unter http://www.e-control.at/portal/page/portal/medienbibliothek/recht/dokumente/pdfs/090408-knisg-0107.pdf (zuletzt abgerufen am 12.04.10).

[278] Europäische Kommission, Vermerk der GD Energie und Verkehr zu den Richtlinien 2003/54/EG und 2003/55/EG und der Verordnung (EG) Nr. 1228/2003 im Elektrizitäts- und Erdgasbinnenmarkt – Ausnahmen von bestimmten Bestimmungen der Regelung des Netzzugangs Dritter vom 30.01. 2004, S. 6; abrufbar unter http://ec.europa.eu/energy/electricity/legislation/doc/notes_for_implementation_2004/exemptions_tpa_de.pdf (zuletzt abgerufen am 11.08.08).

geständnis einer verlängerten Regulierungsperiode oder einer besonderen Risikoprämie beschränken. An den bisher dargestellten Tatbestandsvoraussetzungen müssen derartige Modelle wie ausgeführt nicht scheitern. Dies gilt auch für Art. 17 Abs. 1 lit. c) StromhandelsVO und Art. 36 Abs. 1 lit. c) GasRL. Die dort normierte Entflechtung führt nicht zur Unmöglichkeit eines modifizierten Regulierungsmodells. Vielmehr ist es möglich, den entflochtenen Eigentümer der freigestellten Infrastruktur als selbstständigen Netzbetreiber zu betrachten, dessen Netz sich auf die freigestellte Infrastruktur beschränkt. Über Kostenwälzungsverfahren lassen sich die festgelegten Entgelte auf die angeschlossenen Netze verteilen und können auf diese Weise auch dem entflochtenen Eigentümer zufließen. Einem solchen Modell einer privilegierten Regulierung kann dabei im Anwendungsbereich der Regulierungsfreistellung nach Art. 17 StromhandelsVO bzw. Art. 36 GasRL nur scheinbar entgegengehalten werden, dass die sonstige Marktregulierung durch die privilegierte Regulierung einzelner Infrastrukturen negativ beeinträchtigt wird. Der Vorwurf hätte zwar eine grundsätzliche Berechtigung. Allerdings trifft er insoweit nicht zu, als eine derartige Freistellung dann wie ausgeführt bereits an der Tatbestandsvoraussetzung des Art. 17 Abs. 1 lit. f) StromhandelsVO bzw. Art. 36 Abs. 1 lit. e) GasRL aufgrund einer nachteiligen Auswirkung auf das effektive Funktionieren des regulierten Netzes scheitern müsste.[279] Diese Tatbestandsvoraussetzung ist systematisch trotz der abweichenden Reihenfolge im Normtext wie dargelegt bereits vorgelagert im Zusammenhang mit den Wettbewerbsauswirkungen der Freistellung zu prüfen.[280] Ohne die Vereinbarkeit eines derartigen Modells mit den verbleibenden Tatbestandsvoraussetzungen der Regulierungsfreistellung vorwegnehmen zu wollen, spricht für die grundsätzliche Möglichkeit derartiger Gestaltungen im Sinne eines Erst-recht-Schlusses auch, dass wie erwähnt auch die Europäische Kommission hierfür Raum sieht und es hierzu nicht einmal als notwendig erachtet, das Instrument der Regulierungsfreistellung zu bemühen.[281]

3. Erhebung von Entgelten bzw. Gebühren von den Nutzern der Infrastruktur

Während somit aus der zwingend vorausgesetzten gesellschaftsrechtlichen Entflechtung der freizustellenden Infrastruktur kaum nennenswerte praktische

---
[279] Vgl. oben. 5. Kapitel: II. 2. c) bb), d) dd).
[280] Vgl. oben. 5. Kapitel: II. 1. b).
[281] Vermerk der GD Energie und Verkehr zu den Richtlinien 2003/54/EG und 2003/55/EG und der Verordnung (EG) Nr. 1228/2003 im Elektrizitäts- und Erdgasbinnenmarkt – Ausnahmen von bestimmten Bestimmungen der Regelung des Netzzugangs Dritter vom 30. 01. 2004, S. 3; abrufbar unter http://ec.europa.eu/energy/electricity/legislation/doc/notes_for_implementation_2004/exemptions_tpa_de.pdf (zuletzt abgerufen am 11.08.08).

Restriktionen folgen, gilt dies möglicherweise nicht in gleicher Weise für die Tatbestandsvoraussetzung einer zwingenden Erhebung eines Entgelts bzw. einer Gebühr von den Nutzern der Infrastruktur gem. Art. 17 Abs. 1 lit. d) StromhandelsVO respektive Art. 36 Abs. 1 lit. d) GasRL. Die Kommission sieht hier wiederum die Abgrenzung von Infrastruktur- und Netztätigkeiten als Hauptzweck und will aus diesem Grund bestimmte Freistellungsgestaltungen ausschließen.[282] Vor allem im Elektrizitätsbereich könnten hieraus je nach Auslegung erhebliche Konsequenzen auftreten, die eine Regulierungsfreistellung für eine erhebliche Zahl grenzüberschreitender Infrastrukturprojekte unmöglich machen könnten.

a) Bedeutung der Termini Entgelte vs. Gebühren

Einzugehen ist allerdings zunächst auf die in StromhandelsVO und GasRL unterschiedliche Formulierung der Tatbestandsvoraussetzung. Müssen gem. Art. 17 Abs. 1 lit. d) StromhandelsVO von den Nutzern der Verbindungsleitung Entgelte erhoben werden, verlangt Art. 36 Abs. 1 lit. d) GasRL die Erhebung von Gebühren. Fraglich ist somit, ob aus der Verwendung des Terminus Entgelte abweichende Implikationen folgen als aus der des Terminus Gebühren. Grundsätzlich wäre dies denkbar. Entgelt bedeutet in der deutschen Terminologie die in einem Vertrag vereinbarte Gegenleistung.[283] Unter einer Gebühr versteht man hingegen eher eine öffentlich-rechtliche Geldleistung, die aus Anlass individuell zurechenbarer, öffentlicher Leistungen dem Gebührenschuldner einseitig auferlegt wird und dazu bestimmt ist, in Anknüpfung an diese Leistung deren Kosten ganz oder teilweise zu decken.[284] Schon die deutsche Terminologie verfolgt diese Differenzierung jedoch nicht konsequent, wenn beispielsweise das EnWG im Rahmen der durch die Regulierungsbehörde festgelegten Netznutzungstarife in den §§ 20 ff EnWG ausdrücklich von Netzentgelten spricht. Im Übrigen ist darauf hinzuweisen, dass beispielsweise in den englischsprachigen Texten der StromhandelsVO und der GasRL im Rahmen der Art. 17 Abs. 1 lit. d) StromhandelsVO und Art. 36 Abs. 1 lit. d) GasRL mit »charges« jeweils identische Begriffe gebraucht werden. Die französische Fassung gebraucht zwar mit »redevances« und »droits« unterschiedliche Begrifflichkeiten, denen jedoch kein unterschiedlicher Sinngehalt zukommt. Aus dem

---

[282] Europäische Kommission, Vermerk der GD Energie und Verkehr zu den Richtlinien 2003/54/EG und 2003/55/EG und der Verordnung (EG) Nr. 1228/2003 im Elektrizitäts- und Erdgasbinnenmarkt – Ausnahmen von bestimmten Bestimmungen der Regelung des Netzzugangs Dritter vom 30. 01. 2004, S. 6; abrufbar unter http://ec.europa.eu/energy/electricity/legislation/doc/notes_for_implementation_2004/exemptions_tpa_de.pdf (zuletzt abgerufen am 11.08.08).
[283] *Palandt/Grüneberg*, 2009, v § 311 Rdnr. 8, § 312 Rdnr. 7.
[284] BVerfGE 113, 128 (148); 110, 370 (388); 108, 1 (13); 50, 217 (226); 28, 66 (86 ff); 20, 257 (269).

begrifflichen Unterschied von einerseits Entgelten und andererseits Gebühren sind somit keine inhaltlichen Konsequenzen abzuleiten.

b) Finanzierung ausschließlich aus Nutzungsentgelten der freigestellten Infrastruktur

Zweck der Bestimmung der Gebührenpflichtigkeit der Nutzung der freigestellten Infrastrukturen ist es nach Auffassung der Europäischen Kommission, sicherzustellen, dass »keinerlei Kosten des Teilstücks der Verbindungsleitung, das der Preisregulierung nicht unterliegt, durch die regulierten Entgelte für die Übertragung [Fernleitung] gedeckt werden dürfen.«[285] Daraus folgt zunächst, dass für die freigestellte Infrastruktur in keinem Fall Entgelte aus anderen regulierten Netzbereichen herangezogen werden dürfen. Dies ist unzweifelhaft, da andernfalls eine Doppelfinanzierung der freigestellten Infrastruktur durch einerseits Regulierungsentgelte, die nach dem herkömmlichen Regulierungsrahmen gebildet werden, und andererseits wie auch immer geartete Entgelte, die sich aus dem Freistellungsmodell ergeben, vorläge. Damit ist jedoch nicht ausgeschlossen, dass für die Nutzung der freigestellten Infrastruktur regulierte Entgelte erhoben werden, die jedoch von den sonst üblichen Regulierungsentgelten abweichen. Sichergestellt muss lediglich sein, dass dann die Finanzierung ausschließlich aus diesen, für die freigestellte Infrastruktur gesondert gebildeten Regulierungsentgelten erfolgt. Dies führt auch nicht etwa dazu, dass die Tatbestandsvoraussetzung bedeutungslos wird. Vielmehr stellt sie sicher, dass auch im Rahmen der Eigennutzung des Interkonnektors durch ein vertikal integriertes Unternehmen Gebühren erhoben werden und auf diese Weise eine transparente Preisbildung sichergestellt ist, die zwischen Durchleitungs- und Erzeugungskosten differenziert. Die zwingende Festlegung einer Gebührenerhebung ist auch unabdingbar für eine Transparenz gegenüber der Regulierungsbehörde, ohne die wiederum die ohnehin schwierige Bewertung der wettbewerblichen Voraussetzungen einer Regulierungsfreistellung unmöglich wird. Eine andere Auslegung des Tatbestandsmerkmal der Gebührenerhebung, dass Freistellungsmodelle, die regulierungsbasierte Entgeltkomponenten enthalten, ausscheiden müssen, würde erhebliche Auswirkungen zeitigen.

aa) Erfassung von Gleich- und Wechselstromsystemen im Elektrizitätsbereich

Besonders im Elektrizitätsbereich zeigt sich die Relevanz der verschiedenen Auslegungsansätze von Art. 17 Abs. 1 lit. d) StromhandelsVO. Wie oben darge-

---

[285] Europäische Kommission, Vermerk der GD Energie und Verkehr zu den Richtlinien 2003/54/EG und 2003/55/EG und der Verordnung (EG) Nr. 1228/2003 im Elektrizitäts- und Erdgasbinnenmarkt – Ausnahmen von bestimmten Bestimmungen der Regelung des Netzgangs Dritter vom 30.01. 2004, S. 6; abrufbar unter http://ec.europa.eu/energy/electricity/legislation/doc/notes_for_implementation_2004/exemptions_tpa_de.pdf (zuletzt abgerufen am 11.08.08).

stellt unterscheiden sich Elektrizität und Erdgas in ihren physikalischen Grundeigenschaften elementar. In einem vermaschten Stromnetz ist es technisch nachgerade unmöglich, zu jedem Zeitpunkt festzustellen, welchen Weg der Strom durch das Netz nimmt.[286] Diesem Umstand wird bei der Entgeltregulierung dadurch Rechnung getragen, dass die Regulierungsentgelte entfernungsunabhängig und damit auch unabhängig vom konkret durch das Stromnetz zurückgelegten Weg nur in Abhängigkeit zu den jeweils genutzten Netzebenen, i.e. Höchst-, Hoch-, Mittel- oder Niederspannungsbereichen erhoben werden. Aus dieser Unmöglichkeit der Zuordnung der Stromflüsse durch die einzelnen Netzabschnitte folgt auch, dass im Fall eines völligen Verzichts auf regulierte Entgelte Nutzer möglicherweise keine Entgelte für die Nutzung freigestellter Infrastrukturen entrichten, weil sie schlicht nicht als Nutzer zu identifizieren sind und eine allgemeine Gebührenentrichtung über regulierte Entgelte nicht stattfindet. Für Wechselstromverbindungsleitungen würde dies in Verbindung mit dem oben beschriebenen Phänomen der loop flows faktisch die Unmöglichkeit einer Regulierungsfreistellung bedeuten. Lediglich im absoluten Sonderfall derart grobmaschig aufgebauter Netze, in denen Ringflüsse völlig ausgeschlossen werden können, wäre auch im Wechselstrombereich eine Regulierungsfreistellung denkbar. Die Europäische Kommission scheint einer derartigen Auslegung von Art. 17 Abs. 1 lit. d) StromhandelsVO dennoch das Wort reden zu wollen, wenn sie davon ausgeht, dass »Wechselstromverbindungsleitungen, durch die nicht zuzuordnende Ringflüsse geleitet werden, praktisch« ausscheiden.[287] Lediglich Gleichstromverbindungsleitungen, bei denen wie oben dargestellt die einzelnen Stromflüsse kapazitätsmäßig zugeordnet werden können, kommen demnach als Gegenstand einer Freistellung in Betracht. Fraglich bleibt dann allerdings, warum Wechselstromverbindungsleitungen von der Freistellungsmöglichkeit nicht generell ausgeschlossen sind, sondern in Art. 17 Abs. 2 StromhandelsVO, wenn auch auf den Ausnahmefall beschränkt, ausdrücklich als Objekt einer Regulierungsfreistellung genannt werden. Auch ist die ausdrückliche Beschränkung der Regulierungsfreistellung auf Ausnahmefälle bei Wechselstrom-Verbindungsleitungen in Art. 17 Abs. 2 StromhandelsVO nicht auf etwaige Probleme mit der Nutzungsgebührenerhebung in vermaschten Netzen durch loop flows zurückzuführen. Vielmehr ergibt sich aus dem Normtext eindeutig, dass der Gesetzgeber eine Beschränkung auf den Ausnahmefall deshalb vornimmt, weil er im Regelfall kein besonderes Investitionsrisiko sieht.

---

[286] Vgl. oben 5. Kapitel: I. 1. a) aa).
[287] Europäische Kommission, Vermerk der GD Energie und Verkehr zu den Richtlinien 2003/54/EG und 2003/55/EG und der Verordnung (EG) Nr. 1228/2003 im Elektrizitäts- und Erdgasbinnenmarkt – Ausnahmen von bestimmten Bestimmungen der Regelung des Netzzugangs Dritter vom 30.01.2004, S. 6; abrufbar unter http://ec.europa.eu/energy/electricity/legislation/doc/notes_for_implementation_2004/exemptions_tpa_de.pdf (zuletzt abgerufen am 11.08.08).

Daraus ergibt sich jedoch kein Bezug zum Tatbestandsmerkmal der Erhebung von Nutzungsgebühren.

Eine restriktive Auslegung, wie durch die Europäische Kommission vorgenommen, führt dazu, dass eine Regulierungsfreistellung letztlich nur für Merchant-Lines im engeren Sinn in Betracht kommt. Wie oben nachgewiesen wurde, liegt bei derartigen Infrastrukturen ein natürlicher Monopolcharakter nicht vor und ein Regulierungsbedürfnis besteht damit nicht.[288] Die Regulierungsfreistellung stellt somit eine logische und rechtlich auch gebotene Folge der tatsächlichen Gegebenheiten dar. Beschränkt sich die Freistellungsmöglichkeit auf derartige Fälle, bedeutet dies gleichzeitig eine erhebliche Einschränkung des sachlichen Wirkungsbereichs als Investitionsförderungsinstrument.

Unproblematisch möglich wäre die Erfassung auch von Wechselstromverbindungsleitungen auch im Falle von Ringflüssen hingegen, wenn freigestellte Infrastrukturen auch solche Infrastrukturen sein können, deren Geschäftsmodell weiter auf einer dann allerdings modifizierten Regulierung fußt. Hier ist die Gebührenerhebung nicht vom tatsächlich zurückgelegten Weg des Stroms abhängig. Das Phänomen der Ringflüsse lässt sich hier im Rahmen der Entgeltfestsetzung in gleicher Weise berücksichtigen wie bei nicht grenzüberschreitenden Leitungen. Auch dort würde niemand behaupten, dass aufgrund der nicht zuzuordnenden Ringflüsse für einen bestimmten Teil des durchgeleiteten Stromes kein Netznutzungsentgelt zu entrichten ist, da die Entgeltberechnung eben nicht vom durch den Strom zurückgelegten Weg abhängig ist. Systematisch ist eine solche Argumentation nicht ausgeschlossen. Art. 17 Abs. 1 lit. d) StromhandelsVO schreibt die Erhebung von Gebühren von den Nutzern der freigestellten Infrastruktur vor. Zu der Frage nach dem Modus der Bildung dieser Gebühren nimmt die Norm keine Stellung. Daher erscheint es fragwürdig, regulierungsbehördlich genehmigte Durchleitungsentgelte per se auszuschließen, zumal gezeigt wurde, dass es über Kostenwälzungsmodelle durchaus möglich ist, derartige Gebühren exakt der freigestellten oder in diesem Fall modifiziert regulierten Infrastruktur zuzuordnen. Konkret könnte etwa für die freigestellte Infrastruktur, bei den Regulierungsbehörden der durch die Infrastruktur verbundenen Länder jeweils ein eigenes Regulierungskonto gebildet werden. Denkbar wäre etwa, die betroffenen Netzabschnitte als fiktive eigene Netzebene zu behandeln und den jeweiligen nationalen Übertragungsnetzbetreiber als Entnahmekunden zu betrachten, der für die Nutzung der Verbindungsleitung das entsprechende Entgelt entsprechend dem Modell der §§ 15 ff StromNEV entrichten muss. Ebenso wäre eine gleichgeordnete Betrachtung möglich, was Ausgleichmechanismen, wie sie etwa zwischen den verschiedenen deutschen Übertragungsnetzbetreibern zum Einsatz kommen, nach sich zöge. Auch wenn sie daraus wie ausgeführt andere Schlussfolgerungen zieht, sieht

---

[288] Vgl. oben 5. Kapitel: II. 2. c) aa).

gerade die Europäische Kommission eine Behandlung der Verbindungsleitung nicht als Teil des allgemeinen Netzes, sondern als Sonderabschnitt vor.[289] Für die Möglichkeit einer Regulierungsfreistellung als Modell einer modifizierten Regulierung spricht auch die gesetzliche Systematik. Art. 17 Abs. 1 StromhandelsVO sieht ausdrücklich vor, dass eine Befreiung sowohl von Art. 16 Abs. 6 StromhandelsVO sowie von Art. 9, 32 und Art. 37 Absätze 6 und 10 ElektrizitätsRL in Betracht kommt. Dabei ist sowohl eine kumulierte Befreiung von sämtlichen Regulierungsbestimmungen denkbar als auch eine auf bestimmte Regulierungsverpflichtungen limitierte Befreiung. Daraus folgt grundsätzlich, dass eine Regulierungsfreistellung nicht den Dispens sämtlicher Regulierung bedeuten muss, sondern dass Freistellung und bereichsweise weiter durchgeführte sektorspezifische Regulierung durchaus möglich sind. Vor allem ist an dieser Stelle nochmals zu erwähnen, dass auch die Europäische Kommission die Möglichkeit des Modells besonderer Risikoprämien oder langfristiger Bindungen anerkennt und dies sogar außerhalb des Verfahrens der Freistellung ins Belieben der jeweiligen Regulierungsbehörde stellt.[290] Diese Beschränkung überzeugt zwar wie ausgeführt nicht, eröffnet jedoch die Möglichkeit des erwähnten Erst-recht-Schlusses.[291]

bb) Erdgasinfrastrukturen

Im Erdgasbereich tritt die beschriebene Problematik nicht in vergleichbarem Maß auf. Zwar breitet sich auch das Erdgas nach bestimmten physikalischen Gesetzen im Netz aus, i.e. es breitet sich den Druckverhältnissen entsprechend immer dorthin aus, wo ein niedrigerer Druck herrscht. Daher existieren auch im Erdgasversorgungsnetz Netzabschnitte, in denen sich der physikalische Fluss der Gasmoleküle nicht exakt bestimmen lässt. Dies gilt jedoch weniger für die Fernübertragungsleitungen auf der Hochdruckebene, da hier eine dem Elektrizitätsbereich vergleichbare Vermaschung nicht existiert. Vor allem handelt es sich jedoch beim Erdgasfluss anders als bei der Elektrizität wie oben beschrieben um den Fluss eines körperlichen Stoffs, der auch nicht wie der Strom häufiger seine Richtung ändert und sich vor allem nicht mit Lichtge-

---

[289] Europäische Kommission, Vermerk der GD Energie und Verkehr zu den Richtlinien 2003/54/EG und 2003/55/EG und der Verordnung (EG) Nr. 1228/2003 im Elektrizitäts- und Erdgasbinnenmarkt – Ausnahmen von bestimmten Bestimmungen der Regelung des Netzzugangs Dritter vom 30. 01. 2004, S. 6f; abrufbar unter http://ec.europa.eu/energy/electricity/legislation/doc/notes_for_implementation_2004/exemptions_tpa_de.pdf (zuletzt abgerufen am 11.08.08).

[290] Europäische Kommission, Vermerk der GD Energie und Verkehr zu den Richtlinien 2003/54/EG und 2003/55/EG und der Verordnung (EG) Nr. 1228/2003 im Elektrizitäts- und Erdgasbinnenmarkt – Ausnahmen von bestimmten Bestimmungen der Regelung des Netzzugangs Dritter vom 30. 01. 2004, S. 3; abrufbar unter http://ec.europa.eu/energy/electricity/legislation/doc/notes_for_implementation_2004/exemptions_tpa_de.pdf (zuletzt abgerufen am 11.08.08).

[291] Vgl. oben 5.Kapitel: III. 2. b).

schwindigkeit ausbreitet. Vielmehr bewegt sich das Erdgas in den Fernübertragungsleitungen im Wesentlichen von Seiten der Förder- oder Speicherpunkte hin zum Verbraucher. Gerade im Bereich der grenzüberschreitenden Fernleitungen findet ein Richtungswechsel des Gasflusses innerhalb der Infrastruktur kaum statt. Dadurch lässt sich im Bereich der Erdgasübertragung besser als im Elektrizitätsbereich das durch bestimmte Infrastrukturen geleitete Gas auch konkreten Nutzern zuordnen, von denen folglich auch gem. Art. 36 Abs. 1 lit. d) GasRL Nutzungsentgelte erhoben werden können.

Dennoch sind nach den obigen Ausführungen für den Elektrizitätsbereich auch im Erdgasbereich Freistellungsgestaltungen nicht ausgeschlossen, die sich auf eine verlängerte Regulierungsperiode oder besondere Risikoprämien beschränken. Angesichts der bis auf den Gebrauch des Terminus Gebühr anstelle von Entgelt, aus dem jedoch wie dargestellt keine Unterschiede folgen, gleichen Formulierung wäre eine abweichende Einordnung auch wenig sinnvoll. In der Praxis dürfte eine Regulierungsfreistellung in Gestalt einer modifizierten Regulierung im Erdgasbereich eher leichter zu verwirklichen sein als im Elektrizitätsbereich. In der Bundesrepublik Deutschland verläuft die Entgeltbildung im Gasbereich abweichend vom Briefmarkenmodell im Elektrizitätsbereich zwar auch ohne Festlegung eines transaktionsabhängigen Transportpfades. Anstelle eines einzelnen Entgelts werden allerdings gem. § 20 Abs. 1b EnWG i. V. m. § 13 GasNEV im Rahmen eines so genannten entry-exit-Systems mit einem Ein- und einem Ausspeiseentgelt zwei Entgelte fällig. Dabei arbeiten die Betreiber von Gasversorgungsnetzen gem. § 20 Abs. 1b EnWG zu einer reibungslosen Abwicklung des Transports über mehrere Netzkopplungspunkte zusammen. Es leuchtet ein, dass im Rahmen einer solchen bereits implementierten Zusammenarbeit die Integration eines weiteren Einzelnetzes in Gestalt der freigestellten und rechtsformmäßig zwingend eigenständigen Netzinfrastruktur keine grundlegenden Probleme aufwirft.

4. Keine bisherige Finanzierung aus Nutzungsentgelten der verbundenen Übertragungs- oder Verteilernetze

Als weitere Voraussetzung einer Regulierungsfreistellung normiert Art. 17 Abs. 1 lit. e) StromhandelsVO, dass seit der teilweisen Marktöffnung gemäß Art. 19 der Richtlinie 96/92/EG keine Anteile der Kapital- oder Betriebskosten der Verbindungsleitung über irgendeine Komponente der Entgelte für die Nutzung der Übertragungs- oder Verteilernetze, die durch die Verbindungsleitung miteinander verbunden werden, gedeckt worden sein dürfen. Eine vergleichbare Bestimmung fehlt für den Gasbereich. Dies führt jedoch kaum zu besonderen praktischen Konsequenzen. Folge der durch Art. 17 Abs. 1 lit. e) StromhandelsVO geschaffenen Tatbestandsvoraussetzung ist, dass eine Regulierungsausnahme gem. Art. 17 StromhandelsVO für bestehende Verbindungsleitungen letztlich ausgeschlossen ist.[292] Dies folgt jedoch bereits aus den sonstigen Voraussetzungen einer Regulierungsfreistellung gem. Art. 17 StromhandelsVO. Art. 17 Abs. 1 StromhandelsVO beschränkt die Regulierungsausnahme ausdrücklich auf neue Gleichstrom-Verbindungsleitungen, wobei neue Verbindungsleitungen gem. Art. 2 Abs. 2 lit. g) StromhandelsVO wiederum nur solche Verbindungsleitungen sind, die nicht bis zum 4. August 2003 fertig gestellt waren. Für die im Ausnahmefall gem. Art. 17 Abs. 2 StromhandelsVO ebenfalls erfassten Wechselstromverbindungsleitungen ergibt sich aus systematischen Gründen ebenso eine Beschränkung auf neue Verbindungsleitungen, auch wenn der Verordnungstext die Formulierung hier nicht explizit enthält. Zusätzlich ausgeschlossen sind damit durch Art. 17 Abs. 1 lit. e) StromhandelsVO jedoch solche Infrastrukturen, die bei Inkrafttreten der StromhandelsVO zwar bereits im Bau befindlich waren, jedoch noch nicht abgeschlossen waren, sofern eine entsprechende Finanzierung gegeben ist.

Für den Erdgasbereich ist eine Art. 17 Abs. 1 lit. e) StromhandelsVO vergleichbare Bestimmung in Art. 36 GasRL nicht enthalten. Allerdings ergibt sich auch hier aus Art. 36 Abs. 1 GasRL i. V. m. Art. 2 Nr. 33 GasRL, dass als Gegenstand der Freistellung nur neue Infrastrukturen, i.e. solche Infrastrukturen, die zum 4. August 2003 noch nicht fertiggestellt waren, in Betracht kommen.

Festzuhalten ist allerdings, dass auch ohne die gesonderte Tatbestandsvoraussetzung des Art. 17 Abs. 1 lit. e) StromhandelsVO eine Finanzierung aus Entgelten der Übertragungs- und Verteilungsnetze der durch die Verbindungsleitung verbundenen Netze im Rahmen der sonstigen Freistellungsvoraussetzungen schon grundsätzlich nur schwerlich vorstellbar ist. Wie erläutert kommt gem. Art. 17 Abs. 1 lit. c) StromhandelsVO respektive Art. 36 Abs. 1 lit. c) GasRL eine Freistellung nur unter der Bedingung einer gesellschaftsrechtlichen Entflechtung in Betracht. Es ist damit letztlich ausgeschlossen, eine Querfinanzierung der neuen Gesellschaft seitens des Netzbetreibers aus eingenommenen Nutzungsentgelten anzunehmen, sofern diese nicht überhöht waren.

Festgehalten werden muss allerdings auch, dass eine Finanzierung, die zumindest indirekt auf Regulierungserlösen beruht, nicht gänzlich ausgeschlossen ist. Bestandteil des Regulierungsentgelts ist eine Verzinsung des eingesetzten Eigenkapitals. Diese Verzinsung stellt die Risikoprämie des Investors dar. Die Risikoprämie muss jedoch auch ein regulierungsverpflichteter Netzbetreiber frei verwenden dürfen, da sie seinen wirtschaftlichen Ertrag darstellt.

---

[292] Europäische Kommission, Vermerk der GD Energie und Verkehr zu den Richtlinien 2003/54/EG und 2003/55/EG und der Verordnung (EG) Nr. 1228/2003 im Elektrizitäts- und Erdgasbinnenmarkt – Ausnahmen von bestimmten Bestimmungen der Regelung des Netzzugangs Dritter vom 30. 01. 2004, S. 6; abrufbar unter http://ec.europa.eu/energy/electricity/legislation/doc/notes_for_implementation_2004/exemptions_tpa_de.pdf (zuletzt abgerufen am 11.08.08).

IV. Bewertung und mögliche Weiterentwicklung der vorhandenen Regulierungsausnahmen

1. Zielkonformität des Ausnahmeregimes

Aus den Tatbestandsvoraussetzungen von Art. 17 StromhandelsVO respektive Art. 36 GasRL wird deutlich, dass es sich bei der dort geregelten Regulierungsfreistellungsmöglichkeit für neue Infrastrukturen nicht etwa um ein umfassendes Regulierungsausnahmeregime im Sinne einer befristeten Pauschalbefreiung für neue Infrastrukturen handelt, sondern vielmehr ein eng beschränktes Ausnahmeinstrument vorliegt. Restriktiv ist der Anwendungsbereich zum einen durch die Beschränkung auf grenzüberschreitende Infrastrukturen und zum anderen durch die strengen wettbewerblichen Anforderungen einer Regulierungsfreistellung. Die grundsätzliche Eignung als Investitionsförderungsinstrument steht dadurch nicht in Frage. Allerdings beschränkt sich das Instrument a priori auf eine bestimmte örtlich definierte Gruppe von Infrastrukturen und entfernt sich durch die strengen wettbewerblichen Kriterien erheblich von der Grundkonzeption von *Access Holidays*, die eine Wettbewerbsbeschränkung in Kauf nehmen. Vom ursprünglichen Ansatz der *Access Holidays* noch enthalten ist im Sinne von *Regulatory Holidays* jedoch der Gedanke vorab für einen bestimmten Zeitraum determinierter Bedingungen in Form eines Regulierungsvertrags mit der Regulierungsbehörde. Soweit hier auch Gestaltungen erfasst sind, die über die klassische Merchant-Line hinausgehen, reicht der Ansatz von Art. 17 StromhandelsVO und Art. 36 GasRL sogar weiter als der ursprüngliche *Access Holidays*-Ansatz. Die Regelung der Art. 17 StromhandelsVO bzw. Art. 36 GasRL hat dabei ihre eigene innere Logik. Die Tatbestandsvoraussetzungen stellen sicher, dass das Freistellungsinstrument nur in Fällen und in einem Umfang zum Einsatz kommt, wenn und soweit sektorspezifische Regulierung nicht erforderlich ist. Der besondere Investitionsförderungscharakter besteht darin, dass in derartigen Fällen sektorspezifische Regulierung kontraproduktiv ist und Investitionen behindert. Die Beschränkung auf grenzüberschreitende Infrastrukturen ist dabei insoweit sinnvoll, als sich unter ihnen typischerweise die Infrastrukturen finden, bei denen mangels unbestreitbarer natürlicher Monopoleigenschaft sektorspezifische Regulierung nicht geboten ist. Dies bedeutet hingegen nicht, dass eine Weiterentwicklung des Instruments der Regulierungsfreistellung, die auch andere Infrastrukturen einschließt, ausgeschlossen wäre.

Die eigentlich vom Gesetzgeber bezweckte Schaffung von Investitionsanreizen auch für Nichtnetzbetreiberinvestoren ist damit nur mehr ein Aspekt der vorhandenen Regulierungsfreistellungsmöglichkeit. Über die wettbewerblichen Anforderungen wird dieser Aspekt allerdings implizit wieder aufgenommen. Deutlich wird aus den strengen wettbewerblichen Anforderungen, dass

Ziel der Regulierungsfreistellung in ihrer vorhandenen Gestalt vor allem eine Verbesserung des Wettbewerbs ist. Die Verbesserung der Versorgungssicherheit hat nur insoweit eigenen Gehalt, als Wettbewerbsverbesserungen, die zu Lasten der Versorgungssicherheit gingen, ausscheiden müssten. Da Wettbewerbsverbesserungen zu Lasten der Versorgungssicherheit jedoch überwiegend nur kurzfristiger Natur sind und langfristig wiederum negative Wettbewerbswirkungen bedeuten, scheitern derartige Gestaltungen schon am Tatbestandsmerkmal der fehlenden Wettbewerbsverbesserung. Folglich steht die Wettbewerbsverbesserung im Zentrum. Gleichzeitig ergibt sich aus den Erläuterungen zum Tatbestandsmerkmal der Verbesserung des Wettbewerbs, dass sowohl im Elektrizitäts- als auch im Erdgasbereich entscheidend vor allem der Wettbewerb auf den vorgelagerten Märkten ist,[293] auf denen jedoch reine Netzbetreiberunternehmen nicht tätig sind. Wenn die Regulierungsfreistellung mithin gerade auch auf Investoren aus diesen vorgelagerten Märkten abzielt, trifft dies die ursprüngliche gesetzgeberische Intention.

2. Weiterentwicklungsmöglichkeiten

Wie sich aus der Darstellung der Tatbestandsvoraussetzungen der Regulierungsfreistellungsmöglichkeiten gem. Art. 17 StromhandelsVO und Art. 36 GasRL ergibt, beschränkt sich die Regulierungsfreistellungsmöglichkeit bereits heute nicht zwingend auf das Geschäftsmodell der Merchant-Line. Der Normtext bietet bei entsprechender Auslegung vielmehr Raum für weniger weitreichende Gestaltungen, i.e. für die grundsätzliche Anwendung des Regulierungsrechtsregimes auch auf freigestellte Infrastrukturen unter der zusätzlichen Bedingung einer besonderen Risikoprämie oder einer verlängerten Regulierungsperiode. Abweichende Einordnungen seitens der Europäischen Kommission relativieren sich insoweit, als die entsprechenden Äußerungen als bloßer Kommissionsvermerk keinen rechtsverbindlichen Charakter aufweisen.[294] Vor allem im Elektrizitätssektor dürften derartig gestaltete Regulierungsausnahmen auch das wirksamste Instrument zur Erzeugung zusätzlicher Investitionsanreize darstellen. Ruft man sich in Erinnerung, dass hier mit dem *Estlink-* und dem *BritNed-*Interkonnektor als den beiden einzigen Anwendungsbeispielen bisher nur äußerst sparsam von der Möglichkeit einer Regulierungsfreistellung Gebrauch gemacht wurde und gleichzeitig das Leitbild einer Regulierungsfreistel-

---

[293] Vgl. oben 5. Kapitel: II. 3. a) aa).
[294] Europäische Kommission, Vermerk der GD Energie und Verkehr zu den Richtlinien 2003/54/EG und 2003/55/EG und der Verordnung (EG) Nr. 1228/2003 im Elektrizitäts- und Erdgasbinnenmarkt – Ausnahmen von bestimmten Bestimmungen der Regelung des Netzzugangs Dritter vom 30.01.2004, S. 1, abrufbar unter http://ec.europa.eu/energy/electricity/legislation/doc/notes_for_implementation_2004/exemptions_tpa_de.pdf (zuletzt abgerufen am 11.08.08).

IV. Bewertung der vorhandenen Regulierungsausnahmen   281

lung das einer Merchant-Line war, zeigt sich der beschränkte Anwendungsbereich des Merchant-Line Modells. Berücksichtigt man weiterhin, dass in den beiden Fallbeispielen aus dem Bereich Elektrizität Investoren entweder bereits anfänglich Netzbetreiber waren oder ein schneller Übergang der betroffenen Infrastruktur zu netzbetreibenden Unternehmen beabsichtigt ist,[295] müssen Freistellungen vor allem im Elektrizitätsbereich[296] für ein breiteres Anwendungsfeld so ausgestaltet sein, dass sie mit dem Geschäftsmodell eines Netzbetreibers gut kompatibel sind. Da Netzbetreiber typischerweise in einem regulierten Umfeld agieren, bedeutet dies für die Freistellung folglich, dass sie innerhalb einer Regulierung Investitionsanreize setzt. Treffende Bezeichnung für eine in diesem weiteren Sinne verstandene Regulierungsfreistellung wäre eine privilegierte Regulierung im Rahmen eines Regulierungsvertrags. Dennoch werden derartige Gestaltungen, soweit sie grenzüberschreitende Infrastrukturen betreffen, vom Normtext erfasst. Aufgrund der einer klassischen Freistellung vergleichbaren Wirkung sollten besondere Regulierungsprämien auch dem Prüfprogramm einer Freistellung unterzogen werden. Zwingend erforderlich ist der Rückgriff auf die Freistellung jedenfalls dann, wenn eine verlängerte Regulierungsperiode gewährt werden soll.[297]

De lege ferenda sollte in Betracht gezogen werden, auch bestimmte nicht grenzüberschreitende Infrastrukturen in den Anwendungsbereich einer solch weit verstandenen Freistellungsmöglichkeit mit einzubeziehen. Daraus darf freilich nicht der Schluss gezogen werden, dass neue Infrastrukturen generell in den Genuss einer Regulierungsfreistellung im Sinne einer privilegierten Regulierung kommen müssen. Dies würde bedeuten, dass die Regulierung generell mangelhaft ist. Sinnvoll erscheint vielmehr die Orientierung an einem besonderen Investitionsrisiko. Besondere Investitionsrisiken können jedoch auch bei nicht grenzüberschreitenden Infrastrukturen auftreten. Als Beispiel können die Ausbaunotwendigkeiten in der Bundesrepublik Deutschland in Folge der veränderten Erzeugungsstrukturen genannt werden.[298] Ein besonderes Investiti-

---

[295] Vgl. oben 5. Kapitel: II. 3. b) cc).
[296] Im Gasbereich scheint das bestehende Ausnahmeregime über höhere Attraktivität auch für Nichtnetzbetreiber zu verfügen. Allein die wesentlich größere Anzahl freigestellter Infrastrukturen macht dies deutlich. Wenn beispielsweise die RWE AG trotz steigender Bereitschaft zur Entflechtung des Netzbetriebs dennoch gleichzeitig am freigestellten Nabucco-Projekt festhält, bestätigt auch dies die Einordnung, dass im Gasbereich bisher offensichtlich eine höhere Attraktivität für Investitionen von Nichtnetzbetreibern besteht als im Elektrizitätsbereich; vgl. zum RWE-Engagement *Flauger*, in Handelsblatt Nr. 103 2008, S. 16.
[297] Vgl. oben 5. Kapitel: II. 3. b) bb) (b) (bb), a.A. Europäische Kommission, Vermerk der GD Energie und Verkehr zu den Richtlinien 2003/54/EG und 2003/55/EG und der Verordnung (EG) Nr. 1228/2003 im Elektrizitäts- und Erdgasbinnenmarkt – Ausnahmen von bestimmten Bestimmungen der Regelung des Netzzugangs Dritter vom 30.01.2004, S. 3, abrufbar unter http://ec.europa.eu/energy/electricity/legislation/doc/notes_for_implementation_2004/exemptions_tpa_de.pdf (zuletzt abgerufen am 11.08.08).
[298] Vgl. Bundesnetzagentur, Netzzustands- und Netzausbaubericht gem. § 63 Abs. 4 a

onsrisiko lässt sich etwa dort verorten, wo aus Gründen des Immissionsschutzes anstelle von Freileitungen über längere Abschnitte Kabeltrassen gefordert werden. So werden etwa bezogen auf die so genannte Thüringer Strombrücke, der die Europäische Kommission als europäisches Vorrangprojekt herausragende Bedeutung für den Binnenmarkt beimisst,[299] neben der Radikalforderung eines Totalverzichts auch Forderungen auf verstärkten Kabeleinsatz erhoben.[300] Wie oben ausgeführt erhöht sich der Investitionsaufwand im Vergleich zu einer neuen Freileitung bei der Kabeltrasse erheblich.[301] Auch dort, wo für den Zeitraum ab 2020 bei stark ausgebauter Offshore-Windkraft die Notwendigkeit eines zusätzlichen Gleichstrom-Overlay-Netzes gesehen wird, entsteht allein in der Bundesrepublik Deutschland ein nicht grenzüberschreitender Neubaubedarf von 850 km Netzstrecke. Die technische Ausführung ist in verschiedenen Varianten möglich, weicht jedoch vom üblichen 380kV-Drehstromsystem ab. Dies führt zu besonderen Kosten und damit zu einem erhöhten Investitionsrisiko.[302] Eine besondere Risikoprämie erscheint in den genannten Beispielen als Investitionsanreiz geeignet. Zur Schaffung eines wirksamen Investitionsanreizes ist es in den genannten Beispielen zusätzlich erforderlich, wie auch bei den grenzüberschreitenden Infrastrukturen vorab eine bestimmte Laufzeit festzulegen, um die Kalkulierbarkeit der Investition auch gegenüber einem nachträglichen Einschreiten der Regulierungsbehörde im Sinne eines Abweichens in der Folgeperiode sicherzustellen.

Im zweiten Beispielfall bleibt der Charakter der Regulierungsfreistellung insoweit unverändert, als weiterhin vor allem die Verbesserung von Wettbewerb und Versorgungssicherheit bezweckt wird, wobei die Versorgungssicherheit

---

EnWG, 2008, S. 39f, abrufbar unter http://www.bundesnetzagentur.de/cae/servlet/contentblob/31282/publicationFile/1104/BerichtNetzzustandNetzausbauId12385pdf.pdf (zuletzt abgerufen am 12.04.10); Dena, Dena-Netzstudie, 2005, abrufbar unter http://www.offshore-wind.de/page/fileadmin/offshore/documents/dena_Netzstudie/dena-Netzstudie_I_Haupttext.pdf (zuletzt abgerufen am 10.04.10).

[299] Entscheidung Nr. 1364/2006/EG des Europäischen Parlaments und des Rates vom 6. September 2006 zur Festlegung von Leitlinien für die transeuropäischen Energienetze und zur Aufhebung der Entscheidung 96/391/EG und der Entscheidung 1229/2003/EG Erwägungsgrund 4, ABl. 2006 Nr. L 262/1 ff, Projektnummer 3.49.

[300] Vgl. stellvertretend für die kritischen Stimmen *Jarass/Obermaier*, Notwendigkeit der geplanten 380kV-Verbindung Raum Halle – Raum Schweinfurt, 2007, abrufbar unter http://achtung-hochspannung.de/cms/upload/pdf/Studie-Version_20080122.pdf (zuletzt abgerufen am 11.04.10).
Zur Gegenkritik durch die dena vgl. Dena, Stellungnahme zum Gutachten »Notwendigkeit der geplanten 380-kV-Verbindung Raum Halle – Raum Schweinfurt (Südwestkuppelleitung)«, 2007, abrufbar unter http://www.dena.de/fileadmin/user_upload/bilder/pressemitteilungen/2007/Stellungnahme_SWKL_Gutachten.pdf (zuletzt abgerufen am 11.06.08).

[301] Vgl. oben 5. Kapitel: III. 1. b) aa) (a).

[302] Dena, Dena-Netzstudie, 2005, S. 135ff, abrufbar unter http://www.offshore-wind.de/page/fileadmin/offshore/documents/dena_Netzstudie/dena-Netzstudie_I_Haupttext.pdf (zuletzt abgerufen am 10.04.10).

durch nachhaltige Erzeugungskapazitäten sichergestellt wird. Die Modifikation besteht hier in der Erfassung auch nicht grenzüberschreitender Leitungssysteme, die jedoch durchaus in ihrer Bedeutung auch grenzüberschreitende Bezüge aufweisen können. Im ersten Beispiel der Thüringer Strombrücke verändert sich der Charakter einer Regulierungsfreistellung hingegen grundlegend. So geht es weniger um die Realisierung einer Infrastruktur als solcher, sondern mehr um die Art der Ausführung einer Infrastruktur. Die Regulierungsfreistellung im Sinne einer besonderen Risikoprämie dient dazu, eine nachhaltigere Realisierung der Infrastruktur zu erreichen, wobei das Nachhaltigkeitsziel in diesem Verständnis neben dem Ressourcenschutz auch Umweltschutzbelange als solche erfasst.

6. Kapitel

Verfahren der Regulierungsfreistellung und Rechtsschutz

Neben den geschilderten materiellrechtlichen Aspekten spielt bei der Auseinandersetzung mit dem Instrument der Regulierungsfreistellung neuer Infrastrukturen gem. Art. 17 StromhandelsVO und Art. 36 GasRL die Verfahrensausgestaltung eine zentrale Rolle. Mehrfach wurde darauf hingewiesen, dass die Funktionsfähigkeit des Instruments der Regulierungsfreistellung steht und fällt mit der Investitionssicherheit des Investors. Diese ist wiederum bedingt durch die Rechtssicherheit. Der Generierung ausreichender Rechts- und damit Investitionssicherheit muss die Verfahrensausgestaltung somit im Sinne einer dienenden Verfahrensfunktion[1] gerecht werden.

Darzustellen ist ferner auch der im Zusammenhang mit einer Regulierungsfreistellung bestehende Rechtsschutz. Dabei ist auch die Frage zu beantworten, ob bestimmte Rechtsbehelfe die Funktionsfähigkeit der Regulierungsfreistellung konterkarieren können oder ob der Gesetzgeber eine Ausgestaltung vorgenommen hat, die den Anreizwirkungen des Freistellungsinstruments in gleicher Weise gerecht wird wie den rechtsstaatlichen Anforderungen an einen effektiven Rechtsschutz. Schlüsselbegriffe in diesem Zusammenhang sind das Klagerecht Dritter sowie mögliche Präklusionen oder Verwirkungstatbestände.

I. Verfahren

Sowohl Art. 17 StromhandelsVO als auch Art. 36 GasRL enthalten ausführliche Regelungen zum Verfahren der Regulierungsfreistellung. Diese sind weitgehend selbsterklärend.[2] Um aufzuzeigen, dass die Verfahrensregelungen trotz ihrer Regelungstiefe die Berücksichtigung der für die Funktionsfähigkeit des Freistellungsinstruments entwickelten Aspekte, wie etwa das Verhältnis zum allgemeinen Wettbewerbsrecht oder die Ausgestaltung der Freistellung zum Ausschluss wettbewerblicher Bedenken, ermöglichen, ist dennoch im vorliegenden Zusammenhang eine detaillierte Betrachtung angezeigt. Wiederum

---

[1] Grundlegend hierzu *Nehl*, Europäisches Verwaltungsverfahren und Gemeinschaftsverfassung, 2002, S. 177.
[2] Zu den Vorgängerregelungen Art. 7 StromhandelsVO Nr. 1228/2003 und Art. 22 GasRL 2003/55/EG *Jones*, EU Energy Law Vol. 1, 2006, p. 285.

kann auch für den Bereich der GasRL trotz ihres Umsetzungserfordernisses aufgrund ihres Detailgrades weitgehend direkt auf die Verfahrensreglungen der GasRL verwiesen werden. Wenn § 28a Abs. 3 Satz 2 EnWG für die Prüfung und das Verfahren auf Art. 22 Abs. 3 lit. b) bis e) und Abs. 4 der GasRL 2003, der Vorgängerregelung von Art. 36 GasRL verweist, unterstreicht dies die Richtigkeit des gewählten Vorgehens.

Hingewiesen werden muss darauf, dass das unter dem Regime von Art. 7 StromhandelsVO (EG) Nr. 1228/2003 respektive Art. 22 GasRL 2003/55/EG noch zweistufig aufgebaute Verfahren durch die Einbeziehung der neu gegründeten Agentur für die Zusammenarbeit der Energieregulierungsbehörden[3] in Abhängigkeit vom Verhalten der nationalen Regulierungsbehörden nun in bestimmten Fällen durch ein dreistufiges Verfahren ersetzt wird.

1. Verfahren vor der nationalen Regulierungsbehörde

a) Prüfungsmaßstab und Ausnahmeinhalt

Zuständige Behörde für die Entscheidung über einen Antrag auf Regulierungsfreistellung ist gem. Art. 17 Abs. 4 StromhandelsVO respektive Art. 36 Abs. 3 GasRL die jeweilige nationale Regulierungsbehörde. Wahlweise kann auch eine andere Stelle des jeweiligen Mitgliedstaats gem. Art. 17 Abs. 6 StromhandelsVO respektive Art. 36 Abs. 7 GasRL zuständig sein. In diesem Fall muss die Regulierungsbehörde bzw. die Agentur der zuständigen Stelle ihre Stellungnahme zum Antrag zur förmlichen Entscheidung vorlegen. Die zuständige Behörde überprüft auf Antrag, ob die Voraussetzungen der Art. 17 Abs. 1 bis 3 StromhandelsVO bzw. Art. 36 Abs. 1 und 2 GasRL erfüllt sind. Binnen zwei Monaten ab Einreichung des Antrags durch die letzte betroffene Regulierungsbehörde kann die Agentur den genannten Regulierungsbehörden gem. Art. 17 Abs. 4 UAbs. 2 StromhandelsVO bzw. Art. 36 Abs. 4 GasRL eine beratende Stellungnahme übermitteln, die als Grundlage für deren Entscheidung dienen könnte. Art. 17 Abs. 4 UAbs. 2, 3 und 4 StromhandelsVO sowie Art. 36 Abs. 6 UAbs. 1, 2 und 3 GasRL räumen der zuständigen Behörde nicht unerhebliche Kompetenzen im Hinblick auf die Ausgestaltung der Freistellungsentscheidung ein. Art. 17 Abs. 4 UAbs. 1 Satz 2 StromhandelsVO sowie Art. 36 Abs. 6 UAbs. 1 GasRL legen zunächst ausdrücklich fest, dass die Regulierungsbehörde die Ausnahme kapazitiv befristen kann. Oben wurde dargestellt, dass im Hinblick auf die Wettbewerbswirkungen der Freistellung gerade einer kapazitiven Beschränkung eine Schlüsselstellung zukommen kann, da durch eine solche Be-

---

[3] Verordnung (EG) Nr. 713/2009 des Europäischen Parlaments und des Rates vom 13. Juli 2009 zur Gründung einer Agentur für die Zusammenarbeit der Energieregulierungsbehörden, ABl. 2009 Nr. L 211/1.

schränkung interner Leitungswettbewerb trotz Freistellung möglich wird.[4] Wenn der zuständigen Behörde ausdrücklich ein Beschränkungsrecht zugesprochen wird, wird die Funktionsfähigkeit des Freistellungsinstruments hierdurch in entscheidender Weise positiv beeinflusst. Dies gilt auch für die Regelungen der Art. 17 Abs. 4 UAbs. 3 und 4 StromhandelsVO sowie Art. 36 Abs. 6 UAbs. 2 und 3 GasRL. Der Verfügungsauftrag an die Regulierungsbehörde, die Dauer der Freistellung und die Regeln und/oder Mechanismen für das Kapazitätsmanagement und die Kapazitätszuteilung den Bedingungen des jeweiligen Einzelfalls anzupassen, wobei der erwartete Zeithorizont des Vorhabens sowie die einzelstaatlichen Gegebenheiten zu berücksichtigen sind, versetzt die zuständige Behörde in die Lage, eine den vielfältigen materiellrechtlichen Aspekten der Freistellung wirklich angepasste Entscheidung zu treffen.[5] Klarstellend im Vergleich zu den Vorgängerregelungen legen Art. 17 Abs. 4 UAbs. 4 StromhandelsVO bzw. Art. 36 Abs. 6 UAbs. 3 GasRL allerdings fest, dass die Engpassmanagementregelungen die Verpflichtung einschließen müssen, ungenutzte Kapazitäten auf dem Markt anzubieten. Auch ist den Nutzern das Recht einzuräumen, ihre kontrahierten Kapazitäten auf dem Sekundärmarkt zu handeln. Die gesetzliche Regelung macht auch deutlich, dass die zuständige Behörde vom Antrag des Freistellungspetenten abweichen kann. Gerade im Hinblick auf das oben vertretene Verhältnis einer Regulierungsfreistellungsmaßnahme zu nachträglichen Eingriffsbefugnissen nach allgemeinem Wettbewerbsrecht[6] sind Art. 17 Abs. 4 UAbs. 3 StromhandelsVO sowie Art. 36 Abs. 6 UAbs. 2 GasRL auch insoweit besonders hervorzuheben, weil die ausdrückliche Berücksichtigung des erwarteten Zeithorizonts des Vorhabens durch die Regulierungsbehörde nochmals unterstreicht, dass eine rein zeitlich begründete vermeintliche Notwendigkeit einer nachträglichen Eingriffsmöglichkeit durch die allgemeine Wettbewerbsbehörde kaum zu überzeugen vermag. Für die Bundesrepublik Deutschland wird dies bezogen auf ein nachträgliches Einschreiten des Bundeskartellamts auch durch das Einvernehmenserfordernis des Kartellamts für die wettbewerbliche Voraussetzung des § 28a Abs. 1 Nr. 1 EnWG bereits im Verfahren der Regulierungsfreistellung gem. § 58 Abs. 1 Satz 1 EnWG nochmals unterstrichen. Ausdrücklichen Bezug nimmt § 58 Abs. 1 Satz 1 EnWG auch auf Art. 7 Abs. 1 lit. a) StromhandelsVO 2003, die Vorgängerregelung von Art. 17 StromhandelsVO.[7]

---

[4] Vgl. oben 5. Kapitel: II. 2. d) bb).
[5] *Jones*, EU Energy Law Vol. 1, 2006, p. 285.
[6] Vgl. oben 4. Kapitel: II. 2. b), c).
[7] Vgl. oben 4. Kapitel: II. 2. a) bb).

I. Verfahren

b) Informations- und Konsultationspflichten

Die Entscheidung der Regulierungsbehörde ist gem. Art. 17 Abs. 4 UAbs. 6 StromhandelsVO sowie gem. Art. 36 Abs. 6 UAbs. 4 GasRL ordnungsgemäß zu begründen und zu veröffentlichen. Die Begründung muss auch zu den gem. Art. 17 Abs. 4 UAbs. 3 StromhandelsVO[8] sowie gem. Art. 36 Abs. 6 UAbs. 2 GasRL genannten Bedingungen Stellung nehmen. Für das Beispiel der deutschen Bundesnetzagentur erfolgt die Veröffentlichung gem. § 28a Abs. 4 EnWG im Amtsblatt der Regulierungsbehörde sowie auf ihrer Internetseite.

Gem. Art. 17 Abs. 4 UAbs. 5 StromhandelsVO bzw. gem. Art. 36 Abs. 4 UAbs. 2 GasRL haben die Regulierungsbehörden der betroffenen Mitgliedstaaten ab Einreichung des Antrags sechs Monate Zeit, zu einer gemeinsamen Entscheidung zu kommen. Gelingt dies unterrichten sie die Agentur von dieser Entscheidung. Gelingt dies nicht, trifft gem. Art. 17 Abs. 5 lit. a) StromhandelsVO bzw. Art. 36 Abs. 4 UAbs. 3 lit. a) GasRL die Agentur die Entscheidung. Gleiches gilt gem. Art. 17 Abs. 5 lit. b) StromhandelsVO bzw. Art. 36 Abs. 4 UAbs. 3 lit. b) GasRL im Falle eines gemeinsamen Ersuchens der betroffenen nationalen Regulierungsbehörden. Für den Gassektor entfällt diese Mitwirkung der Agentur im Falle einer Gasspeicher- oder LNG-Einrichtung, soweit lediglich das Hoheitsgebiet eines Mitgliedstaats betroffen ist.

2. Verfahrensbeteiligung der Europäischen Kommission

a) Verfahrenseinleitung durch Regulierungsbehörde oder Agentur

Gem. Art. 17 Abs. 7 Satz 1 StromhandelsVO sowie Art. 36 Abs. 8 Satz 1 GasRL übermittelt die jeweilige nationale Regulierungsbehörde eine Abschrift aller Anträge auf Ausnahme unverzüglich nach ihrem Eingang der Kommission und der Agentur. Die getroffene Ausnahmeentscheidung wird gem. Art. 17 Abs. 7 Satz 2 StromhandelsVO sowie Art. 36 Abs. 8 Satz 2 GasRL unverzüglich unter Beifügung aller einschlägiger Informationen durch die Regulierungsbehörde oder die Agentur (»meldende Stellen«) an die Europäische Kommission gemeldet. Ausreichend ist gem. Art. 17 Abs. 7 Satz 3 StromhandelsVO sowie gem. Art. 36 Abs. 8 Satz 3 GasRL auch die Übermittlung einer Zusammenfassung der einschlägigen Begleitinformationen an die Kommission, soweit diese als Grundlage für eine fundierte Entscheidung genügt. Den Mindestinhalt der zu übermittelnden Informationen definieren Art. 17 Abs. 7 Satz 4 lit. a) bis d) StromhandelsVO sowie Art. 36 Abs. 8 Satz 4 lit. a) bis e) GasRL. So müssen die übermittelten Informationen eine ausführliche Begründung einschließlich finanzieller Informationen enthalten, die die Notwendigkeit der Ausnahme

---

[8] Bei dem in Art. 17 Abs. 4 UAbs. 6 StromhandelsVO genannten UAbs. 2 muss es sich insoweit um einen Zahlendreher handeln.

rechtfertigen. Daneben muss eine Untersuchung zu den Auswirkungen der Gewährung der Ausnahme auf den Wettbewerb und das effektive Funktionieren des Elektrizitäts- bzw. Gasbinnenmarktes übermittelt werden. Ebenso sind Begründungen für die zeitlichen und kapazitiven Befristungen der Freistellung erforderlich. Schließlich sind die Konsultationsergebnisse und für den Gasbereich zusätzlich noch Hinweise auf den Beitrag der Infrastruktur zur Diversifizierung der Gasversorgung zu übermitteln. Zusammengefasst sind die jeweils zuständigen Behörden somit zur Übermittlung umfassender Informationen verpflichtet, anhand derselben die Kommission sich ein ebenso umfassendes Bild über die getroffene Freistellungsentscheidung machen kann.

b) Entscheidungsmöglichkeiten der Kommission

Diese umfassenden Informationserfordernisse sind jedoch angesichts der weitreichenden Entscheidungsbefugnisse der Europäischen Kommission auch konsequent. Gem. Art. 17 Abs. 8 UAbs. 1 Satz 1 StromhandelsVO respektive Art. 36 Abs. 9 UAbs. 1 Satz 1 GasRL kann die Kommission binnen zwei Monaten nach Eingang einer Mitteilung verlangen, dass die betreffende Regulierungsbehörde respektive der betreffende Mitgliedstaat die Ausnahmeentscheidung ändert oder widerruft. Die Zweimonatsfrist kann gem. Art. 17 Abs. 8 UAbs. 1 Satz 2 StromhandelsVO respektive Art. 36 Abs. 9 UAbs. 1 Satz 2 GasRL um weitere zwei Monate verlängert werden, wenn die Kommission zusätzliche Informationen anfordert. Die ursprüngliche Zweimonatsfrist kann ferner mit Zustimmung sowohl der Kommission als auch der meldenden Stellen gem. Art. 17 Abs. 8 UAbs. 1 Satz 4 StromhandelsVO respektive Art. 36 Abs. 9 UAbs. 1 Satz 4 GasRL verlängert werden. Die Möglichkeit der Fristverlängerung unterstreicht wiederum die umfassende Prüfung durch die Kommission. Werden die angeforderten Informationen nicht innerhalb der in der Aufforderung gesetzten Frist vorgelegt, gilt die Meldung als gem. Art. 17 Abs. 8 UAbs. 2 StromhandelsVO respektive Art. 36 Abs. 9 UAbs. 2 GasRL widerrufen, es sei denn, diese Frist wird mit Zustimmung sowohl der Kommission als auch der meldenden Stellen vor ihrem Ablauf verlängert oder die meldenden Stellen unterrichten die Kommission vor Ablauf der festgesetzten Frist in einer ordnungsgemäß mit Gründen versehenen Erklärung davon, dass sie die Meldung als vollständig betrachten. Trifft die Kommission im bezeichneten Zeitraum keine Entscheidung, bedeutet dies eine Genehmigungsfiktion der in Rede stehenden Freistellung.

Im Hinblick auf die Möglichkeit einer nachträglichen Abänderung oder eines nachträglichen Widerrufs durch die Kommission sollte die zuständige mitgliedstaatliche Behörde die Ausgangsfreistellung mit der Bedingung der Nichtabänderung bzw. des Nichtwiderrufs durch die Kommission versehen. Dennoch kann sich der betroffene Antragsteller auch bei Fehlen einer solchen Befristung im Falle eines Änderungs- oder Widerrufsverlangens durch die Kommission nicht auf schutzwürdiges Vertrauen berufen. Vertrauensschutz würde in diesem Fall die Mitwirkungsrechte der Kommission gem. Art. 17 Abs. 8 StromhandelsVO bzw. gem. Art. 36 Abs. 9 GasRL ins Leere laufen lassen. Dies ist jedoch weder mit dem Vorrang des Unionsrechts noch mit der im Rahmen einer Vertrauensschutzprüfung durchzuführenden Abwägung der widerstreitenden Interessen vereinbar, die gerade auch dem Gemeinschaftsinteresse gerecht werden muss. Verwiesen werden kann hier auf die Dogmatik nicht notifizierter Beihilfen gem. Art. 108 Abs. 3 AEUV.[9] Dass die Kommissionsentscheidung sich in letzter Konsequenz gegen die Entscheidung der zuständigen mitgliedstaatlichen Behörde durchsetzen muss, machen für das Verfahren der Regulierungsfreistellung Art. 17 Abs. 8 UAbs. 3 StromhandelsVO sowie Art. 36 Abs. 9 UAbs. 3 GasRL nochmals besonders deutlich. Sie legen jeweils fest, dass die meldenden Stellen einem Beschluss der Kommission zur Änderung oder zum Widerruf der Entscheidung über die Gewährung einer Ausnahme innerhalb eines Monats nachkommen und die Kommission hiervon in Kenntnis setzen. Die Letztentscheidungskompetenz liegt damit bei der Europäischen Kommission. Damit verfügt die Europäische Kommission für den Bereich der Regulierungsfreistellung neuer Infrastrukturen bereits über »superregulatorische« Kompetenzen,[10] die bezogen auf den beschriebenen Teilbereich sogar über jene der seitens der Kommission ehedem geforderten und nun in Gestalt der Agentur geschaffenen europäischen Regulierungsbehörde hinausgehen.[11]

Diese Verfahrensausgestaltung wird auch wiederum dem oben vertretenen Verhältnis von Regulierungsfreistellung und Eingriffsbefugnissen der allgemeinen Wettbewerbsbehörde gerecht.[12] Da es sich bei der Europäischen Kommission auch gleichzeitig um die allgemeine Wettbewerbsbehörde handelt, kann diese im Verfahren der Regulierungsfreistellung eine umfassende Prüfung anhand auch klassisch wettbewerbsrechtlicher Maßstäbe vornehmen. Eine solche Prüfung ist im Normtext auch insoweit angelegt, als die Mindestinformationserfordernisse der jeweils zuständigen nationalen Behörde gegenüber der Kommission wie ausgeführt auch und gerade eine Untersuchung bezüglich der Auswirkungen der Gewährung der Ausnahme auf den Wettbewerb und das effektive Funktionieren des Elektrizitäts- respektive Gasbinnenmarktes enthalten.

c) *Geltungsdauer der Kommissionsgenehmigung*

Sowohl Art. 17 Abs. 8 UAbs. 5 StromhandelsVO als auch Art. 36 Abs. 9 UAbs. 5 GasRL normieren im Gegensatz zu den Vorgängerregelungen erstmals bereits

---

[9] EuGH »Alcan« C-24/95, Slg. 1997, I-1591 (1617) Rdnr. 25; *Koenig/Kühling/Ritter*, EG-Beihilfenrecht, 2005, Rdnr. 462 ff.
[10] *König/Kühling/Rasbach*, Energierecht, 2006, S. 80.
[11] *Hermeier*, RdE 2007, S. 249 (252); *Jones*, EU Energy Law Vol. 1, 2006, p. 285 f.
[12] Vgl. oben 4. Kapitel: II. 2. b), c).

im Verordnungs- bzw. Richtlinientext, dass die erteilte Ausnahme zwei Jahre nach ihrer Erteilung unwirksam wird, wenn mit dem Bau der Verbindungsleitung zu diesem Zeitpunkt noch nicht begonnen worden ist. Ferner wird die Erteilung nach fünf Jahren unwirksam, wenn die Infrastruktur zu diesem Zeitpunkt nicht in Betrieb genommen worden ist, es sei denn die Kommission entscheidet, dass eine Verzögerung auf schwerwiegende administrative Hindernisse zurückzuführen ist, auf die die Person, die von der Ausnahme begünstigt ist, keinen Einfluss hat. Bereits unter dem Vorgängerrechtsregime finden sich derartige Befristungen jedoch als Einzelanordnungen seitens der Kommission in den Ausnahmegenehmigungen.[13]

d) Leitlinienkompetenz der Kommission

Eine wirkliche Neuerung im Vergleich zu den Vorgängerregelungen ist die durch Art. 17 Abs. 9 StromhandelsVO bzw. Art. 36 Abs. 10 GasRL geschaffene Befugnis der Kommission, Leitlinien für die Anwendung der tatbestandlichen Voraussetzungen der Ausnahme und das einzuhaltende Verfahren zu erlassen. Anders als eine bloße Selbstbindung durch einen Kommissionsvermerk zu den Vorgängerregelungen[14] vermögen Leitlinien, die nach einem förmlichen Verfahren gem. Art. 17 Abs. 9 Satz 1 StromhandelsVO bzw. Art. 36 Abs. 10 Satz 2 GasRL erlassen werden, eine echte Rechtsbindung zu erzeugen.[15]

II. Rechtsschutz

Wie ausgeführt sind am Verfahren der Regulierungsfreistellung die jeweilige nationale Regulierungsbehörde, die Agentur für die Zusammenarbeit der Energieregulierungsbehörden und die Europäische Kommission beteiligt. Es bietet sich daher an, bezüglich des Rechtsschutzes gegen Freistellungsentscheidungen respektive des Rechtsschutzes im Bezug auf verweigerte Freistellungsbegehren zwischen der jeweiligen nationalen Gerichtsbarkeit und der Gerichtsbarkeit der Europäischen Union zu differenzieren. Soweit es um die nationale Gerichtsbarkeit geht, erfolgt die Darstellung vorliegend am Beispiel der Rechtsschutzmög-

---

[13] Vgl. z.B. Europäische Kommission, Betr.: Ausnahmeentscheidung für den österreichischen Abschnitt der Nabucco-Pipeline, 08.02.2008, Rdnr. 65, abrufbar unter http://ec.europa.eu/energy/gas/infrastructure/doc/nabucco_com_final_de.pdf (zuletzt abgerufen am 03.06.08).

[14] Europäische Kommission, Vermerk der GD Energie und Verkehr zu den Richtlinien 2003/54/EG und 2003/55/EG und der Verordnung (EG) Nr. 1228/2003 im Elektrizitäts- und Erdgasbinnenmarkt – Ausnahmen von bestimmten Bestimmungen der Regelung des Netzzugangs Dritter vom 30.01.2004, abrufbar unter http://ec.europa.eu/energy/electricity/legislation/doc/notes_for_implementation_2004/exemptions_tpa_de.pdf (zuletzt abgerufen am 11.08.08).

[15] Vgl. oben 4. Kapitel: III. 2. b).

lichkeiten in der Bundesrepublik Deutschland. Jeweils muss auch eine Differenzierung bezüglich des Rechtsschutzziels vorgenommen werden. Regelmäßiges Rechtsschutzziel eines Freistellungspetenten ist die Erteilung einer verweigerten Freistellung oder die Aufhebung von mit einer Freistellung verknüpften Auflagen. Dritte, zu denken ist hier vor allem an Konkurrenten des oder der Freistellungsinhaber, dürften hingegen im gerichtlichen Verfahren regelmäßig die Aufhebung einer erteilten Freistellung oder zumindest zusätzliche Auflagen gegenüber dem oder den freistellungsbegünstigten Unternehmen anstreben. Mit zwei Klagen zum *OPAL*-Projekt existieren Beispiele zwischenzeitlich sowohl für die Klage eines Wettbewerbers[16] als auch für die Klage eines Antragstellers[17].

1. Mitgliedstaatliche Gerichtsbarkeit

a) Rechtsschutzmöglichkeiten des Antragstellers

Die Regulierungsfreistellung wird wie ausgeführt seitens der jeweiligen nationalen Regulierungsbehörde erteilt. Gegen Entscheidungen der nationalen Regulierungsbehörde ist gem. § 75 EnWG die Beschwerde zulässig, die auch auf neue Tatsachen und Beweismittel gestützt werden kann. Gem. § 75 Abs. 2 EnWG steht die Beschwerde den am Verfahren vor der Regulierungsbehörde Beteiligten zu. Wer die Einleitung eines Verfahrens beantragt hat, ist gem. § 66 Abs. 2 Nr. 1 EnWG an dem Verfahren vor der Regulierungsbehörde beteiligt. Soweit dem Antragsteller die beantragte Freistellung verweigert wurde, ist statthafter Rechtsbehelf die Verpflichtungsbeschwerde. Gleiches gilt, wenn die Freistellung mit nicht selbstständig anfechtbaren Nebenbestimmungen versehen wurde und der Antragsteller die Freistellung ohne die jeweiligen Nebenbestimmungen anstrebt. Die Zulässigkeit der Verpflichtungsbeschwerde wird in § 75 Abs. 3 EnWG ausdrücklich festgestellt. Wendet sich der Antragsteller hingegen lediglich gegen selbstständig anfechtbare Nebenbestimmungen oder Auflagen, ist statthafter Rechtsbehelf die Anfechtungsbeschwerde.

Die Rechtswegzuständigkeit liegt gem. § 75 Abs. 4 Satz 1 EnWG bei der ordentlichen Gerichtsbarkeit, wobei zuständiges Gericht das für den Sitz der Regulierungsbehörde zuständige Oberlandesgericht ist, i.e. im Falle der Bundesnetzagentur damit das OLG Düsseldorf.[18] § 75 Abs. 4 Satz 1 EnWG gilt für sämtliche Beschwerden gegen regulierungsbehördliches Handeln im Energie-

---

[16] Rs. T-317/09 »Concord Power Nordal/Kommission«, ABl. 2009 Nr. C 267/66.
[17] Rs. T-381/09 »RWE Transgas/Kommission«, ABl. 2009 Nr. C 297/22.
[18] Gem. § 106 EnWG sind die nach § 91 GWB gebildeten Kartellsenate zuständig. Hieraus ergibt sich gem. § 92 Abs. 1 Satz 1 GWB i. V. m. § 2 der Verordnung über die Bildung gemeinsamer Kartellgerichte vom 07.01.1958 (GVBl. NW 1958, S. 17) zuletzt neu gefasst durch Verordnung vom 08.01.2002 (GVBl. NW 2002, S. 22) die Zuständigkeit des OLG Düsseldorf; vgl. *Salje*, EnWG, 2006, § 75, Rdnr. 33.

sektor, was eine Abweichung von der sektorspezifischen Regulierung im Telekommunikationssektor bedeutet, wo auf den Verwaltungsrechtsweg verwiesen wird. Diese abweichende Verweisung auf die ordentliche Gerichtsbarkeit erweist sich gerade für den konkreten Fall der Regulierungsfreistellung als sinnvoll. Wie oben ausgeführt sind im Rahmen der Freistellungsentscheidung in erheblichem Umfang auch Fragestellungen des allgemeinen Wettbewerbsrechts zu beantworten.[19] Dies wiederum führt wie ausgeführt auch zu einer besonderen Zuständigkeitsaufteilung zwischen Regulierungsbehörde und allgemeiner Wettbewerbsbehörde und schafft auch schutzwürdiges Vertrauen.[20] Der Umstand, dass durch die Verweisung auf den ordentlichen Rechtsweg die Gerichte zuständig sind, die auch für die Kontrolle der allgemeinen Wettbewerbsbehörde zuständig sind, unterstreicht nochmals die Entbehrlichkeit eines Parallelverhältnisses von Regulierungsbehörde und allgemeiner Wettbewerbsbehörde im Falle einer Regulierungsfreistellung. Durch die Zuständigkeit der Kartellgerichte ist vielmehr, wie auch die Gesetzesbegründung betont,[21] bezogen auf Rechtsschutzfragen sichergestellt, dass Aspekte des klassischen Wettbewerbsrechts nicht außen vor bleiben, sondern auch im Rahmen einer gerichtlichen Überprüfung einer Regulierungsfreistellungsentscheidung umfassende Berücksichtigung finden.

Die Beschwerde ist gem. § 78 Abs. 1 EnWG innerhalb einer Frist von einem Monat ab Zustellung der Entscheidung schriftlich einzureichen und gem. § 78 Abs. 3 EnWG zu begründen. Im Falle einer Untätigkeitsbeschwerde besteht gem. § 78 Abs. 2 EnWG kein Fristerfordernis.

Gegen die in der Hauptsache erlassenen Beschlüsse des Oberlandesgerichts findet gem. § 86 EnWG die Rechtsbeschwerde zum BGH statt, wenn das Oberlandesgericht die Rechtsbeschwerde zugelassen hat. Die Nichtzulassung der Rechtsbeschwerde kann durch Nichtzulassungsbeschwerde vor dem BGH gem. § 87 EnWG selbstständig angefochten werden.

b) Rechtsschutzmöglichkeiten Dritter

Neben dem Antragsteller kommen als Beschwerdeführer auch Dritte in Betracht. Das Rechtsschutzziel ist hier regelmäßig auf Aufhebung der Freistellungsentscheidung oder zumindest eine Modifikation zu Lasten des Antragstellers gerichtet.

aa) Formales Kriterium der Verfahrensbeteiligung

Gem. § 75 Abs. 2 EnWG steht die Beschwerde wie ausgeführt den am Verfahren vor der Regulierungsbehörde Beteiligten zu. Wie ausgeführt sehen sowohl

---

[19] Vgl. oben 5. Kapitel: II. 3. a).
[20] Vgl. oben 4. Kapitel: II. 2. c) cc).
[21] Vgl. auch BTDrucks. 15/3917, S. 71.

Art. 17 Abs. 4 UAbs. 5 StromhandelsVO als auch Art. 36 Abs. 4 UAbs. 2 GasRL eine Konsultation vor Erteilung der Freistellungsentscheidung vor. Allerdings beschränken sich die Konsultationsverpflichtungen auf andere betroffene Mitgliedstaaten oder Regulierungsbehörden. Eine Konsultationsverpflichtung im Hinblick auf andere betroffene Unternehmen besteht damit nicht. Dennoch sind auch Dritte am Verfahren der Regulierungsfreistellung beteiligt. Für die Bundesrepublik Deutschland legt § 66 Abs. 2 Nr. 3 EnWG fest, dass Personen und Personenvereinigungen, deren Interessen durch die Entscheidung erheblich berührt werden und die die Regulierungsbehörde auf ihren Antrag beigeladen hat, an dem Verfahren vor der Regulierungsbehörde beteiligt sind. Es handelt sich um so genannte gekorene Beteiligte.[22] An diese Verfahrensbeteiligung knüpft § 75 Abs. 2 EnWG an. Maßgebliches Kriterium ist die Berührung erheblicher Interessen des potentiellen Beteiligten durch die Entscheidung. Zur Berührung erheblicher Interessen existiert Rechtsprechung bereits im Bereich des Kartellrechts. Da § 66 Abs. 2 Nr. 3 EnWG der Formulierung des § 54 Abs. 2 Nr. 3 GWB völlig gleicht, kann auf die dort entwickelten Kriterien zurückgegriffen werden. Im allgemeinen Wettbewerbsrecht wird es als ausreichend erachtet, die Verletzung wirtschaftlicher Interessen geltend zu machen. Die Erheblichkeitsschwelle ist dann erreicht, wenn sich die Wettbewerbslage des Beigeladenen spürbar verschlechtern kann und deshalb Anpassungsreaktionen erforderlich werden.[23] Je weiter entfernt der Betroffene von der Entscheidung im Sinne eines nur mehr mittelbaren Betroffenseins ist, umso gewichtiger müssen die betroffenen wirtschaftlichen Interessen sein. Rechtliche Interessen im Sinne einer materiellen Rechtsverletzung müssen für eine Beteiligung nicht verletzt sein. Für die Beschwerdebefugnis gem. § 75 Abs. 2 EnGW ergibt sich daraus folglich eine formale und keine materielle Ausgestaltung.[24]

Übertragen auf den vorliegenden Fall der Regulierungsfreistellung kommen als Beigeladene, deren Wettbewerbslage sich durch die Freistellung spürbar verschlechtern kann, Personen auf vor- oder nachgelagerten Märkten in Betracht. Wiederum muss aber nach dem jeweiligen Geschäftsmodell differenziert werden. So ist eine spürbare Verschlechterung der Wettbewerbslage im Sinne notwendiger Anpassungsreaktionen vor allem bei Regulierungsfreistellungen mit Drittzugangsbefreiung denkbar. Eine solche Freistellung ist vor allem für Nichtnetzbetreiber als Investoren interessant.[25] Hier erscheint es durchaus nicht fernliegend, dass im Elektrizitätsbereich andere Stromerzeugungsunternehmen, Stromgroßhändler oder Regionalverteiler respektive im Gasbereich ande-

---

[22] *Salje*, EnWG, 2006, § 66, Rdnr. 7, 11.
[23] KG vom. 21. 11. 1983 WuW/E OLG 3211, 3212 – WZ-WAZ; KG vom 21. 09. 1994 WuW/E OLG 5355, 5357 – Beiladung RTL2; KG vom 11. 04. 1997 WuW/E OLG 5849, 5851 f – Großverbraucher.
[24] *Salje*, EnWG, 2006, § 75, Rdnr. 29.
[25] Vgl. oben 5. Kapitel: II. 3. b) bb) (a).

re Gasgroßhändler oder Regionalverteiler durch die Freistellung Wettbewerbsnachteile erleiden. Anders verhält es sich hingegen bei einer Freistellung ohne Zugangsbefreiung, die besonders dem Geschäftsmodell eines reinen Netzbetreiberunternehmens entspricht und die sich auf die Erlaubnis besonderer Entgeltbildungsmechanismen oder modifizierter Engpassmanagementbedingungen beschränkt. Da hier eine Durchleitung gewährleistet ist, und insoweit wirtschaftliche Interessen nur entfernter im Sinne zu hoher Durchleitungsentgelte betroffen sind, kann eine erhebliche Interessensberührung nur im Falle exzessiver Entgelte angenommen werden. Unabhängig vom jeweiligen Geschäftsmodell ist regelmäßig jedoch derjenige in seinen Interessen erheblich berührt, der im Rahmen eines *Open-Season*-Verfahrens nicht oder nur mit einer geringeren Quote als andere Teilnehmer berücksichtigt wurde. Nicht in Betracht kommt eine Interessensberührung hingegen grundsätzlich für regulierte Dritte, i.e. Netzbetreiber, die und soweit sie der Regulierung unterliegen. Regulierung und Wettbewerb schließen sich gegenseitig aus, weshalb auch eine spürbare Verschlechterung der Wettbewerbslage ausgeschlossen ist.

bb) Kein über eine bloße Reflexwirkung hinausgehender Drittschutz der Art. 17 StromhandelsVO und Art. 36 GasRL

Fraglich bleibt damit allerdings, ob eine Beschwerdebefugnis für Dritte auch dann bestehen kann, wenn eine Beiladung seitens der Regulierungsbehörde im Freistellungsverfahren nicht erfolgt ist und damit auch keine Beteiligung gem. § 66 Abs. 3 EnWG vorliegt. § 75 Abs. 2 EnWG stellt ausdrücklich auf die Beteiligung am Verfahren vor der Regulierungsbehörde ab. Als hilfreich kann sich wiederum ein Vergleich mit dem allgemeinen Wettbewerbsrecht erweisen.

Mit Hinweis auf die Vorgängervorschrift zu der § 75 Abs. 2 EnWG gleichenden Norm des § 63 Abs. 2 GWB soll die Regelung des § 63 Abs. 2 GWB nicht abschließend sein, so dass auch nicht beigeladene Personen beschwerdebefugt sein sollen, wenn sie durch eine Entscheidung der allgemeinen Wettbewerbsbehörde im materiellen Sinn belastet sind. Nur so könne der Rechtsschutzgarantie des Art. 19 Abs. 4 GG Rechnung getragen werden.[26] Die materielle Beschwer ist aber stets erforderlich.[27] Eine ausreichende materielle Beschwer ist immer dann gegeben, wenn nach dem Entscheidungsinhalt nachteilige Wirkungen auf rechtlich geschützte Positionen, nicht notwendig jedoch auf eigene Rechte, ausgehen und gerade auch den Beteiligten betreffen.[28] Es wäre eine unnötige Förmelei hier eine nachträgliche Beiladung zu fordern. Der Dritte kann

---

[26] KG vom 12.01.1982 WuW/E OLG 2720, 2722 – Gepäckstreifenanhänger; KG vom 26.06.1991 WuW/E OLG 4811, 4820 – Radio NRW.
[27] BGHZ 41, 61 (65); BGH vom 31.10.1978 WuW/E BGH 1562, 1564 – Air-Conditioning-Anlagen; BGH vom 10.04.1983 WuW/E BGH 2077, 2079 – Coop Supermagazin; *Salje*, EnWG, 2006, § 75, Rdnr. 28.
[28] BGH vom 10.04.1983 WuW/E BHG 2077, 2079 – Coop Supermagazin.

seine Rechte vielmehr sogleich im Wege der Beschwerde geltend machen.[29] Demnach ist zu prüfen, ob die Freistellungsregelungen des Art. 17 StromhandelsVO bzw. Art. 36 GasRL in Umsetzung durch § 28a EnWG drittschützende Wirkung in Bezug auf den nicht beigeladenen Dritten entfalten. Drittschützende Wirkung könnten Art. 17 Abs. 1 lit. a) und f) StromhandelsVO sowie Art. 36 Abs. 1 lit. a) und e) GasRL enthalten, indem die genannten Normen eine Verbesserung des Wettbewerbs respektive ein nicht nachteiliges Auswirken auf den Wettbewerb fordern. Fraglich ist aber, ob mit dem Schutz des Wettbewerbs tatsächlich auch ein Schutz der Interessen der Wettbewerber bezweckt ist, oder ob der Wettbewerb lediglich als objektives Prinzip geschützt ist, und die Interessen einzelner Wettbewerber als bloße wirtschaftliche Interessen nur in Gestalt einer Reflexwirkung mit geschützt sind, die jedoch keine Konkretisierung in einem eigenen subjektiven Recht gefunden hat. Im allgemeinen Wettbewerbsrecht wird in diesem Zusammenhang für den Bereich der Fusionskontrolle nach dem GWB eine drittschützende Wirkung verneint. Vielmehr begründet die Fusionskontrolle keine subjektiven Rechte zugunsten von Konkurrenten oder der Marktgegenseite, weil sie allein der Sicherung des Wettbewerbs vor einer Aufteilung des Marktes durch marktbeherrschende Unternehmen und damit der Wahrung gesamtwirtschaftlicher Belange in Gestalt des Wettbewerbs als Institution dient.[30] Diese Rechtsprechung lässt sich auf den Fall einer Regulierungsfreistellung übertragen. Auf die Vergleichbarkeiten zwischen Regulierungsfreistellungen und der Zusammenschlusskontrolle wurde oben bereits eingegangen.[31] In beiden Bereichen drohen im pathologischen Fall marktbeherrschende Wirkungen, deren Vermeidung jedoch wie ausgeführt der Funktionsfähigkeit des Wettbewerbs als objektivem Prinzip dient. Eine darüber hinausgehende drittschützende Wirkung ließe sich damit ausschließlich mit den Besonderheiten des Regulierungsrechts begründen. Auch hierzu wurde jedoch oben ausgeführt, dass das Regulierungsrecht wie das allgemeine Wettbewerbsrecht dem Schutz des Wettbewerbs dient, über das allgemeine Wettbewerbsrecht hinaus jedoch ein weitergehendes Instrumentarium zur Verfügung stellt und deshalb dort zum Einsatz kommt, wo die Mittel des allgemeinen Wettbewerbsrechts versagen.[32] Wenn die Unterschiede jedoch in strengeren Voraussetzungen und einem weiterreichenden Instrumentarium begründet sind, nicht jedoch in der Zielsetzung, wird hieraus deutlich, dass auch im Regulierungsrecht die Interessen der Wettbewerber nur als wirtschaftliche Interessen in Gestalt eines Rechtsreflexes geschützt sind. Etwas anderes lässt sich auch nicht etwa mit dem Hinweis auf einen verstärkten Grundrechtsschutz folgern, der Wettbewerbern auf

---

[29] *Schmidt*, in: Immenga/Mestmäcker, Wettbewerbsrecht/GWB, 2007, § 63, Rdnr. 22.
[30] OLG Düsseldorf vom 30. 08. 2004 WuW/E DE-R 1462, 1464 – Argenthaler Steinbruch; OLG Düsseldorf vom 25. 10. 2005 WuW/E DE-R 1644, 1645 f – Werhahn.
[31] Vgl. oben 5. Kapitel: II. 3. a) bb).
[32] Vgl. oben 2. Kapitel: I.

regulierten Märkten gegenüber den Incumbents zukommen müsse. Zwar ist es zutreffend, in einer Situation typischer struktureller Unterlegenheit eines Vertragspartners gegenüber dem anderen, die in hindert, grundrechtlich verbürgte Rechtspositionen wahrzunehmen, Eingriffe des Staates mit dem Grundrechtsschutz des strukturell Unterlegenen zu rechtfertigen. Konkret können Maßnahmen erforderlich sein, die das strukturelle vertragliche Gleichgewicht wiederherstellen.[33] Da es sich um aus dem objektiven Gehalt der Grundrechte folgende Schutzpflichten handelt, kommt dem Gesetzgeber hierbei jedoch ein besonders weiter Einschätzungs- und Gestaltungsspielraum zu. Verfassungsunmittelbare Ansprüche im Sinne eines klagebefugnisvermittelnden Drittschutzes lassen sich hieraus nicht ableiten, zumal der Gesetzgeber mit dem Beschwerderecht gem. §§ 75 ff EnWG ausdrücklich auch den Interessen Dritter Rechnung trägt. Weiterreichende Verpflichtungen lassen sich jedoch aus der Verfassung nicht ableiten.

Auch das Unionsrecht fordert keinen weiterreichenden Rechtsschutz für Dritte. Art. 37 Abs. 11 und 12 ElektriztitäsRL sowie Art. 41 Abs. 11 und 12 GasRL, die das Beschwerderecht Betroffener bei der Regulierungsbehörde sowie gegen Beschwerdeentscheidungen der Regulierungsbehörde regeln, nehmen keinen Bezug auf die die Regulierungsfreistellungen regelnden Normen. Selbst wenn man über die Festlegung der Bedingungen des Netzzugangs und der Entgeltbildung gem. Art. 37 Abs. 6 lit. a) ElektrizitätsRL respektive Art. 41 Abs. 6 lit. a) GasRL einen indirekten Bezug zur Regulierungsfreistellung herstellen will, stellt das Unionsrecht keine über §§ 75 ff EnWG hinausgehenden Anforderungen an den nationalen Gesetzgeber, da über die Beiladung ein grundsätzliches Beschwerderecht Dritter ja geschaffen wird. Eine andere Einordnung begegnete auch insoweit Bedenken, als die Frage der Regulierungsfreistellung gerade eine dem üblichen Regulierungsverfahren vorgelagerte Fragestellung darstellt. Jedenfalls fordert das Unionsrecht nicht, die Interessen Dritter als subjektive Rechte und nicht bloße wirtschaftliche Interessen zu behandeln.

Bestätigt wird diese Einordnung wiederum durch eine vergleichende Betrachtung mit dem allgemeinen Wettbewerbsrecht. Regelungen zum Beschwerderecht Dritter im allgemeinen Wettbewerbsrecht finden sich in Art. 7 Abs. 2 KartellverfahrensVO. Demnach steht das Beschwerderecht neben den Mitgliedstaaten denjenigen Personen zu, die ein berechtigtes Interesse darlegen. Der Begriff des berechtigten Interesses wird regelmäßig weit ausgelegt. Ausreichend sind bereits schlüssige Darlegungen, dass der Beschwerdeführer durch einen Verstoß gegen die Wettbewerbsregeln in seinen legitimen Interessen beeinträch-

---

[33] *Gersdorf*, N&R 2008, Beilage 2/2008, S. 8; BVerfGE 81, 242 (255); 114, 1 (34 f); 114, 73 (90).

tigt wird.³⁴ Diese extensive Auslegung und der Begriff der Interessen sprechen bereits dagegen, dass das Unionsrecht Dritten im Hinblick auf Wettbewerbsverstöße subjektive Rechte einräumen wollte. Die weitere Auseinandersetzung mit Art. 7 Abs. 2 KartellverfahrensVO bestätigt diese Einordnung. Art. 7 Abs. 2 KartellverfahrensVO verleiht gerade keinen Anspruch auf gerichtlich durchsetzbare Sachentscheidung des Beschwerdeführers. Ob die Kommission ein Verfahren wegen eines Verstoßes gegen die Wettbewerbsregeln einleiten will, steht in ihrem Ermessen.³⁵ Dies gilt selbst dann, wenn die Kommission zwar einen Verstoß, jedoch keine Möglichkeit oder keinen Anlass zum Einschreiten sieht. Dementsprechend beschränkt sich auch der Rechtsschutz vor den Unionsgerichten darauf, ob die Kommissionsentscheidung ordnungsgemäß begründet wurde, der zutreffende Sachverhalt zugrundegelegt wurde und kein Ermessensfehler, etwa in Gestalt einer völlig unrichtigen Gewichtung des Unionsinteresses an der Verfolgung bestimmter Zuwiderhandlungen gegen die Wettbewerbsregeln, vorliegt.³⁶ Hieraus und gerade an der Verwendung des Terminus des Unionsinteresses wird deutlich, dass auch das Unionsrecht den Wettbewerb als Institution im Sinne eines objektiven Prinzips schützt. Dass sich aus den Unterschieden von allgemeinem Wettbewerbs- und Regulierungsrecht kein abweichendes Ergebnis ergeben kann, wurde soeben dargelegt.

Auch im Ausnahmefall, wenn der betreffende Dritte völlig unverschuldet am Verfahren vor der Regulierungsbehörde nicht beteiligt wurde, ist eine Klagebefugnis mangels subjektiver Rechtsverletzung nicht anzunehmen. Die Regulierungsbehörde ist bezogen auf Verfahrenseinleitungen gem. § 74 Satz 1 EnWG zur Veröffentlichung auf der Internetseite und im Amtsblatt der Regulierungsbehörde nur bei Verfahrenseinleitungen nach § 29 Abs. 1 und 2 EnWG verpflichtet. Bei Regulierungsfreistellungen ist die Regulierungsbehörde hingegen gem. § 28a Abs. 4 EnWG, der als lex specialis der allgemeinen Veröffentlichungspflicht gem. § 74 Satz 2 EnWG vorgeht, nur zur Veröffentlichung der Entscheidung verpflichtet. Hier könnte auch ein Unterschied zum allgemeinen Wettbewerbsrecht liegen, wo etwa im Verfahren der Zusammenschlusskontrolle gem. § 43 GWB weitergehende Veröffentlichungsverpflichtungen bezogen auf Verfahrenseinleitungen bestehen, als sie das EnWG gebietet. Dem ist jedoch entgegenzuhalten, dass die Regulierungsbehörde in ihrer Verwaltungspraxis weitergehende Veröffentlichungen auf ihrer Internetseite vornimmt, wozu ihr als Handlungsanweisung auch zu raten ist. Vor allem ist jedoch ein teleologisches Argument zu bemühen. Wesentliche Intention der Regulierungsfreistellungs-

---

³⁴ *Ritter*, in: Immenga/Mestmäcker, Wettbewerbsrecht/EG, 2007, Art. 7 VO 1/2003, Rdnr. 10 ff; *Emmerich*, Kartellrecht, 2008, S. 179.
³⁵ EuGH »IECC« C-449/98 P, Slg. 2001, I-3918 (3932) Rdnr. 35 f; »GEMA« Rs. 125/78, Slg. 1979, 3173 (3189) Rdnr. 18; *Emmerich*, Kartellrecht, 2008, S. 180.
³⁶ EuG »BEMIM« T-114/92, Slg. 1995, II-147 (176) Rdnr. 72; »max.mobil« T-54/99, Slg. 2002, II-313 (342) Rdnr. 73; *Emmerich*, Kartellrecht, 2008, S. 180 f.

regelungen ist die Schaffung von Investitionsanreizen.[37] Investitionssicherheit basiert wiederum in zentraler Weise auf dem Prinzip der Rechtssicherheit und der daraus folgenden Investitionssicherheit des Investors. Ein Klagerecht Dritter, das nicht an eine vorherige Beiladung und eine dadurch gegebenenfalls eintretende Verwirkung anknüpft, würde eine solche Investitionssicherheit, die auf dem Vertrauen in den Bestand der Freistellungsentscheidung fußt, erheblich konterkarieren. Der BGH hat für das GWB ausdrücklich anerkannt, dass Intention des Gesetzgebers bei der Regelung der Fusionskontrolle gewesen ist, dass die am Zusammenschluss beteiligten Unternehmen in überschaubarer Frist Gewissheit über die Zulässigkeit oder Unzulässigkeit des Zusammenschlusses erhalten sollen.[38] Daher ist auch im Falle einer unverschuldeten Nichtbeteiligung des Dritten keine Klagebefugnis anzunehmen. Mit dem Gebot des effektiven Rechtsschutzes ist dies vereinbar, da eine subjektive Rechtverletzung wie ausgeführt nicht vorliegt.[39]

Zwingendes befugnisbegründendes Merkmal im Sinne der Anforderungen des Art. 19 Abs. 4 GG ist damit die subjektive Rechtsverletzung. Es steht dem Gesetzgeber darüber hinaus frei, einfachgesetzlich festzulegen, dass die Berührung erheblicher Interessen zur Begründung der Klagebefugnis im Falle einer auch formellen Beschwer nach vorheriger Beiladung ausreicht. Soweit er dies aber tut, kommt dem Instrument der Beiladung jedoch auch und gerade eine befugnisausschließende Aufgabe dahingehend zu, dass es in Ausprägung des allgemeinen Verwirkungstatbestands selbst im Falle eines vorhandenen subjektiven Rechts die Funktionsfähigkeit des Freistellungsverfahrens sicherstellt.[40] Diese steht in wesentlichem Zusammenhang mit der Schaffung von Rechtssicherheit, die sich gerade durch die beschriebene Einordnung erzeugen lässt.

2. Unionsgerichtsbarkeit

Zu erörtern bleibt, ob über die am Beispiel der Bundesrepublik Deutschland dargestellten Rechtsbehelfe hinaus Rechtsbehelfe vor Gerichten der Europäischen Union bestehen. Dabei ist einleitend darauf hinzuweisen, dass die Existenz eines besonderen Beschwerdesystems die üblichen Rechtsbehelfe nicht verdrängt, sofern deren Zulässigkeitsvoraussetzungen vorliegen. Art. 37 Abs. 15 ElektrizitätsRL und Art. 41 Abs. 15 GasRL machen dies explizit deutlich. Wiederum ist eine Differenzierung zwischen den Rechtsschutzmöglichkeiten des oder der Antragsteller und denen Dritter angezeigt.

---

[37] Vgl. oben 4. Kapitel: I. 2.
[38] BGH vom 24. 06. 2003, WuW/E DE-R, 1163, 1168 – HABET/Lekkerland.
[39] *Kapp/Meßmer*, WuW 2004, S. 917 (920 f.).
[40] *Dormann*, Drittklagen im Recht der Zusammenschlusskontrolle, 2000, S. 110 ff; *Kapp/Meßmer*, WuW 2004, S. 917 (918 f.).

a) Rechtsschutzmöglichkeiten des Antragstellers

Wie ausgeführt ist neben den jeweiligen mitgliedstaatlichen Regulierungsbehörden auch die Europäische Kommission am Verfahren zur Erteilung einer Regulierungsfreistellung beteiligt. Dabei beschränkt sich die Kommissionsmitwirkung jedoch auf ein Aufgreifrecht. Die Kommission kann verlangen, dass die nationale Regulierungsbehörde die Freistellung ändert oder widerruft, muss dies aber nicht tun. Fordert die Kommission den Widerruf einer erteilten Freistellungsgenehmigung, stellt sich dies für den Antragsteller regelmäßig als Belastung dar. Ihrer Rolle als Hüterin des Wettbewerbs gerecht werdend, werden auch Änderungsverlangen seitens der Kommission den Antragsteller regelmäßig belasten. Rechtsschutzziel des oder der Antragsteller im Falle eines Vorgehens gegen Entscheidungen der Kommission vor der Unionsgerichtsbarkeit ist folglich regelmäßig ein Aufhebungs- und nicht etwa ein Verpflichtungsbegehren. Als statthafter Rechtsbehelf kommt somit die Nichtigkeitsklage gem. Art. 263 AEUV in Betracht.

Gem. Art. 263 Abs. 4 AEUV sind klageberechtigt auch natürliche und juristische Personen. Diese zählen allerdings zu den so genannten nicht privilegierten Klägern, i.e. eine Klageberechtigung besteht nur bezogen auf gegen die jeweilige Person gerichtete oder sie unmittelbar und individuell betreffende Handlungen. Zusätzlich besteht die Klageberechtigung bei Rechtsakten mit Verordnungscharakter schon wenn eine unmittelbare Betroffenheit vorliegt und der Rechtsakt keine Durchführungsmaßnahmen nach sich zieht. Eine individuelle Betroffenheit ist in diesem Fall im Gegensatz zu Art. 230 Abs. 4 EGV nicht mehr erforderlich. Die auf Änderung oder Widerruf der Freistellung gerichtete Entscheidung der Kommission ergeht wie ausgeführt nicht gegen den Antragsteller, sondern gegenüber der nationalen Regulierungsbehörde. Erforderlich ist daher auf Seiten des Antragstellers mangels Adressateneigenschaft eine individuelle und unmittelbare Betroffenheit. Dass die Entscheidung gegenüber einer Regulierungsbehörde und damit gegenüber einem Mitgliedstaat ergeht, führt hingegen nicht zu einer Unzulässigkeit der Klage. An andere Personen gerichtete Entscheidungen erfassen auch Entscheidungen gegenüber Mitgliedstaaten.[41] Maßgeblich ist damit eine individuelle und unmittelbare Betroffenheit. Unmittelbar ist eine Person betroffen, wenn die betreffende Handlung unmittelbare Folgen für die Rechtslage des Einzelnen hat und seitens der die Unionshandlung vollziehenden Stelle kein Ermessen besteht.[42] Die von der Europäischen Kommission an die jeweilige nationale Regulierungsbehörde gerichtete Änderungs- oder Widerrufsentscheidung wirkt sich direkt auf die Rechtsstellung des Antragstellers aus. Darüber hinaus ist die nationale Regulierungsbehörde nicht nur an die Kommissionsentscheidung gebunden. Gleich-

---

[41] EuGH »Plaumann« Rs. 25/62, Slg. 1963, 211 (237).
[42] EuGH »NTN Toyo Bearing Company« Rs. 113/77, Slg. 1979, 1185 (1205) Rdnr. 11.

zeitig sind die Kommissionsentscheidungen regelmäßig mit konkreten Änderungsaufträgen versehen, die keinen Raum für ein etwaiges Ermessen der nationalen Regulierungsbehörde lassen.[43] Eine unmittelbare Betroffenheit des Antragstellers durch die Kommissionsentscheidung liegt damit vor. Individuell betroffen ist eine Person, die nicht Adressat einer Entscheidung ist, nach der so genannten *Plaumann*-Formel nur dann, wenn die Entscheidung sie wegen bestimmter persönlicher Eigenschaften oder besonderer, sie aus dem Kreis aller übrigen Personen heraushebenden Umstände, berührt und sie dabei einem Adressaten ähnlich individualisiert.[44] Wenn die Entscheidung anders formuliert anstelle des Adressaten genauso direkt gegenüber dem Nicht-Adressaten ergehen könnte, liegt eine individuelle Betroffenheit vor. Sowohl die Änderung als auch der Widerruf der Entscheidung der nationalen Regulierungsbehörde könnten nach ihrem Regelungsgehalt in gleicher Weise gegenüber dem Antragsteller ergehen, da die Kommissionsentscheidung jeweils exakten Bezug auf die einzelne Infrastruktur nimmt und auf diese Weise den Antragsteller einem Adressaten gleich individualisiert. Deutlich wird dies auch an der Möglichkeit der Kommission zu einer endgültigen Entscheidung gem. Art. 17 Abs. 8 StromhandelsVO bzw. Art. 36 Abs. 9 GasRL. Verwiesen werden kann in diesem Zusammenhang auf die gefestigte Rechtsprechung zur Anfechtung von Beihilfeentscheidungen der Kommission durch den Begünstigten. In einer der Regulierungsfreistellung vergleichbaren Weise bedeutet die Beihilfe eine Begünstigung für den Empfänger. Gleichzeitig ist die Kommissionsentscheidung auch hier nicht an den Begünstigten, sondern an den jeweiligen Mitgliedstaat gerichtet. Die unmittelbare und individuelle Betroffenheit des Begünstigten ist hier zweifelsfrei anerkannt, soweit sich die Feststellung der Kommission nicht auf den fehlenden Beihilfecharakter der betreffenden Maßnahme beschränkt.[45]

Das auf Änderung oder Widerruf der Entscheidung gerichtete Verlangen der Kommission gegenüber der nationalen Regulierungsbehörde kommt als rechtsverbindliche Entscheidung der Kommission ohne Zweifel als Klagegegenstand gem. Art. 263 Abs. 4 i. V. m. Abs. 1 AEUV in Betracht.

Die Klagefrist beträgt gem. Art. 263 Abs. 6 AEUV zwei Monate. Sie beginnt mit Bekanntgabe der betreffenden Handlung, ihrer Mitteilung an den Kläger oder in Ermangelung dessen von dem Zeitpunkt an, zu dem der Kläger von dieser Handlung Kenntnis erlangt. Der Zeitpunkt der Kenntnisnahme kommt als Fristbeginn nur subsidiär neben der Bekanntgabe oder Mitteilung der Handlung zur Anwendung.[46] Zu beachten ist allerdings, dass abweichend etwa zum

---

[43] Vgl. allgemein *Booß* in: Grabitz/Hilf, Art. 230 EGV, Rdnr. 51; Cremer in: Calliess/Ruffert, EUV/EGV, 2007, Art. 230, Rdnr. 46.
[44] EuGH »Plaumann« Rs. 25/62, Slg. 1963, 211 (238 f.).
[45] EuGH »Leeuwarder *Papier*fabrik« Rs. 296 & 318/82, Slg. 1985, 809 (821) Rdnr. 13; »Intermills« Rs. 323/82, Slg. 1984, 3809 (3824) Rdnr. 5.
[46] *Booß* in: Grabitz/Hilf, Art. 230 EGV, Rdnr. 89.

beihilferechtlichen Verfahren, wo die Kommission gem. Art. 25, 20 Abs. 1 Satz 2 VO (EG) Nr. 659/1999[47] dem Beihilfebegünstigten eine Kopie übersendet, im Bereich der Regulierungsfreistellung keine besondere Mitteilung an den Antragsteller erfolgt. Auch eine Bekanntgabe im Amtsblatt erfolgt nicht. Da Bekanntgabe im Sinne des Art. 263 Abs. 6 AEUV die Veröffentlichung im Amtsblatt der Europäischen Union meint und nicht etwa die Veröffentlichung in mitgliedstaatlichen Amtsblättern, muss trotz der Subsidiarität auf den Zeitpunkt der Kenntnisnahme abgestellt werden. In Betracht kommt hier vor allem die Veröffentlichung durch die Kommission auf ihren Internetseiten.[48]

Zuständiges Gericht für Klagen natürlicher oder juristischer Personen ist gem. Art. 256 Abs. 1 Satz 1 AEUV i. V. m. Art. 51 Satzung des Gerichtshofs das Europäische Gericht erster Instanz.

Begründet ist die Klage gem. Art. 263 Abs. 2 AEUV, wenn ein Fall von Unzuständigkeit, der Verletzung wesentlicher Formvorschriften, einer Verletzung des Vertrages oder einer bei seiner Durchführung anzuwendenden Rechtsnorm oder ein Ermessenmissbrauch vorliegt. Hier ist abgesehen von grundsätzlich denkbaren Einschränkungen des gerichtlichen Prüfungsmaßstabs[49] auf die Ausführungen zu den Tatbestandsvoraussetzungen der Art. 17 Stromhandels-VO und Art. 36 GasRL zu verweisen.

b) Rechtsschutzmöglichkeiten Dritter

Die Rechtsschutzmöglichkeiten Dritter vor den Unionsgerichten sind schwieriger zu beurteilen als die des Antragstellers. Problematisch ist neben der Klageberechtigung auch der statthafte Rechtsbehelf. Kern des Rechtsschutzbegehrens eines Dritten gegen Freistellungsentscheidungen werden regelmäßig befürchtete verschlechterte eigene Wettbewerbschancen infolge einer Wettbewerbsverzerrung zugunsten des oder der Freistellungsinhaber durch die Freistellungsentscheidung sein. Rechtsschutzziel des Dritten vor den Unionsgerichten ist damit ein Widerruf der Freistellung durch die Kommission oder zumindest eine Änderung zuungunsten des Antragstellers.

Statthafter Rechtsbehelf scheint damit die Untätigkeitsklage gem. Art 265 AEUV zu sein. Für den Fall eines Nichteinschreitens der Kommission gegen die seitens der nationalen Regulierungsbehörde erteilte Freistellungsentscheidung ist statthafter Rechtsbehelf jedoch die Nichtigkeitsklage gem. Art. 263

---

[47] Verordnung (EG) Nr. 659/1999 des Rates vom 22. März 1999 über besondere Vorschriften für die Anwendung von Art. 88 des EG-Vertrags [Ex-Art. 93 EGV], ABl. 1999 Nr. L 83/1.
[48] Für Elektrizitätsinfrastrukturen http://ec.europa.eu/energy/infrastructure/infrastructure/electricity/electricity_exemptions_en.htm, für Erdgasinfrastrukturen http://ec.europa.eu/energy/infrastructure/infrastructure/gas/Gas_exemptions_en.htm (zuletzt abgerufen am 10.04.10).
[49] Siehe unten 6. Kapitel: II. 3.

6. Kapitel: Verfahren der Regulierungsfreistellung und Rechtsschutz

Abs. 4 AEUV. Die Möglichkeit eines Einschreitens der Kommission ist gem. Art. 17 Abs. 8 UAbs. 1 Satz 1 StromhandelsVO bzw. gem. Art. 36 Abs. 9 UAbs. 1 Satz 1 GasRL auf zwei Monate mit der Möglichkeit einer Verlängerung um zwei weitere Monate gem. Art. 17 Abs. 8 UAbs. 1 Satz 2 StromhandelsVO bzw. gem. Art. 36 Abs. 9 UAbs. 1 Satz 2 GasRL befristet, wobei auch die erste Zweimonatsfrist gem. Art. 17 Abs. 8 UAbs. 1 Satz 4 StromhandelsVO bzw. gem. Art. 36 Abs. 9 UAbs. 1 Satz 4 GasRL verlängert werden kann. Schreitet die Kommission innerhalb dieser Frist nicht ein, bedeutet dies eine Genehmigung der Entscheidung der nationalen Regulierungsbehörde. Ein Vergleich mit dem Beihilferecht zeigt, dass statthafter Rechtsbehelf gegen diese Genehmigungsfiktion die Nichtigkeitsklage gem. Art. 263 Abs. 4 AEUV ist.[50] Soweit die Kommission die Genehmigung einer Entscheidung der nationalen Regulierungsbehörde ausdrücklich erklärt, ist die Nichtigkeitsklage gem. Art. 263 Abs. 4 AEUV ohnehin statthafter Rechtsbehelf.

Fraglich bleibt jedoch die Klageberechtigung Dritter. Zweifelhaft ist, ob neben dem Antragsteller auch ein Dritter eine unmittelbare und individuelle Betroffenheit gem. Art. 263 Abs. 4 AEUV geltend machen kann. Hilfreich können auch hier die im Beihilferecht gewonnenen Erkenntnisse sein. Auf die grundsätzliche Vergleichbarkeit des beihilferechtlichen Verwaltungsverfahrens und des Verfahrens der Regulierungsfreistellung wurde bereits hingewiesen.[51] Dabei zeigt sich, dass für die Klageberechtigung des Dritten im Beihilferecht vor allem seine Beteiligung im Verwaltungsverfahren von zentraler Bedeutung ist. Während es für die unmittelbare Betroffenheit als ausreichend angesehen wird, dass die staatliche Maßnahme bereits erlassen wurde oder am Erlass keine Zweifel mehr bestehen,[52] wird die individuelle Betroffenheit in engen Zusammenhang zur Beteiligung am Verwaltungsverfahren gestellt. Eine individuelle Betroffenheit wird bejaht, wenn im Falle einer Genehmigung nach nur vorläufiger Prüfung der Wettbewerber Beteiligter im Sinne des Art. 108 Abs. 2 UAbs. 1 AEUV ist und sein Recht zur Stellungnahme im förmlichen Prüfungsverfahren gem. Art. 108 Abs. 2 UAbs. 1 AEUV, Art. 6 i.V.m. Art. 1 lit. h) VO (EG) Nr. 659/1999 nur durch eine Klage durchsetzen kann. Beteiligte gem. Art. 1 lit. h) VO (EG) Nr. 659/1999 sind alle durch die Beihilfegewährung eventuell in ihren Interessen verletzten Personen. Ergeht eine Positiventscheidung der Europäischen Kommission im förmlichen Prüfungsverfahren werden als individuell betroffen und damit klageberechtigt wiederum diejenigen Dritten behandelt, die sich aktiv im förmlichen Prüfverfahren beteiligt haben. Übertragen auf die Regulierungsfreistellung ergibt sich jedoch das Problem, dass konkrete Beteiligungsrechte Dritter am Verfahren vor der Kommission im Unterschied

---

[50] *von Wallenberg* in: Grabitz/Hilf, Art. 88 EGV, Rdnr. 61 ff.
[51] Vgl. oben 6. Kapitel: II. 2. a).
[52] EuG »TF 1« T-17/96, Slg. 1999, II-1757 (1771f) Rdnr. 30; »Aspec« T-435/93, Slg. 1995, II-1281 (1306) Rdnr. 60.

zum beihilferechtlichen Verfahren weder von Art. 17 StromhandelsVO bzw. Art. 36 GasRL noch von anderen unionsrechtlichen Normen normiert werden. Dennoch lassen sich die Grundsätze der beihilferechtlichen Rechtssprechung übertragen. Ursächlich hierfür ist insbesondere, dass in jüngerer Vergangenheit für die Frage nach der individuellen Betroffenheit neben dem formellen Kriterium der Verfahrensbeteiligung seitens der Unionsgerichte das zusätzliche materielle Kriterium einer Beeinträchtigung der Wettbewerbsposition des jeweiligen Wettbewerbers auf dem relevanten Markt durch die Beihilfe herangezogen wird. Dieses Kriterium kann auch für die Regulierungsfreistellung fruchtbar gemacht werden. Maßgeblich ist mithin, ob die Marktstellung des Dritten durch die Regulierungsfreistellung spürbar beeinträchtigt wird. Für Dritte, die etwa in einem *Open-Season*-Verfahren nicht oder nur mit geringerer Quote berücksichtigt wurden, dürfte diese Voraussetzung erfüllt sein. Im Übrigen ist darauf hinzuweisen, dass die Kommission auch bei der Prüfung der Regulierungsfreistellungsentscheidungen Dritte zur Verfahrensbeteiligung auf ihren Internetseiten aufruft. Dies gilt selbst dann, wenn sie von ihrem Aufgreifrecht keinen Gebrauch macht.[53]

Für die Klagefrist gem. Art. 263 Abs. 6 AEUV kann auf die Nichtigkeitsklage des Antragstellers verwiesen werden. Maßgeblicher Zeitpunkt ist auch für den Dritten mangels Bekanntgabe oder Mitteilung die Kenntniserlangung, wobei wiederum auf die Veröffentlichung auf den Internetseiten der Kommission abzustellen ist. Auch für das zuständige Gericht ergeben sich keine von der Nichtigkeitsklage des Antragstellers abweichenden Ergebnisse. Zuständiges Gericht ist das Europäische Gericht erster Instanz.[54] Durch die klare Befristung der Klagemöglichkeit wird wiederum auch ein ausreichendes Maß an Rechts- und damit einhergehend Investitionssicherheit für den Investor geschaffen.

3. Gerichtlicher Kontrollmaßstab

Zu beantworten bleibt schließlich noch die grundsätzliche Frage nach einer möglichen Einschränkung des gerichtlichen Kontrollmaßstabs. Vor allem angesichts des amerikanischen Verständnisses der *regulated industries*, das auch und gerade durch eine Beschränkung der gerichtlichen Kontrolle geprägt ist,[55] er-

---

[53] Vgl. beispielhaft für ein Aufgreifen und für ein Nicht-Aufgreifen durch die Kommission; European Commission, Receipt of a notification of a decision by the Austrian regulator E-Control to exempt the Nabucco Gas Pipeline from certain provisions of the Gas Directive 2003/55EC, 15.11.2007, abrufbar unter http://ec.europa.eu/energy/gas/infrastructure/doc/2007_11_15_nabucco.pdf (zuletzt abgerufen am 23.07.08); European Commission, Receipt of a notification of a decision to exempt the Eemshaven LNG Terminal from certain provisions of the Gas Directive, 03.08.2007, abrufbar unter http://ec.europa.eu/energy/gas/infrastructure/doc/2007_08_16_eemshaven_en.pdf (zuletzt abgerufen am 23.07.08).
[54] Vgl. oben 6. Kapitel: II. 2. a).
[55] Vgl. *von Danwitz*, DÖV 2004, S. 977 (978).

scheint es sinnvoll, die Frage nach einer möglichen ähnlichen Beschränkung der gerichtlichen Kontrolle auch für das europäische und deutsche Recht aufzuwerfen. Die Maßstäblichkeiten des US-amerikanischen Regulierungsrechts lassen sich jedoch nicht spiegelbildlich auf Europa und die Bundesrepublik Deutschland übertragen.[56] Allein aus dem Terminus Regulierung lassen sich für das deutsche und europäische Recht keine besonderen immerwährenden Eigentümlichkeiten ableiten. Die Grundkonzeption europäischer und deutscher Regulierung ergibt sich vielmehr erst aus der vorhandenen legislativen Ausformung. Für den existierenden deutschen und europäischen Regulierungsrechtsrahmen ergeben sich dabei methodologisch entscheidende Parallelen zum Wettbewerbsrecht. So finden sich aus dem Wettbewerbsrecht bekannte Instrumente wie beispielsweise Marktabgrenzungsmechanismen oder Vergleichsmarktkonzepte wie oben ausgeführt auch im Regulierungsrecht.[57] Wie schon im Bereich des Wettbewerbsrechts[58] findet sich folglich auch im Bereich des Regulierungsrechts grundsätzlich eine umfassende Nachprüfbarkeit der regulierungsbehördlichen Entscheidungen durch die Gerichte. Auch der Umstand, dass die Überprüfung der regulierungsbehördlichen Entscheidungen nach dem EnWG den Kartellgerichten obliegt, spricht für eine Anwendung der wettbewerbsrechtlichen Maßstäbe. Wenn den Regulierungsbehörden ein besonderer Beurteilungsspielraum zukommen soll, wird dies gesetzlich in gesonderter Weise geregelt. Beispiel hierfür ist etwa der Beurteilungsspielraum, den § 10 Abs. 2 Satz 2 TKG der Regulierungsbehörde bei der Marktdefinition der für eine Regulierung in Betracht kommenden Telekommunikationsmärkte einräumt. Weder im EnWG noch in ElektrizitätsRL, GasRL oder der StromhandelsVO ist jedoch eine entsprechende Formulierung enthalten.

Beschränkt ist die gerichtliche Kontrolle im Bezug auf die Regulierungsfreistellung neuer Infrastrukturen damit nur im Sinne einer Ermessenskontrolle, soweit Art. 17 StromhandelsVO und Art. 36 GasRL der Regulierungsbehörde bei der Freistellungsentscheidung Ermessen einräumen. An dieser Stelle muss auch die gerichtliche Kontrolle dem besonderen Charakter der Regulierungsfreistellung gerecht werden. Demnach besteht grundsätzlich ein Anspruch auf Erteilung der Freistellung. Bezüglich der einzelnen Tatbestandsvoraussetzungen muss jedoch deren prognostischer Charakter berücksichtigt werden. Eine Auslegung im Sinne einer planerischen Entscheidung mit freiem Ermessen lässt sich für den konkreten Fall der Regulierungsfreistellungsmaßnahme gerade insoweit gut begründen als die betroffenen Infrastrukturen tatsächlich Projekte mit hohem Planungsgehalt sind. Insoweit existiert keine Bereichsausnah-

---

[56] Siehe unten 7. Kapitel (Exkurs): II. 2. b) aa).
[57] Vgl. oben 2. Kapitel: I., II.
[58] Vgl. Für den EuG und EuGH folgt dies bereits aus Art. 31 KartellverfahrensVO respektive Art. 16 FusionskontrollVO. BGHZ 142, 239 (244); 96, 337 (341 ff); BGH vom 25.06. 1985 WuW/E BGH 2150 (2153 f) – Edelstahlbestecke.

me von einer allgemeinen gerichtlichen Vollkontrolle. Bezogen auf den besonderen prognostischen Charakter einzelner Tatbestandsmerkmale[59] besteht jedoch ein besonderes behördliches Ermessen.

---

[59] Zu denken ist an die Tatbestandsvoraussetzungen Art. 17 Abs. 1 lit. a) und f) StromhandelsVO sowie Art. 36 Abs. 1 lit. a) und e) GasRL.

7. Kapitel (Exkurs)

Regulierung und Regulierungsausnahmen im Telekommunikationssektor

I. VDSL-Infrastrukturen der Deutschen Telekom AG und § 9a TKG

Losgelöst von einer besonderen energiewirtschaftlichen Bindung ist die Thematik der Regulierungsausnahme in jüngerer Vergangenheit im Telekommunikationssektor in den Fokus der öffentlichen Aufmerksamkeit gerückt. Namentlich geht es dabei um die so genannten neuen *VDSL*-Infrastrukturen der Deutschen Telekom AG und die damit in Zusammenhang stehende Regelung des § 9a TKG. Diese auch als Regulierungsausnahme bezeichnete Regelung[1] hat zu einer Auseinandersetzung zwischen der Bundesrepublik Deutschland und der Europäischen Kommission geführt, in deren Zentrum die mögliche Regulierungsfreistellungswirkung von § 9a TKG steht. Ohne damit zunächst eine grundsätzliche Vergleichbarkeit der Thematik zu den beschriebenen energierechtlichen Regulierungsfreistellungsmöglichkeiten festzustellen, erscheint es daher sinnvoll, zu möglichen Implikationen aus und auf die Freistellungsregelungen der Art. 17 StromhandelsVO sowie Art. 36 GasRL näher Stellung zu nehmen.

Grundvoraussetzung für eine mögliche Vergleichbarkeit wäre zunächst zumindest eine situative Vergleichbarkeit. Situativ bedeutet dabei, dass es sich wie bei den vorliegend für den Energiesektor behandelten Regulierungsausnahmen um neue Infrastrukturen handeln müsste, für die ein besonderer Investitionsanreiz geschaffen werden soll. Idealbild wäre wiederum eine Infrastruktur, die ohne Regulierungsfreistellungsmöglichkeit nicht errichtet werden würde.

---

[1] *Reding*, »Ferien von der Ordnungspolitik«? Warum Europa offene Telekommunikationsmärkte und unabhängige Schiedsrichter braucht, 2006, SPEECH/06/669, S. 4, abrufbar unter http://europa.eu/rapid/pressReleasesAction.do?reference=SPEECH/06/669&format =DOC&aged=1&language=DE&guiLanguage=en (zuletzt abgerufen am 11.04.10); Pressemitteilung der Europäischen Kommission vom 26. Februar 2007, IP/07/237, S. 1, abrufbar unter http://europa.eu/rapid/pressReleasesAction.do?reference=IP/07/237&format=PDF& aged=1&language=DE&guiLanguage=enhttp://europa.eu/rapid/setlanguage.do?language =en (zuletzt abgerufen am 09.07.08).

1. VDSL-Infrastrukturen

VDSL steht für *Very High Speed Digital Subscriber Line*. Beschrieben wird damit eine Datenübertragungstechnik, die wesentlich höhere Datenübertragungsraten ermöglicht als herkömmliche Techniken, eingeschlossen herkömmliche Breitbandtechniken wie die bekannte DSL-Technik. Bei der *VDSL*-Technik handelt es sich im zunehmend Verwendung findenden *VDSL2*-Standard um eine neue Übertragungstechnik. Entwickelt wurde die Technik mit dem Ziel, neue, so genannte Triple-Play-Dienste anbieten zu können. Triple-Play umschreibt die gleichzeitige Bereitstellung von herkömmlichen Internetdatendienstleistungen und zusätzlich Telefonie- und Fernsehdienstleistungen (IPTV) über eine einzige Breitbandleitung. Um derartige Dienstleistungen erbringen zu können, ist eine hohe Datenübertragungsbandbreite zwingend erforderlich. Vor allem die Übertragung von Fernsehdienstleistungen erfordert je nach Kodierungsverfahren eine tatsächlich zur Verfügung stehende freie Übertragungsrate von 2 bis 6 MBit/s. Für High Definition-Anwendungen sind sogar 6 bis 16 MBit/s notwendig. Derartige Übertragungsgeschwindigkeiten lassen sich jedoch allein mit der überwiegend vorhandenen Kupferdraht-Netztechnik nicht den Kundenbedürfnissen entsprechend realisieren.[2]

Die vorhandene Kupferdoppelader ist im Rahmen von *VDSL*-Anwendungen regelmäßig nur auf dem letzten Stück der Übertragungsstrecke zum Kunden Bestandteil der Übertragungstechnik. Aufgrund des kombinierten Einsatzes von Glasfaser- und Kupferdoppelader spricht man auch von hybriden Netzstrukturen. Auch ein reiner Glasfaserausbau bis zum Endkunden an den so genannten Abschlusspunkt der Linientechnik und damit über die gesamte Teilnehmeranschlussleitung wäre möglich, jedoch mit einem nochmals erhöhten Investitionsaufwand verbunden. In sämtlichen vorgelagerten Netzbereichen des ebenfalls als Mehrnetzebenensystem aufgebauten Telekommunikationsnetzes ist hingegen ein Glasfaserkabeleinsatz unumgänglich. Vereinfachend dargestellt lassen sich im proportionalen Verhältnis zur Nähe des Glasfaserkabeleinsatzes zum Endnutzer höhere Übertragungsraten realisieren, da Glasfaserkabel im Vergleich zu Kupfer wesentlich niedrigere Dämpfungswerte aufweisen.[3] Dieser verstärkte Glasfasereinsatz erfordert erhebliche Investitionen. Nur so lassen sich die nötigen neuen Glasfaserleitungen realisieren. Der genaue Investitionsbedarf hängt davon ab, bis zu welcher Netzebene und wie flächendeckend der Glasfaserausbau erfolgt. Die Deutsche Telekom AG sah für ihr *VDSL*-Angebot zunächst einen Ausbau der Glasfaserkabel von den regelmäßig bereits über Glasfaser an das so genannte Backbone-Netz angeschlossenen Hauptverteilern, i.e. Ortsvermittlungsstellen, bis zu den Kabelverzweigern vor,

---

[2] *Brinkmann/Ilic*, Technische und ökonomische Aspekte des VDSL-Ausbaus, 2006, S. 8.
[3] *Brinkmann/Ilic*, Technische und ökonomische Aspekte des VDSL-Ausbaus, 2006, S. 8 f.

von denen etwa 300.000 Stück in der Bundesrepublik Deutschland existieren. Bei den Kabelverzweigern handelt es sich um die an den Straßenrändern platzierten Schaltschränke, die über das so genannte Hauptkabel an die Hauptverteiler angeschlossen sind. Das Hauptkabel wird in der ursprünglichen *VDSL*-Konfiguration anstelle einer Kupferdoppelader in Glasfaser ausgeführt. Auf der Strecke zwischen Kabelverzweiger bis zum Teilnehmer bleibt es hingegen bei der Kupferdoppelader. Die Strecke darf maximal einige hundert Meter betragen. Am Kabelverzweiger sind hierzu so genannte *Outdoor-DSLAM*s notwendig, wobei es sich um größere Schaltschränke mit dazugehöriger Stromversorgung und Kühlung zur Umwandlung des optischen Signals in einen elektrischen Impuls und umgekehrt handelt. Die Technik wird auch als *Fibre To The Curbe* (*FTTC*) bezeichnet und wurde früher auch Glasfaser bis zum Bordstein genannt.[4] Für den derartigen Ausbau des Netzes in zunächst 47 deutschen Städten waren seitens der DTAG ursprünglich 3 Milliarden € veranschlagt.[5] Ein diesen ursprünglichen Ausbauplanungen entsprechender Netzausbau war jedoch bis Ende 2007 nicht abgeschlossen. Darüber hinaus vermarktet die DTAG in einer Vielzahl weiterer Städte Triple-Play-Dienste über die so genannte *ADSL2+*-Technik. Hierbei erfolgt lediglich eine technische Hochrüstung des Hauptverteilers, während ein Glasfaseranschluss der Kabelverzweiger unterbleibt. Die Übertragungsgeschwindigkeit verringert sich dadurch erheblich. Anstelle mehrerer hundert Meter zwischen Kabelverzweiger und Kunden können jetzt nur die im Radius mehrerer hundert Meter um die Hauptverteiler angesiedelten Teilnehmer mit einer für störungsfreies Triple-Play notwendigen Datenübertragungsrate versorgt werden.

Gerade diese teilweise Zurückhaltung, die in einer Beschränkung auf den *ADSL2+*-Standard deutlich wird, unterstreicht für echtes *VDSL* die Notwendigkeit von Investitionen. Mit der geschilderten Notwendigkeit von Investitionen in neue Infrastrukturen zur Versorgung mit *VDSL*-Dienstleistungen ist damit die erste Voraussetzung für eine grundsätzliche situative Vergleichbarkeit mit den Freistellungsregelungen für neue Infrastrukturen im Energiesektor gegeben. Die Frage, ob zur Realisierung dieser Investitionen eine Freistellungsregelung erforderlich ist, ist damit allerdings noch nicht beantwortet.

2. Die grundsätzliche Nicht-Regulierung neuer Märkte nach § 9a TKG

Die zweite Voraussetzung für eine grundsätzliche Vergleichbarkeit ist wie ausgeführt die Frage der Abhängigkeit der Investition von der Freistellung. Wie

---

[4] *Brinkmann/Ilic*, Technische und ökonomische Aspekte des VDSL-Ausbaus, 2006, S. 10, 17 ff.
[5] *Brinkmann/Ilic*, Technische und ökonomische Aspekte des VDSL-Ausbaus, 2006, S. 1; *Kühling*, K&R 2006, S. 263 (263); *König/Loetz/Senger*, K&R 2006, S. 258 (258).

bereits für die energierechtlichen Freistellungsregelungen geschildert,[6] ist die Frage nach einer Abhängigkeit der Investition von der Freistellung aufgrund ihres hypothetischen Charakters grundsätzlich schwer zu beantworten und steht anders als wettbewerbliche Aspekte auch nicht im Zentrum der für eine Freistellung zu beantwortenden Fragen. Konkret bezogen auf § 9a TKG folgt daraus auch, dass eine grundsätzliche Vergleichbarkeit nicht schon daran scheitert, dass der Regelungstext vor allem auf die Kriterien der Neuartigkeit eines Marktes und der Funktionsfähigkeit des Wettbewerbs abstellt und die Investitionsförderung nur am Rande erwähnt.[7] Dies genügt für eine grundsätzliche Vergleichbarkeit, was durch die besondere Erwähnung des Ziels der Investitionsförderung in der Gesetzesbegründung[8] nochmals unterstrichen wird. Wie bei den energierechtlichen Freistellungen muss für die Abhängigkeit der Investition von der Freistellung auf Indizien zurückgegriffen werden. Große Bedeutung kommt der Höhe des Investitionsvolumens zu. Die für den Ausbau der Infrastrukturen ursprünglich veranschlagten 3 Milliarden € sprechen für ein eher hohes Investitionsrisiko.

Auch wenn dies deutlich zu hinterfragen ist, können für eine Abhängigkeit der *VDSL*-Investition von einer Freistellung zumindest nach Einschätzung des Gesetzgebers weiterhin offenbar auch Äußerungen des Investors sprechen. So hatte vor allem die DTAG wiederholt betont, dass sie zur Investition in *VDSL*-Glasfaserinfrastrukturen nur bereit sei, wenn diese nicht der sektorspezifischen Regulierung durch die Bundesnetzagentur unterworfen würden. Andernfalls würde der DTAG die Möglichkeit genommen, Pioniergewinne zu erzielen, was die Investition unattraktiv mache.[9] Infolgedessen[10] hatten die die damalige Bundesregierung tragenden Koalitionsfraktionen CDU/CSU und SPD bereits im Jahr 2005 im Koalitionsvertrag festgelegt, dass zur Schaffung von Investitionsanreizen für den Auf- und Ausbau moderner breitbandiger Telekommunikati-

---

[6] Vgl. oben 5. Kapitel: III. 1. a).
[7] Diesen Aspekt hingegen hervorhebend Monopolkommission, Wettbewerbsentwicklung bei der Telekommunikation 2007: Wendepunkt der Regulierung, 2007, Rdnr. 156.
[8] BTDrucks. 16/2581, S. 22 f.
[9] DTAG, Anhörung der Bundesnetzagentur v. 22.02. 2006 zur Identifizierung Neuer Märkte im Bereich der Telekommunikation, S. 5, 23, 26, abrufbar unter http://www.bundesnetzagentur.de/cae/servlet/contentblob/13710/publicationFile/3793/DeutscheTelekomAG-BonnId6006pdf.pdf (zuletzt abgerufen am 11.04.10); Monopolkommission, Wettbewerbsentwicklung bei der Telekommunikation 2007: Wendepunkt der Regulierung, 2007, Rdnr. 151.
[10] *Reding*, »Ferien von der Ordnungspolitik«? Warum Europa offene Telekommunikationsmärkte und unabhängige Schiedsrichter braucht, 2006, SPEECH/06/669, S. 3, 6, abrufbar unter http://europa.eu/rapid/pressReleasesAction.do?reference=SPEECH/06/669&format =DOC&aged=1&language=DE&guiLanguage=en (zuletzt abgerufen am 11.04.10); dies., The Review 2006 of EU Telecom rules: Strengthening Competition and Completing the Internal Market, 2006, SPEECH/06/422, p. 8, abrufbar unter http://europa.eu/rapid/pressReleasesAction.do?reference=SPEECH/06/422&format=PDF&aged=1&language=EN& guiLanguage=enhttp://europa.eu/rapid/setlanguage.do?language=en (zuletzt abgerufen am 10.07.08).

onsnetze die durch die entsprechenden »Investitionen entstehenden neuen Märkte für einen gewissen Zeitraum von Regulierungseingriffen freizustellen« sind. Hierzu sei eine »gesetzliche Absicherung [] in die zu verabschiedende Novelle des Telekommunikationsgesetzes aufzunehmen.«[11] Mit § 9a TKG wurde eine derartige Regelung auch tatsächlich geschaffen. § 9a Abs. 1 TKG legt fest, dass neue Märkte grundsätzlich nicht der Regulierung nach Teil 2 des TKG unterworfen werden. Lediglich im Ausnahmefall ist gem. § 9a Abs. 2 TKG auch für neue Märkte eine sektorspezifische Regulierung durch die Bundesnetzagentur möglich. Voraussetzung hierfür ist, dass andernfalls die Entwicklung eines nachhaltig wettbewerbsorientierten Marktes im Bereich der Telekommunikationsdienste oder -netze langfristig behindert wird, wobei das Ziel der Förderung von effizienten Infrastrukturinvestitionen und der Unterstützung von Innovationen zu berücksichtigen ist. Die gesetzliche Realisierung der im Koalitionsvertrag bekundeten Absicht einer Regulierungsfreistellung neuer Märkte in § 9a TKG wurde und wird aufgrund der massiven Parteinahme der DTAG für eine solche Regelung auch als »Lex Telekom« bezeichnet.[12]

Auch wenn die tatsächliche Abhängigkeit der *VDSL*-Investition durch die DTAG von einer Regulierungsfreistellung insoweit bezweifelt werden muss, als die gesetzgeberische Begründung stark an die des Investors DTAG angelehnt ist, soll die Freistellungsmöglichkeit dennoch zumindest nach Einschätzung des Gesetzgebers Investitionen und Innovationen ermöglichen, die ohne Freistellung nicht verwirklicht würden. Regelungsziel von § 9a TKG ist folglich die Ermöglichung von Investitionen durch eine Regulierungsfreistellung, die ohne Freistellung nicht verwirklicht würden. Dieses Ziel verfolgen auch Art. 17 StromhandelsVO und Art. 36 GasRL. Die Regelungen der § 9a TKG und der Art. 17 StromhandelsVO bzw. Art. 36 GasRL erscheinen damit prima facie grundsätzlich vergleichbar.

Angesichts dieser grundsätzlichen Vergleichbarkeit prima facie und der expliziten Zulässigkeit der beschriebenen Regulierungsfreistellungen im Energiebereich überrascht es, dass über die Vereinbarkeit von § 9a TKG mit dem Unionsrecht eine heftige Auseinandersetzung zwischen Europäischer Kommission und deutscher Bundesregierung entbrannt ist. Diese Auseinandersetzung macht eine nähere Analyse der tatsächlichen Vergleichbarkeit der genannten Regelungen notwendig. Um auf eine eventuelle Vergleichbarkeit der Regulierungsfreistellungen gem. Art. 17 StromhandelsVO und Art. 36 GasRL mit der Regelung des § 9a TKG und damit auch auf die Auseinandersetzung zwischen Kom-

---

[11] Gemeinsam für Deutschland, Koalitionsvertrag CDU/CSU und SPD, 2005, S. 25.
[12] Siehe z.B. *Spies*, MMR 2007, S. 1f; *Dahlke*, MMR 2007, S. 69f; *Reding*, »Ferien von der Ordnungspolitik«? Warum Europa offene Telekommunikationsmärkte und unabhängige Schiedsrichter braucht, 2006, SPEECH/06/669, S. 6, abrufbar unter http://europa.eu/rapid/pressReleasesAction.do?reference=SPEECH/06/669&format=DOC&aged=1&language=DE&guiLanguage=en (zuletzt abgerufen am 11.04.10).

mission und Bundesregierung jedoch detaillierter eingehen zu können, ist es zunächst erforderlich, die Funktionsweise der sektorspezifischen Regulierung im Telekommunikationssektor näher zu beleuchten.

II. Sektorspezifische Regulierung im Telekommunikationssektor

1. Entwicklung der Telekommunikationsregulierung

Wie im Energiesektor, wo erst das EnWG 1998 zur einer Ablösung der Marktzutrittsregulierung in Gestalt kartellrechtlich ausdrücklich tolerierter Demarkationsverträge durch eine sektorspezifische Regulierung führte,[13] erfolgte auch im Telekommunikationssektor in der Bundesrepublik Deutschland die Regulierung zunächst ebenso als Marktzutrittsregulierung durch gesetzliche Marktzutrittsschranken. Als Monopolunternehmen agierte mit der Bundespost zunächst eine staatliche Verwaltungsbehörde, die 1989 in der so genannten Postreform I zunächst in die Einheiten »Postdienst«, »Postbank« und »Telekom« unterteilt wurde. Mit der Postreform II erfolgte schließlich die Überführung der Postunternehmen in privatrechtlich organisierte Unternehmenseinheiten und eine weitgehende Aufhebung der Monopole mit Ausnahme öffentlicher Sprachtelefondienstleistungen. Wettbewerb wurde jedoch erst durch die Postreform III mit Ablauf des 31. 12. 1997 durch völlige Entmonopolisierung und Implementierung einer sektorspezifischen Regulierung ermöglicht.[14] Wie im Bereich der Energieversorgung wurde dieser Prozess durch die Einführung einer Regulierung von Preisen und Geschäftsbedingungen kombiniert mit Universaldienstverpflichtungen flankiert. Auch hier erfolgte als eine Art Privatisierungs-Folgen-Recht[15] mithin ein Übergang von staatlicher Erfüllungsverantwortung zu staatlicher Gewährleistungsverantwortung. Wie in den Bereichen Strom und Gas kamen auch im Telekommunikationssektor die entscheidenden Impulse aus dem Unionsrecht. Ihren vorläufigen Abschluss hat diese unionsrechtliche Entwicklung mit dem aus fünf Richtlinien bestehenden so genannten neuen Rechtsrahmen für elektronische Kommunikationsnetze und -dienste gefunden. Vorliegend relevant sind von diesen fünf Richtlinien vor allem die Rah-

---

[13] Vgl. oben 2. Kapitel: I. 2. c) bb).
[14] Eine umfassende Darstellung der Postreformen I–III findet sich bei *Wilms* in: Wilms/Masing/Jochum, TKG, 2006, 10, Rdnr. 129 ff.
[15] *Säcker*, ZNER 2004, S. 98 (100); *Hermes*, Staatliche Infrastrukturverantwortung, 1998, S. 336 ff.

menRL[16] und die ZugangsRL[17]. Am Rande Erwähnung finden kann ferner die UniversaldiensteRL[18].

2. Vorhandene Regulierungspraxis im Telekommunikationssektor

Maßgebliche Rechtsquelle für das sektorspezifische Regulierungsregime des Telekommunikationssektors in der Bundesrepublik Deutschland ist wie ausgeführt das TKG, das die einschlägigen Unionsrechtsakte umsetzt.

a) Staatliche Gewährleistungsverantwortung

Regulierungsverpflichtungen bestehen auch hier zunächst als Regulierung zur Erfüllung der staatlichen Gewährleistungsverantwortung für die unverzichtbare Daseinsvorsorge[19]. In diesem Zusammenhang zu erwähnen sind die Universaldienstverpflichtungen gem. §§ 78 ff TKG, wonach alle Endnutzer unabhängig von ihrem Wohn- oder Geschäftsort unter anderem Anspruch auf Anschluss an ein öffentliches Telefonnetz an einem festen Standort und auf Zugang zu öffentlichen Telefondiensten an einem festen Standort zu erschwinglichen Entgelten haben. Ebenso hier zu erwähnen sind Verpflichtungen gem. §§ 108 ff TKG zur Bereitstellung einer unentgeltlichen Notrufnummernutzungsmöglichkeit oder zur Zusammenarbeit mit den Sicherheitsbehörden bei der Umsetzung gesetzlich vorgesehener Maßnahmen zur Überwachung der Telekommunikation. Die Übergänge zum Gefahrenabwehrrecht sind hier allerdings fließend.

Wie schon bei der Regulierung des Energiesektors[20] wird auch hier deutlich, dass der Gesetzgeber nicht davon ausgeht, seiner Gewährleistungsverantwortung allein durch eine wettbewerbsorientierte Regulierung gerecht werden zu können.

---

[16] Richtlinie 2002/21/EG des Europäischen Parlaments und des Rates vom 7. März 2002 über einen gemeinsamen Rechtsrahmen für elektronische Kommunikationsnetze und -dienste, ABl. 2002 Nr. L 108/33.
[17] Richtlinie 2002/19/EG des Europäischen Parlaments und des Rates vom 7. März 2002 über den Zugang zu elektronischen Kommunikationsnetzen und zugehörigen Einrichtungen sowie deren Zusammenschaltung, ABl. 2002 Nr. L 108/7.
[18] Richtlinie 2002/22/EG des Europäischen Parlaments und des Rates vom 7. März 2002 über den Universaldienst und Nutzerrechte bei elektronischen Kommunikationsnetzen und -diensten, ABl. 2002 Nr. L 108/51.
[19] Vgl. oben 2. Kapitel: II. 1.
[20] Vgl. oben 2. Kapitel: II. 1.

b) Netzzugangs- und Netzentgeltregulierung

aa) Unionsrechtliche Vorgaben

Im vorliegenden Zusammenhang mit Regulierungsfreistellungsmaßnahmen richtet sich das Hauptinteresse allerdings auch bezüglich des Telekommunikationssektors auf die Regulierungsmaßnahmen zum Netzzugang und zur Entgeltbildung, i.e. die zur Sicherung des Wettbewerbs implementierte Regulierung.

Die Grundkonzeption der Regulierung im Telekommunikationssektor ist mit der Regulierung im Energiebereich vergleichbar. Ursächlich hierfür ist der Umstand, dass die Regulierung im Energiesektor in vielen Bereichen der im Telekommunikationssektor nachgebildet wurde, wo eine längere Regulierungs- und Liberalisierungserfahrung besteht. Hinzuweisen ist vor allem auf die USA, wo nach der Entflechtung von *AT&T* am 8. Januar 1982 schrittweise ein Liberalisierungsprozess einsetzte.[21] Auch das Konzept der »*regulation*«, das indes nur partiell mit der Marktregulierung europäischer und deutscher Praxis vergleichbar ist, wurde in den USA geprägt.[22] Allerdings existieren auch maßgebliche Unterschiede zur Regulierung im Bereich der Energieversorgung.

So findet sich der grundlegendste Unterschied zur Regulierung des Energiesektors bei der Frage nach der Einordnung der einzelnen Telekommunikationsmärkte als regulierungsbedürftig oder nicht. Während im Rahmen der sektorspezifischen Regulierung der Strom- und Gasmärkte die Zugangsverpflichtungen zu den Übertragungs- und Verteilernetzen unmittelbar durch ElektrizitätsRL und GasRL und die entsprechenden Umsetzungsgesetze angeordnet werden, implementieren RahmenRL und ZugangsRL für die Telekommunikationsmärkte eine abweichende Systematik. Der Unionsrechtsrahmen sieht im Bereich Telekommunikation drei Ebenen vor, auf denen über das »Ob« und das »Wie« einer sektorspezifischen Regulierung entschieden wird. Es handelt sich hierbei um (1) das Marktdefinitionsverfahren, (2) das Marktanalyseverfahren und (3) die konkrete Auswahl der Regulierungsinstrumente. Entscheidende Ebene ist vorliegend vor allem das Marktdefinitionsverfahren. Art. 15 Abs. 1 RahmenRL bestimmt, dass die Kommission eine Märkteempfehlung[23] erlässt, in der diejenigen Märkte für elektronische Kommunikationsprodukte und

---

[21] Eine Darstellung der Entwicklung der Telekommunikationsregulierung in Europa und darüber hinaus findet sich bei *Wilms* in: Wilms/Masing/Jochum, TKG, 2006, 10.31 § 31 Rdnr. 84 ff sowie bei *Geppert/Ruhle/Schuster*, Handbuch Telekommunikation, 2002, Rdnr. 1 ff.

[22] Vgl. *von Danwitz*, DÖV 2004, S. 977 ff.

[23] Empfehlung der Kommission vom 11. Februar 2003 über relevante Produkt- und Dienstmärkte des elektronischen Kommunikationssektors, die aufgrund der Richtlinie 2002/21/EG des Europäischen Parlaments und des Rates über einen gemeinsamen Rechtsrahmen für elektronische Kommunikationsnetze und -dienste für eine Vorabregulierung in Betracht kommen, ABl. 2003 Nr. L 114/45.

-dienste aufgeführt werden, deren Merkmale die Auferlegung der in den Einzelrichtlinien dargelegten Verpflichtungen rechtfertigen können. Die Definition hat dabei im Einklang mit den Grundsätzen des Wettbewerbsrechts zu erfolgen. Erwägungsgrund 9 der Märkteempfehlung legt als maßgebliche drei Kriterien in Übereinstimmung mit den Grundsätzen des Wettbewerbsrechts fest, dass i) beträchtliche, anhaltende strukturell oder rechtlich bedingte Zugangshindernisse bestehen, wobei ii) nur diejenigen Märkte aufzuführen sind, die trotz eines angesichts der Dynamik der Telekommunikationsmärkte zu berücksichtigenden Zeithorizonts nicht innerhalb dieses betreffenden Zeitraums zu wirksamem Wettbewerb tendieren und iii) dem betreffenden Marktversagen nicht allein mit Hilfe des Wettbewerbsrechts entgegenzuwirken sein darf. Unter weitestgehender Berücksichtigung dieser Leitlinien nehmen die nationalen Regulierungsbehörden entsprechend den nationalen Gegebenheiten gem. Art. 15 Abs. 3 RahmenRL die Marktdefinition vor. Nur wenn die im Marktdefinitionsverfahren zu prüfenden Kriterien sämtlich kumulativ erfüllt sind, erfolgt im zweiten Schritt das gem. Art. 16 RahmenRL i. V.m. Art. 7 und 8 ZugangsRL durchzuführende Marktanalyseverfahren. Hier wird geprüft welches oder welche Unternehmen auf den einem sektorspezifischen Regulierungsbedürfnis unterliegenden Märkten über eine marktbeherrschende Stellung verfügt oder verfügen. Die nationalen Regulierungsbehörden führen gem. Art. 16 Abs. 1 RahmenRL die Marktanalyse unter weitestgehender Berücksichtigung der Marktanalyseleitlinien[24] der Kommission durch, welche diese gem. Art. 15 Abs. 2 RahmenRL spätestens zum Zeitpunkt des Inkrafttretens der RahmenRL veröffentlicht. Auf der dritten Ebene sind schließlich die konkreten Regulierungsinstrumente für das als regulierungsbedürftig identifizierte Unternehmen festzulegen. Hier geht es um das »Wie« der sektorspezifischen Regulierung. Maßgebliche Normen sind Art. 8ff ZugangsRL. Auch die Marktanalyseleitlinien der Kommission sind wiederum zu beachten. Hervorzuheben ist im Rahmen des beschriebenen dreistufigen Regulierungsverfahrens weiterhin, dass die nationale Regulierungsbehörde gem. Art. 7 RahmenRL zur Kooperation mit der Europäischen Kommission und den Regulierungsbehörden der anderen Mitgliedstaaten verpflichtet ist. Bezüglich des Marktdefinitions-, des Marktanalyseverfahrens und der Instrumentenwahl ist die jeweilige nationale Regulierungsbehörde im Falle von Auswirkungen auf den Handel zwischen den Mitgliedstaaten gem. Art. 7 Abs. 3 RahmenRL zur Zusammenstellung des Maßnahmenentwurfs einschließlich Begründung für Kommission und andere Regulierungsbehörden verpflichtet. Gem. Art. 7 Abs. 4 RahmenRL verfügt die Kommission im Falle eines Abweichens der Marktdefinition von der Märkte-

---

[24] Leitlinien der Kommission zur Marktanalyse und Ermittlung beträchtlicher Marktmacht nach dem gemeinsamen Rechtsrahmen für elektronische Kommunikationsnetze und -dienste, ABl. 2002 Nr. C 165/6.

empfehlung oder einem Marktanalyseergebnis, das die Kommission als Binnenmarkthindernis betrachtet, über ein Suspensivrecht, das die Monatsfrist von Art. 7 Abs. 3 RahmenRL um nochmals zwei Monate verlängert. Ein echtes Vetorecht stellt das Suspensivrecht jedoch nicht dar. Innerhalb der drei Ebenen, auf denen über das Ob und die Art und Weise der Marktregulierung im Telekommunikationssektor entschieden wird, ist eine Berücksichtigung von Innovationsaspekten in Gestalt eines Regulierungsdispenses oder abgespeckter Regulierungsverpflichtungen auf der Ebene der Marktdefinition und auf der Ebene der Instrumentenwahl möglich, kaum hingegen bei der Marktanalyse.[25]

Für die Bundesrepublik Deutschland werden die dargestellten Richtlinienvorgaben durch das TKG umgesetzt. Marktdefinitions- und Marktanalyseverfahren werden in § 9 bis § 15 TKG geregelt. Die einzelnen Regulierungsinstrumente sind in §§ 16 ff TKG bezogen auf die Zugangsregulierung sowie in §§ 27 ff TKG bezogen auf die Entgeltregulierung normiert.

bb) Netzzugangsregulierung

Gem. § 9 Abs. 1 und 2 i. V. m. §§ 10, 11 TKG in Umsetzung von Art. 15 f RahmenRL erfolgt eine Regulierung im Telekommunikationssektor nur nach vorhergehender Marktdefinition und Marktanalyse durch die Bundesnetzagentur. Identifiziert werden müssen dabei neben einem Regulierungsbedürfnis auch ein oder mehrere Unternehmen mit beträchtlicher Marktmacht auf diesem Markt. § 12 TKG stellt in Umsetzung der Konsultations- und Konsolidierungsverpflichtungen die Verfahrensbeteiligung der Europäischen Kommission sowie der Regulierungsbehörden anderer Mitgliedstaaten sicher. Lediglich im Falle der Kontrolle des Zugangs von Endnutzern können Betreibern öffentlicher Telekommunikationsnetze auch ohne beträchtliche Marktmacht bezogen auf den als regulierungsbedürftig identifizierten Markt gem. § 18 TKG Regulierungsverpflichtungen auferlegt werden.

Werden Märkte als regulierungsbedürftig identifiziert, verläuft die Zugangsregulierung im Telekommunikationssektor freilich in ähnlichen Bahnen wie im Energiesektor. Gem. § 21 TKG kann die Bundesnetzagentur Betreiber öffentlicher Telekommunikationsnetze mit beträchtlicher Marktmacht verpflichten, anderen Unternehmen Zugang zu gewähren. Erfasst werden dabei nicht nur der Zugang zum Telekommunikationsnetz als solcher, sondern auch spezifische Varianten des Zugangs wie beispielsweise ein entbündelter Zugang[26]. Diese spezifischen Varianten des Zugangs spiegeln in erster Linie die technischen Anfor-

---

[25] *Kühling*, K&R 2006, S. 263 (264).
[26] Der entbündelte Zugang beschreibt das Angebot bestimmter Vorleistungen an Wettbewerber getrennt von eigenen Verbindungsleistungen. Relevant ist dies beispielsweise beim entbündelten Zugang zur Teilnehmeranschlussleitung (TAL) oder beim so genannten Bitstromzugang, der das Angebot eines Breitband-Internetzugangs ohne klassischen Telefonanschluss ermöglicht.

derungen und Besonderheiten der Telekommunikationsmärkte wieder. Der Netzbetreiber muss gem. § 22 Abs. 1 TKG im Falle einer Verpflichtung durch die Bundesnetzagentur spätestens innerhalb von drei Monaten ein Zusammenschaltungsangebot vorlegen. Gem. § 25 TKG kann die Bundesnetzagentur unter bestimmten Bedingungen einen Netzzugang gegebenenfalls auch anordnen.[27]

cc) Entgeltregulierung

Die Entgeltregulierung bestimmt sich nach §§ 27 ff TKG. Entgelte für den Netzzugang nach § 21 TKG unterliegen gem. § 30 i. V. m. § 31 TKG grundsätzlich einer vorhergehenden Genehmigung durch die Bundesnetzagentur. Regulierung erfolgt folglich ebenfalls ex-ante. Maßstab ist gem. § 31 Abs. 1 TKG grundsätzlich eine kostenorientierte Regulierung. Maßgeblich sind die Kosten einer effizienten Leistungsbereitstellung, die nicht überschritten werden dürfen. Um eine ausreichende Investitionstätigkeit in die Netze sicherzustellen, werden auch hier eine angemessene Verzinsung des Kapitals sowie ein angemessener Zuschlag für leistungsmengenneutrale Gemeinkosten gem. § 31 Abs. 2 TKG berücksichtigt. Wiederum muss aber die Frage aufgeworfen werden, ob dies genügen kann, um eine im Sinne der Versorgungssicherheit ausreichende Investitionstätigkeit zu gewährleisten. In begründeten Einzelfällen kann gem. § 31 Abs. 1 Satz 2 TKG auch auf eine reine Vergleichsmarktbetrachtung zurückgegriffen werden. Die Möglichkeit der Vergleichsmarktbetrachtung im Sinne des § 31 Abs. 1 Satz 2 TKG ist jedoch nicht mit der in der Verordnungsermächtigung des § 24 Satz 2 Nr. 5 EnWG vorgesehenen Möglichkeit der Vergleichsmarktbetrachtung vergleichbar. Insbesondere bleibt es auch im Falle der Anwendung von § 31 Abs. 1 Satz 2 TKG bei einer ex-ante Kontrolle. Hauptanwendungsfall des als eine Art Experimentierklausel erst im Vermittlungsverfahren ins TKG eingefügten § 31 Abs. 1 Satz 2 TKG[28] dürfte i. V. m. § 35 Abs. 1 Satz 2, Satz 1 Nr. 1 TKG vor allem das Einreichen unzureichender Kostenunterlagen im Entgeltgenehmigungsverfahren sein. § 35 Abs. 3 Satz 3 TKG sollte hier allerdings zur Vorbeugung missbräuchlichen Verhaltens berücksichtigt werden.[29] Im Falle von zu Großhandelsbedingungen angebotenen Diensten, die Dritten den Weitervertrieb im eigenen Namen auf eigene Rechnung ermöglichen sollen, so genannten Resale-Diensten, sind gem. § 30 Abs. 5 Satz 1 TKG nicht die Kosten des Vorprodukts maßgeblich, sondern ein Abschlag vom Endnutzerpreis, so genanntes Retail-Minus. Auch hier dürfen die Kosten einer effizienten Leistungserbringung gem. § 30 Abs. 5 Satz 2 TKG jedoch nicht unterschritten werden. Die Berechnung der Kosten einer effizienten Leistungserbringung erfolgt

---

[27] Vgl. zum Komplex der Zugangsregulierung nach den Vorschriften des TKG auch die umfassenden Ausführungen bei *Schütz*, Kommunikationsrecht, 2005, S. 131 ff.
[28] Vgl. BTDrucks. 15/3063, S. 2.
[29] *Masing/Ehrmann*, in: Wilms/Masing/Jochum, TKG, 2006, 10.31 § 31 Rdnr. 14, 29 ff.

gem. § 32 Nr. 1 TKG auf der Grundlage der auf die einzelnen Dienste entfallenden Kosten der effizienten Leistungsbereitstellung. § 32 Nr. 2 TKG ermöglicht jedoch auch die Anwendung eines Price-Cap-Verfahrens nach Maßgabe des § 34 TKG. Hierbei fasst die Bundesnetzagentur einen Korb von bestimmten Diensten zusammen und legt die Maßgrößen für die durchschnittlichen Änderungsraten fest. Wie die in begründeten Ausnahmefällen angewendete Vergleichsmarktbetrachtung gem. § 31 Abs. 1 Satz 2 TKG beinhaltet auch das Verfahren der Price-Cap-Regulierung gem. § 32 Nr. 2 i. V. m. § 34 TKG Elemente einer anreizorientierten Regulierung. Eine nur nachträgliche Regulierung erfolgt unter den Voraussetzungen von § 30 Abs. 1 Satz 2 TKG. Diese Regelung ist vor allem mit der stärkeren Dynamik der Telekommunikationsmärkte zu erklären.[30]

Abweichend von der Regulierung der Strom- und Gasmärkte findet sich im Bereich der Telekommunikationsregulierung jedoch nach wie vor eine im Vergleich zu den Energiemärkten stärker ausgeprägte Regulierung der Entgelte für Endnutzerleistungen. Im Energiebereich existiert eine solche Entgeltregulierung von Endnutzerleistungen seit Außerkrafttreten der BTOElt nicht mehr. Lediglich eine verstärkte wettbewerbsrechtliche Kontrolle greift seit Inkrafttreten des Gesetzes zur Bekämpfung von Preismissbrauch im Bereich der Energieversorgung und des Lebensmittelhandels[31] mit der Regelung des § 29 GWB Platz. Das TKG enthält hingegen mit § 39 TKG eine eigene Regelung zur Regulierung der Endnutzerleistungen. Allerdings kommt auch im Bereich der Telekommunikation der Regulierung von Endnutzerleistungen eine mehr verbraucherschützende Bedeutung zu. Dies zeigt sich an der Subsidiarität der Regulierung von Endnutzerleistungen, die, wie § 39 Abs. 1 Satz 2 TKG deutlich macht, nur dort zu implementieren ist, wo die Vorleistungsregulierung nicht zur Erreichung der Regulierungsziele genügt. Die Subsidiarität der Endnutzerleistungsregulierung zur Vorleistungsregulierung wird seitens des Unionsrechts durch Art. 17 Abs. 1 lit. b) UniversaldiensteRL ausdrücklich festgelegt. Wie für den Energiesektor bereits deutlich gemacht[32] ist für die vorliegende Thematik die Regulierung der Endnutzerleistungen jedoch von eher nachrangigem Interesse.

3. Auseinandersetzung zwischen Europäischer Kommission und deutscher Bundesregierung

Bezieht man die geschilderte Funktionsweise der sektorspezifischen Regulierung im Telekommunikationssektor und auch die Unterschiede derselben zur

---

[30] Siehe unten 7. Kapitel (Exkurs): III. 1.
[31] BGBl. I 2007, S. 2966 ff.
[32] Vgl. oben 2. Kapitel: II. 3.

sektorspezifischen Regulierung im Energiebereich in die Betrachtung mit ein, wird die Auseinandersetzung zwischen Europäischer Kommission und der Bundesregierung um die Vereinbarkeit von § 9a TKG mit dem Unionsrecht verständlich.

a) Standpunkte von Europäischer Kommission und deutscher Bundesregierung

Festzuhalten ist zunächst, dass zwischen Europäischer Kommission und der Bundesregierung in Bezug auf die Notwendigkeit von Investitionen in Breitbandverbindungen zur Bereitstellung eines Hochgeschwindigkeits-Internetzugangs keinerlei Differenz besteht. Ausdrücklich erkennt die Europäische Kommission an, dass die flächendeckende Versorgung mit Breitbandverbindungen ein wichtiger Faktor zur Erreichung der im Rahmen der Lissabon-Strategie[33] gesetzten Ziele ist.[34] Differenzen zwischen der Kommission und der Bundesregierung bestehen allerdings bezüglich des Vorgehens zur Generierung der als notwendig erachteten Investitionen. Dies deutet sich bereits an, wenn die Kommission als ein zentrales Mittel zur Überwindung der Breitbandkluft die Liberalisierung der Märkte im Sinne einer umfassenden Wettbewerbsstärkung identifiziert und die Bedeutung eines offenen Zugangs für künftigen Wettbewerb betont.[35] Insoweit ist auch die Ablehnung der Regelung des § 9a TKG durch die Europäische Kommission weniger überraschend. Konkret sichtbar wurde die Opposition der Europäischen Kommission gegen § 9a TKG bereits frühzeitig und sehr deutlich. So wurde bereits im Entwurfsstadium die Regelung des § 9a TKG als Rückschritt kritisiert, der den Wettbewerb behindere. Mit einem ordnungspolitischen Ansatz, für den gerade die deutsche Wirtschaftspolitik stilprägend gewesen sei, seien derartige Regulierungsferien unvereinbar.[36] Nachdem die Regelung trotz dieser Bedenken der Europäischen Kommission vom Bundesgesetzgeber verabschiedet wurde, leitete die Europäische Kommission im Februar 2007 ein beschleunigtes Vertragsverletzungsverfahren gegen die Bundesrepublik Deutschland ein,[37] das mangels Einlenkens seitens der Bundes-

---

[33] Vgl. oben 1. Kapitel: I. 2. a).
[34] Europäische Kommission, Überwindung der Breitbandkluft, KOM(2006) 129 endg., S. 3.
[35] Europäische Kommission, Überwindung der Breitbandkluft ‚KOM(2006) 129 endg., S. 9.
[36] *Reding*, The Review 2006 of EU Telecom rules: Strengthening Competition and Completing the Internal Market, 2006, SPEECH/06/422, p. 8, 10, abrufbar unter http://europa.eu/rapid/pressReleasesAction.do?reference=SPEECH/06/422&format=DOC&aged=1&language=EN&guiLanguage=fr (zuletzt abgerufen am 11.04.10).
[37] Pressemitteilung der Europäischen Kommission vom 26. Februar 2007, IP/07/237, abrufbar unter http://europa.eu/rapid/pressReleasesAction.do?reference=IP/07/237&format=PDF&aged=1&language=DE&guiLanguage=enhttp://europa.eu/rapid/setlanguage.do?language=en (zuletzt abgerufen am 09.07.08).

republik Deutschland[38] am 13. September 2007 mit der Erhebung einer Klage vor dem EuGH seinen vorläufigen Höhepunkt fand.[39]

aa) Bedenken der Europäischen Kommission

Die Europäische Kommission moniert mit ihrer Klage vor allem zwei Aspekte: Die Regelung des § 9a TKG schränke den in den Richtlinien 2002/19/EG, 2002/21/EG und 2002/22/EG normierten Ermessensspielraum der Regulierungsbehörde unzulässig ein. Hierdurch drohe eine Re-Monopolisierung der betroffenen Märkte und damit eine Umkehrung des bisher dank des Unionsrechtsrahmens Erreichten.[40] Die Kommission wendet sich dabei nicht gegen den Verzicht auf sektorspezifische Regulierung auf neuen Märkten, auf denen Marktmacht allein auf Vorreitervorteilen beruht, als solchen. Dies wäre auch widersinnig. Zum einen ist der Verzicht auf eine Vorabregulierung in Erwägungsgrund 15 der Märkteempfehlung der Kommission über relevante Produkt- und Dienstmärkte des elektronischen Kommunikationssektors ausdrücklich erwähnt. Dies kann auch nicht etwa mit einem Verweis auf die mangelnde Bindungswirkung einer Kommissionsempfehlung[41] in Frage gestellt werden, da der genannte Erwägungsgrund seine Entsprechung in Erwägungsgrund 27 der jedenfalls verbindlichen RahmenRL findet und Märkteempfehlung und Marktanalyseleitlinien über Art. 15 Abs. 3 Satz 1 RahmenRL unmittelbar einbezogen werden. Zum anderen wäre eine Regulierung solcher neuer Märkte, auf denen Marktmacht ausschließlich auf Vorreitervorteilen beruht, auch im Hinblick auf die ökonomisch-theoretischen Voraussetzungen einer sektorspezifischen Regulierung[42] sinnwidrig, da Marktmacht aufgrund von Vorreitervorteilen nicht mit dem Vorliegen eines unbestreitbaren natürlichen Monopols gleichgesetzt werden kann.

Als unionsrechtswidrig sieht es die Kommission vielmehr an, dass der deutsche Gesetzgeber durch § 9a TKG i.V.m § 3 Nr. 12b TKG, der den neuen Markt im Sinne des § 9a TKG definiert, eine Vorstrukturierung vornimmt und damit in Entscheidungsspielräume, die das Richtlinienrecht als unmittelbare Kompetenzen der Regulierungsbehörde definiere, eingreife.[43] Es seien allein die natio-

---

[38] Pressemitteilung der Europäischen Kommission vom 3. Mai 2007, IP/07/595, abrufbar unter http://europa.eu/rapid/pressReleasesAction.do?reference=IP/07/595&format=PDF&aged=1&language=DE&guiLanguage=en (zuletzt abgerufen am 10.07.08).
[39] Pressemitteilung der Europäischen Kommission vom 27. Juni 2007, IP/07/889, abrufbar unter http://europa.eu/rapid/pressReleasesAction.do?reference=IP/07/889&format=PDF&aged=1&language=DE&guiLanguage=enhttp://europa.eu/rapid/setlanguage.do?language=en (zuletzt abgerufen am 10.07.08).
[40] Klage Rechtssache C-424/07, Abl. 2007 Nr. C 283/19 f.
[41] Allgemein zur Bindungswirkung exekutiver Vollzugsregelungen im Gemeinschaftsrecht *Lecheler*, DVBl. 2008, S. 873 ff.
[42] Vgl. oben 2. Kapitel: I.
[43] Vgl. *Kühling*, K&R 2006, S. 263 (270).

nalen Regulierungsbehörden, die die relevanten Märkte nach den nationalen Gegebenheiten unter weitestgehender Berücksichtigung der Empfehlung und der Leitlinien der Kommission festlegen. Dies sei im Hinblick auf die Unabhängigkeit einer Regulierungsbehörde und die daraus folgende Unparteilichkeit und Transparenz zentrales Element des Marktdefinitionsverfahrens. Der deutsche Gesetzgeber verletze diese unionsrechtlichen Vorgaben, wenn er es durch den pauschal durch Gesetz angeordneten Ausschluss gewisser Märkte von der Regulierung unmöglich mache, auf den Einzelfall abgestimmte Sachentscheidungen zu treffen. Eine an den Grundsätzen des Wettbewerbsrechts orientierte Marktdefinition sei damit nicht mehr durchführbar. Ferner würden durch die gesetzliche Vorstrukturierung die vom Unionsrecht vorgegebenen Konsultations- und Zusammenarbeitsverfahren mit anderen europäischen Regulierungsbehörden und der Europäischen Kommission ausgehebelt. In der Zusammenschau bedeute dies alles die Gefahr einer erheblichen Beeinträchtigung für die bisher durch den telekommunikationsrechtlichen Rahmen erreichte wettbewerbliche Öffnung der Märkte für elektronische Kommunikation. Dies könne wiederum zu einer Re-Monopolisierung der betroffenen Märkte führen.[44] Weiterhin ist die Kommission der Auffassung, dass Zweck des § 9a TKG trotz seiner abstrakt-generellen Formulierung vor allem der Förderung der *VDSL*-Investitionen der DTAG sei und diese einseitig begünstigen solle. Eine solche Protegierung im Sinne einer »Lex Telekom« sei mit dem Wettbewerbsgedanken unvereinbar. Über den Verdacht der bloßen Protegierung hinaus wurde seitens der Kommission auch der Verdacht geäußert, dass die Freistellung der DTAG-Infrastrukturen der Steigerung des Aktienkurses der DTAG dienen solle,[45] an der die Bundesrepublik im Jahr 2007 noch immer direkt 14,8% und über die bundeseigene KfW-Bankengruppe indirekt 16,9% der Anteile hielt.[46]

bb) Haltung der deutschen Bundesregierung

Die Bundesregierung sah hingegen in der Regelung des § 9a TKG keinen Verstoß gegen den Telekommunikationsrechtsrahmen der Union. § 9a TKG sei keinesfalls eine »Lex Telekom«. § 9a TKG regele abstrakt die Frage der Regulierung respektive Nicht-Regulierung neuer Märkte. Die konkrete Entscheidung über eine Regulierungsfreistellung etwa der Glasfaserinfrastrukturen der DTAG für einen schnellen Internetzugang verbleibe weiterhin bei der Bundes-

---

[44] Klage Rechtssache C-424/07, Abl. 2007 Nr. C 283/20.
[45] *Reding*, »Ferien von der Ordnungspolitik«? Warum Europa offene Telekommunikationsmärkte und unabhängige Schiedsrichter braucht, 2006, SPEECH/06/669, S. 6, abrufbar unter http://europa.eu/rapid/pressReleasesAction.do?reference=SPEECH/06/669&format=DOC&aged=1&language=DE&guiLanguage=en (zuletzt abgerufen am 11.04.10).
[46] Stand Oktober 2008; vgl. Bundesministerium der Finanzen, Beteiligungsbericht 2008, S. 22, abrufbar unter http://www.bundesfinanzministerium.de/nn_3974/DE/BMF__Startseite/Service/Downloads/Abt__VIII/Beteiligungsbericht_202008_20kle,templateId=raw,property=publicationFile.pdf (zuletzt abgerufen am 11.04.10).

netzagentur, die in Abstimmung mit der Europäischen Kommission handele, und nicht beim Gesetzgeber. Mit dem Ziel der Infrastruktur- und Investitionsförderung verfolge § 9a TKG ein ausdrückliches Ziel des europäischen Telekommunikationsrechtsrahmens. Wenn die Kommission erste Schritte zur Rückführung sektorspezifischer Regulierung wie § 9a TKG ablehne, sei dies wohl eher der beabsichtigten Einführung einer europäischen Regulierungsbehörde geschuldet, die sich mit einer Regulierungsrückführung nicht vertrage.[47]

b) Entscheidung des EuGH

Mit der Rechtsauffassung der Bundesregierung bestanden tatsächlich begründete Zweifel, ob § 9a TKG tatsächlich einen Verstoß gegen die seitens der Kommission ins Feld geführten unionsrechtlichen Bestimmungen Art. 6, 7, 15 Abs. 3, 16 und 8 Abs. 1 und 2 RahmenRL, Art. 8 Abs. 4 ZugangsRL sowie Art. 17 Abs. 2 UniversaldiensteRL darstellte. Die zwischenzeitlich ergangene Entscheidung des EuGH[48] bestätigt die Rechtsauffassung der Kommission allerdings weitestgehend.

aa) Einschränkung des regulierungsbehördlichen Ermessens durch § 9a TKG

Nach den Ausführungen des Gerichtshofs räumt § 9a TKG dem Regulierer bei der Entscheidung über die Regulierung oder Nichtregulierung neuer Märkte keine hinreichende Flexibilität ein. Unvereinbar mit den Richtlinienvorgaben ist demnach nicht nur eine legislative Lösung, die zu einer Regulierungsfreistellung im Sinne einer dem dreistufigen Marktregulierungsverfahren vorgelagerten Freistellung führt.[49] Art. 15 und 16 RahmenRL werden vielmehr bereits dadurch verletzt, dass § 9a Abs. 1 und 2 TKG den Grundsatz der Regulierung neuer Märkte durch den der Nichtregulierung ersetzt. Wie sich aus Erwägungsgrund 27 der RahmenRL ergibt, muss die Regulierungsbehörde bei der Regulierung neuer Märkte zwar vorsichtig agieren. Jedoch ist es die Regulierungsbehörde, die die Regulierungsvoraussetzungen von Fall zu Fall prüft und nicht der Gesetzgeber.[50]

Soweit § 9a TKG das Marktdefinitionsverfahren und die Instrumentenwahl unter Einbeziehung der Regulierungsbehörde durch das Ziel der Förderung von effizienten Infrastrukturinvestitionen und Innovationen vorstrukturiert, sieht der Gerichtshof hierin keine bloße mit RahmenRL und ZugangsRL vereinbare Ausgestaltung mehr.[51] Stattdessen ist zu berücksichtigen, dass Art. 8

---

[47] Pressemitteilung des Bundesministeriums für Wirtschaft und Technologie vom 27.02.07, abrufbar unter http://www.bmwi.de/BMWi/Navigation/Presse/pressemitteilungen,did=18 8876.html (zuletzt abgerufen am 11.08.07).
[48] EuGH C-424/07, Rdnr. 53 ff (noch nicht in der amtlichen Sammlung veröffentlicht).
[49] So auch *König/Loetz/Senger*, K&R 2006, S. 258 (259 f).
[50] EuGH C-424/07, Rdnr. 72 ff (noch nicht in der amtlichen Sammlung veröffentlicht).
[51] a. A. *König/Loetz/Senger*, K&R 2006, S. 258 (261); *Kühling*, K&R 2006, S. 263 (267 f).

Abs. 2 RahmenRL den Regulierungsbehörden verschiedene regulatorische Aufgaben zuweist. Zu diesen zählen neben der Förderung von effizienten Infrastrukturinvestitionen und Innovationen vor allem auch die Vermeidung von Wettbewerbsverzerrungen und größtmögliche Vorteile im Bezug auf Preise, Auswahl und Qualität. Gem. Art. 8 Abs. 1 RahmenRL müssen die Mitgliedstaaten wiederum sicherstellen, dass es die Regulierungsbehörden sind, die Maßnahmen treffen, die den Zielen von Art. 8 RahmenRL dienen, und dass es hierbei zu einer Abwägung sämtlicher Ziele kommt. Dem wird § 9a Abs. 2 TKG durch den gesetzlich vorgegebenen Vorrang des Innovationsziels nicht gerecht.[52] Ein weitergehendes Ermessen der Mitgliedstaaten im Sinne einer stärkeren gesetzgeberischen Vorprägung lässt sich nach der Rechtsprechung des Gerichtshofs auch nicht mit Art. 9 bis 13 ZugangsRL und damit begründen, dass diese sämtlich in ihrem Absatz 1 Art. 8 ZugangsRL erwähnen.[53] Dieser nimmt zwar ausdrücklich die Mitgliedstaaten in Bezug. Ebenso ergibt sich aber aus Art. 8 Abs. 4 ZugangsRL, dass die Verpflichtungen den Zielen von Art. 8 RahmenRL gerecht werden müssen, der wiederum in Abs. 1 ausdrücklich die Regulierungsbehörden in Bezug nimmt.[54]

Schließlich sieht der Gerichtshof auch eine Verletzung der in Art. 6 und 7 RahmenRL festgelegten Verpflichtungen zum im Rahmen von Marktdefinitions- und Marktanalyseverfahren einzuhaltenden Konsultations- und Konsolidierungsverfahren. Wiederum ist es die legislativ vorstrukturierte Lösung des § 9a Abs. 2 TKG, die nach Auffassung des Gerichtshofs der Regulierungsbehörde den nötigen Auslegungs- und Entscheidungsspielraum und damit ihr Ermessen nimmt.[55] Die Einschränkung des regulierungsbehördlichen Ermessens bedeutet demnach notwendigerweise, dass die in Art. 6 und 7 RahmenRL vorgesehenen Konsultations- und Konsolidierungsverfahren unter bestimmten Umständen nicht eingehalten werden.[56]

bb) Drohende Re-Monopolisierung

Soweit die Kommission eine Re-Monopolisierung auf neuen Märkten befürchtet, muss auch nach der Entscheidung des Gerichtshofs kritisch angemerkt werden, dass eine solche begrifflich schwer vorstellbar erscheint: Ein Monopol kann dort nicht bestanden haben, wo nicht einmal ein Markt existierte.

Unabhängig von diesem terminologischen Fehlgriff teilt der Gerichtshof jedoch infolge des eingeschränkten regulierungsbehördlichen Ermessens auch

---

[52] EuGH C-424/07, Rdnr. 88 ff (noch nicht in der amtlichen Sammlung veröffentlicht).
[53] a. A. *Baake/Haucap/Kühling/Loetz/Wey*, Effiziente Regulierung in dynamischen Märkten, 2007, S. 139 f; *Koenig/Loetz/Neumann*, Die Novellierung des TKG, 2003, S. 5 ff.
[54] EuGH C-424/07, Rdnr. 90 (noch nicht in der amtlichen Sammlung veröffentlicht).
[55] a. A. *Baake/Haucap/Kühling/Loetz/Wey*, Effiziente Regulierung in dynamischen Märkten, 2007, S. 140; *Koenig/Loetz/Neumann*, Die Novellierung des TKG, 2003, S. 20 ff.
[56] EuGH C-424/07, Rdnr. 106 (noch nicht in der amtlichen Sammlung veröffentlicht).

die wettbewerblichen Bedenken der Kommission. Die Kommission führt aus, dass sie sich gegen sämtliche Wettbewerbshindernisse im Telekommunikationsmarkt vorzugehen verpflichtet sieht, unabhängig ob kurz-, mittel- oder langfristiger Natur.[57] § 9a Abs. 2 TKG wird dem nicht gerecht, wenn er eine Regulierung nur vorsieht, soweit ohne Regulierung die Entwicklung eines nachhaltig wettbewerbsorientierten Marktes im Bereich der Telekommunikationsdienste oder -netze langfristig behindert wird. Zwar führen etwa die Marktanalyseleitlinien in Ziffer 32 Satz 2 mit der Erwähnung einer möglicherweise verfrühten ex-ante-Regulierung ausdrücklich ein zeitliches Differenzierungskriterium ein. Auch die ZugangsRL macht in Erwägungsgrund 19 Satz 5 ausdrücklich deutlich, dass kurzfristige Wettbewerbsbelebungen durch Zugangsverpflichtungen nicht zu einer Verringerung der Investitionsanreize für langfristig den Wettbewerb verbessernde Alternativinfrastrukturen führen dürfen. Ebenso erwähnt Art. 12 Abs. 2 lit. d) ZugangsRL den Aspekt der langfristigen Wettbewerbssicherung ausdrücklich.[58] Allerdings hängt die Vorabregulierung nach dem maßgeblichen Art. 16 RahmenRL von der Feststellung ab, dass auf dem betreffenden Markt kein wirksamer Wettbewerb herrscht. Soweit § 9a Abs. 2 TKG auf die langfristige Behinderung eines nachhaltig wettbewerbsorientierten Marktes abstellt, ist dies ein strengerer Maßstab.[59]

III. Vergleichbarkeit mit dem Energiesektor

Auf die energierechtlichen Regulierungsfreistellungen für neue Energieinfrastrukturen gem. Art. 17 StromhandelsVO und Art. 36 GasRL hat die Entscheidung des Gerichtshofs zu § 9a TKG keinen direkten Einfluss. Der Gerichtshof geht in seiner Entscheidung auf die energierechtlichen Freistellungsinstrumente und eine mögliche Vergleichbarkeit auch nicht ein. Allerdings sah die DTAG in der Existenz der energierechtlichen Freistellungen ausdrücklich eine Rechtfertigung für die Vereinbarkeit von § 9a TKG mit dem Unionsrecht.[60] Voraussetzung für eine aus der Existenz der energierechtlichen Freistellungsmöglichkeiten zu folgernde Vereinbarkeit von § 9a TKG mit dem Unionsrecht, i.e. namentlich mit RahmenRL, ZugangsRL und UniversaldiensteRL, wäre jedoch

---

[57] *Reding*, The Review 2006 of EU Telecom rules: Strengthening Competition and Completing the Internal Market, 2006, SPEECH/06/422, p. 8, abrufbar unter http://europa.eu/rapid/pressReleasesAction.do?reference=SPEECH/06/422&format=DOC&aged=1&language=EN&guiLanguage=fr (zuletzt abgerufen am 11.04.10).
[58] *Kühling*, K&R 2006, S. 263 (266).
[59] EuGH C-424/07, Rdnr. 97 ff (noch nicht in der amtlichen Sammlung veröffentlicht).
[60] DTAG, Anhörung der Bundesnetzagentur v. 22.02.2006 zur Identifizierung Neuer Märkte im Bereich der Telekommunikation, S. 25, abrufbar unter http://www.bundesnetzagentur.de/cae/servlet/contentblob/13710/publicationFile/3793/DeutscheTelekomAGBonnId6006pdf.pdf (zuletzt abgerufen am 11.04.10).

über die Vergleichbarkeit der Investitionssituation hinaus[61] eine strukturelle Vergleichbarkeit von Telekommunikations- und Energiemärkten. Die Vergleichbarkeit muss sich dabei sowohl auf die technischen Voraussetzungen und deren Auswirkungen auf die jeweilgen Regulierungsregime als auch auf die Funktionsweise der jeweiligen Marktregulierung beziehen.

1. Grundsätzliche technische Vergleichbarkeit

Wie im Rahmen der Grundkonzeption einer sektorspezifischen Regulierung und am Beispiel des Energiesektors ausführlich dargestellt,[62] ist entscheidende Voraussetzung für die Berechtigung einer sektorspezifischen Regulierung die Einordnung des regulierten Markts als unbestreitbares natürliches Monopol. Fehlt es hingegen an der unbestreitbaren natürlichen Monopoleigenschaft, ist im Umkehrschluss auch in sonst regulierten Wirtschaftsbereichen Raum für Regulierungsfreistellungsmaßnahmen. Bei Energieversorgungsinfrastrukturen handelt es sich wie oben dargestellt grundsätzlich um unbestreitbare natürliche Monopole. Die existierenden wenigen Ausnahmefälle wurden beschrieben und stehen ohne vollständige Abdeckung im Zentrum der vorliegend erörterten Regulierungsfreistellungsmöglichkeiten für neue grenzüberschreitende Infrastrukturen.[63]

Aufgrund ihres Netzinfrastrukturcharakters galten auch Telekommunikationsnetze lange als nicht bestreitbare natürliche Monopole. Telekommunikationsnetze werden heute bezüglich ihres Charakters als nicht bestreitbare natürliche Monopole allerdings differenzierter betrachtet als Energieversorgungsnetze.[64] Auch Telekommunikationsnetze weisen als leitungsgebundene Systeme sowohl Größen- als auch Verbundvorteile und damit die Grundvoraussetzungen für das Vorliegen eines natürlichen Monopols auf.[65] Zu beachten ist jedoch, dass im Telekommunikationssektor dem technischen Fortschritt eine größere Bedeutung zukommt als beim Energietransport, i.e. die Telekommunikationsmärkte durch eine wesentlich stärkere Dynamik als der Energiesektor geprägt sind. Anders als beim Transport von Strom erfolgt Telekommunikation als raumüberwindende Informationsübermittlung[66] nicht mehr zwingend leitungsgebunden. Für geringe Distanzen kommt eine Substitution durch Mobilfunktechnologie in Betracht. Mittlere Distanzen lassen sich durch Richtfunkstrecken überbrücken. Lange Distanzen können anstelle von Leitungsnetzen

---

[61] Vgl. oben 7. Kapitel (Exkurs): I.
[62] Vgl. oben 2. Kapitel: I. 2. c).
[63] Vgl. oben 5. Kapitel: II. 2. c) aa), d) bb), cc).
[64] So schon grundlegend für Telekommunikationsnetze *Meyer/Wilson/Baughcum/Burton/Caouette*, The Economics of Competition in the Telecommunications Industry, 1982, p. 112 ff.
[65] Vgl. oben 2. Kapitel: I. 2. a) bb).
[66] *Fritsch/Wein/Ewers*, Marktversagen und Wirtschaftspolitik, 2007, S. 256.

III. Vergleichbarkeit mit dem Energiesektor

auch durch Nutzung von Satelliten überwunden werden. Darüber hinaus bestanden im Telekommunikationssektor bereits vor Aufhebung der gesetzlichen Marktzutrittsschranken im Bereich der Fernübertragungsnetze mit den eigenen Telekommunikationsnetzen der Deutschen Bahn sowie bestimmter Energieversorger Konkurrenzeinrichtungen zum Netz der DTAG. Ferner ist festzustellen, dass seit Ende der 1990er Jahre seitens der Konkurrenzunternehmen der DTAG vor allem im Backbone-Bereich eigene Kapazitäten geschaffen wurden. Neben diesen Fernübertragungsnetzen ist das Telekommunikationsnetz der DTAG heute zunehmend auch der Konkurrenz durch modernisierte und dadurch rückkanalfähige Breitbandkabelnetze ausgesetzt, die ehemals lediglich zur Übermittlung von Rundfunksignalen genutzt wurden.[67] Diese Konkurrenz ist vor allem deshalb besonders erwähnenswert, weil die Breitbandkabelnetze bis zum Teilnehmeranschluss geführt sind und somit auf der kompletten Netzstrecke eine Netzkonkurrenz besteht. Für die Bundesrepublik Deutschland muss allerdings einschränkend erwähnt werden, dass die beschriebenen Breitbandkabelnetze in rückkanalfähiger Konfiguration bisher nicht annähernd flächendeckend vorhanden sind. Daher kann aus der grundsätzlich vorhandenen besseren Bestreitbarkeit von Telekommunikationsnetzen auch nicht etwa pauschal mit dem Verweis auf andere Länder mit höherer Breitbandkabeldurchdringung ein radikaler Regulierungsabbau gefordert werden.[68] Dennoch ist durch den technischen Fortschritt und die Existenz von Konkurrenznetzen im Bereich der Telekommunikationsnetze folglich Substitutionskonkurrenz grundsätzlich möglich, wodurch das natürliche Monopol zumindest teilweise bestreitbar wird und als solches bedroht ist. Ein natürliches Monopol sieht so die Monopolkommission für den Telekommunikationssektor nur noch auf der so genannten »letzten Meile«, i.e. der Strecke vom Hauptverteiler bis zum Abschlusspunkt der Linientechnik, also dem Hausanschluss, was einen Hauptgrund für das nach wie vor statuierte Regulierungsbedürfnis darstellt.[69] Wenn sie für diesen Bereich nur »auf längere Sicht nicht mit einer Änderung rechnet«[70] und die obigen Ausführungen zum technischen Fortschritt etwa im Bereich der Funktechnologie und zur verstärkten Konkurrenz durch Breitbandkabelnetze berücksichtigt werden, zeigt dies im Umkehrschluss, dass letztlich nicht einmal auf der »letzten Meile« der Wegfall des natürlichen Monopols durch Substitutionskonkurrenz ausgeschlossen werden kann.

---

[67] *Fritsch/Wein/Ewers*, Marktversagen und Wirtschaftspolitik, 2007, S. 255 ff.
[68] Zutreffend *Gerpott*, N&R 2006, S. 100 (102f); a.A. Arthur D. Little, Deregulation oft the Telecom Sector an its Impacts on the Overall Economy, 2005; *Enriquez/Maschner/Meffert*, Entry into the exit, 2006, p. 13 f.
[69] *Klotz*, TKMR-Tagungsband 2004, S. 5 (8); Monopolkommission, Sondergutachten Telekommunikation und Post 2003: Wettbewerbsintensivierung in der Telekommunikation – Zementierung des Postmonopols, 2003, Rdnr. 17 f, 69 ff.
[70] Monopolkommission, XIV. Hauptgutachten 2000/2001, BTDrucks. 14/9903, S. 49.

Der Umstand, dass es im Telekommunikationssektor häufig an der unbestreitbaren natürlichen Monopoleigenschaft fehlt, spricht in Kombination mit der Existenz der energierechtlichen Freistellungsmöglichkeiten für neue Infrastrukturen angesichts der Tatsache, dass gerade das Fehlen einer unbestreitbaren natürlichen Monopolstellung Voraussetzung und Rechtfertigung einer Regulierungsfreistellung ist, in einem Erst-recht-Schluss grundsätzlich für die Zulässigkeit einer Regulierungsfreistellung auch in der Telekommunikationsregulierung.

2. Umsetzung durch Regulierung und Regulierungsausnahme

Trotz der im Vergleich zu Elektrizitäts- und Gasinfrastrukturen grundsätzlich stärker ausgeprägten wettbewerblichen Angreifbarkeit von Telekommunikationsinfrastrukturen kann aus diesem Umstand jedoch kein Erst-Recht-Schluss bezüglich der Zulässigkeit einer besonderen Regulierungsausnahme, wie sie § 9a TKG normiert, gezogen werden. Bezogen auf das konkrete Beispiel der *VDSL*-Infrastrukturen muss zunächst beachtet werden, dass die in Rede stehenden Kabelstrecken zwischen Hauptverteiler und Kabelverzweiger aufgrund ihrer unmittelbaren Nähe zum Teilnehmeranschluss als Teil des local loop immer noch die geringste Bestreitbarkeit aufweisen. Flächendeckende Tiefbauarbeiten der Wettbewerber der DTAG bis zum jeweiligen Hausanschluss erscheinen hier ausgeschlossen. Ohne einen regulierten Rohrzugang als Mindest-level-playing-field, i.e. als Mindestvoraussetzung für wettbewerblich strukturell vergleichbare Grundvoraussetzungen, besteht eine Bestreitbarkeit daher auf der letzten Meile letztlich nur durch drahtlose Systeme. Deren Datenübertragungsraten können jedoch nur begrenzt mit denen einer drahtgebundenen *VDSL*-Infrastruktur mithalten. Im Übrigen finden sich gegen drahtlose Systeme bei gleichzeitigem Vorhandensein drahtgebundener Systeme teilweise auch Ressentiments auf Nachfragerseite, weshalb eine vollständige Substituierbarkeit hier ausscheidet.

a) Methodologische Unterschiede bei der Energie- und Telekommunikationsregulierung

Hauptgrund für das Ausscheiden eines Erst-Recht-Schlusses ist jedoch die geschilderte Funktionsweise der sektorspezifischen Regulierung der Telekommunikationsmärkte, die in einem wesentlichen Punkt von der Regulierung der Strom- und Gasmärkte abweicht. Abgesehen von der Möglichkeit der Regulierungsfreistellung erfolgt bei der Regulierung der Strom- und Gasmärkte keine besondere Überprüfung der Regulierungsbedürftigkeit. Vielmehr verpflichten Art. 32 ElektrizitätsRL und Art. 32 GasRL die Mitgliedstaaten allgemein zur Einführung eines Systems für den Zugang Dritter zu den Übertragungs- und

III. Vergleichbarkeit mit dem Energiesektor

Verteiler- respektive den Fernleitungs- und Verteilernetzen sowie LNG-Anlagen auf der Grundlage veröffentlichter Tarife. Eine Überprüfung der Regulierungsbedürftigkeit im Einzelfall etwa mangels Vorhandenseins der unbestreitbaren natürlichen Monopoleigenschaft erfolgt hingegen nicht. Da die fehlende Regulierungsbedürftigkeit den absoluten Ausnahmefall darstellt, ist dieses Vorgehen auch konsequent, zumal für den Ausnahmefall bezogen auf neue grenzüberschreitende Infrastrukturen Art. 17 StromhandelsVO sowie Art. 36 GasRL existieren. Völlig anders stellt sich hingegen bezogen auf die Frage nach der Überprüfung der Regulierungsbedürftigkeit die Lage bei der Regulierung der Telekommunikationsmärkte dar. Hier wird grundsätzlich vor Eingreifen einer sektorspezifischen Regulierung im Rahmen der Marktdefinition zunächst überprüft, ob ein Markt überhaupt regulierungsbedürftig ist.[71] Wenn dabei wie dargestellt im Rahmen des Drei-Kriterien-Test die maßgeblichen Kriterien sind, ob (1) beträchtliche, anhaltend strukturell oder rechtlich bedingte Zugangshindernisse vorliegen, (2) keine Tendenz zu wirksamen Wettbewerb besteht und (3) das allgemeine Wettbewerbsrecht nicht ausreicht, dieses Marktversagen zu beseitigen, wird auch und gerade generell und jeder Regulierung vorgeschaltet überprüft, ob ein unbestreitbares natürliches Monopol vorliegt.[72] Liegt ein solches nicht vor, besteht auf längere Sicht grundsätzlich Tendenz zu wirksamem Wettbewerb. Vor allem genügt jedoch das allgemeine Wettbewerbsrecht zur Beseitigung der Defizite.[73] Die im Rahmen der Regulierungsausnahmen gem. Art. 17 Abs. 1 lit. f) StromhandelsVO respektive Art. 36 Abs. 1 lit. e) GasRL zu prüfende Frage nach dem Vorliegen eines natürlichen Monopols wird folglich vor dem Auferlegen von Regulierungsverpflichtungen im Telekommunikationssektor generell geprüft. Damit wird die stärkere Dynamik der Telekommunikationsmärkte im Marktregulierungsverfahren bereits intrinsisch berücksichtigt. Wenn weiterhin im Rahmen der Marktanalyse geprüft wird, welches oder welche Unternehmen über eine marktbeherrschende Stellung auf den einem sektorspezifischen Regulierungsbedürfnis unterliegenden Märkten verfügen, wird auch generell ein Bezug zu den konkret handelnden Unternehmen hergestellt, wie dies für die energierechtlichen Freistellungen Art. 17 Abs. 1 lit. a) StromhandelsVO bzw. Art. 36 Abs. 1 lit. a) GasRL normieren.[74]

Vor Eingreifen einer sektorspezifischen Regulierung erfolgt im Bereich der Regulierung der Telekommunikationsmärkte folglich eine umfassende Überprüfung des Regulierungsbedürfnisses. Dies ist aufgrund des eingeschränkten Vorhandenseins unbestreitbarer natürlicher Monopole hier auch konsequent. Wenn eine solche Überprüfung der Regulierungsbedürftigkeit allerdings schon generell erfolgt, lässt sich das Bedürfnis einer Sonderregelung wie § 9a TKG

---

[71] Vgl. oben 7. Kapitel (Exkurs): II. 2. b) aa), bb).
[72] *Kühling*, K&R 2006, S. 263 (268).
[73] Vgl. oben 2. Kapitel: I.
[74] Vgl. oben 5. Kapitel: II. 3. a).

nicht mit dem Verweis auf Art. 17 StromhandelsVO und Art. 36 GasRL begründen, da die durch diese Normen sichergestellte Überprüfungsmöglichkeit der Regulierungsbedürftigkeit bestimmter Infrastrukturen im Telekommunikationssektor bereits ohnehin besteht. Eine Begründung für das Bedürfnis einer zusätzlichen expliziten Regulierungsfreistellungsmöglichkeit auch im Telekommunikationssektor ließe sich aus der Existenz der energierechtlichen Freistellungen zwar grundsätzlich daraus ableiten, dass die energierechtlichen Freistellungen für einen festen Zeitraum gewährt werden, wohingegen Marktdefinition und Marktanalyse regelmäßig alle zwei Jahre gem. § 14 TKG überprüft werden. Konkret anwenden auf § 9a TKG lässt sich diese Argumentation, die aufgrund der geschilderten unterschiedlichen technischen Voraussetzungen ohnehin nur begrenzt übertragbar wäre, jedoch nicht, da § 9a TKG keinen Dispens von der regelmäßigen Überprüfung des § 14 TKG bedeutet hat.[75]

Auch die Argumentation der Europäischen Kommission, nach der sie sich verpflichtet sieht, gegen sämtliche Wettbewerbshindernisse auf den Telekommunikationsmärkten vorzugehen, unabhängig davon, ob es sich um kurz-, mittel- oder langfristige Wettbewerbshindernisse handelt, und deshalb der Ansatz des § 9a TKG, langfristigen Wettbewerb unter Inkaufnahme kurzfristiger Wettbewerbsbeschränkungen, zu fördern, nicht geteilt werden könne,[76] lässt sich nicht mit einem Verweis auf Art. 17 StromhandelsVO und Art. 36 GasRL entkräften. Zutreffend ist zwar, dass der ursprüngliche Ansatz der *Access Holidays* genau den Ansatz verfolgt, langfristige Wettbewerbsverbesserungen durch kurzfristige Wettbewerbsbeschränkungen zu erkaufen. Sowohl Art. 17 StromhandelsVO als auch Art. 36 GasRL weichen jedoch wie dargestellt[77] erheblich vom ursprünglichen Ansatz der *Access Holidays* ab. Dies gilt vor allem bezüglich einer möglichen Wettbewerbsbeschränkung, die der *Access Holidays*-Ansatz in Kauf nimmt, Art. 17 StromhandelsVO und Art. 36 GasRL mit ihren strengen wettbewerblichen Voraussetzungen jedoch gerade und auch kurzfristig ausschließen. Aus der wettbewerblichen Systematik, die wie ausgeführt den Kern der energierechtlichen Freistellungskonzeption bildet, können folglich keine positiven, jedoch auch keine negativen Rückschlüsse auf eine Zulässigkeit von § 9a TKG gezogen werden, da die jeweiligen Regulierungsverfahren an entscheidenden Punkten methodologische Differenzen aufweisen. Die Existenz der energierechtlichen Freistellungsmöglichkeiten für neue Infrastrukturen wirkt sich daher auf eine Vereinbarkeit oder Unvereinbarkeit von § 9a TKG mit dem Unionsrecht indifferent aus.

---

[75] *Kühling*, K&R 2006, S. 263 (268).
[76] *Reding*, The Review 2006 of EU Telecom rules: Strengthening Competition and Completing the Internal Market, 2006, SPEECH/06/422, p. 8, abrufbar unter http://europa.eu/rapid/pressReleasesAction.do?reference=SPEECH/06/422&format=DOC&aged=1&language=EN&guiLanguage=fr (zuletzt abgerufen am 11.04.10).
[77] Vgl. oben 5. Kapitel: II. 2. b).

III. Vergleichbarkeit mit dem Energiesektor

Der Gerichtshof ist daher in zutreffender Weise in seiner Entscheidung zu § 9a TKG auf die energierechtlichen Freistellungsmöglichkeiten nicht eingegangen.

b) Regulierungsfreistellung kein Fremdkörper im Regulierungsrecht

Eine grundsätzliche Erkenntnis ergibt sich jedoch aus dem Vergleich der Telekommunikationsregulierung mit der Regulierungskonzeption im Bereich der Energiemärkte. Wenn auch die Implikationen auf die konkrete Regelung des § 9a TKG aus den geschilderten Gründen gering bleiben müssen, so ergibt sich dennoch aus der Existenz von Art. 17 StromhandelsVO und Art. 36 GasRL, dass das Unionsrecht dem Ansatz der *Regulatory Holidays* nicht grundsätzlich ablehnend gegenüber steht. Einzelstimmen aus der Kommission, nach denen *Regulatory Holidays* generell mit dem Unionsrecht unvereinbar seien,[78] müssen daher wiederum als unbegründete Pauschalkritik abgelehnt werden.

In umgekehrter Weise bestätigt auch die Systematik der Regulierung der Telekommunikationsmärkte, dass die Regulierungsfreistellungsmöglichkeit für neue Infrastrukturen im Energiebereich durchaus ihre Berechtigung hat und gerade in ihrer Ausgestaltung keineswegs einen Fremdkörper in der Regulierungskonzeption darstellt. Das Phänomen einer Nicht-Regulierung ist eben nicht neu. Dies zeigt sich an der Systematik der Telekommunikationsregulierung, die in Gestalt des Marktdefinitionsverfahrens a priori im Wege der Überprüfung der Regulierungsbedürftigkeit dazu führt, dass bestimmte Märkte keiner sektorspezifischen Regulierung zugeführt werden. Hier findet auch der Einsatz des Instruments des Regulierungsverzichts zur Förderung gerade neuer Infrastrukturen seine Bestätigung. Erwägungsgrund 27 Satz 5 RahmenRL nennt neu entstehende Märkte und die Notwendigkeit, dort unangemessene Regulierungsverpflichtungen zu vermeiden, expressis verbis. Erwägungsgrund 15 Satz 2 der Märkteempfehlung wird wie ausgeführt noch deutlicher. Auch die entwickelte Anwendungssystematik der energierechtlichen Freistellungen, nach der nicht nur ein kompletter Regulierungsverzicht, sondern vielfach auch eine Regulierungsvariation in Betracht kommt, findet sich in der Telekommunikationsregulierung wieder. Erwägungsgrund 19 Satz 5 ZugangsRL macht ausdrücklich deutlich, dass selbst nach grundsätzlich festgestellter Regulierungsbedürftigkeit die Bedeutung von Investitionsanreizen bei der Instrumentenwahl einzelmarktbezogen zu berücksichtigen ist. Auch Art. 8 i. V. m. 9 bis 13 ZugangsRL bestätigen diese Einordnung. Das Instrument des Regulierungs-

---

[78] *Reding*, The Review 2006 of EU Telecom rules: Strengthening Competition and Completing the Internal Market, 2006, SPEECH/06/422, p. 8, abrufbar unter http://europa.eu/rapid/pressReleasesAction.do?reference=SPEECH/06/422&format=DOC&aged=1&language=EN&guiLanguage=fr (zuletzt abgerufen am 11.04.10).

verzichts ist somit nicht neuartig, sondern Teil der Grundkonzeption einer sektorspezifischen Regulierung, wie sie das Unionsrecht entwickelt.

Auch die Entscheidung des EuGH zu § 9a TKG zwingt diesbezüglich nicht etwa zu einer abweichenden Bewertung. Unionsrechtswidrig ist § 9a TKG weil er die Kompetenzen der Regulierungsbehörde beschneidet und den Grundsatz der Regulierung neuer Märkte durch den der Nicht-Regulierung ersetzt. Die Nicht-Regulierung neuer Märkte als solche unter bestimmten Voraussetzungen und nach Prüfung und Entscheidung der Regulierungsbehörde im Einzelfall verstößt jedoch gerade nicht gegen das Unionsrecht.

Die telekommunikationsrechtliche Regulierungsausgestaltung und die Entscheidung des Gerichtshofs bestätigt allerdings wiederum auch, dass eine Nicht-Regulierung ausscheiden muss, wenn hierdurch der Wettbewerb strukturell andauernd behindert wird. Erwägungsgrund 15 Satz 2 der Märkteempfehlung knüpft den Regulierungsverzicht daran, dass vorhandene Marktmacht aufgrund von »Vorreitervorteilen« besteht. Ein Vorreitervorteil schließt eine andauernde strukturelle Marktmacht bereits begrifflich aus und fordert die Möglichkeit eines Nachfolgewettbewerbs oder anders formuliert das Bestehen eines level playing field. Auch Erwägungsgrund 27 RahmenRL erwähnt im Zusammenhang mit der Nicht-Regulierung neu entstehender Märkte die Frage nach der Dauerhaftigkeit fehlenden Wettbewerbs. Auch die Marktanalyseleitlinien der Kommission halten unter Ziffer 32 Satz 3 ausdrücklich fest, dass es trotz Innovationsförderung nicht zu einem Wettbewerbsausschluss durch den Innovator kommen darf. Es werden mithin strenge wettbewerblichen Anforderungen an die Nichtregulierung neuer Märkte gestellt. Die strengen wettbewerblichen Anforderungen in Art. 17 Abs. 1 a) und f) StromhandelsVO respektive Art. 36 Abs. 1 lit. a) und e) GasRL finden somit ihre systematische Entsprechung im Sinne eines sektorübergreifend konsequent verwirklichten unionsrechtlichen Konzepts einer sektorspezifischen Regulierung. Dies unterstreicht letztlich jedoch das harmonische Einfügen der Regulierungsfreistellungsmöglichkeit für neue Infrastrukturen nach Art. 17 StromhandelsVO und Art. 36 GasRL in die regulatorische Grundkonzeption des Unionsrechts nur abermals.

Zusammenfassung und Fazit

I. Zusammenfassung

1. Der energierechtliche Rahmen des Unionsrechts ist durch die drei Hauptziele Wettbewerb, Versorgungssicherheit und Nachhaltigkeit geprägt. Um den genannten drei Zielen auch in der Zukunft gerecht werden zu können, sind sowohl im Elektrizitäts- als auch im Erdgasbereich neue Infrastrukturen unverzichtbar. Wettbewerb auf dem europäischen Binnenmarkt erfordert die Existenz eines wirklichen Binnenmarktes. Ein solcher besteht jedoch in den leitungsgebundenen Märkten der Strom- und Gasversorgung nur eingeschränkt. Aufgrund der Entstehungshistorie der Energieversorgungsnetze sind vor allem die Elektrizitätsnetze stark nationalstaatlich konfiguriert. An den Grenzkuppelstellen bestehen dadurch Engpässe, die einem umfassenden grenzüberschreitenden Handel im Weg stehen. Eine optimierte Regulierung allein kann bei Erreichen der Kapazitätsgrenze nicht mehr zur Verbesserung des Wettbewerbs beitragen. Erforderlich zur Verbesserung des Wettbewerbs sind daher neue grenzüberschreitende Infrastrukturen. Gleiches gilt zur Gewährleistung der langfristigen Versorgungssicherheit. Vor allem beim Primärenergieträger Erdgas ist die EU aufgrund des Versiegens unionsinterner Vorkommen auf neue Importquellen angewiesen. Diese erfordern ihrerseits wiederum neue Importinfrastrukturen. Neue Importinfrastrukturen im Erdgasbereich können auch zur Belebung des Wettbewerbs beitragen, indem sie die Abhängigkeit von bestimmten Importstaaten reduzieren. Aber auch im Elektrizitätsbereich, wo aufgrund der Sekundärenergieträgereigenschaft des elektrischen Stroms größere Flexibilität in der Erzeugung besteht, erfordern modifizierte Erzeugungsprofile, die etwa einen höheren Anteil regenerativ erzeugten Stroms beinhalten, für die Zukunft neue Infrastrukturen. Gerade Gleichstromsysteme, die elektrischen Strom auch über besonders weite Distanzen zu transportieren vermögen, rücken hier in den Fokus. An dieser Stelle wird auch der enge Bezug zum Nachhaltigkeitsziel deutlich. Nachhaltigkeit in der Energieversorgung bedeutet gegenwärtig vor allem eine Reduzierung der CO_2-Emmissionen und einen verstärkten Einsatz erneuerbarer Energieträger. Erneuerbare Energieträger weisen jedoch in der Regel eine höhere Ortsgebundenheit als klassische Wärmekraftwerke auf, weshalb auch hier zur Schaffung eines echten europäischen Energiebinnenmarktes wiederum neue Infrastrukturen zwingend erforderlich

sind. Um Anreize zum Bau der beschriebenen neuen Infrastrukturen zu schaffen, hat der Unionsgesetzgeber mit Art. 17 StromhandelsVO sowie Art. 36 Gas-RL das Instrument der Regulierungsfreistellung für neue grenzüberschreitende Infrastrukturen geschaffen.

2. Ein sinnvoller Einsatz des Instruments einer Regulierungsfreistellung ist jedoch nur möglich, wenn es sich harmonisch in die Grundkonzeption einer sektorspezifischen Regulierung einfügt. Sektorspezifische Regulierung stellt in einem marktwirtschaftlich organisierten Ordnungsrahmen prima facie einen Fremdkörper dar. Anders als das allgemeine Wettbewerbsrecht, das einzelfallorientiert und ex-post in die Marktprozesse eingreift, um die Marktstabilität und damit den Wettbewerb zu gewährleisten, greift sektorspezifische Regulierung ex-ante und in Gestalt von Marktzutrittsschranken, determinierten Preisen und Geschäftsbedingungen oder bestimmten Versorgungspflichten umfassend in den Marktprozess ein. Besonders Preisfestsetzungen werden in einer marktwirtschaftlich organisierten Ordnung grundsätzlich als systemfremd abgelehnt. Dennoch zeigt sich, dass dort, wo unbestreitbare natürliche Monopole vorliegen, sektorspezifische Regulierung auch in einer marktwirtschaftlichen Ordnung systemkonform ist. Eine Duplizierung durch Konkurrenten und damit Wettbewerb ist im Falle eines unbestreitbaren natürlichen Monopols weder gesamtwirtschaftlich möglich noch einzelwirtschaftlich sinnvoll. Um zumindest auf vor- und nachgelagerten Märkten dennoch Wettbewerb zu ermöglichen, ist eine sektorspezifische Regulierung erforderlich und auch systemkonform. Energieversorgungsnetze werden traditionell als unbestreitbare natürliche Monopole eingeordnet, weshalb sektorspezifische Regulierung auch sinnvoll ist und unter anderem in Gestalt eines Anspruchs auf Netzanschluss und -zugang zu regulierten Entgelten auch stattfindet. Sektorspezifische Regulierung birgt allerdings eigene Risiken. Zu nennen ist das Risiko einer Fehleinschätzung der Regulierungsbedürftigkeit eines Marktes. Liegt kein unbestreitbares natürliches Monopol vor und erfolgt dennoch sektorspezifische Regulierung, zeitigt dies negative makroökonomische Konsequenzen. Neuinvestitionen werden entweder nicht mehr ausgeführt oder werden statt an den Marktbedürfnissen an den Regulierungsbedingungen ausgerichtet. Weitere Risiken bestehen darüber hinaus bei der Durchführung sektorspezifischer Regulierung. So besteht die Gefahr, dass sich die Regulierungsbehörde bei der Festsetzung der Durchleitungsentgelte zu sehr an einer kurzfristigen Wettbewerbsverbesserung und zu wenig an langfristigen Verbesserungen von Versorgungssicherheit und Wettbewerb orientiert. Auf Investitionsanreize wirkt sich dies negativ aus. Dies gilt gerade auch deshalb, weil die Regulierung in Perioden erfolgt und deshalb selbst bei »richtiger« Regulierung in einer Regulierungsperiode für Folgeperioden wiederum eine Übervorteilung der Investoreninteressen droht, zumal die Investitionen als versunkene Kosten kaum auf andere Märkte oder Marktteilnehmer übertragbar sind. Dieses so genannte Credibility-Problem führt zu ei-

I. Zusammenfassung

ner weiteren Reduzierung der Investitionsanreize. Die geschilderten Regulierungsrisiken führen auch dazu, dass das grundsätzlich feststehende Rechtfertigungsgebäude zum Eingriff in die betroffenen Grundrechte der Regulierungsadressaten Risse bekommt. Regulierungsfreistellungsmaßnahmen können einen Ansatz darstellen, den genannten Risiken effektiv zu begegnen.

3. Losgelöst von der konkreten Regelung der Art. 17 StromhandelsVO sowie Art. 36 GasRL sind Regulierungsfreistellungen als ökonomisch-theoretisches Instrument vor allem unter dem Ansatz der so genannten *Access Holidays* bekannt. Ausgangspunkt des *Access Holidays* Ansatzes ist der so genannte Truncation-Fall. Eine eigentlich rentable Investition wird hier durch sektorspezifische Regulierung unwirtschaftlich, wobei die Unwirtschaftlichkeit im Sinne eines Scheiterns der Investition zu verstehen ist. Die Gefahr eines Scheiterns der Investition besteht bei der Regulierung der Energieversorgungsnetze zwar insoweit nicht, als die Investitionskosten in größerem Netzzusammenhang auf die Netzdurchleitungsentgelte umgelegt werden. Dennoch können die beschriebenen Regulierungsrisiken dazu führen, dass eine ohne sektorspezifische Regulierung wirtschaftliche Infrastruktur durch die Regulierung unwirtschaftlich wird. Der Ansatz der *Access Holidays* räumt daher dem Investor für einen bestimmten Zeitraum das Recht ein, die Infrastruktur exklusiv zu nutzen respektive den Nutzerkreis und die Nutzungsbedingungen nach eigenem Ermessen festzulegen. Noch größere Gestaltungsmöglichkeiten bietet ein als *Regulatory Holidays* verstandener Ansatz, der über Zugangsferien und damit einen kommerziellen Betrieb hinaus auch Modelle erfasst, die zwar weiterhin regulierte Elemente enthalten, jedoch von den üblichen Regulierungsbedingungen abweichen. Maßgeblicher Bestandteil der ursprünglichen *Access Holidays*-Konzeption ist die Inkaufnahme einer Wettbewerbsbeschränkung. Die Investition soll hier für die Laufzeit der Freistellung mit wettbewerblichem Spielraum belohnt werden. Der Ansatz der *Access Holidays* geht damit wesentlich weiter als eine Regulierungsfreistellung, die keine Wettbewerbsbeschränkung duldet, sondern vielmehr nur dort zum Einsatz kommt, wo der Verzicht auf sektorspezifische Regulierung mangels Vorliegens eines unbestreitbaren natürlichen Monopols nicht nur nicht schädlich, sondern sogar geboten ist. Den geschilderten Regulierungsrisiken begegnen *Access Holidays*, indem sie als einzelfallorientiertes Instrument die Chance bieten, in einem Umfeld sektorspezifischer Regulierung einzelne Infrastrukturen, bei denen der unbestreitbare natürliche Monopolcharakter fehlt, von der Regulierung freizustellen, ohne die sonstige Regulierung in Frage zu stellen. Vor allem bieten sie wirksame Abhilfe gegenüber dem Credibility-Problem, da für die Laufzeit der Freistellung die Geschäftsbedingungen der Infrastruktur festgelegt sind oder von den Marktkräften festgelegt werden und somit keine Gefahr nachträglich verschlechterter Festlegungen seitens der Regulierungsbehörde besteht. Auch die Rechtfertigung des durch die sektorspezifische Regulierung stattfindenden Eingriffs in

die Grundrechte der Regulierungsverpflichteten wird auf diese Weise gestärkt. Dabei bergen *Access Holidays* zwar auch eigene neue Risiken. Zu nennen ist hier vor allem eine Überbetonung der Investoreninteressen gegenüber den wettbewerblichen Belangen und im Falle eines rein kommerziellen Betriebs das wirtschaftliche Risiko des Investors. Eine Überbetonung der Investoreninteressen gegenüber dem Wettbewerb erscheint jedoch dann ausgeschlossen, wenn man entgegen dem ursprünglichen *Access Holidays*-Ansatz auch im Freistellungsfall keine Wettbewerbsbeschränkungen in Kauf nimmt, sondern sich auf die Konstellation der fehlenden unbestreitbaren natürlichen Monopoleigenschaft beschränkt. Das wirtschaftliche Risiko des Investors im Falle eines rein kommerziellen Betriebs unterscheidet sich nicht von dem in einer marktwirtschaftlichen Ordnung typischen wirtschaftlichen Risiko und wird über die erhöhten Gewinnchancen kompensiert. Mit der geschilderten Wirkungsweise bieten Regulierungsfreistellungen bessere Chancen auf eine steigende Investitionstätigkeit im Energieinfrastrukturbereich als Alternativkonzeptionen. Vor allem das seitens der Europäischen Kommission im Zusammenhang mit vorhandenen Investitionsdefiziten bei den Energieinfrastrukturen geradezu als Allheilmittel gepriesene *Ownership-Unbundling* stellt keine Alternative dar. *Ownership-Unbundling* stellt eine Möglichkeit dar, Diskriminierungen von Dritten durch vertikal integrierte Unternehmen auszuschließen, ist jedoch nicht geeignet, Netzengpässe zu beheben. *Open Market Coupling* als optimierte Form des Engpassmanagements vermag, wie der Terminus Engpassmanagement schon begrifflich deutlich macht, Engpässe besser zu managen, nicht jedoch diese über eine optimale physische Nutzung hinaus zu beseitigen. Ein disaggregierter Regulierungsansatz, der sich auf die Regulierung von bottleneck-Einrichtungen, i.e. in der Energieversorgung auf die Netze beschränkt, ist ebenso wenig eine Alternative zur Generierung von Investitionsanreizen. Er wird in Gestalt der gegenwärtigen Regulierung der Energieversorgungsnetze bereits praktiziert und ist somit den beschriebenen Risiken ausgesetzt, die sich wiederum wie dargestellt negativ auf die Investitionsanreize auswirken. Hoheitliche Direktverpflichtungen zum Leitungsbau als Alternative wären verfassungsrechtlich größten Bedenken ausgesetzt und würden im Übrigen die bisher implementierte Marktliberalisierung ad absurdum führen.

4. In den vorhandenen Rechtsrahmen ordnet sich das Instrument der Regulierungsfreistellung weitgehend harmonisch ein. Dies mag prima facie erstaunen, da eine Regulierungsfreistellung in einem System umfassender Regulierung zunächst als Fremdkörper erscheint. Soweit jedoch in einem System umfassender Regulierung im Einzelfall das Regulierungsbedürfnis fehlt, erscheint die Regulierungsfreistellung nicht mehr als Fremdkörper, sondern als adäquate Reaktion. Auch als Instrument zur Investitionsförderung fügt sich die Möglichkeit einer Regulierungsfreistellung harmonisch in das Umfeld einer sonst strengen Regulierung ein, da es als Ausnahmeinstrument das Abweichen von

der sonstigen Regulierungskonzeption eben bewusst zulässt. Die tatsächliche Eignung einer Regulierungsfreistellung als Investitionsförderungsinstrument hängt jedoch in zentraler Weise vom Verhältnis zum allgemeinen Wettbewerbsrecht ab. Ein Investitionsanreiz entsteht nicht, wenn eine Freistellung zwar von sektorspezifischen Regulierungsmaßnahmen erfolgt, jedoch auf Basis des allgemeinen Wettbewerbsrechts während der Freistellungsphase einer sektorspezifischen Regulierung vergleichbare Belastungen zu erwarten wären. Rechtssicherheit und damit Investitionssicherheit für den Investor wären in einem derartigen Szenario nicht mehr gewährleistet. Es zeigt sich jedoch, dass Regulierungs- und allgemeine Wettbewerbsbehörden im Verfahren der Regulierungsfreistellung kooperativ zusammenarbeiten und somit ein Bedürfnis für ein nachträgliches Eingreifen der allgemeinen Wettbewerbsbehörde auf Basis des allgemeinen Wettbewerbsrechts nicht mehr besteht. Dies gilt gerade auch deshalb, weil im Verfahren der Regulierungsfreistellung eine Prüfung auch anhand der Kriterien des allgemeinen Wettbewerbsrechts erfolgt. Soweit der Freistellungsinhalt reicht, ist der Freistellungsadressat folglich gegenüber nachträglichen Eingriffen der allgemeinen Wettbewerbsbehörde durch die Bestandskraft der Regulierungsfreistellung geschützt. Hinzuweisen ist im Zusammenhang mit dem vorhandenen Rechtsrahmen des Weiteren auf andere vorhandene Instrumente zur Infrastruktursicherung und -ausbauförderung. Sofern hier bereits ausreichende Instrumente vorhanden wären, könnte auf die Möglichkeit einer Regulierungsfreistellung möglicherweise verzichtet werden. Zu erwähnen ist neben dem Programm Transeuropäische Netze – Energie (TEN-E) gem. Art. 170ff AEUV vor allem die Energie-Infrastrukturrichtlinie 2005/89/EG. Auch hier fügt sich das Instrument der Regulierungsfreistellung jedoch harmonisch ein. Die Investitionsförderungswirkung des Programms Transeuropäische Netze ist für den Bereich Energie äußerst gering, da für den Zeitraum 2007–2013 für Energienetze nur 155 Millionen € bereitstehen. Diese werden wiederum hauptsächlich für vorbereitende Studien und kaum als echter Investitionszuschuss verausgabt. Allerdings erfüllt die TEN-E in Gestalt der fachlichen Bedarfsplanung auf europäischer Ebene eine wichtige planerische Funktion. Diese planerische Funktion ergänzt sich mit dem Instrument der Regulierungsfreistellung in sinnvoller Weise, da solche Infrastrukturen, die im Rahmen der TEN-E als Projekt von gemeinsamem Interesse identifiziert wurden, auch als Objekt einer Regulierungsfreistellung in Betracht kommen. Auch mit der InfrastrukturRL bestehen keine Konflikte oder Überschneidungen. Entgegen dem ursprünglichen Richtlinienentwurf enthält die überarbeitete Richtlinienregelung keine mittels Befehl und Zwang durchsetzbaren Investitionsverpflichtungsinstrumente mehr, sondern beschränkt sich weitgehend auf generalisierende Verpflichtungen der Mitgliedstaaten zur Schaffung von Mindeststandards und zur Absicherung des Netzbetriebs.

5. Betrachtet man die tatbestandlichen Voraussetzungen von Art. 17 StromhandelsVO und Art. 36 GasRL, fällt zunächst auf, dass die Voraussetzungen für eine Regulierungsfreistellung im Elektrizitäts- und Gasbereich weitgehend identisch sind. Lediglich im Detail existieren Unterschiede. Während sich Art. 17 StromhandelsVO auf grenzüberschreitende Verbindungsleitungen beschränkt, erfasst Art. 36 GasRL neben Verbindungsleitungen auch LNG- und Gasspeicheranlagen. Darüber hinaus wird im Gasbereich neben einer Wettbewerbsverbesserung auch noch auf eine Verbesserung der Versorgungssicherheit durch die Investition Bezug genommen, was jedoch im Ergebnis nicht zu bedeutenden Unterschieden führt. Die Regelungstiefe von Art. 36 GasRL ist so weit ausgeprägt, dass die Darstellung direkt anhand der Richtliniennorm erfolgen kann. Deutsche Umsetzungsnorm ist § 28a EnWG. Im Zentrum der Tatbestandsvoraussetzungen stehen die Wettbewerbswirkungen der Freistellung als solcher und der Investition. Nur wenn jeweils keine negativen Auswirkungen auf den Wettbewerb zu befürchten sind, kann eine Freistellung genehmigt werden. Damit wird schnell deutlich, dass die gesetzliche Regelung in Art. 17 StromhandelsVO und Art. 36 GasRL vom ursprünglichen Ansatz der *Access Holidays* abweicht, der ja gerade eine Wettbewerbsbeschränkung in Kauf nimmt. Eine Regulierungsfreistellung nach Art. 17 StromhandelsVO oder Art. 36 GasRL kommt vielmehr nur in Betracht, wenn die Freistellung keine nachteiligen Auswirkungen auf den Wettbewerb und das Funktionieren des jeweiligen Binnenmarktes zeitigt. Dies ist der Fall, wenn die in Rede stehende Infrastruktur kein unbestreitbares natürliches Monopol darstellt. Derartige Konstellationen kommen im Elektrizitätssektor in Betracht, wenn und soweit die Infrastruktur allein der Nutzung von Preisdifferenzen zwischen verschiedenen Ländern dient und aus Versorgungssicherheitsgründen nicht oder noch nicht zwingend erforderlich ist. Hier ist die Infrastruktur dem sachlichen Markt der Stromerzeugung respektive des Stromgroßhandels zuzuordnen. Stromerzeugungskapazitäten sind jedoch keine unbestreitbaren natürlichen Monopole. Ist die Verbindungsleitung hingegen aus Gründen der Versorgungssicherheit mangels ausreichender Marktliquidität zwingend erforderlich, muss die Infrastruktur dem Transportmarkt zugeordnet werden und es liegt ein unbestreitbares natürliches Monopol vor. Damit scheidet eine Regulierungsfreistellung im Sinne einer Drittzugangsbefreiung aus. Freistellungsgestaltungen, die sich hingegen auf erhöhte Durchleitungsentgelte oder auf Modifikationen beim Engpassmanagement beschränken, bleiben möglich, sofern die Entgelte nicht exzessiv gestaltet werden. Aufgrund der technisch-physikalischen Eigenschaften des elektrischen Stromes kommen als Freistellungsobjekte technisch bedingt hauptsächlich Gleichstromleitungen in Betracht, Wechselstromverbindungsleitungen nur im Ausnahmefall und dann in der zweiten beschriebenen Konstellation. Die Regelfallbeschränkung von Art. 17 Abs. 1 StromhandelsVO auf Gleichstromsysteme gegenüber dem Ausnahmefall der Wechselstromver-

I. Zusammenfassung

bindung gem. Art. 17 Abs. 2 StromhandelsVO ist somit nicht nur aufgrund des im Gleichstrombereich regelmäßig vorhandenen erhöhten Investitionsaufwands konsequent. Im Gasbereich sind die Verbindungsleitungen aufgrund seines Primärenergiecharakters sämtlich dem sachlichen Markt für den Gasimport zuzuordnen, der als Infrastrukturmarkt grundsätzlich über die Eigenschaften eines natürlichen Monopols verfügt. Allerdings ist auch hier festzustellen, dass gerade die strategischen Aspekte der Gasversorgung und das daraus resultierende Diversifizierungsbedürfnis bezüglich der Importstaaten dazu führt, dass Importinfrastrukturen zumindest zeitlich befristet kein unbestreitbares natürliches Monopol darstellen müssen. Auch interner Leitungswettbewerb etwa durch kapazitive Beschränkungen und vorgelagerte *Open-Season*-Verfahren kann den unbestreitbaren natürlichen Monopolcharakter entfallen lassen. Hier besteht wiederum Raum für umfassende Befreiungen mit auch diskriminierenden Elementen, da eine wettbewerbliche Bedrohung besteht. Liegt hingegen der unbestreitbare natürliche Monopolcharakter vor, kommen wiederum nur Gestaltungen in Betracht, die weiterhin eine Regulierung bedeuten, dem Investor jedoch eine erhöhte Verzinsung garantieren. Festzuhalten ist für den Gasbereich ferner, dass ehedem übliche *Destination-Klauseln* wie schon mit dem allgemeinen Wettbewerbsrecht auch mit einer Regulierungsfreistellung unvereinbar sind. *Take-or-Pay*-Gestaltungen sind hingegen mit einer Freistellung grundsätzlich kompatibel, soweit sie sich nicht auf nachgelagerte Märkte erstrecken. Zeitigt die Regulierungsfreistellung als solche keine negativen Auswirkungen auf den Wettbewerb ist weiter zu untersuchen, ob die Investition den Wettbewerb verbessert. Während bei den Auswirkungen der Freistellung der unbestreitbare natürliche Monopolcharakter der in Rede stehenden Infrastruktur maßgeblich war, ist bei der Frage nach einer Verbesserung des Wettbewerbs durch die Investition auf die Marktstellung der die Freistellung konkret beantragenden Unternehmen Bezug zu nehmen. Anhand der Maßstäbe des allgemeinen Wettbewerbsrechts ist zu prüfen, ob durch die Regulierungsfreistellung eine marktbeherrschende Stellung auf den Erzeugungs- bzw. Großhandelsmärkten oder den nachgelagerten Absatzmärkten entsteht oder verstärkt wird. Gerade die Fruchtbarmachung der Maßstäblichkeiten des allgemeinen Wettbewerbsrechts im Verfahren der Regulierungsfreistellung macht nachträgliche Eingriffe zuungunsten des oder der Freistellungsbegünstigten auf Basis des allgemeinen Wettbewerbsrechts überflüssig. Die weiteren Tatbestandsvoraussetzungen treten in ihrer Bedeutung hinter die dargestellten wettbewerblichen Voraussetzungen zurück. Die Abhängigkeit der Investition von der Gewährung der Freistellung kann als stark hypothetisches Kriterium nur begrenzte Wichtigkeit entfalten und beschränkt sich im Wesentlichen auf ein besonderes Investitionsrisiko, das aus besonders hohen Investitionskosten resultiert. Dies ist jedoch insoweit unschädlich, als die Funktion des situativen Korrektivs, das die Investitionsabhängigkeit von der Freistellung im ursprünglichen Ansatz der

Access Holidays gegenüber der in Kauf genommenen Wettbewerbsbeschränkung einnimmt, im Rahmen der Freistellungen nach Art. 17 StromhandelsVO und Art. 36 GasRL nicht mehr erforderlich ist, da eine Wettbewerbsbeschränkung hier wie beschrieben ausgeschlossen ist. Eher technischer Natur sind die verbleibenden Voraussetzungen der gesellschaftsrechtlichen Entflechtung der Infrastruktur von der regulierten Netzbetreibertätigkeit sowie der Verpflichtung zur Erhebung von Entgelten von den Nutzern der Infrastruktur. Hierdurch soll eine Doppelfinanzierung, zum einen aus »normalen« Regulierungsentgelten und zum anderen aus Erträgen eines kommerziellen Betriebs bzw. eines besonderen Regulierungsmodells, vermieden werden.

6. Das Verfahren der Regulierungsfreistellung wird von Art. 17 StromhandelsVO und Art. 36 GasRL detailliert geregelt. Es handelt sich um ein zwei- bzw. bei Beteiligung der Regulierungsagentur dreistufiges Verfahren. Der Antrag auf Freistellung ist bei der jeweiligen nationalen Regulierungsbehörde respektive einer anderen zuständigen Stelle des Mitgliedstaats einzureichen. Die zuständige nationale Behörde übermittelt die getroffene Entscheidung unter Beifügung der für eine fundierte Entscheidung erforderlichen Informationen an die Europäische Kommission, die innerhalb von zwei bzw. drei Monaten die Änderung oder den Widerruf der Entscheidung fordern kann. Kommt die zuständige nationale Behörde dem Kommissionsverlangen nicht nach, kann die Kommission die Entscheidung auch selbst treffen. Die Beteiligung der Europäischen Kommission, die gleichzeitig europäische Wettbewerbsbehörde ist, führt wiederum dazu, dass ein nachträgliches Einschreiten auf allgemein wettbewerbsrechtlicher Grundlage nicht mehr erforderlich ist. Für die nationale Wettbewerbsbehörde ist dies verfahrenstechnisch dadurch sichergestellt, dass die allgemeine Wettbewerbsbehörde am Verfahren der Regulierungsfreistellung beteiligt ist. Für die Bundesrepublik Deutschland besteht bezüglich der Verbesserung des Wettbewerbs durch die Investition gem. § 58 Abs. 1 Satz 1 EnWG das Erfordernis eines Einvernehmens des Bundeskartellamts. Rechtsschutzmöglichkeiten im Zusammenhang mit einer Regulierungsfreistellungsentscheidung bestehen für den Antragsteller vor nationalen und Unionsgerichten. Auch Dritten steht der Rechtsweg offen. Hinzuweisen ist jedoch darauf, dass eine Klagebefugnis hier nur insoweit in Betracht kommt, als eine Verfahrensbeteiligung besteht. Ein eigenes subjektives Recht lässt sich aus der Möglichkeit einer Wettbewerbsbeeinträchtigung hingegen nicht ableiten.

7. Kaum Rückschlüsse auf die Regulierungsfreistellungsmaßnahmen für neue Infrastrukturen im Energiesektor lassen sich aus der Auseinandersetzung um eine Regulierungsfreistellung neuer Hochgeschwindigkeitstelekommunikationsinfrastrukturen ziehen, die sich an den so genannten *VDSL*-Infrastrukturen der Deutschen Telekom AG und der Regelung des § 9a TKG zwischen der deutschen Bundesregierung und der Europäischen Kommission entzündet hat. Eine Vergleichbarkeit ist zwar insoweit gegeben, als für die in Rede stehenden

VDSL-Infrastrukturen in gleicher Weise wie für die neuen Energieinfrastrukturen ein Investitionsaufwand in Milliardenhöhe erforderlich ist. Die Regulierung der Telekommunikationsmärkte unterscheidet sich jedoch erheblich von der der Energiemärkte, da im Telekommunikationsbereich vor einer sektorspezifischen Regulierung zunächst jeweils eine Überprüfung der Regulierungsbedürftigkeit der einzelnen Märkte erfolgt. Die geschilderte Überprüfung macht eine den Regelungen des Art. 17 StromhandelsVO und Art. 36 GasRL vergleichbare Regelung überflüssig. Da § 9a TKG auf die ohnehin stattfindende Überprüfung der Regulierungsbedürftigkeit der einzelnen Telekommunikationsmärkte Bezug nimmt, ist eine Vergleichbarkeit mit dem Energiesektor nicht gegeben. Die sektorspezifische Regulierung der Telekommunikationsmärkte zeigt jedoch, dass das Phänomen der Nicht-Regulierung in einem sonst regulierten Umfeld mit der Regulierungskonzeption des Unionsrechts durchaus vereinbar ist, was wiederum auch die Berechtigung der Regulierungsfreistellungsmöglichkeiten für neue Infrastrukturen gem. Art. 17 StromhandelsVO und Art. 36 GasRL nochmals unterstreicht.

II. Fazit

Mit den existierenden Regulierungsfreistellungsinstrumenten für neue grenzüberschreitende Elektrizitäts- und Erdgasinfrastrukturen gem. Art. 17 StromhandelsVO und Art. 36 GasRL existiert ein eng begrenztes Ausnahmeinstrument. Im Unterschied zum aus der ökonomischen Theorie bekannten *Access Holidays*-Ansatz nehmen die vorliegend behandelten Regulierungsfreistellungen keine Wettbewerbsbeschränkungen in Kauf. Im Hinblick auf die langfristige Verbesserung der Versorgungssicherheit sind Art. 17 StromhandelsVO und Art. 36 GasRL stärker limitiert als der *Access Holidays*-Ansatz. Vor dem Hintergrund, dass der Hauptzweck des Freistellungsinstruments in der Intention des Gesetzgebers jedoch vor allem auch eine Verbesserung des Wettbewerbs durch die Generierung von Investitionen durch Nicht-Netzbetreiber war, stellt diese restriktive Ausgestaltung keinen Widerspruch dar. Auch die Beschränkung auf grenzüberschreitende Infrastrukturen ist dabei insoweit sinnvoll, als sich unter ihnen typischerweise die Infrastrukturen finden, bei denen mangels unbestreitbarer natürlicher Monopoleigenschaft auf sektorspezifische Regulierung ohne negative Wettbewerbsauswirkungen verzichtet werden kann.

Dennoch muss das Instrument der Regulierungsfreistellung über die ursprüngliche Intention des Gesetzgebers hinaus weiterentwickelt werden. Soweit die Freistellung dabei nicht nur das Modell einer klassischen Merchant-Line erfasst, sondern im weiteren Sinne auch eine privilegierte Regulierung im Rahmen eines Regulierungsvertrags zwischen Regulierer und Investor, ist dies in Teilen bereits im bestehenden Rechtsrahmen möglich. Weiterentwicklungen de lege ferenda sind vor allem dahingehend möglich, dass auch nicht grenzüberschreitende Infrastrukturen erfasst werden. Dabei ist wiederum weniger an das klassische Modell der Merchant-Line zu denken, als vielmehr an das erwähnte, weiter gefasste Verständnis einer Freistellung. Das Bedürfnis für zusätzliche Investitionsanreize auch in neue nicht grenzüberschreitende Infrastrukturen ist unbestritten, was sich implizit auch an den seitens der Bundesnetzagentur jüngst zugestandenen Eigenkapitalrenditen für derartige Projekte zeigt.[1] Dabei ist festzuhalten, dass auch Regulierungsfreistellungsmaßnahmen keinen vollkommenen Ansatz im Sinne einer endgültigen Auflösung der Regulierungsrisiken und -probleme darstellen können. Eine sinnvolle Verbesserung und Ergänzung im Sinne einer gesteigerten Regulierungsqualität verkörpern sie jedoch durchaus.

---

[1] Bundesnetzagentur, Pressemitteilung vom 7. Juli 2008, S. 2, abrufbar unter http://www.bundesnetzagentur.de/cae/servlet/contentblob/32390/publicationFile/1245/PM20080707AnreizregulierungEnergieId13917pdf.pdf (zuletzt abgerufen am 11.04.10).

Literaturverzeichnis

Monographien und Aufsätze

Abrar, Kamyar: Fusionskontrolle in Netzsektoren am Beispiel des Breitbandkabelnetzes: Marktabgrenzung, Marktbeherrschung und Effizienzgesichtspunkte – Zugleich eine kritische Analyse der Entscheidungspraxis des Bundeskartellamts, in: Netzwirtschaften & Recht 2007, S. 29–35

Albers, Michael: Der »more economic approach« bei Verdrängungsmissbräuchen: Zum Stand der Überlegungen der Europäischen Kommission, Hamburg 2006, abrufbar unter http://ec.europa.eu/comm/competition/antitrust/art82/albers.pdf (zuletzt abgerufen am 04.04.08)

Arthur D. Little: Deregulation of the Telecom Sector and its Impact on the Overall Economy, Arthur D. Little 2005, erhältlich über: adlittle.wiesbaden@adlittle.com

Averch, Harvey / *Johnson*, Leland: Behaviour of the Firm under Regulatory Constraint, in: The American Economic Review (Vol. 52) 1962, p. 1052–1069

Baake, Pio / *Haucap*, Justus / *Kühling*, Jürgen / *Loetz*, Sascha / *Wey*, Christian: Effiziente Regulierung in dynamischen Märkten – Ökonomische Studie mit integriertem Rechtsgutachten, Baden-Baden 2007

Ballwieser, Wolfgang / *Lecheler*, Helmut: Die angemessene Vergütung für Netze – rechtliche und ökonomische Bewertung, in: Energiewirtschaftliche Tagesfragen 2007, S. 48–53

Basedow, Jürgen: »Regulatory Capture« in Zeiten der Bundesnetzagentur, in: Netzwirtschaften & Recht 2007, S. 133

Baur, Jürgen: Der Regulator, Befugnisse, Kontrollen – Einige Überlegungen zum künftigen Regulierungsrecht, in: Zeitschrift für neues Energierecht 2004, S. 318–325

ders. / *Moraing*, Markus: Rechtliche Probleme einer Deregulierung der Elektrizitätswirtschaft, Baden-Baden 1994

Baur, Jürgen / *Pritzsche*, Kai Uwe / *Klauer*, Stefan: Ownership Unbundling – Wesen und Vereinbarkeit mit Europarecht und Verfassungsrecht, Baden-Baden 2006

Baur, Jürgen / *Pritzsche*, Kai Uwe / *Simon*, Stefan: Unbundling in der Energiewirtschaft – Ein Praxishandbuch, Köln 2006

Baumol, William / *Panzar*, John / *Willig*, Robert: Contestable Markets and the Theory of Industry Structure, San Diego 1988

Blanke, Hermann-Josef: Vertrauensschutz im deutschen und europäischen Verwaltungsrecht, Tübingen 2000

Böge, Ulf: Die leitungsgebundene Energiewirtschaft zwischen klassischer Wettbewerbsaufsicht und Regulierung, in: Büdenbender/Kühne (Hrsg.): Festschrift Prof. Dr. Jürgen F. Baur zum 65. Geburtstag – »Das neue Energierecht in der Bewährung – Bestandsaufnahme und Perspektiven«, S. 399–414, Baden-Baden 2002

Böhm, Franz: Das Reichsgericht und die Kartelle – Eine wirtschaftverfassungsrechtliche Kritik an dem Urteil des RG vom 4. Febr. 1897, RGZ. 38/155, in: ORDO – Jahrbuch für die Ordnung von Wirtschaft und Gesellschaft (Bd. 1) 1948, S. 197–213

Bosse, Georg / *Mecklenbräuker*, Wolfgang: Grundlagen der Elektrotechnik I – Das elektrostatische Feld und der Gleichstrom, 3. Auflage, Düsseldorf 1996

Bourreau, Marc / *Dodan*, Pinar: Unbundling the local loop, in: European Economic Review 49 (2005), p. 173–199

BP: Energie im Blickpunkt – BP Weltenergiestatistik 2005, London 2005, abrufbar unter http://www.deutschebp.de/liveassets/bp_internet/germany/STAGING/home_as sets/assets/deutsche_bp/broschueren/de_statistical_review_of_world_energy_full_ report_2005.pdf (zuletzt abgerufen am 13.03.08)

Braun, Jens-Daniel: Anmerkung zum Beschluss des BGH vom 28. Juni 2005 – KVR 17/04, in: Netzwirtschaften & Recht 2005, S. 160–163

Brinkmann, Michael / *Ilic*, Dragan: Technische und ökonomische Aspekte des VDSL-Ausbaus – Glasfaser als Alternative auf der (vor-) letzten Meile, Wissenschaftliches Institut für Infrastruktur und Kommunikationsdienste – Diskussionsbeiträge, Bad Honnef 2006

BritNed Development Ltd: Application for EU exemption, London 2006, abrufbar unter http://www.ofgem.gov.uk/MARKETS/WHLMKTS/COMPANDEFF/TPAC-CESS/Documents1/15348-1633_06.pdf (zuletzt abgerufen am 13.11.07)

Bronnenmeyer, Helmut: Der Widerruf rechtmäßiger begünstigender Verwaltungsakte nach § 49 VwVfG, Berlin 1994

Büdenbender, Ulrich: Das System der Netzentgeltregulierung in der Elektrizitäts- und Gaswirtschaft, in: Deutsches Verwaltungsblatt 2006, S. 197–268

ders. / *Rosin*, Peter: Pro und Contra Ownership Unbundling in der Energiewirtschaft, in: Energiewirtschaftliche Tagesfragen 2007, S. 20–31

Calliess, Christian / *Ruffert*, Matthias: Kommentar des Vertrages über die Europäische Union und des Vertrages zur Gründung der Europäischen Gemeinschaft – EUV/EGV, 3. Auflage, München 2007

Cameron, Peter: Competition in energy markets, Oxford 2007

Cerbe, Günter: Grundlagen der Gastechnik – Gasbeschaffung Gasverteilung Gasverwendung, 6. Auflage, München 2004

CONSenTEC / Frontier Economics Ltd.: Methodische Fragen bei der Bewirtschaftung innerdeutscher Engpässe im Übertragungsnetz (Energie) – Untersuchung im Auftrag der Bundesnetzagentur, 2008, abrufbar unter http://www.bundesnetzagentur.de/cae/servlet/contentblob/15262/publicationFile/4809/GutachtenId12789pdf.pdf (zuletzt abgerufen am 11.04.10)

Dahlke, Peter: TKG-Änderungsgesetz – doch mehr als nur eine Lex Telekom?, in: MultiMedia und Recht 2007, S. 69–70

von *Danwitz*, Thomas: Was ist eigentlich Regulierung?, in: Die Öffentliche Verwaltung 2004, S. 977–985

Deutsche Energie-Agentur GmbH (dena): Energiewirtschaftliche Planung für die Netzintegration von Windenergie in Deutschland an Land und Offshore bis zum Jahr 2020, Köln 2005, abrufbar unter http://www.offshore-wind.de/page/fileadmin/offshore/documents/dena_Netzstudie/dena-Netzstudie_I_Haupttext.pdf (zuletzt abgerufen am 10.04.10)

– Stellungnahme zum Gutachten »Notwendigkeit der geplanten 380-kV-Verbindung Raum Halle – Raum Schweinfurt (Südwestkuppelleitung)«, Köln 2007, abrufbar un-

ter http://www.dena.de/fileadmin/user_upload/bilder/pressemitteilungen/2007/Stellungnahme_SWKL_Gutachten.pdf (zuletzt abgerufen am 11.06.08)
Deutsche Telekom AG: Stellungnahme Deutsche Telekom zur Anhörung der Bundesnetzagentur vom 22.02.2006 zur Identifizierung Neuer Märkte im Bereich der Telekommunikation, abrufbar unter http://www.bundesnetzagentur.de/cae/servlet/contentblob/13710/publicationFile/3793/DeutscheTelekomAGBonnId6006pdf.pdf (zuletzt abgerufen am 11.04.10)
Dreher, Meinhard / *Adam*, Michael: The more economic approach to Art. 82 EC and the legal process, in: Zeitschrift für Wettbewerbsrecht 2006, S. 259–277
Dormann, Ulrike: Drittklagen im Recht der Zusammenschlusskontrolle, Köln, Bonn, Berlin München 2000
Ehlers, Dirk (Hrsg.): Europäische Grundrechte und Grundfreiheiten, 3. Auflage, Berlin 2009
Ehricke, Ulrich: Zur kartellrechtlichen Bestimmung von Netznutzungsentgelten eines kommunalen Elektrizitätsversorgungsunternehmens, in: Netzwirtschaften & Recht 2006, S. 10–14
Elspas, Maximilian / *Rosin*, Peter / *Burmeister*, Thomas: Netzentgelte zwischen Kostenorientierung und Anreizregulierung, in: Recht der Energiewirtschaft 2007, S. 329–337
Emmerich, Volker: Kartellrecht, 11. Auflage, München 2008
Engisch, Karl: Einführung in das juristische Denken, 10. Auflage, Stuttgart 2005
Enriquez, Luis / *Marschner*, Andreas / *Meffert*, Jürgen: Entry into the exit – The final showing for European regulation?, McKinsey & Company 2006, erhältlich über: contact_us@McKinsey.com
E.ON: Pressemitteilung vom 28.02.2008, abrufbar unter http://www.eon.com/de/media/news-detail.jsp?id=8449&year=2008 (zuletzt abgerufen am 11.04.10)
– Pressemitteilung vom 26.11.2008, abrufbar unter http://www.eon.com/de/media/news-detail.jsp?id=8913&year=2008 (zuletzt abgerufen am 11.04.10)
Erhard, Ludwig: Wohlstand für alle, 8.Auflage, Düsseldorf 1964
Eucken, Walter: Grundlagen der Nationalökonomie, 9. Auflage, Berlin 1989
ders. / *Böhm*, Franz: Vorwort – Die Aufgabe des Jahrbuchs, in: ORDO – Jahrbuch für die Ordnung von Wirtschaft und Gesellschaft (Bd. 1) 1948, S. VII-XI
Fastenrath, Ulrich: Inländerdiskriminierung, in: Juristenzeitung 1987, S. 170–178
Flauger, Jürgen: RWE setzt auch ohne Netz auf Gas, in: Handelsblatt vom 30.05.2008, S. 16
Frenz, Walter: Das Ökosteuer-Urteil und seine Folgen für den Emissionshandel, in: Natur und Recht 2004, S. 429–434
Fritsch, Michael / *Ewers*, Hans-Jürgen / *Wein*, Thomas: Marktversagen und Wirtschaftspolitik – mikroökonomische Grundlagen staatlichen Handelns, 7. Auflage, München 2007
Gans, Joshua / *King*, Stephen: Access Holidays for Network Infrastructure Investment, in: Agenda Volume 10 (2003), p. 163–178
– Access Holidays and the Timing of Infrastructure Investment, in: The Economic Record Vol. 80 (2004), p. 89–100
Geldmacher, Jan: »In Deutschland haben wir noch Nachholbedarf«, in: Handelsblatt vom 03.01.2008, S. 12
Geppert, Martin / *Ruhle*, Ernst-Olav / *Schuster*, Fabian: Handbuch Recht und Praxis der Telekommunikation – EU, Deutschland, Österreich, Schweiz, 2.Auflage, Baden-Baden 2002

Gerpott, Torsten J.: Radikaler Regulierungsabbau auf Telekommunikationsmärkten?, in: Netzwirtschaften & Recht 2006, S. 100–105

Gersdorf, Hubertus: Verfassungsrechtlicher Schutz der Wettbewerber beim Netzzugang – Grundgesetzliche Rahmenbedingungen des Zugangs alternativer Teilnehmernetzbetreiber zum Zugangsnetz der Deutschen Telekom AG während der Migration zum Anschlussnetz der nächsten Generation (»Next Generation Access Network«), in: Netzwirtschaften & Recht Beilage 2/2008, S. 1–16.

Gomart, Thomas: Union Européenne/Russie: De la Stagnation à la Dépression, in: Revue de Marché commun et de l'Union européenne 2007, p. 423–429

Grabitz, Eberhard / *Hilf*, Meinhard (Hrsg.): Das Recht der Europäischen Union – 39. Ergänzungslieferung Stand Juli 2009, München 2007

Gundel, Jörg: Regionales Wirtschaftsvölkerrecht in der Entwicklung: Das Beispiel des Energiecharta-Vertrages, in: Archiv des Völkerrechts 42 (2004), S. 157–183

– Die Inländerdiskriminierung zwischen Verfassungs- und Europarecht: Neue Ansätze in der deutschen Rechtsprechung, in: Deutsches Verwaltungsblatt 2007, S. 269–278

– Rechtsschutz und Rechtsweg bei der Vergabe öffentlicher Aufträge unterhalb der »Schwellenwerte«, in: Juristische Ausbildung 2008, S. 288–294

Hallstein, Walter: Der Schuman-Plan, Frankfurt am Main 1951

Haubrich, Hans-Jürgen: Technische Fragen beim Open Market Coupling – OMC, Aachen 2006, abrufbar unter http://www.bundesnetzagentur.de/cae/servlet/contentblob/35912/publicationFile/1597/StudieTechnFragenId7928pdf.pdf (zuletzt abgerufen am 11.04.10)

Haus, Florian: Zum Verhältnis von Kartellrecht und Regulierungsrecht – Zugleich eine Besprechung des Urteils des US-Supreme Court vom 13. Januar 2004, No. 02/682, Verizon Communications Inc., Petitioner v. Law Offices of Curtis V. Trinko LLP, in: Netzwirtschaften und Recht 2004, S. 143–147

– Zugang zu Netzen und Infrastruktureinrichtungen, Köln 2002

Hayek, Friedrich A.: Die Anmaßung von Wissen, in: ORDO – Jahrbuch für die Ordnung von Wirtschaft und Gesellschaft (Bd. 26) 1975, S. 12–21

Helm, Dieter / *Thompson*, David: Privatized Transport Infrastructure and Incentives to invest, in: Journal of Transport Economics and Policy Vol. 22 (1991), p. 231–246

Helm, Dieter / *Yarrow*, George: The assessment: The regulation of utilities, in: Oxford Review of Economic Policy Vol. 4 (1988), p. 1–31

Heitzer, Bernhard: Wettbewerbs- und Regulierungsrecht: gleiches Ziel, unterschiedliche Instrumente, in: Netzwirtschaften & Recht 2007, S. 1

Herdegen, Matthias: Freistellung neuer Telekommunikationsmärkte von Regulierungseingriffen – Die gesetzliche Steuerung im Lichte des Verfassungs- und Europarechts, in: MultiMedia und Recht 2006, S. 580–585

Hermeier, Guido: Die Zuständigkeitsverteilung bei der Regulierung des grenzüberschreitenden Stromhandels – Mehr Binnenmarkt durch Zentralisierung?, in: Recht der Energiewirtschaft 2007, S. 249–255

Hermes, Georg: Staatliche Infrastrukturverantwortung, Tübingen 1998

Herrmann, Joachim: Europäische Vorgaben zur Regulierung der Energienetze – Eine Analyse der »Beschleunigungsrichtlinien« zur Vollendung des Energiebinnenmarktes, Baden-Baden 2005

Heuck, Klaus / *Dettmann*, Klaus-Dieter: Elektrische Energieversorgung – Erzeugung, Transport und Verteilung elektrischer Energie für Studium und Praxis, 5. Auflage, Braunschweig 2002

von Hippel, Arthur: Dielectric Materials and Applications, second edition, Boston 1995
von Hirschhausen, Christian / *Beckers*, Thorsten / *Brenck*, Andreas: Infrastructure regulation an investment for the long-term – an introduction, in: Utilities Policy 12 (2004), p. 203–210
Hohmann, Holger: Die essential facility doctrine im Recht der Wettbewerbsbeschränkungen, Baden-Baden 2001
Holznagel, Bernd / *Schumacher*, Pascal: Großer Eingriff, k(l)eine Wirkung – Die Pläne der Kommission zur eigentumsrechtlichen Entflechtung der Energienetzbetreiber, in: Netzwirtschaften & Recht 2007, S. 96–103
– Europäischer Regulierer für den Telekommunikations- und Energiewirtschaftssektor?, in: Deutsches Verwaltungsblatt 2007, S. 409–416
Immenga, Ulrich / *Mestmäcker*, Ernst-Joachim (Hrsg.): Wettbewerbsrecht, Band 1/ Teil 1: EG 4. Auflage, München 2007
– Wettbewerbsrecht, Band 2: GWB, 4. Auflage, München 2007
Jarass, Hans: EU-Grundrechte, München 2005
– Europäisierung des Planungsrecht, in: Deutsches Verwaltungsblatt 2000, S. 945–952
Jarass, Lorenz / *Obermaier*, Gustav: Aktualisiertes wissenschaftliches Gutachten zur Notwendigkeit der geplanten 380kV-Verbindung Raum Halle – Raum Schweinfurt, Wiesbaden 2008, abrufbar unter http://achtung-hochspannung.de/cms/upload/pdf/ Studie-Version_20080122.pdf (zuletzt abgerufen am 11.04.10)
Jones, Christopher W.: EU Energy Law – Volume 1 The Internal Energy Market, second edition, Leuven 2006
Jorde, Thomas / *Sidak*, Gregory / *Teece*, David: Innovation, Investment, and Unbundling, in: Yale Journal on Regulation 2000, p. 1–37
Kahlenberg, Harald / *Haellmigk*, Christian: Aktuelle Änderungen des Gesetzes gegen Wettbewerbsbeschränkungen, in: Betriebsberater 2008, S. 174–181
Kahn, Alfred: The Economics of Regulation: Principles and Institutions – Volume 1 Economic Principles, New York 1970
– The Economics of Regulation: Principles and Institutions – Volume 2 Institutional Issues, New York 1971
Kaiser, Julia: Verordnete Regulierung? – Die Bedeutung der Stromhandelsverordnung – Verordnung (EG) Nr. 1228/2003 – und der Gashandelsverordnung – Verordnung (EG) Nr. 1775/2005 – für den europäischen Energiebinnenmarkt, Baden-Baden 2007
Kapp, Thomas / *Meßmer*, Stefan E.: keine Drittanfechtung von Freigabeentscheidungen ohne vorherige Beiladung – Zugleich eine Anmerkung zu dem Beschluss des OLG Düsseldorf vom 25.03.2004 – VI – Kart 37/03 (V) – »Zeiss/Leica«, in: Wirtschaft und Wettbewerb 2004, S. 917–923
Keller, Katja / *Wild*, Jörn: Long-Term Investment in Electricity: A Trade-Off between Coordination and Competition?, in: Utilities Policy 12 (2004), p. 243–251
King, Stephen / *Maddock*, Rodney: Unlocking the Infrastructure – The reform of public utilities in Australia, St Leonards 1996
Klimisch, Annette / *Lange*, Markus: Zugang zu Netzen und anderen wesentlichen Einrichtungen als Bestandteil der kartellrechtlichen Missbrauchsaufsicht, in: Wirtschaft und Wettbewerb 1998, S. 15–26
Klotz, Robert: Die Beurteilung des Regulierungsentwurfs zum TKG aus Brüsseler Sicht – Zum Leitbild des funktionsfähigen Wettbewerbs, in: TeleKommunikations- & MedienRecht – Tagungsband zum Workshop »Der Regulierungsentwurf zum TKG« 15. Dezember 2003, Berlin, S. 5–8

Knieps, Günter: Wettbewerb auf den Ferntransportnetzen der deutschen Gaswirtschaft – Eine netzökonomische Analyse, in: Zeitschrift für Energiewirtschaft 26 (2002), S. 171–180
- Wettbewerbsökonomie, 3. Auflage, Berlin 2008
- Netzökonomie, Wiesbaden 2007

Koenig, Christian / *Kühling*, Jürgen / *Rasbach*, Winfried: Versorgungssicherheit im Wettbewerb – Ein Vergleich der gemeinschaftsrechtlichen, französischen und deutschen Energierechtsordnungen, in: Zeitschrift für Neues Energierecht 2003, S. 3–12
- Energierecht, Frankfurt am Main 2006

Koenig, Christian / *Kühling*, Jürgen / *Ritter*, Nicolai: EG-Beihilfenrecht, 2. Auflage, Frankfurt am Main 2005

Koenig, Christian / *Loetz*, Sascha / *Neumann*, Andreas: Die Novellierung des Telekommunikationsgesetzes – Eine Untersuchung zu den Umsetzungsspielräumen des EG-Richtlinienpakets auf dem Gebiet der Telekommunikation und ihrer verfassungsrechtlichen Begrenzung sowie zur Optimierung der Verwaltungs- und Rechtsbehelfverfahren, Münster 2003

Koenig, Christian / *Loetz*, Sascha / *Senger*, Marion: Die regulatorische Behandlung neuer Märkte im Telekommunikationsrecht, in: Kommunikation & Recht 2006, S. 258–262

Konoplyanik, Andreij: Russian Gas to Europe: From Long-Term Contracts, On-Border Trade and Destination Clauses to …?, in: Journal of Energy & Natural Resources Law Vol 23 2005, p. 282–307

Kraßer, Rudolf: Patentrecht, 6. Auflage, München 2009

Kreibich, Christian: Die Bildung von Mittelstandskartellen i. S. d. § 3 Abs. 1 GWB – Eine Chance für mehr Wettbewerb auf dem deutschen Strommarkt?, in: Recht der Energiewirtschaft 2007, S. 186–193

Kruse, Jörn: Ökonomie der Monopolregulierung, Göttingen 1985

Kühling, Jürgen: § 9a TKG-E – Innovationsschutz durch Regulierungsverzicht oder Steigerung der Regulierungskomplexität?, in: Kommunikation & Recht 2006, S. 263–272
- Die neuen Engpass-Leitlinien der Kommission im grenzüberschreitenden Stromhandel – Freie Fahrt für das Open Market Coupling in Deutschland?, in: Recht der Energiewirtschaft 2006, S. 173–182
- Eckpunkte der Entgeltregulierung in einem künftigen Energiewirtschaftsgesetz, in: Netzwirtschaften und Recht 2004, S. 12–18

ders. / *Hermeier*, Guido: Eigentumsrechtliche Leitplanken eines Ownership-Unbundlings in der Energiewirtschaft, in: Energiewirtschaftliche Tagesfragen 2008, S. 134–141

ders. / *Sester*, Peter / *Wipfler*, Berthold / *Matz*, Yvonne / *Hermeier*, Guido: Rechtsgutachten über die Etablierung eines Auction Office im Rahmen des Open Market Coupling, Karlsruhe 2005, abrufbar unter http://www.bundesnetzagentur.de/cae/servlet/contentblob/35910/publicationFile/1596/RechtsgutachtenAuctionOfficeId7929pdf.pdf (zuletzt abgerufen am 11.04.10)

Kühne, Gunther: Gemeinschaftsrechtlicher Ordnungsrahmen der Energiewirtschaft zwischen Wettbewerb und Gemeinwohl, in: Recht der Energiewirtschaft 2002, S. 257–264

Küster, Hanns Jürgen: Zwischen Vormarsch und Schlaganfall. Das Projekt der Europäischen Politischen Gemeinschaft und die Haltung der Bundesrepublik Deutschland

(1951–1954), in: Die europäische Integration vom Schuman-Plan bis zu den Verträgen von Rom (Hrsg.: Trausch, Gilbert), Baden-Baden 1993

Lamy, Jean: Que signifie relancer la politique énérgétique européenne, in: Revue du Marché commun et de l'Union européenne 2007, p. 141–145

Larenz, Karl: Methodenlehre der Rechtswissenschaft, 3. Auflage, Berlin 2005

Lecheler, Helmut: Ungereimtheiten bei den Handlungsformen des Gemeinschaftsrechts – dargestellt anhand der Einordnung von »Leitlinien«, in: Deutsches Verwaltungsblatt 2008, S. 873–880

Leschke, Martin / *Möstl*, Markus: Die Grundsätze der Subsidiarität und Verhältnismäßigkeit: Wirksame Kompetenzschranken der Europäischen Union, in: Zentralität und Dezentralität von Regulierung in Europa (Hrsg.: Heine, Kerber), Schriften zu Ordnungsfragen der Wirtschaft 83, Stuttgart 2007

Lippert, Michael: Energiewirtschaftsrecht, Köln 2002

Machlup, Fritz: Die wirtschaftlichen Grundlagen des Patents – 1.Teil, in: Gewerblicher Rechtsschutz und Urheberrecht Internationaler Teil 1961, S. 373–390

Manthey, Nikolaus Vincent: Bindung und Schutz öffentlicher Unternehmen durch die Grundfreiheiten des Europäischen Gemeinschaftsrechts, Frankfurt am Main 2001

Maurer, Hartmut: Allgemeines Verwaltungsrecht, 17. Auflage, München 2009

May, Nadine: Ökobilanz eines Solarstromtransfers von Nordafrika nach Europa, Braunschweig 2005, abrufbar unter http://www.dlr.de/tt/Portaldata/41/Resources/ dokumente/institut/system/publications/Oekobilanz_eines_Solarstromtransfers. pdf (zuletzt abgerufen am 20.09.07)

McRobb, Elizabeth / *Prosser*, Tony: Regulating Electricity, in: MacGregor, Laura / Prosser, Tony / Villiers, Charlotte (editors): Regulation and Marktes Beyond 2000, p. 63–83, Aldershot 2000

Merkel, Angela: Rede der Bundeskanzlerin beim World Economic Forum am 24. Januar 2007 in Davos, abrufbar unter http://www.bundeskanzlerin.de/nn_915660/Content/DE/Archiv16/Rede/2007/01/2007-01-24-rede-bkin-davos.html (zuletzt abgerufen am 10.04.10)

Mestmäcker, Ernst-Joachim: Regulierende Missbrauchsaufsicht, in: Großfeld/Sack/ Möllers/Drexl/Heinemann (Hrsg.): Festschrift für Wolfgang Fikentscher zum 70. Geburtstag, S. 557–573, Tübingen 1998

Meyer, John / *Wilson*, Robert / *Baughcum*, Alan / *Burton*, Ellen / *Caouette*, Louis: The Economics of Competition in the Telecommunications Industry, Cambridge, Massachusetts 1982

Mihm, Andreas: BASF kippt Gasleitungsprojekt, in: Frankfurter Allgemeine Zeitung vom 18. 11. 2008, S. 11

Monti, Mario: A reformed competition policy: achievements and challenges for the future, SPEECH/04/477, Brüssel 2004, abrufbar unter http://europa.eu/rapid/press ReleasesAction.do?reference=SPEECH/04/477&format=DOC&aged=1&language=EN&guiLanguage=en (zuletzt abgerufen am 11.04.10)

Möschel, Wernhard: Das Verhältnis von Kartellbehörde und Sonderaufsichtsbehörden, in: Wirtschaft und Wettbewerb 2002, S. 683–688

– Zwischen Konflikt und Kooperation: Regulierungszuständigkeiten in der Telekommunikation, in Forschungsinstitut für Wirtschaftsverfassung und Wettbewerb e.V. (Hrsg.): Multimedia: Kommunikation ohne Grenzen – grenzenloser Wettbewerb? Referate des XXXI. FIW-Symposions, Köln 1998

Neale, Alan: The antitrust laws of the United States of America, Third edition, Cambridge 1980

Nehl, Hanns Peter: Europäisches Verwaltungsverfahren und Gemeinschaftsverfassung – eine Studie gemeinschaftsrechtlicher Verfahrensgrundsätze unter besonderer Berücksichtigung »mehrstufiger« Verwaltungsverfahren, Berlin 2002

Oberender, Peter (Hrsg.): Effizienz und Wettbewerb, Berlin 2005

Osterrieth, Christian: Patentrecht, 3. Auflage, München 2007

Palandt, Otto: Bürgerliches Gesetzbuch, 69. Auflage, München 2010

Papier, Hans-Jürgen: Die überörtliche Anwaltssozietät aus der Sicht des Verfassungs- und Gemeinschaftsrechts, in: Juristenzeitung 1990, S. 253–261

– Durchleitungen und Eigentum, in: Betriebsberater 1997, S. 1213–1220

– Verfassungsfragen der Durchleitung, in: Büdenbender/Kühne (Hrsg.): Festschrift Prof. Dr. Jürgen F. Baur zum 65. Geburtstag – »Das neue Energierecht in der Bewährung – Bestandsaufnahme und Perspektiven«, S. 209–223, Baden-Baden 2002

Paulweber, Michael: Regulierungszuständigkeiten in der Telekommunikation – Sektorspezifische Wettbewerbsaufsicht nach dem TKG durch die Regulierungsbehörde im Verhältnis zu den allgemeinen kartellrechtlichen Kompetenzen des Bundeskartellamts und der Europäischen Kommission, Baden-Baden 1999

Pehndt, Martin / *Höpfner*, Ulrich, : Kurzgutachten Wasserstoff- und Stromspeicher in einem Energiesystem mit hohen Anteilen erneuerbarer Energien: Analyse der kurz- und mittelfristigen Perspektiven – Im Auftrag des Bundesministeriums für Umwelt, Naturschutz und Reaktorsicherheit (BMU), Heidelberg 2009, abrufbar unter http://www.bmu.de/files/pdfs/allgemein/application/pdf/ifeu_kurzstudie_elektromobilitaet_wasserstoff.pdf (zuletzt abgerufen am 10.04.10)

Peschke, Egon / *von Olshausen*, Rainer: Kabelanlagen für Hoch- und Höchstspannung – Entwicklung, Herstellung, Prüfung, Montage und Betrieb von Kabeln und deren Garnituren Erlangen 1998

Perras, Arne / *Rubner*, Jeanne: Ein Lichtblick auf dem Sonnenkontinent, in: Süddeutsche Zeitung vom 14./15. 04. 2007, S. 8

Pfaffenberger, Wolfgang / *Scheele*, Ulrich: Gutachten zu Wettbewerbsfragen im Zusammenhang mit § 3, Absatz 2, Satz 1 GasNEV, Bremen 2005

Pieroth, Bodo: Rückwirkung und Übergangsrecht – Verfassungsrechtliche Maßstäbe für intertemporale Gesetzgebung, Berlin 1981

– Die neuere Rechtsprechung des Bundesverfassungsgerichts zum Grundsatz des Vertrauensschutz, in: Juristenzeitung 1984, S. 971–978

ders. / *Schlink*, Bernhard: Grundrechte, 25. Auflage, Heidelberg 2009

Pollitt, Michael: The declining role of the state in infrastructure investments in the UK, in: Berg/Pollitt/Tsuji (Hrsg.): Private Initiatives in Infrastructure: Priorities, Incentives and Performance, p. 67–100, Cheltenham 2002

PricewaterhouseCoopers: Kooperation oder Ausverkauf der Stadtwerke? Umfrage unter 202 deutschen Städten und Gemeinden, Düsseldorf 2008, abrufbar unter http://www.pwc.de/fileserver/EmbeddedItem/Stadtwerkestudie.pdf?docId=e55682051452693&componentName=pubDownload_hd (zuletzt abgerufen am 25.03.08)

Pritzsche, Kai / *Stephan*, Michael / *Pooschke*, Sebastian: Engpassmanagement durch marktorientiertes Redispatching, in: Recht der Energiewirtschaft 2007, S. 36–46

Reding, Viviane: The Review 2006 of EU Telecom rules: Strengthening Competition and Completing the Internal Market, SPEECH/06/422, Brüssel 2006, abrufbar unter http://europa.eu/rapid/pressReleasesAction.do?reference=SPEECH/06/422&for

mat=DOC&aged=1&language=EN&guiLanguage=fr (zuletzt abgerufen am 11.04. 10)
- »Ferien von der Ordnungspolitik«? Warum Europa offene Telekommunikationsmärkte und unabhängige Schiedsrichter braucht, SPEECH/06/669, Brüssel 2006, abrufbar unter http://europa.eu/rapid/pressReleasesAction.do?reference=SPEECH/06 /669&format=DOC&aged=1&language=DE&guiLanguage=en (zuletzt abgerufen am 11.04.10)

Riley, Alan: The Coming of the Russian Gas Deficit: Consequences and Solutions, in: CEPS Policy Brief 116 (2006)

Säcker, Franz Jürgen: Freiheit durch Wettbewerb. Wettbewerb durch Regulierung, in: Zeitschrift für Neues Energierecht 2004, S. 98–113
- Die Maßstäbe effizienter Leistungserbringung im Widerstreit der Meinungen und Interessen, in: TeleKommunikations- & MedienRecht – Tagungsband zum Workshop »Der Regulierungsentwurf zum TKG« 15. Dezember 2003, Berlin, S. 3–4
- Ex-Ante-Methodenregulierung und Ex-Post-Beschwerderecht, in: Recht der Energiewirtschaft 2003, S. 300–307

Salje, Peter: Energiewirtschaftsgesetz – Gesetz über die Elektrizitäts- und Gasversorgung vom 7. Juli 2005 (BGBl. I S. 1970) – Kommentar, Köln, Berlin, München 2006

Schmalensee, Richard: The Control of Natural Monopolies, Lexington, Massachusetts, 1979

Schmidtchen, Dieter: Der »more economic approach« in der Wettbewerbspolitik, in: Wirtschaft und Wettbewerb 2006, S. 6–17

Schmidt-Preuß, Matthias: Substanzerhaltung und Eigentum – Verfassungsrechtliche Anforderungen an die Bestimmung von Netznutzungsentgelten im Stromsektor, Baden-Baden, 2003
- Verfassungskonflikt um die Durchleitung? – Zum Streitstand nach dem VNG-Beschluss des BGH, in: Recht der Energiewirtschaft 1996, S. 1–9
- Die Gewährleistung des Privateigentums durch Art. 14 GG im Lichte aktueller Probleme, in: Die Aktiengesellschaft 1996, S. 1–11

Schneider, Jens-Peter / *Theobald*, Christian: Handbuch zum Recht der Energiewirtschaft, München 2003

Scholz, Rupert / *Langer*, Stefan: Europäischer Binnenmarkt und Energiepolitik, Berlin 1992
- Rechtsfragen eines europäischen Binnenmarktes für Energie – Zum Richtlinienentwurf der EG-Kommission für die Gasdurchleitung, in: Energiewirtschaftliche Tagesfragen 1992, S. 851–857

Schütz, Raimund: Kommunikationsrecht – Regulierung von Telekommunikation und elektronischen Medien, München 2005

Schuppert, Gunnar Folke: Die Zukunft der Daseinsvorsorge in Europa: Zwischen Gemeinwohlbindung und Wettbewerb, in: Schwintowski (Hrsg.): Die Zukunft der kommunalen EVU im liberalisierten Energiemarkt, 2002, S. 11–39, Baden-Baden 2002

Schwarz, Kyrill-Alexander: Vertrauensschutz als Verfassungsprinzip, Baden-Baden 2002

Schwarze, Jürgen: Europäisches Verwaltungsrecht – Entstehung und Entwicklung im Rahmen der Europäischen Gemeinschaft, 2. erweiterte Auflage, Baden-Baden 2005

Schwintowski, Hans Peter: Der Zugang zu wesentlichen Einrichtungen, in: Wirtschaft und Wettbewerb 1999, S. 842–853

- Netzverbundvertrag – Netzzugang – Netznutzungsanteil – funktionsfähiger Wettbewerb auf Energiemärkten (fast) ohne Regulierungsbehörde, in: EweRK info vom 24. September 2001, S. 2–15

Sedlacek, Robert: Untertage Gasspeicherung in Deutschland – Underground Gas Storage in Germany, in: Erdöl Erdgas Kohle 2006 (122), S. 389–400

Sharkey, William: The theory of natural monopoly, Cambridge 1982

Sheffield Energy & Resources Information Services (SERIS): The Advantages of full Ownership Unbundling in Gas Transportation and Supply: How the European Commission got it wrong about the UK, Sheffield 2006, abrufbar unter http://www.seris.co.uk/SERIS_reply_to_OFGEM.pdf (zuletzt abgerufen am 07.04.08)

Smith, Adam: An Inquiry into the Nature and Causes of the Wealth of Nations, London 1789

Spanjer, Aldo: Do Article 22 exemptions adequately stimulate investments in European gas markets?, in: Zeitschrift für Energiewirtschaft 2008, S. 46–51

Spies, Axel: Berlin – Brüssel – Washington, in: MultiMedia und Recht 2007, S. 1–2

Spiller, Pablo: Institutions and Regulatory Commitment in Utilities' Privatization, in: Industrial and Corporate Change 2 (1993), p. 387–450

Steffen, Horst / *Bausch*, Hansjürgen: Elektrotechnik – Grundlagen, 6. Auflage, Wiesbaden 2007

Stern, Jonathan: The Future of Russian Gas and Gazprom, Oxford 2005

Stock, Oliver / *Höhler*, Gerd: Türkei torpediert europäische Pipeline, in: Handelsblatt vom 29. 02. 2008, S. 7

Storr, Stefan: Die Vorschläge der EU-Kommission zur Verschärfung der Unbundling-Vorschriften im Energiesektor, in: Europäische Zeitschrift für Wirtschaftsrecht 2007, S. 232–237

Streinz, Rudolf: Europarecht, 8. Auflage, Heidelberg 2008

Strunz, Manuel: Strukturen des Grundrechtsschutzes der Europäischen Union in ihrer Entwicklung, Baden-Baden 2006

Talus, Kim: First Experiences under the exemption regime of EC regulation 1228/2003 on conditions for access to the network of cross-border exchanges in electricity, in: Journal of Energy & Natural Resources Law 2005 (Vol. 23) p. 266–281

- Long-term gas agreements and security of supply – between law and politics, in: European Law Review (2007) 32, p. 535–548

Talus, Kim. / *Wälde*, Thomas: Electricity Interconnectors: A serious Challenge for EC Competition Law, in: Competiton and Regulation in Network Industries Vol. 1 (2006), p. 355–390

- Electricity interconnectors in EU law: energy security, long term infrastructure contracts and competition law, in: European Law Review (2007) 32, p. 125–137

Tettinger, Peter: Zur Grundrechtsberechtigung von Energieversorgungsunternehmen im Europäischen Gemeinschaftsrecht, in: Baur/Müller-Graff/Zuleeg (Hrsg.): Europarecht – Energierecht – Wirtschaftsrecht – Festschrift für Bodo Börner, S. 625–640, Köln 1992

Theobald, Christian / *Hummel*, Konrad: Entgeltregulierung im künftigen Energiewirtschaftsrecht, in: Zeitschrift für Neues Energierecht 2003, S. 176–182

Theobald, Christian / *Zenke*, Ines: Der Zugang zu Strom- und Gasnetzen: Eine Rechtsprechungsübersicht, in: Wirtschaft und Wettbewerb 2001, S. 19–36

Train, Kenneth: Optimal Regulation – The Economic Theory of Natural Monopoly, Cambridge, Massachusetts 1991

Verband der Netzbetreiber (VDN): TransmissionCode 2007 – Netz- und Systemregeln der deutschen Übertragungsnetzbetreiber, Berlin 2007, abrufbar unter http://www.vde.de/de/fnn/dokumente/documents/transmissioncode2007.pdf (zuletzt abgerufen am 11.04.10)

Wahl, Rainer: Europäisches Planungsrecht – Europäisierung des deutschen Planungsrechts – Das Planungsrecht in Europa, in: Grupp/Ronellenfitsch (Hrsg.): Festschrift für Willi Blümel zum 70. Geburtstag am 6. Januar, S. 617–646, Berlin 1999

Wälde, Thomas / *Gunst*, Andreas: International Energy Trade and Access to Energy Networks in: Journal of World Trade 36 (2) 2002, p. 191–218

Weidemann, Clemens: Emissionserlaubnis zwischen Markt und Plan – Rechtsstaatsrelevante Probleme des Emissionshandels, in: Deutsches Verwaltungsblatt 2004, S. 727–736

Williamson, Oliver: The Economic Institutions of Capitalism, New York 1985

Wilms, Heinrich / *Masing*, Johannes / *Jochum*, Georg: Telekommunikationsgesetz – Kommentar und Vorschriftensammlung, Stand: 7. Lieferung Dezember 2006, Stuttgart

Wolff, Hans. J. / *Bachof*, Otto / *Stober*, Rolf: Verwaltungsrecht I – Ein Studienbuch, 12. Auflage, München 2007

Yakemtchouk, Romain: Gazprom – Partenaire stratégique de l'Union européenne, in: Revue du Marché commun et de l'Union européenne 2007, p. 146–152

Europäische Kommission, Regulierungsbehörden und andere Institutionen

Bundesagentur für Außenwirtschaft: Mitteilung vom 18.02.2008, Köln 2008, abrufbar unter http://www.bfai.de/fdb-SE,MKT200802158008,Google.html (zuletzt abgerufen am 16.04.08)

Bundesministerium der Finanzen: Beteiligungsbericht 2008, Berlin 2008, abrufbar unter http://www.bundesfinanzministerium.de/nn_3974/DE/BMF__Startseite/Service/Downloads/Abt__VIII/Beteiligungsbericht_202008_20kle,templateId=raw,property=publicationFile.pdf (zuletzt abgerufen am 11.04.10)

Bundesministerium für Umwelt, Naturschutz und Reaktorsicherheit (Hrsg.): Ökologisch optimierter Ausbau der Nutzung erneuerbarer Energien in Deutschland, Berlin 2004, abrufbar unter http://www.dlr.de/tt/Portaldata/41/Resources/dokumente/institut/system/publications/Oekologisch_optimierter_Ausbau_Langfassung.pdf (zuletzt abgerufen am 11.04.10)

Bundesministeriums für Wirtschaft und Technologie: Pressemitteilung vom 27.02.07, abrufbar unter http://www.bmwi.de/BMWi/Navigation/Presse/pressemitteilungen,did=188876.html (zuletzt abgerufen am 11.08.07)

Bundesnetzagentur: Bericht der Bundesnetzagentur für Elektrizität, Gas, Telekommunikation, Post und Eisenbahnen über die Systemstörung im deutschen und europäischen Verbundsystem am 4.November 2006, Bonn 2007, abrufbar unter http://www.bundesnetzagentur.de/cae/servlet/contentblob/33806/publicationFile/1592/BerichtId9007pdf.pdf (zuletzt abgerufen am 11.04.10)

– Erlöse aus grenzüberschreitendem Engpassmanagement – Bericht nach Punkt 6.5 der Engpassmanagement-Leitlinien, Bonn 2007, abrufbar unter http://www.bundesnetz-

agentur.de/cae/servlet/contentblob/88834/publicationFile/1604/Bericht6-5EMPLL 2007Id14548pdf.pdf (zuletzt abgerufen am 12.04.10)
- Bericht gem. §63 Abs. 4 a EnWG zur Auswertung der Netzzustands- und Netzausbauberichte der deutschen Elektrizitätsübertragungsnetzbetreiber, Bonn 2008, abrufbar unter http://www.bundesnetzagentur.de/cae/servlet/contentblob/31282/publicationFile/1104/BerichtNetzzustandNetzausbauId12385pdf.pdf (zuletzt abgerufen am 12.04.10)
- Pressemitteilung vom 8. Januar 2008, abrufbar unter http://www.bundesnetzagentur.de/cae/servlet/contentblob/31698/publicationFile/1286/PM20080108ReduzierungGasmarktgebietId12381pdf.pdf (zuletzt abgerufen am 11.04.10)
- Pressemitteilung vom 9. Januar 2008, abrufbar unter http://www.bundesnetzagentur.de/cae/servlet/contentblob/32376/publicationFile/1287/PM20080109Netzzustand-EnergieId12383pdf.pdf (zuletzt abgerufen am 11.04.10)
- Pressemitteilung vom 18. Januar 2008, abrufbar unter http://www.bundesnetzagentur.de/cae/servlet/contentblob/32370/publicationFile/1289/PM20080118Senkung EntgelteUebertragungsnetzId12439pdf.pdf (zuletzt abgerufen am 12.04.10)
- Pressemitteilung vom 5. März 2008, abrufbar unter http://www.bundesnetzagentur.de/cae/servlet/contentblob/32354/publicationFile/1266/PM20080305StromnetzentgelteEONId12979pdf.pdf (zuletzt abgerufen am 12.04.10)
- Pressemitteilung vom 20. Mai 2008, abrufbar unter http://www.bundesnetzagentur.de/cae/servlet/contentblob/32320/publicationFile/1279/PM20080520FestlegungEigenkapitalverzinsungId13665pdf.pdf (zuletzt abgerufen am 12.04.10)
- Pressemitteilung vom 7. Juli 2008, abrufbar unter http://www.bundesnetzagentur.de/cae/servlet/contentblob/32390/publicationFile/1245/PM20080707AnreizregulierungEnergieId13917pdf.pdf (zuletzt abgerufen am 11.04.10)
- Beschluss Az. BK7-08-010 vom 25.02.2009, abrufbar unter http://www.bundesnetzagentur.de/cae/servlet/contentblob/103190/publicationFile/4572/BK7-08-010_Beschluss_vom_25022009.pdf (zuletzt abgerufen am 18.04.10)

CDU/CSU, SPD: Gemeinsam für Deutschland. Mit Mut und Menschlichkeit. – Koalitionsvertrag CDU/CSU und SPD, Berlin 2005

Energie-Control-Kommission: Geänderter Bescheid über eine Ausnahmegenehmigung zu Gunsten des österreichischen Abschnitts der Nabucco Erdgas Pipeline vom 9. April 2008, Wien 2008, abrufbar unter http://www.e-control.at/portal/page/portal/medienbibliothek/recht/dokumente/pdfs/090408-knisg-0107.pdf (zuletzt abgerufen am 12.04.10)

Energy Information Administration: Official Energy Statistics from the U.S. Government, 2007, abrufbar unter http://www.eia.doe.gov/emeu/international/reserves.html (zuletzt abgerufen am 08.08.08)

Estonian Ministry of Economic Affairs and Communications: Exemption decision »Estlink« No. 52/09.02.2005, Talinn 2005, abrufbar unter http://www.mkm.ee/failid/050210_Estlink_decision__EN_.doc (zuletzt abgerufen am 19.09.07)

Europäische Kommission: Der Binnenmarkt für Energie, KOM(1988) 238 endg., Brüssel 1988
- Grünbuch – Hin zu einer europäischen Strategie für Energieversorgungssicherheit, KOM(2000) 769 endg., Brüssel 2000, abrufbar unter http://ec.europa.eu/energy/green-paper-energy-supply/doc/green_paper_energy_supply_de.pdf (zuletzt abgerufen am 11.08.08)

- Vollendung des Energiebinnenmarktes, KOM(2001) 125 endg., Brüssel 2001, abrufbar unter http://eur-lex.europa.eu/LexUriServ/LexUriServ.do?uri=COM:2001:0125:FIN:DE:PDF (zuletzt abgerufen am 08.08.08)
- Geänderter Vorschlag für eine Richtlinie des Europäischen Parlaments und des Rates zur Änderung der Richtlinien 96/92/EG und 98/30EG über Vorschriften für den Elektrizitätsbinnenmarkt und Erdgasbinnenmarkt – Geänderter Vorschlag für eine Verordnung des Europäischen Parlaments und des Rates über die Netzzugnagbedingungen für den grenzüberschreitenden Stromhandel, KOM(2002) 304 endg., Brüssel 2002, abrufbar unter http://eur-lex.europa.eu/LexUriServ/LexUriServ.do?uri=COM:2002:0304:FIN:DE:PDF (zuletzt abgerufen am 11.08.08)
- Vorschlag für eine Richtlinie des Europäischen Parlaments und des Rates über Maßnahmen zur Gewährleistung der Sicherheit der Elektrizitätsversorgung und von Infrastrukturinvestitionen, KOM(2003) 740 endg., Brüssel 2003, abrufbar unter http://eur-lex.europa.eu/LexUriServ/LexUriServ.do?uri=COM:2003:0740:FIN:DE:PDF (zuletzt abgerufen am 08.08.08)
- Weißbuch zu Dienstleistungen von allgemeinem Interesse, KOM(2004) 374 endg., Brüssel 2004, abrufbar unter http://eur-lex.europa.eu/LexUriServ/LexUriServ.do?uri=COM:2004:0374:FIN:DE:PDF (zuletzt abgerufen am 09.08.08)
- Überwindung der Breitbandkluft, KOM(2006) 129 endg., Brüssel 2006, abrufbar unter http://eur-lex.europa.eu/LexUriServ/LexUriServ.do?uri=COM:2006:0129:FIN:DE:PDF (zuletzt abgerufen am 08.08.08)
- Grünbuch – Die künftige Meerespolitik der EU, KOM(2006) 275 endg., Brüssel 2006, abrufbar unter http://europa.eu/documents/comm/green_papers/pdf/com_2006_0275_de_part2.pdf (zuletzt abgerufen am 08.08.08)
- Aussichten für den Erdgas- und Elektrizitätsbinnenmarkt, KOM(2006) 841 endg., Brüssel 2006
- Vorrangiger Verbundplan, KOM(2006) 846 endg., Brüssel 2007, abrufbar unter http://eur-lex.europa.eu/LexUriServ/LexUriServ.do?uri=COM:2006:0846:FIN:DE:PDF (zuletzt abgerufen am 08.08.08)
- Eine Energiepolitik für Europa, KOM(2007) 1 endg., Brüssel 2007, abrufbar unter http://eur-lex.europa.eu/LexUriServ/LexUriServ.do?uri=COM:2007:0001:FIN:DE:PDF (zuletzt abgerufen am 08.08.08)
- Transeuropäische Netze: Entwicklung eines integrierten Konzepts, KOM(2007) 135 endg., Brüssel 2007, abrufbar unter http://eur-lex.europa.eu/LexUriServ/LexUriServ.do?uri=COM:2007:0135:FIN:DE:PDF (zuletzt abgerufen am 08.08.08)
- Vorschlag für eine Richtlinie des Europäischen Parlaments und des Rates zur Änderung der Richtlinie 2003/54/EG über gemeinsame Vorschriften für den Elektrizitätsbinnenmarkt, KOM(2007) 528 endg., Brüssel 2007, abrufbar unter http://eur-lex.europa.eu/LexUriServ/LexUriServ.do?uri=COM:2007:0528:FIN:DE:PDF (zuletzt abgerufen am 09.08.08)
- Vorschlag für eine Richtlinie des Europäischen Parlaments und des Rates zur Änderung der Richtlinie 2003/55/EG über gemeinsame Vorschriften für den Erdgasbinnenmarkt, KOM(2007) 529 endg., Brüssel 2007, abrufbar unter http://eur-lex.europa.eu/LexUriServ/LexUriServ.do?uri=COM:2007:0529:FIN:DE:PDF (zuletzt abgerufen am 11.08.08)
- Vorschlag für eine Verordnung des Europäischen Parlaments und des Rates zur Gründung einer Agentur für die Zusammenarbeit der Energieregulierungsbehörden, KOM(2007) 530 endg., Brüssel 2007, abrufbar unter http://eur-lex.europa.eu/LexUriServ/

LexUriServ.do?uri=COM:2007:0530:FIN:DE:PDF (zuletzt abgerufen am 11.08. 08)
- Vorschlag für eine Verordnung des Europäischen Parlaments und des Rates zur Änderung der Verordnung (EG) Nr. 1228/2003 über die Netzzugangsbedingungen für den grenzüberschreitenden Stromhandel, KOM(2007) 531 endg., Brüssel 2007, abrufbar unter http://eur-lex.europa.eu/LexUriServ/LexUriServ.do?uri=COM:2007:053 1:FIN:DE:PDF (zuletzt abgerufen am 11.08.08)
- Erster Benchmarkingbericht über die Verwirklichung des Elektrizitäts- und Erdgasbinnenmarktes, SEK(2001) 1957, Brüssel 2001, abrufbar unter http://ec.europa.eu/ energy/gas/benchmarking/doc/1/report-amended_de.pdf (zuletzt abgerufen am 11. 08.08)
- GD Energie und Verkehr, Vermerk zu den Richtlinien 2003/54/EG und 2003/55/EG und der Verordnung (EG) Nr. 1228/2003 im Elektrizitäts- und Erdgasbinnenmarkt – Ausnahmen von bestimmten Bestimmungen der Regelung des Netzzugangs Dritter vom 30.01.2004, Brüssel 2004, abrufbar unter http://ec.europa.eu/energy/electricity/legislation/doc/notes_for_implementation_2004/exemptions_tpa_de.pdf (zuletzt abgerufen am 11.08.08)
- DG Competition discussion paper on the application of Article 82 of the Treaty to exclusionary abuses, Brussels 2005, abrufbar unter http://ec.europa.eu/competition/ antitrust/art82/discpaper2005.pdf (zuletzt abgerufen am 12.04.10)
- Energy Sector Inquiry – Preliminary Report – Electricity, Brüssel 2006, abrufbar unter http://ec.europa.eu/comm/competition/sectors/energy/inquiry/preliminary_ report_2.pdf (zuletzt abgerufen am 08.08.08)
- DG Competition Report on Energy Sector Inquiry, Brüssel 2007, abrufbar unter http://ec.europa.eu/comm/competition/sectors/energy/inquiry/full_report_part1. pdf (zuletzt abgerufen am 07.04.08), http://ec.europa.eu/comm/competition/sectors/energy/inquiry/full_report_part2.pdf (zuletzt abgerufen am 07.04.08), http:// ec.europa.eu/comm/competition/sectors/energy/inquiry/full_report_part3.pdf (zuletzt abgerufen am 07.04.08), http://ec.europa.eu/comm/competition/sectors/energy/inquiry/full_report_part4.pdf (zuletzt abgerufen am 07.04.08)
- Pressemitteilung vom 12. März 2001, MEMO/01/76, abrufbar unter http://europa. eu/rapid/pressReleasesAction.do?reference=IP/01/341&format=PDF&aged=1&language=DE&guiLanguage=en (zuletzt abgerufen am 12.04.10)
- Pressemitteilung der Europäischen Kommission Gazprom/ENI vom 6. Oktober 2003, IP/03/1345, abrufbar unter http://europa.eu/rapid/pressReleasesAction.do?reference=IP/03/1345&format=PDF&aged=1&language=DE&guiLanguage=en (zuletzt abgerufen am 12.04.10)
- Pressemitteilung der Europäischen Kommission Gazprom/OMV vom 17. Februar 2005, IP/05/195, abrufbar unter http://europa.eu/rapid/pressReleasesAction.do?reference=IP/05/195&format=PDF&aged=1&language=DE&guiLanguage=en (zuletzt abgerufen am 18.03.08)
- Pressemitteilung der Europäischen Kommission Gazprom/E.ON Ruhrgas vom 10. Juni 2005, IP/05/710, abrufbar unter http://europa.eu/rapid/pressReleasesAction. do?reference=IP/05/710&format=PDF&aged=1&language=DE&guiLanguage=en (zuletzt abgerufen am 18.03.08)
- Pressemitteilung vom 26. Februar 2007, IP/07/237, abrufbar unter http://europa.eu/ rapid/pressReleasesAction.do?reference=IP/07/237&format=PDF&aged=1&language=DE&guiLanguage=enhttp://europa.eu/rapid/setlanguage.do?language=en (zuletzt abgerufen am 09.07.08)

- Pressemitteilung vom 3. Mai 2007, IP/07/595, abrufbar unter http://europa.eu/rapid/pressReleasesAction.do?reference=IP/07/595&format=PDF&aged=1&language=DE&guiLanguage=en (zuletzt abgerufen am 10.07.08)
- Pressemitteilung vom 27. Juni 2007, IP/07/889, abrufbar unter http://europa.eu/rapid/pressReleasesAction.do?reference=IP/07/889&format=PDF&aged=1&language=DE&guiLanguage=enhttp://europa.eu/rapid/setlanguage.do?language=en (zuletzt abgerufen am 10.07.08)
- Pressemitteilung des Präsidenten der Europäischen Kommission vom 16.04.08, Brüssel 2008, abrufbar unter http://ec.europa.eu/archives/commission_2004–2009/president/pdf/press_20080416_en.pdf (zuletzt abgerufen am 12.04.10)
- Commission's amendment decision regarding BBL, 12.07.05, Brussels 2005, abrufbar unter http://ec.europa.eu/energy/gas/infrastructure/doc/bbl_decision_ec.pdf (zuletzt abgerufen am 10.06.08)
- Receipt of a notification of a decision to exempt the Eemshaven LNG Terminal from certain provisions of the Gas Directive, 03.08.2007, abrufbar unter http://ec.europa.eu/energy/gas/infrastructure/doc/2007_08_16_eemshaven_en.pdf (zuletzt abgerufen am 08.08.08)
- Exemption decision on the BritNed interconnector, 18.10.2007, Brussels 2007, abrufbar unter http://ec.europa.eu/energy/electricity/infrastructure/doc/britned_decision_ec.pdf (zuletzt abgerufen am 04.04.08)
- Receipt of a notification of a decision by the Austrian regulator E-Control to exempt the Nabucco Gas Pipeline from certain provisions of the Gas Directive 2003/55EC, 15.11.2007, abrufbar unter http://ec.europa.eu/energy/gas/infrastructure/doc/2007_11_15_nabucco.pdf (zuletzt abgerufen am 08.08.08)
- Betr.: Ausnahmeentscheidung für den österreichischen Abschnitt der Nabucco-Pipeline, 08.02.2008, Brüssel 2008, abrufbar unter http://ec.europa.eu/energy/gas/infrastructure/doc/nabucco_com_final_de.pdf (zuletzt abgerufen am 03.06.08)
- Betr. Ausnahmegenehmigung der Bundesnetzagentur für die OPAL-Gasleitung gemäß Art. 22 der Richtlinie 2003/55, 12.06.2009, Brüssel 2009, abrufbar unter http://ec.europa.eu/energy/infrastructure/infrastructure/gas/doc/090611_com_decision_bnetza_exemption_opal.pdf (zuletzt abgerufen am 18.04.10)
- Commission staff working document on Article 22 of Directive 2003/55/EC concerning common rules for the internal market in natural gas and Article 7 of Regulation (EC) No 1228/2003 on conditions for access to the network for cross-border exchanges in electricity, SEC(2009)642 final, Brussels 2009, abrufbar unter http://ec.europa.eu/energy/infrastructure/infrastructure/gas/doc/sec_2009–642.pdf (zuletzt abgerufen am 25.04.10)

Europäisches Parlament: Legislative Entschließung des Europäischen Parlaments zu dem Vorschlag für eine Verordnung des Europäischen Parlaments und des Rates über die Netzzugangsbedingungen für den grenzüberschreitenden Stromhandel, P5_TA(2002)0107, abrufbar unter http://www.europarl.europa.eu/sides/getDoc.do?pubRef=-//EP//NONSGML+TA+P5-TA-2002-0107+0+DOC+PDF+V0//DE (zuletzt abgerufen am 12.04.10)
- Bericht des Ausschusses für Industrie, Außenhandel, Forschung und Energie des Europäischen Parlaments über den Vorschlag für eine Verordnung des Europäischen Parlaments und des Rates über die Netzzugangsbedingungen für den grenzüberschreitenden Stromhandel vom 28.02.2002, Änderungsantrag 18, A5–0074/2002, abrufbar unter http://www.europarl.europa.eu/sides/getDoc.do?pubRef=-//EP//

NONSGML+REPORT+A5-2002-0074+0+DOC+PDF+V0//DE&language=DE (zuletzt abgerufen am 12.04.10)
- Empfehlung des Ausschusses für Industrie, Außenhandel, Forschung und Energie des Europäischen Parlaments für die zweite Lesung betreffend den Gemeinsamen Standpunkt des Rates im Hinblick auf den Erlass der Verordnung des Europäischen Parlaments und des Rates über die Netzzugangsbedingungen für den grenzüberschreitenden Stromhandel vom 25.04.2003, Begründungspunkt 2.3, A5-0134/2003, abrufbar unter http://www.europarl.europa.eu/sides/getDoc.do?pubRef=-//EP// NONSGML+REPORT+A5-2003-0134+0+DOC+PDF+V0//DE (zuletzt abgerufen am 12.04.10)
- Entschließung des Europäischen Parlaments vom 10. Juli 2007 zu den Aussichten für den Erdgas- und den Elektrizitätsbinnenmarkt, Straßburg 2007, abrufbar unter http://www.europarl.europa.eu/sides/getDoc.do?pubRef=-//EP//TEXT+TA+P6-TA-2007-0326+0+DOC+XML+V0//DE (zuletzt abgerufen am 07.04.08)

Finish Energy Market Authority: Decision Rno. 195/429/2004, 02.02.2005, Helsinki 2005, abrufbar unter http://www.emvi.fi/files/Estlink_decision_2005_02_02.doc (zuletzt abgerufen am 27.03.07)

Monopolkommission: Vierzehntes Hauptgutachten der Monopolkommission 2000/2001, BTDrucks. 14/9903, Bonn 2002
- Sechzehntes Hauptgutachten der Monopolkommission 2004/2005, BTDrucks. 16/2460, Bonn 2006
- Telekommunikation und Post 2003: Wettbewerbsintensivierung in der Telekommunikation – Zementierung des Postmonopols – Sondergutachten der Monopolkommission gemäß § 81 Abs. 3 Telekommunikationsgesetz und § 44 Postgesetz, Bonn 2003, abrufbar unter http://www.monopolkommission.de/sg_39/text_s39.pdf (zuletzt abgerufen am 03.09.07)
- Zur Reform des Telekommunikationsgesetzes – Sondergutachten der Monopolkommission gemäß § 44 Abs. 1 Satz 4 GWB, abrufbar unter http://www.monopolkommission.de/sg_40/text_s40.pdf (zuletzt abgerufen am 11.08.08)
- Wettbewerbsentwicklung bei der Telekommunikation 2007: Wendepunkt der Regulierung – Sondergutachten gemäß § 121 Abs. 2 Telekommunikationsgesetz, Bonn 2007, abrufbar unter http://www.monopolkommission.de/sg_50/text_s50.pdf (zuletzt abgerufen am 08.08.08)
- Strom und Gas 2007: Wettbewerbsdefizite und zögerliche Regulierung – Sondergutachten der Monopolkommission gemäß § 62 Abs. 1 des Energiewirtschaftsgesetzes, BTDrucks. 16/7087, Bonn 2007

Office of Gas and Electricity Markets (ofgem): Application by Dragon LNG Limited under section 19C of the Gas Act 1986 for an exemption from section 19D of the Gas Act 1986 – Ofgem final views, 01.02.2005, London 2005, abrufbar unter http://www.ofgem.gov.uk/Markets/WhlMkts/CompandEff/TPAccess/Documents1/10028_2005.pdf (zuletzt abgerufen am 13.03.08)
- European Commission decision on Ofgem's decision to grant South Hook LNG Terminal Company Ltd (SHTCL) and Grain LNG Ltd (GLNG) an exemption under section 19C(5) of the Gas Act 1986 (the »Gas Act«) from the application of section 19D of the Gas Act, February 11.02.2005, London 2005, abrufbar unter http://www.ofgem.gov.uk/Markets/WhlMkts/CompandEff/TPAccess/Documents1/10168_33 05.pdf (zuletzt abgerufen am 13.03.08)
- Application by BBL Company for an interconnector licence to participate in the operation of the Balgzand Bacton Line – Ofgem final views, 08.04.2005, London 2005,

abrufbar unter http://www.ofgem.gov.uk/Markets/WhlMkts/CompandEff/TPAccess/Documents1/11072_11405.pdf (zuletzt abgerufen am 13.03.08)
- National Grid Grain LNG Ltd application for exemption from Section 19D of the Gas Act 1986 – Consultation, 14.12.2006, London 2006, abrufbar unter http://www.ofgem.gov.uk/Markets/WhlMkts/CompandEff/TPAccess/Documents1/16424-212_06.pdf (zuletzt abgerufen am 05.06.08)
- National Grid Grain LNG Ltd application for exemption from Section 19D of the Gas Act 1986 – Ofgem's decision, 30.04.2007, London 2007, abrufbar unter http://www.ofgem.gov.uk/Markets/WhlMkts/CompandEff/TPAccess/Documents1/Final%20views%20Grain%203%20letter%20FINAL%20_2_.pdf (zuletzt abgerufen am 13.03.08)
- Amendment to the exemption order issued to BritNed Development Ltd (»BritNed«) under condition 12 of the electricity interconnector licence granted to BritNed in respect of the BritNed interconnector from 15 November 2007, London 2007, abrufbar unter http://ec.europa.eu/energy/electricity/infrastructure/doc/britned_decision_ofgem.pdf (zuletzt abgerufen am 31.03.08)

Productivity Commission: Review of the National Access Regime – Inquiry Report, Report No. 17, Canberra 2001, abrufbar unter http://www.pc.gov.au/__data/assets/pdf_file/0020/18173/access.pdf (zu-letzt abgerufen am 01.04.08)

Rat der Europäischen Union: Gemeinsamer Standpunkt des Rates im Hinblick auf den Erlass der Richtlinie des Europäischen Parlaments und des Rates über gemeinsame Vorschriften für den Erdgasbinnenmarkt und zur Aufhebung der Richtlinie 98/30/EG vom 29.01.2003, 15531/02, abrufbar unter http://register.consilium.europa.eu/pdf/de/02/st15/st15531.de02.pdf (zuletzt abgerufen am. 12.04.10)
- Gemeinsamer Standpunkt des Rates vom 3. Februar 2003 im Hinblick auf den Erlass der Verordnung des Europäischen Parlaments und des Rates über die Netzzugangsbedingungen für den grenzüberschreitenden Stromhandel, 15527/2/02 REV 2, abrufbar unter http://register.consilium.europa.eu/pdf/de/02/st15/st15527-re02.de02.pdf (zuletzt abgerufen am 12.04.10)
- Sachstandsbericht des Rats der Europäischen Union vom 7. Mai 2004 9314/04, abrufbar unter http://register.consilium.europa.eu/pdf/de/04/st09/st09314.de04.pdf (zuletzt abgerufen am 14.12.07)
- Vermerk über den durch die Ratsarbeitsgruppe »Energie« ausgearbeiteten Text für eine Richtlinie des Europäischen Parlaments und des Rates über Maßnahmen zur Gewährleistung der Sicherheit der Elektrizitätsversorgung und von Infrastrukturinvestitionen vom 20. Oktober 2004 13764/04, S. 8f, abrufbar unter http://register.consilium.europa.eu/pdf/de/04/st13/st13764.de04.pdf (zuletzt abgerufen am 14.12.07)
- Vermerk über den Vorschlag für eine Richtlinie des Europäischen Parlaments und des Rates über Maßnahmen zur Gewährleistung der Sicherheit der Elektrizitätsversorgung und von Infrastrukturinvestitionen vom 10. Februar 2005 6145/05, abrufbar unter http://register.consilium.europa.eu/pdf/de/05/st06/st06145.de05.pdf (zuletzt angerufen am 14.12.07)
- Vermerk über den Vorschlag für eine Richtlinie des Europäischen Parlaments und des Rates über Maßnahmen zur Gewährleistung der Sicherheit der Elektrizitätsversorgung und von Infrastrukturinvestitionen vom 11. Juli 2005 10803/05, abrufbar unter http://register.consilium.europa.eu/pdf/de/05/st10/st10803.de05.pdf (zuletzt abgerufen am 14.12.07)

Sachregister

Access Holidays
- Free-Rider-Problematik 71
- ökonomischer Ansatz 68 ff
- truncation-Fall 69, 75, 79
- Wettbewerbswirkungen 182 ff, 206 ff, 228 ff

Agentur
- Notwendigkeit 158 ff
- Verfahren 285 ff
- Zuständigkeit 287

Ägypten 225
Algerien 18, 178, 218
Anreizregulierung
- beeinflussbare Kostenanteile 40
- Benchmark 40, 49, 107, 317
- Effizienz 40
- Methoden 40
- nicht-beeinflussbare Kostenanteile 40
- price-cap-Verfahren 40
- revenue-cap-Verfahren 40, 49

Auswirkungsprinzip 218
Averch-Johnson-Effekt 48

Bedarfsplanung 156 f
Beihilfenrecht
- Notifikation 289
- Verfahren 289, 300 ff
- Vertrauensschutz 144

Beweislast 24, 46, 84, 108
Blackout 12
Bottleneck-Situation 8, 106 f, 207
Bundeskartellamt 127, 137, 206, 230 f, 248, 286
Bundesnetzagentur 55, 73, 107, 127, 137, 141, 207, 249, 287, 291, 309 f, 315 ff

Cournot, Antoine-Augustin 22, 77, 101
Credibility-Problem 54 f, 84 f, 107, 241, 248, 259, 268

Destination-Klauseln 176, 180 ff, 216, 222 f
Deutschland 1, 14, 17 f, 25, 32, 63 f, 74, 102 ff, 171, 175 f, 197 f, 205, 223 f, 231, 281 f, 306 ff
Direktverpflichtung 108 ff, 162
Drittschutz 294 ff
disaggregierter Regulierungsansatz 76, 96, 106 ff
Diskriminierung
- Anreiz 101
- Freiheit 36 ff, 207 ff
- Potential 232, 244

Emissionshandel 17, 145 f, 196, 203
Energiecharta 219
Engpässe
- congestion rents 52 f
- Management 37 f, 42 f, 105
- Managementerlöse 53, 74, 101, 105, 240 ff
- Managementmethoden 53 f, 103 ff

Entflechtung
- buchhalterisch 269
- eigentumsrechtlich 19, 96 ff
- gesellschaftsrechtlich 98, 269 ff, 278
- organisatorisch 269

Entgeltregulierung
- anreizorientiert 39 f
- kostenorientiert 39 f

Erdgas
- Import 202, 218, 229, 245
- line-pack 32, 204, 206
- Reserven 13, 178
- Speicherung 32, 204, 206
- Vorkommen 13 f, 176 ff, 202, 218 ff, 265

Erfüllungsverantwortung 33 f, 311
erneuerbare Energien
- Desertec-Initiative 15

– thermische Solarenergie 15, 17f, 197, 261
– Windkraft 15, 17, 102, 197, 282
Erzeugungskapazität 17, 193ff, 209ff, 236ff, 254, 266, 283
essential-facilities-doctrine 23ff, 123ff
Estland 45, 105, 244, 263, 270
Europäische Kommission
– Generaldirektionen 127, 142, 148
– Zuständigkeit 908, 127, 137f, 142, 148, 161, 183, 233, 287ff
– Letztentscheidungskompetenz 120, 142, 148
Europäischer Gerichtshof 149, 301, 321ff
Europäischer Rat 118, 165
Europäisches Parlament 97, 116ff, 165
Europäischer Wirtschafts- und Sozialausschuss 164

Florenzer Forum 158
Frankreich 4, 175, 282
Freileitung 261ff, 282

Gas-zu-Gas-Wettbewerb 183f, 216ff, 220f, 247f
Gazprom 11, 180ff, 218, 224ff, 251
Genehmigung
– Antragsteller 138, 288, 291f, 298ff
– Befristung 150, 168, 213f, 220, 285, 288
– Fiktion 288
– Verfahren 284ff
– Zuständigkeit 285ff
Gewährleistungsverantwortung 27, 34f, 82, 132, 140, 311f
Glasfaser 307
Gleichstrom
– Anwendungsfelder 172f
– Break-Even-Distance 173, 263f
– Hochspannung 15, 18
– Investitionsaufwand 172ff, 263
– Stromrichter 173
– Verbindungsleitungen 15, 172ff, 213, 274
Grenzkuppelstelle 10, 42, 51, 74, 104f, 111, 171
Großhandelslieferung 191ff, 209ff
Grundfreiheit 59ff

Grundrecht
– Berechtigung 58ff
– Berufsfreiheit 56ff, 66, 88, 98, 145
– Eigentumsgarantie 57f, 65, 88, 98, 109, 145
– Inländerdiskriminierung 62
– juristische Personen, gemischtwirtschaftlich 61

Handelsmarge 193
Höchstspannungsnetz 99, 197, 261ff

informatorisches Defizit 49, 54, 68, 76, 85ff, 113f, 130
Importquellen 219, 222
Infrastrukturrichtlinie 115, 162ff
Interkonnektor
– BritNed 74f, 95, 105, 121, 125, 151, 242ff, 257, 263, 280
– Estlink 45f, 75, 105, 244f, 263, 270, 280
Investition
– Anreiz 10, 12, 21, 38, 44ff, 56ff, 68ff, 97ff, 120ff, 139, 172, 175, 241, 279ff, 298, 306ff
– Aufwand 70, 75, 94, 125, 258ff, 282, 307
– Förderung 101, 116, 118, 121f, 162ff, 275ff, 309, 321
– Risiko 19, 44, 69ff, 85, 94, 101, 141, 175, 255ff, 274, 281f, 309
– Sicherheit 72f, 75ff, 85, 124, 126, 139ff, 149f, 152, 180, 207, 284, 298, 303, 324
Irak 225
Iran 178, 226
Italien 4, 14, 177, 226

Kabel 169, 173, 261ff, 282, 307f, 325f
Kapazitätsfreigabemechanismen 103, 245, 248f, 253
Katar 178
Kirchhoffsche Gesetze 169f
Kommissionsvermerk 137f, 243, 280, 290
Kontrollmaßstab 303

Leitlinien 43, 52ff, 74, 138, 156ff, 290, 314, 319f, 323, 330

Sachregister

Leitungswettbewerb 40f, 216, 220ff, 252, 286
Liberalisierung 12f, 20, 131, 181, 224, 313, 318
Lissabon-Strategie 6f, 18, 159, 318
LNG
- Technik 14, 178ff, 203, 215, 267f
- Terminals 14, 100, 178, 227f, 252f, 267f

loop flows 169f, 175, 274, 326

Madrider Forum 158
Marktabgrenzung
- Bedarfsmarktkonzept 189f, 196, 203
- Marktanteil 199f, 211, 229, 234ff, 245ff, 252
- räumlich 189, 198ff, 205f, 209ff, 230ff, 246
- sachlich 189, 191f, 199ff, 209ff, 218, 234, 240, 255
- SSNIP-Test 189ff, 204

Marktliquidität 193ff, 203, 205, 210ff, 214f, 216ff, 220f, 229, 235, 239f, 243f, 249f, 253f
Marktverschließungseffekte 228, 255
Marktzutrittsschranke 25, 33, 35, 311, 325
Merchant-Line 168, 171, 174f, 201, 259, 265, 270, 275, 279ff
more economic approach 89, 190, 229, 237

Nachhaltigkeit 7, 16ff, 35, 283
Natürliches Monopol
- Angreifbarkeit 30, 44, 217, 326
- Bestreitbarkeit 8, 26, 29ff, 66, 223, 227, 325f
- hit-and-run-entry 30
- Skaleneffekte 27ff, 31ff, 209, 212, 215f
- Subadditivität 8, 25ff, 31ff
- Temporarität 28, 33, 212, 216, 220, 225f
- Verbundeffekte 27ff, 31ff, 212

Netze
- Drittzugang 52, 70, 75ff, 80, 84ff, 94, 108f, 116, 121, 171, 178, 181f, 186, 192, 207ff, 211, 213ff, 221f, 229, 234, 236, 239f, 243f, 246f, 249f, 264

- Fernleitung 11, 19, 34, 64, 82, 99, 111, 176f, 202f, 215f, 218, 223ff, 266, 277
- Nutzungsentgelt 39, 53, 72, 74, 101, 273ff, 277f
- Verteiler 10, 110, 201, 204, 231, 246f, 307f
- Übertragung 15f, 18f, 32ff, 47, 52ff, 64, 103f, 110f, 163ff, 169ff, 202, 212, 260ff
- Zwei-Drittel-Regel 28, 31, 216

Niederlande 74, 105, 151, 175, 177, 206, 233, 242, 263
Norwegen 19, 218

Open-Market-Coupling 10, 96, 103
Open-Season-Verfahren 216f, 221, 226, 247, 251ff, 294, 303
Österreich 105, 225f, 249ff
Ownership-Unbundling 97ff, 195

Pipeline
- Balgzand-Bacton 121, 227, 233
- NEL 220
- Nabucco 14, 19, 161, 225f, 249ff, 267, 270
- Nord Stream 220, 227, 267
- OPAL 220, 291
- South Stream 226
- Wingas-Netz 64, 76, 223ff

Preisdifferenz 104, 193, 199ff, 232, 265f
Primärenergieträger 13, 176, 178, 202f, 215, 217f, 225, 245f, 255, 266
Primärrecht 7, 63, 115, 128, 134, 138, 149, 159f
privilegierte Regulierung 76f, 241, 271, 281
Prüfungsmaßstab 137, 239, 285, 301
Prognosesicherheit 95, 211, 259, 265, 268

Rechtsschutz
- Beschwerde 291ff
- Drittschutz 294ff
- Klagebefugnis 296ff
- nationalstaatlich 291ff
- Unionsgerichte 298ff

Rechtsstaatsprinzip
- Europäische Union 63, 143, 146
- Grundgesetz 143

Regulatorische Effizienz 129
Regulatorische Selbstbindung 107f, 138, 241f, 290
Regulatory Holidays 68, 76ff, 108, 113f, 121f, 126, 130ff, 161, 164, 279, 329
Regulierungsbehörde 39f, 46, 54f, 72f, 84ff, 93, 107f, 130ff, 134ff, 139ff, 158, 241f, 259, 265, 285ff, 292f, 319ff
Regulierungsdilemma
– formell 85f, 89, 93, 95
– materiell 89f, 93, 114
Regulierungsrisiken
– Regulatory Capture 131f, 140f
– Regulatorischer Opportunismus 79, 84
Regulierungsvertrag 76f, 85, 213, 259, 279, 281
Regulierungsziele 21, 35, 67, 317
Risikoprämie 87, 168, 172, 175, 207, 221, 232, 252, 259, 271, 276ff
Risikokriterium 257f
Russland 13f, 178, 198

Seekabel 178, 261ff
Sekundärenergieträger 13, 175, 196, 202, 218, 245
Sekundärrecht 7, 52, 61, 63, 110, 115f, 128, 134, 155, 181
Smith, Adam 12
Strombörse 104, 194
Substituierbarkeit
– Angebot 189, 192ff, 203
– Nachfrage 189, 193f

Take-or-Pay-Verträge 37, 176, 180ff, 222, 247
Telekommunikationsregulierung
– Märkteempfehlung 313f, 319, 329f
– Marktanalyse 315ff, 319, 329f
– Marktdefinition 313ff, 320ff, 327ff
– Rahmenrichtlinie 312ff, 319ff, 329f
– technische Voraussetzungen 307f, 324ff
– Zugangsrichtlinie 312ff, 321ff, 329
Transeuropäische Netze – Energie (TEN-E) 93, 115, 153ff, 258, 265
Transitprotokoll 279
Treibhausgasemissionshandel 17, 145f, 196, 203

Turkmenistan 218, 225

USA 12, 313
Use-it-or-lose-it-Prinzip 248, 250

VDSL 141, 306ff, 320, 326
Verbindungsleitung 10, 14f, 17, 111, 162ff, 172ff, 185, 191ff, 209ff, 231ff, 254, 262ff, 272ff, 277ff, 290
Vereinigtes Königreich 13f, 74f, 95, 100, 105, 151, 177, 227, 233, 242, 263
Verfahren
– Konsultationsverpflichtungen 287f, 293
Vergleichsmarktverfahren 39ff, 48, 87, 223, 304, 316f
Verhältnismäßigkeit 56, 65, 88, 96, 109, 146, 150, 160, 258
Versorgungssicherheit 5ff, 21ff, 68ff, 117ff, 167ff, 316
vertikal-integrierte Unternehmen 19, 52, 76ff, 87, 94ff, 207, 213, 221, 234, 244ff, 269, 273
Vertrauensschutz
– nationalstaatlich 133
– Europäische Union 138, 144ff, 289
Verzinsung 40, 47ff, 53, 55, 69, 72f, 75, 95, 213, 241, 249, 252, 255, 265, 278, 316
vorgelagertes Rohrleitungsnetz 82, 111, 177

Wechselstromübertragung
– Ringflüsse 170ff, 192, 274f
– Skineffekt 173
Wettbewerbsbeschränkung 78, 87, 89, 90ff, 95f, 107, 139, 143, 147, 185, 208f, 222, 228, 233f, 256, 279, 328
Wettbewerbsrecht
– Administrativfreistellung 125f
– essential-facilities-doctrine 23f, 27, 123, 125, 128, 131
– Funktion 9, 23
– Fusionskontrolle 125, 204, 230ff, 295, 298
– Fusionskontrollverordnung 9, 125, 230, 238f
– Gemeinschaftsunternehmen 231f, 237ff, 245ff, 255, 270

Sachregister

- Herfindahl-Hirschmann-Index 236f, 247, 253
- Instrumente 9, 23ff, 124, 185ff, 228ff
- Kartellverfahrensverordnung 9, 123, 125, 143, 296f, 304
- Legalausnahme 125f
- marktbeherrschendes Unternehmen 23, 26f, 123, 133, 137, 213, 228ff, 248ff, 254f, 314, 327
- Missbrauchskontrolle 42, 218

- Oligopol 23, 218, 231ff, 237ff
- Vollfunktionsgemeinschaftsunternehmen 125, 238
- Verhältnis zur Regulierung 126ff
- Zuständigkeit 127, 137
Widerrufsvorbehalt 148ff

Zuständigkeit
- nationalstaatlich 285ff
- Europäische Union 287ff

Beiträge zum deutschen, europäischen und internationalen Energierecht (EnergieR)

Herausgegeben von
Jörg Gundel und Knut Werner Lange

Praktische Bedeutung und rechtliche Komplexität des Energierechts sind in den letzten Jahren sprunghaft gestiegen. Es ist zu einem weit ausgreifenden Rechtsgebiet geworden: Vertikal erfasst es das nationale Recht ebenso wie die internationale und die supranationale Ebene, horizontal verbindet es Rechtsfragen des öffentlichen Rechts und des Privatrechts. Trotz seiner hohen Relevanz und Entwicklungsgeschwindigkeit ist das Energierecht in seiner Gesamtstruktur dogmatisch bislang nur schwach durchdrungen.

Die Schriftenreihe will zur Schließung dieser Lücke beitragen. Sie zielt gleichermaßen auf das öffentliche wie auf das private Energierecht in seiner europäischen und internationalen Verflechtung ab. In ihr erscheinen herausragende Arbeiten aus der gesamten Breite des Rechtsgebiets, insbesondere Dissertationen, Habilitationsschriften und vergleichbare Monographien.

Lieferbare Bände:
1 *Lecheler, Helmut / Germelmann, Claas F.:* Zugangsbeschränkungen für Investitionen aus Drittstaaten im deutschen und europäischen Energierecht. 2010. XXII, 236 Seiten. Fadengeheftete Broschur.
2 *Wegner, Matthias:* Regulierungsfreistellungen für neue Elektrizitäts- und Erdgasinfrastrukturen. Gemäß Art. 17 der Verordnung (EG) Nr. 714/2009 und gemäß Art. 36 der Richtlinie 2009/73/EG. 2010. XXVI, 363 Seiten. Fadengeheftete Broschur.

Einen Gesamtkatalog erhalten Sie gerne vom Verlag
Mohr Siebeck, Postfach 2040, D–72010 Tübingen.
Aktuelle Informationen im Internet unter www.mohr.de